Yr Etifeddiaeth Deg

O Gymru i Batagonia

1865–2015

I Lowri

Gyda phob dymuniad da a diolch.

Rhian   18·VIII· 2015

Yr Etifeddiaeth Deg

O Gymru i Batagonia

1865–2015

Robin Gwyndaf

Yng nghwmni:
Blodwen Camwy
Elisa Dimol de Davies
Gweneira Davies de Quevedo

Cynorthwy-ydd Golygyddol:
Dewi Evans

Argraffiad cyntaf: 2015

Dymuna'r cyhoeddwyr gydnabod cymorth ariannol
Cyngor Llyfrau Cymru

Llun yr awdur: Arwyn Lloyd Jones, Weston Rhyn
Cynllun y clawr: Y Lolfa

Rhif Llyfr Rhyngwladol: 978 1 78461 138 5

Cyhoeddwyd, rhwymwyd ac argraffwyd yng Nghymru gan
Y Lolfa Cyf., Talybont, Ceredigion SY24 5HE
gwefan www.ylolfa.com
e-bost ylolfa@ylolfa.com
ffôn 01970 832 304
ffacs 832 782

Cyflwynir y gyfrol hon gyda pharch a diolch o galon:

Er cof annwyl am **Gweneira Davies de González de Quevedo** (1923–2015); ei mam, **Elisa Ann Dimol de Davies** (1885–1980), a chwaer ei mam, **Blodwen Camwy Dimol de Infante** (1891–1942);

I **Luned Vychan Roberts de González**, ac er cof annwyl am ei chwaer, **Tegai Roberts** (1926–2014);

Er cof annwyl am **R Bryn Williams** (1902–81), prif hanesydd y Wladfa, ac i **Elvey MacDonald**, ei olynydd teilwng, ac un o Lywyddion Anrhydeddus Cymdeithas Cymru-Ariannin;

I aelodau **Cymdeithas Cymru-Ariannin** am eu cyfraniad cyfoethog a chwbl unigryw yn cynnal y ddolen rhwng Cymru a'r Wladfa, 1939–2015, ac er cof annwyl am **Valmai Jones** (1910–94); **Eiddwen Humphreys** (1917–98); **Shân Emlyn** (1936–97); **Tom Gravell** (1913–2004), ac **Aur Roberts** (1935–2012);

I'r **Athro Robert Owen Jones**, yr athrawon gwirfoddol: **Cathrin Williams**, **Gwilym Roberts, Pedr McMullen, Gruff** ac **Eifiona Roberts**; a'r holl athrawon eraill, megis **Hazel Charles Evans**, a fu – ac sydd heddiw – mor ddyfal yn hyrwyddo'r Gymraeg yn y Wladfa; ac i **Lywodraeth Cymru** am ei chefnogaeth ariannol;

I bob un a fu'n cyflwyno'r Efengyl Gristnogol yng Nghapeli Cymraeg y Wladfa, ac yn arbennig er cof annwyl am **Miss Eluned Mair Davies** (1935–2009);

I'm cyfeillion hoff yn y Wladfa heddiw ac i bawb sy'n parhau i gynnal yr etifeddiaeth deg…

Cynnwys

Rhagair   11

Gair o Ddiolch   16

Rhagymadrodd   23

Agor Cil y Drws…   29

Teulu Blodwen Camwy; Elisa Dimol;   31
a Gweneira Davies de Quevedo

Tabl Achau   44

Mapiau   46

Rhan 1
Dyddlyfrau Blodwen Camwy Dimol de Infante

Blodwen Camwy (1891–1942)   50

Dyddlyfrau Blodwen Camwy: Cyflwyniad   55

Dyddlyfr Blodwen Camwy 1 (Testun):   75
15 Hydref 1914 – 30 Ebrill 1915

Dyddlyfr Blodwen Camwy 2 (Detholiad gan RG):   121
23 Ionawr – 11 Tachwedd 1920

Rhan 2
Ysgrifau Elisa Ann Dimol de Davies

Elisa Ann Dimol de Davies (1895–1980)   160

1. Plant y Wladfa a'u Cartrefi   173
2. I'r Ysgol   179
3. Chwaraeon a Difyrion   182
4. Y Nadolig a'r Flwyddyn Newydd   186
5. Ebeneser, Bro fy Mebyd   190
6. Y Capel a'r Diwygiad   196
7. Cymanfaoedd Canu yn y Wladfa   202
8. Cymanfa'r Groglith Ysgolion Sul Dyffryn Camwy   210
9. Ffarmio   213
10. Diwrnod Dyrnu   218
11. Ffynhonnau   223
12. 'Carreg yn Siarad' a 'Charreg yn Siglo'   228
13. Gorlifiadau yn Nyffryn Camwy   230
14. Yr Indiaid a'r Cymry   238
15. Estrys Patagonia   242
16. Rhai Digwyddiadau Cofiadwy   244
    yn Hanes Cynnar y Wladfa: 1865–1900
17. Storïau a Hanesion Difyr a Dwys   264
18. R J Berwyn (1837–1917)   274
19. Mrs Gwenllian Thomas de Matthews   278
20. Thomas Dalar Evans (1847–1926)   280
21. William Henry Hughes, 'Glan Caeron'   283
22. David D Roberts, 'Sefydlwr' Cyntaf y Gaiman   287
23. Robert Owen Jones, 'Jones y Tunman'   289
24. Thomas Morgan, 'Clydfan'   291

25. Miss Eluned Morgan   297

26. Roeddwn i Yno   303

27. Hunangofiant Cerbyd Bach Ben Pritchard   306

28. Hunangofiant Ford T   310

29. Hunangofiant 'Yr Hen Gôt Lwyd'   313

30. Ddoe ac Yfory   315

Rhan 3
Ysgrifau Gweneira Davies de González de Quevedo

Gweneira Davies de González de Quevedo (1923–2015)   318

1. Bywyd a Gwaith Gweneira   324

2. Eisteddfodau'r Wladfa   333

3. Traddodiad Cyfoethog y Canu Corawl yn y Wladfa   343

4. Teithio yn y Wladfa   351

5. Gwynt a Llwch a Sychder Mawr: 361
   Dygymod â'r Elfennau yn y Wladfa

6. Ffynhonnau Meddyginiaethol Copahue   368

7. Gwanwyn a Galar ar y Paith   370

8. Hunangofiant Llawr Pren   375

9. Hunangofiant: 'Neuadd Goffa i'r Cymry Cyntaf' –   380
   Neuadd Dewi Sant, Trelew

10. Hunangofiant Hen Gapel Bryn Crwn   383

11. Chwedl y *Yerba Mate*: 'Te Croeso' Trigolion Patagonia   387

Rhan 4
Dathlu Canmlwyddiant y Wladfa: 1865–1965

Rhestr o'r 'Pererinion' o Gymru   390

Llythyrau at deulu yng Nghymru   393
(22 Hydref – 12 Tachwedd 1965): Robin Gwyndaf

Rhan 5
Diogelu a Hyrwyddo'r Etifeddiaeth

Cyfeillion Hoff a Chynheiliaid yr Etifeddiaeth: 442
1965–2015: Robin Gwyndaf

Salm o Foliant i Arloeswyr y Wladfa, Ddoe a Heddiw: 455
Robin Gwyndaf

Geirfa   460

Llyfryddiaeth   474

Mynegai   485

Noddwyr   534

Rhagair

Offrwm diolch yn bennaf oll yw'r gyfrol hon. Diolch am hyfrydwch cwmni cyfeillion hoff yn y Wladfa dros gyfnod o hanner can mlynedd: gwerthfawrogi eu sgyrsiau a thrysori eu llythyrau, eu hysgrifau a'u hatgofion; diolch am etifeddiaeth gyfoethog y Gwladfawyr; a diolch am y cyfle yn awr i rannu peth o'r cyfoeth diwylliannol hwn â darllenwyr yma yn yr 'Hen Wlad' a draw yn Ariannin.

Yn y gyfrol bresennol cyflwynir detholiad o weithiau llenyddol tair gwraig o'r Wladfa, aelodau o'r un teulu. Y cyfraniad cyntaf yw dau ddyddiadur, neu 'ddyddlyfr', o eiddo merch ifanc o'r enw Blodwen Camwy Dimol de Infante (1891–1942). Y mae un dyddiadur (1914–15) yn disgrifio'i phrofiad bythgofiadwy yn croesi'r Paith am y tro cyntaf o Ddyffryn Camwy i Gwm Hyfryd. Y mae hefyd yn rhoi cipolwg inni ar rai agweddau o fywyd yn y Wladfa Gymreig, yn arbennig yng Nghwm Hyfryd a'r Andes, ymhen 50 mlynedd wedi i'r Cymry wladychu Chubut. Y mae dyddlyfr 1920 yn ddrych o fwrlwm bywyd merch ifanc ddeallus yn Nyffryn Camwy yn y cyfnod arbennig hwn. Yr ail a'r trydydd cyfraniad yw detholiad o ysgrifau a thraethodau chwaer Blodwen Camwy, sef Elisa Ann Dimol de Davies (1895–1980), a'i merch hithau: Gweneira Davies de González de Quevedo (1923–2015).

Yn 1965 yr oeddwn i wedi bod yn ddigon ffodus i ennill Ysgoloriaeth Cyngor yr Eisteddfod Genedlaethol i gynrychioli pobl ifanc Cymru ar achlysur dathlu canmlwyddiant y Wladfa ym mis Hydref a Thachwedd y flwyddyn honno. Fy mhleser digymysg bryd hynny oedd cael cyfarfod ag Elisa Dimol a Gweneira, ei merch. O'r foment honno hyd eleni, ni fu ball ar eu caredigrwydd. Tra bu Elisa Dimol fyw, ac am gyfnod o bron hanner can mlynedd yn hanes Gweneira, buont fel mam a chwaer i mi. Rhannu llythyrau, cardiau a lluniau lawer yn gyson; rhannu ysgrifau, traethodau ac atgofion. A'r cyfan yn gofnod amhrisiadwy o fywyd a diwylliant y Gwladfawyr. Buont hefyd yn eithriadol o gefnogol i bob ymdrech o'm heiddo i geisio cyflwyno llenyddiaeth a diwylliant y Wladfa i genhedlaeth newydd, ac yn arbennig i ddarllenwyr yng Nghymru.

Maint, cyfoeth, ac amrywiaeth mawr yr atgofion a'r ysgrifau yr oeddwn wedi eu derbyn gan Elisa Dimol, yn fwy na dim, a roes imi'r syniad o gynnig cystadleuaeth arbennig i Is-Bwyllgor Llên Eisteddfod Genedlaethol Caerdydd, 1978, sef: 'Casgliad o atgofion am fywyd yn y Wladfa gan bobl sydd wedi byw yno ar hyd eu hoes ac sy'n dal i fyw yn yr Ariannin.' (Caf sôn eto am y gystadleuaeth hon ac am gyfraniad gwerthfawr Cymdeithas Cymru-Ariannin yn ei noddi a'i threfnu o flwyddyn i flwyddyn, gan gynnwys dewis y testunau a'r beirniaid.)

Yn sgîl ennill yr ysgoloriaeth i ymweld â'r Wladfa, derbyniais wahoddiad gan Gwilym R Jones, golygydd *Y Faner*, i gyfrannu cyfres o erthyglau yn gofnod o'r dathlu, a chyhoeddwyd naw llythyr gennyf, dyddiedig 22 Hydref – 12 Tachwedd 1965. Gan ein bod bellach eleni yn y flwyddyn 2015 yn dathlu 150 o flynyddoedd ers sefydlu'r Wladfa, tybiwyd mai addas iawn oedd cynnwys y llythyrau hyn yn rhan olaf y gyfrol bresennol. Cynhwysir hefyd 'Salm o Foliant i Arloeswyr y Wladfa, Ddoe a Heddiw'.

★★★

Ni feddyliodd yr un o'r gwragedd y cyflwynir detholiad o'u gwaith yn y gyfrol hon erioed am gyhoeddi llyfr. Rwy'n aml wedi meddwl am Blodwen Camwy yn 1914–15, gan mlynedd yn ôl, yn ferch ifanc, rhwng dwy ar hugain a thair ar hugain oed, yn ei chwrcwd mewn pabell ar y Paith, dyddiadur ar ei harffed a phensel yn ei llaw. Dro arall, efallai, yn ymdrechu i ysgrifennu cofnod am ryfeddodau'r dydd yng ngolau'r lloer. Yna, yn 1920, yr un ferch ifanc, ond bum mlynedd yn hŷn, yn parhau i ysgrifennu yn ei dyddlyfr mor gydwybodol ag erioed, ddydd ar ôl dydd, wedi diwrnod o waith yng Nghwmni Masnachol Camwy, y 'Cop', yn Nolavon. Beth tybed fyddai ymateb y ferch ifanc ddeallus hon pe gwyddai fod rhywun o Gymru ymhen can mlynedd a mwy yn mentro (neu, efallai, y dylwn ddweud, yn meiddio) cyhoeddi ei phrofiadau a'i meddyliau mwyaf personol i'r byd cyfan gael eu darllen?

Fel y gwyddom yn dda, bu yng Nghymru draddodiad cyfoethog o ysgrifennu llythyrau, dyddiaduron, ysgrifau, traethodau, ac atgofion; traddodiad o gystadlu mewn cyrddau llenyddol ac eisteddfodau lleol; traddodiad o ysgrifennu yn unig er mwyn pleser (ac, yn aml, wrth gwrs, er mwyn ennill cystadleuaeth!), ond heb erioed fwriadu i'r cynhyrchion rhyddiaith hyn fod yn llenyddiaeth, nac, yn sicr, yn llenyddiaeth fawr. Eto, bu i'r gweithiau 'llenyddol' hyn roi boddhad digamsyniol i genhedlaeth ar ôl cenhedlaeth o ddarllenwyr a gwrandawyr. A bu traddodiad cyffelyb (ond, afraid dweud, am gyfnod byrrach), yn y Wladfa. Dathlu gwerth a pharhad y traddodiad cyfoethog hwn yw un o brif amcanion y gyfrol bresennol.

Ond y mae iddi hefyd un amcan arall, a'r amcan hwnnw yw ysbrydoli. Cofiwn eiriau'r Salmydd, 'Fy llinynnau a syrthiodd mewn lleoedd hyfryd. Y mae i mi etifeddiaeth deg.' (Salm 16: 6.)

Y mae corff helaeth o gynnwys y gyfrol hon, mewn rhyw fodd neu'i gilydd, yn gofnod o hanes, a'r gobaith yw y bydd darllenwyr yn y Wladfa ac yng Nghymru, yn arbennig y genhedlaeth iau, yn cael eu haddysgu o'r newydd am yr hyn a fu – am 'yr etifeddiaeth deg' y cyfeiriodd y Salmydd ati.

Y mae i ddiwylliant gwerin unrhyw wlad sawl gwedd. Byddai'n rhwydd, efallai, i rai dybio mai hytrach yn unochrog yw'r darlun o'r diwylliant a gyflwynir inni gan y ferch ifanc, Blodwen Camwy, ei chwaer Elisa Dimol, a'i merch hithau, Gweneira, yn y gyfrol bresennol. Nid felly, fodd bynnag. Un agwedd yn unig ydyw ar ddarlun ehangach. Ond un agwedd gyfoethog a chwbl ganolog. Wedi dweud hynny, y mae mawr angen hefyd, wrth gwrs, am gyfrolau sy'n cyflwyno inni agweddau pur wahanol ar fywyd a diwylliant yn y Wladfa. Cyfrolau, er enghraifft, gyda'r prif bwyslais ar fywyd fel y mae ar hyn o bryd heddiw: gwaith a chynhaliaeth; amaeth a chrefft; y cartref a theulu; bwydydd a gwisgoedd; arferion a chredoau; ofnau a dyheadau; crefydd a moes; eisteddfod a gŵyl; ffair a thafarn; canu ysgafn ac adloniant; arferion a difyrion plant... 'Dyma fel y bu...; dyma fel y mae hi nawr...'

Da gweld cyhoeddi yn ddiweddar sawl llyfr am Batagonia sy'n rhoi sylw amlwg i hanes cyfoes a bywyd bob dydd y trigolion. Gweler, er enghraifft, gyfrol ardderchog Ed Gold: *Patagonia: Byd Arall / Otro Mundo / Another World* (2012). Ond un awgrym caredig: gyda'i gilydd, nid ar wahân, y mae orau darllen dwy gyfrol mor gwbl wahanol, er enghraifft, â *Patagonia: Byd Arall* a'r gyfrol bresennol, *Yr Etifeddiaeth Deg*. Un garthen fawr liwgar, werthfawr, yw diwylliant gwerin y Wladfa, ac y mae i bob un o'r patrymau a'r lliwiau ran allweddol yng ngwneuthuriad a harddwch y garthen gyfan honno.

Wrth gofnodi hanes y mae'n demtasiwn rwydd ar adegau, wrth gwrs, i ramanteiddio'r gorffennol; i weld man gwyn man draw. 'Heb ei fai, heb ei eni.' Yn y darlun a gyflwynwyd inni yn y gyfrol hon o fywyd yn y Wladfa y mae'r pwys yn amlwg ar degwch a chyfoeth yr etifeddiaeth ddiwylliannol. Ond nid oes yma, yn fy marn i, or-ramanteiddio. Yn rhan annatod o'r darlun a gyflwynwyd hefyd y mae hynt a helynt y Gwladfawyr o ddydd i ddydd a'u brwydr gyson i oresgyn tlodi ac anawsterau, a'r cyfan y gallwn ni, ddarllenwyr, ei wneud – y cyfan y dylem ni ei wneud – yw diolch. Diolch am y darlun: darlun cynhwysfawr, cynnes a diffuant. Darlun o'r galon: 'Fel hyn y gwelsom ni fywyd.' 'Dyma oedd ein profiad ni.'

Ond nid perthyn i ddoe yn unig y mae ein hanes; y mae hefyd yn rhan annatod o'n heddiw ac yn ddrych o'n hyfory. A dyna, wrth gwrs, arwyddocâd is-deitl y gyfrol bresennol: *O Gymru i Batagonia: 1865–2015.* Y mae'n gyfrol sy'n edrych yn ôl, ac y mae hefyd, mi obeithiaf, yn gyfrol sy'n edrych ymlaen at yr heddiw a'r yfory sy'n fythol fyw o'n blaen. Oherwydd nid pwll o ddŵr llonydd – merddwr – yw unrhyw draddodiad byw, ond ffynnon fyrlymus. Nid afon fawr lydan yn llifo'n araf ar y dolydd tua'r môr, ond nant risialog yn llifo'n llafar ar y llethrau. Felly'n union ein diwylliant gwerin. Nid yw'n aros yn ei unfan. Y mae'n newid yn gyson, o gymuned i gymuned ac o genhedlaeth i genhedlaeth. Fy ngobaith innau, felly, yw y bydd to yn codi yn y Wladfa, fel yng Nghymru, fydd yn cael eu hysbrydoli o'r newydd gan dreftadaeth deg y gorffennol i wynebu her y presennol a'r dyfodol. Yn arbennig iawn, i'n hysbrydoli ni oll o'r newydd i weld gwerth mewn defnyddio'r Gymraeg, i'w siarad a'i hysgrifennu, ac i hyrwyddo'r diwylliant Cymraeg yn ei holl gyfoeth dihysbydd, y traddodiadol a'r cyfoes.

I weld gwerth hefyd mewn defnyddio pob cyfrwng posibl i gyflwyno'r diwylliant hwn, yn ddiddorol, yn ystyrlon, ac yn llawn dychymyg i gynulleidfa newydd, mewn oes newydd, boed y gynulleidfa honno yn blant, yn ieuenctid, neu yn oedolion. A boed y cyfrwng yn ddarn o gelfyddyd neu'n ddarn o gerddoriaeth; boed ddawns, cân a baled, sgwrs a stori; boed atgof, ysgrif a thraethawd; boed lythyr, boed ddyddiadur. Yn ogystal â'r ffurfiau cyfarwydd hyn, y mae her o'r newydd hefyd i ddefnyddio pob cyfrwng cyfoes posibl sy'n rhan bellach o'r oes dechnolegol yr ydym yn byw ynddi, cyfryngau megis ffilmiau a chrynoddisgiau; blogiau ac e-lythyrau; trydar, gweplyfr ac Ap.

Hyn oll a fu'n ysbrydoliaeth i mi i baratoi'r gyfrol hon. Mawr fu'r hyfrydwch. Mawr fy mraint. A mawr iawn fy niolch.

★★★

Wrth derfynu ei llythyr cynhwysfawr ataf, 12 Mawrth 1967, yn cofnodi'i hatgofion am blant y Wladfa a'u cartrefi, fe ysgrifennodd Elisa Dimol eiriau fel hyn:

> Yn amser y Diwygiad oedd Cwrdd Chwiorydd unwaith yr wythnos, ac oedd yno un hen wraig yn rhoddi emyn allan bob amser. Oedd hi'n un dda am ddewis emynau, ond oedd hi ddim yn deall canu. Ac wedyn fydda hi yn dweyd fel hyn: 'Dyna fo, gwnewch fel y mynnoch efo fo rwan.' Ac felly y dywedaf innau, Gwyndaf, fydd gennych waith mawr trefnu yr ysgrifen yma, ond gobeithio y cewch rywfaint o fwyniant wrth ddarllen yr hanes.

Ac i chwi ddarllenwyr y gyfrol hon yn y Wladfa a'r Hen Wlad, yr un yw fy nymuniad innau nawr: 'gobeithio y cewch rywfaint o fwyniant'. Mwyniant, budd a bendith.

Robin Gwyndaf
1 Mawrth 2015

Gair o Ddiolch

'Offrwm diolch' yw'r gyfrol hon, meddwn yn yr agoriad i'r rhagair. Dal ar y cyfle i geisio mynegi mewn gair a llun, ac mewn un gyfrol, fy niolch personol i am etifeddiaeth deg y Gwladfawyr. Fy niolch, a hefyd fy edmygedd. Gwnaed hynny'n bennaf drwy ddethol cyfansoddiadau rhyddiaith tair gwraig o'r un teulu: dau ddyddiadur y ferch ifanc, Blodwen Camwy; a detholiad o ysgrifau ei chwaer, Elisa Dimol de Davies, a'i merch hithau, Gweneira Davies de González de Quevedo.

Fy ngorchwyl bleserus gyntaf yn awr, felly, yw diolch o galon am yr hyfrydwch o gael profi'n helaeth iawn o gyfeillgarwch a haelioni nodedig Elisa Dimol a Gweneira yn trosglwyddo'n rhodd imi y fath drysorfa o lythyrau, ysgrifau a lluniau, er pan gwrddais â hwy gyntaf ar achlysur dathlu canmlwyddiant y Wladfa, Hydref 1965, hanner can mlynedd yn ôl. (Roedd Blodwen Camwy wedi marw flynyddoedd cyn hynny, 19 Chwefror 1942, o fewn diwrnod i'w phen-blwydd yn 51 – marw o dorcalon wedi i'w dau blentyn foddi yn Afon Camwy ar ddydd Nadolig, 1940.) Yr un modd, diolch yn ddiffuant iawn am y fraint fawr a gaf yn awr o roi yn ôl i'r darllenwyr gyfran o'r deunyddiau gwerthfawr a drosglwyddwyd i'm gofal – cyfle i rannu'r trysor.

Yn y bennod fer olaf rwy'n enwi rhai o'm cyfeillion hoff a charedig eraill o'r Wladfa yn ystod yr un cyfnod. Cyhoeddir lluniau nifer ohonynt hefyd yng nghorff y gyfrol. Mor fawr fy niolch iddynt hwythau.

Diolch arbennig: Dr Dewi Evans

Afraid dweud, ni ellid paratoi cyfrol fel hon heb gymorth llu o bersonau, a hyfryd yw cael eu henwi yn y fan hon. Ar y dechrau'n deg rhaid imi gyfeirio'n benodol at Dr Dewi Evans, Nefyn, Darlithydd yn Adran Geltaidd, Prifysgol Dulyn, Iwerddon. Y mae ef yn wybodus iawn yn hanes a diwylliant y Wladfa ac yn briod â Liliana, merch o Esquel, wrth droed yr Andes. Ar adeg pan ddeuai ambell bwl o amheuaeth i'm poeni tybed a allwn, yn yr amser byr oedd gennyf, fyth ddod i ben â rhoi trefn ar y mwynglawdd o ddeunyddiau oedd ar gael i ddethol ohonynt, daeth Dewi i'r adwy i'm calonogi. Cytunodd yn llawen i baratoi fersiwn gyntaf testun wedi'i olygu o 'ddyddlyfr' Blodwen Camwy, 15 Hydref 1914 – 30 Ebrill 1915; cynigiodd sylwadau gwir werthfawr ar y testun yr oeddwn innau wedi'i baratoi o'r detholiad a wnaed gennyf o'r ail ddyddlyfr: 23 Ionawr – 11 Tachwedd 1920; teipiodd fersiwn gyntaf y gyfres o lythyrau a anfonwyd gennyf o'r Wladfa at fy nheulu yng Nghymru ar achlysur dathlu'r Canmlwyddiant yn 1965, a darllenodd bron y cyfan o'r gyfrol, gan gynnig myrdd o awgrymiadau. Ar ben hyn oll bu ei gefnogaeth gyson yn wir ysbrydiaeth bob cam o'r daith. Diolch Dewi.

Gwybodaeth gan Wladfawyr a Chyfeillion y Wladfa

Person arall y mae fy nyled iddo'n ddifesur yw **Elvey MacDonald**, awdur *Yr Hirdaith* (Gomer, 1999), un o'r llyfrau pwysicaf un ar hanes y Wladfa. Darllenodd yntau ran helaethaf o'r gyfrol; atebodd gant a mil o gwestiynau, a rhoddodd imi bob hwylustod i ddethol beth bynnag a fynnwn o'i gasgliad gwerthfawr o luniau, nifer ohonynt wedi'u cynnwys yn y gyfrol bresennol. Rwy'n mawr werthfawrogi ei garedigrwydd.

Felly hefyd barodrwydd cyfeillion eraill o Gymru sy'n hyddysg yn hanes y Wladfa (yn bennaf, derbyniais wybodaeth ganddynt yn ymwneud â'r llyfryddiaeth): Dr Walter Ariel Brooks; Mari Emlyn; Gwen a John Emyr; yr Athro Robert Owen Jones; Cathrin Williams, a'r Athro Glyn Williams. Atebwyd llu o gwestiynau gan yr Athro E Wyn James, a darllenodd y llyfryddiaeth yn fanwl, gan gynnig nifer o ychwanegiadau.

Yr un modd, bu cyfeillion o'r Wladfa yn garedig iawn ac yn barod bob amser i gynorthwyo, er enghraifft, gyda'r eirfa: Elena Davies de Arnold, Trelew; Luned Vychan Roberts de González, y Gaiman; Mary Green, Trevelin; Meriel (Lele) Davies de Griffiths, y Gaiman; Edith MacDonald, y Gaiman; Elda Lorain Jones de Ocampo, Trelew, ac Esyllt Nest Roberts, un o olygyddion *Y Drafod*.

Rhaid imi enwi yn arbennig Alwen Green, Trevelin. Canmil diolch iddi am y lluniau a'r holl wybodaeth a dderbyniwn ganddi yn gyson a phrydlon mewn e-lythyrau di-rif. Y mae hi, ei chwaer, Mary, a'i brodyr, Charlie ac Erik, yn blant i Vera a Fred Green. Roedd Fred Green yntau yn fab i Gwenonwy, un o blant niferus y cymwynaswr dawnus, Richard Jones Berwyn, a'i briod, Elizabeth Pritchard. Gwraig gyntaf Twmi Dimol oedd hi, ac felly yn nain i Blodwen Camwy a'i chwaer, Elisa Dimol. Wedi i'r ddwy chwaer golli eu rhieni yn ifanc, gyda'i nain, Elizabeth Pritchard, a'i thaid gwyn, R J Berwyn, y magwyd Blodwen Camwy. (Gw. y tabl achau.)

Cymwynaswyr eraill, parod eu cymorth

Unwaith eto, y mae gennyf ddyled arbennig i'r Dr Anne Elizabeth a Howard Williams, Clynnog Fawr (Howard yn arbennig y tro hwn), am y gwaith ardderchog arferol yn paratoi fersiwn ddigidol o'r gyfrol ar gyfer y wasg. Yr un modd, fy niolch diffuant i Delwyn Tibbott, Caerdydd, am ei holl ofal arferol yntau wrth ddarllen proflenni'r gyfrol, ac i Andrew Hawke, Golygydd Rheolaethol, Geiriadur Prifysgol Cymru, am ei sylwadau gwerthfawr ef a rhai o'r staff parthed yr eirfa. Darllenodd Eleri, fy mhriod, hithau, y gyfrol gyfan mewn teipysgrif a phroflen. Y mae fy niolch iddi am ei chefnogaeth gyson y tu hwnt i eiriau. Derbyniais hefyd bob cymorth, yn arbennig cymorth cyfrifiadurol, gan Nia Eleri, ein merch, a Llyr, ein mab. Felly hefyd gan Hywel Williams, ein cymydog parod ei gymwynas.

Llyfrgell Genedlaethol Cymru ac Amgueddfa Werin Cymru

Eto bu staff **Llyfrgell Genedlaethol Cymru** yn barod iawn eu cymorth. Y tro hwn gwerthfawrogaf yn arbennig y cyfarwyddyd parod a dderbyniais gan Camwy MacDonald a Rhodri Davies. O chwarel luniau'r Llyfrgell, perthnasol i Batagonia, dewiswyd 15 llun i'w cyhoeddi yn y gyfrol hon, y mwyafrif o gasgliad cynhwysfawr Phillip Henry, a dau lun o blith casgliad helaeth lluniau rhagorol y ffotograffydd, Haydn Denman, Caerdydd.

O drysordy'r genedl yn Aberystwyth i drysordy'r genedl yn **Amgueddfa Werin Cymru**, Sain Ffagan, a phleser yw cael diolch y tro hwn yn benodol i Richard Edwards; Lowri Jenkins; Dylan Jones; Pascal Lafargue, a Meinwen Ruddock-Jones. Dewiswyd 11 llun i'w cyhoeddi, nifer ohonynt o blith lluniau yn Amgueddfa'r Wladfa, yn y Gaiman, lluniau y bu'r ddiweddar Tegai Roberts mor garedig â rhoi eu benthyg i'r Amgueddfa Werin i'w copïo. Ar gyfer y gyfrol bresennol gwnaed defnydd hefyd o lawysgrifau sydd ar gadw yn yr Amgueddfa Werin (casgliad Elisa Dimol a Gweneira Davies de Quevedo). Ceir rhestr ohonynt yn yr adran 'Llyfryddiaeth'.

Cymdeithas Cymru-Ariannin a Chyhoeddwyr

Droeon yn y gyfrol hon cyfeiriwyd at **Gymdeithas Cymru-Ariannin.** Mawr iawn ein dyled iddi am hyrwyddo'r ddolen annatod rhwng Cymru a'r Wladfa.

Un o'i chymwynasau fu trefnu i gyhoeddi'r cyfansoddiadau buddugol yn yr Eisteddfod Genedlaethol sy'n ffrwyth y gystadleuaeth gyfyngedig i'r Gwladfawyr (1978–). Gwnaed hynny hyd yn hyn gan weisg, ar ran y Gymdeithas, mewn tair cyfrol: *Atgofion o Batagonia*, gol. R Bryn Williams, Gwasg Gomer, 1980; *Byw ym Mhatagonia*, gol. Guto Roberts a Marian Elias Roberts, Gwasg Gwynedd, 1993; a *Bywyd yn y Wladfa*, gol. Cathrin Williams, Gwasg y Bwthyn, 2009. Cyhoeddwyd detholiad byr o waith Elisa yn *Atgofion o Batagonia,* a phum ysgrif o eiddo Gweneira yn *Bywyd yn y Wladfa*. Cyhoeddwyd hefyd dair o ysgrifau Gweneira yng nghyfrol *Cyfansoddiadau a Beirniadaethau* yr Eisteddfod. Roeddwn i wedi derbyn gan Elisa a'i merch destunau gwreiddiol o'u hysgrifau, ac o'r testunau hynny y paratowyd y fersiynau a olygwyd gennyf ar gyfer y gyfrol bresennol. Priodol, serch hynny, yw cydnabod, gyda diolch, y cyhoeddiadau a nodwyd uchod.

O blith aelodau Cymdeithas Cymru-Ariannin, rhaid cyfeirio'n arbennig at ei hysgrifennydd gweithgar, Ceris Gruffudd, a diolch iddo am bob cyfarwyddyd a chymorth. Aelod gweithgar iawn arall yw Megan Bevan, Porth-y-rhyd, Caerfyrddin. Ein diolch cywiraf iddi hithau ac i Gymdeithas Cymru-Ariannin am gydweithio gyda Chymdeithas Brodwaith Cymru i baratoi'r brodwaith hardd, fel rhan o ddathliadau 150 y Wladfa eleni. Megan Bevan, mewn cydweithrediad â Joyce Jones, Cricieth, o Gymdeithas Brodwaith Cymru, a gynlluniodd y gwaith celf hwn, a bydd yn gofeb gain barhaol. Ceir llun camera ohono gan yr arlunydd, Rob Piercy, Porthmadog, yn y gyfrol bresennol.

Y mae'r pedwar map a gynhwyswyd yn seiliedig, gyda mân addasiadau, ar fapiau a gyhoeddwyd eisoes yn y cyfrolau a ganlyn: 1. *Byw ym Mhatagonia*, gol. Guto Roberts a Marian Elias Roberts, Gwasg Gwynedd, 1993 (map De America). 2. *Gwladfa Patagonia. The Welsh Colony in Patagonia: 1865–1965*, R Bryn Williams, Gwasg Prifysgol Cymru, 1965 (map Patagonia: taleithiau Chubut a Santa Cruz). 3. *Tan Tro Nesaf: Darlun o Wladfa Gymreig Patagonia*, Gareth Alban Davies, Gwasg Gomer, 1976 (map o'r Wladfa, talaith Chubut). 4. *Yr Efengyl yn y Wladfa,* Robert Owen Jones, Gwasg Efengylaidd Cymru, 1987 (Capeli Dyffryn Camwy, cyhoeddwyd hefyd yn *Y Wladfa yn Dy Boced*, Cathrin Williams, Gwasg y Bwthyn, arg. 1af 2000).

Lluniau

Cynhwysir 200 o luniau yn y gyfrol hon. Yn ffodus, roedd gen i eisoes gasgliad helaeth o tua 400. Y lluniau pwysicaf oedd y rhai a dderbyniwyd yn rhodd gan

Elisa Dimol a Gweneira yn ystod cyfnod o bron hanner can mlynedd. Yn eu plith y lluniau o albwm y teulu. Cynhwysai rhain, er enghraifft, yr unig lun a welais erioed o Twmi Dimol, o Bennant Melangell, taid Elisa, a fu farw yng ngwanwyn 1868 wedi llongddrylliad y *Denby*, a llun o Mary Humphreys de Davies, y Gymraes gyntaf i'w geni yn y Wladfa. Yn rhan werthfawr o'r casgliad hefyd y mae, er enghraifft, luniau o bersonau hanesyddol, golygfeydd, cofgolofnau ac adeiladau cynnar, megis y llun o hen 'Gapel y Llwyn' ('Capel Logs'), Trevelin. Yn ogystal â'r lluniau yr oeddem fel teulu wedi'u derbyn ar hyd y blynyddoedd gan gyfeillion o'r Wladfa, neu wedi eu tynnu o Wladfawyr ar ymweliad â Chymru, prif gynnwys ein casgliad teuluol yw lluniau a dynnwyd ar achlysur dathlu'r Canmlwyddiant yn 1965 ac yn ystod ein hymweliad â'r Wladfa yn 2006.

Daw tua hanner y lluniau a gyhoeddwyd yn y gyfrol hon o'r casgliad personol. Fodd bynnag, y nod oedd i'r lluniau, hyd yr oedd modd, fod yn rhan ganolog o'r stori. Y lluniau yn adlewyrchu'r cynnwys. Yn adlewyrchu hefyd fywyd a diwylliant y Wladfa yn ei gyfanrwydd. Cofiwn yr hen ddihareb (ai o Tsieina?): 'Y mae un darlun yn werth mil o eiriau.' Os oeddwn, er enghraifft, yn cynnwys lluniau yn ymwneud â'r gynhaliaeth ysbrydol (megis lluniau capeli ac eisteddfodau), yna priodol oedd cynnwys lluniau o'r offer fferm y dotiais atynt yn Nhwyn Carno, ardal Bryn Crwn, lle'r arhosais am rai dyddiau bythgofiadwy ym mis Hydref 1965. Os cynnwys llun o'r cerbyd Ford T, 1914, yn ei holl grandrwydd, yna teg oedd cynnwys hefyd lun o'r bws mewn eira ac wedi strancio ar ganol y Paith. Gwn o'r gorau imi'n aml fethu â chyrraedd y nod, ond byddai gennyf fwy fyth o angen ymddiheuro oni bai am o leiaf ddau reswm. Yn gyntaf, Golygydd Cyffredinol hynaws Gwasg y Lolfa, Lefi Gruffudd, yn caniatáu imi gynnwys cymaint o luniau yn y gyfrol. Yn ail, haelioni cyfeillion yn ymateb mor rhagorol i'm cais am gael benthyg rhai lluniau penodol.

Hawdd deall, felly, paham fy mod yn llawen iawn yn cael y cyfle hwn yn awr i ddweud wrth y personau hyn oll: myrdd o ddiolch. Cyfeiriwyd eisoes at Alwen Green, Rob Piercy, a chasgliad lluniau ardderchog Elvey MacDonald, megis y lluniau o rai o arloeswyr y Wladfa: Lewis Jones, Edwyn Cynrig Roberts, Richard Jones Berwyn, a'r Parchg Abraham Matthews. Cyfeiriwyd hefyd at luniau'r Llyfrgell Genedlaethol a'r Amgueddfa Werin.

Derbyniwyd gan Norah O'Brien, Bangor, gasgliad eithriadol o werthfawr, yn arbennig y lluniau o deulu Blodwen Camwy, Elisa Dimol a Gweneira. Yn ei chasgliad hi (cyfanswm o 40 llun i ddewis ohonynt), er enghraifft, y gwelais am y tro cyntaf luniau o Lewis Pennant a'i deulu, brawd Elisa a Blodwen. Yn eu plith, llun o un o wyrion Lewis, sef Julio Cesar Dimol, bardd cyfoes ac awdur tair cyfrol o gerddi Sbaeneg. Y mae Norah O'Brien yn orwyres i Margaret Evans, chwaer Twmi Dimol, a gwelir llun Norah gyda Gweneira, ei chyfnither, yn y gyfrol hon.

Perthyn i deulu Richard Jones Berwyn y mae Elizabeth Evans, Rhydycroesau, ger Croesoswallt. Bu hithau'n garedig iawn yn rhoi benthyg nifer o luniau'r teulu imi ac yn ateb llu o gwestiynau. Felly hefyd Bethan Roberts, Bodelwyddan. Rhoes hi fenthyg imi dri llyfr lloffion o eiddo ei diweddar fodryb, Eiddwen Humphreys, y Bala, yn cynnwys lluniau ohoni hi a'i theulu ac aelodau Cymdeithas Cymru-Ariannin.

Yr un yw fy niolch i garedigion a roes un neu ragor o luniau ar fenthyg neu yn rhodd imi: 1. Y Parchg Ioan Davies, y Bala (llun ei chwaer, Mair Davies, y genhades). 2. Sharon ac Elgan Goddard, Cerrigydrudion (plât dathlu'r Canmlwyddiant, 1965). 3. Nan Griffiths, Minffordd, ger Penrhyndeudraeth (darlun du a gwyn o'i thad, R Bryn Williams, gan Delyth Llwyd). 4. René Griffiths, y trwbadŵr a'r gaucho Cymraeg (lluniau gan Fredy Griffith a Keith Morris). 5. Anita Lewis, Trelew (Calendr 2015: darluniau o gapeli Cymraeg y Wladfa). 6. Héctor MacDonald, y Gaiman. 7. Gerallt D Nash (dau lun o gasgliad Amgueddfa Werin Cymru). 8. Eiry Palfrey (dathlu Gŵyl y Glaniad yn y Bala, 1965). 9. Luned González a Tegai Roberts (plant Ysgol Sul y Gaiman). 10. Y Parchg Tegid a Nant Roberts, Llanrug (llun o'r blodyn / planhigyn 'Owen C' / 'Wansi' ym Mynwent y Gaiman).

Noddwyr

Diolch i Gyngor Llyfrau Cymru am y cyfraniad ariannol a dderbyniwyd. Mawr werthfawrogi.

Pan fo gan unrhyw un drysor i'w rannu, nid ydym am gadw'r trysor hwnnw, pa mor werthfawr bynnag y bo, o'r golwg mewn cwpwrdd tywyll, fel crair sy'n rhy frau i'w gyffwrdd. Yn hytrach, yr ydym am ei ddwyn i'r golau er mwyn iddo gael ei weld a'i werthfawrogi gan bawb. Felly yn union gyda'r gyfrol hon. Cyfrol i'w phrynu, ei darllen, a'i mwynhau ydyw; cyfle i gryn gymaint o bobl ag sydd modd ddod i wybod am 'etifeddiaeth deg' y Wladfa ym Mhatagonia, ac rwy'n wir ddyledus i'r Wasg am gytuno â'm cais i gadw'r pris gwerthu mor isel ag oedd bosibl.

Prin fod angen dweud wrth neb, fodd bynnag, fod cyhoeddi cyfrol fel hon yn costio rhai miloedd o bunnau. Felly, er mwyn cwrdd rhyw gymaint â'r costau, estynnais wahoddiad i gyfeillion ymuno gyda mi yn y fenter, fel noddwyr. Fy hyfrydwch arbennig innau nawr, gan hynny, yw cael diolch o waelod calon i'r cyfeillion hyn am eu hymddiriedaeth a'u caredigrwydd. Fy ngobaith hefyd yw y bydd modd cyflwyno rhyw gymaint o'r arian a dderbyniwyd drwy'r nawdd **i'w ddefnyddio at waith yr ysgolion Cymraeg yn y Wladfa**.

Gwasg y Lolfa

Unwaith eto, o'r dechrau, ni allai yr un awdur fod wedi derbyn gwell cefnogaeth a chydweithrediad. Fy niolch diffuant i'r staff, ac yn arbennig i Lefi Gruffudd, Dr Elin Angharad, Alan Thomas, a Paul Williams.

Rhagymadrodd

Er yn ifanc iawn fe glywais i lawer o sôn a siarad am 'Batagonia'. Fe'm ganed mewn ffermdy o'r enw ''Rhavod' yn ardal a phlwyf Llangwm, Uwchaled, yn yr hen sir Ddinbych. Adeiladwyd y tŷ gan Ann a Michael D Jones yn 1868, dair blynedd wedi sefydlu'r Wladfa, ac enw'r tŷ wedi'i sillafu gyda 'v', fel yng ngwyddor y Gwladfawyr. Cariwyd fy nhaid, Owen Owens, tad fy mam, yn faban o'r hen dŷ un llawr, Hafoty Arddwyfan, i'r tŷ newydd braf, gyda'i seler fawr. Michael D Jones bryd hynny oedd berchen tir yr Hafod, ac y mae gen i gof plentyn o glywed fy mam yn sôn am ei theulu yn 'mynd i'r Bala erstalwm i dalu rhent i'r hen Feical Di'.

Y mae gen i gof byw iawn hefyd am Eiddwen Humphreys (1917–98, Evans cyn priodi), yn ymweld yn gyson â ni yn yr Hafod gyda'i phriod, Aneurin Humphreys (clerc tref y Bala a mab i chwaer fy nain, mam fy mam). Magwyd Eiddwen yn y Wladfa. Yr oedd yn un o sylfaenwyr Cymdeithas Cymru-Ariannin (neu Gymdeithas Cymry Ariannin, fel y gelwid hi hyd 1999), a chofnododd stori sefydlu'r Gymdeithas ar yr 8 Awst 1939, yn Eisteddfod Dinbych. (Ail-gyhoeddwyd yr adroddiad hwn yn 2014 mewn cyfrol werthfawr gan Gymdeithas Cymru-Ariannin yn adrodd hanes y Gymdeithas, 1939–2014; golygydd Elvey MacDonald.) Gwasanaethodd Eiddwen y Gymdeithas yn ffyddlon o'r dechrau, ac, yn ei thro, bu'n Ysgrifennydd, Cadeirydd, ac yn Llywydd Anrhydeddus. Pan ddeuai hi a'i phriod i'n gweld yn yr Hafod, hyfryd iawn oedd y sgwrs, a bron yn ddieithriad roedd yn siŵr ryw ben o fynd â ni blant ar yr aelwyd am dro i Batagonia bell. A bryd hynny, yr oedd hi fel ffynnon yn goferu. Bwrlwm o storïau a hanesion am ei bywyd yn blentyn ac yn ferch ifanc yn y Wladfa. Ninnau'n gwrando'n astud. Gwrando a rhyfeddu.

Dyma'r cyfnod hefyd yr oeddwn i, fel plant eraill y cyfnod hwnnw, rwy'n sicr, wedi cael fy nghyfareddu gan nofelau a storïau R Bryn Williams, megis *Bandit yr Andes* (1956) a *Croesi'r Paith* (1958). Yr un modd, wedi ymgolli yn anturiaethau perchennog y ceffyl carlamus hwnnw yn stori'r *March Coch* (1954), a dotio at *gauchos* yng ngwlad fawr Ariannin oedd yn gallu siarad Cymraeg.

Yn fuan wedyn, ac yn nyddiau coleg, dod i wybod bod yna lawer mwy i fywyd y Gwladfawyr na rhamant ac antur. Yn araf bach, dod i wybod ychydig am eu haberth a'u brwydr fawr i oroesi; dechrau amgyffred cyfoeth eu bywyd diwylliannol; cyfraniad beirdd a llenorion; a darganfod dawn lenyddol yr awdures, Eluned Morgan, mewn cyfrol megis *Dringo'r Andes* (1904). Ymdeimlo hefyd â'r awydd y carwn innau ryw ddydd ymweld â'r dalaith unigryw hon ym mhendraw'r byd, i ddysgu mwy, a phwy a ŵyr, i ddal ar y cyfle i roi rhyw ronyn o lên a llafar y Gwladfawyr ar gof a chadw. Yr oeddwn eisoes yn y cyfnod hwn wedi dod fwyfwy i sylweddoli gwerth arbennig y diwylliant gwerin yng Nghymru, fel yng ngweddill y gwledydd Celtaidd a rhannau eraill o Ewrop, megis y Gwledydd Nordig, ac, yn fuan iawn, roeddwn i ddechrau ar fy ngwaith yn Amgueddfa Werin Cymru, Sain Ffagan (Hydref 1964).

★★★

Daeth y cyfle i fynd i Batagonia yn llawer cynt nag y disgwyliwn, oherwydd yn 1965, fel y nodais eisoes yn y rhagair, fy mraint i oedd ennill Ysgoloriaeth Cyngor yr Eisteddfod Genedlaethol i ymweld â'r Wladfa am dair wythnos ar achlysur dathlu'r Canmlwyddiant: 1865–1965. Ysgoloriaeth oedd hon i gynrychioli pobl ifanc Cymru (roeddwn i bryd hynny yn 24 mlwydd oed). Roedd ennill yr ysgoloriaeth yn anrhydedd ac yn gyfrifoldeb, a mawr fy ngwerthfawrogiad o haelioni'r Dr Jenkin Alban Davies, y noddwr, a blaengarwch Cyngor yr Eisteddfod. Yn sgîl ennill yr ysgoloriaeth hon, yn ogystal â derbyn y gwahoddiad gan Gwilym R Jones i gyfrannu cyfres o erthyglau i'r *Faner* yn gofnod o'r dathlu, cafwyd gwahoddiad gan Lywodraeth Ariannin i dreulio dau fis ychwanegol yn y Wladfa. Yr oeddwn wedi gwneud cais am nawdd i gofnodi tystiolaeth lafar trigolion y Gwladfawyr. Byddwn wedi bod wrth fy modd yn derbyn y cynnig gwerthfawr hwn. Yn anffodus, fodd bynnag, ni fu modd imi wireddu'r freuddwyd hon.

Yn Ebrill 1966 derbyniwyd gwahoddiad gan Bwyllgor Dathlu Canmlwyddiant y Wladfa i gydolygu cyfrol gyda Mr Dafydd Orwig Jones yn adrodd hanes y dathlu. Yn anffodus unwaith eto, ond y tro hwn oherwydd amgylchiadau personol ar fy rhan i, bu raid i mi ar y pryd orfod gwrthod y gwahoddiad caredig, ac, ysywaeth, ni chyhoeddwyd y gyfrol honno.

Fodd bynnag, pan fo un drws yn cau, yn aml y mae drws arall yn agor, a llawenydd mawr i mi yn dilyn f'ymweliad â'r Wladfa oedd cael cyfle i ysgogi rhai o'r trigolion i gofnodi eu hatgofion mewn llythyr, ysgrif a thraethawd, a thrwy gystadlu yn Eisteddfodau'r Wladfa. A dyna, wrth gwrs, pryd y bu imi gyfarfod gyntaf ag Elisa Dimol de Davies a'i merch, Gweneira. Ddechrau Ionawr 2015 ysgrifennais y geiriau hyn: 'Bellach, y mae Gweneira mewn gwth o oedran ac yn wan iawn ei hiechyd. Felly, ar ran yr holl ddarllenwyr a'i chyfeillion lu yn y Wladfa ac yng Nghymru, anfonwn ein cofion cynhesaf ati gan ddymuno iddi adferiad llwyr a phob bendith.' Cyflwynais iddi hefyd yr englyn a ganlyn:

> I'r lengar un eiddunaf – ogoniant
> Y gwanwyn tyneraf;
> Hedd yr awel dawelaf,
> A gwynfyd yr hyfryd haf.

Pan oedd y gyfrol hon ar fin mynd i'r wasg, fodd bynnag, daeth y newydd trist i Gweneira farw yn gynnar bore Gwener, 20 Chwefror 2015, ac fe'i claddwyd yr un diwrnod ym Mynwent Jardin del Cielo, Trelew. Cofiwn yn annwyl iawn amdani a diolchwn o waelod calon am ei gwasanaeth.

★★★

Cafwyd ymateb ardderchog i'r gystadleuaeth newydd ar gyfer y Gwladfawyr yn Eisteddfod Genedlaethol Cymru, Caerdydd, 1978. Casgliad cymharol fyr, ond mewn Cymraeg graenus dros ben, gan Irma Hughes de Jones (*Flor de Ceibo*), merch yr ysgolhaig Arthur Hughes, oedd yn fuddugol, a chasgliad llawer helaethach Elisa Dimol de Davies (*Gwenmai*) yn ail. Cafwyd casgliadau gwerthfawr hefyd gan dri chystadleuydd arall: Glyn Ceiriog Hughes (*Chupat*); Ifano Evans (*Un o'r Gaiman*); ac Egryn Williams (*Andino*).

Da dweud i'r gystadleuaeth arbennig hon ar gyfer y Gwladfawyr fod yn rhan o bob rhaglen Eisteddfod Genedlaethol hyd heddiw, a mawr ein diolch i'r Eisteddfod am sicrhau hynny, fel i Gymdeithas Cymru-Ariannin am ei chefnogaeth gyson. Bu'r gystadleuaeth yn llwyddiant digamsyniol, a byddai Elisa Dimol de Davies wedi llawenhau yn fawr o wybod hynny, a gwybod, yr un modd, mai un o'r cystadleuwyr mwyaf llwyddiannus fu Gweneira, ei merch hi ei hun. Cyhoeddwyd detholiad o gyfansoddiadau'r gystadleuaeth yn Eisteddfod Caerdydd yn y gyfrol *Atgofion o Batagonia*, golygwyd gan R Bryn Williams, y beirniad (Gwasg Gomer, 1980). Wedi hynny, trefnodd Cymdeithas Cymru-Ariannin i gyhoeddi dwy gyfrol arall werthfawr dros ben, yn cynnwys traethodau ac ysgrifau a anfonwyd i'r gystadleuaeth arbennig ar gyfer y Gwladfawyr, sef: *Byw ym Mhatagonia*, golygwyd gan Guto Roberts a Marian Elias Roberts (Gwasg Gwynedd, 1993); a *Bywyd yn y Wladfa*, golygwyd gan Cathrin Williams (Gwasg y Bwthyn, 2009).

★★★

Ni chyhoeddwyd 'dyddlyfrau' Blodwen Camwy cyn hyn. Cyhoeddir dyddiadur 1914–15 yn gyflawn yn y gyfrol bresennol a detholiad o ddyddiadur 1920. Ar wahân i'r cynnwys sy'n rhoi darlun byw inni o'r bywyd Cymreig draw yn Ariannin, y mae gwerth arbennig ynddynt, afraid dweud, fel cofnod o'r Gymraeg a arferid yn y cyfnod hwn. Felly y mae gwerth yn ysgrifau a thraethodau Elisa Dimol a Gweneira. Dyma un enghraifft o ysgrif rhif 9 Elisa Dimol, 'Ffarmio', sef defnydd o'r ansoddair 'tyfol' (twf + ol: 'yn hyrwyddo tyfiant'). Yn ei gyd-destun, y mae'n ddewis ardderchog o ansoddair. Dyma'r frawddeg gyflawn: 'Ym Mehefin cafwyd glaw tyner a thyfol anghyffredin, ac eginodd y gwenith ar bob llannerch.'

Gwerth amlwg arall yw bod gwaith y tair gwraig, fel ei gilydd, yn cyflwyno'n aml inni dystiolaeth uniongyrchol o hanes – tystiolaeth llygad y ffynnon. 'Gwelais â'm llygaid fy hun'; 'clywais â'm clustiau fy hunan'. Pennawd un o ysgrifau Elisa Dimol yw: 'Roeddwn i yno.' Yn ferch ifanc y mae'n cofio'r cyngerdd cyntaf erioed a gynhaliwyd, 13 Tachwedd 1913, yn Neuadd Dewi Sant, Trelew, – 'Neuadd Goffa yr Hen Wladfawyr', fel roedd hi'n cael ei galw gynt. Y bore wedyn, roedd hi'n ôl yn Nhrelew erbyn deg o'r gloch i weld agoriad yr Orsedd ar y brif heol, yr Avenida Fontana. Y mae'n cofio clywed 'seinio'r Corn Gwlad' a gweld 'gosod y cledd yn y wain ar y Maen Chwŷf'. Cyn cau'r Orsedd, cofio'r Bonwr David Iâl Jones yn canu [cân Ap Glaslyn]: 'Codi'r Hen Wlad yn ei Hôl'. Yna am ddau a chwech o'r gloch y diwrnod hwnnw, yr Eisteddfod ei hun: cyfarfodydd ardderchog yn y Neuadd Goffa. Ymhen blwyddyn ac wyth mis a mwy, 28 Gorffennaf 1915, roedd hi yno eto yn y neuadd hon, ac yn cofio'n dda yr ŵyl i ddathlu hanner canmlwyddiant y Wladfa: Gŵyl y Glaniad. Ym mis Hydref 1965, y dathlu mawr: Dathliadau'r Canmlwyddiant. Ac oedd, yr oedd y wraig ddiwylliedig o Batagonia yno. 'Roeddwn i Yno...' Un ysgrif o blith y deg ar hugain o eiddo Elisa Dimol a ddetholwyd ar gyfer y gyfrol hon. Detholwyd un ysgrif ar ddeg o eiddo Gweneira, ei merch.

Ceir yn y Wladfa draddodiad cyfoethog o bersonau a lwyddodd i ysgrifennu Cymraeg rhyfeddol o raenus, boed ryddiaith neu brydyddiaeth. Ni fu i fwyafrif mawr o'r gwŷr a'r gwragedd hyn, o bosibl, erioed ymweld â'r 'Hen Wlad', na derbyn addysg ffurfiol yn y Gymraeg. Eto, o'r cyfnod cynnar un, bu iddynt fwrw iddi, a hynny yn aml yng nghanol llawer o galedi ac anawsterau, i fynegi, yn eu priod iaith, hynt a helynt eu bywydau bob dydd, o febyd i fedd, yn brofiadau difyr a dwys. Mynegi mewn Cymraeg, a hwnnw'n Gymraeg a 'blas Patagonia' arno; Cymraeg digon gwallus yn aml yn ôl rheolau gramadeg a'n safonau ni yng Nghymru, ond Cymraeg sydd hefyd, dro ar ôl tro, yn hyfryd i'r glust.

Adlewyrchir hyn mewn cyhoeddiadau gwerthfawr, megis y newyddiadur unigryw, *Y Drafod*, a'r cannoedd lawer o lythyrau a sgrifennwyd gan y Gwladfawyr (gw. y ddwy gyfrol ardderchog – clasur, yn wir: *Llythyrau'r Wladfa (1865–1945)*, a *Llythyrau'r Wladfa (1945–2010)*, golygwyd gan Mari Emlyn; Gwasg Carreg Gwalch, 2009, 2010). Yn ogystal ag yn y cyfrolau y cyfeiriwyd atynt eisoes uchod sy'n cynnwys cyfansoddiadau'r gystadleuaeth yn yr Eisteddfod Genedlaethol, gwelir yr un ddawn ysgrifennu hefyd mewn cyfrolau megis: *Pethau Patagonia*, gan Fred Green, golygwyd gan Marian Elias (Cyhoeddiadau Mei, 1984); *Edau Gyfrodedd*, gan Irma Hughes de Jones (Gwasg Gee, 1989); ac *Agor y Ffenestri: Cyfrol o Lenyddiaeth y Wladfa er y Flwyddyn 1975* (yn cynnwys rhyddiaith a barddoniaeth), golygwyd gan Cathrin Williams (Cymdeithas Cymru-Ariannin, 2001).

Yn nhraddodiad y cyhoeddiadau hyn oll y mae'r gyfrol bresennol. Un gwahaniaeth amlwg, wrth gwrs, yw bod y cyfan o'r cynnwys (ac eithrio rhai cyfraniadau gennyf fi yn rhan olaf y gyfrol), yn gynhyrchion llenyddol tri pherson oedd yn aelodau o'r un teulu, a hwnnw'n deulu creadigol a llenyddol iawn ei anian. A thair gwraig. Mor gwbl briodol yw rhoi lle teilwng i'r ferch yn llenyddiaeth y Wladfa, fel yn llenyddiaeth Cymru. Megis awduron y cyhoeddiadau eraill a enwyd yn y rhagymadrodd hwn, y mae un nodwedd sy'n gyffredin iawn i'r tair gwraig: nid llenorion na haneswyr cydnabyddedig, nac enwog, mohonynt, ond aelodau cyffredin yn rhan annatod o'r gymdeithas gymdogol, glòs, yn y Wladfa; yn ymddiddori mewn darllen, sgwrsio ac ysgrifennu; yn hoff o gystadlu mewn cwrdd llenyddol ac eisteddfod; yn awyddus i gofnodi hanes a phrofiad, ac i wneud hyn oll drwy gyfrwng iaith eu hynafiaid.

'Cymdeithas gymdogol glòs…' Gellid dweud llawer am y darlun byw a gyflwynwyd inni yn y dyddiaduron a'r ysgrifau o natur y gymdeithas hon, ond os oes angen dewis un gair i ddisgrifio'r gymdeithas, y gair hwnnw, dybiwn i, yw 'cymdogaeth'. Mae yma sôn yn aml am ddigwyddiadau ac am ffeithiau, ond mwy o sôn am bobl. Am berthyn. Am brofiadau. Cydweithio. Cydlawenhau. Cydymdeimlo. Pobl yn cwrdd yn nhai'i gilydd, er mor anghysbell oedd cartrefi rhai o'r teuluoedd. *Paseando*: mynd am dro o dŷ i dŷ. Cwrdd am sgwrs a stori, am baned o de a *mate*. (Mor aml y digwydd hynny yn nyddiaduron Blodwen Camwy.) Cwrdd mewn côr ac ysgol gân; cwrdd mewn oedfa ac ysgol Sul. Cwrdd i greu eu hadloniant a'u diwylliant eu hunain. Tynnu coes – a thynnu'n groes hefyd ar brydiau, bid siŵr. Ond dyma'r ddolen aur yn y gadwyn oedd yn clymu pobl ynghyd. Y cwlwm adnabod a'r cwlwm brawdgarwch. A dyma'r cwlwm oedd – a'r cwlwm sydd – yn creu.

Dau ddyddiadur, detholiad o ysgrifau, traethodau, atgofion a lluniau a gyhoeddwyd yn y gyfrol hon. Gallwn yn rhwydd hefyd fod wedi cyhoeddi detholiad helaeth o lythyrau'r fam a'r ferch. Ond byddai honno'n gyfrol gyflawn ynddi'i hunan. Ugeiniau lawer o lythyrau diddorol a gwerthfawr iawn, yn dystiolaeth llygad y ffynnon am fywyd yn y Wladfa dros gyfnod o hanner can mlynedd. Fodd bynnag, ceir blas o lythyrau Elisa Dimol a Gweneira yn yr enghreifftiau a gyhoeddwyd yng nghyfrol Mari Emlyn, *Llythyrau'r Wladfa, 1945–2010* (Cyfrol 2). Bwriedir hefyd gyflwyno'r llythyrau, traethodau ac ysgrifau o eiddo'r fam a'r ferch sydd yn fy meddiant i yn y man i'r Llyfrgell Genedlaethol, ynghyd â'r holl gasgliadau eraill a dderbyniwyd gan gyfeillion o'r Wladfa, yn cynnwys y ddau ddyddiadur. Yr un modd, bwriedir cyflwyno llungopi o'r dyddiaduron yn rhodd i Amgueddfa'r Wladfa. Eisoes ceir sawl llawysgrif (neu lungopi) o atgofion Elisa Dimol a Gweneira ar gadw gan Amgueddfa Werin Cymru.

Agor Cil y Drws...

'Boreu heddiw saethodd Ewyrth Sam betrisen, ac aethum in[n]au iw ph[l]uo, ac yr oedd tri o wyau ynddi, a c[h]afodd Gwladys [blwydd oed] hwy i frecwast.'

Dyddiadur Blodwen Camwy
Mawrth, 20 Hydref 1914

★★★

'...Ac wedi i ni vyned ychydig daethom at drigvan Indiaud. Yn y van yma yr oedd pump o ddynion yn uved *mate,* ac un hen ddynes yn smocio cetyn gan ddued â hi ei hunan, a twr o blant a llawer o gŵn, ac nid oedd posibl gwibod y gwah[a]niaeth rhwng y naill a'r llall , gan mor vutred oeddynt.'

Dyddiadur Blodwen Camwy
Sadwrn, 7 Tachwedd 1914

★★★

'Pan ar y f[f]ordd i'r Ysgol [Sul] gwelais rhiwun wnaeth i'm calon guro a vy holl gorf[f] i grynu vel deilen.'

Dyddiadur Blodwen Camwy
Sul, 1 Awst 1920

★★★

'Roeddwn i yn y Neuadd Goffa, Gorffennaf 28, 1915, yn cael dathlu 50 mlwydd y Wladfa... Roeddwn eto wedi cymeryd diddordeb mawr iawn yn nathlu Canmlwyddiant y Wladfa [1965], ac yn ddiolchgar iawn i'r 'Pererinion ' o Gymru am ddyfod yma i roddi teyrnged i'r Hen Wladfawyr, 'Arwyr y *Mimosa* '

A llawer tro arall ar wahanol achlysuron o'r fath 'roeddwn i yno', ac yn falch o gael bod, oherwydd er na fûm i erioed yng Nghymru, mae gen i gariad mawr at y wlad fach honno tu draw i'r môr o'r lle daeth fy hynafiaid i sefydlu Gwladfa Gymreig ar lannau Camwy bell.'

Elisa Dimol, ar derfyn ei hysgrif
'Roeddwn i Yno' (1970)

★★★

'Wel, Gwyndaf, rhaid tynnu at y terfyn rwan... Cofiwch o hyd, unrhyw hanes o'r Wladfa, byddaf yn barod i roddi help yn ôl fy ngallu.'

Llythyr Elisa Dimol de Davies at RG, 27 Ebrill 1967.
(Gw. Mari Emlyn, *Llythyrau o'r Wladfa, 1945–2010* (cyf. 2), tt. 130–31.)

★★★

'...Ar ddiwedd y Mileniwm yr ydym ni, blant o Gymry, wedi derbyn gwobr, hynny yw, cael cymorth athrawon o Gymru i ddysgu ac i beidio colli'r iaith Gymraeg sydd yn perthyn i ni, er mwyn cadw ein diwylliant, ein crefydd, ein gwyddoniaeth a'n llenyddiaeth gyfoethog. Mae hyn yn ddymuniad cryf yn ein calonnau, a'r munud hwn daw'r gân adnabyddus i'm cof [geiriau Harri Webb; alaw Meredydd Evans]:

Cael yn ôl o borth marwolaeth
Gân a ffydd a bri yr heniaith;
Cael yn ôl yr hen dreftadaeth,
A Chymru'n dechrau ar ei hymdaith.'

Gweneira Davies de González de Quevedo,
yn ei hysgrif 'Bywyd a Gwaith Gweneira' (2000)

Teulu
Blodwen Camwy; Elisa Dimol; a Gweneira Davies de Quevedo

Amcan y bennod bresennol yw cyflwyno teulu'r tair gwraig y cyhoeddir detholiad o'u gweithiau yn y gyfrol hon. Tair gwraig; un teulu. Yn ffodus, y mae Elisa Dimol a'i merch, Gweneira, wedi cofnodi cryn dipyn o hanes y teulu arbennig hwn, a dibynnais yn drwm ar eu tystiolaeth. Roedd Elisa wedi cofnodi llawer o'i hatgofion ar fy nghais fel cyflwyniad i'w chasgliad o ysgrifau ar gyfer y gystadleuaeth arbennig i frodorion y Wladfa yn Eisteddfod Genedlaethol Caerdydd, 1978. Yna yn Eisteddfod Sir y Fflint a'r Cyffiniau, 2007, teitl y gystadleuaeth oedd: 'Olrhain Hanes Un Teulu o'i Gychwyn yn y Wladfa hyd Heddiw'. Anogais Gweneira i gystadlu, nid bod llawer o angen perswâd arni, oherwydd yr oedd hi yn y cyfnod hwn yn cyfansoddi ysgrifau a thraethodau yn gyson. Hi a enillodd y gystadleuaeth gyda thraethawd ardderchog.[1] Dibynnais lawer iawn hefyd ar sgyrsiau gwerthfawr a chofiadwy iawn yr oeddwn wedi'u cael gyda Gweneira yn ei chartref yn Nhrelew, yn ystod Hydref 2006, ac ar wybodaeth helaeth bellach – gwybodaeth fywgraffyddol, yn bennaf – a dderbyniais ganddi mewn llawysgrif ym mis Medi 2013.

Twmi Dimol o Bennant Melangell – y taid

Thomas Pennant Dimol Evans (1836–68) oedd enw taid Blodwen Camwy ac Elisa Dimol, ar ochr eu tad. Roedd yn fab i Elizabeth a Nathaniel Evans, Maes y Llan. Ar odre Moel Dimoel, Pennant Melangell, Maldwyn, yr oedd ei gartref. 'Twmi Dimol' y galwai y rhan fwyaf o bobl ef, ac wedi ymfudo i Batagonia mabwysiadodd yr enw Dimol fel cyfenw. Roedd yn brofiadol fel llongwr, ac fe'i cyflogwyd fel un o'r gweithwyr ar y *Mimosa*. Roedd yn ymddiddori mewn barddoniaeth ac yn gyfeillgar â'r bardd Ceiriog. Mewn llythyr cynhwysfawr at Ceiriog, dyddiedig 20 Mehefin 1866, y mae'n disgrifio yn fyw iawn y tlodi mawr oedd yn y Wladfa yr adeg hynny. Meddai, gan gyfeirio'n arbennig at y cyfnod tua mis wedi glanio: 'Fe welais i amser y buasai llwynog yn cael ei fwyta yn awchus, a'r dylluan hefyd a'r gwalch.'[2]

Y mae'n amlwg fod gan Twmi Dimol ddawn yn ogystal i siarad yn gyhoeddus. Ar ddydd Nadolig 1865, lai na hanner blwyddyn wedi glanio, cynhaliwyd eisteddfod hanesyddol iawn yn y Wladfa, yng Nghaer Antur (Tre Rawson), yr eisteddfod gyntaf erioed ar dir Ariannin. Tri chyfarfod. Ac fel hyn y mae Elvey MacDonald yn ei gyfrol ragorol *Yr Hirdaith* yn crynhoi hanes cyfarfod y prynhawn:

> Am ddau o'r gloch cynhaliwyd 'cwrdd llenyddol' (fel y gelwir cyfarfodydd cystadleuol yn y Wladfa hyd ein dyddiau ni), o dan gadeiryddiaeth Lewis Humphreys, pryd y diddanwyd y gynulleidfa gan dri o'r beirdd: Iago Dafydd (a ddefnyddiai ffurf Gymraeg ei enw erbyn hyn, fel sawl un arall o'i gydnabod), John Jones a Berwyn [Richard Jones Berwyn]. Cafwyd 'anerchiadau byrfyfyr, adrodd a chanu hynod o dda'. Cynigid un wobr yn unig, sef llyfr i enillydd y prif anerchiad, a dyfarnwyd hwnnw i Twmi Dimol.[3]

Elizabeth Pritchard o Gaergybi – y nain

Nain Blodwen Camwy ac Elisa Dimol oedd Elizabeth Pritchard. Yn ôl y portread byw a roes Fred Green, Trevelin, ohoni yn ei gyfrol *Pethau Patagonia* (roedd hi'n nain iddo yntau hefyd), 'merch amddifad o Gaergybi' oedd Elizabeth Pritchard, a magwyd hi a'i brawd gan 'hen bâr ym Methesda'. Credai mai Llain Hir oedd enw eu cartref yno.[4] Teithiodd ar y *Mimosa* i fod yn forwyn yng nghartref Lewis Jones.

Mewn sgwrs a gefais gyda Fred Green pan oedd yn ymweld â Chymru, 16 Gorffennaf 1986, dyma un sylw a glywais ganddo am ei nain, Elizabeth Pritchard: 'Ar y *Mimosa* roedd hi'n cael 'i phoeni gan ryw lanc ifanc. Oedd hi'n caru gyda theiliwr. Mi fuodd farw o newyn.' Dafydd Williams, o Aberystwyth, oedd y llanc ifanc hwn, ac awdur holwyddoreg ffraeth, a 'Deg Gorchymyn' doniol yn rhan ohono. Fe'i lluniwyd ganddo i ddifyrru'i gyd-deithwyr ar y fordaith hir i wlad yr addewid.[5] (Crydd, nid teiliwr, oedd Dafydd Williams. Y mae Elvey MacDonald bellach wedi cywiro'r camsyniad hwn. Gw. nodyn 7.) Ond dyma sylw diddorol iawn pellach o eiddo Fred Green, y tro hwn o'i gyfrol *Pethau Patagonia*:

> Y diwrnod cyntaf [wedi glanio ym Mhorth Madryn] gofynnodd [Dafydd
> Williams] i'w gariad, sef fy nain, fynd gydag ef i chwilio am ddŵr i'w yfed,
> ond gorfu iddi wrthod am ei bod yn rhy brysur yn golchi. Aeth yntau i ben
> y bryn cyfagos, ond nis gwelwyd yn fyw byth wedyn. Ymhen blynyddoedd
> y cafwyd hyd i'w weddillion mewn lle a elwir hyd heddiw yn Bant yr
> Esgyrn.[6]

Dyma hefyd sylw a dderbyniais gan Elisa Dimol yn yr hanes byr ganddi
am ei nain, Elizabeth Pritchard: 'Mewn blynyddoedd wedyn darganfuwyd ei
weddillion a phapurau a siswrn yn llogell ei gôt.' I ddyfynnu Elvey MacDonald,
darganfuwyd gweddillion ei gorff 'ymhen dwy flynedd a hanner… yn gorwedd
yng nghysgod llwyn ar lethr sy'n arwain tua Llyn Halen Mawr ar odre Dyffryn
Camwy…'.[7]

Ymhen wyth mis wedi glanio ym Mhatagonia a marw Dafydd Williams,
priododd Elizabeth Pritchard â'r gŵr ifanc o Bennant Melangell, un arall o'i
chyd-deithwyr ar y *Mimosa*, sef Twmi Dimol. Gweinyddwyd y briodas gan y
Parchg Abraham Matthews yng Nghaer Antur (Tre Rawson), ar 30 Mawrth
1866.[8] Yn y fan hon y mae'n werth dyfynnu sylw Gweneira, gorwyres Elizabeth
a Twmi Dimol:

> wedi'r mesur a rhaniad y ffermydd, yr oedd y gŵr a'r wraig yma yn un o'r
> rhai cyntaf i sefydlu ar eu tyddyn tua ardal Moriah, ar y ffarm 113, a alwyd
> yn 'Bod Arthur'. Aeth [Twmi Dimol] ati i blannu perllan, ac yr oedd yn
> cael pleser mawr yn y profiad o roddi llysiau, ffrwythau a blodau i dyfu yn y
> ddaear yn Nyffryn Camwy.[9]

Twmi Dimol yn marw wedi storm ar y môr

Yn drist iawn bu farw Twmi Dimol yn ddyn ifanc, prin ddwy flynedd wedi priodi.
A dyma'r hanes yn gryno. Yn gynnar yn y flwyddyn 1868 yr oedd yn un o chwech
yn hwylio ar fwrdd y llong *Denby* am Batagones, tref, yng ngeiriau Gweneira,
'reit boblogaidd, ger yr Afon Ddu, rhyw 600 km oddi yma i'r Gogledd… a'r
pwrpas oedd mynd i nôl nwyddau, hadau, moddion, a hefyd ych neu ddau…'[10]
Ymadawodd y llong o Batagones, 16 Chwefror 1868, ac fel hyn y mae R Bryn
Williams yn disgrifio'r drasiedi a ddigwyddodd wedyn:

…ac nis gwelwyd byth mwy. Ymhen amser tiriodd un o longau pysgota Ynysoedd y Falkland yn Nhombo Point, sydd rhyw bedwar ugain milltir yn is na'r Wladfa, a chanfod yno fedd a gweddillion dynol gerllaw iddo. Cafwyd oriawr… Cafwyd cyllell boced a'r llythrennau D.D. wedi eu cerfio arni, eiddo David Davies, un o'r llanciau oedd ar fwrdd y llong. Cafwyd hefyd fotwm lifrai a hwnnw'n perthyn i Twmi Dimol, un arall o'r criw a fu yng ngwasanaeth clwb ym Manceinion cyn iddo ymfudo i'r Wladfa… Ymddengys i'r *Denby* suddo mewn storm, ac awgrymwyd mai un o achosion hynny oedd i'r ychen ar ei bwrdd grynhoi i un ochr iddi. Mae'n amlwg i rai o'r dynion gyrraedd y lan, ac wedi iddynt gladdu y rhai a foddodd, farw o newyn a syched yn ddiweddarach eu hunain.[11]

Fel hyn y disgrifiodd Fred Green y modd y bu i'w nain, Elizabeth Pritchard, adnabod corff ei daid:

Ymhen blynyddoedd wedyn daeth llong o'r Malvinas o hyd i weddillion criw bach y *Denby* heb fod nepell o Pwynt Tomba. Yno hefyd cafwyd botymau arbennig ar un o'r cyrff wedi ei lapio mewn cynfas hwyl, ac adwaenodd fy Nain hwy ar unwaith fel y rhai a gafwyd ar lifrai Twmi Dimol, ei gŵr.[12]

O briodas Elizabeth Pritchard a Thwmi Dimol ganwyd mab, Arthur Llewelyn (25 Chwefror 1867), ac ymhen ychydig fisoedd wedi marw'r tad ganwyd merch o'r enw Gwladus, ond bu hi farw'n eneth ifanc.

Elizabeth Pritchard de Dimol yn ail-briodi gyda Richard Jones Berwyn ac yn magu Arthur Llewelyn Dimol a Gwladus, ei chwaer fach

Cyn pen y flwyddyn, ar ddydd Nadolig 1868, fodd bynnag, yr oedd Elizabeth Dimol wedi ail-briodi gyda Richard Jones Berwyn (1837–1917). Roedd yntau yn un o fintai'r *Mimosa* wedi teithio i'r Wladfa o Efrog Newydd. Fe'i ganed yng Nglyndyfrdwy, rhwng Corwen a Llangollen, yn fab i Mary a David Jones, crydd ac amaethwr. Bu'n byw hefyd yn Nant Swrn, Tregeiriog. Ond cysylltir y teulu yn bennaf â fferm Pontymeibion, Pandy Melin Deirw, Dyffryn Ceiriog. Y cysylltiad â Glyndyfrdwy a Dyffryn Ceiriog, wrth gwrs, sy'n egluro paham y mabwysiadodd yr enw Berwyn, a'i ddefnyddio wedi ymfudo i'r Wladfa fel cyfenw. Ef, fel sy'n hysbys, oedd un o brif gymwynaswyr y Wladfa ac, yn sicr, yr oedd yn un o'i meibion galluocaf ac amryddawn. Ceir portread ohono gan Elisa Dimol yn y gyfrol hon (pennod 18).

Wedi priodi aeth Richard Berwyn ac Elizabeth i fyw i Dre Rawson, ac yno y magwyd dau blentyn Elizabeth: Arthur Llewelyn a Gwladus. Enw'r cartref ar lan Afon Camwy oedd Perllan Helyg, sef enw'r fferm agosaf i Nant Swrn, Tregeiriog. 'Collwyd y tŷ hwn a llawer o gofnodion ac ysgrifeniadau Richard yn y llifogydd mawr yn 1899.'[13] Yn ddiweddarach symudodd y teulu i fyw i fferm Bod Arthur, ger Trelew, hen gartref Twmi Dimol.

O'i hail briodas cafodd Elizabeth dri ar ddeg o blant: Alwen, Bronwen, Ceinwen, Ynfer, Ffest, Dilys, Gwenonwy (mam Fred Green), Ithel, Einion, Urien, Owain, Wyn, a Helen. Cawn gwrdd â rhai o'r enwau hyn eto yn nyddlyfrau Blodwen Camwy. Meddai Elisa Dimol am ei nain:

> Llafuriodd Mrs Berwyn yn galed [i fagu'r plant]. Byddai yn ffyddlon i'r capel
> yn Rawson […] Yr oedd ei pharodrwydd a'i charedigrwydd yn ddi-ball
> yn ei chartref yn 'Perllan Helyg', Rawson. Ni wyddom am fam wedi gallu
> wynebu cymaint o brofedigaethau â'r fath arwriaeth. Gwelodd gladdu deg
> o'i phlant pan oeddynt i gyd wedi dyfod i'w hoed a'u maint.
>
> Cofiaf un digwyddiad trist iawn yn hanes y teulu. Yr oedd R J Berwyn
> wedi bod am dro yng Nghymru, nis cofiaf yn iawn y flwyddyn, credaf Mai
> 1910 [= 1908]. Ond cyrhaeddodd adref pan oedd ei fab Urien yn marw. A
> chyn pen blwyddyn yr oedd mab arall wedi boddi yn yr afon wrth ymdrochi
> yn Rhyd yr Indiaid, sef Owain Berwyn […]
>
> Ie, un o Hen Wladfawyr y *Mimosa* oedd Elizabeth Berwyn a fu yn wrol
> iawn i wynebu yr holl anawsterau ar hyd y blynyddoedd […] Hunodd
> yn dawel yn ei chartref clyd, ddydd Sadwrn y 13eg o Ragfyr 1924, yn 80
> mlwydd oed. Y dydd Llun canlynol daearwyd ei gweddillion yng ngŵydd
> tyrfa fawr ym mynwent Moriah.[14]

Wedi'i fagu ym Mherllan Helyg, Rawson, a chyd-dyfu gyda phlant Elizabeth a Richard Berwyn, aeth Arthur Llewelyn Dimol, y mab o'r briodas gyntaf, i weithio i Orynys Valdes. Dyma sylw Gweneira, ei wyres:

Aeth i ganlyn dynion ifanc oedd yn arwain anifeiliaid i Orynys Valdes, i'r gogledd o Borth Madryn, lle ddarunt ddarganfod porfeydd a phyllau o ddŵr i'w porthi am nad oedd neb bron wedi dechrau codi bwyd i'r anifeiliaid ar y ffermydd. Dalient hefyd anifeiliaid gwyllt i ddod â bwyd i deuluoedd oedd yn byw yn Nhre Rawson.[15]

Arthur Llewelyn Dimol yn priodi Elizabeth Ellen Jones, Ffridd Gymen, Llangywer

Priododd Arthur Llewelyn Dimol (1867–99) gydag Elizabeth Ellen Jones (1856–1904), merch Elizabeth a Lewis Jones, fferm Ffridd Gymen, Plwyf Llangywer, ger y Bala. Brawd iddi oedd y Parchg W(illiam) Evans Jones, 'Penllyn' (1854–1938), bardd, gweinidog gyda'r Annibynwyr yn Hen Golwyn, ac awdur emynau megis: 'Yn dy ymyl Iesu mawr […]' a 'Dôs Efengyl o Galfaria […]'. Brawd arall oedd Lewis Davies Jones, 'Llew Tegid' (1851–1928), yr arweinydd eisteddfodau adnabyddus, cerddor a chasglwr alawon gwerin.

Geni Gwladus a Blodwen Camwy Dimol

Ymfudodd Elizabeth Ellen Jones i'r Wladfa yn ferch ifanc oddeutu ugain mlwydd oed (ond gyda phwy ni wn). Yn fuan wedyn (ymhen tair blynedd?) daeth ei brawd, Owen C(adwaladr) Jones (1857–1945) i'r Wladfa a sefydlu yn y man yn 'rhan uchaf y Dyffryn', yn ardal Ebeneser, gyda'i wraig, Mary Pugh. Wedi priodi aeth Elizabeth Ellen ac Arthur Llewelyn Dimol i fyw i fferm Perllan Helyg, Rawson. Yno y ganwyd Gwladus, yr hynaf o'r plant. Ond bu farw yn ddwyflwydd a hanner oed. Yno hefyd y ganwyd Blodwen Camwy (20 Chwefror 1891).

Geni Elisa Dimol ar y Paith (Gorynys Valdes)

Wedi hynny aeth y tad a'r fam i 'Orynys Valdes' i:

> wersyllu, lle roedd amryw deuluoedd eraill wedi [ym]gasglu hefyd. Dofi ceffylau oedd rhai o'r dynion a'u gwerthu yn y Dyffryn i reidio, arwain trol neu wagen a gweithio'r tir […] Wrth ymyl gwlff San José, ar y llaw chwith i'r Ynys, y ganwyd Elizabeth Ann, y trydydd plentyn i deulu Arthur Llewelyn ac Elizabeth Ellen Jones […].[16]

Dyna eiriau Gweneira'r ferch. A dyma'r sylw sydd gan Elizabeth Ann Dimol ei hun yn agoriad paragraff cyntaf ei hatgofion:

> Ganwyd fi ar y Paith am saith o'r gloch y bore, y pedwerydd o Chwefror 1895. Cymraes oedd y fydwraig. Ni wn beth oedd ei henw, ond 'Nain Davies' ('Y Valdes') oeddem ni, blant, yn ei galw.

Yn ei nodiadau bywgraffyddol, ychwanegodd Gweneira y nodyn disgrifiadol hwn sy'n rhoi rhyw amcan inni o amgylchiadau byw y teulu bach ar y Paith:

> Ni fu yr un trac o'u sefydliad i ddangos yr un adeilad bach, na charreg, na bricsen. Felly, llechu yng nghysgod twmpathau, neu o dan y wagenni [y byddent], a gosod tent i drigo a chysgu'r nos.

Y chwalfa fawr: Arthur Llewelyn Dimol ac Elizabeth Ellen yn marw; 'Nain a Taid Berwyn' yn magu Blodwen Camwy a Lewis Pennant, ei brawd; ac Owen C Jones yn magu 'Elisa fach'

O orynys Valdes yn ôl i Rawson, ac ymhen tair blynedd (19 Ionawr 1898) ganwyd mab i Arthur Llewelyn ac Elizabeth Ellen, o'r enw Lewis Pennant Dimol. Ond yn 1899 bu farw Arthur Llewelyn Dimol yn ŵr ifanc ychydig dros ei ddeugain oed, 'gan adael gweddw a thri o blant amddifad heb fawr i'w cynnal'.[17] Dyna pa bryd y bu chwalfa fawr yn y teulu, ac fel hyn y mae Elisa Dimol yn adrodd yr hanes yn ei hatgofion, gan gyfeirio'n benodol at frawd ei mam, Owen Cadwaladr Jones, a'i wraig, Mary Pugh, oedd wedi dod i fyw i ardal Ebeneser:

> Yr oedd gan mam frawd yn briod, ond nid oedd plant ganddo. Owen C Jones oedd ei enw [...] Pan gollodd mam fy nhad dyna ni, y tri phlentyn, yn cael y frech goch, a Mam yn dlawd iawn, ac anfonodd am fy ewythr a'm modryb. Pan ddaethant dywedodd fy modryb y buasent yn mynd â fi gyda nhw, ond am fy mod ynghanol y frech goch y diwrnod hwnnw, y buaswn yn cael mynd ar ôl gwella. Erbyn hyn yr oedd fy Nain [Nain Berwyn] yn dweud y drefn fod Mam yn 'chwalu y plant bach', a bu y fath helynt y diwrnod y daethant i fy nôl, nes oeddwn i wedi digio wrth Nain! Yr oedd

fy ewythr yn byw yn bell iawn, a phan fyddai fy modryb yn sôn am fyned
i Drelew, y peth cyntaf a ofynnwn i ydoedd: 'A oedd Nain yn byw yn
Trelew?' Yr oedd cymaint o ofn arnaf, nes yr oedd dim ond clywed sôn am
Rawson yn ddigon i'm gyrru i grio.[18]

Y tad, Arthur Llewelyn Dimol, yn marw yn 1899, yna profedigaeth fawr
arall yn hanes y teulu: y fam, Elizabeth Ellen, yn marw o'r teiffws yn 1904. Fel
hyn y mae Gweneira yn adrodd yr hanes beth ddigwyddodd wedyn:

> Gwnaeth Taid a Nain Berwyn le i gartrefu gyda hwy [ym Mod Arthur, ger
> Trelew] i Blodwen Camwy a Lewis Pennant, tra roedd Elisa fach dan ofal ei
> modryb a'i hewyrth yn ardal Ebeneser ar dop y Dyffryn, i gyfeiriad Dolavon.
> Tyfodd plant Berwyn yn griw hefyd, ac aeth y bechgyn hynaf i feddiannu
> tiroedd allan ar y Paith i gadw anifeiliaid, ac aeth Lewis Pennant gyda hwy.[19]

Oherwydd iddi gael ei magu gyda'i hewyrth a'i modryb, Owen C Jones a
Mary Pugh, rhyw unwaith y flwyddyn y gwelai Elisa Dimol ei chwaer, Blodwen,
a'i brawd, Lewis Pennant, 'am ein bod yn byw ymhell iawn o Rawson'. A dyma
nawr sylwadau pellach pur fanwl gan Elisa Dimol am ei hewyrth:

> Cefais i bob chwarae teg gan fy modryb, ond dyn heb fod yn gwybod sut
> i fagu plant oedd fy ewythr. Dyn gweithgar, trefnus iawn fel ffarmwr, ond
> dyn di-serch yn ei gartref, a dyn yn wên i gyd gyda phobl ddiarth. Hanner
> ffarm oedd ganddo, tir iawn i godi alffalffa, ond dim gwerth i godi gwenith.
> Felly yr oedd fy ewythr yn rhentu ffarm i gael cynhaeaf iawn o wenith, a
> ninnau yn ei ganlyn. Ar ôl dyrnu a gwerthu'r gwenith, yr oedd ef yn cadw
> yr arian i gael teithio i adnabod gwledydd newydd. Aeth i ffwrdd i Ganada
> yn y flwyddyn 1902, yna daeth yn ei ôl, a ffwrdd â ni i ryw ffarm arall i hau
> gwenith eto. Ar ôl dyrnu, ffwrdd â fo am Awstralia a New Zealand ac am
> Gymru ac wedyn yn ôl i Batagonia eto. Aeth ar ôl hynny i'r Paith i gadw
> anifeiliaid, defaid, ond adref yr oeddem ni – modryb a finnau – bob amser, a
> byddai yntau yn dod adref weithiau […]
>
> Byddai fy ewythr yn rhentu yr alffalffa, ond modryb a finnau a fyddai
> yn dyfrio y gwair ac edrych ar ôl yr anifeiliaid. Ers blynyddoedd yn ôl, yr
> oedd llawer o wartheg yn marw wedi bwyta gormod o alffalffa gwyrdd, ac os
> digwyddai hynny yn ein cartref ni, ni fyddai fy ewythr yn siarad o gwbl efo

ni am ryw bymtheg diwrnod, fel petasai y bai arnom ni fod y fuwch wedi marw.

Yr oedd yn ddyn talentog iawn – arwain cwrdd llenyddol, neu feirniadu adrodd a chanu. Dysgodd lawer pennod o'r Beibl i mi, a chefais lawer gwobr am hynny pan oeddwn yn fychan. Cefais hefyd adnabod llawer ardal am ei fod wedi hau cymaint o wenith mewn gwahanol ardaloedd. Y mae llawer o bobl yn rhyfeddu sut yr wyf yn adnabod taid a nain a wyrion bron bawb ar hyd y Dyffryn heddiw. Wel, mae hynny am fy mod wedi cael adnabod cymaint o bobl pan oeddwn yn fach iawn. Ond oeddem ni blant ddim yn cael straeon na chymysgu yn sgwrs pobl mewn oed, a gofalu peidio gofyn: "O lle o'r Hen Wlad ydach chi'n dod?" Ac felly, rhyw blant ofnus oeddem ni ym mhob man, yn rhy wylaidd i siarad pan oeddem i fod i sgwrsio. Yr oedd edrychiad y tad neu'r fam yn ddigon o arwydd bod raid i ni fynd i chwarae os buasai pobl ddiarth yn y dydd, neu, os byddai yn y nos, yr oedd y plant i fynd i'r gwely yn gynnar.[20]

Blodyn 'Owen C' (*Wansi*)

Heddiw y mae enw Owen C Jones yn fyw yn y Wladfa am un rheswm arbennig. Pan oedd ar un o'i fynych deithiau tramor (Awstralia o bosibl) daeth â hadau planhigyn gydag ef o'r enw *Lepidium draba* (*Cardaria draba* gynt); pupurlys llwyd yn Gymraeg; *hoary cress* yn Saesneg. Planhigyn sy'n tyfu hyd at dair troedfedd a mwy o uchder yw hwn. Y mae'n gynhenid i orllewin Asia a dwyrain Ewrop, ond bellach wedi chwalu i lawer rhan o'r byd. Credai Owen C Jones y byddai'n borthiant da i anifeiliaid. Gwnaeth gamgymeriad mawr, melltith ydoedd, fel y tystiodd Elisa Dimol wrth sôn am y planhigyn yn ei hatgofion:

Pan ddaeth yn ei ôl i'r Wladfa unwaith o un o'i grwydradau daeth â hadau blodau gydag ef, blodau mân, gwyn, ac arogl tebyg i flodyn maip arnynt. Dywedodd wrth ryw gymydog na fuasai ei enw ef byth yn angof mwy yn y Wladfa. A gwir y dywedodd, oherwydd y mae y "Blodyn Owen C" [Si] erbyn hyn yn un o'r chwyn gwaethaf yn y wlad. Y mae yn tyfu ym mhob man a'i wraidd yn saith miter o hyd, dim o bwys pa siort o dir, mae yn tyfu yr un fath, ac nid oes un anifail yn ei fwyta. "Blodyn Owen C" y'i gelwir gan y Cymry, ac yn yr Ysbaeneg cafodd yr enw *Wancy* [neu *Wansi*], ac felly yr adnabyddir ef ym mhob man. Bydd rhai ffermwyr yn ei dorri, ei adael i sychu ac yna ei losgi. Ond nid oes dim yn tycio. Pan ddaw'r gwanwyn y flwyddyn ddilynol bydd "Blodyn Owen C" mor sionc ag erioed ym mhob cyfeiriad.[21]

Yn 1912 rhentodd Owen C Jones fferm yn ardal Bryn Crwn a'r teulu yn symud o Ebeneser yno i fyw. Wedi'r cynhaeaf aeth yr ewyrth 'i ffwrdd eto i grwydro, ac i orffen dychwelodd i Gymru lle y bu byw hyd ddiwedd ei oes.'[22] Bu farw, yn ôl y geiriad ar garreg fedd ym mynwent Llanuwchllyn, 25 Mawrth 1945 yn 88 mlwydd oed. Claddwyd ym medd ei fam, Elizabeth Jones, Ffridd Gymen, ac ar y garreg cerfiwyd y geiriau adnabyddus a chwbl addas o'r gân 'Cartref', o waith Mynyddog, cerddoriaeth W Trefor Evans:

> Wedi teithio mynyddoedd,
> Llechweddi a chymoedd,
> Does unman yn debyg i gartref.

Y drydedd genhedlaeth, a Lewis Pennant Dimol, yr ieuengaf o'r plant

A dyma ddod yn awr at y drydedd a'r bedwaredd genhedlaeth o'r teulu yn y Wladfa y rhoddwyd crynodeb o'u hanes yn y bennod hon. Fel y nodwyd eisoes, plant Elizabeth Ellen (1856–1904) ac Arthur Llewelyn Dimol (1857–99) ydoedd Gwladus (bu farw yn ddwyflwydd a hanner oed); Blodwen Camwy Dimol (20 Chwefror 1891 – 19 Chwefror 1942); Elizabeth (Elisa) Ann Dimol (4 Chwefror 1895 – 16 Hydref 1980); a Lewis Pennant Dimol (g. 19 Ionawr 1898). Cawn sôn ymhellach eto am Blodwen Camwy ac Elisa Dimol fel cyflwyniad i'r ddau ddyddlyfr a'r ysgrifau. Felly hefyd am blant Elisa Dimol, ac yn arbennig Gweneira (1923–2015). Ond dyma sylw byr yn awr am Lewis Pennant.

Wrth gofnodi hanes y teulu y mae Gweneira yn ymddiheuro am na allai sôn fawr ddim 'beth fu hanes Lewis'. Y mae'r hyn a gofnododd, fodd bynnag, yn werth ei ddyfynnu. 'Cafodd ei fagu hyd yn ifanc gan deulu Berwyn, ac yna aeth i ganlyn bachgen neu ddau o'r un teulu, oedd wedi meddiannu tiroedd ar y Paith, i gadw anifeiliaid.'[23] Yn ei dau ddyddlyfr y mae Blodwen Camwy yn cyfeirio droeon at ei brawd yn ystod y cyfnod hwn pan oedd yn fachgen ifanc yn gweithio ar y Paith. Y mae'n mynegi hefyd ei hiraeth am ei weld. Meddai, er enghraifft, ar derfyn y cofnod sydd ganddi, 19 Ionawr 1915: 'Dydd pen-blwydd Lewis heddiw yn ddwy ar bymtheg. Meddwl llawer amdano.'

Wedi'r blynyddoedd hyn o weithio'n fachgen ifanc ar y Paith, ymddengys na fu fawr ddim cysylltiad rhwng Lewis â'i chwiorydd hŷn yn Nyffryn Camwy. Roedd Blodwen, fel y cofiwn, wedi marw'n gymharol ifanc yn 1942 ac Elisa wedi cael ei magu ar wahân. Meddai Gweneira, gan ychwanegu hefyd beth gwybodaeth ddiddorol am un o wyrion Lewis:

Ni chafodd ei ddwy chwaer ei weld byth mwy, ond daeth y newydd rhywbryd ei fod wedi priodi Indianes o'r enw Luisa Pichiñán. Buodd ganddynt un mab o'r enw Teifi, a phan briododd Teifi bu iddo saith o fechgyn yn cario y cyfenw Dimol, ond y cwbwl yn ddi-Gymraeg, wrth gwrs. Mae un ohonynt yn gweithio mewn banc yn Rawson ac y mae wedi cyhoeddi dau lyfr yn cynnwys ei farddoniaeth yn yr iaith Ysbaeneg. Julio Cesar yw ei enw. Gwelwn, felly, y bydd y cyfenw Dimol yn parhau yn hir, diolch i ddisgynyddion Lewis Pennant, ond diflannodd ei hanes ef fel un o'r cymylau sydd yn cael eu gwasgaru gan wynt y Paith. [24]

Etifeddiaeth teulu Twmi Dimol

I gloi'r bennod hon dyma sylwadau cyffredinol o eiddo Gweneira am ei theulu:

Mentraf ddweud bod y dylanwad Cymreig yn treiddio i bob man, ac erbyn hyn [2007], wedi i dros gant a deugain o flynyddoedd fynd heibio, bu cyfraniad y teulu hwn yn sicr o fod wedi gwireddu breuddwyd yr hen dadau ddaeth i'r wlad newydd i gadw yr iaith a'u diwylliant.

Mae y plant yn briod â rhywun o genedl arall, ond mae y nodd a darddodd trwy wreiddiau [Twmi] Dimol a'i briod [Elizabeth Pritchard], wedi parhau i egino a rhoi ei ffrwyth yn hael. Mae amryw o'r disgynyddion erbyn heddiw yn siarad Cymraeg, medru sgwrsio a chymdeithasu yn wastad. Gwn eu bod yn cymeryd rhan yn yr Eisteddfod bob blwyddyn, yn adrodd, ysgrifennu, cyfieithu, barddoni ac mewn gweithiau celf, ac yn gwasanaethu ar radio a theledu pan fydd galwad. Mae rhai ohonynt yn manteisio yn awr ar y ddysgeidiaeth sydd yn y dosbarthiadau Cymraeg dan ofal athrawesau o Gymru sydd wedi rhoi hwb rhagorol i'r iaith yn ddiweddar a chreu diddordeb mewn llawer o bobl ifanc. Am hyn credaf fod pob breuddwyd yn cael ei sylweddoli yn hwyr neu'n hwyrach yn y dyfodol, a rhywun neu rywrai yn cymeryd yr awenau i'w chadarnhau.[25]

Nodiadau

1. O'i theipysgrif wreiddiol hi, ar gadw gan RG, y dyfynnir yn y gyfrol hon, ond cyhoeddwyd y traethawd yn gyflawn hefyd yn y gyfrol *Bywyd yn y Wladfa*, golygwyd gan Cathrin Williams [2009], tt. 133–49 (sef yr ail gasgliad o gyfansoddiadau'r gystadleuaeth arbennig yn yr Eisteddfod Genedlaethol ar gyfer y Gwladfawyr).
2. Gw. *Cymru*, cyf. 38, 1910, tt. 23–7.
3. *Yr Hirdaith*, t. 111.
4. t. 11.
5. Gw. R Bryn Williams, *Y Wladfa*, 1962, tt. 308–09.
6. *Pethau Patagonia*, t. 8.
7. *Yr Hirdaith,* t. 61. (Yn y gyfrol hon, tt. 60–61, dywedir mai crydd, nid teiliwr, fel y nodwyd gan Fred Green, oedd Dafydd Williams.)
8. Gw. *Yr Hirdaith*, tt. 213–19. Seiliwyd y manylion gwerthfawr am fintai'r *Mimosa* gan Elvey MacDonald ar restr Abraham Matthews yn ei gyfrol, *Hanes y Wladfa Gymreig yn Patagonia*, 1894, gydag ychwanegiadau a godwyd o nodiadau Richard Jones Berwyn am 1865–66 yn 'Rhestriadau'r Cofrestrydd'.
9. 'Olrhain Hanes Un teulu…', t. 2.
10. *ibid.*, t. 3.
11. *Y Wladfa*, t. 118.
12. *Pethau Patagonia*, t. 10.
13. Elizabeth Evans, Rhydycroesau ger Llansilin, perthynas i deulu R J Berwyn, mewn teipysgrif 'Gwybodaeth am Richard Berwyn' (ar gadw gan RG).
14. Atgofion gan Elisa Dimol mewn teipysgrif (ar gadw gan RG). Bu'r sylwadau hyn hefyd yn rhan o draethawd ganddi yn Eisteddfod y Wladfa, 1977: 'Bywgraffiad: Unrhyw Bump o'r Hen Wladfawyr sy'n Gorffwys ym Mynwent Moriah'.
15. 'Olrhain Hanes Un Teulu […], tt. 3–4.
16. *ibid.*, t. 4.
17. *ibid.*, t. 4.
18. Atgofion, tt. 1–2.

19. 'Olrhain Hanes Un Teulu [...]', t. 4.
20. Atgofion, tt. 1–2.
21. *ibid.*, t. 3.
22. 'Olrhain Hanes Un Teulu [...]', t. 8.
23. *ibid.*, t. 12.
24. *ibid.*
25. *ibid.*

Tabl Achau Teulu 'Twmi Dimol', Blodwen Camwy, Elisa Dimol, a Gweneira

Thomas Pennant Dimol = **Elizabeth Pritchard**
'**Twmi Dimol**' (1836–1868)   Caergybi a Bethesda
g. Moel Dimoel, Pennant   Pr. 30.iii.1866:
Melangell, Maldwyn.   Caer Antur (Tre Rawson)
Mab Elizabeth a Nathaniel Evans.   Byw ym Mod Arthur, ger Trelew.
Bu farw wedi llongddrylliad
y *Denby*, Gwanwyn, 1868.

Elizabeth (ail briodas) = **Richard Jones Berwyn**
(1837–1917). Teulu Pont y Meibion, Dyffryn Ceiriog.
Wedi ailbriodi, byw ym Mherllan Helyg, Tre Rawson. Yna Bod
Arthur. Bu Elizabeth farw, 13.xii.1924, yn 80 ml oed.
13 o blant o'r ail briodas: Alwen, Einion, Ithel, Owen, Urien,
Wyn, Ynfer, Bronwen, Ceinwen, Dilys [mam Uriena Lewis],
Ffest, Gwenonwy [mam Fred Green], Helen.

Arthur Llewelyn Dimol = **Elizabeth Ellen Jones**   **Gwladus**
(1867–1899)   (Bu f. 1904)   g. 1868
Merch Elizabeth a Lewis Jones,   Bu farw'n ifanc.
Ffridd Gymen, Llangywer,
Meirionnydd.

1. **Gwladus**
2. **Blodwen Camwy**
3. **Elisa Ann Dimol**   **Brodyr Elizabeth Ellen:**
4. **Lewis Pennant**   1. Lewis Davies Jones, '**Llew Tegid**' (1851–1928);
Gw. y dud. nesaf >   2. Y Parchg William Evans Jones, '**Penllyn**' (1854–1938);
3. **Owen C(adwaladr) Jones**. Ef a'i briod, **Mary Pugh**,
wedi ymfudo i'r Wladfa. Magu **Elisa Dimol**. Bu'n
gyfrifol am ddod â '**Blodyn Owen C / Wansi**'
(*Lepidium draba*) i'r Wladfa. Bu f. 25.iii.1945, yn 88
mlwydd oed. Claddwyd yn Llanuwchllyn.

44

Arthur Llewelyn Dimol = **Elizabeth Ellen Jones**

1. Gwladus
Bu f. 2fl. oed

2. Blodwen Camwy = **Antonio Infante**
(1891–1942)
g. 20.ii.1891: Perllan Helyg
m. 19.ii.1942, o dorcalon.
1899 (neu1904?): byw gyda'i
Nain, Elizabeth Pritchard, a'i
thaid gwyn, R J Berwyn.

g. Andalucia. Eu hunig ddau
blentyn yn boddi yn Afon
Camwy ar ddydd Nadolig, 1940:
1. **Arthur** (15)
2. **Mercedes** (13)

4. Lewis Pennant = **Luisa Pichiñán**
g. 19.i.1898 (Indianes)
Un mab: **Teifi**
Saith o feibion ganddo ef.
Pob un yn defnyddio'r enw **Dimol**. Un o'r meibion,
Julio Cesar, yn awdur tair cyfrol o gerddi Sbaeneg.

3. Elisa Ann Dimol = **David John Davies**
g. Gorynys Valdes: 4.ii.1895
m. 16.x.1980.
1899: byw gyda'i Hewyrth,
Owen C Jones, a Mary Pugh,
ei briod, yn ardal Ebeneser >
Bryn Crwn

Mab Catherine Ellen Roberts,
Betws-y-coed, ac Isaac Nathaniel
Davies, Y Rhyl /Lerpwl.
g. 20.ix.1892
pr. 6.iii.1920
m. 2.iv.1953

Arthur Glyn
g. 5.v.1921
m. 1972

Gweneira = **Joaquín González**
g. 7.viii.1923   **de Quevedo**
Bryn Crwn   g. Andalucia
m. 20.ii.2015   pr. 8.viii.1949
m. 25.v.2005

Irvonwy
(Nanny)
g. 9.iii.1925
m. 2014

Hanzel
g. 23.viii.1934
Meddyg
(Buenos Aires)

Gloria Susana
g. 20.iv.1950

Guillermo
g. 22.vi.1952

De America

Rhan o Chile ac Ariannin (taleithiau Chubut a Río Negro)

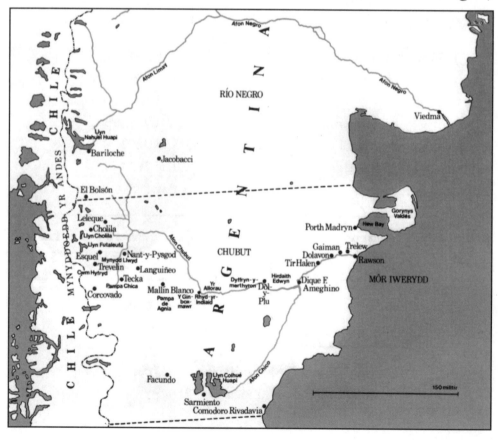

Patagonia (taleithiau Chubut a Santa Cruz)

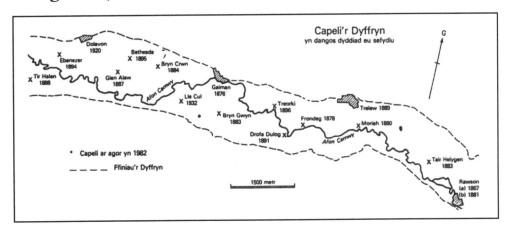

Capeli Dyffryn Camwy

Rhan 1

Dyddlyfrau
Blodwen Camwy
Dimol de Infante

Blodwen Camwy (1891–1942)

Fel y nodwyd eisoes yn y bennod flaenorol, yr oedd Blodwen Camwy Dimol de Infante yn ferch i Elizabeth Ellen ac Arthur Llewelyn Dimol. Fe'i ganed, 20 Chwefror 1891, ym Mherllan Helyg, Rawson. Wedi marw ei thad yn 1899 a'i mam yn 1904 magwyd hi a'i brawd, Lewis Pennant Dimol, gan ei nain Elizabeth (Pritchard) a'i thaid gwyn, Richard Jones Berwyn. Er mai fel Blodwen Camwy y cyfeiriwn ni ati'n bennaf heddiw, ymddengys mai Camwy, nid Blodwen, y gelwid hi amlaf gan ei theulu a'i chydnabod.

Meddai Gweneira Davies de Quevedo, merch ei chwaer, Elisa, amdani: 'Credaf ei gweld unwaith a chofio ei bod yn ferch dlws.'[1] Dyma hefyd a ddywedodd ei nith amdani dro arall:

> Yr oedd hi yn ferch dalentog, fywiog, a pharod, a gwnaeth yn fawr o'r ychydig addysg gan fod Taid Berwyn wedi bod yn athro ar blant [yn Nhre Rawson] er yr amser cynnar. Ymddiddorai Camwy mewn darllen llawer ac roedd yn cymryd sylw o bob peth. Yr oedd yn ferch gloff am ei bod wedi cael nam ar ei chlun pan y'i ganwyd. Roedd ei gwallt yn gwneud ffram berffaith i wyneb tlws, ac roedd yn gwenu yn siriol.[2]

Ni wyddai Gweneira, ac ni wn innau, faint o addysg bellach swyddogol a dderbyniodd Blodwen Camwy, na beth oedd ei gwaith yn eneth ifanc. Gwyddom, wedi marw ei mam yn 1904, iddi symud i fyw o Rawson i Fod Arthur, Trelew, at ei nain, Elizabeth Berwyn, a Richard Jones Berwyn. Dyna, fel y cofiwn, hen gartref ei nain a'i gŵr cyntaf, Twmi Dimol. Ar flaen-ddalen dyddiadur Blodwen Camwy, 15 Hydref 1914 – 30 Ebrill 1915, rhoddwyd Bod Arthur, Trelew, fel cyfeiriad. Gwyddom hefyd o'r cofnod yn ei dyddiadur am ddydd Mercher, 28 Ebrill 1920, iddi ddechrau gweithio yng Nghwmni Masnachol Camwy, y gangen yn Nolavon, union flwyddyn cyn hynny, sef 28 Ebrill 1919.

Boreu braidd yn oerllyd, ac yr ydwyv yn covio mor dda [fel] yr oeddwn yn teimlo blwyddyn i heddi. Dyma vi wedi treilio blwyddyn yn Dolavon […] Nis gallaf byth ddesgrivio ar bapur sut deimlad aeth t[r]osov pan welais Coop Dolavon gyntav, yn ovni nas gallwn wneud vy ngwaith […] [3]

Cwmni Cydweithredol (*Co-operative*) oedd y cwmni arloesol hwn, a chynhaliwyd 'Cwrdd Cop' cyntaf y Wladfa yn y Gaiman, 25 Mai 1885. 'Companía Mercantil Chubut' oedd yr enw Sbaeneg. 'Chubut Mercantile Company' yn Saesneg, ac yn Gymraeg 'Cwmni Masnachol Camwy'. C. M. C. oedd llythrennau cynta'r enw yn y tair iaith. Cyfeirid ato ar lafar yn Gymraeg fel: 'Ec Em Ec'.[4] Yn ei dyddiaduron cyfeiria Blodwen Camwy ato, gan amlaf, fel 'Coop' (heb wahannod rhwng y ddwy 'o'), ac felly yr atgynhyrchir y sillafiad yn y gyfrol hon.

Yr oedd Blodwen Camwy yn parhau i weithio yn ystordy CMC yn Nolavon o leiaf hyd 11 Tachwedd 1920, sef y cofnod olaf yn ei dyddiadur am y flwyddyn 1920, ac y mae'n debygol iawn iddi aros yno hyd nes priodi. Yn ei dyddiadur am y flwyddyn 1920 y cawn y cyfeiriad cyntaf at ei darpar ŵr. Meddai mewn cofnod cofiadwy iawn am y dydd Sul, y cyntaf o Awst: 'Aethom bawb i'r Ysgol [Sul] [yn y prynhawn]. Pan ar vy f[f]ordd gwelais rhiwun wnaeth i'm calon guro a vy holl gorf[f] i grynu vel deilen […]' Ni ddatgelir enw'r 'rhiwun' hwn. Ond fe wneir hynny mewn cofnod am 8 Hydref 1920: 'Am dro i Dolavon. Min nos aeth Antony a minau i lle'r crydd.'

A dyma ran gyntaf o'r hyn a sgrifennodd am 26 Hydref yr un flwyddyn:

Diwrnod oer, cymylog, llaith. Teimlo yn rhyvedd. Wedi cael breiddwyd od neithiwr. Breiddwydiais vy mod yn arddel plentyn bach, sev bachgen bach gwallt melyn, llygaid glas a phump dant bach gwyn. Nis angoviav byth yr olwg bach mor angylaidd oedd ar ei wyneb bach. A'r enw oeddwn wedi ei rhoddi arno oedd Antoni. Tybed a ddigwyddyth y vath beth yn vy hanes [i]. Ac hefyd breiddwydiais vy mod wedi madael o'r Coop, ac yr oeddwn yn wylo'r dagrau'n lli.

'Antoni' oedd yr enw ar y bachgen bach yn y freuddwyd 'od' hon. 'Antony' oedd enw'r person a ddaeth yn gwmni iddi i weithdy'r crydd yn Nolavon ymhen llai na thair wythnos. A dyna hefyd enw'r gŵr ifanc a briododd Blodwen Camwy yn y man: Antonio Infante. Yr oedd yn wreiddiol o Andalucia; Sbaenwr a ddaeth i Batagonia o Uruguay. Pan gwrddodd â Blodwen Camwy gyntaf yr oedd yn

'cario nwyddau i'r Cop o Rawson i Ddolavon'. Wedi priodi, aethant i fyw i
Rawson.[5] Ni wn ddyddiad y briodas, ond ganwyd Arthur eu plentyn hynaf yn
1925(?), a'i unig chwaer, Mercedes, yn 1927(?). 'Gorfod i'r fam deithio y ddau
dro i'r Ysbyty Brydeinig yn Buenos Aires i'w derbyn, oherwydd y nam oedd ar
ei hip.'[6] Ond dyma sylw pellach o eiddo Gweneira:

> Buodd yn hapus iawn gyda'i phriod a chododd y plant oeddynt yn dangos eu
> bod yn fedrus i ddysgu ar yr aelwyd, yn yr ysgol, a'r capel. Ddaru eu rhieni
> eu hyfforddi mewn cymaint ag oedd bosibl.[7]

Ar ddydd Nadolig 1940, fodd bynnag, digwyddodd trasiedi fawr yn hanes y
teulu hwn. Dyma nith Blodwen Camwy unwaith eto i adrodd y stori drist:

> Ar ddydd Nadolig 1940, pan oedd y mab yn bymtheg oed a'r ferch yn dair
> ar ddeg, aethant gyda'u tad i ymdrochi yn yr afon gerllaw [Afon Camwy],
> fel roedd arferiad gan lawer oedd allan o gyrraedd glan y môr. Yr oedd yn
> ddiwrnod crasboeth o haf a safodd y fam i orffwys am y prynhawn. Tra'r
> tad yn paratoi i fynd i'r dŵr, roedd y plant wedi cael y blaen arno a rhedeg i
> mewn yn barod; ond digwyddodd Mercedes gyffwrdd ag un o'r pyllau dirgel
> ar y gwaelod a llyncodd hi mewn eiliad a'i brawd gyda hi, pan geisiodd afael
> yn ei llaw i'w thynnu'n ôl. Erbyn i'r tad sylwi, yn y munud yr oeddynt wedi
> diflannu, ac ofer fu'r chwilio hyd y dŵr […]
>
> Mae'n rhyfedd meddwl am yr afon yr oedd hen daid y plant [Twmi
> Dimol] wedi cerdded milltiroedd o ffordd i'w chroesi gyda'i gyd-Wladfawyr
> yn 1865 i chwilio am ei dŵr i'w hachub, a'r llawenydd mawr wrth ei
> darganfod ynghanol y Paith, a 75 o flynyddoedd yn hwyrach yr un afon yn
> rhoi terfyn ar fywyd ei orwyrion ieuanc.[8]

Wedi'r brofedigaeth fawr hon, gwaelodd iechyd y fam, a bu farw o dorcalon,
ymhen blwyddyn a dau fis, 19 Chwefror 1942, o fewn diwrnod i ddathlu ei phen-
blwydd yn 51 mlwydd oed. Claddwyd hi ym Mynwent Rawson. Flwyddyn yn
ddiweddarach, cyfansoddodd y bardd Evan Thomas (a fu'n golygu'r *Drafod* yn y
Wladfa am flynyddoedd) y gerdd goffa hon iddi:

**Er Cof am y ddiweddar Mrs Camwy Dimol de Infante, Rawson,
a fu farw Chwefror 19, 1942, o hiraeth ar ôl ei phlant.**

Fe lithrodd blwyddyn gyfan
    Yn esmwyth dros ei bedd,
A hithau'n huno'n dawel
    Yno mewn perffaith hedd.
Atgofion prudd amdani
    Ddaw'n ôl ar donnau'r gwynt,
Dychmygaf heddiw ei gweled
    Fel yn yr amser gynt.

Cadd fywyd llawn helbulon
    Ond gwrol ydoedd hi,
A gwelai ymyl olau
    I bob rhyw gwmwl du.
Bu iddi ddau anwylyd
    A lonna'i bywyd prudd,
A'u gweled hwy'n datblygu
    Oedd mwyniant penna'i dydd.

Fe'u cofiaf hwy yn chwarae
    Heb bryder yn eu bron,
A gwenau ar eu haelwyd
    Ambell i orig lon.
Roedd Arthur a Mercedes
    Yn llawn addewid wiw,
A dysgwyd hwy yn fore
    I barchu dyn a Duw.

Daeth angau heibio'n sydyn
    Ar ddydd Nadolig llon,
Ac aeth y ddau yn aberth –
    Aberth i frad y don;

Yn nyfroedd llwyd y Gamwy
　　I fron y fam caed loes,
Wrth golli ei hanwyliaid
　　Ysigwyd gwreiddiau'i hoes.

O! dristed yr olygfa
　　Welwyd ar lan eu bedd,
Y dyrfa'n wir ofidus
　　A dagrau'n lleithio'i gwedd.
Y tad a'r fam drallodus
　　Gan syllu i'r beddrod du
A alwent eu rhai annwyl
　　Yn ôl i'r aelwyd gu.[9]

Nodiadau

1. Gwybodaeth fywgraffyddol o eiddo Gweneira Davies de Quevedo, Medi 2013, t. 4.
2. 'Olrhain Hanes Un Teulu o'i Gychwyn yn y Wladfa hyd Heddiw', tt. 4–5. (Copi teipysgrif gan Gweneira Davies de Quevedo o'i thraethawd a fu'n fuddugol yn Eisteddfod Sir y Fflint a'r Cyffiniau, 2007.)
3. Dyddiadur Blodwen Camwy, 23 Ionawr – 11 Tachwedd 1920.
4. R Bryn Williams, *Y Wladfa*, 1962, tt. 186-8.
5. 'Olrhain Hanes Un Teulu…', t. 5.
6. *ibid.*
7. *ibid.*, t. 6.
8. *ibid.*
9. *ibid.*, tt. 6–7.

Dyddlyfrau Blodwen Camwy: Cyflwyniad

Ym mis Hydref 2006 cyflwynodd Gweneira Davies de González de Quevedo, Trelew, ddau lyfr bychan clawr du sgleiniog yn rhodd imi: dau ddyddiadur, neu 'ddyddlyfr', o eiddo'i modryb, Blodwen Camwy Dimol de Infante. Gwyddwn yr ystyriai Gweneira y dyddiaduron hyn yn drysorau. A gwyddai hithau y byddwn innau yn eu trysori a'u diogelu. Efallai ryw ddydd hefyd yn llwyddo i rannu peth o'u cynnwys â darllenwyr yn y Wladfa ac yng Nghymru. Y mae'r dyddiadur cyntaf yn gofnod o'r cyfnod **15 Hydref 1914 – 30 Ebrill 1915**, gyda bwlch am y dyddiau 13–31 Rhagfyr 1914. Y mae'r ail un yn gofnod o'r cyfnod **23 Ionawr – 11 Tachwedd 1920**. Ni wyddai Gweneira faint rhagor o ddyddiaduron a sgrifennwyd gan ei modryb. Dyma'r unig ddau sydd wedi goroesi, oni ddaw rhagor i'r fei yn sgîl cyhoeddi'r enghreifftiau hyn yn awr. A dyna fy ngobaith.

Disgrifiad o'r ddau ddyddiadur

Y mae'r dyddiadur cyntaf yn mesur 6½" x 4", ac yn cynnwys 155 tudalen. Mesuriadau'r ail yw: 6" x 4", ac yn cynnwys 201 tudalen (er nad oedd Blodwen Camwy ei hun wedi rhifo yr un o'r ddau ddyddlyfr). Trwch y dyddiaduron yw rhwng ¼ a ½ modfedd. Ysgrifennwyd hwy mewn pensel gyda thalar o fodfedd neu lai ar y chwith.

Mae'r llawysgrifen, gan amlaf, yn lled daclus ac yn gymharol rwydd i'w darllen, ac eithrio weithiau ar ymyl dde y dudalen pan fo diwedd geiriau yn rhy agos i'r ochr ac wedi'u cywasgu'n rhy dynn. Hefyd, ar adegau, wedi pylu. Y mae'r talfyriadau a'r llythrennau coll sy'n eisiau yng nghorff y testun ar brydiau yn creu anhawster i ddarllen. Felly, yn sicr, y diffyg atalnodi, gyda'r brawddegau yn llifo i'w gilydd yn un rhibws, ac yn debyg iawn i'r gystadleuaeth ddifyr honno 'slawer dydd mewn Band of Hope a chyrddau llenyddol, neu gyrddau cystadleuol: 'Darllen darn heb ei atalnodi'!

Yn nyddiadur 1914–15, ar fewngefn y clawr blaen, gludiwyd llun o Blodwen

Camwy yn sefyll yn ochr Fred (Freddie) Green (g. 1913), 'Fred[d]ie bach' fel y cyfeiria hi ato yn ei dyddlyfr. Yn y llun fe'i gwelir ef yn blentyn bychan yn eistedd ar ben stôl a hithau â'i braich dde amdano. Meddai ar ddechrau ei chofnod am 1 Chwefror 1915: 'Derbyn darluniau Fred[d]ie bach. Hiraeth am ei weled.' Roedd Fred Green yn fab i John Charles Green, priod Gwenonwy Berwyn (1912). Roedd hithau, fel y cofiwn, yn un o blant niferus Elizabeth a Richard Jones Berwyn a roes gartref i Blodwen Camwy a Lewis Pennant ei brawd, wedi iddynt golli'u tad yn 1899 a'u mam yn 1904. Bu farw John Charles Green o'r teiffws, 18 Chwefror 1914, a dyna gefndir yr hanes yn y dyddiadur, pan ddywedir: 'Myned â barau heyrn [croes haearn] i'r fynwent ar vedd Ewyrth Charles druan.' (12 Chwefror 1915)

Ar frig y flaen-ddalen, gyferbyn â'r clawr blaen, ysgrifennwyd (mewn inc du ac mewn llaw wahanol i eiddo Blodwen Camwy) y geiriau hyn, gyda'r negydd 'na' mewn llythrennau trwm du: 'Os pechaduria[i]d a'th ddenant[,] **na** chytuna.' Ar ganol y ddalen, eto mewn inc du a llaw wahanol (ddiweddarach?), nodwyd y manylion hyn:

> Dyddlyfr perthynol i
> B Camwy Dimol
>   Bod Arthur
>   Trelew
>   Chubut
> Hydref 15 1914

Ar waelod y flaen-ddalen ysgrifennwyd y pennill hwn, heb atalnodau, mewn pensel â llaw wahanol i eiddo Blodwen Camwy. Diddorol sylwi hefyd mai 'f', nid 'v', a ddefnyddir yn sillafiad y geiriau Cymraeg, fel yn y cyfeiriad a sgrifennwyd ar ganol y dudalen. Y mae'r pennill yn cyfeirio, wrth gwrs, at gynnwys y dyddlyfr.

> Ar daith i'r Andes bell
>   Aeth Blodwen Camwy
> Cysgu ar y llawr
>   Rhaid B. Camwy
> Ond brysied yn ei hol
>   Gaif[f] cysgu yn fy ngol
> A phaidio siarad ffol
>   Rhaid B.C.

Ar dudalen olaf y dyddiadur (155) nodwyd gan Blodwen Camwy res o enwau, a'i henw hi yn olaf, gyda'r nodyn hwn ganddi ar waelod y rhestr:

> Y Rhai sydd au [henwau] ar y d[d]alen iw y cwmni sy yn
> Corcovado yn casg[l]u mevys i wneud Jam.
> Ionawr 19 1915

Ar dudalen wag gyferbyn â mewngefn y clawr ôl ac ar ran o'r mewngefn ei hun gludiwyd toriad o bapur newydd, yn cynnwys cerdd goffa Evan Thomas i Blodwen Camwy. (Gw. y bennod flaenorol.)

★★★

Ar fewngefn clawr blaen dyddiadur 1920 ysgrifennwyd mewn pensel, ond eto mewn llaw wahanol i eiddo Blodwen Camwy, y manylion hyn:

> Dyddlyfr perthynol i Blodwen Camwy Dimol
> Dolavon Chubut
> 1920

O dan y geiriau uchod gludiwyd dau stamp 'República Argentina', un coch, 5 centavos, ac un gwyrdd, 12 centavos. Yn union odisa'r stampiau ysgrifennwyd, mewn pensel, y sylw a ganlyn: 'Er cov am yr hen amser gynt.'

Yng nghefn y dyddlyfr, ar dudalennau 198–99, cynhwysir cân serch pedwar pennill: '*Sin verte te Adorava*' ('Roeddwn yn dy addoli heb dy weld'). Yn dilyn yn union ar dudalennau 200–01 cofnodwyd cân tri phennill arall yn mynegi siom serch: '*La culpa vos la tuvistes*' ('Arnat ti roedd y bai'). Ysgrifennwyd y ddwy gerdd hyn ag inc ac yn llaw Blodwen Camwy ei hun, mi gredaf.

Ar dudalen olaf y dyddiadur (202), gyferbyn â mewngefn y clawr ôl, ysgrifennwyd mewn pensel, ac yn llaw Blodwen Camwy, rwy'n tybio, y manylion hyn:

> Consc[r]ipto 99
> Dyvrig Roberts
> Depósito Marinería
> Guarda Costa
> Libertad B Aires
>
> Chacabuco 1342

Ar yr un ddalen hon (202) rhan-gludiwyd tocyn yn cynnwys y manylion a ganlyn. (Y geiriad swyddogol printiedig wedi'i nodi isod mewn italig a'r wybodaeth a ychwanegwyd mewn llawysgrifen gan y swyddfa wedi'i nodi mewn teip cyffredin.)

Asociacion Pro Médico de Dolavon

La señorita: Blodwen Camwy Dimol

abonó la cantidad de $: cuatro

por su cuota: hasta Agosto 23 / 920

    Dolavon: Febrero 23 *de* 1920

        Felix Labat

          Tesorero

Stampiwyd y tocyn gyda'r geiriad ['Asociaci]on Pro Médico[Dolavo]n Chubut. (Hanner y stamp sydd yn y golwg.)

Ar fewngefn ôl y dyddiadur gludiwyd darn o bapur â'r geiriau hyn arno: 'Sapaleri 28/6 Dep. N° 3'.

Cynnwys y ddau ddyddiadur

Gair pellach yn awr am gynnwys dau ddyddiadur Blodwen Camwy. Y mae rhan gyntaf dyddiadur 1914–15 yn ddisgrifiad manwl o'r daith o Ddyffryn Camwy ar draws y Paith i Gwm Hyfryd, yn ystod 15 Hydref – 12 Tachwedd. Yn y gweddill o'r dyddiadur, 13 Tachwedd 1914 – 30 Ebrill 1915, ceir cofnod manwl o arhosiad Blodwen Camwy ar fferm Parc Unig yn yr Andes a'i mynych grwydriadau. Dyma ddisgrifiad Gweneira, ei nith, o'r dyddiadur cyntaf, 1914–15.

> Cafodd fynd am dro tua'r Andes mewn wagen a dau neu dri cheffyl ym mis Hydref 1914, gydag un o ferched Berwyn a oedd yn briod a chanddi eneth fach flwydd oed. Gwnaeth Camwy ddyddlyfr difyr o'r daith hon a barhaodd yn agos i fis. Teithio yn ystod y dydd a gwersylla yn y nos er mwyn iddynt hwy a'r ceffylau ddadflino a chael bwyd. Dalient anifeiliaid neu hel wyau estrys i fwyta ar y ffordd er mwyn ymestyn yr hyn oeddynt wedi ei baratoi ar gychwyn y daith. Rhoddodd ar bapur gymaint a welai wrth syllu yn y nos dan yr awyr agored yn ngolau'r lloer, a Chroes y De yn ymddangos yn glir a disglair yn nistawrwydd y Paith.

Mae ei sylwadau yn rhamantus tu hwnt, a rhoddodd adroddiad manwl o holl anturiaethau'r teithwyr oedd yn eu cwrdd ar y ffordd ar geffyl, mewn cerbyd neu wagen a phawb yn adrodd eu hanes er difyrrwch neu sôn am eu helbulon wrth groesi'r Paith. Yr oedd y llwybrau yn garegog, garw, a'r gwynt yn lluwchio yn aml iawn, ond weithiau mi roeddynt yn dilyn cwrs yr afon ac yn medru aros i ymolchi a golchi ambell i ddilledyn. Mae'n disgrifio natur yn ei holl nerth, planhigion, anifeiliaid gwyllt, waliau yr Allorau, machlud yr haul a'r oll oedd dan ei golwg nes cyrraedd mynyddoedd pell yr Andes. Buont yn ymgartrefu yno am beth amser gyda pherthnasau a ffrindiau.[1]

Un o 'ferched Berwyn' (Richard Jones Berwyn) y bu Camwy yn teithio gyda hi i groesi'r Paith am Gwm Hyfryd oedd Ffest Berwyn (g. 1889), sef 'Modryb Fest' (gydag un 'F') yn y dyddiadur. Enw'i gŵr oedd Samuel Jones, a'r 'eneth fach flwydd oed' y cyfeirir ati uchod oedd eu plentyn cyntaf anedig, Gwladys. Cyfeiria Blodwen Camwy yn aml yn ei dyddlyfrau at deulu ei nain, Elizabeth Berwyn, a'i thaid gwyn, Richard Jones Berwyn, ac at eu cartref a'i chartref hithau er 1899/1904, ym Mod Arthur, Trelew. Ac y mae hynny'n ddigon dealladwy. Ar wahân i'w chwaer, Elisa Dimol, a'i brawd, Lewis Pennant Dimol, teulu'r Berwyn bellach oedd ei theulu agos. Er eglurder i'r darllenydd, felly, y mae'n werth nodi unwaith eto yn y bennod hon enwau'r tri ar ddeg o blant Elizabeth ac R J Berwyn. Sylwn y tro hwn, fodd bynnag, fel y mae'r saith plentyn cyntaf wedi'u henwi ag enwau sy'n dechrau â llafariad, a'r chwe phlentyn olaf gydag enwau sy'n dechrau â chytsain. Mwy na hynny, y mae'r saith enw cyntaf a'r chwe enw olaf yn dilyn yn nhrefn yr wyddor. (Dyn arbennig o drefnus – dyna farn pawb yn y Wladfa gynt am R J Berwyn!). Dyma, felly, enwau'r plant:

Alwen, Einion, Ithel, Owen, Urien, Wyn, Ynfer;
Bronwen, Ceinwen, Dilys, Ffest, Gwenonwy, Helen.

O blith plant Elizabeth ac R J Berwyn y cyfeirir atynt yn bur aml yn y ddau ddyddiadur gellir enwi, er enghraifft, 'Ewyrth Ithel' (Ithel Berwyn, g. 1873), ac 'Ewyrth Einion' (Einion Berwyn, g. 1872). Cyfeirir hefyd at wraig Ewyrth Einion fel 'Luisa a'r plant'. Yn ei chyfrol werthfawr *Reunión de familias en el Sur*, gan Albina Jones de Zampini (t. 29), fe'i henwir hi fel Luisa Pichiñán. Enwir 'Ewyrth Wyn', ac ymhlith y modrybedd y cyfeirir atynt, gellir nodi, yn ychwanegol at 'Modryb Ffest', wrth gwrs (y bu Blodwen yn teithio gyda hi i groesi'r Paith): Dilys Berwyn (g. 1887, sef mam Uriena Lewis); Gwenonwy Berwyn (g. 1890, 'Modryb Gweno'); a 'Modryb Alwen'. Yr oedd Dilys Berwyn yn briod â Llewelyn Berry Rhys, a thebyg mai ef yw'r 'Llew' y cyfeirir ato, ac mai ei fam yw 'Nain Berry'. Merch i Dilys Berwyn a Llewelyn Berry yw 'Uriena fach' (20 Chwefror 1920). Yng Nghwm Hyfryd cysylltir teulu'r Berwyn â fferm Parc Unig. Yno y byddai llawer o deithwyr yn aros, ac yno, fel y nodwyd eisoes, y bu Blodwen Camwy yn aros wedi'i thaith dros y Paith, Hydref – Tachwedd 1914.[2] Cyfeiria Blodwen Camwy yn aml at 'Ewyrth Glyn', ac y mae'n ymddangos mai ef sy'n byw yno bryd hyn.

Fel y nodwyd eisoes, roedd Blodwen Camwy wedi dechrau gweithio yn ystordy'r CMC yn Nolavon, 28 Ebrill 1919. Bu'n ffodus iawn i gael llety ardderchog gyda theulu John Williams, yng ngeiriau Gweneira: 'un o sefydlwyr cyntaf y dref hon, tua 1918 […] Cafodd Camwy lawer o gwmni merched y tŷ a difyrrwch pleserus yn eu plith.'[3] Ei gwaith o ddydd i ddydd yn y Co-op; y mân orchwylion gartref yn ei llety, a'r hwyl gyda'r teulu a'r ymwelwyr oedd yn galw heibio; ffyddlondeb i'r oedfaon a'r Ysgol Sul yng Nghapel Dolavon ac, ar brydiau, yn Ebeneser; prysurdeb a phwysigrwydd paratoi at y cyrddau llenyddol, yn arbennig yr ymarferion aml yn yr 'ysgol gân'; a'r mynych deithio yn Nolavon a'r cyffiniau i ymweld â chyfeillion am baned a sgwrs […] Hyn oll a mwy, dyna gefndir yr ail ddyddlyfr, 23 Ionawr – 11 Tachwedd 1920.

Gwerth y dyddiaduron

Beth yw gwerth dyddlyfrau Blodwen Camwy? Hyn yn gryno, ddywedwn i. Cyflwynant inni ddarlun byw, cynhwysfawr, o fywyd merch ifanc arbennig, mewn amgylchiadau arbennig, mewn bro a gwlad arbennig, ac mewn cyfnod arbennig. A mwy na hynny. Drwy roi sylw penodol i'w gweithgarwch hi ei hun o ddydd i ddydd am gwta ddwy flynedd (yn ystod 1914–15, 1920) y mae hi hefyd wedi agor cil y drws ar y gymdeithas y bu hi yn rhan annatod ohoni yn Nyffryn Camwy ac, am gyfnod llai, yng Nghwm Hyfryd wrth droed yr Andes. Cyflwynodd inni gipolwg o fywyd bob dydd y trigolion, eu hadloniant a'u diwylliant; eu crefydd a'u harferion; eu llawenydd mewn priodas ac ar ddydd geni plentyn; eu gofid mewn angladd.

'Aethom i'n gwlâu heno wrth oleu y lloer vendigaedd': byd natur, yr amgylchedd a'r tywydd

Merch hoff iawn o fyd natur oedd Camwy, yn ffond o gerdded llwybrau a rhyfeddu at raeadr a chlogwyn. Ymddiddorai hefyd yn yr amgylchedd, yn yr haul a'r cymylau, y lloer a'r sêr. Yr oedd ganddi barch at natur a'r amgylchedd. Nid ar ddamwain y dewisodd hi'r ansoddair 'bendigaid' i ddisgrifio'r 'lloer' yn y sylw hwn, a hithau bryd hynny ar y Paith yn croesi o Ddyffryn Camwy i Gwm Hyfryd: 'Aethom i'n gwlâu heno wrth oleu y lloer vendigaedd.' (10 Tachwedd 1915.)

Bron bob dydd, yn ddi-ffael, yn ei dyddiadur, y mae'n dechrau gyda'r amlwg, fel y tueddwn i gyd ei wneud – cynnig ateb y cwestiwn amlwg: 'Sut dywydd yw hi heddiw?' Gan amlaf, y mae'r atebion gan y ferch o'r Wladfa yn fyr ac yn foel, gydag ansoddeiriau digon cyffredin, megis: 'diwrnod braf', 'diwrnod oer', 'diwrnod gwyntog'. Ambell waith ceir brawddeg fer: 'Boreu braf eto heddiw, ond nid wrth y boreu y mae adnabod y diwrnod.' (10 Chwefror 1920); 'boreu cymylog a'r gwynt yn vain iawn.' (5 Mawrth 1920); 'Boreu hynod o braf a heulwen ar ôl y gwlaw.' (6 Mawrth 1920.)

Yn achlysurol iawn, fodd bynnag, defnyddir ansoddair i ddisgrifio'r tywydd sy'n peri inni foeli'n clustiau, megis: 'Diwrnod gwyntog, lluwchog' (2 Chwefror 1920). Nid 'lluwchiog' – 'lluwchio eira' – fel y byddai ystyr y gair hwn i ni yn Uwchaled a llawer man arall yng Nghymru, ond 'lluwch o wynt'. Gwynt diarhebol Patagonia yn codi'r llwch oddi ar y ffyrdd a'r llwybrau yn un lluwch mawr. Ar 13 Awst 1920 hefyd defnyddiwyd ansoddair ardderchog i ddisgrifio'r tywydd: 'Diwrnod ystormus; gwynt oer a chynanus.' Gwynt 'cynhennus': cecrus, cwerylgar ac ymrysongar. Disgrifiad byw, cofiadwy.

Ar derfyn y dydd, 31 Hydref 1914, diwrnod pen-blwydd 'Taid Berwyn', ceir cofnod diddorol dros ben sy'n cyfeirio at ragfynegi'r tywydd. Pan oedd Camwy gyda Modryb Ffest, Ewyrth Sam, Ewyrth Einion a Gwladys, yn croesi'r Paith, ger Pajarito Chico, a'r 'haul yn machlud', 'daeth hen dwc-w-dw [anifail gwyllt bychan], ac ve wnaeth hen nadau hyll iawn, ac meddau E. Sam: 'Y mae hona yn arogli ystorm.' Ac fe ddaeth y glaw a pharhau 'hyd hanner nos, pryd y dechreuodd vwrw eira.'

Yn ymwneud â'r ail o Fai 1920 ceir nodyn gwahanol iawn, ond yr un mor ddiddorol a gwerthfawr: 'Clip ar y lleuad heno.'

Y Rhyfel Byd Cyntaf a Mihangel ap Iwan yn 'menthyg y gribin i gasglu'r alffalffa': hynt a helynt pobl gyda'u gwaith bob dydd

Pan oedd Blodwen Camwy yn ysgrifennu yn ei dyddlyfr, 15 Hydref 1914 – 30 Ebrill 1915, yr oedd, wrth gwrs, yn adeg y Rhyfel Byd Cyntaf. Eto i gyd, nid oes braidd sôn o gwbl am y Rhyfel Mawr ganddi. Er hynny, y mae nodyn fel yr un a ganlyn am 23 Hydref 1914 yn awgrymu nad oedd modd i neb, boed yn Ariannin neu unrhyw gornel bellennig o'r byd, ddianc rhag sôn am erchyllterau ac aberth y dioddef mawr: 'Ar ôl i ni vwyn[h]au cypaned o de a siared [siarad] am y(r) rhyvel a'i helbulon […].'

Y mae'n amlwg, fodd bynnag, nad digwyddiadau pell dros y môr, pa mor enbydus bynnag y bônt, oedd yn mynd â bryd y ferch ifanc o Batagonia, ond hynt a helynt trigolion y fro oedd o'i chwmpas. Pobl wrth eu gwaith a'u diddordebau bob dydd. Roedd ganddi glust i wrando a llygad i sylwi. Roedd yn ddigon naturiol iddi gofio bod 16 Chwefror 1920 yn ddiwrnod pwysig. Meddai yn ei dyddiadur: 'Gŵyl y F[f]yliaid yn dechrau heddiw. Y Coop yn cau am hanner diwrnod.' Ond sylwodd hefyd ar rai o batrymau ac arferion amaethyddol ei chyd-Wladfawyr. Ar 28 Hydref 1914, er enghraifft, 'gweled dyn yn llyvnu gyda drain.' [Trin tir wedi'i aredig, fel y gwneid mewn cyfnod diweddarach, gydag ogau haearn.] Yna, ar gyfer 23 Ionawr 1915, y mae'n cofnodi (gan gyfeirio at fferm Parc Unig, Esquel): 'Daeth M ap Iwan i movyn menthyg y gribin i gasglu'r alffalffa.' Yn wir, aeth i drafferth i gofnodi'r weithred bwysig a ddigwyddodd yn ddiweddarach yn y dydd: 'Daeth Mihangel â'r gribin adrev cyn nos.'

Clywed, sylwi – ac ymddiddori hefyd. Cymeryd diddordeb byw yn yr hyn a ddigwyddai o'i hamgylch. Dyma, er enghraifft, a wnaeth yn Esquel ddydd Mawrth, 2 Chwefror 1915: 'Myned at y gorlan i weled Ewyrth Sam yn dal y gwartheg gwyllt.'

'Cawsom ginio ac ymddiddan llawen…'; 'yr wyv vel tramp bob min nos': croeso a chynhesrwydd ar aelwyd

Un o'r nodweddion amlycaf, dybiaf i, yn nyddiaduron Blodwen Camwy, yw'r pwys arbennig y mae'n ei roi ar bobl, o bob oedran, a beth bynnag yw eu gwaith a'u diddordebau. Bron ar bob tudalen ceir sôn am bobl. Cwrdd â phersonau ar y Paith; cwrdd â phobl o ddydd i ddydd yn ei gwaith yn yr CMC yn Nolavon – y

Co-op (neu'r 'Coop', fel yr ysgrifennai hi, gan amlaf, yn ei dyddiadur); cwrdd â phobl yn y dre ac ar ei ffordd i'r dre; cwrdd yn y capel, ac ar y ffordd i'r capel; cwrdd yn yr ysgol gân; a chwrdd yn nhai cymdogion – yn Nyffryn Camwy a Chwm Hyfryd. Meddai yn ei dyddlyfr, 2 Medi 1920: 'Yr wyv vel tramp bob min nos.' Câi hefyd gwmni cyson yr ymwelwyr niferus a arferai alw yn y cartref yn Nolavon lle lletyai. Roedd hithau, mae'n amlwg, yn mwynhau cwmni pobl. Mwynhau yn fawr iawn hefyd gwmni'r teulu caredig yr oedd hi'n lletya gyda nhw, a chael llawer iawn o hwyl, yn arbennig gyda'r plant ar yr aelwyd.

Drwy ddisgrifio'r personau y mae'n eu cyfarfod, a nodi yn aml eu hymateb, a'i hymateb hithau, llwyddodd i roi darlun arbennig o werthfawr inni o un o brif nodweddion y gymdeithas gymdogol Gymraeg yn y Wladfa, sef agosatrwydd pobl at ei gilydd, a dibyniaeth pobl, yn arbennig gynt, ar ei gilydd. Llwyddodd hefyd i gyfleu mwynhad pobl a'i mwynhad hithau. Cwrdd – ac wedi cwrdd, 'ymddiddan', a'r gyfeillach braf yn ein hatgoffa ryw gymaint o'r 'ymddiddan' yn chwedlau'r Mabinogion gynt. Er pob caledi ac ymdrech, darlun sydd yn y ddau ddyddiadur, yn bennaf oll, o lawenydd a boddhad. Dyma dri dyfyniad yn unig: 'Cawsom ginio ac ymddiddan llawen.' (29 Hydref 1914.) 'Cael hwyl iawn heno […] yn canu a dyweud st[r]aeon.' (24 Chwefror 1920.) Yng nghartref Gwendolen Pugh: 'Yr oedd yn 8 o'r gloch erbyn i ni gyrhaedd, ac yr oedd yr awel yn vain iawn, ond yr oedd yno danl[l]wyth o dân. Ar ôl swper aethom i ymgomio at y tân […].' (12 Mehefin 1920.) Meddai Blodwen Camwy hefyd yn ei dyddiadur, 29 Mehefin 1920, wedi iddi fod gyda gwraig y tŷ lle lletyai yn Nolavon yn ymweld â chyfeillion yn y cylch: 'Y mae hwyl ardderchog i'w gael wrth fynd i *baseando* gyda Mrs Williams.' (*Paseo*: taith hamdden; mynd o dŷ i dŷ.)

Ar gyfer 9 Gorffennaf 1920 ceir nodyn fel hyn yn y dyddiadur: 'Pawb ond Olwen wedi [mynd] i'r llyniau byw. Nid aethum i'r Dans heno.' Roedd Camwy hithau, mae'n amlwg, yn mwynhau cwmni a hwyl. Gallai hefyd, ar brydiau, chwerthin am ei phen ei hun. Ysgrifennodd fel hyn ar gyfer 24 Ionawr 1915: 'Gwnaethum bwdin ardderchog i ginio i ddathlu pen-blwydd E. Einion a bûm bron â rhoddi y tŷ ar dân!'

Iechyd a synwyrusrwydd, teimlad a phryder

Yn ei dyddlyfr am 29 Ionawr 1914 fe gofnododd y geiriau: 'Pawb yn syny vy mod yn edrych mor deneu.' Ei sylw am 14 Chwefror 1920 oedd hwn: 'Cur yn vy mhen trwy'r pryd-nawn.' Ar 8 Medi 1920 cyfaddefodd ei bod yn 'teimlo yn anivir heddiw trwy'r dydd, vy hip yn brivo yn arw.' Ac am y diwrnod canlynol fe ddywedodd: 'Nid wyf yn teimlo vawr gwell.'

Ond eithriadau yw'r cyfeiriadau hyn at unrhyw ofid o ran iechyd. Nid yw byth braidd yn cwyno, ond yn llawenhau. Y darlun a roddir inni yw o ferch ifanc llawn bywyd, ac yn gwerthfawrogi bywyd i'r eithaf. Y mae'n deg dweud, serch hynny, ei bod hi hefyd yr un pryd, yn ôl y portread a gawn ohoni yn y dyddiaduron, gredaf i, yn ferch ifanc dyner a synhwyrus iawn, ac yn gallu teimlo i'r byw pe bai rhywbeth yn mynd o'i le. Ar y Paith, 27 Hydref 1914, roedd hi un tro yn marchogaeth, a dyma a ddigwyddodd: '[…] yn sydyn collais gadech sidan Ewyrth Sam […] ac yr oeddwn wedi myned yn drist iawn.' Dim ond cadach sidan. Ond cadach sidan Ewyrth Sam ydoedd.

Roedd hi'n hapus iawn ei byd yn gweithio yn y Co-op yn Nolavon, ond pe bai achos i boeni, gwyddai mai poeni a wnâi. Dyma'i sylw am 13 Mawrth 1920: 'Gwneis gamgymeriad bach neithiwr, yr hyn a wnaeth i mi deimlo yn anivir heddiw [yn y gwaith] trwy'r dydd.'

'Llwyd-olchi y lle tân' a rhoi 'shwrva' iawn i'r tŷ

9 Tachwedd 1914: 'Ar ôl cinio aethum i dynu pervedd gwydd […]' 23 Ebrill 1920: 'Cevais wnïo tipin [yn y Co-op]. Dechreu *kwilt* Eira vach.' Dau waith; dau ddiddordeb. A dyna sy'n ein bwrw ar unwaith wrth ddarllen am weithgarwch Blodwen Camwy – dau beth yn wir: mor amrywiol yw ei gwaith a'i diddordebau, ac mor ddyfal a diwyd y mae hi gyda'i holl orchwylion, fel morgrug yn nythu a gwenyn yn mela. Gwnïo a chrosio; golchi a manglio; sychu a smwddio. Yn ôl cofnod 23 Ionawr 1915, 'llwyd-olchi y lle tân, clanhau y gegin a gwneud teisen.' Dro arall, rhoi 'shwrva' [sgwrfa] iawn i'r tŷ. Cymerai bob gofal hefyd gyda'i gwisg a'i gwallt ei hun, a threfnai ac aildrefnai ei dillad yn ofalus. Ac, ie, cofio mynd i weithdy'r crydd i mofyn ei hesgidiau! Y mae'n amlwg iddi gael trafferth go arw pan weithiai yn Nolavon i sicrhau bod ganddi bâr cyfforddus o esgidiau i'w gwisgo.

Y cwlwm sy'n creu: adrodd ac ysgrifennu a chystadlu mewn cyrddau llenyddol

Gwaith tŷ a gwaith-bob-dydd. Ond roedd gan Blodwen Camwy hefyd, fel y gwyddom yn dda, weithgarwch pwysig arall oedd yn fwy na gwaith iddi hi. Gwaith

Thomas Pennant Dimol Evans,
'Twmi Dimol' (1836–68)

'Maen Gof' Twmi Dimol a'i deulu ym
mynwent Moriah, Dyffryn Camwy.

Maes-y-llan, Pennant Melangell, Maldwyn, cartref Twmi Dimol.

Elizabeth Ellen Jones, Ffridd Gymen, Llangywer, Meirionnydd, mam Blodwen Camwy ac Elisa Dimol, a phriod Arthur Llewelyn Dimol.

Elizabeth Ellen Jones

Arthur Llewelyn Dimol (1867–99), mab Elizabeth Pritchard a Twmi Dimol, gyda (?)

Arthur Llewelyn Dimol, gyda'i briod Elizabeth Ellen Jones, a'u merch fach, Gwladus Elizabeth (8 Medi 1889–30 Mawrth 1892).

Margaret Evans, chwaer Twmi Dimol.

Taid Lewis Davies Jones, 'Llew Tegid';
William Evans Jones, 'Penllyn'; Owen C
Jones; ac Elizabeth Ellen Jones, mam
Blodwen Camwy ac Elisa Dimol.

Elizabeth a Lewis Jones, Ffridd Gymen,
Llangywer, rhieni Elizabeth Ellen, a thaid a
nain Blodwen Camwy ac Elisa Dimol.

Lewis Davies Jones, 'Llew Tegid', brawd
i Elizabeth Ellen Jones, mam Blodwen
Camwy ac Elisa Dimol.

Blodwen Camwy Dimol de Infante
(20 Chwefror 1891–19 Chwefror 1942).
Merch Elizabeth Ellen Jones ac Arthur
Llewelyn Dimol.

Blodwen Camwy a Freddie Green, mab
Gwenonwy Berwyn a John Charles Green.
Roedd Gwenonwy yn ferch i Elizabeth
Pritchard, nain Blodwen Camwy, a
Richard Jones Berwyn. Gyda'i nain,
Elizabeth Pritchard, a'i thaid gwyn, R J
Berwyn, y magwyd Blodwen Camwy a'i
brawd Lewis Pennant, wedi i'w rhieni
farw yn ifanc.

Dwy ddalen (25-27 Hydref 1914) o 'Ddyddlyfr' Blodwen Camwy (rhan o hanes croesi'r Paith, o Ddyffryn Camwy i Gwm Hyfryd).

Albwm lluniau teulu Twmi Dimol, y llun cyntaf yn yr albwm, a'r unig lun ohono y gwyddom amdano. Yr albwm yn rhodd i Eleri a Robin Gwyndaf gan Elisa Dimol, wyres Twmi Dimol. (Cyflwynir yn y man i Lyfrgell Genedlaethol Cymru, gyda chopi i Amgueddfa Hanesyddol y Wladfa.)

Y Co-op / Cwmni Masnachol yn Nolavon, lle bu Blodwen Camwy yn gweithio. Gw. Dyddiadur 2 (23 Ionawr–11 Tachwedd 1920). ('Y Coop / Cop' yw'r sillafiad gan Blodwen Camwy, fel gan eraill yn y Wladfa.)
Llun: o gasgliad Llyfrgell Genedlaethol Cymru

Y tu fewn i'r Co-op yn Nolavon.
Casgliad: Llyfrgell Genedlaethol Cymru

Fferm Mr a Mr John Williams a'r teulu, Dolavon. Gyda hwy y lletyai Blodwen Camwy tra bu'n gweithio yn y Co-op.

Casgliad: Llyfrgell Genedlaethol Cymru

Dwy chwaer a brawd. O'r chwith: Elisa Dimol, Lewis Pennant Dimol, Blodwen Camwy.

Elisa Ann Dimol (4 Chwefror 18950–16 Hydref 1980), merch Elizabeth Ellen Jones ac Arthur Llewelyn Dimol.

Elisa Dimol, Ithel Berwyn (mab Elizabeth Pritchard a Richard Jones Berwyn), a merch Ithel Berwyn.

Elisa Ann Dimol, 6 Mawrth 1920, ar ddydd ei phriodas gyda David John Davies (20 Medi 1892–2 Ebrill 1953). Gw. Dyddiadur 2, Blodwen Camwy am ddisgrifiad manwl o'r briodas.

Elisa Dimol yn 80 mlwydd oed.

Elisa Ann Dimol de Davies gyda Walter, ei hŵyr cyntaf, mab Arthur Glyn Davies, mab hynaf Elisa.

Dau o blant Elisa Dimol a David John Davies:
Gweneira (g. 1923) ac Arthur Glyn (g. 1921).

Plant Elisa Dimol a David John Davies: Irvonwy,
'Nanny' (1925–2014); Hanzel (g. 1934); Gweneira
(7 Awst 1923–20 Chwefror 2015): Arthur Glyn
(1921–1972).

Gweneira Davies de González de Quevedo,
yn 43 mlwydd oed.

Norah O'Brien, gorwyres i Margaret, chwaer Twmi Dimol, yng nghwmni Gweneira, gorwyres i Twmi Dimol. Y ddwy yn cyfarfod am y tro cyntaf, yng nghartref Gweneira yn Nhrelew.

Gweneira yn ei chartref.

Marged Lloyd Jones, awdur *Nel Fach y Bwcs* (1992), gyda'r Dr Hanzel Davies, Buenos Aires, brawd Gweneira.

Lewis Pennant Dimol (g. 19 Ionawr 1898), brawd Elisa Dimol a Blodwen Camwy.

Luisa Pichiñán (Indianes), gwraig Lewis Pennant.

Lewis Pennant yn cario nwyddau ar y Paith. Ei unig fab, Teifi Dimol, yn dilyn y llwyth.

Teifi Dimol, mab Lewis Pennant, brawd Elisa Dimol a Blodwen Camwy. Saith o feibion ganddo yn dwyn yr enw Dimol.

Julio Cesar Dimol, un o feibion Teifi, mab Lewis Pennant, gyda'i deulu: ei briod, Josefina, a'u mab, Maxi. Y mae Julio yn awdur tair cyfrol o gerddi Sbaeneg.

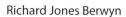
Richard Jones Berwyn

Richard Jones Berwyn, gyda'i
ddosbarth Ysgol Sul, yng
Nghapel y Tabernacl, Trelew.
Casgliad: Llyfrgell
Genedlaethol Cymru

Teulu Elizabeth Pritchard (bu f. 13 Rhagfyr 1924, yn 80 mlwydd oed), a Richard Jones Berwyn (1837–1917). O'r chwith: Arthur Llywelyn (Llewelyn) Dimol (mab Elizabeth Pritchard a Twmi Dimol); Elizabeth Pritchard, gydag Urien Berwyn (g. 1877) ar ei glin; Ithel Berwyn; Alwen Berwyn; Einion Berwyn; Richard Jones Berwyn, gydag Owain Berwyn o'i flaen; Gwladus Dimol (merch Elizabeth Pritchard a Twmi Dimol).

Rhes ôl, o'r chwith: Arthur Llywelyn Dimol (het ddu ar ei ben); Ithel Berwyn; Alwen Berwyn; Einion Berwyn. Rhes flaen: Urien Berwyn; Elizabeth Pritchard, gyda Dilys Berwyn (g. 1887) ar ei glin; Ynfer Berwyn; Bronwen Berwyn; Richard Jones Berwyn, gyda Ceinwen Berwyn ar ei lin; Owen Berwyn. Yn eistedd ar y blaen: Wyn Berwyn

Ithel Berwyn, mab Elizabeth a Richard Jones Berwyn.

Dilys Berwyn, merch Elizabeth a Richard Jones Berwyn.

Einion Berwyn a Gwenonwy Berwyn (cyfeirir ati gan Blodwen Camwy yn ei Dyddiadur, 1914-15, fel 'Modryb Gweno'). Plant Elizabeth a Richard Jones Berwyn.

Fred Green, mab Gwenonwy Berwyn a John Charles Green.

creadigol oedd hwn, a gwaith oedd yn ddiddordeb mawr iddi er yn bur ifanc: adrodd, dadlau a chanu; paratoi ysgrifau a thraethodau. Cofiwn hefyd iddi gael ysgol arbennig yn y feithrinfa a dderbyniodd ar aelwyd Richard Berwyn. Y cyfan sydd ei angen i mi nawr yw cyflwyno ychydig ddyfyniadau o ddyddiadur 1920: cyfeiriadau at fwrlwm y cystadlu, a pharatoi at gystadlu, yn y cyrddau llenyddol a gynhelid sawl gwaith y flwyddyn yng Nghapel Dolavon. Afraid dweud bod yn y dyddiadur ei hun ddarlun eithriadol o werthfawr – am bron flwyddyn gron – o werth y cyrddau cystadleuol hyn, yn adloniadol a diwylliannol, ac yn y cyfnod arbennig hwn. Cofiwn hefyd fod y darlun yn un cynrychioliadol. Cynhelid cyfarfodydd cyffelyb mewn sawl rhan arall o'r Wladfa.[4] A dyma ni'n dychwelyd at y 'cwlwm sy'n creu' ac at un o'r prif resymau paham y rhoddwyd 'Yr Etifeddiaeth Deg' yn enw ar y gyfrol bresennol.

24 Ebrill 1920:	'Aethom tros y ddadl eto heno.'
27 Ebrill 1920:	'Heddiw bûm yn ysgrivenu traethawd.'
29 Ebrill 1920:	'[…] wedi blino ar ôl bod yn y cyvarvod llenydd[ol] neithiwr. Cawsom gwrdd ardderchog […] Adroddais a cymerais rhan yn y ddadl. Rhanu'r deisen a chevais haner y wobr am wneud traethaw[d] ar d[d]yvodol trev Dolavon.'
23 Mehefin 1920:	'Cwrdd llenyddol heno a chavwyd hwyl ardderchog, ac adroddais inau (Yr Ystorm).'
27 Gorffennaf 1920:	'Bûm yn concro vy adroddiad a'r ddadl erbyn yvory, sev Gŵyl y Glaniad.'
29 Gorffennaf 1920:	'Cawsom gyngherdd ardderchog neithiwr, a chevais ineu y vraint o adrodd yno yr adroddiad o waith J P Jones.'
20 Medi 1920:	'Tro ar y canu.'

I gloi y rhan hon o'r bennod, dau ddyfyniad o ddyddiadur 1914–15. Y mae'r cyntaf yn cyfeirio at ddiddordeb Blodwen Camwy mewn barddoniaeth. A oedd hi'n prydyddu? Ai cyfansoddi ambell bennill neu rigwm achlysurol a wnâi? Os ydoedd yn barddoni, ni chynhwyswyd enghreifftiau o'i gwaith gan R Bryn Williams yn ei gyfrol werthfawr, *Awen Ariannin* (1960). Y mae'r ail ddyfyniad yn cyfeirio yn benodol at ddiddordeb Camwy er yn ifanc mewn adrodd. (Yn y dyfyniad arbennig hwn roedd hi wedi bod am dro i weld y 'Garreg Fawr' cyn dychwelyd adre i fferm Parc Unig, ger Esquel.)

10 Tachwedd 1914:   Vy ngwaith y pryd-nawn yma oedd am y goreu escrivenu penillion i JL. Yr ymgeisydd arall oedd MS.

22 Tachwedd 1914:   Ar ôl dyvod adrev aethwn i ddarllen hen *Dravodau*. Gweled vy hanes yn adrodd 12 mlynedd yn ôl.

Traddodiad llafar a thraddodiad y llyfr: diwylliant gwerin cyfoethog

Ei magu yn ferch fach ar aelwyd teulu diwylliedig Elizabeth Ellen ac Arthur Llewelyn Dimol; ei hyfforddi yn ferch ifanc gan ei nain a'i thaid gwyn, Elizabeth a Richard Jones Berwyn; ei thrwytho yn niwylliant Ysgol Sul a chwrdd llenyddol. Mor gyfoethog oedd cynhysgaeth lenyddol a diwylliannol Blodwen Camwy. Dyma ei hetifeddiaeth. Gwerthfawrogodd hithau'r etifeddiaeth hon hyd eithaf ei gallu. Bu yn y Wladfa draddodiad gwerthfawr iawn o ddiwylliant gwerin: traddodiad y gair llafar, y gair ysgrifenedig a'r gair printiedig; traddodiad y gwrando, y cofio, y darllen a'r creu. A bu Blodwen Camwy yn rhan o'r traddodiad hwn. Un canlyniad amlwg i hyn yw bod ganddi ar ei chof ddiarhebion, barddoniaeth ac adnodau, a cheir enghreifftiau o hynny yn y dyddiaduron:

24 Hydref 1914:   R[h]oddwch, a chwi a gewch, govynwch ac ve roddir i chwi.

25 Ebrill 1920:   Mwyaf bydd dyn byw, Mwya wêl a mwya glyw.

Calon yn curo: cariad a gofal

Fel y gwelwn yn amlwg o ddarllen dyddiadur 1920, bu Blodwen Camwy yn ffyddlon iawn i Gapel Dolavon. Er enghraifft, ar 1 Chwefror 1920, ceir cofnod yn datgan: 'Cael vy ail-ddewis i vod yn athrawes [yn yr Ysgol Sul]', ac am 2 Gorffennaf yr un flwyddyn un o'r cofnodion yw: '[...] helpu gyda chardiau y Bazâr' (neu'r 'Nodachfa', fel y cyfeirir mewn man arall ati).

Ond, onid wyf yn camgymeryd yn fawr, yr oedd mwy i grefydd y ferch ifanc brysur, amryddawn hon, na hyd yn oed ffyddlondeb i oedfa a pharodrwydd i wasanaethu mewn Ysgol Sul a chwrdd llenyddol, er pwysiced hynny. Ei gofal oedd ei chrefydd. Gofal a chariad, graslonrwydd a chydymdeimlad. Calon yn curo. Y mae hyn i'w weld yn amlwg mewn gair a gweithred o ddarllen ei dyddiaduron ac yn ei hagwedd at y llu o bobl y mae'n cwrdd â hwy o ddydd i ddydd: gair caredig yn ei bryd; ymweld â chyfeillion (*paseando*); croesawu baban newydd i'r byd; cydymdeimlo â theulu mewn galar. Parodrwydd hefyd, yn awr ac yn y man, i rannu 'anrheg fach'.

Roedd dolen gref iawn hefyd rhyngddi hi a'i theulu. Mor aml y mae'n mynegi ei hiraeth am gael 'mynd adrev'. Ac 'adre' iddi hi bellach, wedi colli'i thad a'i mam, oedd cartref 'taid a nain' yn Nhrelew. Dro arall y mae'n llwyddo yn aml i 'siarad' â nhw o Ddolavon. Amlwg iawn hefyd oedd ei chariad at ei hunig chwaer iau a'i hunig frawd, iau fyth. Fe dybiwn i iddi gael modd i fyw yn disgrifio yn ei dyddiadur, 6 Mawrth 1920, ddiwrnod priodas Elisa Dimol a David John (Davies), 'diwrnod neilltuol yn hanes vy mywyd'. Mor hyfryd iddi oedd cael rhannu llawenydd ei chwaer a dathlu 'llwyddiant' y dydd.

Nid oedd Lewis, ei brawd iau, ym mhriodas ei chwaer, Elisa, ac fel hyn y cyfeiriodd Camwy at hynny yn ei dyddiadur: 'Yr oeddwn yn teimlo'n chwith iawn heb Lewis. Yr oedd ef wedi myned i daith i'r Paith ers rhai dyddiau.' A dyma un cofnod pellach ganddi. Roedd dydd Gwener, 20 Chwefror 1920, yn ddiwrnod ei phen-blwydd. Ychwanegodd, fodd bynnag, y geiriau hyn: 'Ond er y cwbl, daeth *pull* o hiraeth arnaf am adrev, a Lewis ar ganol y Paith inig.'

Er mor ardderchog a naturiol yw arddangos cariad at deulu o gig a gwaed, mwy ardderchog fyth yw gallu dangos cariad arbennig iawn hefyd at deulu nad ydynt yn perthyn un dafn o waed iddi. A dyna a wnaeth Blodwen Camwy gyda theulu 'Mr a Mrs John Williams', ei llety yn Nolavon; y cartref oddi cartref. Ei huniaethu ei hun yn llwyr â'r teulu hwn, fel petai yn un ohonynt. Arddangos gofal a chariad o ddydd i ddydd. Rhannu'r gofid; ymuno yn yr hwyl a'r llawenydd. Mae enwau'r plant yn britho tudalennau ei dyddiadur: Mair, Martha, Olwen, Lily, Dwyryd, Owen. Dyma un sylw yn unig wedi'i godi o'r dyddiadur. Y dyddiad yw: 18 Chwefror 1920. A'r cefndir: un o'r meibion wedi gorfod teithio ymhell. 'Ac mor valch oeddem oll wrth weled Owen wedi cael dychwelyd yn mhen pedair wythnos, yn lle dwy flynedd.' Sylwn yn arbennig ar y dewis o eiriau: 'oeddem *oll*'. ('Nid y chi, ei deulu hoff, yn unig, ond minnau hefyd.') Rhannu'r boddhad; rhannu'r gofal.

'Diolch i Dad y bendithion...'

Cariad a gofal, rhoddion gwerthfawr ydynt; i'w mawr werthfawrogi ac i ddiolch bob dydd amdanynt. Gwyddai Blodwen Camwy hynny'n burion. A dyna a wnâi hithau: cyfrif ei bendithion. Yn wir, y mae ei dyddlyfrau yn aml yn llawer mwy na chyfrwng yn unig i 'roi ar gof a chadw', i gofnodi'n ofalus ddigwyddiadau'r dydd. Y maent hefyd yn gyfrwng iddi hi, yn awr ac yn y man, gydnabod yn ostyngedig ei dyled a'i diolch yn bersonol.

Yr un modd, cawn yn y dyddiaduron gipolwg o'i bydolwg, y modd yr oedd hi yn gweld y byd ac yn ystyried ei stad ei hun. Yr awgrym a roddir inni yw ei bod hi yn derbyn y Drefn, ac nid yn gwrthryfela yn ei herbyn. Derbyn pob rhodd a bendith gyda diolch. Dyma bum dyfyniad.

1 Ionawr 1915:   Dyma ddechreu blwyddyn newydd eto. Boreu brav heddiw i ddechreu. Beth pa sut y bydd o hyn yn mlaen nis gŵyr neb ohonom.

6 Mawrth 1920:   Diolch i Dad y bendithion am y diwrnod brav a gawsom a'i lwyddiant ar hyd y dydd. [Priodas Elisa ei chwaer.]

5 Ebrill 1920:   Aethum i'r cwrdd nos. Yr oedd y capel yn llawn. Cyrhaeddasom adrev yn ddiogel, a diolch am hyny. Dyma ni wedi cael bywyd ac iechyd i weled un cwrdd Diolchgarwch eto a diolch i'n Tad nevol am roddi i ni vywyd ac iechyd i'w vwynhau.

30 Hydref 1920:   O, dyma ddiwrnod brav. Yr haul yn tywynu yn ei ogoniant. Gwyn ein byd mor drugarog y mae ein Tad nevol wrthym, a minau ddim yn gweled ei werth.

4 Tachwedd 1920:   Min nos aethum i lle'r crydd [yn Nolavon]. Talu am drwsio vy esgidiau: $4.00 a chael pâr arall wedi ei gwneud i vy f[f]itio. A diolch vy mod wedi llwyddo i gael rhiwun i'w gwneud i mi, ac am bris rhesymol. Trwy f[f]awd rhagliniaeth yr wyv wedi bod yn f[f]odus gan vy mod yn gallu cerdded ynddynt.

Cofio, cofnodi a rhannu'r stori

Y mae pob dyddiadurwraig, neu ddyddiadurwr, yn gorfod ateb cant a mil o gwestiynau – cyn dechrau ysgrifennu ac ar ôl dechrau. A'r cwestiwn pwysicaf un, o bosibl, yw hwn: beth yr wyf yn mynd i'w ddweud, a beth yr wyf yn mynd i beidio â'i ddweud? A wyf yn mynd i rannu fy nghyfrinachau i gyd? Ai dyddlyfr ar fy nghyfer i, beth bynnag, yn bennaf yw hwn? Os felly, pa ots fod ynddo gyfrinachau? A phe bwriedid y dyddiadur ar gyfer eraill hefyd i'w ddarllen, onid ydym oll yn hoffi cael gwybod beth sydd y tu ôl i'r drws? Pa gyfrinachau? Pa ddatganiadau mawr o bwys?

Dyddiaduron personol iawn yw rhai Blodwen Camwy. Y hi, a neb arall, a allai fod wedi eu hysgrifennu. Eto i gyd, wrth eu darllen a'u hailddarllen, y teimlad a gefais i, o leiaf, yw mai dyddiaduron i'w rhannu hefyd ag eraill ydynt. Ac y mae'r gair 'rhannu' yn bwysig. Y geiriau o'i heiddo rhwng y cloriau hyn sydd wedi crisialu'i theimladau, dal y cof am y dydd, ac y mae am rannu'r teimladau personol hynny â rhywrai a fyddai'n eu gwerthfawrogi.

Ysgrifennodd gynnwys y dyddlyfrau yn gryno. Eto i gyd, er nad yw'n atalnodi, y mae'n dweud digon, fel arfer, i'r darllenydd gael pen-llinyn y stori a chreu darlun clir yn ei feddwl. Ambell dro, fodd bynnag, y mae'n dweud heb ddweud y cyfan. Bryd hynny, y mae'n union fel petai ganddi gydymaith wrth ei hochr pan fo hi'n sgrifennu. Hithau'n gofyn: 'Ddweda'i hynyna wrtho/wrthi, neu, ai ei gadw o dan glo i mi fy hun sydd orau?' Ambell dro, gall yr ymatal hwn ychwanegu at bleser y darllen. Creu chwilfrydedd pellach ym meddwl y darllenydd. Peri iddo ofyn cwestiynau, a'r pennaf un: 'Paham, tybed, na ddywedodd hi'r stori'n llawn?' Dro arall, teimlwn awydd cryf i wybod rhagor. Dyma dair enghraifft o'r ymatal hwn:

31 Hydref 1914:   [Ar y Paith] ve ddigwiddodd rhiwbeth a wnaeth [i] mi chwerthin am ddyddiau.

8 Tachwedd 1914:   Heno [nos Sul] gwelais beth a'm synodd yn vawr, ond gwell i mi ei gadw i mi vy hunan: dyn wedi angovio yr adnod: 'Na wna ynddo ddim gwaith.'

16 Ebrill 1920:   Heddiw cevais vy ngynyrvu gan rhiw hen grydd yr hyn â'm gwnaeth i deimlo yn anivir iawn trwy'r pryd-nawn.

'[…] un hen ddynes yn smocio cetyn gan ddued â hi'i hunan': iaith ar waith

Ni wyddom o dan ba amgylchiadau yn union yr ysgrifennodd Blodwen Camwy ei dyddlyfrau. Faint o hamdden a gafodd? Faint o amser i lunio gair a brawddeg? Rhoi'r dydd ar gof a chadw yw swyddogaeth dyddiadur, neu ddyddlyfr. Dim mwy, dim llai. Gellir ei alw hefyd yn 'goflyfr'. Oni fwriedir iddo fod yn waith llenyddol i'w gyhoeddi, anaml y bydd neb yn treulio oriau yn cynllunio a strwythuro, ac nid oes cyfle i ailfynegi ac ailysgrifennu. Ceir rhai enghreifftiau gan Blodwen Camwy, fel gan Elisa Dimol a'i merch, Gweneira, o ddefnddio geiriad Cymraeg sy'n ddim namyn cyfieithiad llythrennol o briod-ddull Saesneg. Eto i gyd, y cyfan y gallwn ni ei ddweud am y ddau ddyddiadur hyn yw fod y neges wedi'i chyflwyno'n glir a bod y dyddiaduron, o ran cynnwys a mynegiant, yn llwyddo'n arddechog iawn i greu a chadw diddordeb y darllenydd.

Meddai ar derfyn ei chofnod am 14 Ebrill 1920: 'A dyma ddiwedd am yr ystori heno.' Adrodd stori y mae hi yn ei choflyfrau. Myrdd o storïau'r dydd. A chyflwyno detholiad yn unig o'r storïau a'r hanesion hynny yn bytiau cryno ac ystyrlon ar bapur. I gyflawni hyn defnyddiodd yr unig iaith oedd o fewn gafael iddi, sef y Gymraeg lân, naturiol, oedd ar ei gwefusau hi a'i chyd-ardalwyr bob dydd, er iddi, mae'n dra thebyg, fireinio'r mynegiant – os dyna'r gair gorau i'w ddefnyddio – lle bynnag oedd angen. Ond ni amharodd hynny ar lyfnder yr arddull, rhythmau'r iaith lafar, nac ar sigl a swae y brawddegau. Cryfder pennaf yr arddull yw'r brawddegau byrion a'r mynegiant clir uniongyrchol, yr arddull orau i gyflwyno stori neu i ysgrifennu dyddiadur.

Mewn sawl man y mae disgrifiadau'r ddyddiadurwraig yn arbennig o fyw a chofiadwy. Er enghraifft, y cyfeiriad (10 Tachwedd 1914) at Ewyrth Sam a hithau 'yn myned heibio ystordy rhiw hen *durcs* [....]'. Dro arall ar y Paith (7 Tachwedd 1914) ysgrifennodd fel hyn:

> [...] daethom at drigvan Indiaud. Yn y van yma yr oedd pump o ddynion yn
> ived *mate*, ac un hen ddynes yn smocio cetyn gan ddued â hi'i hunan, a twr
> o blant a llawer o gŵn. Ac nid oedd posibl gwibod y gwah[a]niaeth rhwng y
> naill a'r llall, gan mor vutred oeddent.

Afraid dweud y mae yn y dyddiaduron hyn ddeunydd gwerthfawr i'r ieithydd a'r tafodieithegydd sydd am astudio'r Gymraeg fel y câi ei siarad a'i hysgrifennu yn y cyfnod hwn yn y Wladfa. Defnyddir nifer o ffurfiau a ymddengys i'n clust ni yng Nghymru yn wahanol ac yn arbennig o ddiddorol, a ffurfiau eraill y mae'n dda gwybod eu bod yn cael eu harfer yn y Wladfa yn ystod y cyfnod hwn. Dyma ychydig enghreifftiau o amrywiol ffurfiau: 'llwyd-olchi y lle tân', 'shwrva' (rhoi sgwrfa i'r tŷ); 'manglais' (gwasgu'r dŵr o'r dillad); 'nos dawch'; 'avalau cariad' (tomatos); 'gan ddued'; 'yn vwyd' ('rhoddais y dillad yn vwyd erbyn y bore', 26 Chwefror 1920. Rhoi'r dillad 'i fwydo'/ 'i drwytho'/ 'i socian'/ 'i sefyll').

Canllawiau golygu

Cyhoeddir dyddiadur 1914–15 yn gyflawn. Cyhoeddir detholiad lled helaeth yn unig o ddyddiadur 1920. Y rhannau a hepgorwyd yn nyddiadur 1920, yn bennaf, oedd, er enghraifft, y mannau hynny lle roedd yna beth ailadrodd, o bosibl, ym mhatrwm gwaith yr CMC, a rhai o'r cofnodion a gyfeiriant at y llu ymwelwyr â'r CMC, neu â llety Blodwen Camwy. Hefyd, y cyfeiriadau at rai o'r personau hynny y cwrddai hi â hwy yn Nolavon a'r cyffiniau ac a ymddangosai yn y dyddiaduron, efallai, fel enwau yn unig. Nodwyd y rhannau hynny a hepgorwyd gyda chromfachau petryal fel hyn: […]

1. Prif ystyriaethau golygyddol.
   i. Eglurder. Sicrhau, hyd yr oedd modd, fod y cynnwys yn ddealladwy ar y darlleniad cyntaf. Ond newid, neu ychwanegu, dim ond pan fo raid.
   ii. Y golygiad yn adlewyrchiad teg o iaith yr awdur ac iaith y Gwladfawyr, tua chan mlynedd yn ôl. Eto, newid ac ychwanegu cyn lleied â phosibl.
   iii. Cywiro, fel arfer, unrhyw gamgymeriadau neu lithriadau cwbl anfwriadol, megis camsillafu:

   > desgrvaid (desgriviad)
   > clanahu (clanhau)
   > fy mehn (fy mhen)

   iv. Pan fo'r awdur ar adegau yn anghyson yn y ffurfiau a ddefnyddir, ni cheisiwyd, fel arfer, newid hynny.
   v. Nodir o fewn cromfachau petryal unrhyw sylwadau golygyddol neu ychwanegiadau yng nghorff y testun.
2. Oherwydd nad oedd Blodwen Camwy byth braidd yn atalnodi ei gwaith, defnyddiwyd atalnodau ac arwyddnodau i ddynodi brawddegau a chymalau:

   . /, / ; / : / – / '(collnod) / ''(dyfynnod) / ? / !

   Defnyddiwyd hefyd brif lythrennau ar ddechrau brawddegau. Dim ond yn achlysurol y dynodwyd paragraffau newydd yn nyddiadur 1920. Gwnaed hynny'n amlach wrth destuno dyddiadur 1914–15.
3. Ni roddir atalnod llawn yn y dyddiaduron i ddilyn blaenlythrennau enw

person. Cadwyd at y patrwm hwnnw wrth olygu. E.e.: T J Jones, nid T. J. Jones.

4. Ni ddefnyddiai Blodwen Camwy chwaith y collnod na'r acen grom. Ychwanegwyd y rhain, eto er eglurder. E.e:

> ar / a'r / â / â'r / i'r
>
> tan (= tân), can (= cân)

5. Cadw sillafiad geiriau megis:

gweled	tipin	dwvr
myned	inig	escrivenu/esgrivenu
boreu	rhiwbeth	yn mhen
chwareu	cyrhaedd	gan (gyn) belled/gan ddued

6. Cadw sillafiad geiriau megis:

> pryd-nawn   o hono/m
>
> pen-blwydd gyd â/gyd ag
>
> am dano

7. Fel arfer, ni ddyblir n/r. Cadw at hynny. E.e:

ysgrifenu	cyraedd/cyrhaedd
minau	taro
hyny	careg
corlanau	

8. Yn aml ysgrifennir geiriau sy'n diweddu ag u/i gydag 'y'. Cadwyd at hynny. E.e.:

> gostegy
>
> cwmpeiny
>
> meddau (h.y., meddai)

9. Bron yn ddieithriad camsillafwyd y rhagenw 'eu' (lluosog) yn 'ei'. Ni chywirwyd. E.e.:

> 'gweled gwartheg […] ac yn ei [= eu] clywed yn brevu'

10. Gwallau iaith. E.e.:

> ac hefyd
>
> mae (yn golygu 'mai')
>
> yr stori/yr rhyfel

Ni cheisiwyd cywiro, ond ychwanegwyd cromfachau am y llythyren 'r' yn 'y(r) stori', 'y(r) rhyfel', etc.

11. Camdreiglo. E.e.:

a. Llythyren gyntaf enw lle.

Yn Patagonia; yn Cwm Hyfryd

b. Geiriau yn arbennig yn dechrau â'r llythyren 'c'.

a cawsom

clywais ceiliog yn canu

c. Geiriau yn dechrau gyda 'rh'.

'cevais rhan (= ran) o'r iâr'

'gwelais lawer iawn o rhyfeddodau' (= o ryfeddodau)

'myned allan i rhoddi (= i roddi) tro

'rhoi fy nillad yn rydd (= yn rhydd)

'am rhai (= am rai) dyddiau'

Ni cheisiwyd cywiro, ond pan fo'r camdreiglad yn gras i'r glust, ychwanegwyd y gytsain goll. E.e.:

a c[h]evais

cawsom d[d]arn o gig

12. Pan fo llythyren (neu weithiau lythrennau) yn amlwg yn eisiau mewn gair, fe'u hychwanegir o fewn cromfachau petryal. Gyda geiriau sy'n dechrau ag 'ff', y llythyren 'f', fel arfer, a ddefnyddir gan Blodwen Camwy.

f[f]air	g[w]ynt
f[f]ordd	g[w]ely
f[f]rog	vy n[h]ŷ
ceili[o]g	p[l]uo

Nodiadau

1. Gweneira Davies de Quevedo, traethawd buddugol yn Eisteddfod Genedlaethol Cymru Sir y Fflint a'r Cyffiniau, 2007: 'Olrhain Hanes Un Teulu o'i Gychwyn yn y Wladfa hyd Heddiw', t. 5. Dyfynnir o'r deipysgrif wreiddiol.

2. Gw. cofnod 13 Tachwedd 1914.

3. 'Olrhain Hanes Un Teulu…', t. 5.

4. Yn y gyfrol, *Y Ffynnon Arian: Cymdogaeth, Diwylliant a Chapel yn Llangwm, Uwchaled*, cyfrol 1, pennod 9, '"Cwarfod Bach" Capel y Cefn', Gwasg Dwyfor, Pen-y-groes, 1996, tt. 208–25, ceisiais bwysleisio gwerth diwylliannol arbennig cyfarfodydd llenyddol cyffelyb yng Nghymru, fel yn y Wladfa.

Dyddlyfr
Blodwen Camwy

1
15 Hydref 1914 – 30 Ebrill 1915

Hydref 1914

Iau 15

Ar vy naith i'r Andes am y tro cyntav o dan oval Ewyrth Sam a Modryb Fest. Cychwyn o Bodwyn am haner awr wedi dau; diwrnod hyll iawn, gwynt a gwlaw. Siarad gyda Mrs Edwards a Mrs Pugh ar y ffordd. Cyraedd tŷ Ewyrth Ithel a chael te yno. Mod. Fest yn myned i C.M.C. [Cwmni Masnachol Camwy, y 'Cop'/Co-op] ar neges. Cychwyn o'r Gaiman pan oedd yr haul yn machlud. Cyraedd tŷ y Br E D D am wyth. Cael swper yno a gwely esmwyth i gysgu.

Gwener 16

Cychwyn oddi yno am saith. Cyraedd i tŷ y Br Owen Jones erbyn amser cinio. Aros yno i ddisgwyl Ewyrth Einion. Cychwyn oddi yno am chwech. Cyraeddasom hyd lle Soto. Gwersylla allan am y noson gyntav. Cael cig wedi ei rostio o vlaen y tân, a hwyl iawn gyd ag Ewyrth Einion.

Sadwrn 17

Diwrnod brav heddiw. Codais ac aethym i ben bryn sydd gan uched â'r Wyddva, meddau E. Einion. Cychwyn oddi yma am chwech a cyraedd hyd Gatto Negro. Cael cinio ac awr o orffwys i'r ceffylau. E. Einion yn ymadal â ni am Craig y Nos yngyd â gwas Myvyr. Cychwyn oddi yma am ddau a cyraedd Havn Halen. Aros yma heno. Ewyrth Sam yn myned â'r ceffylau i'r dŵr, a ninau y[n] paratoi bwyd. Cawsom stiw ceili[o]g heno, a cyn myned i'n gwlâu, cawsom coffi oer, a ffric i'w droi. Ni ffrovais eirioed beth gwaethed!

Sul 18

Chwythu yn gryv y boreu yma. Llew yn cyraedd atom. Yn valch iawn o'i weled. Y gwynt wedi gostegy, ninau [yn] paratoi i gychwyn, ond ve aeth Poli ar goll ac aeth Ewyrth Sam i chwilio am dani, a gadawodd Mod. Fest a vinau i vigeylio y ceffylau eraill, ond daeth y gaseg i'r golwg, ac yna yr oeddem yn barod i gychwyn, ac aethom hyd Villegas. Cawsom gwmpeiny heno dau Voneddwr mewn cerbyd, ac yr oedd y van yma yn gwneud i mi veddwl am glan y môr, ac ni chredech gan hardded oedd yr olygva: y bryniau un ochor a'r avon a'r coed helyg ar ei glanau, ac hevyd gweled darn o dir o dan alffalffa, ond nid iw hyn ond dechreu y rhyveddodau.

Llun 19

Pen-blwydd Ewyrth Ithel heddiw. Boreu brav. Cychwyn gyda codiad haul. Heddiw clywais ceili[o]g yn canu gyntav ar ôl gadael cartrev, ac hevyd gwelais dwrci ar ben tŷ. Daethom hyd ar gyver yr hen eglwys, a cawsom ginio yn y van hyny ac oddi yno daethom i Pozos. Dyma y daith hirav a'r v[l]inav eto. Yma yr oedd 10 o venau perthynol i Crocet.

Mawrth 20

Boreu heddiw saethodd Ewyrth Sam betrisen, ac aethum inau i'w ph[l]uo, ac yr oedd tri o wyau ynddi, a cavodd Gwladys hwy i vrecwast. Ac ar ôl hyny aeth Ewyrth Sam, Mod. Fest, Gwladys a minau i nôl dwfr. Yr oedd yn ganol dydd arnom yn cychwyn heddiw. Ysgrivenu at Mod. Dilys a'i anvon gyda y Bnr Gairydd Thomas. Cyraedd llun bach [Llyn Bach], lle digon hyll yr olwg. Ewyrth Sam yn myned â'r ceffyla[u] i'r dŵr yn bell. Mod. Fest a minau y[n] paratoi swper. Noson ystormus heno.

Mercher 21

Gwlawio boreu heddiw. Methu cychwyn, minau yn myned am dro. Cael hyd i hen grys i Llew. Tynu y bytwmau oddi arno, ac hevyd dyvod o hyd i bliscyn wy estris. Myned â thipin o goed yn ôl gyda mi. Cychwyn oddi yma am d[d]au o'r gloch, dyvod hyd llun mawr. Pasio dwy ven a dau Ell[m]ynwr yn pedoli ceffyla[u]. Aros yma heno. Noson oer ystormus, ac yma cawsom yr hwy[l] o weled y rhedeg rownd y llwyn a gwah[anu?], yn ceisio gwneud mistir. Ewyrth Sam yn cysgu yn y ven vach.

Iau 22

Diwrnod oerllyd a gwlaw mân heddiw eto. Dyvod at y cerig a cael cinio. Wedi dyvod yn brav iawn, ninau yn cychwyn yn gynar er mwyn cyraedd Dôl y Plu cyn nos. Dyvod lawr havn Dôl y Plu. Dyma van i weled harddwch y creigiau bob ochor, a'r blodau o bob lliw yn tyvu ar i eu hochreu, ond yr oeddwn yn meddwl nad oedd diwedd iddi. Nid oeddwn wedi dychmygu vod y vath le rhyvedd i'w gael. Cyraedd at lan yr avon pan oedd yr haul yn machlud. Rhy hwyr i groesi heno. Gwladys a minau yn myned am dro i gael golwg ar yr hen Gamwy lwyd bron gorlivo dros ei gorlanau. Cael gwialem sebon yma i wneud ffon.

Gwener 23

Yr haul yn tywynu yn brav y boreu yma, ond wedi gwlitho yn drwm. Gweled bachgen bach y[n] gyru geivr, minau yn cynug prynu un o[nd] ev yn gwrthod gwne[u]d yr un cytyndeb. Cychwyn i'r drev. Yr oedd hon yn gwneu[d] i mi veddwl am Gaiman. Ni ddarvym ymdroi dim, ond aethom i groesi y ceffylau a bu tipin o helynt i groesi Borddon [un o'r ceffylau], ac ar ôl croesi y ceffylau aethon ninau yn groes, ac hevyd yr oedd yno cerbyd modur yn myned [yn] groes yr un pryd, ac y[n]ddo yr oedd *Inspector de Policía* a'i wraig. Cychwyn oddi yma am tŷ y Br John Lewis. Y ffordd yn dyllog iawn a llawer o byllau dwvr a Ffos John Lewis yn llivo vel avon.

Cyraedd yma am 4 o gloch. Ar ôl gwneud tân a thacluso ychydig ar y lle aethom ein pedwar i bwthyn bach to gwellt, ac yno yr oedd yr hen lanc a phedwar o ddynion duon. Ar ôl bod yno yn ymddiddan am ychydig amser aeth Ewyrth Sam i movyn tynied o ddwvr a cha[w]som d[d]arn o gig, ac aethom ninau a John Lewis yn ôl at y menau. Ar ôl i ni vwyn[h]au cypaned o de a siared [siarad] am y(r) rhyvel a'i helbylon, aethum i vy hunan i ben y graig, ac oddi yno yr oeddwn yn gallu gweled yr avon a'r oll droveud[d] yn llawn dwvr, a'r creygiau yn wyrddion gan borva. Yr oedd yr olygva o'r van yma yn hardd iawn.

Sadwrn 24

Pen-blwydd Mod. Dilys heddiw. Boreu brav iawn. Paratoi i gychwyn yn voreu a tra yr oedd Ewyrth Sam yn movyn y ceffylau aethom ninau ein tair i'r stôr a chavodd Gwladys tin te bach i chwareu, a phrynodd Mod. tin bach clws iawn i mi. Cychwynasom oddi yma ac aethom ar hyd y ffordd isav, a phan oeddem ar vyned i'r lle cul, pasiodd cerbyd modur ni, a mawr vy y ffawd iddo wneud hynny, oherwydd aeth i vwd mawr ac aeth Ewyrth Sam i'w helpu i'w dynu allan, ac velly gwnaetha[n]t hwythau yr [un] modd. A phan oeddem yn yr helbyl yma daeth yr adnod yma i vy meddwl: 'Rhoddwch, a chwi a gewch; govynwch ac ve a roddir i chwi'.

Daethom hyd tŷ y Br Withers, ac ar ôl i ni gael tamed o vwyd aeth Gwladys a minau i'r tŷ i edrych am Mrs Withers. Cawsom de a hwyl iawn – Mr a Mrs Wither[s] am y goreu [yn] chwareu pêl gyda Gwladys. Ysg[r]ivenais inau adrev a chyraeddodd y *gallera* [siop], a chevais grib a lum[p] o sebon pinc. Ac ar ôl iddi nosi aethom yn ein holau, a pan gyraeddasom yr oedd Mod. Fest yn ysgrivenu hevyd. Cawsom swper ac aethom i'n gwlâu.

Sul 25

Boreu brav heddiw. Cychwyn oddi yma, myned i lawr i Carro Roto – dyma le cas iawn. Mae['n] rhyveddod vod cymaint wedi myned i lawr yn gyva, ond ar ôl myned i lawr i'r van yma y mae lle hardd iawn. Wedi myned i lawr tipin y mae dau dŷ – un llwyd ddigon hen yr olwg a dau bren yn groes, ac ar yr uchav yr oedd y geiriau hyn: *Almacén La Comercial* [Siop a Masnachdy], ac wrth ei ochor yr oedd tŷ coed wedi ei baentio yn velyn, a'i ffenestri wedi tori bob un. Wrth vyned yn ein blaen yr oeddwn yn gweled creigiau uchel iawn, a daethom hyd yr hen evail gov erbyn amser cinio. Yma y mae pum[p] o dai gwag, ac hevyd yr [oedd] yma ystordy a phob peth oedd ynddi wedi ei dwyn a'i malu. A phan oeddem yn tynu y ceffylau cyraeddodd cerbyd atom: Recalde a'i wraig, ac hevyd yr oedd yno vachgen bach ieuanc yn gwilio ceffylau rhy[w]un. A phan oeddem yn myned trwy Havn y Glo cyvarvyddasom â'r Br Sam Jones yn myned i lawr i Chubut. Buom yn siared ychydig. Daethom at Cabeza de Buey, a diolch am gael disgyn un waith eto. Yr oedd y gwres yn llethol heddiw.

Llun 26

Cychwyn o Cabeza de Buey. Ewyrth Sam yn saethu petrisen ac yn dychryn y ceffylau; y rhai hyny yn cychwyn rhedeg. Heddiw bûm ar ben y ven gyda Ewyrth Sam. O'r van yma yr oeddwn yn gallu gweled pob man a cael gwibod ei henwau. Cyraeddasom havn Rocci [Rocky] Trip erbyn cinio, a phan oeddem yn casglu coed gwelsom vedd plentyn bach, ond erbyn i ni gael bwyd yr oedd y gwres yn llethol. Yr oedd bron â'n taro i lawr, a'r pryved llwydion yn pigo vel cacwn. Ond er y gwres a'r pryved, cychwynasom am y trip y mae cymaint o sôn wedi bod am dano, ond y mae gwelliant mawr wedi ei wneud arno. Yr oedd arswyd yn myned drosov wrth weled yr hen le yn y gwaelod. Y mae tŷ bach taclus iawn yma y prynod[d] Ewyrth Sam d[d]wy dorth a photeled o gwrw oer, ac yr oedd yn bleser i'w yved. Daethom hyd hen cianti Sam yma. Yr oedd yn ymy[l] yr avon ac yn gweled gwartheg yr ochr draw ac yn ei clywed yn brevi. Yr oedd yn brav iawn cael cyraedd o'r gwres a'r llwch.

Mawrth 27

Cychwyn oddi yma yn y boreu. Brav iawn. Ewyrth Sam yn dangos i mi Pico [Mynydd] Prichard, a phan oeddem yn myned yn hapus a minau yn [cael] hwyl iawn ar yru y ceffylau, ond yn sydyn collais gadech sidan Ewyrth Sam, ac aeth

Mod. Fest yn ôl i chwilio amdani, ond methodd â'i chael, ac yr oeddwn wedi myned yn drist iawn, ond trwy i mi gael dipin o *Vermuth con Bitter* a gweled y lle cyvyng oeddwn yn basio yn Media Luna a Black Eye, ve aeth y govid i ffwrdd a daethom hyd Yr Allorau erbyn cinio. Yr oedd yr olygva yn y van yma yn hardd iawn – y creigiau uchel a'r rhai hyny wedi ei cervio yn hardd ac yn lliwedig ac yn llawn eco, a'r avon a'r coed helyg y[n] [ym]grymu eu penau yn ostyng[e]dig i'r dwfr llwyd. Yr oeddwn wedi dymuno cael gweled cavod o wlaw a haul yn tywynu ar ei hôl ac ve gevais rhan o vy nyminiaud, vel y gwelwch yn nes ymlaen.

Ar ôl i ni gael cinio aeth Ewyrth Sam i geisio saethu chwiaden ac aethum inau i ochor y graig i gael gweled yr henwau, a daeth Ewyrth Sam â'r tin saim er mwyn i ninau gael rhoddi ein henwau, a phan oeddem yn ceisio dringo daeth yr eryr mawr i hedvan uwch ein penau a ceisiodd Ewyrth Sam ei saethu, ond yr oedd rhy uchel, ac yn sydyn ve waeddodd Mod. Fest am i ni ddyvod i lawr – vod ystorm yn ymyl, a chawsom ni ddim ond cyraedd nad oedd y taranau a'r mellt yn diasbedain a'r creigiau yn eco i bob un, a Gwladys yn crynu gan ovn, a'r gwlaw yn disgyn yn ddavnau mawr. Ar ôl i ni roddi saim i['r] menau, cychwynasom, ond heb gael gweled yr haul yn tywynu, ac am bedwar yr oeddem ar ein taith, ac yr oedd yn oer iawn ac ambell i gavod o wlaw yn awr ac yn y man. Yr oedd wedi nosi arnom yn cyraedd hen le Myvyr. Ar ôl i ni dy[n]u y ceffylau, cyn ein bod wedi cael amser i wneud tân, cyraeddodd y Br Thomas Morgan, a daeth atom am ymddiddan, a bu yn gwneud ei vwyd yn barod erbyn y boreu hevyd.

Mercher 28

Boreu brav heddiw. Th M yn ymadael; yn rhoddi pedwar wy i Gwladys. Pasio heibi[o] i dŷ a gweled plant bach glân, siriol, a gweled dyn yn llyvnu gyda drain [trin tir âr ar gyfer hau]. Dyvod hyd Podrido. Ein tri yn methu pendervynu beth i'w wneud, ond pan oeddem yn nganol ein trwbl, wedi bod yna haner awr yn meddwl mewn distawrwydd, gwelsom lwch draw yn bell, ac ar ôl meddwl beth ydo[e]dd pendervynasom mae [mai] modur Ewyrth Ithel ydoedd, ac y caem vyned i tŷ Ewyrth Einion ar ein hinyon, ond [y] siomiant a vu vawr! Nid ydoedd ond ceffylau yn dod oddi lawr. Bu rhaid i ni dynu y ceffylau a gwneud y lle cystal ag oedd modd [o]herwydd yr oedd ystorm o wynt a gwlaw yn agoshau.

Iau 29

Yn chwythu yn gryv y boreu yma ac yn oer, yn ddigon oer i rhewi mochyn, pe bae un yn y gymdogaeth. Ond er y gwynt a'r oerni a chwbl, cychwynodd Mod. Fest, Gwladys a minau i tŷ Ewyrth Einion. Cael *morito* yn lle pony. [Morito: enw ceffyl: 'yr un bach tywyll'. Cymh. 'Monrito'.] Cyvarvod Joseph Ellis ar y ffordd, a'i weled wedi tyvu yn arw iawn. Y ffordd yn bell ac ambell i van yn dyllog. Pasio tŷ bach llwyd. Cyraedd tŷ Ewyrth Einion erbyn cinio. Eisac Ellis, Ewyrth Einion, Lal, Juan Lwis yn ein cyvarvod wrth y cerbyd. Davy yn edrych yn ddigon iach a thew, a'r ddwy arall yn deneu a llwydaudd yr olwg. Ac ar hyn daeth Tía Lwisa a'r plant, pob un o honynt yn edrych yn iawn a Dilys vach yn rhy swil i edrych ar neb. Cawsom ginio ac ymddiddan llawen, ond pawb yn syny vy mod yn edrych mor deneu. Yn brav y pryd-nawn yma. Ar ôl cael cypaned o de ymadawodd Juan Lwis a Lal ac aeth Mod. Fest i wneud bara BP [blawd peilliaid?], ac mi es inau i olchi ychydig vratiau ac i'w smwddio a chwareu gyda'r plant, ac yr oedd Gorge yn cael cymai[n]t o hwyl â'r un o honynt. Ac velly pasiodd yr amser, vel yr oedd yn chwarter i 12 arnom yn myned i'n gwlâu.

Gwener 30

Codi yn voreu heddiw, yr awel yn vain iawn, ond yr haul yn tywynu yn ddisglaur. Ewyrth Einion a'r teulu yn gaddau dyvod i'n hanvon i'r Hesg. Cael wy estris gan Eisac Ellis ac un gan Gorge ac un gan Feliz bach. Mod. Fest yn prynu gwniadur a devnydd i rhoddi am vy *malija* [bag teithio]. Cychwynasom am un ar ddeg, wedi bwyta *asado* [gwledd o gig wedi'i goginio yn yr awyr agored] a hir ddisgwil. Yr oeddem yn debyg iawn i dylwyth teg. Cyraeddasom hyd at Ewyrth Sam am un, yntau yn gorwedd o dan y ven. Yr oedd golwg blinedig arno. Yr oedd wedi bod yn rhedeg ar ôl dau gantwr bach [math o aderyn bychan], ac wedi ei rhoddi mewn casgen vach i vyned â hwy i'r Andes, a dyma yr achos mawr am y blinder. Tra vu E. Sam yn rhoddi tro i ed[r]ych am y ceffylau ve ddihangodd y ddau. Yr oedd [yn] bedwar o'r gloch arnom yn cychwyn, ac ar ôl myned rhiw ychydig latheni cyvarvuasom â menau Crocet a disgynasom yn ystordy Torialba i bwyso. Yr oedd Ewyrth Einion yn 60, Mod. Fest yn 55, a minau yn 45, a Gwladys yn 10 [kilo], ac oddi yno daethom i'r Hesg. Yr oedd yr haul yn machlud arnom yn cyraedd. Yn noson brav heno. Cael *asado* i swper a hwyl gyda Ewyrth Einion.

Sadwrn 31

Boreu oer heddiw. Coviais y peth cyntav y boreu yma am ben-blwydd Taid. Wedi teithio rhai (h)oriau daethom i Pajarito Chico, vel y gelwir ev, ac ve ddigwiddodd rhiwbeth a wnaeth [i] mi chwerthin am ddyddiau, ond gwell i mi ei gadw i mi vy hunan. Pan oeddem yn mwynhau pryd o vwyd blasus – pysgod wedi ei ffrio oedd ganddom – daeth hen dwc-w-dwc [anifail gwyllt bychan] ac ve wnaeth hen nadau hyll iawn, ac meddau E. Sam: 'Y mae hona yn arogli ystorm.' Ac [i] ddyweud y gwir, cyn ein bod wedi cael amser i rhoddi y pethau yn drevnus, yr oedd y gwlaw yn dechrau disgyn, ac ve barhawodd hyd haner nos, pryd y dechreuodd vwrw eira.

Tachwedd 1914

Sul 1

Dyma ddechreu mis newydd a hwnw yn wyn gan eira. Pan ddeffroais y boreu yma yr oeddwn wedi dychryn wrth weled y vath eira yn yr hav. Diwrnod digon di-serch. Bwrw eira yn vân trwy y dydd a'r coed yn damp, a'r rhai hyny yn mugu nes oedd vy llygaid yn llosgi vel tân. Aethum i'm gwely yn gynar am vod [v]y nhraed yn oer.

Llun 2

Boreu oerach heddiw na ddoe, a dim ond darn bach yn sych yn y tent, a'r coed ar y tân yn mygu, a gormod o vwd i vyned i hunlle. Ond mentrais i ben bryn uchel, ac aethym â tin a cheuad arno a phapur a vy enw arno. Yr oeddwn yn teimlo vy hunan yn uchel iawn yn y van yma, a deuaus i lawr gynted ag y gallwn; ac yn srwtien [sgrwtian, ysgrytian: crynu] i mewn y bûm tan y pryd-nawn, pryd yr aethom ein pedwar i movyn dwfr, ac mi eis inau i chwilio am bicellau, ond ni ddeuais o hyd [i] yr un, ond dyma lle gwelais y cerig lliwiedig clysav a welais ar hyd y daith. Heddiw pasiodd dau ddyn mewn cerbyd a golwg tryenus ar y ceffylau, a tri dyn mewn men ac un dyn yn gyry cyffylau. Mod. Fest yn gwneud peth am vy *malija*. Myned i'n gwlâu yn gynar am vod Mod. Fest ddim yn teimlo yn dda. Dim golwg clir o gwbl eto heno.

Mawrth 3

Y gwlaw wedi pasio a'r ddaear wedi sychy yn go lew. Gwaith y boreu yma oedd paratoi i gychwyn, ac nid gwaith bach oedd hyn. Pe biasech chi yn gweled ein golwg yn ceisio rhoddi y ceffylau yn y menau! Yr oedd y mwd at dopiau ein hesgid[i]au. Y ffordd yn drwm iawn, a'r ceffylau druaun yn wyn o chwys. Ac ar [ôl] i ni vyned ychydig gwelais 50 o guanacos [anifeiliaid gwylltion o deulu'r *llama*], ac yr oeddem yn pasio heibio hen dŷ rhiw fferyllydd. Doedd yno ddim ond ychydi[g] gasgenau a boxus ac hen gerbyd, ac yn ymyl y van yma cavodd E. Sam y ponny Seino [Zaino = ceffyl gwinau] i rhoddi help i'r ceffylau eraill, ac nid oedd ganddo[m] ninau d[d]im o[nd] Gwalch a Poli yn y ven vach, ac yr oeddwn yn meddwl mae [mai] sevyll viasau ar ein rhan yn aml, ond Diolch! [ve] gyraeddasom hyd at Box Jinn [Bocs Gin] wedi pedair awr o deithio caled.

Ac, yn wir, doedd yma yr un pric i'w gael i wneud tân, a bu rhaid i Ewyrth Sam druan vyned i'r pellter i movyn rhai. Ar ôl i ni gael bwyd aeth Mod. Fest, Gwladys a minau gyda Ewyrth Sam ar ôl y ceffylau, ac aethom ni ein tair i ben bryn uchel lle yr oedd trwch iawn o eira. Ac ve aeth Mod. Fest a minau am y goreu [i] wneud dyn eira, ac i mi ddyweud i chi beidi[o] meddwl mai ca[n]mol vy hunan ydwyv, y vi wnaeth y goreu, oherwydd yr oedd gan vy un i dwy lygaid, trwyn, ceg a chetun. Erbyn i [ni] vyned yn ein holau yr oedd yn dechreu nosi a gwelais olygva gartrevol iawn: merch ieuan[c] yn redeg ac yn chwareu gyda ci mawr. Merch o'r tŷ oedd [wrth] ymyl ydoedd. Yr oedd [yn] edrych yn hapus a natiriol.

Mercher 4

Cychwyn oddi yma am naw. Boreu digon anivir heddiw, yn oer a'r ffordd yn ddrwg. Ni ddigw[y]ddodd dim o bwys ond ve aeth y Wagonet yn sow[n]d, ond ve ddaeth allan ar un waith. Am ddauddeg cyraeddasom Jancsion [Junction?]. Dyma y lle mwyav angynas a welais hyd yn hun. Tua deg o'r hen ddynion duon hyllav a welais eirioed. Ar ôl i ni gael cinio a dadvlino ychydig aeth Ewyrth Sam i movyn y ceffylau, ac aethom ninau ein tair am dro i ben bryn bychain, ac erbyn i ni ddod yn ein [hôl] yr oedd dau garcharor a dau swyddog wedi cyraedd at y gwilliaid. Ac velly, chwi ellwch veddwl nad oedd yno le o ymddiriaid, a phan oeddem yn rhoddi y ceffylau yn y menau, beth oedd yn dyvod i'r golwg, heibio trwyn y bryniau, ond cerbyd Joseph Freeman – a dyma lawenydd! Nid wyv yn gwibod pa rhai o honom oedd valcha o weled ein gilydd. Yr oeddem wedi bod mor inig nes oeddem bron â divlasu. Ar ôl siarad ychydig, ac i Mrs Freeman a Mair gael cypaned o de, cychwy[n]asom. Dyma ni yn awr y[n] 5 men a cherbyd yn lle dwy, ac aethom taith rhiw awr. Ac ar ôl paratoi y gwlâu, aeth Mod. Fest a minau i wneud *tortas* [teisennod (hallt wedi eu ffrio, mae'n debyg)] ac ar ôl swper daeth Mrs Freeman a Mair atom, a bu J Freeman yn adrodd hanes [wrth?] y tân, ac aethom oll i'n gwlâu yn llawen.

Iau 5

Boreu oer iawn heddiw. Pawb bron â rhynu. Cychwyn am Pant y Gwaed a ceffylau Joseph Freeman yn pallu. Dreiviais i lawr i'r tripp yma vy hunan. Pan ddarvu i ni gyraedd y van yma yr oeddem yn llwyd gan oerni, bob un o honom. Ar ôl i ni gael cinio, ac i J Freeman vod yn ch[w]ilio am armadulo [armadilo; armellog], cychwynasom oddi yma a cyraedd Pampa Aña [credir bod Aña yn llygriad o Anial = Pampa Anial]; Mair a minau yn cerdded rhan o'r ffordd. Cyraedd i'r lle yma a dim ond drain i'w gweled a mynyddoedd draw yn y pelltyroedd maith. Dyma y noson y cawsom vwyav o hwyl ar hyd y daith. Llodrau J Freeman wedi rhwygo, yntau yn clymu hen sach a clytiau am ei goesau, yn gwneu[d] i mi veddwl am lun Robin Cruzoe. Aethom in gwlâu yn gynar.

Gwener 6

Yn oer iawn eto heddiw. Ninau verched yn disgyn i wneud tân a bwyta *tortas* [teisennod] a[c] ymenyn ac yved coffi cynes, a dyna hwyl gawsom wrth gael rass at y cerbydau [cyn] i'r dynion gyraedd atom. Cyraeddasom Pozo Baual erbyn cinio. [Ffynnon Bagual. Bagual: ceffyl neu darw gwyllt.] Y tywydd wedi cyvnewid erbyn hyn. Mae yr haul yn dambaid iawn a'r gwres yn ormod i ni vwynhau ein cinio. Cychwynasom oddi yma am ddau. Daethom hyd lle Gorge Dary [?]. Dyma ddiwrnod nad angoviav mohono tra byddav byw. Yr oeddwn yn rhy sâl i symud bron, a'r lle hyllav, tristav a welais ar hyd y daith. Bedd mab Seinckam yn ein golwg a dim coed tân yn agos; a dyma yr inig noson y bu hiraeth arnom, ac i ddarvod y cwbl ve syrthiodd Mod. Fest ac ve sigodd ei gwddw, a phan oedd yr haul yn machlud yr oeddwn yn barod i vyned i vy ngwely. Yr oedd vy mhen a vy lly[g]aid yn brivo cymaint nes oeddwn yn methu sevyll ar vy nraed, a chevais golled nid bychain, oherwydd daeth bachgen ieuanc o'r Andes atom. Pedair men oedd ar ei taith i Chubut: C N, P W, J S, P T H.

Sadwrn 7

Yn well heddiw ond yn d[d]igon di-hwyl. Boreu brav, a myned at ystordy lle yr
aeth Ewyrth Sam i brynu biscuits i Gwladys. Tŷ bach taclus yr olwg oedd hwn
a dau ddyn glân a siriol. Ac wedi i ni vyned ychydig daethom hyd at drigvan
Indiaud. Yn y van yma yr oedd pump o ddynion yn uved *mate* [diod wedi ei
gwneud o ddail wedi eu malu'n fân a yfir drwy bibell bwrpasol], ac un hen
ddynes yn smocio cetyn gan dded â hi ei hunan, a twr o blant a llawer o gŵn,
ac nid oedd posibl gwibod y gwah[a]niaeth rhwng y naill a'r llall, gan mor vutred
oeddent. Daethom hyd lle yr oedd digon o ddwfr i'w gael. Bu Mod. Fest a minau
yn golchi ychydig. Saethodd Ewyrth Sam ddwy betrisen, dwy chwiaden a gŵydd
a clagwydd. Yr oedd yn pryn-nawn arnon yn cychwyn oddi yma a cyraeddasom
hyd Pampa Mainero pryd yr a[e]thom i wneud *tortas* [teisennod] ac yna cael swper
a myned i orffwys.

Sul 8

Codi boreu heddiw yn brav hynod. Aeth Ewyrth Sam i chwilio am y ceffylau,
ond dim golwg o honynt, a bu ffwrdd am amser maith, a dyma yr inig dro iddyn
veddwl am vyned oddi wrth y camp. Wel, cavodd y ceffyl[au] a chychwynasom
yn llwyddianus. Wrth deithio y boreu yma yr oeddem yn myned heibio i ystordy
Mainero. Golygva dlws iawn yn y van yma – devaid a geivr a mynod bach. Erbyn
amser cinio daethom hyd at van lle yr oedd *Comisaría* [swyddfa heddlu] a chorall
[corlan] cerig, a bu Mair a minau yn esgrivenu ein henwau, ac yn y van yma y
mae lle i dippio devaid. Y mae hwn yma ers blynyddoedd.

Heddiw, ganol dydd, y gwnaeth Joseph Freeman y dargan[v]yddiad vod Mair
ac ynta a minau yn cael pen-blwydd yn yr un mis, ac un diwrnod ar bymtheg
rhwng bob un o honom: Mair ar yr 13 o Chwevror a minau ar yr 20 a J Freeman
ar y 28. Cychwyn oddi yma ar ôl canol dydd. Yr haul yn damb(i)aid iawn. Gweled
o'r van yma lwybr syth. Hwn iw y llwybr sydd ar ben y bryn cyn cyraedd Tripp
Mainero. Teithio am oriau maith. Mod. Fest a Gwladys yn cael siesta a minau yn
halio [arwain neu yrru'r ceffylau]. Dim neulltuol i'w weled ar hyd y ffordd yma
ond llawer iawn o ddevaid. Cyraedd hyd at campin E. Sam. Cael yno le wedi ei
baratoi gan rhiw[u]n arall. Ac heno gwelais beth a'm synodd yn vawr, ond gwell
i mi ei gadw i mi vy hunan: dyn wedi angovio yr adnod, 'Na wna ynddo ddim
gwaith'. Joseph Freeman yn rhoddi pregeth i ni, a bu Ewyrth Sam yn gwneud
cawlach i swper ac aethom ni i'n gwlâu yn gynar am vod Mod. Fest ddim yn iach
a vy llygaid inau yn ddolurys.

Llun 9

Tebig iawn i wlaw y boreu yma. Cychwyn oddi yma yn gynar, a phan ar ein taith y boreu yma gwelsom lawer iawn o geffylau *Tubianos*. [?Tobianos: ceffylau yn cynnwys staeniau gwyn ar eu cefnau.] Erbyn ein bod wedi cyraedd y Tripp yr oedd yn pigo gwlawio, ac ve gollodd Davydd, ond ni by yn hir cyn ein cyraedd drachevn. Daethom hyd P[u]esto Paisano erbyn cinio ac yn y van yma y cevais ddychryn garw pan oeddwn i'n ceisio helpu Ewyrth Sam dynu y ceffylau o'r ven. Ve ddechreuodd Monrito [Morito] gicio, ac erbyn iddo orffen nid wyv yn gwibod pa un o honom oedd y llwyda ein gwedd. Ar ôl cinio aethum i dynu pervedd gŵydd a[c] i olchi vy ngadech pen. Yr oedd yn debycach i gadech du nac i un gwyn. Ac wedi bod am dro bach aeth Mair a minau i escrivenu [enwau?] yr oll gwmni, a'i rhoddi mewn potel a'u cha(e)u i vynu. A pan oeddem yn cychwyn oddi yma gwelsom lawer iawn o gesyg, ebolion bach a devaid, pump o ddynion ac 11 o gŵn.

Ac ar ôl i ni godi vynu y bryniau yr oeddem yn gweled cwmwl du draw yn y pellter. Ac nid oeddem wedi teithio ond rhiw awr pan ddechr[e]uodd y gwlaw ddisgyn yn ddarnau gymain[t] â 5 cent, a dyma lle y buom am tua haner awr yn disgwyl iddi beidio, ond dim argoel iddi i'w weled yn unman. Yr oedd pob un o honyn wedi gwlychu rhiwvaint ond Gwladys a minau. Ond y diwedd vu rhaid tynu y ceffylau allan, a ceisio gwneud y goreu o'r gwaetha, ond yr oedd yn anodd iawn am vod y ddaear yn damp a llawer o'r pethau wedi gwlychu, a dim coed heb vyned yn bell iawn i'w movyn. A hyn vu rhaid i E. Sam druan wneud, ac ni vy vawr o lewyrch arnom ar hyd y gweddill o'r dydd. Ond er y cwbl, gallasau vod yn llawer gwaeth arnom.

Mawrth 10

Boreu brav heddiw, ond er hyn, pawb â golwg digon di-vywyd a di-yspryd. Cychwyn oddi yma yn voreu, a teith[io] am 6 [o] oriau nes yr oeddwn wedi ovni na viaswn byth yn cyraedd y Salinas [Salina: llyn halen]. Bu Mair a minau am awr a haner yn gyru ceffylau ar ben men J Freeman, a cawsom hwyl ardderchog yno trwy ein bod yn canu a chwerthin tipin, ac erbyn i ni gyraedd yr oeddwn yn rhy vlin bron i vwyta. Ac wedi cael ychydig o orffwys cychwynasom trachevn. Ac yr oedd y Salinas yn well na'r disgwyliad, er ei bod yn ddigon symol hevyd. Vy ngwaith y pryd-nawn yma oedd am y goreu escrivenu penillion i J L. Yr ymgeisydd arall oedd M S. Yr oeddem yn myned heibio ystordy rhiw hen *Durcs* [pobl yn hannu o'r Dwyrain Canol] lle yr aeth Ewyrth Sam i brynu biscuits i Gwladys. Yna ail gychwynasom, a buom yn teithio hyd nes yr oedd yn nos dywyll am ein bod yn methu cael hyd i'r ceffylau. Erbyn i ni wneud tân a chael y bwyd yn barod yr oedd yma ormod o bryved. Yr oedd yn rhaid peidio bwyta neu lyncu llawer o honynt, ac yr [wyv yn] credu, a dyweud y gwir, vy mod i wedi gwneud. Aethom i'n gwlâu heno wrth oleu y lloer vendigaedd.

Mercher 11

Boreu brav heddiw. Cychwyn yn fory [fore] er mwyn cael croesi Walcheina [Gualjaina] cyn cinio, ac velly gwnaethom, ar ôl myned lawr llawer i hen drip ddigon cas. Gwelais droveudd a porva uchel a ambell hen uch bodlon yr olwg yn pori yn ei ganol, ac yn ein golwg yr oedd dau dŷ Br Haliphelt, a pellseinydd [teleffon] o'r naill i'r llall yn groes i'r avon Waualjeina [Gualjaina], yr hon oeddem ni yn ei chroesi cyn cinio. A phe biasau rhiw vachgen ieuanc, biwyog yn agos, biasau wedi gallu cael vy ngalon heb ovyn am dani, eithr yr oedd yn vy ngwddv pan oeddem yn croesi yr avon, ac ychydig iawn o waith oedd i'w chael. Ar ôl i Ewyrth Sam ventro yn gyntav, aethom ninau a dau vachgen bach J Freeman yn y ven vach, ond bu raid i J Freeman vyned i movyn ei cerbyd hwy.

Y peth cyntav a wnaeth E. Sam ar ôl cyraedd – saethu gŵydd, ac aeth Mod. Fest a minau i'w ffleuo a'i golchi yn yr avon. Ar ôl darvod aeuthum i eistedd ar y dorlan i edrych ar y tonau mân a'r dŵr yn troelli, ond pwy a ddaeth atav ond Mair ac ve aethom am y goreu ein dwy i davlu cerig i'r avon a chawsom hwyl iawn, a phan oeddem ar ein taith yn ôl at y gwersyll aethom i chwarau, ac ve syrthiasom ein dwy. Ar ôl i ni gael cinio a rhoddi saim i'r menau, cychwynasom, rhag hovn i ystorm daranau ein dal yn y lle hyll, llwm a di-olwg.

Y pryd-nawn yma gwelais olygveudd tlws iawn. Gwelais (g)eivr ar benau y mynyddoedd a(c) rhiw graig vawr. Disgynodd Mair a minau i gael gweled [yr] (h)enwau oedd arni, ond [nid] oedd posibl(e) ei gweled yn blaen, ac i ddarvod y cwbl aeth y menau o'n blaen ac yr oeddem ni ar ôl yn y pellter pan y cyvarvyddodd Br Haliphelt a'i was ni, a rhyw ddyn arall mewn cerbyd melyn, tebycach i vasced na dim arall. Ac erbyn i ni sylwi tipin o'n cwmpas, beth oedd o vewn ychydig ond tua 50 cant o wartheg a golwg gwyllt arnynt a ninau bron â ffagio [blino'n lân]. Ond trwy [ff]awd yr oedd Mrs J Freeman a Mod. Fest wedi aros i ni, ac ve ddaeth y cerbyd i'n cyvarvod, ac yr oeddem yn valch iawn o gael myned iddo. Teithiasom hyd machlud haul, a pawb â gwên ar ei wyneb yn y meddwl ei bod mor agos i gyraedd pen ei taith. Erbyn i'r nos gyraedd yr oedd pob un â'i ddillad yn barod erbyn y boreu, a Mair a minau yn ceisio cael rhiw drevn ar ein gwalltiau, ond druan o honom: yr oedd gormod o lwch ynddo hyd nod i'w blethu. Ond aethom i'n gwlâu yn y gobaith y caem gyraedd pen ein taith y vory.

Iau 12

Cychwyn am 7 o'r gloch o drova Nant y Pysgod. Taith chwarter awr o'r Cop. Dyma'r van lle llo[v]riddiwyd y diweddar [Llwyd] ap Iwan. Ar ôl teithio ychydig gwelais troliau a mulod a llawer o ddevaid. Ar ôl teithio rhai oriau ac heb weled dim rhyveddodau daethom hyd at ystordy *Turcos*, ac ve aeth Mod. Fest ac Emlyn i brynu *biscuits* i Gwladys ac yna aethom yn ein blaen i Jackeys Bach, a rhwng y ddau le yma yr oedd ffordd nad angoviav mohoni byth, gan y cerig mawr oedd arni. Ar ôl cyraedd Jackeys, a thynu y ceffylau iddynt gael dadvlino ychydig, aethom i bar[a]toi rhiwbeth i'w vwyta. A phan oeddem yn darvod bwyta, pwy gyraeddodd ond Iago Hughes, ac mewn ychydig amser aithom i rhoddi y ceffylau yn y cerbydau, ond ve aeth Gwalch i chwareu ei gastiau ac ve vuom mewn tipin o helbyl, a thrwy ffawd ve wnaeth y Br I Hughes y gymwynas o vyned ar ei ôl, a bu yntau mewn helbyl. Ond o'r diwedd, ac ar ôl ei rhoddi yn y ven, ve gychwynasom.

Ac yr oeddem yn myned heibio i levydd tlws iawn: mynyddoedd uchel a'r nentydd a'r coed yn hardd iawn, a dyma lle gwelais yr olygva dlysav a welais eirioed yn vy mywyd. Ni vedrav rhoddi descriviaid [o]honi, ond mynydd oedd y gwrthrych: yr oedd oll liwyau y greadigaeth arno, a daethom hyd lle Jacob Morgan, lle y savasom am beth amser i gael gweled golygva mor hardd a gwrando ar y nant yn arllwys ei dyvroedd peraidd. Y devaid a'r ŵyn a borent yma a thraw mor ddiniwed. Yn y van yma y darvu i ni gyvarvod â Mrs Iago Hughes a Miss S A Jones ar eu ffordd i N[ant] y P[ysgod], a buom yn ymddiddan am ychydig, ac yna daethom yn ein blaen hy[d] ar gyver tŷ y Br H Roberts (Chambers), a disgyn[a]som i olchi ein dwylaw am y tro diweddav ar y ffordd. Ac yna cychwynasom drachevn, wedi rhoddi ein hunain mewn trevn i gyraedd. Ar ôl myned ychydi[g] yr oeddem yn myned trwy goed Jackeys Bach a'pasio dwy nant. Yn y van yma y buom yn siared â bach[g]en ieuanc. Cymro ydoedd.

Cyraedd y drev vawr Esquel a myned i['r] Coop yn gyntav. Gweled Mrs Gibbon a Mrs J Williams. Siared am ychydig gyda hwy, yna myned i'r Coop i wneud ychydig o neges. Myned oddi yn[o] i'r Post. Anvon gwivreb [neu gwyvreb

= telegram] adrev, yna myned yn ein blaenau i gael cyraedd gan belled â tŷ y Br John Freeman cyn y nos. Ar ôl myned ychydig yr oeddem yn myned tros avon. Yn y van yma cawsom ychydig o wlaw, a phan oeddem yn ngolwg y tŷ yr oedd mwg mawr i'w weled yn esgyn o'r simddau, ac mewn ychydig eiliadau yr oedd fflamau i'w gweled a dau neu dri o ddynion ar ben y to, ac erbyn i ni gyraedd yr oedd y tŷ yn llawn o vwg. Ni vedrem weled [y] naill na'r llall, a'r r[h]eswm o hyn oedd i'r gwas wneud gormod o dân [ac] i wreichion vyned i'r to, ond, er y cwbl, cawsom groesaw ardderchog, a swper blasus a gwely esmwyth i gysgu.

Gwener 13

Boreu brav. Codi yn weddol voreu i gael golwg ar y mynyddoedd sydd mor uchel, yna ve gododd Lily, eilun y teulu. Geneth vach dew a gwên ar ei gwineb a'i thad a'i mam yn gwirioni arni. Dyma lle gellir dyweud 'Dedwydd dri – hapus yr aelwyd lle bydd baban'. Am naw cychwynasom i Parc Unig lle yr wy[v] i aros am ychydig wythnosau, a phan ar ein taith yr oedd Mod. Fest yn dywe[u]d pwy oedd perchenogion y tai a'r tiroedd o gwmpas. Y peth a'm siomodd yn vawr oedd Mynydd Llwyd. Nid oeddwn yn ei weled yn debig i d[d]esgriviad Miss Morgan o hono. Ac yna daethom yn ein blaenau hyd nes yr oeddem ar ben bryn bychain uwchben Parc Unig lle cevais olygva [h]ardd iawn: y tŷ a'r coed, y corlanau a'r alffalffa a'r gwenith. Erbyn i ni gyraedd nid oedd Ewyrth Glyn adrev. Y peth cyntav wnaethom oedd tynu y ceffylau allan o'r ven ac ve ddigwiddodd peth rhyvedd iawn, ond ni chymerav lawer â rhoddi yr hanes yn y van yma, ond beth bynag, ve ddaethom o hyd i allwedd y drws yn y pobty ac yna aethom i'r tŷ.

Cevais vy siomi tipin ar ffurv y tŷ. Cegin ganolig o rhan maint a tri drws ynddi. Un drws allan i gyveiriad codiaid yr haul, a dau i'r ystavelloedd gwlâu, ac yn yr ystavelloedd yma y mae dwy ffenestr vechan ac un yr un vath yn y gegin, ac yn un talcen i'r tŷ mae y llaethty, ac yn y talcen arall mae y ystavell olchi. O vlaen y drws mae dwy eithinen o'r hen wlad, y rhai oedd yn llawn blodau pan ddarvu ni gyraedd yma, wedi roddi eu presenoldeb trwy yr eira a'r tywydd garw. Ac hevyd, yn ymyl, mae y pistill sydd a gymaent o sôn am dano, yn arllwys ei ddyvroedd peraidd hav a gauav yr un vath. Y mae yn bleser cael eistedd o dan gysog [gysgod] yr he[l]yg basgedi i edrych arno yn disgyn mor hardd i ganol grian a musugl. Ac wrth edrych i gyveuriaud [gyveiriad] Mynydd Llwyd, y mae golygv[a] hardd iawn, a'r gwartheg penau gwinion bob un a'r ceffylau tywyll i'w gweled yn pori.

Ar vac[h]ludiau[d] yr haul daeth Ewyrth Glyn a Tudur adrev, wedi bod yn cau y ffarm isav i vewn. Ar ôl cael *mate* a swper a chael ychydig o ymddiddan aethom i'n gwlâu yn gynar.

Sadwrn 14
Boreu brav heddiw. Ar ôl brecwast aethum i olchi vy nillad oeddwn wedi ddyvod gyda mi o'r Paith. Yr oedd[wn] wedi gorffen erbyn cinio. Yna e[u]thum i olchi vy mhen, ac yna i smwddio vy nillad a'u cadw. Ve gyraeddodd Ewyrth Sam. Yn pigo gwlawio.

Sul 15
Yn gwlawio eto heddiw. Dim posibl(e) myned allan.

Llun 16
Gwlawio ychydig eto heddiw. Mod. Fest yn pobi a minau yn clanhau y tŷ. Ar ôl cinio daeth yma ymwelwyr, sev y Br Richard Williams a Llwyd Thomas a Boneddigesau Margaret J Williams, G Thomas a Ann Hughes. Byont yma trwy y pryd-nawn, pryd y cawsom hwyl iawn.

Mawrth 17
Y tywydd wedi cyvnewid ychydig heddiw. Mod. Fest a minau yn golchi.

Mercher 18
Pigo gwlawio eto heddiw ac yn oeri. Plygu'r dillad a'i smwddio a'i cadw.

Iau 19
Diwrnod ystormus ac oer. Gwneio trwy y dydd nes oedd vy escw[y]ddau wedi blino.

Gwener 20
Dim byd pwisig heddiw ond yn gwlawio ychydig.

Sadwrn 21
Diwrnod brav. Pen-blwydd Bil. Myned ati i chwynu yr ardd ar ôl cinio. Mod. Fest yn gwneud teisen. Golchi vy mhen min nos. William yn cyraedd yma. Mynegi syndod wrth vy ngweled.

Sul 22

Boreu gweddol brav. Myned am dro i gael gweled y cavn halen. Dyvod o hyd i bedol ceffyl, arwydd o lwc ar hyd yr wyth[n]os. Erbyn dyvod yn ôl i'r tŷ, Tomas Gibbon yma ac yn dechreu gwlawio ac ve wnaeth gavod nes yr oedd bob man yn llynoedd. Ve rhwystro[dd] hyn ni vyned i'r Capel. Ewyrth Glyn yn myned lawr i'r Cwm. Cael cynig myned gyda ev. Ar ôl te aeth Tom oddi yma ac aethom ninau am dro at y Gareg Vawr, ac ve cododd Mod. Fest vinau i'w phen at Ewyrth Sam. Ar ôl dyvod adrev aethwn i ddarllen hen '*Dravodau*' [papur newydd y Wladfa]. Gweled vy hanes yn adrodd 12 mlynedd yn ôl.

Llun 23

Gwlawio ac yn oer eto heddiw. Pobi yn cymeryd lle.

Mawrth 24

Mân gawodydd yn y boreu. [Y] Vonesig Nesta Jones a'r Vonesig Sarah A Pugh yma am dro. Cael hwyl gyda'n gilidd. Coroni [y] naill a'r llall gyda blodau. Aethant hwy adrev am chwech. Y gwlaw wedi gorffen ond pob man yn damp.

Mercher 25

Diwrnod gweddol brav he[ddiw]. Golchi yn y boreu. Am vyned am dro yn y pryd-nawn i rhoddi halen i'r gwartheg. Ewyrth Sam, Mod. Fest a Gwladys mewn un cerbyd ac Ewyrth Glyn a minau mewn cerbyd arall. Ar ôl dyvod adrev cesglais y dillad i['r] tŷ a plygais hwy.

Iau 26

Boreu brav. Cyraeddodd H O Jones yma ac aeth ev ac Ewyrth Glyn ar ôl y gwarth[eg], ac ar ôl cinio aethant i Esquel. Heddiw, am y tro cyntav, aethum ar gevn ceffyl. Smwddiais yn y pryd-nawn, ac min nos cyraeddodd Ewyrth Ithel, Rich. R Williams, a guriedydd [h.y. gyriedydd: gyrrwr gwartheg, porthmon] yma yn y modur. Yr oll yma yn cael swper a chysgu.

Gwener 27

Diwrnod gwyntog a lliwchiog iawn. Daeth y Bnr William Richard yma. Aeth Mod. Fest, Gwladys a minau am dro yn y modur. Ni veddyliais eirioed mai [y]n yr Andes y biaswn yn myned ynddo am y tro cyntav. Tua naw cychw[ynodd]

Ewyrth Ithel oddi yma, a aeth Ewyrth Glyn i lawr i'r Cwm gyda[g] ev, ac aeth Ewyrth Sam â llwyth o wenith i'r velin. A tua chanol dydd dechreuodd wlawio, a bu rhaid i'r Br W Richard a H Jones d[d]isgwil i'r gavod vyned heibio cyn iddyn hwy gychwyn. Am dri dychwelodd Ewyrth Sam yn wlyb dyveriol. Heno cevais hwyl garw trwy i rhiwbeth ddyvod i wneud sŵn wrth y drws, a Mod. Fest a minau wedi dychryn, a phan oedd Ewyrth yn myned i edrych beth oedd yn gwneud y vath stŵr ve aeth ar draws y badell d[d]ŵr oedd gan Mod. Fest yn molchi Gwladys. Ond erbyn myned yno ni[d]oedd yno ddim ond yr hen Bil ac esgyd yn ei geg.

Sadwrn 28

Y ddaear yn wlyb, ond aethom i Esquel yn y boreu i gael gweled Ewyrth Ithel cyn iddo gychwyn i lawr. Gweled y Br E J R. Myned i syndod wrth vy ngweled. Derbyn llythur oddi wrth Mod. Dilys. Yr oedd William Thomas a Clotilde Oyolla yma erbyn i ni gyraedd adrev. Min nos, ar ôl bwyd, ymadawsant.

Sul 29

Boreu hynod brav. Myned i capel y Cwm am y tro cyntav a chael croeso mawr gan bawb, ac aethom i tŷ modryb i aros am rhai dyddiau. Gyda ein bod wedi cyraedd daeth yn gavod o wlaw. Aethom i'n gwlâu yn weddol gynar.

Llun 30

Mân wlaw yn y boreu. Ar ôl cinio aethom am dro i tŷ Br W H Thomas, a chawsom groeso mawr yma a chevais i ddau groen llwynog hardd iawn gan Mrs Thomas. Yr oedd yn dechreu nosi arnom yn dychwelyd.

Rhagvyr 1914

Mawrth 1

Boreu brav heddiw. Cychwyn adrev. Ar ôl cinio myned heibio yr Orsedd, ac oddi yno i Pen-bryn ac aros yma am ychydig amser, a myned gan belled â tŷ Br William C Thomas. Aros yma heno. Cael hwyl iawn yma.

Mercher 2

Aros yma tan ar ôl cinio ac aethom am dro yn y pryd-nawn i tŷ Br Richard
Williams lle cawsom de, ac yna cychwynasom am adrev. Dyvod adrev a chael y
drws ar gau. Y ddau ewyrth wedi myned i lle Johny Morgan.

Iau 3

Boreu brav iawn. Heddiw bûm yn golchi yn y boreu ac yn y pryd-nawn aethom
am dro i vyned â halen i'r gwartheg. Ewyrth Sam, Mod. Fest a Gwladys mewn
cerbyd ac Ewyrth Glyn a minau mewn un arall. Ar ôl dyvod adrev plygais y dillad
a smwddiais hwy.

Gwener 4

Yn chwythu y boreu yma. Pobi heddiw. Ar ôl cinio cychwynodd Ewyrth Glyn
lawr i['r] Cwm, ac aethom ninau am dro i tŷ William, a chevais hwyl. Pan oeddem
yn cychwyn i vynu y trip bach wrth y tŷ dechreuodd yr [hen?] geffyl Bordon
wneud ei branciau, ac ve ddisgynodd Mod. Fest vel bwlet i lawr ac ve dynodd
Gwladys i lawr. Yr oedd ei ovn arni, ond savais yn y cerbyd a daeth Ewyrth Sam
atav, ac ar ôl myned allan ty draw i'r llydiart, daeth Gwladys i'r cerbyd, ac aeth
Mod. Fest ar gevn Sinder. Aros yma heno. Gwneud arffedog i G Thomas.

Sadwrn 5

Boreu brav iawn. Deffrois heddiw yn sŵn y gwelleiviau. Ar ôl brecffast aethom
am dro allan i vwynhau yr awyr iach, ac i edrych arnynt yn c[n]eivio y devaid
diniwed, a piti genyv ei gweled yn cael cymaent o d[d]oluriau. Ar ôl cinio aethum
am dro i ben bryn bychaen i gael gweled tipin o gwmpas. Ar ôl te cychwyn[a]som
adrev, a chyda ein bod wedi cyraedd adrev daeth Tudur yma [am] y tro cyntav ar
ymweliad er pan ydym ni yma.

Sul 6

Boreu brav. Heddiw aethom i'r capel ac oddi yno aethum gyda Mrs W C Thomas
i aros yno am rhai dyddiau.

Llun 7

Boreu brav iawn. Meddwl myned am dro i Dyffryn Oer, ond c[l]ywed vod y
ffordd yn ddrwg. Myned am dro i tŷ y Br R Williams. Ymbleseru yn ardderchog.

Gweled llawer o ddarluniau, ac hevyd gwelais ddoli hen iawn. Yn ôl cyvriv y mae yn naw deg oed. Hen, hen nain i Mrs Williams oedd pia hi gyntav. Ar ôl cinio aethum yn ôl at Gwladys am nad oedd ei mam gartrev. Esgriblo at Mod. Dilys heno.

Mawrth 8

Diwrnod poeth iawn. Myned am dro yn ngwmni Miss Margaret J Williams a Gwladys Thomas i tŷ Br J S Pugh. Cawsom groesaw digyffelup yma. Yr oedd edrych ar y tŷ a Mrs Pugh yn gwneud i mi veddwl llawer am Mod. Gweno a'i thŷ glân, a phan ar ein ffordd gartrev aethom heibio yr Estancia i gael gweled y peiriant cneivio devaid. Yr oedd hwn yn gwneud i mi veddwl mae [mai] lot o varbwyr oedd yn gweithio yn y van yma. Yr oedd wedi tywyllu arnom yn cyraedd adrev.

Mercher 9

Boreu brav heddiw. Helpu Gwladys olchi. Ar ôl cinio aethom am dro i tŷ Br Hugh Rolands. Cael hwyl iawn gyda Davydd Roberts. Gwen yn dychwelyd gyda ni. Colli vy mwtwm Cymraeg.

Iau 10

Boreu hynod brav. Yn tŷ y Br Richard Williams heddiw. Bwriadu aros yma tan dydd Sadwrn. Meddwl myned am dro i tŷ Br Caswallon Jones ond nid aethom am vod Mrs Williams ddim yn dda.

Gwener 11

Diwrnod poeth heddiw. Helpu Margaret Jane i smwddio. Ar ôl te cawsom dynu ein lluniau yn yr ardd vlodau: Margaret Jane a Winnie Williams, Gwladys Thomas a minau. Min nos aethum i tŷ B W Th, lle y cysgais yma heno.

Sadwrn 12

Boreu brav. Cychwyn i Esquel yn voreu. Chwech o verched ivanc mewn dau gerbyd, sev Miss E Williams a H William D[yffryn] Oer, M J Williams a W Williams, G Thomas a B C Dimol. Aeth tair o honom i tŷ B[r] Jacob Morgan, lle cawsom groesaw mawr. Ar ôl hyn aethom tua'r van lle rhoedd y te parti i vod, ac erbyn i ni gyraedd doedd dim wedi dechreu yna. Aethom am dro i edrych am

Mrs Walker, ac esgrivenais at Mod. Gweno. Tua tri aethom tua'r te ac min nos dechreuodd y gyngerdd. Parahawodd hon awr a haner. Yna aethum adrev yn y cerbyd gyda Ewyrth Glyn. Noson oleu brav, ond braidd yn oer, a dyma heddiw ar ben.

[Heb ysgrifennu: 13–31 Rhagfyr 1914]

Ionawr 1915

Gwener 1

Dyma ddechreu blwyddyn newydd eto. Boreu brav heddiw i ddechreu, beth pa sut y bydd o hyn yn mlaen nis gŵyr neb ohonom. Cael hwyl gyda Mr Bresler a cael un o'i veibion ac hevyd dyn tywyll. Cawsom *asado* a plwm pwdin i ginio, ac wedyn cychwynasom i'r picnic rhwng y ddwy avon. Ni chevais vawr o hwyl am ein bod wedi cyraedd yno yn rhy hwyr. Ar ôl cael te aethum gyda Modryb i'r ochr draw.

Sadwrn 2

Boreu brav heddiw. Codi yn voreu. Myned am dro a chael digon o galaffats [ffrwythau'r *calafate*]. Min nos aethom ein tair am dro i gael gweled yr alffalffa, a phan oeddem yn cyraedd y tŷ ve gyraeddodd Tudur â pysgodyn mawr, a chawsom hwyl garw trwy rhedeg ar ôl Jane gyda[g] ev. Ar ôl swper bu Tudur yn chwareu y cordian am ychydig, ac yna aeth pawb i['w] wely yn dawel.

Sul 3

Boreu brav eto heddiw. Ar ôl cael brecwast aethom i'r gorlan a godrais ddwy vywch. Ar ôl myned i'r tŷ cawsom ychydig *mate*, ac ar ôl cinio cychwynasom i'r Capel. Aethom heibio Troed yr Orsedd. Mr Jones oedd yn pregethu y prydnawn yma. Ewyrth Sam yma, minau yn myned adrev gyda[g] ev. Derbyn llythur oddi wrth Mod. Gweno. Myned i'm gwely yn gynar.

Llun 4

Diwrnod prysur heddiw, sev diwrnod golchi, a'r haul yn tywynu yn brav.

Mawrth 5

Boreu brav heddiw, ond cymylau taranau yn hovran uwch ben. Myned i odro gyda Ewyrth Sam. Ar ôl dyvod i'r tŷ cael tori y ddau ben-ddyn oedd ar vy nalcen, ac yr oedd yn brivo digon hevyd. Ar ôl cinio aeth Ewyrth Glyn i lawr i'r Capel i gyvarvod â'r Dr newydd, ac aethum inau i smwddio. Ac ve ddaeth yn ystorm o vellt a tharanau, y gyntav er pan ydym i vynu yma. Darvyddais smwddio, ac ar ôl swper aethom i'n gwlâu yn gynar.

Mercher 6

Pob man yn wlyb dan draed, ond yr haul yn gynes iawn. Aeth Ewyrth Sam a Mod. Fest am dro i movyn y gwartheg ar gevn ceffylau, a Gwladys a minau yn y tŷ ein hunan. Tua naw cyraeddodd Ewyrth Glyn adrev, a daeth Tudur a Dyved Jones gyda[g] ev. Cawsom *asado* i ginio, ac aeth Ewyrth Sam i Esquel yn ngwmni y ddau lanc ieuanc. Ar ôl te daeth y ddwy Vonesig Buddug a Cordella [Cordelia] Evans yma am dro i gasglu mevys, pryd yr aethom allan ein pump vel gweuthwyr i'r cae, lle y byom nes yr oedd yn nosi, ac erbyn i ni gyraedd i'r tŷ yr oedd R Williams yma.

Iau 7

Mod. Fest yn golchi y boreu yma. W A Williams yn movyn y ven vach i gael myned i Corcovado y pryd-nawn yma. Paratoi pethau i gychwyn am wythnos i Corcovado. Helynt garw: y gath wedi dal wenol vach ddiniwed a ninau yn rhedeg vel pethau gwirion ar ei hôl.

Gwener 8

Codi yn voreu. Ewyrth Sam yn myned i chwili[o] am y ceffylau i ni gael cychwyn, a bu y [i] ffwrdd awr a haner, ond ve'i cavodd o'r diwedd, ac yna cychwynasom am 2[?], a(c) daeth Ewyrth Glyn i'n hanvon tros y tripp. Cyraeddasom tŷ R Williams am 8 a chael pawb â'i wyneb am yr hira. Mrs Williams wedi cael ei galw mewn pwysigrwydd i tŷ William Thomas. Er mwyn angovio tipin ar ein govid aethom i gael cinio o dan yr helyg wylovys, cysgodol. Ar ôl te daeth Mrs Williams adrev, yna cychwynasom heb oedi dim, a nid oeddem wedi myned haner canllath na bu damwain. Ve dorodd y ven vach, ond ve allasom ei chlymu a['i] gwneud i vyny i vyned gan belled â tŷ Br T Nichols. Min nos aethum am dro yn y cerbyd i tŷ Br Cadwallon Jones, lle y bu pump o honom yn chwareu am amser maith, sev

M E M, J W, A H, W W, B C D. Ar ôl dychwelyd cawsom swper allan ac hwyl iawn, ac yna aethom bawb i'w wely yn yr awyr agored.

Sadwrn 9
Cychwyn oddi yma am saith. Braidd yn gymylog, ond, er hynny, yn well i deithio. Myned i ystordy Nogues. Prynu rhoddion i blant bach Mrs D Williams. Yna aethom gan belled â tŷ Br G Jones. Erbyn cinio gweled llawer o ryveddodau ar y ffordd, a cholli un o vy ngribau gwallt. Cyraedd tŷ G Jones a chael pawb â gwên ar ei gwineb. Cael cinio blasus mewn ychydig amser, ac yna myned am dro allan. Y merched yn vy addurno gyda blodau hardd. Myned yn ôl at y tŷ a choroni Mrs T Nichols yn Vrenines. Cychwyn oddi yma am dri. Nant y Vedw y gelwir y lle yma. Tŷ bach taclus y ty vewn a thu allan a gardd vlodau o vlaen y [d]rws, a'r amriwiaeth vwyav o vlodau wyv wedi weled hyd yn hyn. Llawer o goed o gwmpas yn mhob man, a nant vechan yn pasio heibio y tŷ. Aethom hyd ffordd arw iawn hyd at tŷ Br J Williams, lle yr ydym am sevyll heno. Ar ôl tynu y ceffylau, a ffaratoi pethau erbyn y nos aethom am dro i'r tŷ. Cael te ac yna myned yn ôl i'r gwersill. Paratoi am vyned i['n] gwelâu. Tudur yma heno.

Sul 10
Teithio ychydig heddiw.

Llun 11
Myned trwy levydd geirwon iawn. Gweled llawer o ryveddodau. Cyraedd tŷ R Williams am un ar ddeg ac ve ddigwiddodd damwain gas iawn, sev i Mod. Fest losgi ei throed, ac ve aeth pawb yn ddi-hwyl iawn. Ond ar ôl i pethau dawely, cawsom ginio, ac yna aethom i'r cae i gasglu mevys, a chawsom ychydig o hwyl. Dyvod yn ôl i'r gwersyll a chael cinio. Myned i gasglu mevys min nos. Cael swper cynar a myned i'n gwlâu. Cysgu gyda Margaret Jane heno.

Mawrth 12
Diwrnod brav heddiw. Myned yn y cerbyd gyda'r Br T N i gasglu mevys. Cael hwyl dda iawn. Dyvod adrev erbyn cinio. Myned wedyn min nos.

Mercher 13

Boreu brav heddiw. Myned i'r cae eto heddiw yn y cerbyd. Cael damwain gas iawn y boreu, nes gwneud i bob un o honom deimlo yn ddigon anivir. Darvu i rhiwun ladrata bwceded llawn o vevys, ac yr [oedd] hyn yn ormod braidd i'w oddev, ac aethom yn ein holau â'n gwinebau am yr hira. I ginio heddiw cawsom *asado* o gig oen, ac yr oedd yn vlasus iawn hevyd. Y pryd-nawn aeth Mrs Williams, Mod. Fest, Ann, William, ac Aron allan i'r cae i gasglu mevys, a'r gweddill yn aros i edrych ar ôl y plant ac i grasu barau.

Iau 14

Myned allan yn y boreu heddiw. Myned i lle Davydd Griffidd a[ac] i lle Retamal i gasglu mavon. Colli vy mwrs a'm pres i gyd. Myned oddi yna i ystordy rhiw Durcko, a dyma y lle glanav a welais eirioed, a chlywais bellseinydd [berseinydd?] henavol yn chwareu 'Bydd canu yn y Nevoedd'. Yr oedd yn tywyllu arnom yn cyraedd yn ôl i['r] gwersyll.

Gwener 15

Myned i gasglu mevys ar ein traed y boreu yma. Sevyll yn y gwersill y pryd-nawn am vod Mrs Williams a Mrs Nichols yn myned am dro i lle D Griffidd. Cael hwyl dda iawn gyda'r Br T N; ev yn gwneud swper heno.

Sadwrn 16

Boreu brav heddiw, a pawb yn llawen meddwl am gael cychwyn adrev. Cychwyn ar ôl canol dydd. Dyvod hyd lle Mamwel [Manuel] Parada, lig [tir]Harri Jones (gynt), lle y disgynasom i gael cypaned o de, ac aeth R Williams i gael poteled o laeth. A daeth yr oll deulu i'n gweled: y vam a phedair o verched a tri bachgen. Yr oll wedi gwisgo yn daclus ac yn siared yn weddus. Oddi yma daethom yn ein blaenau hyd at dŷ un o verched y teulu yma. Gwersylly heno ar lan nant vechan loiw iawn. Min nos arnom yn cyraedd, yna aeth M[argaret] Jane, Ann a minau i gasglu coed.

Sul 17

Yr haul yn tywynu yn gryv iawn. Myned ar gevn ceffyl. Colli vy ngribau gwallt. Daethom [hyd] llidiart ola'r cwmni, lle yr oeddem yn gwersyllu, yn agos i lyn, ac ni angoviav byth y noson yma. Ni viaswn yn rhoddi dim o'i hanes oni bae am un peth pwysig a ddigwyddodd. Gyda ein bod wedi myned i'n gwlâu daeth y pry bach dinistriol a elwir moscito i'n pigo ac i gadw ei grwndi. Ac wedi bod yn troi a trosi am amser maith by i ni, y merched ieuanc, godi i wneud tân i gael mwg er mwyn ceisio ei cadw oddi wrth y plant a'r hen bobl, ac ve ddywedodd un o'r cwmni: 'Ac ar haner nos y bu gwaedd, "Wele mae y mosgitos wedi dyvod, cyvodwn ac [awn] allan i gyvarvod â hwy".'

Llun 18

Codi boreu heddiw a phawb â'i wyneb wedi chwyddo am y mwya. Yn ch[w]ythu yn gryv ac yn oer ovnadwy. Dyvod hyd ystordy Antonio Garin, a da oedd genym gael myned i'r tŷ i gael cinio am ein bod wedi blino am y mwya. Cawsom ginio ardderchog a chroes[o] diddiwedd. Cychwynasom oddi yma am dri, a daethom hyd at ysto[r]dy rhiw hen Durck, ac yn dda gan bawb o honom gael myned i'n gwlâu.

Mawrth 19

Cychwyn oddi yma yn voreu, a da genyv gael gwneud. Dyvod hyd lle Mr Clarck a chael croeso heb ei vath, a'r cinio gorau a brovais erioed. Cevais vlodau hardd iawn yma. Cychwynasom oddi yma am dri. Gwelais lawer o rhy[veddodau?] ar hyd y ffordd. Deuais yn y cerbyd gyda Mrs Nichols am beth o'r ffordd. Ar ôl croesi yr avon wrth lle M Underwood aeth teulu T Nichols un ffordd a ninau y ffordd arall. Daethom hyd tŷ R Williams a chawsom gypaned o *cacao*[coco] blasus. Yna cychwynasom am P[arc] Unig, vy ngartrev ar hyn o bryd. Ar y ffordd darvu i ni gyvarvod â Mrs W J Thomas a'i chwiorydd a Tudur bach. Yr oedd yn dechreu tywyllu arnom ac ni bûm ddim balchach eirioed o weled P[arc] Unig a gweled Ewyrth Glyn ac Ewyrth Sam yn dyvod i'n cyvarvod. Aethom i'n gwely yn vlinedig ein tair, a throed Mod. Fest yn ddolurus iawn. Dydd pen-blwydd Lewis [ei brawd] heddiw yn ddwy ar bymtheg. Meddwl llawer amdano.

Mercher 20

Peth cyntav a wnaethum y boreu yma oedd paratoi lle i Mod. Fest yn ystavell Ewyrth Glyn, ac yntau yn myned i gysgu i'r ystavell arall, a chadw y pethau ar ôl bod ar dramp. Ar ôl cinio aethum i wneud teisen vevys, a daeth T Gibbon yma. Mod. Fest yn ei gwely [t]rwy y dydd. Aeth Ewyrth Sam i lawr i'r Cwm.

Iau 21

Boreu brav heddiw. Yn golchi trwy y boreu a chlanhau y tŷ. Ychydig cyn te cyraeddodd Mr Bresler. Buom yn ymgomio ychydig a chavodd garden â vy henw i arni. (Heddiw cyraeddodd haid W Jones yma). Ar ôl te plygais y dillad a gwnês swper. Ar ôl golchi y llestri eis i vy ngwely.

Gwener 22

Clanhau y tŷ yn y boreu a gwneud ychydig o drev[n] yn y llaethty. Smwddio yn y pryd-nawn. Dim byd arall pwisig heddiw.

Sadwrn 23

Boreu brav a'r haul yn tywynu yn ei ogoniant. Clanhau y ffenestri yn y boreu yma. Daeth M[ihangel] ap Iwan i movyn menthyg y gribin i gasglu'r alffalffa. I ginio daeth Mr Bresler ac aeth Ewyrth Glyn gyda[g] ev i vyned â'r gwartheg i'r dwfr. Ar ôl cinio aethum i llwyd-olchi y lle tân, clanhau y gegin a gwneud teisen. Daeth Mihangel â'r gribin yn ôl adrev. Pen-blwydd Citi heddiw.

Sul 24

Boreu brav heddiw. Daeth Mrs William Thomas a'i chwiorydd a Tudur bach yma. Gwnaethum bwdin ardderchog i ginio i ddathlu pen-blwydd E. Einion, a bûm bron â rhoddi y tŷ ar dân. Yr ymwelwyr yn myned oddi yma ac yn tori y cerbyd.

Llun 25

Corddi a gwneud ymenyn yn y boreu a daeth tri bach[g]en ivanc yma, a thri o wahanol gymeriad, sev Tom Gibbon, Tudur Williams, Mihangel ap Iwan, a byont yma i ginio.

Mawrth 26

Clanhau y tŷ a'r llaethty yn y boreu. Gwlawio ychydig heddiw. Daeth Mr Bresler yma erbyn cinio yn cwyno gan anwyd trwm. Golchais vy mhen yn y pryd-nawn. Dychwelodd Ewyrth Sam a Tudur, wedi bod yn edrych am aniveiliaid ar ben y Graig Goch. Min [nos] aeth Tudur i'r Bwth wrth droed y Mynydd. Mr Bresler yn cysgu yma heno.

Mercher 27

Golchi yn y boreu. Heddiw cyraeddodd haid G Griffiths. Cawsom *asado* i ginio. Plygais y dillad yn y pryd-nawn. Cael ymwelwyr, sev Br William Thomas, Hugh Rolands, D R Thomas. W Thomas yn cysgu yma heno.

Iau 28

Diwrnod pwisig yma heddiw. Pawb yn llawn ei helynt. Cyraeddodd Stenickahm ym[a] i ginio at y rhai oedd yma cynt, ac mewn ychydig amser cyraeddodd Mr R Jones (Niwbwrch), ac am haner awr wedi dau cyraeddodd Br Ellis Jones a Ioan Evans. Mr Bresler yma ac yn cael y newydd drwg vod ei vab Edwyn wedi marw. Bûm am dro gy[da] Mr Jones yn y cerbyd. Mr Bresler yn teimlo yn rhy d[d]igalon i aros yn y camp. Yn cysgu yma heno.

Gwener 29

Boreu brav. Codi yn voreu i wneud brecwast i'r dynion. Mod. Fest a minau yn myned at y gorlan i gael golwg ar yr hen wartheg am y tro diweddav. Tudur yn myned adrev, a ninau ein tair yn myned yn y cerbyd i gael gweled yr haid yn cychwyn i ffwrdd. Ewyrth Glyn a Mr Stenickahm yn dod yn ôl erbyn cinio. Tua un cyraeddodd Ewyrth Sam. Mr S yn ffarwelio. Yn y pryd-nawn daeth Br Mihangel ap Iwan â llythyrau i ni. Derbyniais un oddi wrth Mod. Dilys a Lewis. Cawsom bara wedi ei ffrio mewn wyau i de. Cael hwyl am ben Deio yn gwneud ei hun yn ebol trwy rhedeg a chwareu a neidio.

Sadwrn 30

Pobi a gwneud teisen a chrasu cig i ginio. Golchais vy mhen yn y boreu. Ewyrth Glyn a Ewyrth Sam yn aredig y Nant Vach gyda Boza a Doli. Ewyrth Sam yn cwyno gan anwyd trwm. Myned i'w wely yn gynar. Heno bûm yn eistedd ar y vainc allan wrth y drws yn edrych ar y lleuad yn gw[e]ny tros ben Mynydd Llwyd. Ewyrth Glyn wedi myned i'r ffarm isav am dro. Ar ôl plethu vy ngwallt aethum i'm gwely.

Sul 31

Yr haul yn tywynu yn hava[i]dd iawn y boreu yma. Ni ddigwiddodd dim byd pwisig, ond yn [y] pryd-nawn aeth E. Glyn i Esquel ac aeth Ewyrth Sam, Mod. Fest a Gwladys yn y cerbyd, a minau ar gevn ceffyl am dro i'r ffarm isav. Ac yn mhen rhiw haner awr cyraeddodd bach[gen] ieuanc yma, ac ve arosodd yma heno.

Chwevror 1915

Llun 1

Derbyn darluniau Fredie bach [Freddie Green]. Hiraeth am ei weled. Ewyrth Glyn yn cyraedd Esquel a dyvod â llythurau a gwevrwyr [teligramau] i ni: un oddi wrth Myvyr a Mod. Dilys, a daeth â'r newydd trist ei vod yn myned i Neuquen, ac aeth pawb i'w wely yn d[d]i-yspryd ar y dydd diweddav o'r mis.

[Gwelir bod rhyw ddryswch yma gan mai'r dydd blaenorol oedd dydd olaf y mis].

Mawrth 2

Ewyrth Glyn yn myned i Esquel a minau yn myned i'w anvon ar y gaseg vawr. Dyvod â Bil yn ôl gyda mi. Myned at y gorlan i weled Ewyrth Sam yn dal y gwartheg gwyllt. Ar ôl te aethom i gasglu galaffats. Ewyrth Sam, Mod. Fest a Gwladys yn y cerbyd, a minau ar gevn ceffyl. Min nos daeth G Jones a Tudur i gael gweled Ewyrth Glyn ac yntau ddim adrev. Y ddau yn cysgu yma heno.

Mercher 3

Diwrnod golchi heddiw. Cael *ayudante* [cynorthwywr] i gario coed a dŵr i mi. Cael F[f]roies i de. Yn y pryd-nawn daeth Ewyrth Glyn adrev a daeth y Br John Freeman yma, ac hevyd Walter Davies a John Tudur. Nid yn amal y gwelir tri John yn yr un tŷ yr un pryd. Ve arosodd y ddau ddiweddav yma i gysgu.

Iau 4

Smwddio yn y boreu. Diwrnod poeth. Daeth G G yma. Cawsom *asado* i ginio. Ar ôl te myned i lawr at yr hen simddau i gasglu pys yn y cerbyd, ein tair. Cyraedd adrev min nos. Y Br M P H yma['n] cael swper gyda ni. Leisa yn cael pen ei blwydd yn ugain oed. Esgrivenu gram [= telegram] iddi.

Gwener 5

Golchi ychydig ddillad i Ewyrth Glyn. J Freeman a Tudur yma yn dyvod i edrych yr aniveiliaid. Am ddau daethant yn eu holau a chawsant ginio. Ar ôl te aethum i smwddio yr ychydig ddillad a olchais yn y boreu.

Sadwrn 6

Pobi a gwneud teisen yn y boreu. Yn y pryd-nawn daeth Ch. Jones yma am dro. Min nos aethum yn gwmni i Ewyrth Glyn i tŷ y Br John Evans. Dyma y *paseo* [taith hamdden] diweddav am hir, mae'n debig.

Sul 7

Boreu brav, ond dim argoel am vyned i'r capel eto heddiw am nad iw troed Mod. Fest wedi gwella. Daeth D Roberts yma yn y pryd-nawn a Maximo Garcia. Ni ddigwyddodd dim arall neullduol.

Llun 8

Helynt mawr iawn y boreu yma. Ewyrth Glyn yn cychwyn i Neuquen. Aethum i'w anvon at y llidiart bellav ar gevn y pony Seino. Yr oeddwn yn teimlo braidd yn ddi-yspryd heb Ewyrth Glyn i chwareu gyda mi, ond mae'r hen Ewyrth Sam ar ôl, yn llawn hwyl. Yn y pryd-nawn daeth y Br William Rees a Mackie a chawsom ychydig o donau ar y perseinydd. Yr helynt vwyav ar iddi nosi oedd cael Petit i'r tŷ i gysgu.

Mawrth 9

Codi yn voreu a'r gwlaw yn disgyn vel pe ba rhiwun yn ei dwallt o vwcedi. Ar ôl brecwast aethum i glanhau y llaethty, ac yna aethum i drwsio dipyn ar vy *sachel* a gwneud ffroees [crempog, pancos, ponca] i de. Daeth y Br M P Humphrheys yma y pryd-nawn. Am haner awr wedi tri darvyddodd y gwlaw. Y Mynydd Llwyd yn wyn gan eira. Min nos daeth y Br John Freeman a Dyved Jones a Tudur Williams yma ac ve arosodd y ddau ddiweddav yma i gysgu. Esgrivenaus at Mod. Gweno, ac yna aethum i'm gwely.

Mercher 10

Yr haul yn tywynu yn brav ond yn damp iawn dan draed. Pobi yn y boreu. 10 o ddynion yma yn cael cinio. Gwneud cwcins a'i rhoddi yn y pobty gyda'r bara. Ar ôl te aethum am dro at y gorlan i'w gweled yn marcio'r ddwy haid o warth[eg], sev un y Br M P H, a'r llall, [un y] Br Tudur Williams. Yr eira wedi clirio oddi ar ben Mynydd Llwyd, er cymaent y siomiant na chawn vyned i'w gopa. Rhoddi pupur yn [n]gwely pedwar bachgen ieuanc a chael hwyl iawn heno.

Iau 11

Boreu brav, ond wedi brigo yn drwm, a davnau i'w gweled mor hardd ar godiad haul. Ar ôl brecwast aethum ati o ddivriv i ddechreu golchi. Cawsom gig rostedig i ginio. Yr oedd y Bonwyr canlynol yma – B Roberts, G Jones, J Freeman, D Evans, T Williams, P Williams, D Jones, E Roberts. Ar ôl cinio aethum am dro at y gorlan i weled yr haid yn cychwyn. Yn y pryd-nawn daeth y Br William Jones yma, ac ar ôl te aethum i gasglu y dillad i'r tŷ, ac wedi hyn aethom am dro at y Geunant Vawr. Ewyrth Sam, Mod. Fest a Gwladys yn y cerbyd, a minau ar gevn ceffyl. Yr oedd yn nosi arnom yn cyraedd adrev.

Gwener 12

Ar ôl gwneud tân [a] clanhau y gegin, aethum i blygu dillad a'i manglo, ac ar ôl brecwast yr oedd rhaid paratoi i gychwyn i lawr i'r Cwm. Myned â barau heyrn i'r vynwent ar vedd Ewyrth Charles druan. Ar ôl i Ewyrth Sam ei rhoddi wrth ei gilydd a'i rhoddi yn ei lle, aethom gan belled â tŷ y Br W Thomas. Am vod yr haul mor llethol o boeth ar ôl cinio daeth Gwladys yn ôl gyda ni, a bu Mod. Fest a minau yn paentio. Gwelais vedd G T Williams ac hevyd bedd Tomi Pugh. Y mae hwn yn giddiedig oddi wrth ystormydd y byd. Helyg wylovys iw yr amddiffynydd. Y mae yn bleser gweled bedd mewn lle mor hardd o'r vynwent. Aethom yn ôl i tŷ Br R Williams ar ôl te a chael ychydig o ymgom. Cychwynasom am adrev dros y tripp – a diolch – ve gyraeddasom yn ddiogel.

Sadwrn 13

Diwrnod poeth iawn heddiw. Codi yn y boreu bach i gael smwddio, a darvyddes cyn cinio, a paratoiais vy ystavell gan ddisgwyl Mair Evan[s] yma. Ar ôl cinio llwyd-olchais y lle tân a golchais llawr y gegin. Yn y pryd-nawn golchais vy mhen. Daeth Tudur yma o Esquel a daeth â gram oddi wrth Ewyrth Glyn o Norcinco hevyd. Daeth W A, W a D Th yma i movyn cig.

Sul 14

Diwrnod brav eto heddiw. Y mae un peth pwisig wedi digwydd yn vy hanes heddiw, sev myned yn ngwmni bachgen ieuanc. Aethum i Droed yr Orsedd i ginio a daethum yn ôl i'r capel yn y cerbyd gyda Modryb. Cael hwyl dda yn yr Ysgol [Sul] heddiw. Cyraedd adre a chael y drws ar glo. Chwilio am y agoriad, ond methu ei chael. Pendervynu myned i yved *mate* ein dau wrth y tân allan. Ewyrth Sam a Mod. Fest yn cyraedd adrev. Cael swper a myned i'n gwlâu'n gynar.

Llun 15

Diwrnod brav. Ewyrth Sam yn strippio. Myned â cinio iddo i'r cae ar gevn [y] pony Seino. Llwyd-olchi y gegin a myned â te i'r cae yn y cerbyd a myned i gasglu galaffats. Yn dechreu nosi arnom yn cyraedd adrev.

Mawrth 16

Ch. Jones yma y boreu, yna minau yn golchi a manglo, a golchi pen Gwladys a minau. Yn y pryd-nawn bûm yn rhoddi eising ar deisen pen-blwydd M J Williams. Tudur yma heno, wedi dyvod yn barod erbyn y boreu i gael myned i ben Mynydd Llwyd, a'r Br Aneurin Williams a Mihangel ap Iwan yma am dro. C[ll]ywed am varwolaeth Mrs J Roberts a priodas y Br Willie Evans.

Mercher 17

Y daith i Fynydd Llwyd

Codi yn voreu iawn heddiw, a'r peth cyntav a wnes oedd myned allan i edrych pa [fath] ddiwrnod ydoedd, ac er vy mawr siomiant yr oedd yn gymylog iawn, ac ambell i gavod o wlaw i'w gweled nawr ac yn y man y[n] ngyveiriad y Graig Goch. Ar ôl gwneud tân, ysgubo y llawr a thynu llwch, aethum i valu coffi. Ar ôl brecwast yr oedd disgwil am i'r cwmni gyraedd tua haner awr wedi wyth. Cyraeddodd R O Williams a J Ro[w]lands, ac am naw cyraeddodd y Boneddigesau A Hughes, M I Willams a G Thomas. Yna cychwynasom ar unwaith ac aeth[om] gan [belled â] Bwthyn Prydverth, a thra yr oeddem yn disgwil i A W a M ap Iwan, cyraeddodd [y] Vonesig B Evans a J Williams a G Jones hyd atom, pryd y cevais i vraw garw iawn.

Yna cychwynasom ar ein taith, a cyraeddasom hyd y coed mawr lle y cawsom ginio a tipin o wahanol chwareuon. Ac am ddau cychwynasom am dro ar gevnau ein cyffylau, a cyraeddasom hyd at graig uchel iawn, a buom yn edrych lawr i'r dyvnder mawr gan ddisgwyl y rhai oedd wedi myned o'n blaen yn ei holau. A phan oeddem wedi dringo i vynu i'r Trehangel ve ddaeth y gwynt mor gryv nad ang[o]viav byth am dano, ac i vyned i lawr i'r lle yr oeddem yn cael cinio, ni viais trwy y vath le eirioed o'r blaen. Coed mawr trwchus, nad oedd posibl gweled ond hyd eich trwyn, ac yr oedd rhaid bod yn ovalus neu mi viasau hwnw yn myned i ffwrdd ar rhyw vrigyn neu gilydd, a chlampiau o goed mawr, cymaint ac ambell i bont gyffredin, i['r] cyffylau gamu trostynt. Ar ôl cyraedd yn ôl cawsom *vate* a teisen ac ve ddarvu i bob un rhoddi ei enw i mi a[r] P[ost] Card.

Yna cychwynasom am gartrev, a daethom ar ein hinion hyd y Bwthyn Prydverth hwn sydd yn deilwng o'i be[r]chenog a'i henw, sev tŷ y Br Mihangel ap Iwan. Lle glân a thaclus a phobeth â golwg mor siriol arno. Yr inig beth oedd yn eisiau yma oedd gwraig lawen. Yn y van yma cawsom dynu ein lliniau a chael *mate*. Yna cychwynasom am Parc Unig, pob yn ddau, ac ar ôl cael molchi a chael swper ve ddechreuwyd ar y chwareu, a bûm wrthi am oriau, ac yr oedd yn 12 arnom yn myned i'n gwlâu. Ond er y chwareu a chwbl, yr oeddwn wedi cael colled a siomiant, ond diolch ei bod gystal ac y mae ar ddiwrnod pen-blwydd Margaret J Williams.

Iau 18

Boreu cymylog ac oer. Ar ôl brecwast cychwynodd y cwmni pob un am ei gartrev ac aethum inau i geisio cael rhiw drevn ar y tŷ. Yn y pryd-nawn aeth Ewyrth Sam, Mod. Fest, Gwladys a minau am dro yn y drol ychain i gasglu galaffats, a phan oeddem yn dychwelyd cawsom hwyl iawn. Y vi oedd yn ei gyru a dechreuodd yr hen ychain rhedeg lawr i'r pant. Ar ôl cyraedd adrev aethum i wnïo ychydig, ac ar ôl swper aethom ein dwy i dlino [tylino: cymysgu toes ar gyfer pobi bara]; ac wedi hyn i['r] gwely.

Gwener 19

Boreu cyvnewidiol iawn, yn chwythu un munud ac yn gwlawio munud arall, a'r haul yn tywynu yn suth bin. Rhoddi y bara yn y pobty yn y boreu, a wedi hyn go[l]chi ychydig vratiau. Smwddio yn y pryd-nawn, myned am dro at y llidiart wen. Gweled cymulau od iawn yn ngyveiriad yr Orsedd. Yn bryderys trwy y dydd, wedi cael breuddwyd cas neithiwr. Myned i'm gwely yn gynar ac am y tro diwethav yn ddwy ar ugain oed.

Sadwrn 20

Dyma heddiw wedi gwawrio, a minau yn dair ar ugain oed. Ychydig veddyliais eirioed y biaswn yn yr Andes heddiw. Myned i Esquel gyda Mod. Fest a Gwladys. Myned yn syth i'r Coop ac oddi yno i dŷ Mrs Ellis Walcker, a chawsom de yno, ac i'r post, ond nid oedd dim newydd i'w gael, ac erbyn i ni gyraedd adrev yr oedd Tudur yma. Cawsom *asado* a pwdin rice i swper, ac erbyn myned i'n gwlâu cawsom goffi a chevais da[ir] hanreg.

Sul 21

Gwlawio yn y boreu. Myned i odro gyda Ewyrth Sam. Ar ôl cinio aethom i'r capel. Ewyrth Sam a Mod. Fest a Gwladys yn y cerbyd, a minau ar gevn ceffyl. Ar ôl myned i'r capel cevais dric cas. Rhiwun yn e[i]stedd yn y vainc agosav atav, a minau yn cael [v]y mhoeni gymain[t] am dano; a chan gased genyv glywed ei henw a pe biaswn yn cael vy ngrogi. Ar vy ffordd adrev cawsom wlaw nes oeddwn yn wlyb. Ar ôl swper buom yn canu ychydig ac yna aethom i'n gwlâu.

Llun 22

Gwlawio yn y boreu. Yn naw o'r gloch arnav yn codi. Dim byd arbenig i wneud heddiw. Clanhau y tŷ a brwsio dillad cyn cinio, ac wedi hyn mi eis i wnïo. Y Mynydd Llwyd wedi gwynu eto heddiw.

Mawrth 23

Mân wlaw yn y boreu. Gwnïo ychydig. Myned am dro i dŷ y Br R Williams am ei bod yn ben-blwydd Egryn. Aros yma heno. Ewyrth Sam a Mod. Fest yn dychwelyd adrev min nos. Aeth Margaret Jane a minau i dŷ Br William Thomas. Cawsom swper yno, ac yna aethom yn ein holau. Noson oleu leuad vel y dydd. Mor brav oedd cael cerdded ac ymgomio.

Mercher 24

Boreu brav iawn. Ganol dydd daeth dyn at y tŷ ar gevn ceffyl, a mwnci wrth ei sgyl [wrth ei sgîl, h.y. y tu cefn iddo], a govynodd am d[d]ŵr a bara iddo a chavodd. Yr oedd yma d[d]ychryn mawr wedi cymeryd lle rhwng pawb. Yn mhen tua haner awr wedi hyn daeth un arall â mwncïes, a bu rhaid i hon gael chwareu ei champau, a chavodd pawb hwyl iawn am ei phen. Ond erbyn cymeryd y peth i estyriaeth, meddwl vod dynion yn rhoddi ei hunain mor isel, ac arwain pethau isalach na hwy eu hunain ar hyd y lle. Ar ôl te aethom am dro yn y cerbyd i gasglu galaffats, a dyma y rhai mwyav a welais eirioed: yr oeddent bron gymaent â surion [ai *Prunus spinosa*: Eirin Perthi, Eirin Duon Bach, Eirin Surion, Eirin Bach Tagu?]. Yr oedd yn dechreu nosi arnom yn dychwelyd adrev ar vachludiad yr haul. Myned i'n gwlâu yn gynar.

Iau 25

Yn brav eto heddiw. Myned ar gevn ceffyl i ystordy Nogques ac i tŷ Br Caswallon Jones. Cevais ginio yma a hwyl iawn. Chwerthin a chwarae, ac hevyd bûm yn pwiso ac yr oeddwn yn 47 kilo. Yn y pryd-nawn aethum i ystordy W Thomas a prynais edau grosio, ac wedi hyn dychwelais i tŷ Br R Williams, a c[h]evais de. Ac yna cychwynais adrev, a chevais gwmni divyrus iawn i'm hanvon adrev, a hwnw oedd Llwyd Williams. Ar ôl cyraedd adrev bûm yn casglu dillad ac yn ei plygu. Ystorm o vellt a tharanau, ond ychydig o wlaw.

Gwener 26

Y ddaear yn wlyb a llawer o gymylau uwch ben. Tua un ar ddeg daeth Br a Bs. Emmanuel Awstin yma, a buont yma am amser. Ar ôl cinio aethom am dro i tŷ Modryb, ac min nos yr oedd Ewyrth Sam a Mod. Fest yn cychwyn adrev a minau yn meddwl aros yma vy hunan, ond erbyn iddynt vyned gan belled â Troed yr Orsedd yr oedd Tudur wedi dyvod adrev, ac yna dychwelasant. Bûm yn smwddio ychydig a chevais vy mhoini y[n] d[d]idrigaredd.

Sadwrn 27

Boreu brav. Cychwyn adrev yn voreu. Clanhau y gegin vel pin mewn papur. Cael cinio o dan gysgod yr helyg. Yn y pryd-nawn aethom i gyd i lawr i'r ffarm yn y ven, a'r ychain gwaith yn ei thynu. Buom y[n] casglu galaffats a *pices* [h.y. 'peaches'] nes oeddem wedi blino. Os oeddem yn cael c[g]oleu haul i vyned yr oedd y lloer yn gwenu arnom y[n] siriol.

Sul 28

Boreu brav, ond ni aethom i'r capel hyd y pryd-nawn, a daeth Miss Mair Evans yn ôl gyda ni. Derbyn llythur oddi wrth Taid ond wedi cael ei esgrivenu yr 11 o Dachwedd. Ar ôl swper aeth Mair a minau am dro hyd min y nant ac i wrandaw ar si ei dyvroedd grisialaedd. Myned i'n gwlâu, ond nid i gysgu, ond i siared hyd haner nos a chael dychryn yn y vargen.

Mawrth 1915

Llun 1

Dydd Gŵyl Dewi. Dyma hi yn ddydd cyntav o'r mis, ac y cyntav o'r wythnos. Chwareu a chwerthin y rhan vwyav o'r boreu. Ac ar ôl cinio cychwynasom i lawr ar gevn ceffylau ein pump i'r picnic yn merllan y Br R Williams, lle cevais le wrth y bwrdd yn nganol llanciau ivanc, a chevais y pleser o vwyta surion. Ac min nos aethom yn y cerbyd gyda teulu y Br T Nicholls i weled y lluniau byw symudol. Ar ôl bod yn aros am amser yn disgwyl iddynt d[d]echreu, aethom i chwarae 'dau a thri', a chevais lawer i ymgom velus. Ar ôl i bethau ddyvod yn ngyd aethom i mewn, ac erbyn i mi sylweddoli yr oedd un pwisig yn eistedd yn rhy agos i mi o lawer. Cadvav y gweddill yn gyvrinachol i mi vy hun. Cysgu y[n] tŷ Br R Williams heno.

Mawrth 2

Boreu brav heddiw. Ar ôl brecwast a helpu ychydig ar Margaret Jane i wneud ei gwaith aethum gan belled â tŷ Br William Thomas ar neges neulltuol, ac wedi hyn cychwynasom adrev. Nid oes vawr o hwyl gweithio arnav y boreu yma. Yn y pryd-nawn daeth y Br John Morgan yma: peth hynod iawn yn hanes Parc Unig a'i drigolion ar hyn o bryd, beth bynag. Heddiw derbyniais gram oddi wrth Lewis yn dymuno i mi ben-blwydd llawen, ac yn rhoddi y newydd vod merch yn Pont y Meibion. Dim arall neulltuol heddiw.

Mercher 3

Boreu neulltuol o brav, ond mwg o gwmpas yn mhob man. Cwmni yn myned am dro i ben yr Orsedd, ond nid wyv yn myned am vod gormod o waith cerdded. Yn golchi yn y boreu, ac ar ôl cinio cesglais y dillad i'r tŷ a plygais hwy, ac yn y pryd-nawn aethum i grosio.

Iau 4

Yr haul yn dambaid iawn y boreu yma. Ar ôl brecwast aeth Mod. Fest a minau i odro, ac ar ôl dyvod yn ô[l] a clanhau y tŷ aethum i vanglo a smwddio. Daeth Mih[a]ngel yma i ginio. Min nos aethom lawr i'r Cwm. Cysgu yn tŷ Br R Williams.

Gwener 5

Dyvod adrev yn y boreu. Ar ôl clanhau ychydig ar y tŷ a gwneud rhiw vanion eraill, min nos aethom ar neges i Troed yr Orsedd ac arosasom yma heno.

Sadwrn 6

Cychwyn adrev yn y boreu. Ewyrth Sam a Gwladys mewn un cerbyd, a Mod. Fest a minau yn y llall. Ni ddigwyddodd dim neull[t]yol, ond ymadawiad Robert Owen ac E. Sam yn cario y gwair a'r ceirch i mewn.

Sul 7

Boreu brav iawn, ond nid oedd awydd am vyned i'r capel, ac aethum inau i esgrivenu at Leisa yn y boreu. Ac ar ôl cinio aethom i wysgo i vyned i'r capel, a phan oeddem yn myned i vynu i'r cerbyd dechreuodd wlawi[o] a bu yn tywallt am amser hir. Yn y pryd-nawn cyraeddodd Don Juan yma o'r Cwm. Bûm yn darllen trwy y pryd-nawn.

Llun 8

Mân wlaw yn y boreu. Heddiw, ar ôl clanhau y tŷ, aethu[m] i glanhau o gwmpas y tŷ. Daeth William E Evans yma yn y pryd-nawn. Wedi braveiddio yn hynod erbyn min nos.

Mawrth 9

Yr haul yn tywynu yn brav iawn, o[nd] y ddaear yn wlyb. Golchi yn y boreu, a daeth y Br D Roberts a G Williams yma yn y pryd-nawn. Cesglais y dillad i'r tŷ a plygais hwy. Ar ôl hyny aethum i grosio ychydig ac min nos esgrivenais at Jenney Williams. Cyraeddodd José yma.

Mercher 10

Boreu brav eto heddiw. Ar ôl gwneud brecwast a chlanhau y tŷ aethum i smwddio, ac wedi hyn i esgrivenu at Nain B[e]rry a Bil. Yn y pryd-nawn daeth Juan yma am y tro diweddav cyn cychwyn lawr i Chubut.

Iau 11

Boreu brav heddiw. Ni ddigwyddodd dim neullduol.

Gwener 12

Diwrnod poeth iawn. Myned i Esquel i chwilio am newyddion. Mod. Fest yn cael llythur oddi wrth Taid ac Anti Mary, a minau yn cael un oddi wrth Lewis. Cael cinio yn tŷ Br Ellis Warcker, ac ar ôl gwneud ychydig o negeseuon daethom adrev. Dim yn teimlo yn dda heno.

Sadwrn 13

Diwrnod brav. Vy ngwddv yn ddolurys iawn, ond ceisio symud ychydig o gwmpas. Ar ôl cinio aethum yn waeth a gorvy i mi vyned i'm gwely. Bu Br Moses Jones yma. Derbyn gwivreb Mod. Dilys.

Sul 14

Yn vy ngwely trwy y dydd. Vy ngwddv a vy ng[l]ust yn ddolurys iawn. Mihangel ap Iwan yma, yn cael ei ben-blwydd yn dair ar hugain oed heddiw.

Llun 15

Boreu brav. Codais tua naw ond vawr gwell. Yn ceisio symud ychydig o gwmpas ond gorvy i mi vyned yn ôl i'm gwely, a bu Mod. Fest yn powlticio vy ngwddv gyda *hops* am oriau. Derbyn llythur oddi wrth Mod. Dilys.

Mawrth 16

Ychydig yn well heddiw['r] boreu, ond ar ôl cinio gwaethygodd vy ngwddv. Yr oedd yn boenys iawn ac nis gallwn ly[n]cu dim. Mynydd Llwyd wedi cael côt wen yn ystod y nos neithiwr. Bu Maximo yma yn y boreu.

Mercher 17

Diwrnod hynod o brav. Vy mhen yn well [o] lawer heddiw. Mod. Fest yn golchi. Daeth Mrs William Thomas yma a'i chwiorydd, a Tudur bach yn aros yma heno.

Iau 18

Boreu brav. Ar ôl gwneud brecwast aethum i baratoi i vyned i Esquel ac oddi yno gartrev gyda Mrs Thomas i aros am rhai dyddiau. Heddiw derbyniasom wyvreb oddi wrth Ewyrth Glyn o Neuquen.

Gwener 19

Myned am dro heddiw i edrych am hen gydnabod, sev Mrs Rolant Roberts, yr hon sydd yn byw mewn bwthyn tlodaedd yn nganol y mynyddoedd. Ar gevn ceffyl [y] bûm yn y van yma.

Sadwrn 20

Boreu hynod o brav ac aethum am dro gyda Teresa Oyolla. Aethom yn gyntav i gael gweled rhiw rhai yn dyrnu gyda ceffylau, a buom yn ei helpy am ychydig. Dyma beth ar ôl yr oes, yn ôl vy marn i, ac oddi yma aethom trwy levydd rhyvedd iawn i gael myned at yr Relwey Embancment. Dyma un o'r manau mwya rhamantus a welais eirio[e]d. Aethom gan belled ag oedd posibl ar hyd yr avon Persy, lle y gwelais y ffrwd vach dlysav a welais yn vy mywyd, a'r deryn bach rhyveddav ar vrigyn. Yr oedd yn bob lliw, a gallaswn dyngu vod het las am ei ben. Ni vedrav byth ddisgrivio y vath olygva hardd oedd yn y van yma. Oddi yma [a]ethom yn ein blaenau hyd at amrhiw o goed, a gallaswn d[d]ychmygu vod rhiwun wedi ei planu ar ffurv tŷ – yr oeddent mor gyvartal – dau ddrws a tair ffenestr yno. Ac i vyned oddi yma tua chartrev yr oedd dringo caled i'r ceffylau druan, ac erbyn cyraedd yn ôl yr oeddwn wedi blino tipin.

Sul 21

Gwynt oer yn chwibianu heibio bob cornel y boreu yma a chymylau gwgus yn mob cyveiriad, ond er hyny aethom i'r capel. Heddiw yr oedd Mr Jones yn pregethu am y tro diweddav, ac yn bedyddio tri baban bach, sev Eivion Ro[w]lands a Tudur Roberts a[c] Allen Evans. O'r capel daethum adrev gyda Mod. Fest. Ch. Jones yma heno.

Llun 22

Yn gwlawi[o] ychydig yn y boreu. Aeth Ewyrth Sam i lawr i'r Cwm i moyn y *stripper*. Y pryd-nawn yma bûm yn paratoi [v]y ngist yn barod i gychwyn lawr. Min nos daeth y Br J S Jones a Mihangel ap Iwan yma ac arosasant yma i swper.

Mawrth 23

Boreu brav h[edd]iw, ac aeth Ewyrth Sam i movyn y *stripper* at y tŷ, ond ve ddigwyddodd damwain iddi a bu rhaid iddo ei gadael wrth y llidiart bellav. Ar ôl cinio aeth i'r picnic croesaw i'r Conswl yn coed y Br John Evans, ac aethom ninau ein tair i gasglu galaffats, a chawson hwyl iawn ar y gwaith. A phan oeddem yn dyvod adrev gwelsom vachgen ivanc a bu yn ymddiddan â ni am amser maith. Heddiw cevais gynyg aros yn yr Andes. Ar ôl dyvod adrev cawsom *asado* i swper ac ar ôl hyn aethom i'n gwlâu.

Mercher 24
Diwrnod brav eto heddiw. Covio am ben-blwydd Jenney heddiw. Diwrnod pwysig heddiw, sev golchi a gwisgo llodrau llwydion, ac yr oeddwn yn smart o vy hwyl. Yn y pryd-nawn aethum ati i smwddio, gan veddwl myned am dro yvory os byw ac iach a'r tywydd yn ffavriol.

Iau 25
Pen-blwydd Nain Berry heddiw. Ddim yn gyvleus i ni vyned am dro. Yn oer iawn yn y pryd-nawn, minau yn gwnïo. Ymadawiad Maxi[mo]. Min nos aeth Mod. Fest a minau i esgrivenu i Chubut. Esgrivenais at Mod. Dilys a rhiw lanc ivanc.

Gwener 26
Boreu brav heddiw. Bûm yn godro bywch vawr, a dim ond blwydd a haner oed: yr oedd yn werth ei gweled. Ar ôl clanhau y tŷ a paratoi vy hun aethom i Esquel. Mi yn aros yma am rhai dyddiau. Heddiw gwelais y Br Evan D Jones, Colonia Sarmiento, a chevais tipin o hanes teulu D Jenkins ga[n]ddo. Ar ôl cael ein negeseuon yn y Coop, aethom gan belled â tŷ J Freeman. Ar ôl cael te ac ymddiddan ychydig cychwynodd Ewyrth Sam a Mod. Fest adrev, ac yr wyv vinau yn aros yma am rhai dyddiau. Heddiw bwyteis avalau am y tro cyntav er pan wyv yn yr Andes.

Sadwrn 27
Boreu brav heddiw. Ni ddygwyddodd dim yn y boreu, ond bûm yn smwddio ychydig ac yn y pryd-nawn aethom am dro i tŷ Mrs Joseph Freeman a chevais hwyl iawn.

Sul 28
Diwrnod brav heddiw. Myned i'r Ysgol [Sul] i capel Esquel am y tro cyntav. Aethom i tŷ B Roberts i de ac oddi yno i'r cwrdd nos. Noson oleu brav i ddychwelyd adrev.

Llun 29

Yn brav iawn heddiw. Gwneud brat i Lily vach. Yma ein hunan heno.

Mawrth 30

Darvod y brat heddiw. Myned yn y pryd-nawn gyda Mrs Freeman i tŷ B Roberts ac yn aros yma heno. Cael hwyl iawn. Ar ôl i Mrs Roberts a'r plant bach vyned i'w gwlâu aeth Sarah a Jane a minau i yved *mate* a bwyta teisen, ac ar ôl cael ychydig sport aethom i'n gwlâu.

Mercher 31

Boreu brav heddiw. Ar ôl cinio aeth Sarah a minau am dro i ystordy Freeman ar ein traed, ac ar ôl cyrhaedd adrev cawsom de, ac yna aeth Jane a minau am dro ar ein traed i tŷ y Br Evan Ll Hughes a dywedodd Boturd[?] ein ffortiwn wrthyn; a dyma beth ddywedodd wrthyv vi: vod vy meddwl ar ddau wrthrych, sev dau vachgen, sev un main, tal, a llall yn un bur tew, ond druan o hono, y mae wedi methu. Y noson yn brav iawn i gerdded adrev heno.

Ebrill 1915

Iau 1

Yn gwlawi[o] yn y boreu a pawb am y goreu i wneud Ffŵl Ebrill [o'r] naill a'r llall, a tua chanol dydd daeth y newydd trist am varwolaeth sydyn Mrs Gibbon. Yn y pryd-nawn aethym, yn ngwmni Sara a Jane Roberts, ar gevn ceffyla[u] am dro i tŷ y Br Llewelyn Jenkins. Dyma le na viaswn yn hoffi byw. Yr oedd yn debig i blât: rhiw bant a mynyddoedd o gwmpas yn mob man. Cawsom gypaned o de vlasus ac ychydig ymddiddan, ond yr oedd yr amser mor vyr a bu rhaid i ni droi ein gwynebau tua ac adrev. A chyn ein bod haner y ffordd yr oedd y lloer yn gwenu arnom tros y mynydd, a ninau yn gwneud deunydd o'r goleunu trwy ch[w]areu a chwerthin am y goreu, ein tair. Ond ni cheisiav ddesgrivio yr olygva oedd arnon yn cyraedd adrev.

Gwener 2

Boreu brav heddiw, ac ar ôl cinio aeth Mrs Roberts, Sarah, Jane a minau i gynebrwng Mrs Gibbon, a dyma y cynebrwng tristav y bûm ynddi eirioed, a'r ddau vachgen, Albert a Sydney, yn syn iawn. Nid oedden yn gallu crio. Yr oedd gweddill o'r teulu yn lleddvu ei teimladau trwy ollwng dagrau. O'r angladd aethum i tŷ Mrs Ellis Walcker. Yn aros yma heno. Ar ôl te aeth Mrs Walcker a minau i'r llythurdy, ac anvonaes wyvreb i Mod. Dilys, ac ar ôl myned yn ôl i'r tŷ esgrivenais lythur iddi. Ar ôl cael swper ac ymddiddan wrth y tân am ychydig aethom i'n gwlâu.

Sadwrn 3

Boreu brav. Ar ôl brecwast esgrivenais at Mod. Gwenno ac mi eis â'r ddau i'r Coop ac oddi yno aethum i ystôr arall lle y prynais bedair cadech poced. Ar ôl cinio daeth Miss Sarah Roberts i vy movyn i vyned am dro i Dyffryn Bach i weled hen gyveilles, sev Mrs Eben Awstin. Dyma le bach tlws ond yn mell o bob man, yn enwedig mewn cerbyd. Buom yna am tua dwy awr. Ni vedrem aros chwaneg am vod genym ffordd bell i vyned adrev. I tŷ y Br John Freeman deuais heno.

Sul 4

Gwynt cryv y boreu yma. Cychwyn am Parc Unig. Daeth Mrs John Freeman a Miss J Roberts â mi adrev a phan gyraeddasom yr oedd William J Thomas a'r teulu yma. Derbyn llythur Mod. Gweno. Min nos daeth Tudur yma, ac yn mhen rhiw awr cyraeddodd Ch Jones a chevais lythur oddi wrth Mod. Dilys. Parc Unig yn llawn heno: deuddeg o drigolion ynddo.

Llun 5

Boreu oer a rhyw bigo gwlawio. Cych[w]ynodd William a'r teulu adrev, a tua deg dechreuodd lawio o ddivryv. Ar ôl cinio aeth Mod. Fest i wneud *tortas* [teisennod] a minau i esgrivenu at Mod. Dilys a Gweno. Yn gwlawio yn drwm trwy y dydd. Ar ôl swper aethum i esgrivenu at Taid a Mod. Alwen.

Mawrth 6

Y gwlaw wedi darvod, ond y ddaear yn wlyb iawn. Aeth Ch Jones adrev yn y boreu, ac ar ôl cinio aeth Ewyrth Sam a Tudur i Esquel. Mali coffi heddiw trwy y pryd-nawn.

Mercher 7

Y ddaear yn wlyb iawn heddiw. G[o]lchais i y dillad a golchodd Mod. Fest y gw[r]thbanau. W C Th yma i de. Ar ôl te cesglais y dillad i'r tŷ a smwddiais hwy.

Iau 8

Diwrnod oer iawn. Myned i Esquel ein pedwar. Myned gyda Mr a Miss Williams i ginio. Tŷ bach, glân, cysurys a chinio blasus a gwynebau siriol. Adrev erbyn machlud haul, a chael allan vod dwy verch ieuanc wedi bod yma a gadael ei henwau ar y drws. Min nos cyraeddodd Tudur yma.

Gwener 9

Boreu brav, ac ar ôl i mi glanhau y tŷ a golchi vy mhen rhodd[a]is y fflatiau ar y tân, gan veddwl ei devnyddio yn syth, ond pwy gyraeddodd ond Miss E Williams a Miss Margaret J Williams, a buont yma hyd ddau o'r gloch. Ac ar ôl iddynt hwy ymadael mi eis inau i smwddio crysau main. A tua phedwar o'r gloch cyraeddodd Mr Barr, y dyn 18 mil o ddoleri. Aeth i ffwrdd min nos. Daeth Ewyrth Sam adrev o Esquel a gwyvreb odd[i] wrth Ewyrth Glyn – ei vod yn cychwyn i vynu y 15 cyvisol.

Sadwrn 10

Diwrnod oer heddiw. Ewyrth Sam a Tudur yn marcio trwy y pryd-nawn. Y Br Johney James yma i de ac aeth oddi yma i Esquel ac aeth Tudur adrev.

Sul 11

Ychydig o wynt y boreu yma. Cychwyn i'r capel. Yn Pen y Bryn i ginio ac o'r Ysgol [Sul] aethum gyda Gwladys Thomas. Gwele[d] R E Roberts heno.

Llun 12

Boreu brav heddiw. Pen-blwydd Mod. Fest. Myned am dro yn ngwmni Gwladys Thomas i tŷ Mrs T Nichols. Cael cinio yno a myned gan belled â tŷ y Br W J Nichols, ond erbyn cyraedd yno doedd neb adrev. Yna aethom yn ein holau ac heibio i Mrs Nichols ac yn ein blaenau i tŷ Br M Underwood lle y cawsom vyned i'r ardd, a chael ffrwythau ddigonedd a blodau hardd iawn. Y gwynt i'w deimlo yn vain iawn wrth ddyvod adrev. Ar ôl swper aethom ein dwy i edrych am Mrs R Williams, ac ar ôl myned adrev buom yn cadw gwasanaeth teuluaidd.

Mawrth 13

Boreu brav. Ar ôl gwneud ychydig orchwylion i Mrs Thomas aethum gan belled â tŷ R Williams, ac oddi yma aethum i tŷ Br Gwilym Jones. Ar ôl cinio bûm yn edrych ar ddarluniau ac yn gweled llawer o bethau tlws eraill, a chevais d[d]au lun gan Mrs Jones. Yn y pryd-nawn daeth Ewyrth Sam a Mod. Fest i vy movyn, ac erbyn i ni gyraedd adrev yr oedd T W yma yn ein disgwyl.

Mercher 14

Boreu oer ac yn bwrw eira. Mr Barr yma yn derbyn y gwartheg. Heddiw daeth E. Sam â'r *stripper* i mewn i'w chadw am eleni.

Iau 15

Boreu brav. Aeth Mod. Fest a minau i lawr i tŷ Modryb am y tro diweddav cyn cychwyn lawr i Chubut. Ar ôl bod yno am rhai oriau a chael te a f[f]roes, cychwynasom tua chartrev, ac ar y ffordd cevais i hyd i gyllell a daethom heibio tŷ Br Silva, lle cawsom groeso angyffredi[n]g a chevais ddarluniau ei priodas. Heddiw derbyniais wyvreb oddi wrth Mod. Dilys.

Gwener 16

Myned am dro i lle William, ac ar ein ffordd adrev aethom i edrych am Mrs Jones, sev chwaer Johney Morgan.

Sadwrn 17

Diwrnod brav. Llwyd-olchi ychydig ar pared y gegin. Pobi a gwneud teisenod bach i'r daith. Yn y pryd-nawn daeth Mrs Silva am dro. Ni ddygwyddodd dim arall neulltuol.

Sul 18

Yr haul yn tywynu yn brav y boreu yma. Aeth Ewyrth Sam i Esquel i gyvarvod Ewyrth Glyn, ac yn y pryd-nawn aeth Mod. Fest a Gwladys a minau am dro bach. Cawsom galaffats i'w bwyta hevyd, ac yn mhen rhiw chwarter awr ar ôl i ni gyraedd y tŷ cyraeddodd Ewyrth Glyn ac Ewyrth Sam, a derbyniais lythurau oddi wrth Mod. Dilys a Gweno, a chael eu hanes adrev.

Llun 19

Diwrnod gwlyb heddiw. Mod. Fest yn golchi. Ewyrth Sam yn saethu tyrcenod. Yn y pryd-nawn daeth Tudur yma o Esquel.

Mawrth 20

Gwlawio ychydig yn y boreu. Yn y boreu bûm yn paratoi vy ngist. Ar ôl cinio ymad[a]wodd Tudur. Cesglais y dillad i'r tŷ a smwddiais hwy ar ôl te.

Mercher 21

Y gwlaw wedi darvod a'r ddaear wedi sychu llawer iawn. Ar ôl cinio cych[w]ynodd Ewyrth Sam gan belled â tŷ y Br J Freeman. Heddiw cevais vy ngrib gwallt, ac anvonais rai S A Jones adrev iddi a llythur i Margaret Jane. Heddiw cavodd Ewyrth Glyn golled vawr pan yn chwilio am ffon i mi – collodd ei vodrwy.

Iau 22

Boreu brav iawn pan oedd yr haul yn codi, ond yn mhen ychydig amser tebygodd i wlaw. Ar ôl brecffast aethom ati o ddivryv i glanhau y tŷ a chasglu y gweddill o'r pethau a gwysgo am danom i gychwyn, ond druan o honom, dechreuodd wlawio o ddyvryv, a gwlawio yn drwm trwy y dydd, a ninau yn disgwyl i'r gwlaw basio, ond disgwyl vy ar ein rhan.

Gwener 23

Yn gwlawio eto heddiw. Gwel[a]is olygva hardd iawn, sev gweled ffyrv y mynyddoedd yn y cymyla[u] a'r niwl i'w weled mor dlws yn y gwaelod. Yn y pryd-nawn daeth E. Sam yn ei ôl adrev. Ar ôl te aethum allan rhwng dwy gavod i gasglu ychydig ffugus [h.y. ffigys]. Yn tywallt y gwlaw heno.

Sadwrn 24

Diwrnod gwlawog eto heddiw; y mynyddoedd yn wyn gan eira. Golchaes vy mhen yn y pryd-nawn, a brwsiais vy ffrog oreu a trwsiaus vy mrat. Covio heddiw trwy y dydd vod pen-blwydd Mod. Alwen a minau yn rhy bell i wneud teisen iddi.

Sul 25

Y gwlaw yn disgyn yn ddwys eto heddi[w]. Br Roger Brunt yma i ginio. Yn y pryd-nawn aethum i esgrivenu at Mod. Gweno, Lewis, Citi a Mod. Dilys, a phan oedden yn myned i gael te a[c] E. Sam wrthi yn pregethu ei oreu ve gyraeddodd T W yma, ac ni chevais eirioed y vath vraw. A min nos daeth Ewyrth Glyn adrev o'r Cwm ac eisteddasom oll o gylch y tân i vwynhau ein hunain a[c] yved *mate*.

Llun 26

Os oedd yr wythnos diweddav yn dywyll gan gymylau, y mae heddiw yn wyn gan eira. Y vi oedd y cyntav i godi heddiw, ac mor dlws oedd yr olygva a'r eira yn dangos peth mor hardd iw purdeb. Darvyddodd yr eira tua naw a daeth niwl, ac ve barhauodd hwnw ychydig ac yna ve giliodd yn arav, a daeth haul ar vryn unwaith eto, a diolch amdano. Aethum am dro ar gevn y pony coch am y tro diwedd[av] am beth amser os nad am byth, ond gobeithio na. Ar ôl clirio ar ôl cinio aethum i olchi ychydig. Aeth Ewyrth Sam yn ei ôl at y wagen, ac ymadawodd y Mozito [Morito y ceffyl], unwaith eto. Yn oer iawn y pryd-nawn yma. Ar ôl te cesglais y dillad a manglais hwy. Ar ôl swper aethum i edrych ar y lloer a'r mynyddoedd.

Mawrth 27

Digon tebyg i wlaw eto heddiw. Codais yn voreu. Llwyd-olchais y lle tân am y tro diweddav yn P[arc] U[nig]. Yna gwnaethum *vate* i Ewyrth Glyn. Yn syth ar ôl brecwast cychwynasom i'n taith: Mod. Fest a Gwladys yn y cerbyd bach ac E. Glyn a minau yn y cerbyd arall. Y gwynt yn oer iawn. Aethom gan belled â tŷ Br J Freeman. Ar ôl cael ychydig *vate* aethom i Esquel ein dau. Yn tŷ Mrs Walker y bûm i trwy y pryd-nawn. Cysgu yn y tent heno.

Mercher 28

Y ddaear yn wlyb iawn heddiw. Esgrivenais at L C, S A, G E, E Wyn, M E. Cysgu yn tŷ Mrs T Freeman heno. Yn gwlawio eto heno.

Iau 29

Gwlawio trwy y dydd. Methu cychwyn. Myned am dro i tŷ Mrs J Freeman. Myned yn ôl trwy y gwlaw i gyd.

Gwener 30

Boreu brav a dyma ddiwrnod y cychwyn, a hwnw yn ddiwrnod pwisig iawn. Yr oedd E. Sam ac Aneurin a Benoni Evans yn y wageni, a Mod. Fest. ...

Ôl-nodyn gan Blodwen Camwy:

Richard H Williams

Eironwy Williams

Elizabeth Jane Nichols

Tomás Nichols a Dalar a Orig Nichols

Ann Hughes

Margaret Jane Williams

William Aaron Williams

Winifred Williams

Dilys Williams

Briallen Williams

Rhos Williams

Egryn Williams

Fest B Jones

Gwladys B Jones

Blodwen Camwy Dimol

Y rhai sydd ar y dalen iw y cwmni vy yn Corcovado yn casglu mevys i wneud jam.

Ionawr 19 1915

Dyddlyfr
Blodwen Camwy

2

23 Ionawr 1920 – 11 Tachwedd 1920

Detholiad

Ionawr 1920

[Nodyn gan RG: Cyfeirir yn gyson gan Blodwen Camwy yn ei dyddiadur at Mr a Mrs John Williams ac at eu plant: Mair, Martha, Olwen, Lily, Owen a Dwyryd. Gyda'r teulu caredig hwn roedd hi'n lletya tra gweithiai yn Nolavon.]

Gwener 23
Diwrnod braf. Llawer o bobl yma. [H.y., yn y Cop/Coop, yr C.M.C., Cwmni Masnachol Camwy, Dolavon, lle roedd Blodwen Camwy yn gweithio.] Anfon pecyn i Nain [Elizabeth Pritchard, gwraig Richard Jones Berwyn]. Cofio am Ben-blwydd Citi. Anfon postcards i plant Ewyrth Johnni. Bûm yn golchi tipin heddiw. Dim arall neulltuol heno.

Sadwrn 24
Diwrnod poeth yn y boreu, ond wedi oeri yn arw erbyn y pryd-nawn. Llawer iawn o bobl yma drwy'r dydd. Min nos aethum gyda John Williams i tŷ Ewyrth Ithel i dreulio Sul, am ei bod hwy ar gychwyn i Buenos Aires i rhoddi'r plant yn yr ysgol. Rhoddais vachau ar vy f[f]rog ar ôl cyrhaedd. Ar ôl swper aeth pawb i'w wely'n gynar.

Sul 25
Diwrnod braf iawn. Yr oedd tua 10 arnav yn codi. Yr oeddwn yn ddiocach nac arver. Nid aethum i'r capel heddiw trwy'r dydd. Ac felly, ar ôl cinio aethum i gysgu *siesta*. […]

Mawrth 27
Diwrnod poeth. Bûm yn rhoddi y dillad i vwydo [i socian mewn dŵr] ar ôl myned oddi wrth vy ngwaith.

Mercher 28
Diwrnod braf. Golchais yn y boreu, a chevais ddychryn heddiw nes yr oeddwn yn crynu vel deilen. Bu bron imi syrthio i'r f[f]os wrth moyn vy nillad. […]

Sadwrn 31
[…] Mrs Castro yma min nos. Minau yn gwnïo tipin. Ac wedyn aethum gyda

Mair i drio rhiw gaseg yn y cerbyd. A dyna hwyl gawsom ar ôl cyrhaedd y tŷ. Y tywydd wedi oeri yn arw min nos. Wel, dyma ddiwedd Ionawr.

Chwefror 1920

Sul 1
Wel, dyma [d]dechreu mis newydd, a diwrnod brav hefyd. Nid aeth Mair a minau i'r cwrdd boreu, ond aethum i'r Ysgol [Sul]. Cael vy ail ddewis i vod yn athrawes. [...]

Llun 2
Diwrnod gwyntog, lluwchog. Esgrivenu at Lewis [ei brawd] ac Ewyrth Wyn. Gweled amrhiw gyveillion a dieithriaid ar ei f[f]ordd i'r Andes. Cael newydd vod Owen yn dychwelyd adrev. Trampio min nos. Dim awydd gwneud dim.

Mawrth 3
[...] Bûm yn gwnïo tipin ar ôl myned adrev. A chael hwyl a gwneud *mate* i Olwen a Mair. [...]

Mercher 4
[...] Anvon Post Card ac hanrheg vach i Eliza [ei chwaer] ar Ben ei blwydd. [...]

Iau 5
Diwrnod poeth yn y boreu. Ar ôl cinio dechruodd chw[y]thy. A gwynt a llwch a gawsom trwy'r pryd-nawn. A min nos daeth yn ystorm o wlaw. A bu yn gwlawio am ddwy awr yn ddyval. [...]

Gwener 6
[...] Codais yn voreu a golchais vy ngolchiaid dillad. Esgrivenu at Modryb Dilys a Citi ar ôl myned adrev. Min nos smwddiais vy nillad. [...]

Sadwrn 7

[…] Y peth cyntav a wneis y boreu yma oedd rhoddi vy nillad allan i eirio. Llawer o bobl yma trwy'r pryd-nawn […] Ar ôl myned adrev min nos aeth Dwyryd a minau am dro i edrych am Miss A Hughes. Dychwelasom adrev tua 10 o'r gloch. Noson oleu, brav.

Sul 8

[…] Bûm yn y capel trwy'r dydd, ac aethym gyda Enid Hughes i de. Cwrdd gweddi gawsom y boreu a heno.

Llun 9

[…] Aethym i bwyso gyd â Mair. 45 [kilo] yr oeddwn yn bwyso heddiw. […] Heddiw llosgodd Galpon [sied] gwair Morgan Roberts, ger yr orsav yn Gaiman. […] Gweled amrhiw hen gyveillion.

Mawrth 10

Boreu brav eto heddiw. Ond nid wrth y boreu mae adnabod y diwrnod. […]

Mercher 11

[…] Ar ôl dyvod adrev aethum i ysdordy Ayllon i brynu Capp i Ithon. […]

Iau 12

[…] Dim llawer iawn o bobl yma heddiw. Min nos aeth Mair a minau yn y cerbyd i chwilio am f[f]rwythau, ond ychydig iawn gawsom.

Gwener 13

Yn y boreu cychwynodd Mrs Williams, Martha a Lily i Madryn i gwrdd Owen gyd â'r train. Pryd-nawn daeth Olwen adrev ac wedi cyvnewid llawer ar ôl cael danedd. Bûm yn siarad adrev min nos.

Sadwrn 14

[…] cur yn vy mhen heddiw trwy'r pryd-nawn.

Sul 15

[…] Ni bu Ysgol [Sul] na chwrdd nos am vod yr angladd. Bu anf[f]awd gas iawn pryd-nawn Sadwrn trwy i gef[f]ylau rhedeg wagen ac i'r perchenog geisio ei rhwystro. Tavlwyd ev i'r llawr a bu varw mewn 20 munyd. Yr oedd y trancedig yn frawd i Mrs Gaffet. Bûm yn y fynwent yn inig. […]

Llun 16
Boreu brav ond vod y gwynt braidd yn vain iawn. Gŵyl y [F]fyliaid yn dechreu heddiw. Y Coop yn cau am haner diwrnod. Ar ôl cinio mi eis ati i olchi, ac yr oeddwn wedi gorf[f]en erbyn te. Wedyn mi eis i wnïo, gwneud vy scert las. A min nos plygais vy nillad. Ar ôl swper eis i'm gwely'n gynar.

Mawrth 17
[…] Ar ôl cinio golchais vy mhen. Ac wedyn mi eis i wnïo, gorf[f]en vy scert. Wedi meddwl cael myned adrev ac yn teimlo yn siomedig heno.

Mercher 18
[…] Newyddion trist y peth cyntav. Clywed am ddwy varwolaeth, sev D Prichard a merch vechan i Nell Davies. Claddu David Prichard heddiw yn Gaiman. Gyd â'r train pryd-nawn dychwelodd Mrs Williams a'r plant o Madryn. Ac mor valch oeddem oll wrth weled Owen wedi cael dychwelyd yn mhen pedair wythnos, yn lle dwy vlynedd. […]

Iau 19
[…] Cynebrwng geneth vach 10 mis oed. Llawer iawn o bobl yma. Yn y pryd-nawn gweled amrhiw gyveillion o Trelew. Amrhiw wedi bod ar ymwelia(i)d â genau y f[f]os newydd, gyd â rhiw ddieuthriaid o'r Brivddinas. Cael hwyl iawn: Ll Williams yn camgymeryd M J Williams yn lle Modryb Alwen! […]

Gwener 20
Diwrnod brav a diwrnod vy mhen blwydd. A dyma valch oeddwn wrth weled Ewyrth Llew yn dyvod â Uriena vach i vy n[h]ŷ am dro am y tro cyntav. Cevais amrhiw anrhegion. Ond hevyd cevais ddychryn pan oeddwn yn rhoddi newid. Ve ddigwyddodd rhiwbeth i'r peiriant bach newid yr arian a bywyd am tua phedair awr yn ei rhoddi yn ôl mewn trevn. Ac O, mor valch oeddwn pan ddaethant ac ef yn ôl i'w le arferol. Aeth Ewyrth Llew ac Uriena a minau i *Gwesty* Labat am ginio, i gael newid, meddeu ev. Ond collais ginio da a *p[l]umpuding* am vy mod

wedi ang[h]ovio vod vy mhen blwydd. Dyma'r tro gwirionav wnes ers talwm iawn, myned i le arall i gael cinio a cholli cinio da yn y vargen! Ond cevais rhan o'r iâr a pheth o'r pwding i swper, wedi'r cwbl. Ond er y cwbl, daeth *pull* o hiraeth arnaf am adrev a Lewis ar ganol y Paith inig. Yna aeth pawb. Anvonais Post cards i Mrs Hughes a Tegau, a derbyniais lawer iawn vy hunan.

Sadwrn 21

[…] Min nos aeth Mrs Williams a minau am dro i tŷ Richard Brunt a heibio i Edrych am Mrs D Oliver a'r mab bychan newydd, ganwyd ev y bore yma, ac un bach tlws ydyw hevyd. Cawsom gypaned o de vlasus a chlywed miwsig ardderchog. Ac erbyn i ni gyrhaedd adrev yr oedd Mair mewn helynt wedi rhoddi carbolic ar ei phen a hwnw yn llosgi. Bu rhaid i mi gyscu gyd â hi heno.

Sul 22

Boreu brav, ond nid aethum i'r capel am vod vy esgidiau gyd â'r crydd. Ac un o'r pethau cyntav a glywais oedd am varwolaeth Mrs T Morgan, Drova Dulog. Ac ar ôl iddynt ddyvod o'r cwrdd boreu, clywais ei [= eu] bod wedi gweled Lewis. Ac O, mor valch oeddwn. Nid aeth Mair, Martha, na minau i'r cwrdd nos, a gwelais beth â'm synodd yn vawr: gweled Cymraes wedi gwisgo mewn gwisg carnaval. Dim arall neulltuol heno.

Llun 23

[…] Gweled y meddug newydd a chael vy ngyvlwyno iddo. […]

Mawrth 24

[…] Heddiw gwnawd Bett rhwng dau vachgen ieuanc, am ddau o'r gloch y 24 o Chwevror 1920, pa un o'r ddau vydd wedi priodi gyntav. Y mae'r un vydd yn colli i rhodd [?] i'r llall, a'r un vydd yn enill y [bet] i rhoddi *Dress* o dde[u]nydd da, hardd, i mi. Well! dyma f[f]awd heb ei disgwyl, achos y mae'r ddau yn sicr o briodi! Heddiw marckiais a chrosiais â lliain sychu. Cael hwyl iawn heno, [?] Tal Jones yn canu a dyweud st[r]aeon. E E yma. Pasiwyd min nos divir.

Mercher 25

[…] Esgrivenais at Modryb Dilys […]

Iau 26

[...] Ar ôl myned adrev rhoddais y dillad yn vwyd [i socian yn y dŵr] erbyn y boreu. [...]

Sul 29

Wel, dyma d[d]ydd dweddav o'r mis yma, a[c] aethum i'r Ysgol [Sul], ac yr oedd llygoden yn rhedeg o un man i'r llall, gan bery dychryn i lawer o honom ni'r merched. Noson oleu braf heno.

Mawrth 1920

Llun 1

Mawrth y cyntav, dyma ddechreu mis newydd. Codais yn weddol voreu, paratoi i gael myned adrev am dro. [...] Cael golwg digalon iawn ar Nain, ac Olwen a Modryb Dilys d[d]im yn extra. [...] Ar ôl te daeth Ewyrth Wyn i vy movyn i Trelew, a chevais ddyvod i'r Gaiman [...] Aethum i tŷ Esteban Castro i newid vy f[f]rog, a phan oeddwn yn myned allan i rhoddi tro o gwmpas, gwelais Eliza ac aethom i gyveiriad y capel erbyn dechreu'r gyngerdd. [...] Cawsom gyngerdd dda iawn. Ei diben oedd sevydlu Cymdeithas Camwy Rhydd. Ar ôl y gyngerdd aethom, sev chwech o honom, i gwesty James and Williams am swper. [...] Cyrhaeddais adrev haner awr wedi unarddeg a phawb yn ei wely['n] dawel. Gyd â Dwyryd y cysgais heno.

Mercher 3

[...] Yn y pryd-[nawn] gwelais Eliza. Derbyn pâr o venig sidan gwyn. Derbyn hat oddi adrev. Lily yn cael triniaeth gan y meddug newydd. [...]

Gwener 5

Boreu cymulog a'r gwynt yn vain iawn. [...] Gwlaw trwm yn y pryd-nawn. Gwlawiodd am tua wyth awr. Yr oeddwn yn teimlo yn anesmwyth iawn am vod Eliza i briodi yvory. Aethum i'm g[w]ely yn gynar.

Sadwrn 6

[Diwrnod priodas Eliza Dimol, chwaer Blodwen Camwy]

Boreu hynod brav ac heulwen ar ôl y gwlaw. Ond daeth newydd drwg yn voreu iawn: su [= si] vod Charly Davies wedi ei saethu yn ei goes gan heddgeidwad. Daeth y newydd cyn i'r haul godi, a chododd pawb yn gyn[h]yrvus, ac aeth Mrs Williams draw i'r Coop i'w weled, gan mae [= mai] yn ystavell Mr E Hughes yr oeddent wedi ei rhoddi i orf[f]wys. [...]

Gwnaeth Mrs Williams vy F[f]rog mewn trevn, a tua haner awr wedi unarddeg daeth Arthur Morgan i vy movyn yn y modur. Aethom heibio tŷ Th M a chevais ginio, ac oddi yno i tŷ Modryb Ellen, ac yr oedd cypaned o de yn ein disgwyl yn y fan hono wedyn. Tua 20 mynyd wedi un cychwynasom oddi yno. Yn y modur cyndav [cyntav] yr oedd David John a Eliza, a Llur Prichard yn ei [yrru]. Ac yn y modur arall yr oedd M J M a minau, ac Arthur Morgan yn ein [gyrru]. Savasom am fynyd wrth *Of[f]ice* y Telef[f]on, ac yna ail gychwynasom ein taith tua Trelew a chyrhaeddasom yn ddiogel. Aethom i'r Ynadva, ac Ewyrth Llew wedi dyvod atom erbyn hyn. Ac velly yr oeddem yn wyth yn yr Ynadva. Rhoddwyd y ddau yn ddigon *diogel*. Arthur Morgan ac Ewyrth Llew oedd y tystion o'r Ynadva. Aethom heibio tŷ Mrs Renna, ac yn y van hono aeth modur Ll Prichard o'i hwyl a bu rhaid myned ag ev at y meddug. Aeth D John ac Eliza yn modur Ewyrth Wyn a'r gweddill i modur Arthur Morgan at y lle yr oeddem i gael tynu ei[n] lluniau. Ac dyna lle bu helynt i geisio gwneud y gwaith yma! Ni cheisiav ddesigrivio yn y van yma, neu ni orf[f]enav am haner blwyddyn! Oddi yma aethom i tŷ Nain lle yr oeddem i gael te y Briodas, ac erbyn i ni gyrhaedd yr oedd pob peth wedi ei rhoddi mewn trevn ardderchog. Yr oedd y byrddau yn hardd iawn. Ewyrth Jonney a Modryb Sarah a'r plant oedd yr inig wahoddedigion. Yr oeddwn yn teimlo yn chwith iawn heb Lewis. Yr oedd ev wedi myned i daith i'r Paith ers rhai dyddiau.

Ar ôl te a mwynhau ein hunain am rhiw awr a haner, aethom yn ein holau i Trelew. Tri modur. Yr oedd Llur Prichard wedi cael ei fodur yn ei ôl erbyn hyn. Aethom heibio i edrych am Mrs E E Williams, ac oddi yno i movyn Luisa Penna. A[c] yna aethom i Hotel Marzulo i swper. A chawsom swper ardderchog hevyd a phawb mewn hwyl ac yn edrych wrth ei vodd. Deg mynyd i ddeg yr oeddem yn codi oddi wrth y bwrdd, ac aeth y Pâr ivanc yn syth i'w cartrev i'r Gaiman, ac hevyd Arthur Morgan a'i chwaer, Mary Jane Morgan, a'r Br Ll P[r]ichard a'r Vonesig Rachel Morgan. Ar ôl f[f]arwelio â hwy aeth Ewyrth Wyn, Ewyrth Llew, a minau i Theatr. Cawsom hwyl ardderchog, ac aethom adrev yn ddiogel, ac i'n gwlau yn ddistaw.

A dyma ddiwedd ar ddiwrnod neulltuol yn hanes vy mywyd, sev diwrnod Priodas Eliza, vy inig chwaer, a David J Davies. Diolch i Dad y bendithion am y diwrnod brav a gawsom a'i lwyddiant ar hyd y dydd. Dymunav id[d]ynt hir oes a phob dedwyddwch, iechyd, ac hapusrwydd.

Sul 7
Boreu brav, ond nid aethum i'r cwrdd boreu. Aethum gyd â Citi, Modryb Fest a'r plant i'r cwrdd pryd-nawn. Cwrdd Cenhadol oedd heddiw. Aethom i Pont y Meibion, yn *sgíl* Ewyrth Jonni, i de, ac (h)arhosai[s] yma heno.

Llun 8
[…] Codais yn foreu i gael dal y train. Euros yn vy anvon yn y cerbyd i Trelew. Mynd heibio tŷ Nain. Gweled Lewis ar y f[f]ordd, newydd gyrhaedd o'i daith. Cyrhaeddais mewn pryd i ddal y train. Daeth Eliza i Orsav y Gaiman i vy ngyvarvod i moyn ei hanrhegion. Yr oeddwn yn dyvod â hwy i'r Gaiman iddi. Cyrhaeddais ben vy naith yn ddiogel ac aethum ar vy iniawn at vy ngwaith, ac anvonodd Mrs Williams llaeth poeth wedi ei verwi i mi. Ac mor dda yr oeddwn yn ei brovi. Aeth[um] adrev i ginio a newidiais vy F[f]rog. […] Clywed vod Charly Davies yn well. Yn Trelew y mae ac wedi cael tynu y vwlet o'i goes. Dim arall neulltuol heno.

Iau 11
[…] Olwen yn rhoddi *shwrva* [sgwrfa, glanhaead iawn] i'r tŷ. Ar ôl myned adrev rhoddais vy nillad yn vwyd [I socian] heno.

Gwener 12
Boreu hynod brav. Codais yn voreu. Golchais vy nillad. Ac amser cinio plygais hwy. A min nos smwddiais hwy.

Sadwrn 13
[…] Yn y bore gwelais Ewyrth Ithel newydd gyrhaedd o B Aires ac ar ei daith i'r Paith. […] Gwneis gamgymeriad bach neithiwr yr hyn a wnaeth imi deimlo yn

anivir heddiw trwy y dydd. Llawer o bobl yma trwy'r dydd. Methu cael siarad adrev. Teimlo yn anivir iawn trwy'r min nos.

Sul 14

[...] aethom ni, ferched, ac Owen, i'r cwrdd boreu, ac yr oedd y f[f]ordd yn wlyb iawn, ac ve ddigalonwyd rhai o honom. Ac velly, nid aeth neb o honom y pryd- nawn na'r hwyr. A dyna biti, yr oedd y Parch. R J Jones yn pregethu yn y pryd- nawn hevyd.

Llun 15

[...] Wrth vyned adrev oddi wrth vy ngwaith euthum heibio tŷ'r Bonwr Labat i dalu haner blwyddyn yn m[l]aen i gael meddug newydd. [...]

Sadwrn 20

[...] Llawer o bobl yma trwy'r dydd. Yr oeddwn yn teimlo yn vlinedig iawn erbyn y nos. [...]

Sul 21

[...] Aethum i'r capel a'r cwrdd nos. Ysgol gân oedd yn y capel heno. Bu y meddug yma i de. [...]

Mercher 24

Diwrnod braf vel diwrnod o ganol hav. [...] Llawer o Bobl yma. Dyma'r diwrnod y mae mwyav o arian wedi myned trwy vy nwylaw er pan wyv yn Dolavon, a[c] dyma'r noson y cevais vwyav o ddychryn. Yr oedd Martha a minau'n cysgu gyd â'n gilydd, ac mewn tipin ar ôl i ni fyned i'n gwely clywson yr heddgeidwad yn chwibanu, megis yn hyspysy vod rhiw berigl yn bod. Ac ve ddarvu i ni ein dwy gysgu yn yr ovn.

Iau 25

[...] Codais yn voreu, a'r newydd cyntav a glywais am y chwibianu neithiwr, yr hyn a berodd y vath ddychryn i mi: dyn meddw wedi gorwedd wrth ddrws y Botica, a Manfred wedi galw am heddgeidwad. Nid oedd ond megis ystorm mewn gwniadur, wedi'r [h]oll ddychryn!

Sul 28

[…] Bûm yn y capel trwy'r dydd. Mr Walters yn pregethu yn y boreu a cwrdd gweddi yn yr hwyr.

Llun 29

Y Gymanva Ddirwestol yn Gaiman heddiw. Nid aethum yno am nad oedd y Coop ar gau.

Ebrill 1920

Iau 1

[…] Gwnïais amhriw bethau heddiw. Prynais *Fur* i roddi ar vy ngôt. […] Golchais vy m[h]en min nos. […]

Gwener 2

[…] Aeth Lily a minnau i'r Gaiman am dro i edrych am Eliza, ac ve ddarvu i ni vwynhau ein hunain yn ardderchog. Derbyn llythur oddi wrth Modryb Dilys a llun Uriena vach mor anwyl. Dychwelasom gyda'r train. Min nos aethum i rhoddi trevn ar vy ngist ddillad.

Sadwrn 3

Llawer o bobl yma trwy'r dydd. Gweled Ewyrth Glyn ac yn diheu nas gallwn vyned adrev yr un pryd ag ev. Derbyn potelaid o jam mevys oddi wrth Mrs Joan Evans. Ceisio siarad adrev min nos, ond yn methu.

Llun 5

[…] Nid oedd cwrdd yn y boreu, ac velly aethum i ati i olchi yn y boreu, ac arosais adrev yn y pryd-nawn, ac aethum i'r cwrdd nos. Yr oedd y capel yn llawn. Cyrhaeddasom adrev yn ddiogel, a diolch am hyny. Dyma ni wedi cael bywyd ac iechyd i weled un cwrdd Diolchgarwch eto. A diolch i'n Tad nevol am roddi i ni fywyd ac iechyd i'w vwynhau.

Mawrth 6

[…] Myned â devnydd vy ngôt i Mrs Iorwerth Williams. […]

Iau 8

[…] Olwen yn dechreu paentio y gegin vach. […]

Gwener 9

[…] Gweled amrhiw o ardal Moriah a Trelew. Esgrivenais at Modryb Sarah a Lewis. […]

Sul 11

[…] Nid aethum i'r capel yn y boreu. Aethum i'r ysgol a'r cwrdd nos, ac nid angoviav yr Ran[d]ibu [yr helynt] vu cyn cychwyn. Ond er y cwbl, yr oeddwn yn valch vy mod wedi myned. Cawsom bregeth dda iawn gan Esau Evans. A daeth pawb adrev yn ddiogel, diolch am hyny.

Llun 12

[…] Amrhiw yma, ond cevais tipin o amser i wnïo. Codi arian i dalu am y llety ac amrhiw vanion eraill. […]

Mercher 14

[…] Ewyrth Glyn yn cyrhaedd yma yn y pryd-nawn ar ei daith i Cwm. Esgrivenu at Nellie Hughes. Wrth fyned adrev aethum heibio Ewyrth Glyn a daeth gyd â mi i tŷ John Williams ac arosodd i swper, ac aeth Owen a minau i'w anvon i lle Labat tua 10 o'r gloch. A dyma ddiwedd am yr ystori heno.

Iau 15

Boreu llaith a llynoedd yn m[h]ob man. Wedi gwlawio am oriau yn ystod y nos. Bu T J Pugh ac Ewyrth Glyn mewn helynt yn methu cychwyn ei moduron am ei bod wedi gwlychu neithiwr, ac yr oedd tua dau arnynt yn cychwyn. Dim llawer o awydd arnaf i wneud dim heddiw. Siarad adrev min nos. Golwg ystormus iawn ar yr wybr heno. Goleu mellt yn mhob cyveiriad.

Gwener 16

[…] Heddiw daeth dwy o'r Gaiman i gasglu at y Bazâr sydd er elw y Gymdeithas

C[amwy] Vudd. [...] Heddiw cevais vy ngynyrvu gan rhiw hen grydd, yr hyn a'm gwnaeth i deimlo yn anivir iawn trwy'r pryd-nawn. [...]

Sadwrn 17

[...] Myned heibio i tŷ Iorwerth Williams i f[f]itio vy ngwisc, ac aros i gael swper, a daethant hwy ei dau i'm hanvon adrev. [...] A dyna dervyn ar dydd Sad[wrn].

Llun 19

[...] Min nos daeth y newydd vod Liby, geneth vechan Mr a Mrs Joseph Kent, wedi syrthio oddi ar gevn cef[f]yl ac wedi tori ei dwy vraich, ac hevyd vod Vicea wedi cael damwain, trwy saethu ei hun wrth glanhau llawddrill. Gyd â'r train y pryd-nawn daeth y meddug newydd yma heddiw.

Mercher 21

[...] Mynd tros y ddadl heno.

Gwener 23

[...] Cevais wnïo tipin. Dechrau *Kwilt* Eira vach. Anvon cadech poced bach i Mod. Alwen ar Ben ei Blwydd yvory.

Sadwrn 24

[...] Ar ôl myned adrev cevais Bath cyn swper. Wedyn smwddiais vy F[f]rog. Min nos cyrhaeddodd Mr Ed Hughes. Aethom tros y ddadl eto heno.

Sul 25

Diwrnod brav, ac aethom i'r capel trwy'r dydd, ac mi goviav y Sul yma am tipin. Yr wyv yn cael prawv o hyd vaint o voneddigei[dd]rwydd sydd yn perthyn i rhai pobl:

> Mwyav y bydd dyn byw,
> Mwya wêl a mwya glyw.

Llun 26

[...] Ysgrivenais at Eliza yn y pryd-nawn. [...]

Mawrth 27

[…] Bûm yn ceisio ysgrifenu traethawd. […] Ar ôl swper rhoddais dro tros vy adroddiad. […]

Mercher 28

Boreu braidd yn oerllyd, ac yr ydwyv yn covio mor dda [vel] yr oeddwn yn teimlo blwyddyn i heddi. Dyma vi wedi treilio blwyddyn yn Dolavon. A diolch i'm Tad nevol, yr wyv wedi mwynhau iechyd rhagorol ar hyd yr amser. Tybed a gav vwynhau cystal amser yma yn y dyvodol. Bydd llawer tro ar vyd wedi myned tros vy mhen erbyn hyny. Nis gallav byth ddesgrivio ar bapur sut deimlad aeth trosov pan welais Coop Dolavon gyntav yn ovni nas gallwn wneud vy ngwaith. Ond diolch yr wyf wedi gallu hyd yn hyn.

29 [Mercher?]

[…] Ni chodais yn foreu iawn heddiw am vy mod wedi blino ar ôl bod yn y cyvarvod llenyddol neithiwr. Cawsom gwrdd ardderchog. Yr oedd yno lawer iawn o bobl ac amrhiw yn cymeryd rhan, ac yn ei plith adroddais a cymerais rhan yn y ddadl. Rhanu'r deisen a chevais haner y wobr am wneud traethaw[d] ar d[d]yvodol trev Dolavon. […] Wel, dyma ddechreu d(d)a ar ein cyvarvod cyntav, a gobeithio y parhauont.

[29?] Iau

[…] Aethum heibio tŷ Mrs I Williams i movyn vy ngôt a'm hat. Codi $200 o'r Coop i dalu vy nyledion. […]

Gwener 30

Dyma voreu cwrdd y Coop, a boreu hynod brav. […] Cychwynasom o Dolavon gyd â'r train, ac aeth Eliza Ann Davies a minau yn ein blaenau i Trelew. Cevais gyvle i f[f]arwelio a[g] Ewyrth Ithel, Modryb Gweno, a Freddie. Yr oeddent ar ei taith i Colorado yn y modur bach. Cawsom ginio yn hotel Johnney [Davies], ac aethom tua'r orsav i gael y train i ddychwelyd i'r Gaiman, a chyrhaeddasom ben ein taith yn ddiogel. Aethbwyd â ni i gael te, ac oddi yno i votio, ac wedyn i edrych am Eliza a Mrs J Pughe. Ac am chwech aethom i'r gyngerdd, ac ve ddarvu i ni vwynhau ein hunain yn ardderchog. Ar ôl cael swper aethom tua['r] train a chyrh[a]eddasom i Trelew yn ddiogel, a chawsom vyned adrev yn y cerbyd gyd ac E W, a chawsom gypaned o de ein dwy, sev Eliza Ann a minau, ac aethom i'n gwely yn ddistaw bach am 12 o'r gloch. A dyma ddiwedd cwrdd y Coop. Cyrh[a]eddasom yn ddiogel ac wedi mwynhau ein hunain yn ardderchog. A dyma ddiwedd Ebrill.

Mai 1920

Sadwrn 1

[...] Ni chodais yn voreu iawn heddiw. Ve ddarvu i ni ein dwy helpu Citi wneud ei gwaith. Ac ar ôl cinio aethom i edrych am Modryb Sarah, ac oddi yno i edrych am Modryb Fest, ac ar ôl swper aethom i tŷ B William i edrych am Vodryb E Ann, ond nid oedd hi gartrev. Aethom i'n gwlâu'n gynar heno, a diolch am wely.

Sul 2

[...] Aethom ein tair i Moriah boreu a pryd-nawn, ac i capel Trelew yn y nos. Clip ar y lleuad heno.

Llun 3

[...] Daethom i Trelew erbyn dau a chych[w]ynasom ein taith tua Dolavon. [...]

Mawrth 4

[...] Ysgol gân yn dechreu dan arweiniad Iorwe[r]th Williams, ond nid aethum i yno.

Iau 6

[...] Heddiw, amser cinio, yr oedd J Williams yn canmol mor dda yr oedd llysiau gerddi yn parhau. Yr oeddem yn bwyta letis ac avalau cariad (tomatos) i ginio. [...] Min nos aethum i gynorthwyo Mrs Williams i valu devnyddiau i wneud jam, ac aethum i'm gwely['n] gynar.

Gwener 7

[…] John Williams a'r merched wedi myned i'r ysgol gân i Ebeneser heno.

Sadwrn 8

[…] Heddiw clywais hanes dyvrivol iawn am cwrdd llenyddol Tir Halen. […]
Pawb yn yr ysgol gân heno ond Mrs Williams a mineu. Wrth fyned adrev [o'r
Coop] aethum heibio ystordy Iorwerth Williams i dalu am y *Bodice*. Merched o
gwmpas heddiw yn casglu at y nodachva, ac yr oedd can waethed golwg arnyn
ac ar sydd ar Sipsiwn yn legio gwaeddi a chwerthin. Ar ôl mynd adrev gwniais
ychydig ac aethum i'r gwely['n] gynar.

Sul 9

[…] Min nos aethum i ysgrivenu llythyr tros Mrs Williams i Australia. […]

Mercher 12

[…] Llawer o bobl yma, ni welais cymaint ers talm. Aethum heibio i holi am
iechyd Maira Labat ar y f[f]ordd adrev ac mi rhoedd yn well. Noson dywyll iawn.
Aeth Mrs Williams a minau i edrych am Mrs Veira. Yr oedd mor dywell nes yr
oeddem yn methu gweled ein gilydd, heb vyned vraich yn mraich.

Iau 13

Diwrnod llawer tynerach. […] Min nos aethum i ystordy Ayllon a p[r]ynais ddwy
gadach poced vach a llyman [lluman: baner] i mi gael darvod vy ngwaith llaw i'r
Bazâr. Ar ôl iddynt ddyvod o'r ysgol gân aethom tros y ddadl am y tro cyntav. A
thua deg aeth pawb i'w wely mewn heddwch.

Gwener 14

Diwrnod tawel, brav, vel boreu o wanwyn. Dim newydd neulltuol. Aeth John
Williams a'r merched i Ebeneser i'r ysgol gân, aethum inau ati i wnïo. A dyma
ddiwrnod arall ar vyned heibio. Nos dawch.

Sadwrn 15

Min nos aeth Owen, Olwen a minau i tŷ Charley i vyned tros ein dadl, a chawsom
hwyl ardderchog. Ond wrth ddyvod adrev clywais sŵn byddarol ac anymunol
mewn tŷ tavarn a rhan vwy[av] o honynt yn Gymry.

Sul 16

Diwrnod brav. Bûm yn y capel trwy'r dydd. Br John Foucks yn traddodi dwy bregeth. Yn y boreu ar y f[f]ordd i ddewis cyveillion, ac yn yr hwyr Ruth yn gwrthod ymadael â Naomi. Yr oedd y ddwy bregeth yn dda ac i bwrpas.

Llun 17

[...] Derbyn llyvrau oddi [wrth] G Ll Jones, ac hefyd anvon vy esgid i B Aires gyd â H Hughes. [...]

Mawrth 18

[...] Heddiw bûm yn pwyso, a vy m[h]wysau oedd 47 kilo. Gwnïo trwy'r dydd. Amrhiw yma heddiw. Ar ôl swper aethum gyd ac [= ag] Olwen a Martha i tŷ N Castro i'w helpu i wneud rhai pethau erbyn y Bazâr. [...]

Mercher 19

[...] Aethum gyd ac [ag] Olwen a Martha eto i tŷ N Castro i orf[f]en gyd â'r gorchwyl o wneud y *cédulas* [dogfennau swyddogol]. Cysgu gyd ac [ag] Olwen a Martha heno.

Iau 20

[...] a chevais *stove* vechan i cash. [...] Heno aethum i wrando arnynt yn canu. [...]

Llun 24

[...] Cododd Mair a minau yn voreu iawn er mwyn i mi gael gorf[f]en vy ngwaith gwnïo i['r] Bazâr. Ar ôl cinio aethum gyd â'r merched i'r cwrdd plant yr Ysgol [Sul], ac am bedwar cychwynais gyd â'r t[r}ain. [...] Ewyrth [Llewelyn Berry Rhys, priod Dilys Berwyn] ac Uriena yn vy ng[h]yvarvod yn Stecion y Gaiman. Cyrhaedd i Greenla[n]d erbyn (6) chwech o'r gloch. Yr oedd yn 11 ddeg arnav yn myned i'm gwely heno.

Mawrth 25

[...] Meddwl am drigolion Dolavon a'r paratoadau erbyn yr Ŵyl heddiw. [...]

Mercher 26

Boreu llaith iawn ac oer. Codais yn voreu iawn. Ewyrth Llew wedi myned i[']r f[f]arm a minau yn teimlo yn anesmwyth iawn. Ond cychwynasom, er mawr vy m[hr]yder, a ph[r]in iawn y darvu i ni gyrhedd mewn pryd. Ni ang[h]oviav y boreu yma byth. Ond diolch i'r rhaglin[i]aeth vy mod wedi cyrhaedd mewn pryd. Yr oeddwn yn hynod valch vy mod wedi cael cyrhaedd yn ôl at vy ngwaith. […] A dyma ddiwedd ar yr Ŵyl 25 o Vai eleni.

Iau 27

[…] Ar ôl mynd adrev min nos golchais vy mhen, ac yn sydyn iawn daeth llond y lle o Sgaldifeddiach heb yn wybod i neb i vwyta rhiw vochyn bach. Ar ôl swper aethom tros y ddadl am y tro diweddav.

Sadwrn 29

[…] Cwrdd llenyddol ardderchog neithiwr a llwyddiant i ddyvod adrev yn ddiogel.

Llun 31

[…] Ysgrivenais at Ewyrth Wyn a Modryb Dilys. Anvon vy esgidiau. Prynu llusern law i mi gael goleuni i vyned adrev ar noson dywyll. […]

Mehefin 1920

Mercher 2

[…] Cau am haner dydd ac ni agorwyd y Coop wedyn heddiw am ei bod yn ddiwrnod gŵyl. Cevais i ganiatâd i ddyvod allan am 11 ddeg i mi gael myned gyd â Mrs Williams i gyn[h]ebrwng Mrs Robert Roberts. Bu farw boreu ddoe. Ni chavodd ond wythnos o gystudd. Yr oedd yn 84 mlwydd oed. Yr oedd tyrva vawr wedi dyvod at y tŷ.

[…Yna] cychwynasom ein taith am Glan Alaw, ac yno yr oedd J W yn ein disgwyl gyd â'r ven. Ac mor valch oeddwn wrth veddwl vy mod yn cael vy nodrefn. Ai tybed mae [mai] vy nechreu[a]d i gadw tŷ ydyw y rhai hyn? Yr oedd y gwynt yn vain iawn pan oeddem ar ei[n] taith adrev. Min nos aeth pawb ati am ei oreu i helpu John Williams i r(h)oddi y dodrefn mewn trevn. Ac mi aeth Olwen a minau can belled â thŷ'r Br Ayllon i movyn menthig ychydig Natha [*naftalina*? camffor; mygdarthydd (*fumigant*)], a rhoddais ev y ty mewn i'r dodrevn, a rhoddais vy nillad mewn trevn, ac aethum i'm gwely'n gynar heno.

Iau 3 [Yn eisiau]

Gwener 4
[…] Cevais wahoddia(i)d i swper i tŷ N Castro yr hwn oedd wedi ei barhatoi gan Bwyllgor y Bazâr. Yr oedd yno lawer iawn, a chavwyd mwynhad ardderchog yno hevyd. Colli llythyr pwysig.

Sadwrn 5
[…] [Ar y ffordd adrev o'r gwaith] aethum heibio i edrych am Mrs Iorwe[r]th Williams min nos, ac ar[h]osais yn gwmni iddi tra bu'r gweddill yn yr ysgol gân. […]

Sul 6

[…] Bûm yn y capel dair g[w]aith. Esau Evans yn pregethu y boreu a'r hwyr. Ar ôl swper buom yn canu am yspaid.

Mercher 9
[…] Yn y pryd-nawn ameh[euais?] i un, ac mi aethum i grynu vel deilen. Tybed mae [mai] rhiw un neulltuol ydoedd? Ai tybed y daw i'r golwg eto? Aeth allan mor sydyn nes collais ev o'm golwg. Siarad adrev min nos.

Sadwrn 12
[…] Min nos aethum gyd â Gwendolen Pugh i aros tros y Sul. Yr oedd yn 8 o'r gloch erbyn i ni gyrhaedd, ac yr oedd yr awel yn vain iawn, ond yr oedd yno danl[l]wyth iawn o dân. Ar ôl swper aethom i ymgomio at y tân ein dwy, a chyrhaeddodd Tom adrev. Yna cawsom ychydig wyrdd [*mate*] ac aethom i'n gwlâu.

Llun 14

[…] [Wedi dychwelyd i'w llety] Aethom tros y ddadl min nos.

Mawrth 15

[…] Ar ôl swper ysgrivenais at Mod. Fest a Lewis [ei brawd][…]

Iau 17

[…] Vawr neb yma heddiw. Gwnïais bethau *especial* heddiw. […]

Gwener 18

[…] Yn y boreu govynais ganiatâd i gael myned adrev, a chevais. Gwisgais vy ngwisg oreu ganol dydd. […] Pryny hanrheg i Gwladys ac Eira. Daeth Cit a Lis i'm cyvarvod i Trelew. Aethum heibio i dalu i Gwladys Jones am y llyvrau, ac oddi yno â neges i Nellie, ac hefyd aethum â'm esgidiau i'r crydd. Ac yna adrev ein tair. Cael Mod Alwen a Nain â golwg hapus arnynt yn eistedd wrth y tân. […]

Sadwrn 19

[…] Ar ôl brecwast aethum i rhoddi Varnish ar llawr y gegin ac i glanhau room Nain […]

Sul 20

[…] Nid aethum i'r capel trwy'r dydd. Anwyd trwm arnav. Yn y pryd-nawn aeth Modryb Sarah â vi adrev yn y cerbyd. Aethum i'm gwely'n gynar i gael codi'n voreu.

Llun 21

[…] Codais yn voreu ac yr oeddwn wedi gwneud tân a chof[f]i cyn chwech. […] Mor valch oeddwn o gael cyrhaedd pen vy nhaith. Aethum i'r Coop am vynyd, ac yna aethum i'r tŷ i newid vy het a'm gwisg a chael cypaned o de. Dim yn teimlo'n hwylys heddiw trwy'r dydd. Aethum i'm gwely'n gyna[r] heno.

Mawrth 22

[…] Anwyd trwm arnav eto heddiw. […]

Mercher 23

[…] Yr anwyd yn well arnav heddiw. Cwrdd llenyddol heno, a chavwyd hwyl
ardderchog, ac adroddais inau (yr 'Ystorm'). […]

Iau 24

[…] Dim llawer o hwyl arnav heno.

Gwener 25

[…] Anwyd arnav ac yn gwneud i mi deimlo yn ddi-hwyl iawn trwy'r dydd.
Rhoddi trevn ar vy ng[h]ist ddillad min nos. […]

Sadwrn 26

[…] Ar ôl myned oddi wrth vy ngwaith, aethum gyda'r merched i'r ysgol gân.
[…]

Sul 27

[…] Aethom ni, ferched, i Ebenezer yn y borau, ac aethom bawb o honom
vel un gŵr [yn y prynhawn] i'r Ysgol Sul. Dyma y Sul cyntav i ni gadw Ysgol
yn Dolavon. Ac i ddechreu rhoddwyd emyn i ganu, ac yna aed ati i ddewis
Arolygydd, Ysgrivenydd ac Athrawon […] Ac yna aethom i ddechreu ar ein maes
llavur o ddivriv, a chawsom hwyl ardderchog. Aethom oll i Ebenezer i'r cwrdd
nos a'r Parch Tudur Evans yn pregethu a chyvranu'r Ordin[h]ad. A dychwelasom
adrev yn ddiogel.

Llun 28

Diwrnod hynod brav, yr haul yn tywynu vel diwrnod o wanwyn. Dim newydd
neulltuol heddiw.

Mawrth 29

Boreu oer iawn. Teimlo bron rhewi trwy'r boreu. Diwrnod gŵyl a chau haner
diwrnod heddiw. Ar ôl cinio aeth Mrs Williams a minau am dro i edrych am Mrs
William Davies, a chawsom groeso ardderchog yno. Ar ôl treilio pryd-nawn yno,
dychwelasom ac heibio tŷ D W Davies. Ar y f[f]ordd bu Mrs Williams yn casglu
coed mân, a minau yn cael hwyl am ei phen yn rhedeg. Y mae hwyl ardderchog
i'w gael wrth vyned i baseando [mynd am dro] gyd â Mrs Williams. Min nos aeth

Martha a minau i edrych am eneth vechan i Lopez sydd yn wael dan y *Pulmonía* [niwmonia] [...]

Mercher 30

[...] Derbyn llythur oddi wrth Mod Gweno, ond dim elwach am vy esgidiau. Nid aethum i'r ysgol gân heno.

Gorffennaf 1920

Iau 1

Tua haner awr wedi 2 tarawyd vi â syndod pan ddaeth Garcia i f[f]arwelio â ni. Yr oedd yn ymadael. Yr oeddwn yn teimlo yn ddi-hwyl iawn trwy'r pryd-nawn. Ac ve ddaeth amser cyvriv yr arian, a dyma'r gorchwyl mwyav, am mae [mai] Garcia oedd yn arver gwneud bod [bob] amser. Ond mi lwyddais i wneud yn llwyddianus, a diolch am hyny. Dim arall neulltuol heno.

Gwener 2

[...] Ar ôl swper aethum gyd â Iorwerth Williams a'r Mrs i tŷ N Castro i'w helpu gyd â chardiau y Bazâr. [...]

Sadwrn 3

Boreu llaith, cymulog, oer, ac yn anodd iawn codi. Ond bu rhaid gwneud hyny. [...]

Sul 4

[...] Am 2 aethom oll i'r Ysgol [Sul] ac hevyd cawsom gwrdd nos hwyliog iawn, rhan o gwrdd gweddi a rhan o ysgol gân. [...]

Llun 5

[...] Dyma'r noson gyntav i oleu vod ar ysdrydoedd Dolavon, ac mor gartrevol iw cael myned adrev gyd â goleuni. Heblaw ei vod yn ddevnyddiol iawn, y mae'n addu[r]n i'r drev. Ar ôl swper rhoddais drevn ar vy ng[h]adachau poced, postcard[s] a'm menig. [...]

Gwener 9

[…] Ar ein taith trwy'r Gaiman aethum i edrych am Mrs Johnie Pugh. Gweled eira ar ein taith, yn enwedig ar fryniau Gaiman newydd. Ac yr oedd yn gwneud i mi veddwl am yr Andes. Cyrheddasom adrev chwarter wedi saith. Pawb ond Olwen wedi [mynd] i'r llyniau byw. Nid aethum i'r dans heno. Aethum i'm g[w]ely heb ymdroi.

Sul 11

Pan ddef[f]rais yn y boreu yr oedd y ddaear yn wyn gan eira. […]

Llun 12

[…] Teimlo bron â rhynu trwy'r dydd a dim olew iw rhoddi yn y stof.

Mawrth 13

[…] Heno bûm yn gwnïo trwy fin nos. Cael Chocolate especial heno.

Mercher 14

[…] Gorf[f]en y cap *teapot* heddiw.

Iau 15

[…] Cael gwybod min nos vy mod i ddechreu cyvriv y *cash* vy hunan. […]

Sadwrn 17

[…] Dechreuodd rheol newydd yn y Coop heddiw, sev vod pob un i r(h)oddi ei enw a'r awr y daw at ei waith. Dyma'r f[f]ordd i ddysgu bobl vod yn brydlon gyd â'i gwaith. Ar ôl cinio daeth y gair vod M Ayllon wedi tori ei vraich wrth gychwyn ei vodur. […]

Llun 19

Diwrnod brav. Covio am ben-blwydd Freddie [Freddie Green] heddiw. Dechreu ar y cover cwsing heddiw o ddivriv. Amrhiw yma trwy'r dydd. A dyma vi yn dechreu gorchwyl newydd, sev cyvriv yr arian vy hunan heno, ond llwyddais i wneud y gwaith, a diolch am hyny.

Iau 22

[...] Ve ddangosodd Garcia [yn ôl yn ei gwaith yn y Coop] (l)lun M Qevedo, dyn gavodd ei ladd echnos. Yr oedd chwech archoll ar ei vron chwith a 2 archoll ar ei vraich. [...]

Llun 26

Diwrnod hynod brav, a diolch am hyny. Dyma ddiwrnod priodas Rh Ll Jones ac Enid Hughes. [...] Aethum [...] i tŷ y Brioda[s]verch, a chawsom de wedi ei barhtoi [baratoi] yn ardde[r]chog. Ac ar ôl treilio y pryd-nawn mewn gwahanol chwareuon min nos cawsom *asado*, sev cig r[h]ostedig o vlaen tân, ac yr oedd mor brav a thawel allan nes yr oeddem yn gallu gweled i vwyta â goleu canwyll. Ar ôl cael ein digoni aethom bawb i'r tŷ i dreilio ein bwyd trwy ddawnsio ychydig. Ond dychwelasom ni tua ½ [awr] wedi naw. Ar ôl yved ychydig wy[r]dd [*mate*], aethom bawb i'n gwely.

Mawrth 27

[...] Heddiw bûm yn concro vy adroddiad a'r ddadl erbyn yvory, sev Gŵyl y Glaniad.

Mercher 28

Boreu Gŵyl y Glaniad. Gwynt cryv yn y boreu, ond, er hyny, aethum ati i olchi ychydig. Cesglais vy nillad i'r tŷ, ac mi aethum ar unwaith i wisgo. Aethum can belled â thŷ Iorwerth Williams, gan vod Neved wedi cwrdd â damwain trwy iw Doli gymeryd tân ac iddi hithau ei gwasgu yn nes ati ac iddi losgi ei phenag[l]iniau. Ond trwy f[f]awd, nid oedd wedi llosgi llawer. Gyd â Besie a Madalen aethum i Ebenezer, ac ar ôl mwynhau cypaned o de, aeth amrhiw o honom i Tir halen am dro, a dyma y tro cyntav eirioed i mi vod yn Tir halen. Ni vuom yno ond 10 myn[ud]. Ar ôl dychwelyd, aethom i'r gyrhedd [gyngherdd] ar unwaith. [...]

Iau 29

[...] Cawsom gyngherdd ardderchog neithiwr, a chevais ineu y vraint o adrodd yno yr adroddia(i)d o waith J P Jones. [...]

Awst 1920

Sul 1

'...gwelais rhiwun wnaeth i'm calon guro...'

Dyma ddechreu mis newydd a diwrnod brav. Nid aeth Mair, Lily na minau i'r capel boreu. Aethom bawb i'r Ysgol [Sul]. Pan ar vy f[f]ordd gwelais rhiwun wnaeth i'm calon guro a vy holl gorf[f] i grynu vel deilen. Ar ôl dyvod adrev ceisiais gael cyvle i siarad ac [ag] ev, ond methais. Aethom bawb i'r cwrdd nos, ond ar ôl dyvod adrev, cevais gyvle i siarad â'r un neulltuol. A dyma'r tro cyntav i mi ei weled er pan yn Dolavon. A thybed pa bryd y cav ei weled eto? A[i] rhaid f[f]arwelio tybed?

Mawrth 3

Boreu a'r gwynt yn ddigon main, er vod yr haul yn tywynu yn brav iawn. Ni chodais yn voreu o gwbl heddiw, ond medrais ddyvod mewn pryd at vy ngwaith. Heddiw gwnïais bron trwy'r dydd: gwneud gobenydd i mi vy hunan.

Mercher 4

[...] Ar ôl swper aethum i'r ysgol [gân].

Gwener 6

[...] Amrhiw yma yn y pryd-nawn. Heddiw cevais ddych[r]yn mawr iawn trwy i lanciau dewr yr Of[f]ice ddywed anwiredd. Ond diolch o waelod calon mae [mai] camgymeriad ydoedd. Teimlais yn anivir iawn trwy'r pryd-nawn, ond deuais yn well min nos.

Sadwrn 7

[...] Min nos aeth Martha a minau i tŷ Ch D i vyned tros y Ddadl, a daeth y merched i['n] hanvon yn ein holau, a chawsom hwyl vawr iawn ar y f[f]ordd adrev: Martha a Clara ar gevn cef[f]yl; Owen a Brynmor yn ei dychryn. Ond er y cwbl, yr oeddem adrev cyn deg.

Sul 8

Diwrnod vel canol hav. Aeth pedair o honom i Ebenezer yn y boreu. Bachgen bach i I ap Iwan yn cael ei vedyddio. Ei enw: Tywyn. Cawsom Ysgol [Sul] a chwrdd nos yn Dolavon. [...]

Llun 9

[…] Aethum gyd â'r merched i'r ysgol gân heno.

Mawrth 10

[…] Clywed y newydd vod rhaid i David John [priod Elisa Dimol, ei chwaer] vyned i yspyty i Buenos Aires. Min nos aethum i'r Post Of[f]ice a chael llythur neulltuol. […] Dechreu talu i Ric am y dodrevn heddiw. […]

Mercher 11

[…] Pri[o]das yn Dolavon, y gyntav yn yr ynadva. […] Ni vu ond ychydig iawn o bobl yma [yn y Coop] am vod y diwrnod mor hyll. Min nos aethom i'r ysgol gân. […]

Iau 12

[…] Ar ôl swper aeth Owen, Martha a minau i tŷ Ch Davies i vyned tros y ddadl. […]

Gwener 13

Diwrnod ystormus. Gwynt oer a chynanus [cynhennus: cwerylgar; ymrysongar]. […]

Sadwrn 14

[…] Aethum i'r ysgol gân eto heno. Ar ôl swper aethom tros ein dadleuon.

Sul 15

[…] Yn anisgwyliadwy cyrhaeddodd David John ac Eliza i vyny yma, a daeth Eliza gyd â ni i'r Ysgol Sul ac aethom [ein] tri i tŷ I Williams i de. […]

Llun 16

Boreu cymulog a'r awel yn llaith. Dim llawer o hwyl arnav y boreu yma. Bron neb yma trwy'r dydd. Ysgol gân heno.

Mawrth 17

[…] Siarad adrev. […]

Mercher 18

[…] Anvon pecyn i tŷ Nain. Gwnïais heddiw bron trwy'r dydd. Ar ôl swper aethom yn y cerbyd i tŷ Ch Davies i vyned tros y ddadl. […]

Iau 19

[…] Ysgol gân eto heno.

Gwener 20

[…] Awen vach yn vlwydd oed heddiw. Anvon (h)anrheg vechan iddi. […]

Sadwrn 21

Boreu hynod brav vel canol hav, ond yr ydwyv wedi sylwi er[s] tri diwrnod vod rhiw vath o darth llwyd o gwmpas, vel mwg yn ganol yr hav, ac y mae yn codi rhiw hiraeth arnav, ac nis gwn am beth nac am pwy. Min nos aethom i'r ysgol gân a thros y ddadl.

Llun 23

[…] Ysgol gân heno. Ar ôl cyrhaedd i'r tŷ cevais y newydd vod vy esgidiau wedi dyvod, a'r peth cyntav ddarvu mi oedd myned i chwilio amdanynt, a chevais vy siomi yn arw pan welais rhai mor vachgenaidd oeddynt, a minau eisieu esgidiau goreu. Y mae'n dangos nad iw y sawl aeth i'w movyn ddim yn gl[yvar?], neu ni viasent yn cymeryd rhai mor drymion. Ond rhaid boddloni i'r drevn; rhaid iw ei gwisgo.

Mawrth 24

Diwrnod hynod iawn eto heddiw, vel niwl neu fwg o gwmpas yn mhob man. […] Ar ôl swper aeth Will, Anton, Martha a minau yn y cerbyd i tŷ Ch Davies i rhoddi tro ar ein dadleuon. Owen ddim yn teimlo yn hwylys i ddyvod gyd â ni. […]

Mercher 25

Dim gwahaniaeth rhagor na ddoe yn y diwrnod. […] Min nos aethum i'r ysgol gân, ac ar ôl dyvod adrev golchais vy mhen, a bu yn Haley-Ba-Lw [helynt mawr] rhwng Dwyryd a minau. Ond credav na wnaif[f] yr ystorm orf[f]en yn y van yma.

Iau 26

[…] Ysgol gân heno am y tro diweddav.

Gwener 27

Cwrdd llenyddol i vod heno.

Sadwrn 28

[…] Un o'r pethau cyntav a ddarvu mi y boreu yma oedd lladd Mosquito. Cawsom hwyl a[r]dderchog yn y cyvarvod llenyddol neithiwr. Yr oedd yno lawer iawn o bobl o bob man. Siarad adrev heddiw. Awen yn gwella. Wel, dyma vlwyddyn a phedwar mis i heddiw er pan wyv yn Dolavon. Tipin o hiraeth arnav am gael myned adrev. […]

Llun 30

[…] Diwrnod pwisig iawn yn Dolavon heddiw, sev diwrnod Etholiad y Cynghor. A digon o siarad wedi bod yn ei gylch hevyd. […]

Medi 1920

Iau 2

[…] Dychwelodd y meddug Calderon. Aethum i tŷ Mrs San Martin wrth vyned adrev min nos heno. Yr wyv vel tramp bob min nos.

Gwener 3

[…] Anvon vy hat wen i'r Gaiman i geisio ei gwerthu.

Sadwrn 4

[…] Prynais anrheg i Mair heddiw. Mae'n cael ei phen-blwydd heddiw yn 17 mlwydd oed. […] Teimlo yn vlinedig iawn min nos, ond aethum yn gwmni i Mair a Martha i tŷ Martin Percy, ac ve gawsom g[r]oesaw nis gallasau vod yn well, a daeth M Percy i'n danvon at ddrws y tŷ, ac aethom i'n g[w]ely yn reit ddistaw ein tair. […]

Sul 5

[…] Aeth Olwen, Martha, Emma a minau i Ebenezer yn y boreu. Br John Foulcks yn pregethu. I Ysgol Sul Dolavon [yn y pryd-nawn]. Ch Davies yn holi'r dosbarth hynav heddiw. Aethum gyd â Elizabeth Ann i de, ac oddi yno i Ebenezer. J[ohn] F[oulcks] yn pregethu heno hevyd. Ei destyn oedd naw ar hugain o gyllyll, a dyma bregeth oeddwn yn disgwyl glywed ers talm, ac mi rhoedd yn werth myned f[f]ordd bell i'w gwrando.

Llun 6

[…] Ar ôl swper aethum i tŷ Iorwerth Williams i vyned tros y ddadl. […]

Mawrth 7

[…] Min nos rhoddais vy nillad yn vwyd [i socian]. […]

Mercher 8

Diwrnod cymulog ac yn davnio gwlawio. Teimlo [yn] anivir iawn heddiw trwy'r dydd, vy *hip* yn brivo yn arw.

Iau 9

Diwrnod brav, ond nid wyv yn teimlo vawr gwell. […] Ar ôl swper aethom tros y ddadl.

Gwener 10

[…] Teimlo yn well heddiw. Yn y pryd-nawn clywais y newydd prudd am varwolaeth vy ng[h]yveilles ieuanc, Briallen Pughe. Min nos govynais am ganiadâd i vyned i'r cynhebrwng yvory. […] Pen[d]ervynu heno i gael cyng[h]e[r]dd.

Sadwrn 11

[…] Smwddiais ychydig ddillad, ac am un o'r gloch cychwynasom ei[n] taith i'r Gaiman, a chyrhaeddasom yn ddiogel heb yr un ddamwain. Llawer iawn yn y cynhebrwng. Cael cyvle i fyned adrev yn y modur gyd â Mrs D Harri a Mrs W Freeman a P Meschio. Disgynasom yn lle W Freeman a chael cypaned o de. Yna aethom i ben ein taith. Cael golwg iawn ar Nain a'r gweddill.

Sul 12

Boreu braviach, ond nid aethum i'r capel yn y boreu, ond aethum i'r Ysgol [Sul] ac i Pont y Meibion i dê ac i'r cwrdd nos.

Llun 13

Codais yn voreu [...] a chevais amser [yn Nhrelew] i vyned at y crydd i movyn vy esgid. Cyrhaeddais ben vy nhaith yn ddiogel, ac mor brav iw cael cyrhaedd yn ôl at ei waith. [...]

Mercher 15

[...] Ysgrivenais at Mod. Sarah ac at Lewis, eisieu iddynt ddyvod i'r Gyngherdd. Noson ysgol gân heno.

Iau 16

[...] Ar ôl i'r Coop gau aeth Mrs Iorwerth Williams a minau i tŷ Ch Davies i gael tro ar ein dadl. [...]

Sadwrn 18

[...] Ar ôl myned o'r Cop aethum i'r ysgol gân a chael canu yn yr adeilad parhotedig heno erbyn dydd Llun, a rhoddi tro ar vy adroddiad a I Williams yn canu i mi. [...]

Llun 20

Wel, dyma ddiwrnod gŵyl. Codais yn weddol voreu i gael golchi, a bûm yn ddigon ffodus i gael gorf[f]en golchi a smwddio erbyn 2 o'r gloch. Ac yna bûm yn cerdded y van yma a'r van acw i chwilio am bethau erbyn y nos. Ac am 5 aethom i rhoddi tro ar y canu yn ystavell y gyngherdd. Ac ar ôl myned adrev ac ymbarhotoi, aethom i'r gyngherdd, a chavwyd 3 awr o wledd ardderchog. Ar ôl myned adrev, aethum gyd â Mrs Williams i tŷ Llewelyn Evans i drin y babi newydd oedd wedi cyrhaedd yno yn y boreu: geneth vechan dew a thlws iawn. Ar ôl myned yn ôl i'r tŷ, cawsom gypaned o de, ac aethom i'n gwlâu am 15 m. wedi haner nos.

Mercher 22

[...] Min nos aeth Martha a minau i lle'r crydd i geisio iddo wneud esgidiau i mi, a chredav i mi lwyddo y tro yma.

Iau 23

Diwrnod cymulog, oerllyd, a minau yn grug [crygni; wedi colli llais; dolur gwddw]. [...]

Gwener 24

[...] Y crygnu ddim gwell arnav eto heddiw.

Sadwrn 25

[...] Min nos aethum i edrych am yr athrawesau [cydathrawesau yn yr Ysgol Sul yn Nolavon] a daethant hwy i'm hanvon at y tŷ. [...]

Llun 27

Diwrnod brav iawn. Codais yn voreu am 3 o'r gloch am vod y merched eisieu golchi ac eisieu i mi vod yn gwmni iddynt, a chevais inau gyvle i olchi yn y vargain. Stori yn rhedeg vel tân gwyllt trwy Dolavon am y lladrad a vu nos Sadwrn. Aeth rhiwun i mewn i westy yma ac i ystavell Garcia a'r Athraw Swarez a lladratawodd oriawr y d[d]au ac ychydig arian a p[h]apurau gwerthvaw[r], ac hevyd o boced Garcia aethant â'r llythur oeddwn wedi ei r(h)oddi iddi min nos [i'w anfon], llythur wedi ei gyveirio i John Ap Hughes, a'r dyddiad ysgrivenwyd ef: Medi 25, 1920. [...] Ar ôl i John Williams ganu ychydig gyd â'r merched, aethom i'n gwlâu.

Mawrth 28

[...] Yn y pryd-nawn aethom oll i syndod trwy i'r Arolygydd ddyvod â rheolau i ni ar bapur. Y mae'n myned yn waeth bob tro. [...]

Mercher 29

[...] Wel, blwyddyn a phump mis i heddiw deuais i'r Coop yma gyntav. O, vel rhwyf yn covio['r] boreu pan ddeuais i mewn gyntav. Ysgrivenais at Mair y boreu yma a gwneud dau dei i J B R. [...]

Iau 30

[…] Dim newydd neulltuol, ond cawsom hwyl trwy i Joseph dynu rhiw garden vach a *luck* arni a dywe[u]d yr ysgriv sydd i'w chanlyn vod rhwbeth i ddigwydd y 10 o Hydrev, i vod yn d[d]ydd neulltuol yn ei hanes. Cawn weld. Dyma ddiwedd y dydd a diwedd y mis.

Hydref 1920

Gwener 1

[…] Wrth vyned i'n gwlâu cawsom hwyl garw. Olwen ovn myned i'w ystavell ei hun a chysgodd gyd â mi.

Sadwrn 2

[…] Min nos aethum heibio Mrs Iorwerth Williams i movyn vy hat a Jumpar. Nid aethum i'r ysgol gân heno. Ysgrivenais ar y llyvrau i'w rhoddi i vy nosbarth [yn Ysgol Sul, Dolavon].

Sul 3

Diwrnod ystormus, gwyntog, llywchog, ac ambell i gawod o wlaw bras. Cwrdd Ysgol yn Ebenezer heddiw. Bûm yn y capel trwy'r dydd ac i ginio a the yn tŷ Erasmus Williams. Dim arall neulltuol, ond daethom adrev yn ddiogel, a diolch am hyny. Ac wedi cael tri cwrdd da a dymunol.

Llun 4

[…] Pryd-nawn hyll iawn. G[w]ynt a llwch nad oes modd gweled yn groes i'r ystryd. […]

Mercher 6

[…] Aethum i'r ysgol gân heno.

Iau 7

[…] Clywais y newydd heddiw vod E E am geisio vy rhwystro i wnïo. Gawn weld pwy garith y dydd. Min nos ve ddarvu Martha a minau gychwyn i lle'r crydd, ond ni wnaethom gyrhaedd ben ein taith. […]

Gwener 8

[…] Min nos aeth Antony [ei chariad] a minau i lle'r crydd. Cael newydd da am vy esgidiau. […]

Sadwrn 9

[…] Nid aethum i'r ysgol gân heno

Llun 11

[…] Codais $1,000 i vyned adrev. […] Yn y Gaiman cyvarvyddais â Mod. Alwen. Daeth Ewyrth Llew i'n movyn i Trelew yn y cerbyd. Pan gyrhaeddais adrev cevais olwg tenau iawn ar Mod. Dilys. Min nos aethum i edrych am Mod. Fest a'r plantos. Dim arall neulltuol heddiw.

Mawrth 12

Wel, dyma ddiwrnod gŵyl. […] Yn y pryd-nawn yn[g] ng[w]esty John L Davies [Trelew] cawsom de. Gweled llawer o Dolavon yno. Aethom adrev min nos. Wedyn dychwelais i gael clywed Côr Trelew yn canu. Ac erbyn i mi gyrhaedd adrev, rhoedd pawb yn ei gwlâu, a'r goleu a'r tân wedi dif[f]odd, ac aethum inau i'm gwely yn bur swat.

Mercher 13

Boreu brav. Codais yn voreu i gael dychwelyd i Dolavon […] a chyrhaeddais yn ddiogel, diolch am hyny. […] Min nos aethum i'r ysgol gân. […]

Iau 14

Diwrnod havaidd iawn. Adar bach yn telori a'r haul yn gwenu. Min nos aethum heibio tŷ Iorwerth Williams ac aros yno i gael *asado* i swper. […]

Gwener 15

[…] Derbyn llythyr oddi wrth Lewis [ei brawd].

Sadwrn 16

[…] Heddiw cavwyd hwyl ovnadwy! Olwen wedi colli ei Chôb ac yn methu dyvod o hyd iddi. Hyspysu pawb am ei cholled. Yr oedd yn methu bwyta na gwnïo. Lewis Vera yn dyvod yma ar ôl swper a han(n)es y gôb iddi. *Well*, wir, ni veddyliais vod yr un verch o'i hoed mor ddiniwed o'r blaen! Min nos aethum gyd â Mair i'r siop crydd, ac wedyn i'r ysgol gân.

Sul 17

[...] Dyma'r dydd Sul cyn[t]av i ni gael cwrdd plant yn Dolavon, a chawsom hwyl iawn arni. Ysgol Sul yma a myned i Ebenezer i'r cwrdd nos. Mr Tudur Evans yn pregethu a g[w]eunyddu yr ordinhad.

Llun 18

[...] Codais am haner awr wedi pedwar. Golchais vy ngolchiaid dillad a cedwais vy nillad goreu cyn myned at vy ngwaith. [...] Min nos gwelais Ewyrth Ithel a dywedodd wrthyv ei vod yn bwriadu cychwyn [yn ei ôl am adref] dydd Gwener. Aethum heibio tŷ I Williams i law nodi papur sydd i'w anvon i Ebenezer i ovyn am ein Papurau Aelodaeth. Ar ôl swper smwddiais vy nillad, ac yna aethum i'm gwely.

Mawrth 19

[...] Covio yn y boreu vod pen-blwydd E Ithel. [...] Min nos aethum i lle'r crydd i f[f]itio vy esgidiau. Ar ôl myned adrev cevais Bath ardderchog. [...]

Mercher 20

[...] Min nos cawsom *asado*, sev cig rhostedig o vlaen y tân allan, a chavwyd hwyl ardderchog. Ei ddiben oedd [dathlu darganfod] y Gôb a gollwyd ac a gavwyd, a mawr vy y llawenydd. [Côb Olwen, merch Mr a Mrs John Williams. Gw. Sadwrn, 16 Hydref 1920.]

Iau 21

[...] Yn y boreu aethum i bwyso, a vy m[h]wysau iw 47 kilo. [...] Ar ôl i'r Coop gau, aethum at y meddug i gael vy mruch [= vrechy], ac wedyn heibio lle I Williams i f[f]itio y f[f]rog. [...]

Gwener 22

[...] Tori gwallt Lily yn vyr at ei chlistiau. [...]

Sadwrn 23

[...] Llwyddais yn weddol i wneud y gorchwyl newydd o gadw cyvriv Don Juan yn iawn, a diolch am hyny. Min nos aethum i edrych am gyveilles i mi, sev Maria Labat, ac anghoviais bob peth am yr ysgol gân.

Sul 24

[...] Pen-blwydd M. Dilys heddiw.

Llun 25

Diwrnod cyvnewidiol iawn. Codais yn weddol voreu. Tua haner awr wedi pedwar clywsom sŵn od iawn, tebig i sŵn y môr ar noson ystormus. Nis gwn beth allasau vod. Wrth vyned adrev o'm gwaith, gwelais Mr[s] I Williams ac addewais wrthi yr awn ati yn gwmni i gysgu am vod Iorwerth Williams wedi myned i Trelew. [...]

Mawrth 26

[...] Teimlo yn rhyvedd. Wedi cael breiddwyd od neithiwr. Breiddwydiais vy mod yn arddel plentyn bach, sev bachgen bach gwallt melyn, llygaid glas, a phump dant bach gwyn. Nis ang[h]oviav byth yr olwg bach mor angylaidd oedd ar ei wyneb bach. A'r enw oeddwn wedi ei r(h)oddi arno oedd Antoni. Tybed a ddigwyddyth y vath beth yn vy hanes? Ac hevyd breiddwydiais vy mod wedi madael o'r Coop, ac yr oeddwn yn wylo'r dagrau'n lli. [...] Cysgais yn gwmni i Mrs I Williams eto heno.

Gwener 29

[...] Wel, dyma vlwyddyn a haner i heddiw er pan ddechreuais vy ngorchwyl newydd. O, vel rhwyv yn covio'r diwrnod cyntav hwnw. Mae'r f[f]ydd yn gryvach, a'r gwaith yn ysgavnach, a'r pryder yn llai o lawer erbyn heddiw. [...]

Sadwrn 30

O, dyma ddiwrnod brav, yr haul yn tywynu yn ei ogoniant. Gwyn ein byd, mor drugarog y mae ein Tad nevol wrthym, â minau d[d]im yn gweled ei werth. [...] Heddiw cevais gyvle i werthu vy hat wen a[m] $200. Wnaif[f] hon ddim poeni dim ychwaneg arnav. [...] Min nos aethum i'r ysgol gân. [...]

Sul 31

[…] Cawsom d[d]au gwrdd yn Dolavon ac aethom i Ebenezer i'r cwrdd nos i gael ymarveriad ar donau'r Gymanva Ganu.

Tachwedd 1920

Llun 1

[…] Pen-blwydd Mrs Williams. Prynais (h)anrheg vechan iddi. […] Y Coop yn cau hanner diwrnod heddiw, ac aethum innau i rhoddi tro i'r Dyf[f]ryn. Daeth Margaret I Williams i vy movyn ac aethom gan belled â t[h]ŷ Mrs David John Bowen. A thra yr oeddem yn y tŷ digwyddodd damwain gas iawn trwy i'r cef[f]yl dori dwy vraich y cerbyd.

Mercher 3

[…] Ganol dydd gwelais Mrs Marquez a Mrs Nichols ar ei ffordd i'r Cwm, ond cyn iddynt gychwyn aethom i bwyso, ac yr oedd Mrs Marquez yn pwyso 52 kilo a minau 43 kilo. […]

Iau 4

[…] Min nos aethum i lle'r crydd, talu am drwsio vy esgidiau: $400, a chael pâr arall wedi ei gwneud i vy f[f]itio. A diolch vy mod wedi llwyddo gael rhiwun i'w gwneud i mi ac am bris rhesymol. Trwy f[f]awd rhaglin[i]aeth yr wyv wedi bod yn ffodus gan vy mod yn gallu cerdded ynddynt.

Gwener 5

[…] Gwnïais dipin heddiw er vod llawer yma trwy'r dydd. […] Heno, ar ôl swper, cawsom hwyl yn y cosina. Pedwar o honom, tair merch ac un bachgen ivanc, trwy siarad mewn damengion [damhegion] carwrieithol. Ond ar ôl myned i'r ystavell wely cevais lawer mwy o hwyl gyd â Mair a Marth[a]. Bu bron i mi vygu gan chwerthin.

Sadwrn 6

[…] Gweled amrhiw gyveillion wedi cyrhaedd o'r Andes. Gwisgais vy esgidiau newydd yn y pryd-nawn. Min nos aethom i'r ysgol gân. Nis gwn beth rhoddaswn am gael myned adrev heno.

Sul 7

Boreu brav iawn. Aethom i'r cwrdd plant. Ond daeth yn hyll iawn at adeg yr Ysgol [Sul]. Gwynt cryv a llwch. Ond, er hyny, aethom i'r Ysgol. Ac aethom gyd â Mrs Ll Evans i de ac oddi yno i'r cwrdd nos. Ysgol gân at y Gymanva gawsom heno.

Llun 8

[…] Dim yn teimlo hwyl. Aethum i'm gwely yn syth ar ôl dyvod o'r capel neithiwr, ac nid wyv yn teimlo yn extra heddiw chwaith. Gyd â train boreu daeth Evan John Davies yn ôl atom i Dolavon. Y mae'n well, ond yn edrych yn deneu a llwyd iawn wedi bod yn yr hyspyty yn Buenos Aires. Siaradais adrev ganol y boreu. Clywed vod gan Mod. Sarah vachgen bach. Modryb Dilys ddim yn dda eto heddiw. O, dyma bryd-nawn ystormus, dyvrivol. Gwynt a llwch, ac yr oedd yn bump o'r gloch ar y train yn cyrhaedd i vyny. […]

Mawrth 9

[…] Clywed am varwolaeth D F Davies, D. Dulog. Ar ôl myned adrev o'm gwaith min nos cevais *bath* ardderchog, a rhoddais vy nillad yn vwyd.

Mercher 10

Diwrnod brav iawn. Llawer yma trwy'r dydd. Min nos aeth Owen a minnau i tŷ Owen Jones i mi gael rhoddi tro ar vy adroddiad.

Iau 11

Diwrnod brav iawn ac hevyd yn ddiwrnod gŵyl. Ve ddarvu i ni gau haner diwrnod. Ar ôl cinio aeth Dwyryd a minau i baseando [mynd am dro]. Aethom gyntav i tŷ Mrs Hopkins. Ar ôl bod yno tua dwy awr a mwynhau cypaned o de, cychwynasom ein taith tua Bella Vista, sev cartrev y Br M M i edrych am Junney oedd vy neges bwysicav. Hevyd gwelais Gwladys M de Thomas, a chevais hanes Lewis wedi dychwelyd o'i daith. Yr oedd yn nos arnom yn cyrhaedd adrev yn ein holau.

Rhan 2

Ysgrifau
Elisa Ann Dimol
de Davies

Elisa Ann Dimol de Davies (1895–1980)

Yn y bennod ar hanes teulu Elisa Dimol cyfeiriwyd ati'n cael ei geni ar 4 Chwefror 1895 mewn pabell ger gwlff San José ar orynys Valdes. Fe'i magwyd yn ferch fach ar fferm Perllan Helyg, Rawson, gan ei rhieni, Elizabeth Ellen Jones (o Ffridd Gymen, Plwyf Llangywer) ac Arthur Llewelyn Dimol (mab Elizabeth a Thwmi Dimol). Yn bedair blwydd oed, wedi marw ei thad yn 1899, symudodd i ardal Ebeneser, ger Dolavon, ym mhen uchaf y Dyffryn, a'i magu ar fferm gan ei hewyrth, brawd ei mam, Owen C Jones, a'i briod, Mary Pugh.

'...yn gwisgo ei bonet am ei phen, ac yn ei llaw y daflen at yr ysgol, a'r adnodau erbyn y Sul, yn reidio [ar y ceffyl] yn ôl ac ymlaen i ddysgu ar y cof, ynghyd â gofalu am yr anifeiliaid': Elisa wedi symud i ardal Ebeneser

Dyna ni yn agoriad y bennod hon wedi cyflwyno rhai manylion moel am flynyddoedd cynnar Elizabeth Ann Dimol (ei henw cofrestredig). Fel 'Eliza fach' y cyfeirid yn aml ati pan oedd yn blentyn. Cawn gipolwg ar y cyfnod ffurfiannol hwn ym mywyd Elisa Dimol drwy ddarllen y chwe ysgrif gyntaf o'i heiddo a olygwyd ar gyfer y gyfrol hon: 'Plant y Wladfa a'u Cartrefi'; 'I'r Ysgol'; 'Chwaraeon a Difyrion'; 'Y Nadolig a'r Flwyddyn Newydd'; 'Ebeneser: Bro fy Mebyd'; 'Y Capel a Diwygiad 1904–05'. Fel y gwelwn, bu'n ffodus iawn yn Ysgol Maesteg, lle bu'n ddisgybl, a chael yr 'athraw addfwyn', William H Hughes, 'Glan Caeron', i'w hyfforddi. Cafodd Capel Ebeneser hefyd ddylanwad dyrchafol arni. Yr un modd, y gymdeithas gymdogol yr oedd hi yn rhan annatod ohoni o ddydd i ddydd, er i fwy nag un person gyfeirio'n gellweirus at ardal Ebeneser fel 'rhyw ben-draw'r byd o le!'

Yn y fan hon y mae'n briodol dyfynnu rhai brawddegau o'r hyn a ddywedodd Gweneira'r ferch am ei mam yn eneth ifanc yn ardal Ebeneser.

Michael D Jones ar ddydd ei briodas.   Ann Jones, ei briod.

Michael D Jones yn ei
wisg o frethyn Cymreig.

Y Mimosa

Mary Humphreys de Davies, y plentyn cyntaf o Gymru i'w eni yn y Wladfa, 10 Awst 1865.

Lewis Jones (1837–1904)

Ellen, priod Lewis Jones.
Casgliad: Llyfrgell Genedlaethol Cymru.

Cyfrol werthfawr Lewis Jones: *Hanes y Wladva Gymreig, Tiriogaeth Chubut, yn y Weriniaeth Arianin, De Amerig*, 1898.

Lewis Jones yng nghwmni chwech o Indiaid.

Edwyn Cynrig Roberts (1838–93).

Y Parchg Abraham Matthews (1832–99).

Tri o frodorion Patagonia.

Teulu o Indiaid Mapuche, Patagonia, a'u cartref.
Casgliad: Llyfrgell Genedlaethol Cymru.

Cofgolofn yn Nyffryn y Merthyron i gofio am Richard B Davies, John Hughes, a John Parry, a lofruddiwyd gan yr Indiaid, Mawrth 1884.

Maen coffa a osodwyd ym mlwyddyn y Canmlwyddiant (1965) ar y gofeb yn Nyffryn y Merthyron i gofio am John Daniel Evans (*baqueano*), tywysydd, a lwyddodd i ddianc rhag yr Indiaid.

Delw o Indianes yn malu gwenith ym Museo Colonial e Historico, Luján, amgueddfa taleithiau Buenos Aires a San Juan.

Ffwrn yr Indiaid ym Museo Colonial e Historico, Luján.

Thomas Dalar Evans a'i deulu; athro
ysgol ac Arweinydd Côr y Dyffryn
Uchaf. Gw. ysgrif Elisa Dimol, rhif 20.

Robert Owen Jones, 'Jones y Tunman',
athro ysgol, a'i briod. Gw. ysgrif Elisa
Dimol, rhif 23.

Eisteddfod mewn pabell yn Nhrelew. Yn y drydedd res ar y chwith, yn agos i'r polyn a het olau yn ei law: William Meloch Hughes a'i briod, awdur *Ar Lannau'r Gamwy ym Mhatagonia* (1927).

Casgliad: Llyfrgell Genedlaethol Cymru.

Ysgol Ganolraddol y Gaiman.

Cofgolofn yr Amaethwyr yn Nhrelew. Dyma'r nodyn yn llaw Elisa Dimol oedd ar gefn y cerdyn a anfonwyd ganddi at RG: 'Llun Cofgolofn yr Amaethwyr. Rhodd i amaethwyr y Wladfa gan feibion yr hen Wladfawyr, ond tynnwyd hon i lawr a'i lluchio o['r] naillddu i osod Pyramid y Canmlwyddiant, fel tase ddim llathen o dir heblaw y llecyn hwn, yntê. Trist iawn.'

Amgueddfa Hanesyddol y Wladfa, y Gaiman.

Tegai Roberts, Cyfarwyddwraig Amgueddfa'r Wladfa, 2006.

Rhai gwrthrychau yn Amgueddfa'r Wladfa.

Lluniau o gasgliad Amgueddfa'r Wladfa ac Amgueddfa Werin Cymru.

Teipiadur a fu'n eiddo i'r Parchg John Caerenig Evans, y Gaiman. Ymfudodd i'r Wladfa yn 1874. Ai dyma deipiadur cyntaf y Wladfa?

Cwpwrdd yn cynnwys llestri Ann a Michael D Jones ac eraill.

Cadair eisteddfodol, gyda cherfiad o wy estrys ar ei chefn. Enillwyd gan William Williams, 'Prysor', am ei bryddest, 'Sibrydion y Nos' yn Eisteddfod y Wladfa, 1920.

Casgliad o ynnau.

Eluned Morgan (1870–1938).

Richard Bryn Williams (1902–81), o ddarlun gan Delyth Llwyd, ar fenthyg gan ei ferch, Nan Griffiths.

Rhentu ffarm oedd yr ewyrth [Owen C Jones] ac yn cadw popeth yn gynnil ac yn daclus. Dewisai dir da i hau gwenith, ond nid oedd gwrych na ffens i gadw'r anifeiliaid tu mewn i'r un ffarm. Yr oedd bugeilio dan ofal y plant, y rhan fwyaf ar geffylau, yn cadw pob anifail draw rhag iddynt fynd i gaeau'r cymdogion. Felly yr oedd Elisa allan o oriau'r ysgol, yn gwisgo ei bonet am ei phen, ac yn ei llaw y daflen at yr ysgol, a'r adnodau erbyn y Sul, yn reidio yn ôl ac ymlaen i ddysgu ar y cof, ynghyd â gofalu am yr anifeiliaid. Dywedai ei bod ambell dro yn cwrdd â'r plant eraill oedd yn yr un gorchwyl, ac yn dechrau chwarae gan golli golwg ar y gwartheg oedd yn mynd i'r cae. Yr oedd yr ewyrth yn cadw helynt pan ganfyddai'r esgeulustod.[1]

Teg ychwanegu yn y fan hon, fodd bynnag, i ddiddordebau llenyddol ei hewyrth, mae'n dra sicr, fod yn fodd hefyd i hyrwyddo diddordeb Elisa hithau mewn darllen ac ysgrifennu.

O Ebeneser i Fryn Crwn a phriodi David John; hi yn 'selog yn y Band of Hope', ac Elisa a'i gŵr 'bob amser yng nghôr Bryn Crwn'

Yn y flwyddyn 1912 symudodd y teulu o Ebeneser i fyw ar ffarm yn ardal Bryn Crwn. Yng nghapel Bryn Crwn y cyfarfu Elisa â'i darpar ŵr, David John Davies. Meddai Gweneira am ei thad: 'Dyn tal, lluniaidd, oedd yn llawn hiwmor bob amser. Gweithiai ar ffarm, ac roedd yn selog iawn mewn Ysgol Sul, cyrddau pregethu ac ymarferion canu mewn côr.'[2] Roedd yn un o bedwar o blant Catherine Ellen Roberts (yn wreiddiol o Fetws-y-coed) ac Isaac Nathaniel Davies (o'r Rhyl/ Lerpwl), a ddaeth i'r Wladfa o Ogledd America tua 1884, a sefydlu ar ffarm ym Mryn Crwn. Yn y Wladfa y ganed David John (20 Medi 1892). Cynorthwyai ar y fferm, ond âi ef a'i frawd, Evan, hefyd 'allan i'r Paith gyda wagenni a cheffylau, neu fulod, i gario gwlân a chrwyn i gyrraedd y trên yn Nhrelew oedd yn cludo'r llwyth at Borth Madryn.'[3]

Priodwyd Elisa a David John Davies, 6 Mawrth 1920, a cheir disgrifiad byw o'r briodas yn nyddiadur ei chwaer, Blodwen Camwy. Aethant i fyw i fferm Drofa, Bryn Crwn. Ym Mryn Crwn y ganed tri o'u pedwar plentyn: Arthur Glyn (5 Mai 1921); Gweneira (7 Awst 1923); ac Irvonwy (Nanny, 9 Mawrth 1925). A dyma Gweneira eto i ddweud gair pellach am y cyfnod hwn yn hanes ei rhieni ac am eu cyfraniad gwerthfawr i'r bywyd diwylliannol a chrefyddol.

Ym Mryn Crwn yr oeddynt yn cyfrannu yn hael i'r gymdeithas yn yr ardal, ac yr oedd Elisa, yng nghwmni Myfanwy Morgan, yn selog yn y Band of Hope yn dysgu rhyw 80 o blant o bob oed i ganu ac adrodd a'u paratoi at y Gymanfa Ysgolion, cyrddau llenyddol ac ati. Yr oedd hi a'r gŵr bob amser yng nghôr Bryn Crwn ac nid oeddynt yn colli Ysgol Gân, er bod rhaid cario'r tri phlentyn gyda hwy mewn cerbyd a cheffyl, haf neu aeaf, dan olau'r sêr a'r lleuad.

Ni wn faint o farddoniaeth a ysgrifennwyd gan David John Davies, ond yn niwedd y chwedegau fe anfonodd ei weddw ataf bedair tudalen lawn yn cynnwys cerdd ddi-deitl o'i eiddo mewn llawysgrifen. Ar frig y dudalen gyntaf ceir y sylw hwn yn llawysgrifen Elisa: 'Barddoniaeth o waith fy mhriod, D J Davies erbyn Gŵyl y Glaniad, 1920. Oedd Davies yn adroddwr da iawn.' Yr awgrym sydd yma yw y byddai David John wedi cyflwyno'r gerdd ar lafar ei hunan fel rhan o ddathliadau'r Ŵyl. Er nad oes gwerth llenyddol, fel y cyfryw, i'r gân, yr oedd ei thema, sef aberth a dyfalbarhad Cymry'r *Mimosa* wedi'r glanio, yn sicr yn wir addas ar gyfer dathlu'r Ŵyl. Dyma linellau agoriadol y gerdd:

Draw mewn porthladd llwm yng nghysgod creigiog fryniau,
Tra 'sgythrog wynt Gorffennaf yn sgubo tros y glannau,
Fe laniodd hwyl-long fechan [...]

'Rhown gyfle i'r plant gael addysg': o Fryn Crwn i Ddolavon, o Ddolavon i Drelew

Wedi byw ar y fferm yn ardal Bryn Crwn (oedd ymhell o'r ysgol) tan tua 1929, symudodd y teulu i'r dref yn Nolavon. Aeth David John (nad oedd yn gryf ei iechyd) i weithio fel barbwr, a'i briod i gadw tŷ te. Yn fuan iawn (tua 1931), dyma symud eto, y tro hwn i Drelew, yng ngeiriau Elisa Dimol ei hun:

[...] i gadw tŷ bwyd [ac] er mwyn i'r plant gael addysg. Byddai fy mhriod yn dweud fel hyn: 'Chawsoch chi a finnau ddim cyfleusterau i gael addysg pan yn ifanc, ond rwan rhown gyfle i'r plant gael addysg.'[5]

O Drelew i Gomodoro Rivadavia, 'dinas yr olew'; arwain côr, dathlu Gŵyl y Glaniad, a hyrwyddo Cymdeithas Dewi Sant

Ymhen blwyddyn, fodd bynnag, gan fod 'gwaith yn brin ac arian yn brin', wele symud eto fyth. A'r tro hwn, symudiad oedd yn gryn chwalfa. Gadael cymdeithas Gymraeg glòs Dyffryn Camwy am Gomodoro Rivadavia, ac yno y ganed eu pedwerydd plentyn, Hanzel (23 Awst 1934). Fel hyn y mae Gweneira yn disgrifio sut y bu iddynt gartrefu yn ninas yr oel:

> Llwyddodd David John ac Elisa i weithio mewn lle bwyd pwrpasol i'r gweithwyr [olew], ac ar yr un pryd ffurfio cymdeithas fach Gymreig i gwrdd ac i ganu ar adegau. Dechreuodd David John arwain côr, gyda Delyth Llwyd, oedd yn briod ac yn byw yno, fel cyfeilyddes. Buont yn dathlu Gŵyl y Glaniad bob blwyddyn a chynnal cyrddau bach eraill lle ffurfiwyd pwyllgor i gychwyn Cymdeithas Dewi Sant, Cymdeithas sydd wedi bodoli hyd yn hyn [2007] ac sy'n dal i dyfu.[6]

Bu farw David John Davies, 2 Ebrill 1953, o'r cancr, ac meddai ei weddw ar derfyn ei hatgofion yn 1977:

> [...] trist iawn i mi oedd gweld cadair wag ar yr aelwyd [ond] yr oedd gennyf le i ddiolch ein bod wedi gallu rhoddi cychwyniad iawn i'r plant [....] Sieryd y cwbl ohonynt Gymraeg, am iddynt gael eu dysgu felly. Byddai eu tad yn dweud wrthynt bob amser, 'Cofiwch chi blant, mai Cymraeg sydd i fod ar yr aelwyd'.[7]

Wedi colli David John, aeth Elisa Dimol yn y man, yn 1962, yn ôl i Drelew. Bu'n byw gyda Gweneira, a gwerthfawrogai hithau'n fawr y fendith a dderbyniodd drwy gael iechyd a chyfle i fod o wasanaeth i eraill. A dyma hefyd y cyfnod, yn arbennig yn ystod ugain mlynedd olaf ei hoes, y bu'n eithriadol o ddiwyd yn ymchwilio ac yn cystadlu yn Eisteddfodau'r Wladfa. Bu farw, 16 Hydref 1980, ac fe'i claddwyd gyda'i phriod yn Nhrelew.

'[…] help mawr mewn blynyddoedd i rywrai'; Elisa Dimol yn casglu, ysgrifennu, cystadlu a 'rhoi ar gof a chadw'

Gwraig tŷ gyffredin, gweithgar yn y capel a'i chymdeithas oedd Elisa Dimol. Ond ei diddordeb mawr oedd hanes a llên, darllen ac ymchwilio; ysgrifennu traethodau ac atgofion; cystadlu mewn cyrddau llenyddol ac yn Eisteddfodau'r Wladfa. Casglu ac ysgrifennu er mwyn rhoi ar gof a chadw. Ond mwy na hynny: diogelu'r wybodaeth hefyd er mwyn gallu ei rhannu ag eraill. O'r cyfarfyddiad cyntaf cofiadwy hwnnw yn y Wladfa, yn 1965, ni pheidiodd ei charedigrwydd hi, fel eiddo Gweneira, ei merch. Anfon llythyrau, ysgrifau, atgofion, a lluniau yn gyson. Meddai ar derfyn llythyr ataf, dyddiedig 27 Ebrill 1967 (cyhoeddwyd rhan ohono gan Mari Emlyn yn *Llythyrau'r Wladfa: 1945–2010*, tt. 130–31):

> Wel, Gwyndaf, rhaid tynnu at y terfyn rwan […] cofiwch o hyd, unrhyw hanes o'r Wladfa, byddaf yn barod i roddi help yn ôl fy ngallu […].

Roedd hi'n gwybod nad oedd modd iddi wneud popeth na darganfod popeth. Gwyddai hefyd fod yna ymchwilwyr ac ysgrifenwyr eraill, mae'n dra phosibl, a allai wneud yn well na hi. Ond roedd hi'n barod, bob amser, i wneud ei gorau. Mae'r gwyleidd-dra a'r diffuantrwydd hwn yn nodwedd amlwg yn ei gwaith – fel yng ngwaith Gweneira. Meddai'r fam ar derfyn un ysgrif o'i heiddo yn y gyfrol hon:

> A dyna gipolwg ar hanes rhai o Gymanfaoedd Canu yn y Wladfa. Digon anghyflawn, ond gobeithio y daw rhyw hanesydd o ddiddordeb cerddorol heibio rywdro a gwneud gwaith llawnach a helaethach […].[8]

O ddarllen geiriau fel yr uchod, y mae'n amlwg ddigon fod Elisa Dimol wedi ymroi yn llwyr i'r dasg o gasglu a chofnodi gwybodaeth am fyrdd o bynciau. Gwyddai o'r gorau mor werthfawr oedd llafur o'r fath. 'Corau'r Wladfa' oedd testun y traethawd yn Eisteddfod y Wladfa, 1968. Meddai ar derfyn paragraff cyntaf y traethawd cynhwysfawr hwn, wedi iddi gyfaddef mai 'pur anhawdd' oedd casglu'r wybodaeth gynnar: 'Ond credaf faint bynnag a fedrwn gasglu o'r hanes at Eisteddfod 1968, y bydd efallai yn help mawr mewn blynyddoedd i rywrai.'[9]

Roedd casglu'r wybodaeth yn aml yn gallu bod yn llafur digon caled. Ond llafur cariad ydoedd iddi. Nid dyletswydd yn unig, ond braint hefyd. A'r gwaith, o'r herwydd, yn foddhad. Dyna paham mai ei dymuniad oedd i'w gwaith ysgrifenedig hithau, yr un modd, roi boddhad i eraill. Meddai ar ddiwedd ei hysgrif, 'Casgliad o Hanesion Gwladfaol':

> A therfynaf yr ysgrif yma, gan obeithio y caiff y darllenydd rywfaint o fwynhad wrth ddarllen 'Casgliad o Hanesion Gwladfaol'.[10]

Yn amlach na pheidio byddai Elisa Dimol yn ennill y wobr gyntaf gyda'i gwaith ysgrifenedig yn Eisteddfodau'r Wladfa. Yn wir, ceir nodyn yn dynodi hynny ar amryw o'r cyfansoddiadau. Sicrhaodd Gweneira fi, fodd bynnag, nad ennill oedd bwysicaf i'w mam, er bod hynny yn rhoi pleser mawr, ond y boddhad o fod wedi cystadlu a rhoi cyfle i eraill ddarllen ei chyfansoddiadau.

Elisa Dimol yn diogelu 'atgofion am Gapel Glanalaw' a'r 'Diwygiad yn y Wladfa' a chasgliad o 'Farddoniaeth Beirdd y Wladfa'

Ymhlith y llu o lythyrau ac ysgrifau o'i gwaith ei hun y byddai Elisa Dimol yn eu hanfon ataf yn gyson, anfonai hefyd, yn achlysurol iawn, eitemau o waith rhai o feirdd a llenorion eraill y Wladfa. Anfonodd, er enghraifft, deipysgrif o 'Atgofion Mebyd' Brychan Evans am 'Gapel Glanalaw'. Anfonodd, yr un modd, deipysgrif yn cynnwys atgofion Margaret Morgan, ar ffurf llythyr arbennig o gynhwysfawr, 21 Mai 1905: 'Y Diwygiad yn y Wladfa'. Yr is-bennawd yw: 'Hanes y "Cwrdd Mawr" yng nghapel Bethel, Gaiman, Mai 17, 1905 [...]. 23 mlwydd oed oedd Margaret y pryd hwnnw.'

Ar 3 Rhagfyr 1967 derbyniais gan Elisa Dimol lyfr nodiadau (8½" x 6½") yn cynnwys ei hatgofion, ar ffurf llythyr cynhwysfawr: 'Cofnodion am Blant y Wladfa'. Cyhoeddwyd rhannau o'r llythyr hwn yn y bennod 'Plant y Wladfa a'u Cartrefi' yn y gyfrol bresennol. Y mae rhan gyntaf y llyfr nodiadau, fodd bynnag, yn cynnwys casgliad bychan o 'Farddoniaeth Beirdd y Wladfa': toriadau o bapurau newydd, yn bennaf, wedi'u trefnu'n daclus gan Elisa. Cynhwysir cerddi gan Irma (ac un gerdd gan ei chwaer, Arel Hughes); Prysor; Cynon Jones, a James Peter Jones.

Ar dudalen ôl y llyfr nodiadau hwn cofnododd yn ei llawysgrifen daclus arferol bennill o eiddo'r Parchg E R Williams. Yna i gloi yn deg cofnododd yr englyn ardderchog a ganlyn (yr ail linell yn eisiau ganddi), gyda'r sylw hwn:

Parch Ben Davies, Pant-teg [Ystalyfera], ydyw awdur yr Englyn. Teithient i'r Andes a thorrodd y modur ar ddiwrnod eithriadol o boeth ar y Paith, a dyma ddymunai Ben Davies gael i'w yfed:

Gwaelod ffynhonnau Gwalia; – a gwin Ffrainc
　　[Yn ffrwd ar fy ngwefla];
　Mate cynnes dan dês da,
　Ac enwyn Patagonia.

Ymhen llai na blwyddyn anfonodd Elisa Dimol lyfr nodiadau arall ataf yn cynnwys detholiad eithriadol o werthfawr o gerddi, gyda'r cyflwyniad personol hwn: 'Barddoniaeth Beirdd y Wladfa. I'm cyfaill [Gwyndaf], oddi wrth Elisa Dimol de Davies, Trelew, Chubut, 1968.' Y mae mwyafrif y cerddi yn y casgliad diddorol hwn naill ai wedi'u teipio, neu yn llawysgrifen Elisa ei hun. Gwerth arbennig y casgliad yw ei fod yn cynnwys nifer o gerddi a phenillion achlysurol a allai'n rhwydd fynd ar ddifancoll oni bai i rywrai drafferthu i'w cofnodi. Dyma un enghraifft yn unig: y cwpled hwn o eiddo Glan Caeron (William H Hughes) gyda'r pennawd: 'Cadair Prysor'. [Nodyn RG: Cadair oedd hon a enillwyd gan William Williams, 'Prysor', yn Eisteddfod y Wladfa, 1921, am ei bryddest 'Y Paith'.]

Cadeiriwyd mewn coed derwen
Y bardd a farnwyd yn ben.

Dethol ysgrifau a thraethodau Elisa Dimol i'w cyhoeddi

Wrth ddethol cyfansoddiadau o eiddo Elisa Dimol i'w cynnwys yn y gyfrol hon, ceisiwyd sicrhau yn gyntaf eu bod yn rhoi amcan teg i'r darllenydd o'r testunau a aeth â'i bryd ac o ystod eang ei diddordebau. Yn ail, ceisiwyd sicrhau cydbwysedd neu gymesuredd. Hynny yw, bod yr ysgrifau a gynhwyswyd, mewn rhyw fodd neu'i gilydd, yn agor cil y drws ar ystod led eang o hanes y Wladfa. Y nod oedd bwrw cipolwg – a chipolwg yn unig – ar stori arbennig pobl arbennig, mewn rhan arbennig o'r byd, ac mewn cyfnod arbennig o amser: 1865–2015. A'r stori honno (neu byddai'n gywirach, efallai, ddweud: rhai storïau) yn cael ei hailadrodd, nid gan hanesydd wrth ei grefft, wedi astudio mewn ysgol a choleg, ond gan wraig tŷ ddarllengar, ddiwylliedig. Elisa Dimol fyddai'r cyntaf i gyfaddef, rwy'n sicr, nad hanesydd, fel y cyfryw, oedd hi, ond, yn bennaf, cyflwynydd hanes. Felly, ac yn arbennig ym maes hanes cynnar y Wladfa, dibynnai bron yn gyfan gwbl ar yr hyn yr oedd eraill wedi'i ysgrifennu a bod y cofnod hwnnw yn gywir. Dibynnai lawer hefyd, afraid dweud, ar yr hyn a glywodd ar lafar gwlad gan gynheiliaid traddodiad a chan wŷr a gwragedd yn ymddiddori'n fawr yn stori a hanes pobl a'u bro, ddoe a heddiw. Ffynhonnell o wybodaeth werthfawr dros ben yw'r traddodiad llafar, ond y mae, fodd bynnag, angen gofal bob amser i sicrhau, hyd y bo modd, fod y storïau, yr hanesion, a'r traddodiadau a gyflwynir ar lafar, fel yr hyn a gofnodwyd ar bapur ac mewn print gan eraill, yn ffeithiol gywir. Mewn enghreifftiau gan Elisa Dimol o hanesion a ffeithiau y gwyddom bellach nad dyna yw'r hyn sy'n wir, nodwyd hynny yn y testun gydag ychwanegiadau/cywiriadau gennyf fi wedi'u gosod o fewn bachau petryal. Derbyniais gymorth parod wrth gyflawni'r gorchwyl cyfrifol hwn.

Gwelir imi ddewis nifer o ysgrifau sy'n ymwneud yn bennaf â bywyd bob dydd y trigolion, yn y cartref a'r fferm. Eraill yn ymwneud â lle canolog crefydd ym mywyd pobl: y capel, Ysgol Sul a'r Gymanfa. Y mae rhai o'r cyfraniadau, megis yr ysgrif ar y Gorlifiadau, yn ein hatgoffa o'r modd y bu i'r Gwladfawyr wynebu anawsterau difrifol gyda dewrder a dyfalbarhad anghyffredin. Dwyn i gof rai hanesion a digwyddiadau o'r gorffennol y mae amryw o'r ysgrifau. Byddai Elisa hefyd yn dal ar bob cyfle i fynegi ei gwerthfawrogiad o gyfraniad nodedig llu mawr o arloeswyr yn hanes y Wladfa. Hyfrydwch arbennig iddi bob amser oedd cael cydnabod cymwynas. Ysgrifennodd hithau bortreadau o lu mawr o'r gwŷr a'r gwragedd ardderchog hyn, a gwn y byddai'n falch iawn o wybod imi gynnwys o leiaf ddetholiad bychan o'i phortreadau yn y gyfrol hon.

Yn achos rhai cyfansoddiadau, fe'u hepgorwyd oherwydd fod gan ei merch, Gweneira, gyfraniadau ar yr un testun.

Ysgrifau a thraethodau Elisa Dimol nas cynhwyswyd yn y gyfrol hon

Er gwybodaeth bellach i'r darllenydd, rhestrir isod gyfansoddiadau gan Elisa Dimol y mae copïau ohonynt gennyf i (ac eithrio rhif 14), ond nas cynhwyswyd yn y gyfrol hon. Cynnyrch cystadlaethau yn Eisteddfodau'r Wladfa yw'r mwyafrif ohonynt:

1. 'Bywyd yn y Wladfa Rhwng 1920 a 1930.' (1977)
2. 'Y 28 o Orffennaf: Breuddwyd a Wireddwyd.'
3. 'Y Dyddiau Gynt: Digwyddiadau ar y Sul.' (1964)
4. 'Atgofion am Wahanol Fathau o Deithio yn Nhalaith Chubut.' (1967) (Cynhwyswyd yr adran ar Bontydd a Cherbydau yn nhraethawd Gweneira yn y gyfrol bresennol.)
5. 'Hanes Bywyd a Gwaith Gweinidogion y Wladfa […] hyd 1900.' (1971)
6. 'Rhestr o Feirdd Cadeiriol y Wladfa hyd 1970.' (1973) (Cyhoeddwyd hefyd yn *Y Drafod*, Ebrill 1975.)
7. 'Corau'r Wladfa. Crynodeb o'u hanes, ynghyd ag enwau eu harweinyddion yn ystod y can mlynedd cyntaf.' (1968)
8. 'Bywgraffiad: Unrhyw Berson o'r Wladfa: [Hugh Griffith, 'Llwyn Ebrill'].' (1973)
9. 'Hen Gymeriadau Hynod: [William Jones, Gaiman].'
10. 'Ivor J Pugh.'
11. 'William Meloch Hughes.'
12. 'Hybarch J C[aerenig] Evans.'
13. 'Bywgraffiad: Unrhyw Bump o'r Hen Wladfawyr sy'n Gorffwys ym Mynwent Moriah.' (1977) (Ni chynhwyswyd yn y gyfrol bresennol yr ysgrifau ar Y Parchg Abraham Matthews a John Murray Thomas , ond cyfeirir atynt yn gyson.)
14. 'Hanes Taith i'r Andes yn y Blynyddoedd Cyntaf.' (1974) (Heb weld y cyfansoddiad hwn. RG.)

Ôl-nodyn
Er i Elisa Dimol – a chyda chymorth Gweneira – fod yn ofalus iawn yn anfon ataf bob ysgrif a thraethawd o'i gwaith, mae'n dra thebygol, wrth gwrs, nad oes cofnod gennyf i o rai o'r cyfansoddiadau cynharaf.

Ffugenwau Eisteddfodol

Diddorol iawn, yn arbennig i ni yng Nghymru, yw sylwi ar y ffugenwau y byddai cystadleuydd megis Elisa wedi'u defnyddio wrth anfon ei chyfansoddiadau i'r Eisteddfod. Dyma restr ohonynt. Defnyddiai ambell un, wrth gwrs (er enghraifft, 'Blodwen'), fwy nag unwaith.

Mariela	Meirionwen
Cymraes	Meira
Merch o'r Ffarm	Nansy
Cyfaill y Brodor	Hen Ford T
Blodwen	Yr Hen Gôt Lwyd
Merch o Patagonia	Gwenmai
Edna	Andina
Melba	*Mimosa*
Yr Hen Ddisgybl	Un Sydd yn Hoffi Hanes
Eurgain	Eisteddfodwraig

Canllawiau golygu

1. Sicrhau cywirdeb. Cywiro unrhyw gamgymeriadau cwbl anfwriadol, megis camsillafu a chamargraffu.

2. Sicrhau eglurder mynegiant. Ond newid cyn lleied ag sydd modd ar y gwreiddiol.

3. Hwyluso'r darllen. Mae'r is-benawdau a welir yn y gyfrol wedi'u hychwanegu bron yn ddieithriad gennyf i.

4. Nodi o fewn bachau petryal unrhyw ychwanegiadau neu sylwadau golygyddol.

5. Mewn dyfyniadau, nodi â thri dot [...] pan fo gair neu eiriau wedi'u hepgor.

6. Ceisio adlewyrchu mor deg â phosibl iaith naturiol yr awdur ac iaith y Gwladfawyr tua'r cyfnod 1950–80. Newid ac ychwanegu cyn lleied â phosibl. Cadw, felly, ffurfiau megis: myned, gweled, boreu, goreu, dechreu, dyfod, athraw, heddyw, udgyrn, cydgan, pryd-nawn, dadlu, gribin bach (Mewn sawl ardal yng Nghymru hyd heddiw nid yw'r 'b' yn 'bach' yn treiglo ar lafar.)

Awgrym caredig

Gwnaeth R Bryn Williams gymwynas fawr (un o'i lu cymwynasau i Gymru a'r Wladfa) yn golygu'r gyfrol *Atgofion o Batagonia* (Gomer 1980), sef cynhyrchion y gystadleuaeth arbennig oedd yn gyfyngedig i'r Gwladfawyr yn Eisteddfod Genedlaethol Caerdydd, 1978. Roedd llungopi o gasgliad cyflawn Elisa Dimol ('Gwenmai', enillydd yr ail wobr) gennyf, ac y mae'r detholiad a wnaed gan R Bryn Williams ar gyfer ei gyhoeddi yn un teg (roedd y gwaith cyfan yn llawer rhy fawr i'w gynnwys yn y gyfrol). Carwn awgrymu'n garedig, fodd bynnag (a barn bersonol yw hyn), iddo olygu mwy nag oedd raid mewn mannau: newid er mwyn 'gwella'/cywiro/cadw at safon y Gymraeg a sgrifennid yng Nghymru. Perygl hynny yw colli peth o flas iaith y Gwladfawyr – 'Cymraeg Patagonia', ac, wedi'r cyfan, cystadleuaeth arbennig ar eu cyfer hwy oedd y gystadleuaeth hon. Dyma rai enghreifftiau o'r newid a wnaed ar dudalennau cyntaf, sef 41–54, y detholiad o waith Elisa Dimol a gyhoeddwyd yn *Atgofion o Batagonia*:

athraw	(> athro)
i roid addysg	(> i roi addysg)
yn nwylaw	(> yn nwylo)
yn hawddach	(> yn haws)
cyrrans	(> cyrrens)
pan oedd gorlifiad yn dod	(> pan ddeuai gorlifiad)

(Y mae defnyddio'r berfenw yn hytrach na ffurf bersonol y ferf yn nodweddiadol o'r iaith lafar. Cymh. 'Maen nhw'n canu'n y côr.'/'Canant yn y côr.' Y mae'r blas llafar hwn hefyd yn nodweddiadol o iaith ysgrifenedig y Gwladfawyr, megis llawer o bobl 'ddi-goleg' yng Nghymru.)

7. Nid oedd Elisa Dimol yn gwbl gyson yn y ffurfiau a ddefnyddiai. Pa ddisgwyl iddi fod? Pwy oedd ganddi'n athro i fwrw llygad barcud ar bob cymal a brawddeg yn ei Chymraeg ysgrifenedig? Gwelir ychydig wahaniaeth hefyd yn y ffurfiau a ddefnyddir ganddi yn ei chyfansoddiadau cynnar, o'u cymharu â'r rhai diweddarach, yn arbennig ffurfiau megis: myned/mynd; gweled/gweld; boreu/bore. Wrth olygu ar gyfer y gyfrol hon, felly, er cysoni rhai ffurfiau, megis: cymydogion (= cymdogion), ni cheisiwyd, fel arfer, gysoni ffurfiau fel y rhai isod, oherwydd fod yr anghysondeb hwn yn eu dull o sillafu yn adlewyrchu'n decach, yn fy marn i, natur y Gymraeg ysgrifenedig gan awdures megis Elisa Dimol. Dyma rai enghreifftiau: estrys/estrysod;

camlesydd/camlesi; blynyddoedd/blynyddau; oeddent/oeddynt; oeddem/ oeddym; boreu/bore.

8. Camdreiglo. Er enghraifft, enwau lleoedd yn dechrau gyda'r llythrennau C, P, T: 'yn Cwm Hyfryd'; 'yn Patagonia'; 'o Madryn i Trelew'; 'yn Trevelin'. Cadwyd enghreifftiau tebyg i'r rhain heb eu cywiro, ond cywirwyd enghreifftiau eraill o gamdreiglo, yn arbennig os ydynt yn amhersain i'r glust. Er enghraifft: 'a cael'; 'a caws'; 'a cyrrens gwyllt'; 'gwragedd a plant'.

9. Defnyddio'r fannod yn hytrach na'r sillgoll 'r. Digwydd hyn yn aml yng ngwaith Elisa. Penderfynwyd peidio â newid y patrwm. Er enghraifft: 'byddai y mamau'; 'malu y gwenith'; 'papurau y llong'; 'torri y gwenith'; 'ni werthai y coed'; 'glanhau y wlad'.

10. Priod-ddulliau Cymraeg sy'n gyfieithiad llythrennol o'r Saesneg. Ceir sawl enghraifft yng ngwaith Elisa a'i merch Gweneira, ond ni cheisiwyd eu newid. E.e.: 'cymeryd lle' [= digwydd].

11. Newidiwyd ffurfiau megis y rhai a ganlyn:

yn deid	(> yn dweud)
yn Mawrth	(> ym Mawrth)
ag (sy'n golygu *and*)	(>'Dafad ag [= ac] oen')

Nodiadau

1. Gweneira Davies de Quevedo, traethawd buddugol yn Eisteddfod Genedlaethol Cymru, Sir y Fflint a'r Cyffiniau, 2007, 'Olrhain Hanes Un Teulu o'i Gychwyn yn y Wladfa hyd Heddiw', t. 8. Dyfynnir o'r deipysgrif wreiddiol.
2. *ibid.*, t. 9.
3. *ibid.*
4. *ibid.*
5. 'Ein Teulu', atgofion Elisa Dimol (teipysgrif gan R G), 1977, t. 4.
6. 'Olrhain Hanes Un Teulu…', t. 10.
7. 'Ein Teulu', t. 4.
8. Pennod 7, 'Cymanfaoedd Canu yn y Wladfa'.

9.   Traethawd: 'Corau'r Wladfa', teipysgrif t. 1. Buddugol yn Eisteddfod y Wladfa, 26 Hydref 1968. Ni chyhoeddwyd y traethawd hwn yn y gyfrol bresennol, ond gw. traethawd Gweneira, rhif 3.

10.   Traethawd: 'Casgliad o Hanesion Gwladfaol'. Cystadleuaeth yn Eisteddfod y Wladfa, 1967. Cynhwyswyd y casgliad hwn fel rhan o bennod 17, gwaith Elisa: 'Storïau a Hanesion Difyr a Dwys'.

Plant y Wladfa a'u Cartrefi

Ychydig, Gwyndaf, fedraf ddweud am blant cyntaf yr Hen Wladfawyr, ond cofiaf mai pasio eu dyddiau ar y paith fyddai'r bechgyn hynaf, er mwyn dal anifeiliaid i gael bwyd i'r teuluoedd. Roedd y merched hynaf yn dysgu godro a gwneud menyn a chaws a helpu eu mamau mewn gwaith tŷ, achos roedd y gwragedd yn arfer dweud fod rhaid i bob merch cyn priodi wybod sut i gadw tŷ. Ond fel yr oedd yr ail set o blant yn tyfu, roedd dyddiau caled iawn o'u blaen, achos roedd y tadau'n dechrau gwneud ffosydd i gael dŵr i hau gwenith at gael bwyd, a hau alffalffa i'r anifeiliaid, ac felly y mamau a'r plant hynaf fyddai'n gofalu am y cartrefi. Roedd bechgyn y ffermwyr yn gorfod trin yr aradr yn ifanc iawn a'r merched yn helpu mewn bob gwaith ar y ffarm. Am flynyddoedd roeddynt yn malu y gwenith gyda melin fach i gael blawd i wneud bara a gwneud ffwrn o briddfeini, rhai blêr iawn, a rhai teidi.

'Bugeilio'r anifeiliaid' ac ar 'gefn poni i'r ysgol yn chwech oed'

Dyna ni, yr wyrion [a'r wyresau], yn tyfu rwan. [Yn ardal Ebeneser, i gyfeiriad Dolavon, fel mewn ardaloedd eraill], doedd dim ffensis i'r caeau, felly ein gwaith ni'r plant oedd bugeilio'r anifeiliaid, lle bod nhw'n bwyta'r gwenith a'r alffalffa oedd newydd eu hau yn y gwanwyn a thrwy'r haf. Roedd gyda ni'r plant lleiaf bonis. Roedd rhaid i ni, tua phump oed, ddysgu eu reidio i fyned ar gefn y poni i'r ysgol yn chwech oed. Roedd criw ohonom ni, blant y cymdogion, yn hel yr anifeiliaid i gyd at ei gilydd i ni gael chwarae ac anghofio'r anifeiliaid yn aml iawn.

Roedd rhaid i ni blant gofio dysgu adnodau ac emynau erbyn y Sul. Roedd rhaid myned i'r capel dair gwaith bob Sul, bugeilio am rai oriau yn y bore, a rhyw ddwyawr yn y prydnawn, a cheffyl yn y cerbyd neu gerdded, ond y plant hynaf ar gefn eu ceffylau. Chwi welwch fy mod yn siarad am blant y ffermwyr, achos roedd plant y dref yn cael bywyd esmwyth, achos dim ond ysgol at y trydydd gradd fu am flynyddoedd.

'Clywch sŵn y dŵr...': Gorlifiad 1899

Pan oedd gorlifiad yn dyfod, roedd pawb yn gorfod gadael eu cartrefi a myned i'r bryniau, a byw mewn pabell neu wneud ystafelloedd gyda drain, ond roeddem ni, blant lleiaf, yn meddwl mai peth braf iawn oedd gorlifiad, lle bod isio i ni fugeila yr hen anifeiliaid. Roeddem ni'n cael Ysgol Sul a dysgu canu bob wythnos, a chael chwarae faint fynnem ni, a chael godro geifr, a chael digon o laeth, ac roeddem ni blant yn dew braf, ac yn canu: 'Bywyd braf yw ein bywyd ni' – ddim yn meddwl am dristwch y rhieni, llawer wedi colli eu cartrefi, a dim posibl cael cynhaeaf y tymor hwnnw. Pan oedd y dŵr yn cilio, pleser mawr arall: cael myned adref yn y cwch – hwnnw'n myned yn sownd am oriau weithiau. Cofiaf mai pedair oed oeddwn i adeg gorlifiad 1899, a llond wagen ohonom yn cychwyn am y bryniau. A dyna berchennog y wagen yn dweud: 'Clywch sŵn y dŵr'. A dacw Gapel Ebeneser yn syrthio, a ni blant yn crio a meddwl lle gallem ni fyned ar y Sul os oedd ein capel wedi syrthio?

Byddaf yn meddwl llawer am wroldeb yr Hen Wladfawyr yn dal i wneud cartrefi newydd a chapeli a gwneud ffosydd newydd i gael dŵr i hau gwenith i gael blawd. Achos mai mewn gwahanol lefydd fyddai'r afon yn torri drosodd, doedd neb yn gwybod pwy fuasai'n cael colled yn y gorlifiad nesaf, ond gobeithio rwan fod ein Dyffryn yn ddiogel ar ôl cael yr argae 'Florentino Ameghino'.

Pan ddechreuodd pawb gael gwenith da, a hadau alffalffa, cawsant beiriant dyrnu mawr – rhyw chwech o ychain yn tynnu'r injan, a'r dyrnwr mawr y tu ôl. Roedd busnes y dyrnu'n bwysig i ni blant hefyd [...] [Am ragor o'r hanes, gw. pennod Elisa Dimol, rhif 10: 'Diwrnod Dyrnu'.]

Cwrdd llenyddol, Ysgol Sul a Chapel

Byddem yn cael cyrddau llenyddol bob gaeaf, a Chwrdd Ysgol Sul bob tri mis, ac yn y cyrddau hynny, byddai cystadlu adrodd emynau ac adnodau, a chael llyfrau yn wobr. Cofiaf pan oeddwn yn bump oed, ennill am adrodd emyn a chael llyfr bach o hanes Mary Jones yn cerdded i'r Bala i brynu Beibl, a'r waled ar ei chefn yn cario ei hesgidiau, lle bod nhw'n treulio. A finnau'n dweud wrth Anti [Mary Pugh, priod ei hewyrth, Owen C Jones, oedd yn magu Elisa] siŵr bod hi ddim wedi medru cerdded yn bell iawn yn droednoeth, a hithau'n ceisio egluro'r pellter roedd hi wedi'i gerdded.

Wrth sôn am dreulio esgidiau, cofiaf am y plant lle roedd teuluoedd mawr. Oedd dim posibl cael esgidiau dydd Sul i'r plant i gyd, ac wedyn am y cyntaf i baratoi i'r capel, a gwisgo esgidiau, rhai'n gwasgu, a rhai'n rhy fawr, a rhai'n gorfod sefyll adref a chael myned dydd Sul wedyn.

Byddai llawer teulu â mwy o ferched nag o fechgyn, a gwallt mawr gan y merched bob amser, felly roedd rhaid bathio'r plant ar nos Sadwrn a phlethu gwalltiau y merched bach i gyd. A bore dydd Sul dim ond molchi'r wyneb oedd raid. Ond fel roedd y merched yn tyfu yn bymtheg oed, roeddynt yn codi eu gwalltiau at y corun, a phan fuasem wedi dechrau codi'r gwallt, doedd dim isio myned i'r esgynlawr i ddweud adnodau. Roeddem yn meddwl ein bod ni'n ferched ifanc smart erbyn hynny!

Teithio mewn wagenni

Y ffordd i deithio i'r eisteddfodau neu gynhebrwng oedd mewn wagen, gyda thri cheffyl, a gosod planciau yn groes i'r wagen fel seti i eistedd, ac wedyn un dyn yn dreifio a llond y wagen o wragedd a phlant, a'r gweddill o'r dynion ar gefn ceffylau. Ac felly y byddem yn cael myned am wythnos i lan y môr, rhyw chwech o wagenni, a pharatoi digon o fwyd. Pob teulu yn myned â bara a menyn a chaws a theisennod, a gosod pebyll ar lan y môr. Ond roedd y plant hynaf yn gorfod sefyll gartref i gadw'r tŷ, ac edrych ar ôl yr anifeiliaid. A dyna'r ffordd y byddem yn gwneud picnics, myned at lan yr afon lle roedd cysgod coed helyg.

'Lladd mochyn tew a halltu'r cig': 'bwydydd y dyddiau gynt'

Yn y gaeaf, tua mis Mai, roedd pob perchennog ffarm yn lladd mochyn tew a halltu'r cig, a lladd anifail arall a'i halltu, a ni ferched yn piclo wynwyns a *cabbage* gwyn a rhai coch. Ac felly pawb yn paratoi ar gyfer y gaeaf a gwneud digon o gaws a menyn ym Mawrth ac Ebrill. Ac wedyn amryw yn cadw defaid, lladd bob Sadwrn a rhannu gyda'r cymdogion, a'r rhai oedd ddim yn cadw defaid, yn lladd buwch, a rhannu felly. A digon o datws gan bawb, a ieir a wyau. A swper i ni blant ym mhob cartref oedd bara llaeth gyda siwgr weithiau, a gyda halen dro arall. A rhai yn hoffi llaeth enwyn wedi ei gynhesu, a rhoi bara yn hwnnw. Ac mewn blynyddoedd wedyn *Quaker* [uwd] oedd swper y teulu i gyd. Pobol oedd yn byw'n rhad iawn oedd y Cymry, bwyd plaen. Ond pan ddechreuodd y cenhedloedd eraill gymysgu, newidiodd y bwydydd.

Pan ddaeth y 'gorlifiad mawr', fel yr oedd pobol yn galw gorlif 1899, am iddo ddyfod mor ddisymwth ac ysgubo pob peth o'i flaen, yr oedd digwydd fod cynhaeaf gwenith lled dda y tymor hwnnw, pawb wedi dyrnu a heb werthu llawer ohono, am fod y pris yn isel. Ond y gwaethaf oedd fod llawer wedi gorfod gadael y gwenith yn eu cartrefi gyda'r canlyniad iddo ddifetha, gan nad oedd amser i gario popeth. Yr arferiad y pryd hynny oedd i wragedd y ffermwyr wneud bara a theisennau bob amser ar ddydd Sadwrn, fel y byddai digon dros y Sul, a chyrhaeddai hyd ddydd Mercher, sef y diwrnod pobi dilynol. Oherwydd hynny roedd pob teulu yn cychwyn i'r bryniau ar ddydd Sadwrn, neu ddydd Sul, gyda digon o fara ffres. Ond y broblem wedi hynny oedd sut i wneuthur ffwrn i gael bara ar gyfer yr wythnos wedyn, rhai yn gwneud twll yn y clawdd neu yn y bryn a gosod planciau yn ddrws i'r ffwrn a sach wlyb am hwnnw rhag i'r planciau losgi gyda'r gwres, a byddai yn crasu yn rhagorol. Peth arall angenrheidiol oedd cael rhyw fath o bantri i gadw y llaeth a'r hufen i gael ymenyn, pawb yn torri drain a gwneud rhyw fath o rŵm a'i thoi gyda hesg a morter. Roedd gwragedd a merched yr Hen Wladfawyr cystal ag unrhyw ddyn ar gyfer unrhyw fath o waith, a chan fod yn rhaid i'r dynion ifanc fod allan ar y Paith i fugeilio yr anifeiliaid ddydd a nos rhag iddynt fyned am y Dyffryn a boddi, roedd pawb yn helpu ei gilydd i gael bwyd, lladd defaid a gwartheg. Ond roedd yr anifeiliaid yn ddigon prin, a chollwyd cryn nifer, er pob gofal. Nid oedd gwair ar y ffermydd oherwydd prinder ffosydd i gario dŵr.

Ein prif fwyd ni'r plant oedd digon o sŵp bob amser a digon hefyd o fara menyn a chaws a bara llaeth ac uwd blawd ceirch. Pan ddaeth *Quaker Oats* (enw newydd) byddai ein rhieni yn dweud:

'Y sawl a fwytith fwyaf o sŵp a gaiff fwyaf o bwdin *Quaker Oats* o'r Hen Wlad.'

'O', meddem ninnau, 'ydi o ddim yn bwdin neis iawn, mae o yn debyg iawn i flawd ceirch!' Roeddem wedi bwyta cymaint o hwnnw bob amser. Roedd y blawd ceirch mân yn dyfod mewn tyniau crwn, y rhai pan fyddent yn wag a fyddent yn dderbyniol iawn i ferwi tatws, neu i wneud pwdin reis yn y ffwrn.

Erbyn y gorlifiadau dilynol, roedd pob teulu yn gofalu paratoi digon o fwyd, digon o flawd, ac [fel yr awgrymwyd eisoes, gofalu am] besgi mochyn yn gynnar a'i ladd a'i halltu ddechrau mis Mai, a lladd buwch a halltu y cig hwnnw hefyd. Yng nghanol y gaeaf, ddiwedd Mehefin a mis Gorffennaf, y byddai y gorlifiad bob amser. Efallai y byddai yn glawio yn fân am ddyddiau ac felly neb yn gwybod pa bryd y byddai yn rhaid myned i'r bryniau. Wrth gwrs, roedd digon o goed tân i'w cael bob amser, a byddai yn rhaid gwneud bwyd yn yr awyr agored. Nid oedd *stoves* gan neb o'r ffermwyr yr adeg honno, felly roedd pawb yn gynefin â gwneud bwyd yn y dull hwnnw. Ond i gael cig rhost rhoddid y cig yn y ffwrn bob amser gyda'r bara. Cymerid bran a'i gymysgu gyda blawd gwyn i gael bara brown a'i fwynhau wedyn gyda digon o fenyn a chaws. Byddem ni blant ag wynebau cochion fel afalau bob amser.

Evan Ellis, y Sadler, a'i storïau

'Evan Ellis, y Sadler', dyna oedd enw'r hen ŵr bach oedd yn dyfod i'n cartref ni yn y gaeaf i drwsio gêr ceffylau a thrwsio ein hesgidiau a rhoddi gwadnau newydd iddynt. Cofiaf fy mod wedi rhedeg i'r tŷ i gael brechdan a chaws, ac euthum i'r ystafell lle'r oedd Evan Ellis yn gweithio a gofynnais iddo:

'Oes gyda chi stori, Evan Ellis?' Cododd ei ben a dywedodd:

'O, mi wela dy fod yn bwyta brechdan a chaws, wyt ti'n gwybod stori'r cathod a'r mwnci?'

'Nag ydw', atebais. [A dyma fo'n dechrau adrodd y stori]:

'Roedd dwy gath wedi dwyn darn mawr o gaws o ryw ffarm, ond yr oeddynt yn methu cytuno i'w rannu. Pan oeddynt ar ganol eu hymrafael, gwelent fwnci yn dyfod atynt. Gofynnodd y cathod iddo fod yn farnwr ar yr achos ac i rannu'r caws yn deg rhyngddynt. Torrodd y mwnci y caws yn ddau ddarn, ond gwelodd fod un darn yn fwy na'r llall, yna gyda'i ddannedd, torrodd ddarn o'r mwyaf eto. Ond roedd un darn yn fwy na'r llall o hyd. Gwelodd y cathod na fyddai dim o'r caws ar ôl iddynt eu dwy, a gofynasant iddo roddi'r gweddill iddynt heb ychwaneg o drafferth. "Na, na", meddai'r mwnci, "mae'n rhaid i mi gael fy nhâl am fy ngwaith yn barnu rhyngoch", a gwthiodd y gweddill o'r caws i'w geg, a gorfod i'r ddwy gath fyned adref heb damaid o gaws. Dyna fel mae cyfreithwyr yn myned ag eiddo pobol pan fydd eu plant ddim yn cytuno, wyt ti'n deall?' meddai Evan Ellis.

Un tro yr oeddem yn dyfod adref o'r seiat ar nos Wener.

'O! dyna'r lleuad newydd', meddai Evan Ellis, 'wyt ti'n ei leicio hi?'

'Na', meddwn innau, 'mae'n well gen i leuad fawr, pan fydd y nos yn dywyll.'

'O! dyna fo, mi newidiwn ni'r lleuad yma mewn mis.'

A finnau'n methu deall sut y gallai Evan Ellis fyned i'r awyr i newid y lleuad!

Ffynhonnell

Mewn llythyr at RG, 12 Mawrth 1967. (Gw. Llsg. AWC 1469/1.) Cafwyd y paragraffau sy'n cyfeirio at 'fwydydd y dyddiau gynt' o draethawd Elisa Dimol de Davies: 'Casgliad o Hanesion Gwladfaol' yn Eisteddfod y Wladfa, 1967.

2

I'r Ysgol

Ysgol Ganolraddol y Gaiman

Yn 1906 gosodwyd carreg sylfaen Ysgol Ganolraddol y Gaiman. Yr athraw cyntaf oedd David R Jones, athraw rhagorol, ddim yn unig yn yr ysgol ond roedd â'i lygaid ar y disgyblion ym mhob man. A chadw consert werth i fyned iddo ar ddiwedd bob tymor – dysgu côr yn yr ysgol a dysgu rhai eraill i adrodd, a phawb drwy'r Dyffryn yn edrych ymlaen am gonsert yr ysgol ganolraddol, a'r enillion i gyd yn myned at yr ysgol. Pawb yn cyrraedd mewn cerbydau, ac ar gefn ceffylau, a chychwyn adref tua deg o'r gloch y nos – rhai tua 12 *ktr* i fyned i'w cartrefi, ond pawb wedi mwynhau.

Chefais i mo'r anrhydedd i fyned i'r ysgol honno, achos roedd llawer o'r hen bobol yn dweud mai'r unig ysgol oedd merched ei eisiau ydoedd dysgu cadw tŷ, achos os y buasent yn priodi a chael plant, bod rhaid dysgu'r plant ar yr aelwyd. Credaf fod llawer o wir yn eu geiriau, achos ychydig iawn o ddylanwad yr aelwyd sydd i weled ymysg y plant heddiw. Roeddem ni blant wedi cael ein dysgu i barchu'r capel a'r gweinidog a pharchu hen bobol. A llawer o gynghorion gawsom sut i fyw yn dda. Ar ôl i'r athro, David R Jones, fyned i'r Hen Wlad, daeth Mr E T Edmunds a Mrs Edmunds, a gwnaethant waith da gyda'r disgyblion hefyd. Ond erbyn heddiw athrawon Ysbaeneg sydd yn 'Ysgol y Camwy' – dyna ydyw ei henw heddiw.

'Gwneud daioni... oedd Eluned Morgan bob amser'

Miss Eluned Morgan sydd yn haeddu'r clod am gychwyn yr Ysgol Ganolraddol. Doedd hi ddim am adael Plant y Wladfa heb addysg. Ifanc iawn oeddwn i yr amser hwnnw, ond cofiaf yn iawn am Miss Eluned Morgan yn teithio drwy'r Dyffryn i gyd ar gefn ei cheffyl am wythnosau, a merched y Dyffryn bob yn ail yn myned yn gwmni iddi i bob tŷ, i gasglu arian a chael aelodau wrth y flwyddyn yn gefnogwyr i'r ysgol. Mae'n wir fod llawer teulu'n rhy dlawd i roid addysg i'w plant achos costau bwydydd am yr wythnos, a llyfrau a dillad, ac mi wn i lawer talent ddisglair gael colli'r cyfleustra am na chawsant fyned i'r ysgol. Roedd Eluned Morgan yn anfon am lyfrau Cymraeg gyda lluniau o'r Hen Wlad, i ddysgu'r rhai lleiaf i ddarllen a'u rhannu i blant y Dyffryn, a llyfrau mwy, diddorol iawn, yn wobrwyon i'r Ysgol Sul, a chyrddau llenyddol. Gwneud daioni a chynghori oedd Eluned Morgan bob amser.

Ysgol Ebeneser, a Glan Caeron yr 'athraw addfwyn'

I'r ysgol ddyddiol yn ardal Ebeneser yr euthum i, ysgol i blant o chwech i ddeuddeg oed. Ond dim ond tair gradd oedd yn yr ysgol yr amser hwnnw ac os byddai ambell blentyn yn gyflym i ddysgu, byddai'n gorffen yn gynt.

Roedd y plant yn gorfod helpu eu rhieni ar y ffarm yn ifanc iawn. Roeddem ni blant yn bwyta cinio tuag un ar ddeg o'r gloch ac yna i'r ysgol erbyn deuddeg hyd bedwar y prydnawn. Ar gefn ceffylau a ponis y teithiem, a chaem de iawn ar ôl cyrraedd yn ôl adref, a phob un i wneud rhywbeth wedi hynny.

Ein gwersi yn yr ysgol oedd rhifyddiaeth, daearyddiaeth a hanes y wlad a'r Llywodraeth. Cymraeg oeddem yn ei siarad yn yr ysgol, ond yr athraw yn cyfieithu i'r Ysbaeneg i'r plant mwyaf. William H Hughes, 'Glan Caeron', oedd ein hathraw. Ni fyddai byth yn curo'r plant am wneud drwg, ond cymeryd sialc a gwneud smotyn ar y wal a dweud: 'Aros di nes daw mochyn bach allan o'r pared yna.' Weithiau byddem yno'n hir iawn, ac wedyn gofynnai'r athraw:

'Welaist ti y mochyn bach?'

'Naddo', atebid.

'Wel, dôs yn ôl i'r fainc i eistedd.'

Cosb i ni'r plant lleiaf oedd honno. Cosbai ni am siarad ac am gopïo'r wers. Cael eu cau yn yr ysgol tra fyddai'r plant eraill yn chwarae oedd cosb y plant mwyaf, ac ysgrifennu llond slât o'r wers.

Ponis fyddai gennym yn myned i'r ysgol, a byddai ambell un o'r rheini yn gastiog iawn. Anodd fyddai ei ddal, ac wedi ei ddal roedd yn ddiog ei wala. Gwahanol liwiau oedd y ponis, a byddem ni ferched yn rhedeg ras ac yn ennill y bechgyn yn aml iawn. Cyrhaeddem adref ar drot oherwydd roedd Mam yn dweud bob amser: 'Gofalwch, blant, peidiwch â rhedeg y poni.' Byddai ambell blentyn yn dyfod ar gefn ceffyl a'i gefn yn llydan, fel pe buasai wedi ei wneud i gario pump lle roedd llawer o frodyr a chwiorydd. Pan fuasai un yn gorffen, byddai un bach arall, chwech oed, yn dechrau y tymor wedyn.

Yn yr haf byddai'n rhaid i ni fugeilio y gwartheg gan nad oedd enillion y ffermwr yn ddigon i ffensio ei gaeau. Felly, ein hanes fyddai codi gyda'r dydd, cael brecwast, ac yna godro rhyw ddeg neu ychwaneg o wartheg a myned ar eu holau rhag ofn iddynt fyned i'r cae gwair neu i'r gwenith. Felly byddem yn cwrdd â gwartheg rhyw ddwy neu dair ffarm gyda'i gilydd o tua wyth y bore hyd un ar ddeg o'r gloch. Adref wedi hynny â'r gwartheg i'r *corral* [corlan] hyd tua phumP o'r gloch y prydnawn. Ar ôl cinio byddem yn myned i'r ysgol, a chan fod rhai ohonom yn byw ymhell iawn weithiau byddem yn cyrraedd mewn pryd ac weithiau yn hwyr. Ond deallai yr athraw ein hanawsterau a gwyddai mai anodd oedd gallu bod yno mewn pryd bob amser. Rhyw ugain i ddeg ar hugain o blant oedd yn yr ysgol, rhwng bechgyn a merched. [...]

Bu William H Hughes, 'Glan Caeron', yn athraw yn Ebeneser am flynyddoedd, ond ar ôl hynny symudwyd ef i'r Paith fel athraw i blant y brodorion. Yno yr oedd pan dorrodd ei iechyd i lawr yn y flwyddyn 1926. Ar ôl dihoeni am fisoedd, hunodd yn 68 mlwydd oed a rhoddwyd ei weddillion i orffwys ym mynwent Dolavon. 'Athraw addfwyn' oedd Mr Hughes – dyna fel y galwem ni y plant ef.

Ar brynhawn dydd Gwener roedd yn rhaid rhoddi y desgiau i gyd wrth ochor y wal a thynnu y meinciau erbyn y Sul. Ond yn gyntaf byddai Margaret Jane Williams yn dyfod yno i olchi y llawr ac yna byddai y rhai mwyaf yn ei helpu i osod y meinciau yn eu lle; a ninnau y merched yn myned at y ffos fach oedd yn pasio heibio yr ysgol a golchi y slât a'r cwpanau bach inc, a dyna bopeth yn lân erbyn bore Llun i ddechrau wythnos arall.

Ffynhonnell

Mewn llythyr at RG, 12 Mawrth 1967. (Gw. Llsg. AWC 1469/1.)

3

Chwaraeon a Difyrion

Tua'r flwyddyn 1899, pan ddaeth yn amser i wyrion yr Hen Wladfawyr fyned i'r ysgol, ychydig o ddewis oedd ar chwaraeon yr amser hwnnw, ac ychydig oedd rhif y plant o chwech oed i ddeuddeg. Felly, cymysg rhwng y merched a'r bechgyn [gan amlaf] oedd y chwaraeon.

Chwarae Indiaid. Dyma'r pleser mwyaf, oherwydd ein bod yn arfer gymaint yn eu cwmni, yn enwedig yn y gaeaf, ac felly caem ar ddeall sut yr oeddynt yn rhyfela â'i gilydd gyda phicellau. Clywais Caradog Jones, un o gyn-ddisgyblion yr ysgol yn ardal Moriah, yn dweud nad oedd Eluned Morgan, pan oedd hi yn yr ysgol honno, yn ffafriol i'r chwarae hwn, am ei fod, meddai hi, yn 'hen chwarae *vulgar* iawn' – (hen chwarae di-foes) – cymaint oedd boneddigeiddrwydd Eluned ers pan oedd yn blentyn.

Chwarae ysgyfarnogod. Y chwarae hwnnw oedd fel y canlyn. Yn y blynyddoedd hynny roedd digonedd o ddrain o amgylch bob ysgol, ac felly digon o le i ymguddio. Yn gyntaf, roedd rhaid dewis tri chi, ac enwau y rheini oedd Pero, Tango a Scott. Yna byddent yn cau eu llygaid a phwyso ar y pared i gyfrif o un hyd bum deg, ac yna'n galw: 'Os ydych yn barod neu beidio, dyma ni'n dod i chwilio amdanoch', a phob un yn gwylio'r cŵn yn dyfod, ac yn rhedeg at yr ysgol rhag i ni gael ein dal, a'r tri diwethaf [i gael eu dal] fyddai'r cŵn y tro nesaf.

Chwarae lliwiau. Dau neu ddwy yn cydio yn nwylo ei gilydd ac yn dewis lliwiau: glas a gwyn, coch neu felyn, neu unrhyw liw. Yna, galw ar y plant bob yn un: 'Pwy ddaw, pwy ddaw dros bont y glaw?' Ac yna un yn dyfod o dan ein breichiau, a gofynnem yn ddistaw pwy liw oedd yn ei hoffi. Os coch, [myned] tu ôl i hwnnw, ac os melyn, myned tu ôl i'r llall. Ac felly nes roedd y plant wedi pasio i gyd. Ac wedi hynny, y naill yn cydio am ganol y llall a thynnu bob ochr. Y rhai fuasai wedi gollwng gyntaf oedd wedi colli.

Chwarae Cymry dewrion. Un bachgen yn sefyll yn ei gartref, ac yna rhyw ddeg yn dyfod ato ac yn dweud: 'Dyma ddeg o Gymry dewrion yn dyfod i chwilio am waith', ac yntau'n gofyn: 'Pwy waith?' Yna y plant yn dangos sut oedd golchi, smwddio neu gorddi, gydag arwydd. Ar ôl i'r bachgen ddweud pwy waith, roedd y plant yn rhedeg i ffwrdd, a'r dyn ar eu holau, ac ar ôl dal un ohonynt, roedd hwnnw yn aros i weithio. Ac felly nes dal pob un o'r plant.

Chwarae pêl. Bechgyn un ochr a'r merched yr ochr arall. Am y gorau i ddal y bêl, a dyna lle byddent yn rhedeg a chwarae, nes y byddent yn chwys diferol. A hwyl fawr os y buasai'r merched wedi ennill.

Chwarae scipio. Tynnu rhaff oedd am wddf un o'r ceffylau, a dau neu ddwy yn cydio un bob pen i'r rhaff. Yna troi'r rhaff yn gyflym a neidio i'r canol. Roedd y bechgyn yn ennill y merched yn y chwarae hwnnw, oherwydd roedd dillad y merched yr adeg honno yn llydan, gyda ffrils, a *starch*, ac felly yn rowlio yn y rhaff wrth scipio. Credaf fod yn hawddach scipio heddiw gyda *minifalda* [sgert mini].

Diwrnod gwnïo. Y merched mwyaf yn dysgu'r rhai lleiaf i wnïo, a'r rhai hynaf yn gwneud hetiau gyda'r brwyn oedd yn tyfu ar lan y ffosydd. Plethu'r brwyn, ac yna eu trimio gyda blodau, alffalffa, blodau coesgoch, a dail y coed. Os buasai ambell un wedi casglu plu aderyn bach, roedd yr het honno yn fwy ei phris. Roeddynt yn cadw stôr i werthu'r dilladau a'r hetiau. Dydd Gwener, bron bob amser, yr oedd y gwerthiant, sef diwedd yr wythnos, a byddem yn cario'r pethau adref i wisgo poteli a phreniau i wneud dolis. Roedd ambell ferch yn trefnu dillad a hetiau yn neilltuol o dlws, gyda dyfais ardderchog, a meddwl mai plant ifanc oeddynt. Yn yr amser hwnnw doedd dim un athrawes i ddysgu'r plant i wnïo, yn enwedig mewn ysgolion yn y wlad: roedd gan blant y dref fwy o fanteision, mewn bob addysg. Gymaint o dalentau disglair oedd yn y Wladfa, pe byddai athrawon i'w hyfforddi.

Chwarae arall i fechgyn a merched bach oedd tynnu llun mochyn bach heb ei gynffon ar y bwrdd du, rhoddi cadach wedi ei glymu am y llygaid, a dweud: 'un, dau, tri, ffwrdd â ti' a rhoddi tri thro i'r plentyn i roddi cynffon i'r mochyn bach. A dyna hwyl! Roedd y gynffon yn cael ei gosod ymhobman ond yn ei lle!

Bob Gŵyl y Glaniad [28 Gorffennaf] roedd te parti ym mhob capel ar hyd y Dyffryn a consert ardderchog, pawb yn paratoi mewn canu ac adrodd, a dewis rhyw Hen Wladfâwr i roddi anerchiad yn y cwrdd. Hen dro na fuasem ni blant wedi gwrando mwy o'r hanes erbyn heddiw, ond roeddem ni'n meddwl fod yr Hen Wladfawyr fod i fyw o hyd, ond ydan ni'n gweled ein colled erbyn heddiw.

Gorffennaf 28ain, dyma'r diwrnod mwyaf pwysig ar y flwyddyn i ni blant. Cael te a digon o deisennod y diwrnod hwnnw a chwaraeon newydd. Cael *sweets* am redeg, a'r rhai bach iawn yn cael melysion hefyd. Roedd y bechgyn yn rhedeg ras mewn sachau; ras arall i gyrraedd y nod oedd i'r merched lleiaf. Hwyl fawr wedyn wrth edrych ar y merched mwyaf yn rhedeg ras gyda wy ar lwy – un fraich allan yn syth a'r llall y tu ôl. Am y cyntaf i gyrraedd y nod, ond syrthio fyddai'r rhan fwyaf, a'r wyau yn splash ar y llawr, ond daeth gwelliant ar y chware, sef berwi'r wyau, a chychwyn yn ddigon araf a rhedeg jest wrth gyrraedd y nod. Pwy oedd yn ennill? Wrth gwrs, y rhai oedd wedi cychwyn yn ara' deg.

Chwarae arall y dydd hwnnw oedd cystadleuaeth 'rhoddi edau yn y nodwydd'. Rhedeg at y nod a rhoddi edau yn y nodwydd, a rhedeg yn ôl i'r lle oeddynt wedi cychwyn. Enillai'r hon gyrhaeddai gyntaf, ond roedd ambell un castiog yn y chwarae hwnnw hefyd, sef dyfod â nodwydd trwsio hosanau a chrai mawr iddi. Ond, wrth gwrs, ar ôl hynny, roedd y pwyllgor yn gofalu dyfod â nodwyddau i bawb oedd am gystadlu.

Fel y gwelwch, syml iawn oedd y chwaraeon, ond pawb yn hapus, a chael gwyliau tri mis yn y gaeaf, a phlant newydd yn dyfod bob dechrau tymor, rhai hynaf yn gorfod aros gartref i helpu eu rhieni ar y ffermydd, dim ond wedi cael addysg at y trydydd gradd, ond troesant yn ffermwyr ardderchog, y bechgyn a'r merched.

Erbyn heddiw dyma'r hen ddisgyblion wedi chwalu i bob cyfeiriad, a rhai annwyl iawn na ddeuant byth yn ôl.

> Ond ffarwel i'r holl fwynderau
> Gefais pan yn faban iach,
> Mynwes ysgafn ddi-ofidiau
> Ydyw mynwes plentyn bach.

Ffynhonnell

Yn rhannol mewn llythyr at RG, 12 Mawrth 1967, ond, yn bennaf, mewn traethawd at Eisteddfod y Wladfa 1969. (Gw. Llsg. AWC 1469/5.)

4

Y Nadolig a'r Flwyddyn Newydd

Ofnaf eich bod wedi anfon tasg bur galed i mi at y Nadolig, Gwyndaf, oherwydd mai unffurfiol iawn oedd y Nadolig yn y blynyddoedd cyntaf yn y Wladfa. Ond dywedaf wrthych fel y cofiaf i pan yn blentyn. Peth arall, plentyn y wlad oeddwn i a digon posibl fod mwy o baratoi yn y trefydd.

Y gofyniad cyntaf: *'Pa beth yw'r enw yn eich ardal chwi ar y Nadolig? Y Gwyliau?'*

'Dydd Nadolig' a'r 'Flwyddyn Newydd' oeddem ni yn eu galw. Ar Ddydd Nadolig, roedd y perthynasau i gyd yn cyd-gwrdd, os yn bosibl; y rhai oedd yn byw yn y dref yn dyfod i'r ffermydd, bron bob amser, Taid a Nain, tad a mam, plant ac wyrion. Yna byddem yn cael cinio Nadolig, iâr wedi ei rhostio gyda thatws yn y ffwrn fawr (oedd yn pobi bara). Ychydig iawn o deuluoedd oedd yn berchen ar stôf yn y blynyddoedd hynny. Yna byddem yn cael plwm pwdin, wedi ei ferwi am oriau y dyddiau cynt. Wedyn byddai pawb yn sgwrsio a ninnau blant yn chwarae. Dŵr o'r ffynnon oeddem yn yfed, neu laeth enwyn, neu lefrith. Tua phedwar o'r gloch y prydnawn caem de a bara menyn a chaws cartref a theisen ddu (doedd dim llawer math o deisennau yn yr amser hwnnw), a the ardderchog oedd, gyda hufen bob amser. Swper cyffredin a gaem, oherwydd roedd y perthynasau yn myned adref ar ôl y te. Y Sul cyn y Nadolig, neu ar ôl y dyddiad, byddem yn cael Pregeth Nadolig ym mhob capel, a ni'r plant yn adrodd penodau o'r Beibl, neu adroddiadau am y Nadolig, a chaneuon pwrpasol.

Y Parchg D Deyrn Walters, 'Consert y Nadolig', a 'Choeden Nadolig'

Tua'r flwyddyn 1906 daeth y Parchg D Deyrn Walters i'r Wladfa yn weinidog ifanc, a dechreuodd gadw cyrddau y Gobeithlu, ac yna dysgu y bobol ifanc a'r plant i gael Consert y Nadolig. A dyna pryd y cofiaf i ni gael Coeden Nadolig am y tro cyntaf, yn llawn o bob math o anrhegion i blant y Gobeithlu. A thrwy fod Mr Walters yn myned bron i bob capel yn y Dyffryn roedd dyddiadau gwahanol i gadw y cyrddau a choeden Nadolig ymhob capel i'r plant. Cyrddau ardderchog oedd y rhai hynny a pharasant am flynyddoedd, tra bu Mr Walters yn Patagonia. Llafuriodd yn galed iawn, haf a gaeaf. Bu cyfnod Mr Walters yn galonogol iawn, yr holl bobol canol oed hefyd yn barod bob amser i helpu gyda'r canu a'r adrodd, a llond yr esgynlawr ymhob capel o blant bach yn dweud adnodau a dysgu adroddiadau a chaneuon bach at y Nadolig.

A olygai'r term a ddefnyddiwch chi un diwrnod yn unig, neu gyfnod o rai dyddiau? Y Nadolig? Y Gwyliau?

Ie, un dydd oedd y Nadolig, yn cael ei gadw yn barchus fel dydd Sul, neb yn gweithio yn un man y diwrnod hwnnw.

Y Flwyddyn Newydd: 'casglu calennig' a 'gwigwyl'
'Pa un oedd y pwysicaf, Dydd Calan ynteu'r Nadolig?'

Ar ddiwrnod y Flwyddyn Newydd yr oeddis yn cadw gwigwyl bob amser, a'r arferiad gan bawb a ddewisai oedd myned i lan yr afon o dan gysgod y coed helyg gwladfaol i gael picnic. Yn y blynyddoedd pan ddaeth wagenni a cherbydau roedd teuluoedd cyfan yn myned, a phob math o fwyd gyda hwy, yn y prydnawn wedi cael cinio tebyg i ginio Nadolig. Berwi dŵr mewn sosban fawr ac yna taenu llieiniau gwynion dros y glaswellt, a chael te blasus a sgwrsio a dweud straeon, ac yna bob math o chwaraeon, a'r bobol ifanc yn eu difyrru eu hunain tan gyda'r nos.

Ar geffylau y byddai y bechgyn a'r merched ifanc bob amser. Roedd yn arferiad gan y bechgyn ifanc i fyned i gasglu calennig noson cyn y Flwyddyn Newydd ar gefnau eu ceffylau. Rhai yn canu caneuon digri a'r lleill yn chwarae 'cordian', neu gitâr. Ychydig o ffrwythau oedd yn y Wladfa y pryd hynny, ond cyrrans coch a rhai gwyn a rhai duon. Felly, byddai y mamau yn paratoi tarten gyrrans, ac eraill yn paratoi rhyw fath o deisennau. Ychydig o arian oedd neb yn medru ei roi i'r bechgyn, ond pan gyrhaeddent adref gyda thoriad y wawr, byddai eu cylla yn bur foddlon wedi'r wledd a gawsant, fel y gallent gysgu yn esmwyth tan amser cinio! Roedd y cinio fel cinio Nadolig, ond dim gŵydd na thwrci, ond pawb yn pesgi ieir at y Nadolig, a digon o blwm pwdin i bawb. Y mae yr arferion a'r bobol wedi newid yn fawr erbyn hyn. Yr arferiad yn awr yw cael *asado*, sef oen rhostiedig, wedi ei rostio ar gansen haearn. Gwneir digon o dân yn gyntaf, i gael marwor, ac felly y mae y cig yn coginio yn flasus iawn, mewn awr neu ddwy. Rhostir porchell yr un modd, neu yn y stôf. Gwneir hyn y noson cynt a'i fwyta y dydd dilynol yn oer, gydag *ensalada* (salad), sef berwi tatws a berwi wyau yn galed a thorri'r cwbl yn fân gyda letis a thomatos. Yfir pob math o win, ac i derfynu, fel *postre*, pob math o ffrwythau, neu deisennau crand. Er hyn, y mae llawer o'r Cymry yn para i wneud plwm pwdin o hyd at y Nadolig a'r Flwyddyn Newydd.

Ni ellir dweud yn iawn pa bryd y dechreuodd y cyfnewidiad yma, ond roedd arferion y ddawns a'r arferion eraill yn llithro i mewn yn araf. Yna dechreuodd merched a bechgyn y Cymry briodi gyda gwahanol genhedloedd. Fel y gwyddoch, syml iawn ydyw bwyd y Cymry bob amser, ond mae y bobol eraill yn gwirioni ar bob math o wahanol fwydydd.

'Te Parti a Chonsert' a'r arian i filwyr yr Hen Wlad

Yn y flwyddyn 1914, pan dorrodd y Rhyfel Mawr Cyntaf allan, meddyliodd pawb yn y Wladfa am gymeryd Diwrnod y Flwyddyn Newydd ym mhob ardal yn ddiwrnod i wneud Te Parti a Chonsert, a'r enillion i gyd i'w hanfon i'r milwyr i'r Hen Wlad. Roedd llawer iawn o Brydeinwyr yn y Wladfa yr adeg honno, ac felly y buont yn dathlu y Flwyddyn Newydd tra parhaodd y rhyfel, a ninnau yn ferched ifanc siarp yr adeg honno yn tendio y byrddau. Daliodd rhai ardaloedd ym mlaen i gadw Te Parti hyd yn ddiweddar iawn.

'A wneid cyflaith (taffi) at y Nadolig? Pa bryd? Sut? Gan bwy?

Byddai pob teulu yn gwneud taffi; y mamau yn bennaf oedd yn ei baratoi. Rhoddid ymenyn a siwgwr i ferwi nes yn frown, yna codi llwyaid i ddŵr oer, ac os byddai yn sefyll fel marblen ar waelod y dŵr, roedd y taffi yn barod. Ei dywallt ar unwaith [wedyn] ar ddysgl fawr a'i dorri yn ddarnau mân pan yn gynnes. Ambell waith byddai merched a bechgyn ifanc yn cwrdd yn un o'r cartrefi, ac am y gorau i wneud taffi. A dyna hwyl a fyddai, rhai wedi ei losgi a'r lleill heb ferwi digon. A rhai wedi rhoddi finegr ynddo! Ond pa un bynnag am hynny, roedd yno hwyl arbennig ar y noson yma a phawb yn bwyta taffi.

'A gâi gweision a morynion ymweld â'u cartrefi dros y Nadolig?'

Nid oedd neb ar y ffermydd yn cadw gwas na morwyn yn y blynyddoedd cyntaf. Roedd rhaid i ni blant ddysgu gwaith y tŷ a gwaith y ffarm, ond roedd gweision a morynion y trefydd yn cael myned i'w cartrefi bob amser, ac yn y blynyddoedd yma hefyd ymhob man.

Dal llwynogod
'Ym mha fodd y dethlir trannoeth y Nadolig? Hela'r Dryw, neu Hela Llwynog (Cadno)?'

Dim un o'r ddau. Roedd rhaid myned i weithio ben bore ar ôl y Nadolig. Os na fyddai y Nadolig wedi bod ar Ddydd Sadwrn. Pan ddigwyddai hynny, roedd rhaid myned i'r capel dair gwaith.

'Hela'r Dryw?' Na, nid oedd neb yn y Wladfa am wneud niwed i'r dryw bach, ond yn hytrach lluchio briwsion iddi a gofalu ei bod yn cael chwarae teg i wneud ei nyth wrth ymyl ein cartref.

'Hela Llwynog?' Roedd y rheini yn cael eu dal mewn trapiau, neu doedd dim pleser i neb fagu ieir. Roedd bocs dal llwynog ymhob ffarm yn y blynyddoedd cyntaf, a rhai yn dyfeisio trapiau cywrain iawn i'w dal. Ond y mae dyddiau y llwynogod lladd ieir wedi darfod ers blynyddoedd. Cwyno mawr sydd gan berchenogion y Paith y blynyddoedd yma fod llwynogod coch yn lladd yr ŵyn bach. Mae y Llywodraeth wedi rhoi caniatâd i ladd y llwynogod, ac y mae y trigolion yn cael tâl am ddal pob un. Y mae difrod mawr ar yr ŵyn bob blwyddyn.

Ffynhonnell
Ateb i holiadur gan RG: 'Y Nadolig a'r Flwyddyn Newydd', Tachwedd 1967. (Gw. Llsg. AWC 1469/4.)

5

Ebeneser, Bro fy Mebyd

'...yr unig offerynnau oedd ganddynt oedd caib a rhaw a bwyell'

[Ar ddechrau'r ysgrif hon adroddir hanes Rachel ac Aaron Jenkins y prynhawn Sul cofiadwy hwnnw yn 1867 yn agor 'cwter fach', fel bod y dŵr yn llifo o'r afon i faes y gwenith. Gw. pennod Elisa Dimol, rhif 9: 'Ffarmio'.]

[…] Y blynyddoedd dilynol roedd pawb oedd yn feddiannol ar ffermydd wrth ymyl yr afon yn torri ffosydd ohoni i ddyfrhau eu tiroedd, ond roeddynt yn dibynnu ar godiadau uchel yr afon i fod yn llwyddiannus, a honno yn eu siomi lawer blwyddyn. Am hynny penderfynodd y ffermwyr wneud camlesydd i dynnu dŵr o'r afon, fel y gallai pob ffermwr gael dŵr i ddyfrhau ei gnydau. Ond gwelwyd fod yn rhaid myned filltiroedd o Rawson i gael rhediad dŵr i'r camlesydd. Cofier mai caib a rhaw fach oedd yr unig offerynnau oedd ganddynt. Ond gwroniaid oedd yr hen Wladfawyr cyntaf, ac felly pawb o'r dynion yn cychwyn ar fore dydd Llun ac yn dyfod yn ôl ar nos Sadwrn. Aent â'u pecyn bwyd am yr wythnos gyda hwy ac arhosai eu gwragedd a'r plant yn Rawson i odro y gwartheg a gwneud ymenyn a chaws. Arhosai rhai o'r dynion ieuengaf gyda hwy bob yn ail i fyned ymaith i'r Paith i hela er mwyn cael lluniaeth.

Erbyn y flwyddyn 1876 roedd minteioedd newydd wedi dyfod i'r Wladfa a'r ffermydd wedi cael eu lleoli bron ymhobman a llawer o ffosydd yn barod i ddyfrhau tyddynnod yn y Dyffryn Isaf. Yna gwelwyd fod eisiau gwneud camlas fawr yr ochr arall i'r afon, fel y gallasai pawb o'r Dyffryn Uchaf i'r Dyffryn Isaf gael dŵr i'w ffermydd. Yn 1882 roedd llawer o deuluoedd wedi cael ffermydd yn y Dyffryn Uchaf, a'r pennau teuluoedd wedi myned yno yn y gaeaf i ddechrau gwneud y gamlas newydd.

Ie, dyma ddechrau arloesi eto. Nid oedd gan yr arloeswyr newydd yma ddim math o dyddyn i orffwys y nos ar ôl gweithio yn galed trwy y dydd. Byddai ei logell yn wag a'r cylla hefyd yn wag yn aml iawn, ond rhaid oedd gweithio yn y gaeaf i gael dŵr i'r ffosydd yn y gwanwyn, er mwyn cael hau gwenith. Yna byddai yn rhaid disgwyl i hwnnw dyfu ac aeddfedu er mwyn cael bara. Hawdd iawn fyddai iddynt ddweud: 'I beth ac i bwy rwyt ti'n byw?' Beth oedd yn eu disgwyl bob bore ar ôl brecwast? Tynnu drain a mangoed ac, yn aml iawn, rhaid fyddai arnynt dynnu ambell fonyn coed coch (*algarrobo*). Cofier eto mai yr unig offerynnau oedd ganddynt oedd caib a rhaw a bwyell. Dyna oedd gwaith y dydd ac, yn aml iawn, y nos. Roedd yn rhaid llosgi y drain mân i gael glanhau y tir i wneud y ffos. Pentyrrai eraill y drain i wneud cysgod rhag y gwynt a'r glaw a llunio rhyw fath o do a'i osod drosto. Er y cwbl, roedd y syniad o gael llecyn o'r ddaear yn eiddo personol yn meddu ar ryw swyn neilltuol iddynt.

Eu bwyd arferol oedd bara ac ymenyn a chaws, a byddent yn saethu hwyaid gwylltion, petris ac ysgyfarnogod. Weithiau, yn y gwanwyn, byddent yn lwcus o ddarganfod nyth o wyau petris, a dyna bryd o fwyd pur dda iddynt am y diwrnod hwnnw.

Gweithient yn galed iawn ar hyd yr wythnos, ond byddai pawb ohonynt yn parchu y Saboth. Cadwent gwrdd gweddi y bore a'r hwyr, ac Ysgol Sul y prydnawn. Dyma enwau y rhai ffyddlon a fyddent yn cyfarfod: Thomas Dylife Jones; William M Davies; Evan Pugh, ac Owen Thomas Knowles. Yn ei gartref ef y byddent yn cyfarfod i addoli ar y Sul. 'Y Boncyn Mawr' oedd ei enw. Dyna lle y buont yn addoli am flynyddoedd. Sefydlwyd ardal Ebeneser yn y flwyddyn 1882. Dyna oedd enw y capel newydd hardd a adeiladwyd yn y flwyddyn 1892 ar ffarm y Br David Pritchard ar y gornel ogleddol.

'Dacw Gapel Ebeneser yn syrthio': Gorlif Mawr 1899

Ond daeth Gorlif Mawr 1899, a hwn a fu y capel cyntaf yn y Dyffryn i gael ei ddymchwelyd yn llwyr i'r llawr. Cofiaf am y Sul bythgofiadwy hwnnw. Perchennog y wagen yn sefyll ar ei draed i edrych oedd y dŵr mawr yn agos: 'Dacw Gapel Ebeneser yn syrthio', gwaeddodd, 'dewch ar unwaith i gael cyrraedd y bryniau, does dim munud i'w golli.' Dyna lle'r oedd llond y wagen o famau a phlant a bwydydd a dilladau a'r tri cheffyl yn chwys dyferol, gan mor gyflym y teithiem am yr anialwch – cystal dweud hynny. Dim ond bryniau noeth a drain oedd yn ein disgwyl.

Cymdogion yr ardal oedd wedi adeiladu Capel Ebeneser, a phawb o'r ardal wedi cyfrannu tuag at hynny yn ôl eu gallu. Gyferbyn â'r llecyn yma yr oedd ffarm Mr Edwin Williams (Druggist), ac roedd ryw foncyn bach nad oedd dŵr y gorlif wedi cyrraedd ato. Rhoddwyd pedair erw o dir yn rhodd gan y perchennog i wneud ysgoldy. Ac felly ar y Sul cadw dau gwrdd ac ysgol Sul, tra y cedwid ynddo yr ysgol ddyddiol ar ddyddiau yr wythnos. Cymdogion yr ardal a adeiladodd hwn hefyd, heb fawr o gywreinrwydd o'i gwmpas. Rhywbeth ar y pryd nes gwneud capel newydd oedd yr addewid. Ond bu cymaint o ddadlau ac o anghydwelediad ynglŷn â phenderfynu ymha le y dylasai y capel newydd gael ei adeiladu nes arhosodd rhai o'r aelodau ar hyd y blynyddoedd yn yr ysgoldy.

Diaconiaid a gweinidogion, athrawon ysgol Sul a chyrddau llenyddol

Dyma enwau y diaconiaid cyntaf: Mr Edwin Williams (Druggist). Byddar oedd ef, ond â gwelediad mawr ganddo ac yn barod ei gymwynas; roedd hefyd yn weddïwr mawr. Y rhai eraill oedd Owen Cox Jones; Evan Pugh; Owen Thomas Knowles; John Williams, 'Glan Alun'. A'r codwr canu oedd David Pritchard. Ond ar ôl y Gorlif Mawr, symudodd ef a'i deulu i ardal Bryn Crwn. Colled fawr i'r ardal a fu colli teulu lluosog a ffyddlon o'r capel.

Y gweinidogion cyntaf a fu yng Nghapel Ebeneser oedd y rhai canlynol: y Parchg Abraham Matthews; y Parchg Lewis Humphreys (Tir Halen); y Parchg J C Evans (y Gaiman); a'r Parchg R R Jones (Niwbwrch). Yn y flwyddyn 1906 daeth gweinidog newydd yma o Gymru, sef y Parchg D Deyrn Walters, ac [fel y soniwyd ym mhennod 4] ef a fu y gweinidog cyntaf i gynnal Gobeithlu yn Ebeneser. Deuai yno haf a gaeaf ar bob prydnawn dydd Sadwrn yn ffyddlon […] Byddai yno ryw dri deg o blant yn cael dysgu dramâu ac adrodd a chanu a phawb yno yn brydlon a ffyddlon. Gwyn ein byd y dyddiau hynny.

Bu yng Nghapel Ebeneser hefyd athrawon ysgol Sul da iawn yn dysgu i'r plant ddarllen ac ysgrifennu a chanu llawer iawn o 'Sŵn y Jiwbili'. Roedd teulu lluosog gan John Williams, oedd yn byw yn nhref Dolavon, ac yn dyfod i Ebeneser gyda llond y cerbyd o blant ac yn ein dysgu i ganu at gwrdd yr ysgol Sul a'r cyrddau llenyddol. Roedd hen ddyn bach arall yn ein dysgu, ond gyda ffliwt yr oedd ef yn cymeryd y sŵn, ac mewn tipyn o helynt weithiau i gael y sŵn iawn, a ninnau blant yn dueddol i chwerthin cyn dechrau canu! Ond fuasem ni fawr o chwerthin gyda John Williams, achos roedd ef yn un gwyllt iawn, a phan fyddai wedi gwylltio roedd yn wyn, wyn yn ei wyneb. A ninnau yn ei adnabod yn dda iawn, roeddem yn foneddigaidd iawn bob amser gydag ef – rhag ofn y gosb a ddêl!

Ardal Ebeneser: 'rhyw ben draw'r byd o le!'

Roedd 'ardal Ebeneser' yn cael ei chyfrif yn rhyw ben draw'r byd o le! Felly, pan fyddai rhyw gwrdd pregethu, neu Gymanfa, yn y Gaiman, neu yn Trelew, a phersonau wedi myned yno o ardal Ebeneser, byddai pawb yn rhyfeddu ac yn dweud: 'Yr oedd pobol o *Ebeneser* yn y Gymanfa!' Sicr y byddent yn aros noson yn nhŷ cyfeillion ac yn myned gartref drannoeth ar gefn ceffyl, neu mewn cerbyd, os gallent gael un yn yr ardal.

Cofiaf fel y byddem yn dysgu tonau y Gymanfa ar ôl iddi basio bob amser. Roedd ardal Ebeneser a Thir Halen yn cael eu cadw y naill du gan fod yr holl bellter rhyngddom. Cofiaf am Gomet Halley yn y flwyddyn 1910 a rhyw ddyn yn gofyn i fachgen pur ifanc tua'r flwyddyn 1960:

'Ydych chi'n cofio gweld Comet Halley?'

'Nad ydwyf fi', meddai yntau.

'Wel na, wrth gwrs', meddai y bonheddwr, 'yn Tir Halen yr ydych chi'n byw, yntê?'

Felly hyd y dydd heddiw y mae y pellter yn cael ei gyfrif.

Ond, er y pellter, roedd yno bobl ddysgedig iawn. Cynhelid llawer o gyrddau llenyddol difyr odiaeth bob gaeaf, a'r cymdogion yn myned o'r naill gartref i'r llall i ddysgu partïon ar gyfer cystadlu. Aem ninnau y plant gyda'n rhieni i chwarae cuddio a chwarae sgyfarnogod tra byddent hwy yn dysgu canu. Cerdded tuag yno a thuag adref a wnaem bron bob amser, gan fod angen y ceffylau i weithio drwy y dydd yn y gaeaf. Ar y ceffyl y dibynnid yn gyfan gwbl yr adeg honno i wneud y gwaith i gyd: troi y tir yn y gaeaf gyda'r aradr; gweithio y gwair yn yr haf a'i 'bressio' wedi hynny. Yna cario'r gwenith a'r haidd cyn belled â thref Rawson. Cychwynnid tuag yno pan fyddai y dydd yn gwawrio gyda llond y wagen o sachau ŷd, ac aros ddiwrnod arall yn Rawson i wneud y negesau. Byddai y merched yn manteisio i fyned gyda pherchennog y llwyth, gan fod cerbydau mor brin, ac weithiau byddid ryw bedwar diwrnod ar y daith. Roeddem ni blant yn falch iawn o'u gweld yn cyrraedd yn ôl adref, i ni gael rhyw fath o felysion i'w bwyta. Deuai'r gwanwyn â rhagor o waith aredig y tir eto ar gyfer hau y gwenith, ac felly, rhwng popeth, nid oedd y ceffylau yn cael fawr o seibiant ar hyd y flwyddyn […]

[Gartref] bob dydd Sadwrn roedd yn rhaid [i ni blant] ymolchi y corff a'r pen a gwneud plethi gwallt, ac am y mwyaf cyrliog ddydd Sul. Y peth cyntaf a wnâi merched ieuengaf ddydd Sul oedd gofyn: 'Pa sawl plethen wnaethoch chi?'

Roedd posibl gwybod, mwy neu lai, yn ôl y cyrls a fyddai yn y gwallt. Peth arall pwysig yn hanes y merched [fel yr awgrymais eisoes] fyddai pryd y buasem ni yn cael codi ein gwallt a rhoddi cribau smart ynddo, fel y merched ifanc, a stopio dweud adnodau oedd y pwnc mwyaf. Os buasem yn rhai tal roedd cyfle i orffen dweud adnod yn gynt. Pymtheg oed oedd yr oed i fod a gwelem yr amser yn hir iawn i gyrraedd y pymtheg oed. Byddem ni y rhai lleiaf yn gwylied y rhai talaf, ac yn myned adref ac yn dweud wrth Mam:

'Dyna braf, mae Maggie a Lizzie heddiw wedi codi eu gwalltiau yn smart iawn, a dyna ddwy heno ddim eisio iddynt ddweud adnod, yntê, Mam?' A Mam yn ateb:

'Paid â siarad hen lol wirion.' […]

Gardd ffrwythau'r Br Benjamin Brunt

Gardd y Br Benjamin Brunt fu yr unig ardd ffrwythau am flynyddoedd yn ardal Ebeneser. Cofiaf fel y byddai gwragedd y cymdogion yn myned yno i brynu cyrrans coch a rhai gwynion a rhai duon i wneud tarts at y Nadolig. Ychydig o blant oedd yn cael myned yno, rhag ofn iddynt sathru y blodau. Dyna lle y gwelais y 'Sweet William' mwyaf amryliw erioed, ynghyd â phob math o flodau eraill. Y Br Brunt a enillodd wobr yn Chicago am y gwenith cyntaf o Batagonia. Ef hefyd a blannodd y coed *tamarisco* [grugwydden] cyntaf yn ardal Ebeneser. Roedd dynes yn myned yno bob dydd Llun i olchi – pawb yn defnyddio sebon golchi yr adeg honno, nid oedd dim math o bowdr golchi. A chofiaf am yr olchwraig yn gorfod cario y dŵr golchi mewn bariliau i ddyfrhau y coed *tamarisco*. Nid oeddynt ond gwrych o flaen y tŷ, ond roedd Mr Brunt yn eu tocio a'u taclu yn dlws bob amser. Roedd ef yn ddyn trefnus iawn gyda phob gwaith, a Mrs Brunt – dynes fach o ran ei maintioli – hefyd yn drefnus iawn bob amser. Roedd ganddynt deulu mawr, saith o fechgyn a thair o ferched a rhyw olwg boneddigaidd arnynt lle bynnag y buasent. Cofiaf amdano am flynyddoedd yn myned yn ei gerbyd pedair olwyn a cheffyl du llewyrchus yn ei dynnu i'r Gaiman i werthu ffrwythau bob wythnos […]

Ebeneser, Tir Halen, a chroesi 'Pont Tom Bach'

Dylaswn fod wedi dweud mor anffafriol a fyddai teithio o ardal Ebeneser i ardal Tir Halen. Dim ond yr afon oedd rhwng y ddwy ardal, ond nid oedd pont drosti, ac felly yn y cwch oedd yr unig ffordd i gyrraedd yno am flynyddoedd. Ond pan sefydlwyd tref Dolavon gwnaed pont ar yr afon yn y flwyddyn 1916 rhwng ffarm David Pritchard a ffarm Edward Williams. Bu hyn yn hwylustod mawr i ardal Tir Halen i gario eu cynnyrch i Dolavon i gwrdd â'r trên i fyned ymlaen i Trelew a Madryn. Yn y flwyddyn 1960, gwnaed pont arall rhwng ffarm Evan Pugh a 'Tom Bach' (a dyna enw y bont). Yn y fan yma yr oedd y rhyd i groesi ar geffylau, neu mewn wagenni, pan fyddai yr afon yn isel.

Dyma fi wedi rhoi braslun o hanes ardal Ebeneser. Dim ond Johnnie Evan Pugh sydd yn aros heddiw [1972] o 'blant Ebeneser' ac y mae dros ei 84 mlwydd oed. Y mae ef yn byw yn hen gartref ei rieni, Y Weirglodd, ac yn gofalu amdano y mae ei ferch, Dinah. Y mae ef yn sionc ac yn llawn hiwmor, fel pe byddai ond ugain oed. Y mae'r cwbl eraill o'r hen gyfeillion erbyn heddiw wedi gadael llafur a helbulon sefydlu gwlad newydd ac wedi cyrraedd y wlad lle y gorffwys y rhai lluddedig. Ie, wedi cyrraedd 'Bedd yr Arloeswr'. Hunant mewn hedd wedi cael dianc 'o sŵn y boen sy'n y byd'.

Ffynhonnell

Cystadleuaeth yn Eisteddfod Gadeiriol y Wladfa, 21 Hydref 1972: 'Hanes Dyddiau Cynnar Unrhyw Ardal yn y Dyffryn'. Hepgorwyd rhannau o'r gwaith hwn rhag ailadrodd deunydd a gyhoeddwyd mewn penodau eraill.

6

Y Capel a'r Diwygiad

Yn yr adeilad lle cadwem yr ysgol ddyddiol [yr 'ysgoldy'] yr oedd y Cwrdd ar y Sul, oherwydd roedd Gorlifiad Mawr 1899 wedi dymchwelyd capel hardd Ebeneser. Chwalwyd pob bricsen ohono a chwalwyd llawer teulu am fod eu ffermydd dan ddŵr. Roeddynt yn cael tri chwrdd bob Sul, pregeth yn y bore a'r nos, ac ysgol Sul yn y prydnawn. Y Parchg R R Jones, Niwbwrch, oedd gweinidog Capel Ebeneser, ond roedd pregethwyr eraill yn dyfod yno unwaith yn y mis: y Parchg Lewis Humphreys; y Parchg John Caerenig Evans, a'r Parchg Tudur Evans. Hefyd deuai Evan John Jones fel pregethwr cynorthwyol.

John Williams, athro ysgol Sul, a'i hanesion difyr o'r Beibl

Roedd pob enwad yng Nghapel Ebeneser. Roedd gennym athrawon da iawn. Enw un o'r athrawon ydoedd John Williams. Dywedai hanesion o'r Beibl wrthym ni, blant bach, achos blinedig iawn oedd dweud A.B.C. ryw ddwy awr bob bore Sul, rownd y flwyddyn. Cofiaf i ni gael llyfrau bach o Gymru, dan law Mrs E T Edmunds. *Y Cam Cyntaf* oedd ei enw, ac roedd y plant yn cael pleser mawr wrth gael dweud y brawddegau, ac yna yn gallu darllen dros eu hunain yn fuan iawn. Tua'r flwyddyn 1915 ydoedd yr amser hwnnw. Cofiaf rai o'r hanesion heddiw. Roedd John Williams yn ein rhybuddio i gofio dweud y gwir bob amser, ac yna adroddai hanes Ananeias a Saffira, ei wraig, wedi gwerthu tir ac wedi dweud anwiredd, a Duw yn eu cosbi: 'Am hynny bu farw y ddau.'

Y Sul arall, I Brenhinoedd, 7 bennod, a'r adnodau 1–24. Roedd yn siarad am Eleias, y Thesbiad, fel yr oedd Duw yn gofalu amdano amser y sychder mawr oedd yn y wlad. Duw wedi rhoddi gorchymyn am iddo ymguddio wrth afon

Cerith i gael dŵr ac y buasai cigfran yn cario bara a chig iddo'r bore a'r prydnawn, a ninnau blant yn rhyfeddu bod aderyn yn cario bwyd i ddyn ar lan yr afon. Ond dyna oedd y wers i ni blant am yr wythnos, a dysgu'r penodau ar ein cof. Hefyd II Brenhinoedd, pennod 5 yn gyfan. Hanes Naaman, tywysog llu Brenin Syria yn cael iachâd o'r gwahanglwyf ar ôl ymolchi saith waith yn yr Iorddonen. Nid oedd gan Naaman lawer o ffydd y buasai'n gwella, a pherswadiodd ei weision iddo ymolchi saith waith. Ac felly y gwellhaodd yn rhad ac am ddim. Ond daeth Gehasi, gwas Eliseus, gŵr Duw, ar ôl Naaman i ofyn am arian, dau bâr o ddillad. Ac am iddo dwyllo a dweud anwiredd, cafodd ef wahanglwyf Naaman. Felly bob Sul yr oeddem yn cael rhyw hanesyn o'r Beibl, ac oherwydd hynny, yn cael diddordeb i ddarllen y Beibl.

'O, Arglwydd dyro awel…': y Diwygiad yn cyrraedd Ebeneser

Amser Diwygiad 1905 cofiaf fod siarad mawr yn y capel ryw nos Sul yn Ebeneser fod y Diwygiad wedi dyfod i'r Gaiman, a ni blant yn methu deall beth allai hwnnw fod. Ond rhyw nos Fercher, 'noson Seiat', dyma fechgyn a merched o wahanol gapeli yn dyfod i mewn a dechrau canu: 'Diolch Iddo', ac 'Ar ei ben bo'r goron!' A'r lleill yn disgyn ar eu gliniau ac yn myned i'r pulpud a dechrau gweddïo a gweiddi am faddeuant. A finnau'n cydio'n dynn ym mraich Anti a gofyn:

'Ai pobol wedi drysu ydi rheina?'

'Eistedd i lawr yn llonydd', meddai Anti, 'Diwygiad sydd wedi dod'.

Wel, dyna beth oedd cyrddau! Dim ond sŵn canu ar hyd y ffyrdd ym mhob man. Wedi cyrraedd yn y Gaiman, aeth y Diwygiad fel storm o wynt ar hyd y Dyffryn i bob ardal – hen bechaduriaid y tafarndai yn gweddïo a chanu bob nos o'r wythnos. Cyrddau Gweddi a Chyrddau Undebol ym mhob ardal am fisoedd lawer. Doedd ardal Ebeneser ddim ymhell adeg Diwygiad! Un tro cofiaf glywed gymaint â chwech o bobol yn gweddïo yr un pryd. Cofiaf hefyd am hen ddyn bach yn rhoddi emyn i *ddechrau*'r cwrdd: 'Dan dy fendith wrth ymadael', a bechgyn eraill yn gweiddi: 'Na, mae'n rhy fuan i ddweud hwnna rwan, canwn: "O! Arglwydd dyro awel, a honno'n awel gref".' Dro arall, roedd [yr hen ŵr hwn] yn bloeddio canu: 'Arglwydd dyma *Ti* ar fy ngalwad *i*'. Rhai eraill yn dyfod i'r capel dan ganu: 'Adref, adref blant afradlon, gadewch gibau gweigion ffôl', a'r lleill yn bloeddio canu: 'Ar ei ben bo'r goron'. Roeddem ni blant yn dychryn gyda'r holl sŵn a llawer o fechgyn yn dyfod at y capeli wrth ei glywed, a rhai o'r tu fewn yn neidio dros y meinciau a rhedeg ar ôl y rhai oedd y tu allan a'u llusgo i mewn i'r capel ac wedyn yn canu 'Diolch iddo byth am gofio llwch y llawr'. Ar ôl y noson gyntaf honno [yn Ebeneser] roedd yr ofn yn cilio a ninnau blant yn chwilio hefyd am emynau erbyn pob nos. Roeddem ni i gyd yn hoffi canu'r emynau ac, fel yr oeddem yn cynefino â hwy, caem bleser wrth eu dewis. A phan ddeuai'r cwrdd i ben, golygfa ardderchog oedd gweled rhyw ugain neu ragor o fechgyn a merched yn carlamu ar gefn eu ceffylau gan ganu emynau.

Cawsom lawer o gyrddau ardderchog adeg y Diwygiad, ac amryw o fechgyn ifanc wedi teimlo eu bod wedi cael galwad i'r Weinidogaeth. Un ohonynt oedd y Parchg Tudur Evans. Yn 1906 aeth i Gymru i astudio, a daeth yn ôl mewn tair blynedd fel gweinidog i'r Gaiman. Yn 1912 priododd gyda Margaret Williams, boneddiges o Gymru a chwaer i Mrs D Deyrn Walters. Yn 1920 cafodd ei alw fel gweinidog i wasanaethu eglwysi Trevelin ac Esquel. Yn 1933 daeth yn ôl eto i'r Dyffryn a gwasanaethodd yr eglwysi yn y Wladfa i gyd. Ond cafodd gystudd maith iawn a hunodd ym Medi 1959, ar ôl ei ffyddlondeb fel gweinidog ar eglwysi'r Wladfa.

'O! achub hen rebel fel fi': tonau ac emynau'r Diwygiad

Tua 1910 daeth Mr Sam Jenkins i'r Wladfa gyda *Tonau y Diwygiad* i'w ganlyn. Tenor hyfryd oedd ef a'i lais yn gwefrio drwy bob man. Dechreuodd ganu 'O! achub hen rebel fel fi', a thôn arall 'O! tyrd ato, bechadur, yn awr', a phawb yn ei groesawu ac yn canlyn ar ei ôl i bob man. [Gw. nodyn gan RG] Yng nghartref Evan Pugh yr oedd yn aros fwyaf yn Ebeneser, ac yna pawb drwy yr ardal yn brysio gyda gwaith y dydd i gael myned i ganu y nos gyda Mr Sam Jenkins, nes oedd pawb yn chwys, ac Evan Pugh yn dweud: 'Dewch i ni gael un tro eto ar yr "Hen Rebel", Sam Jenkins, cyn i ni fyned i gysgu.' A phawb yn canu eto nes y byddem yn gryg. Ie, cartref i bawb oedd tŷ Evan Pugh a'i deulu mawr, croesawgar, bob amser. Roedd Mrs Pugh yn un dda iawn am ddewis emynau amser y Diwygiad, ond ddim yn deall canu, ac ar ôl darllen yr emyn, fel hyn yr oedd hi'n dweud: 'Dyna fo, gwnewch fel y mynnwch efo fo yrwan.'

Y Parchg D Deyrn Walters yn ei 'gerbyd bach dwy olwyn' a'i 'boni bach coch'

Yn y flwyddyn 1906 daeth pregethwr newydd, sef y Parchg D Deyrn Walters, allan i'r Wladfa yn ddyn ifanc ar gymhelliad Miss Eluned Morgan a'r Parchg Philip Jones, oedd yn perthyn i Gapel Moriah a Threlew. Gweithiodd Mr Walters yn galed iawn yn Ebeneser dan lawer o anawsterau. Cerbyd bach dwy olwyn yn cael ei dynnu gan boni bach coch oedd ganddo i deithio yn yr haf poeth a'r gaeaf oer o Rawson i Dir Halen. Rhyw ddydd Sadwrn, roedd yn myned yn ei gerbyd dwy olwyn a phoni cyflym yn ei dynnu i Dir Halen, lle'r oedd i bregethu ddydd Sul. Dychrynodd y poni bach a lluchiwyd Mr Walters allan o'r cerbyd, gan beri dychryn iddo, a hefyd ei frifo, digon tebyg. Daeth bachgen rhyw bymtheg oed heibio ar ei geffyl, mab i Saeson, ond yn medru siarad Cymraeg, er yn bur drwsgwl. 'Iesu gwyn, Walters bach', meddai, 'paid â chrio, mi ddaliaf y ceffyl a'r cerbyd i ti yrwan.' Daeth yn ei ôl cyn hir, wedi dyfod â'r poni a'r cerbyd. Roedd Mr Walters yn bur sionc erbyn hyn ac, felly, gallodd gyrraedd y cartref oedd yn ei ddisgwyl erbyn y Sul.

[Fel y dywedais wrth sôn am y Nadolig], ef oedd y gweinidog a ddechreuodd gadw y Band of Hope ym mhob ardal, a phawb yn ffyddlon i'r cyrddau. Cofiaf amdano'n dyfod i Ebeneser bob dydd Sadwrn erbyn pedwar o'r gloch yn ei gerbyd dwy olwyn a'r poni bach ynddo'n myned fel yr awel. Dysgai'r plant i ganu ac adrodd, a chynhaliai gonsert mawr bob Nadolig – gwahanol ddyddiau ar hyd wythnos y Nadolig. Cofiaf iddo ddweud bod eisiau i'r plant wisgo ruban glas y diwrnod hwnnw i ddangos ein bod yn ddirwestwyr, a dyna rai plant yn dyfod â ruban glas mawr ar eu brest. Ond pan gyrhaeddodd Mr Walters, ruban bach, bach oedd yn ei gôt, a ninnau'n rhyfeddu bod Mr Walters yn gwisgo ruban mor fach ac yntau'n bregethwr. Byddai'r olygfa yn y Gymanfa Ddirwestol unwaith y flwyddyn yn werth ei gweld: llond yr esgynlawr yn Bethel o blant bach yn adrodd ac yn canu a'u rhieni'n dyfod gyda hwy ac i'r Ysgol Sul […]

O Gapel Ebeneser i Gapel Bryn Crwn

Yn y flwyddyn 1912 deuthum i fyw i ardal Bryn Crwn a Mr Walters yn cadw Band of Hope yno hefyd, a chyrddau gyda'r bobol ifanc bob nos Wener. Byddai rhyw ddeg ar hugain yn myned yno'n gyson yn ystod y gaeaf, a chaem lawer o gynghorion buddiol ganddo a llawer pregeth werthfawr iawn. Cofiaf amdanom ryw noson oer iawn, roedd eirlaw yn dechrau pan oeddem yn myned i mewn i'r capel, a thestun pregeth Mr Walters y noson honno oedd 'Yr Eira'. Cynghorai ni'r bobol ifanc i gadw ein cymeriad a'n llwybrau'n wyn fel yr eira a dilyn bywyd tawel a distaw fel yr eira, ac am i ni hefyd gofio bob amser am ddefnyddio ein hamser i wneud daioni ym mhob man. Colled fawr a gafodd y Wladfa ar ôl Mr Walters. Credaf mai dyma'r gweinidog cyntaf i gymeryd diddordeb mewn plant a phobol ifanc. Ymadawodd o'r Wladfa yn 1922.

Ymroddiad a ffyddlondeb

Ar ôl ymadawiad Mr Walters gweithiodd y Parchg John Foulkes; y Parchg Alun Garner, a'r Parchg Tudur Evans yn ddiwyd. Buont yn ffyddlon iawn i gefnogi y cyrddau a dysgu'r plant a'r bobol ifanc. Yn y flwyddyn 1930 daeth y Parchg E R Williams gyda'i briod, Mrs Williams, i'r Wladfa. Llafuriodd flynyddoedd yn galed iawn gan deithio ar hyd y Dyffryn i helpu cynnal yr Eisteddfod. Cymell y corau i ddechrau canu, myned o gwmpas i bob tŷ i gael gwybod faint o blant oedd yn paratoi at ganu neu adrodd yn yr Eisteddfod, a Mrs Williams yn myned yn gwmni iddo i'r ardaloedd nad oedd ddim llawer o awydd dysgu ynddynt. Ond ddywedodd neb 'Na' wrth Mr Williams erioed. Roedd ganddo ryw ffordd neilltuol i ddenu pawb i ddysgu. Bu Mrs Williams hefyd yn dysgu Saesneg ac yn paratoi merched i fyned yn nyrsus i'r Hospital Brydeinig, a chawsant ganmoliaeth fawr bob amser. Ac ar ôl i Mr Williams huno, gallaf eich sicrhau, Gwyndaf, ein bod wedi cael colled enfawr. Ond 'Gwyn eu byd y rhai pur o galon, canys hwy a welant Dduw.' Dyma y Wladfa wedi cael ei gadael heb arweinydd i'r plant a'r bobol ifanc. Ac erbyn heddiw y mae y cenhedloedd eraill yn cael dylanwad ar y bobol ifanc a'r plant ac ychydig iawn o ddiddordeb gan neb ifanc sydd i gadw y traddodiadau Cymraeg.

Yn y flwyddyn 1923 daeth y Parchg Ben Davies, Pant Teg, am dro i'r Wladfa. Y gaeaf hwnnw roedd gorlif mawr wedi bod yn y Dyffryn a gwneud llawer o ddifrod, ond cofiaf i ni gael pregeth amserol iawn gan y Parchg Ben Davies ar y testun: 'Duw yn gofalu am yr unigolyn'. Y capel yn orlawn a'r canu yn ardderchog.

Yn 1938 daeth y Parchg Nantlais Williams yma, a blwyddyn i ni i'w chofio oedd honno. Dyna pryd yr hunodd yr annwyl Eluned Morgan, a chafodd Mr Williams yr anrhydedd o wasanaethu yn ei chartref, ac yn y fynwent ar y bryn yn y Gaiman, gyda gweinidogion eraill.

Yn ardal Bryn Crwn heddiw [1972] y mae un o blant Ebeneser, sef y Br Benjamin Pritchard, dros ei 85 mlwydd oed. Pymtheg oed oedd ef yn symud yno, ac y mae byth er hynny yn aelod ffyddlon yng Nghapel Bryn Crwn. Lawer tro y gofynnwyd i'w fam, Mrs David Pritchard, sut yr oedd hi yn gallu trefnu gyda'r holl blant i fyned i'r capel yn y bore. 'Wel', meddai Mrs Pritchard, 'mae Dafydd yn cychwyn ar ei draed gydag amser. Byddaf innau yn gwisgo y rhai lleiaf ac yn dweud: "Rhed ar ôl dy dad." Ac felly y naill ar ôl y llall, a gofalu am anfon y rhai mwyaf o'r tu ôl iddynt. Felly byddant yn cerdded hyd y ffarm yn groes gornel a finnau gyda y babi ar eu holau.' Yr un fath i'r ysgol Sul. Ond i'r cwrdd nos, dim ond Dafydd a'r chwech mwyaf fyddai yn myned.

Ffynhonnell

Cyfuniad o lythyr at RG, 12 Mawrth 1967; traethawd 'Hanes Dyddiau Cynnar Unrhyw Ardal yn y Dyffryn [Ebeneser]'; ac atgofion a anfonwyd at RG Tachwedd 1977.

Nodyn gan RG

Llinell ym mhedwerydd pennill un o emynau mwyaf poblogaidd y Diwygiad yw 'Tyred ato, bechadur'. Adnabyddir yr emyn, fel arfer, yn ôl ei linell agoriadol: 'A glywaist ti sôn am Iachawdwr y byd?' Awdur y geiriau a chyfansoddwr y dôn yw Morgan Rhys Willians, 'Alaw Brycheiniog' (1844–95).

7

Cymanfaoedd Canu yn y Wladfa

A nodd heddiw ydyw gwneud ysgrif ar Gymanfaoedd Canu yn y Wladfa am fod yr hen gerddorion i gyd wedi huno erbyn hyn, ynghyd â'r arweinyddion a fuont gynt mor ffyddlon gyda chaniadaeth y cysegr. Ond chwiliwn am yr hen *Drafodau* i gael amcan sut yr oedd y cymanfaoedd yma yn cychwyn yn y dechrau.

'Gwella Caniadaeth y Cysegr': Cymanfaoedd Canu yn Nhrelew a'r Gaiman, Tachwedd 1907

Y cam cyntaf ydoedd dewis pwyllgor i drefnu y Gymanfa Gyffredinol i gael undeb yn yr eglwysi ar gyfer perffeithio y canu ac i ddysgu y bobol ifanc a'r plant mewn cerddoriaeth. Ni wyddom pa bryd y cychwynnodd y Gymanfa Gyffredinol, ond yn *Y Drafod* am Fedi 27, 1907, cawn hanes cynnal pwyllgor y Gymanfa yn y Gaiman. Yn y pwyllgor yma penderfynwyd cynnal y Gymanfa mewn dau le: yn Trelew, yn y Tabernacl, ar y 19 o Dachwedd, ac yn y Gaiman, ar yr 22 o'r un mis, y flwyddyn honno. Da ydyw sylweddoli yn y fan hon nad oedd cyfleusterau teithio yr adeg honno yr un fath ag yn bresennol, fel ei bod yn golygu llawer mwy i deithio o un ardal i'r llall i fynychu y cyfarfodydd.

I lywyddu yn Trelew, dewiswyd y Bonwyr E M Morgan a David Rhys Jones, ac i'r Gaiman y Parchedigion J C Evans a D Deyrn Walters. Penderfynwyd gofyn am anerchiadau ar Ganiadaeth y Cysegr, rhyw gangen ohoni: i David Rhys Jones ac R J Berwyn yn Trelew, ac i'r Parchg R R Jones, Niwbwrch, a Miss Eluned Morgan yn y Gaiman. Dewiswyd y Br Llewelyn Williams yn arweinydd cyffredinol a'r Br Edward Morgan, Tŷ Newydd, Bryn Crwn, yn arweinydd y plant. Y Bwyr Joseph Davies a W R Williams i gyfeilio i'r tonau cynulleidfaol, a John Owen Evans a Morris Owen i gyfeilio i donau y plant. Gofynnwyd i'r Br Joseph Jones, drwy yr CMC [Cwmni Masnachol Camwy], ddyfod â chyflenwad o lyfrau a phethau eraill angenrheidiol tuag at gychwyn dosbarthiadau sol-ffa, a'r Br Carrog Jones i fod yn feirniad cerddorol ar y dosbarthiadau a rhoddi tystysgrif i bob un a fernid yn deilwng.

Yn *Y Drafod* hefyd am Tachwedd y 6ed 1907 cawn anerchiad ar y Gymanfa Ganu gan un a eilw ei hunan 'Gohebydd 2':

> Ei phrif amcan ydyw gwella Caniadaeth y Cysegr, yr hwn sydd yn bur isel yn ein plith. Ac os llwyddir i wella y canu, bydd wedi ateb ei diben. Gwyddom na ellir disgwyl pethau hynod yn y Wladfa, ond gellir disgwyl y peth mwyaf, sef arweiniad yr Ysbryd Glân. Ac un ffordd effeithiol er cael yr arweiniad hwn ydyw llafurio.
>
> Mae pawb yn hoffi y bendithion tymhorol, ond nid pob un sydd yn hoffi'r llafur sydd eisiau er eu cyrraedd. Felly, dibynna llwyddiant y Gymanfa ar yr ymdrech a wneir yn yr eglwysi o hyn hyd y dydd y cynhelir hi. Credwn os bydd yno ganu da, fod hynny wedi costio llafur. Gweddïwn am arweiniad yr Ysbryd Glân. Cofiwn nad ydyw y Gymanfa yn y Wladfa ond yn ei mabandod, ni ellir disgwyl iddi fod yn ddi-wallau. Mae yma dalentau disglair, a'r cwbl sydd yn angenrheidiol ydyw ymarferiad, diwydrwydd a gostyngeiddrwydd, ac yna bydd gobaith y deuwn o hyd i'r talentau sydd yn awr yn guddiedig. Pa ddyn a gafodd berffeithrwydd heb ymarferiad? Cofiwn mai ieuanc ydyw cerddoriaeth yn y Wladfa, a chofiwn hefyd os am fyned yn uwch fod yn rhaid dringo.

Cafwyd tywydd dymunol i'r Gymanfa yma a phawb mewn cywair da, y peth sydd eisiau i ganu, yntê? Yr hyn a dynnai oddi wrth werth ac effaith y cyfarfodydd oedd yr un gŵyn â phob amser: 'diffyg llafurio' i ddysgu. Er hynny, cafwyd hwyl dda ar rai tonau.

'...myned i wahanol eglwysi y Dyffryn i gynnal "rihyrsial"': cymanfaoedd 1908

Mawrth 6ed 1908 bu pwyllgor eto, a phenderfynu bod Cymanfa i'w chynnal ar y 6ed o Dachwedd 1908. Dewiswyd y Br David Bowen yn Gadeirydd, Edward

O Thomas yn Ysgrifennydd, ac Evan John Rees yn Drysorydd. Awgrymwyd fod cynrychiolydd pob eglwys i ymgynghori ag arweinydd y gân er dewis tair tôn ac un anthem, ynghyd ag un dôn i'r plant, ac anfon y cyfryw i bwyllgor trefnu y rhaglen. Gwneid y pwyllgor yma i fyny gan Edward Morgan, Llewelyn Williams, Philip John Rees, R A Davies, a John Owen Evans. Penderfynwyd fod y pwyllgor i gyfarfod yn Trelew ar y 18 o Ionawr, ac, yn gyffredinol, y Gaiman, ar y 27 o Ionawr 1908.

Yn y blynyddoedd cyntaf, y Bonwyr Llewelyn Williams ac Edward Morgan oedd prif arweinwyr y Gymanfa. A byddai yn arferiad gan Edward Morgan i fyned i wahanol eglwysi y Dyffryn i gynnal 'rihyrsial' ar gyfer y Gymanfa, sef ymarferiad ar y tonau. I'w ganlyn âi â phedwar o bob llais: soprano, alto, tenor a bâs, fel yr oedd ganddo sylfaen dda i ddechrau ar donau newydd y Gymanfa. Byddai cynulleidfa Bryn Crwn yn cael ymarfer bob nos Sul ar ôl y cwrdd gweddi.

Yn eglwysi Trelew a Moriah yr oedd y Bonwyr Joseph Jones a Llewelyn Williams yn ymarfer y tonau. Cofiaf yn dda fel y byddem yn edrych ymlaen at y Gymanfa Ganu ar ddydd Mercher yn Trelew a dydd Gwener yn y Gaiman, unwaith y flwyddyn. Pawb yn dyfod o'r ffermydd mewn cerbydau a llawer o'r dynion ar geffylau. Dim ond ambell fodur oedd i gael yr amser hwnnw, a phan ddaeth y trên o Trelew i'r Gaiman yr oedd gwell cyfleustra i rai oedd yn byw yn bell yn y ffermydd.

Cyfarfu pwyllgor 'Cymanfa Undebol y Wladfa' yn y Gaiman ar y 26 o Ragfyr 1908, a phenderfynwyd a ganlyn:

1. Fod y Gymanfa i gael ei chynnal yn y Gaiman a Trelew.
2. Ein bod yn anfon i Gymdeithas y Tonic Sol-ffa am nifer o Dystysgrifau.
3. Fod arholiad i gael ei gynnal fore'r Gymanfa am ddeg o'r gloch.
4. Ein bod yn dewis Gwilym Thomas yn arholwr.
5. Fod y pwyllgor yn taer ddymuno ar i Swyddogion pob Eglwys ofalu am gyflenwad o gopïau at wasanaeth y cynhulliad, a hefyd fod y gwahanol eglwysi i wneud casgliad i gyfarfod â'r treuliau.

Arwyddwyd y nodyn gan yr Ysgrifennydd, Edward O Thomas.

Cymanfa Undebol Trelew: Mai 1909, a 'swynol' lais Sam Jenkins

Yn *Y Drafod* am Mai 14, 1909, cawn yr hysbysiad a ganlyn: 'Cymanfa Ganu Undebol Trelew'. Cynhaliwyd y Gymanfa uchod Mai y 7fed yn y Tabernacl, Trelew. Arweiniwyd y tonau gan y Bwyr Llewelyn Williams (Trelew) ac Edward Morgan, Tŷ Newydd, Bryn Crwn. Cyfarfod am ddau o'r gloch dan arweiniad y Br E M Morgan, a'r Llywydd oedd y Br Josiah Williams. Am chwech o'r gloch arweiniwyd gan y Br John Evan Jones, a llywyddwyd gan y Br Dafydd Cosslett Thomas. Cafwyd cyfarfodydd ardderchog yn y prydnawn a'r hwyr. Nid oes amheuaeth nad ydyw Caniadaeth y Cysegr yn gwella, ond 'eto mae lle'.

Yn *Y Drafod* am Mehefin 10fed, 1910, cawn hanes y Br Sam Jenkins wedi cychwyn o Lundain am Batagonia. Daeth Sam Jenkins yma yn yr un llong â'r Fonesig Eluned Morgan a'r Parchg Philip Jones a ddaeth yn weinidog i'r Wladfa. Gwelwn hysbysiad yn *Y Drafod*, oddi wrth y Gymanfa Bregethau: 'eu bod yn llawenhau am ddyfodiad y Br Sam Jenkins. Deallwn fod yr Eglwysi yn galw am ei wasanaeth ac yn ei gydnabod am hynny. Gan hyderu y bydd ei ddyfodiad i'n plith yn fendith yn llaw yr Arglwydd i achub llawer o bechaduriaid.' A phwy a anghofia Sam Jenkins? Mor swynol y canai bob amser.

'...a thyrfa fawr o bobl o bob rhan o'r Dyffryn wedi ymgasglu ynghyd i ganu mawl i Dduw': Cymanfa 1910

Yna Mehefin 24, 1910:

> Ddydd Mawrth diwethaf cynhaliwyd Cymanfa Ganu Undebol y Wladfa, yn eglwys y Tabernacl, Trelew, dan arweiniad meistrolgar y Br Joseph Jones a'r Br David Rhys Jones, athraw y Camwy, yn arwain y plant. Nid wyf yn credu y buasai yn bosibl cael diwrnod mwy dymunol, yr awyrgylch yn braf a di-gwmwl a thyrfa fawr o bobl o bob rhan o'r Dyffryn wedi ymgasglu ynghyd i ganu mawl i Dduw. Yn y prynhawn cymerwyd y gadair gan y Br David Cosslett Thomas ac arweiniwyd yn anrhydeddus gan y Br John Evan Jones. Dechreuwyd y cyfarfod gan y Br W Meloch Hughes, y Gaiman, trwy ddarllen a gweddïo. Wedi mynd dros hanner y rhaglen a chanu gyda hwyl arbennig, galwyd am air gan y Cadeirydd, cawsom anerchiad byr ac i bwrpas gan yr hen frawd sydd wedi cymeryd rhan flaenllaw gyda'r mwyafrif o Gymanfaoedd y Wladfa. Siaradai yn gryf ar y pwysigrwydd o ddysgu

cerddoriaeth i'r plant, fel y byddant yn alluog i'w ddeall ac i'w ddarllen eu hunain. Byddai hynny yn achlysur ac yn help i'r arweinwyr. Gobeithio y bydd yr awgrym yn cael y sylw priodol gan holl eglwysi'r Wladfa. Wedi mynd dros y rhan arall o raglen y plant, yn ogystal â rhai mewn oed, diweddwyd y cyfarfod trwy weddi gan y Br R J Berwyn.

Dechreuwyd cyfarfod y nos gan y Br David Rhys Jones yn y dull arferol, ac arweiniwyd gan ein cyfaill ieuanc, y Br Sam Jenkins. Drwg oedd gennym nad oedd yr hen Batriarch, Josiah Williams, yn alluog i fod yn bresennol i gymeryd ei le fel cadeirydd. Os mai da oedd y canu yn y prynhawn, bendigedig oedd canu'r nos. Wedi mynd dros ran o'r rhaglen, cawsom ddatganiad o'r 'Dydd Coroni' gan y plant gyda'r fath ysbryd, nes tanio'r gynulleidfa trwyddi, ac ar ôl ei chanu amryw droion, dyna lais o rywle yn gofyn: 'Gadewch i ni ei chael unwaith eto.' Ac ni a'i cawsom gyda'r fath hyawdledd nes cynhyrfu pawb oedd yno. Yn nes ymlaen cawsom gân gan y Br Sam Jenkins, ac nid oes angen dweud ei fod wedi canu gydag effaith a dylanwad mawr fel arfer.

Wedi canu 'Rhydygroes' galwyd ar y cenhadwr Wm Roberts i draddodi anerchiad i'r cenhedloedd eraill ar amcan yr ŵyl yn yr Ysbaeneg. Wedi mynd drwy y rhaglen gorffennwyd trwy weddi gan y Parchg Philip Jones.

Arwyddir y cofnodiad yna gan 'Y Frân Ddu'. Nis gwn pwy ydoedd.

Cymanfa Ganu Tabernacl, Trelew, Mai 1928

Lawer blwyddyn yn ddiweddarach cawn hanes Cymanfa Ganu yn Trelew yng Nghapel Tabernacl o dan arweiniad y Br William O Evans, Bryn Gwyn. 'Trefnwyd cyfarfod y prynhawn, yn fwyaf arbennig, i'r plant, ond yn anffodus ychydig iawn a ddaeth ynghyd. Credwn ei bod yn llawn bryd i ni fel rhieni ddeffro at ein dyletswyddau i gyfeirio camrau ein plant at y pethau gorau.' Ym Mai 1928 yr ymddangosodd y geiriau yma. Erbyn cyfarfod y nos am 6 o'r gloch daeth tyrfa luosog ynghyd a llwyddwyd i fyned drwy y rhaglen yn hwylus a chafwyd canu da ar y cyfan.

Llywyddwyd y prynhawn gan y Br Edward Morgan, Bryn Crwn, a'r Br Llewelyn Williams, Trelew. Cyfeiliwyd gan y cyfeillion ieuanc, Bennett Williams ac Eric Williams (Moriah). Llongyfarchwn y ddau frawd ieuanc, ymlaen yr elont i ymberffeithio erbyn Cymanfaoedd y dyfodol. Dechreuwyd cyfarfod y prynhawn gan yr hynafgwr, Thomas Jones, Glan Camwy, a chyfarfod yr hwyr gan y Br John Howell Jones.

Yn 1951 a 1952 cawsom ddwy Gymanfa dan arweiniad y Proffesor Clydwyn Ap Aeron Jones yng Nghapel Bethel. Roedd y capel yn orlawn a gwres mis Chwefror yn annioddefol bron, ond cafwyd hwyl dda ar y canu. Roedd y Parchg Tudur Evans, gweinidog Capel Bethel, yn bresennol yno hefyd.

Tachwedd 1954: Cymanfa i gofio Lewis Jones, Plas Hedd

Ym mis Tachwedd 1954 cofiaf i ni gael Cymanfa Ganu dda iawn yn Neuadd Dewi Sant, Trelew. Dethlid yr adeg honno hanner can mlynedd er marw Lewis Jones, Plas Hedd, a chafwyd wythnos o wahanol drefniadau. Ac i orffen yr wythnos, ar nos Sul, cawsom Gymanfa Ganu ardderchog dan arweiniad y Br Bobbie Williams, o Esquel. Rhoddodd ganmoliaeth fawr i'r canu. Roedd y gynulleidfa yn llanw y neuadd, a'r lleisiau wedi cael eu trefnu a'u gosod yn y lleoedd priodol. Mae degau o'r rhai oedd yn bresennol yno wedi huno erbyn hyn a'u lleisiau wedi distewi am byth ar ôl y Gymanfa honno. Trist ydyw meddwl fod yr hen golofnau yn syrthio, ac ychydig ydyw y rhai sydd yn cymeryd eu lle. Hawdd iawn ydyw dweud heddiw:

> Mae cenhedlaeth wedi mynd
> A chenhedlaeth wedi dod.

Ail-gynnau'r fflam: Cymanfa Ganu'r Canmlwyddiant, 31 Hydref 1965, a'r 'Professor Clydwyn Ap Aeron Jones' yn arwain

Roedd y brwdfrydedd a fodolid gynt ynglŷn â'r Gymanfa wedi cilio ers amryw flynyddoedd cyn dyfod blwyddyn dathlu canmlwyddiant y Wladfa yn 1965. Ond, er hynny, yr oedd yma o hyd amryw o arweinwyr ieuanc yn dal i gadw canu'r Cysegr mewn bri, a'r cynulleidfaoedd yn ymgynnull weithiau i ganu'r emynau. A phan ddaeth sôn am gynnal Eisteddfod y Canmlwyddiant, roedd pawb yn dweud:

'Rhaid i ni gael Cymanfa Ganu y nos Sul ar ôl yr Eisteddfod.' Felly bu, a byth er hynny y mae wedi cael ei chynnal yn gyson er y flwyddyn honno. Aml arweinydd newydd wedi cydio yn y gwaith ac wedi gwneud ei ran yn ardderchog, a hefyd arweinwyr o Gymru wedi bod yn arwain Cymanfaoedd y Wladfa.

Cynhaliwyd Cymanfa'r Canmlwyddiant yn Neuadd Dewi Sant [nos Sul, 31 Hydref 1965], a'r Professor Clydwyn Ap Aeron Jones oedd yr arweinydd. Cafwyd hwyl ardderchog ar y canu, ac yn bresennol y noson honno yr oedd y Fonesig Mali Evans [Abergwaun], un o'r Pererinion a ddaeth i'r Wladfa i ddathlu'r ŵyl. Gwahoddwyd Miss Mali Evans gan y Professor Jones i arwain dwy dôn. Peth newydd i ni yn y Wladfa oedd gweled boneddiges yn arwain Cymanfa Ganu, ond cawsom eu gwasanaeth ar ôl hynny gan rai o'n plith ninnau.

Cymanfaoedd 1977, 1978 a 1979, ac arweinwyr a chantorion o Gymru

Yna, yn y blynyddoedd diwethaf yma cawsom, yn 1977, gwmni Côr Godre'r Aran yn y Gymanfa ar ôl yr Eisteddfod. Yng Nghapel Bethel, y Gaiman, y cynhelir y Gymanfa bob blwyddyn yn awr, ac er fod y capel bellach yn rhy gyfyng i'r gynulleidfa, y mae rhyw naws arbennig yn perthyn iddo. Roedd yr arweinydd, Tom Jones, a'r cyfeilydd, Mrs Eirian Owen, yn werth eu gweled a'u clywed yma yn y flwyddyn a nodwyd.

Yna, yn Hydref 1978, cael cwmni Meibion Menlli, eu harweinydd hwythau, Aled Lloyd Davies, a'r cyfeilydd, Dilys Salisbury, ynghyd â'r delynores, Meinir Lloyd. Gwledd fu gwrando arnynt hwythau, a diangof eu hymweliad, fel eiddo Côr Godre'r Aran y flwyddyn flaenorol.

Ym Mawrth 1979 caed Cymanfa eto ym Methel, y Gaiman, dan arweiniad y Br Osian Hughes a'r Br Elved Williams, Porth Madryn. Mrs May Williams de Hughes a Mrs Ilid Lloyd Jones de Williams yn cyfeilio, a'r gwasanaeth arweiniol dan ofal Miss Mair Davies. Llywydd y Gymanfa oedd Mr Owen Edwards, Rheolwr BBC Cymru. Ei diben y tro yma ydoedd rhoddi cyfle i'r tîm a ddaethai yma o Gymru i ffilmio gael cyfleustra i gael Cymanfa Ganu i mewn i'r rhaglen. Roedd y cynhyrchydd, y Br Selwyn Roderick, yn bresennol hefyd yn y Gymanfa hon a'r tîm oedd gydag ef, wrth gwrs.

A dyma ni yn cyrraedd at y Gymanfa ddiwethaf hyd yn hyn. Ar yr wythfed o Ebrill [1979] cyrhaeddodd y Br T Gwynn Jones am y pedwerydd tro yma o Gymru gyda chwmni o deithwyr. Er eu bod wedi blino ar ôl y daith, aed ymlaen i'r Gaiman a chael Cymanfa Ganu ragorol eto yng Nghapel Bethel. Arweiniwyd gan y Br T Gwynn Jones, gyda Mrs May W de Hughes a Miss Alwina Thomas yn cyfeilio. Canwyd emynau hefyd gan Mrs Shân Emlyn Edwards, yn hynod o swynol. Bu canu am dros ddwyawr, a phawb yn teimlo eu bod wedi cael braint a bendith yn yr ŵyl o ganu mawl ar Sul braf o Ebrill.

A dyna gipolwg ar hanes rhai Cymanfaoedd Canu yn y Wladfa. Digon anghyflawn, ond gobeithio y daw rhyw hanesydd o ddiddordeb cerddorol heibio rywdro a gwneud gwaith llawnach a helaethach ar Gymanfaoedd Canu y Wladfa. Efallai, wedi'r cwbl, mai dyma y rhan o'r diwylliant Cymreig a geidw ei lle orau hyd yn hyn yn y wlad bell yma. A hir y parhaed felly, canys anodd meddwl am ddim rhagorach na llond addoldy o bobol wedi ymgynnull i ganu clod yr Arglwydd a rhoddi mawl i'w Enw Ef.

Ffynhonnell

Ysgrif ar gyfer Eisteddfod y Wladfa, 1979.

8

Cymanfa'r Groglith Ysgolion Sul Dyffryn Camwy

Ymae Gwener y Groglith yn un o'r dyddiau sydd wedi dyfod yn gyfle blynyddol i fynychwyr yr ysgolion Sul yn y capeli Cymraeg ddyfod at ei gilydd ers blynyddoedd lawer bellach. Pan welais y testun yn Rhaglen yr Eisteddfod, meddyliais: dyma gyfle da i chwilio allan dipyn o'i hanes. Ond, yn wir, ni chefais yr hyn oeddwn yn chwilio amdano i allu gwneud cyfiawnder â'r testun. Yn unig gallaf ddwed fy mod wedi llwyddo i gael hanes gweddol gyflawn o'r tro cyntaf y cynhaliwyd y Gymanfa yn ei dull presennol, yn y flwyddyn 1922. Fodd bynnag, rhoddaf hyn ar gof a chadw yma, gan obeithio ei fod yn help tuag at gael hanes cyflawn o'r Gymanfa yma yn ein mysg.

Y peth cyntaf a gefais ydoedd cyfeiriad ati yn *Y Drafod* am Mawrth 3ydd, 1922, pan geir gan Miss Eluned Morgan, yr Ysgrifenyddes, y geiriau canlynol: 'Cymanfa Ysgolion Sul y Camwy: Dyma ein cynnyg cyntaf fel Gwladfa i uno holl ysgolion Sul y Dyffryn mewn Cymanfa flynyddol. Felly, ni ddisgwylir i'r Gymanfa Ysgolion gyntaf ddod i fyny â safon ein delfryd.'

Ar Ebrill y cyntaf cynhaliwyd arholiadau ymhob capel. Bydd un o brif amcanion y Gymanfa yn colli oni wna pob ardal ei rhan yn y rhain. Dyma'r prawf o waith yr athrawon a'r disgyblion. Mawr oedd dyhead Miss Morgan i godi plant a phobol ifanc y Wladfa mewn addysg, ond nid bob amser y cafodd y gefnogaeth a haeddai. Heddiw gwelir y cyfnewidiad mawr, o ddiffyg arweinwyr.

Y Gymanfa yn y Gaiman, Gwener y Groglith, 14 Ebrill 1922

Cynhaliwyd y Gymanfa yma ar Ddydd Gwener y Groglith yn y Gaiman. Y flwyddyn honno disgynnai ar y pedwerydd ar ddeg o Ebrill. Cafwyd tywydd dymunol a phresenoldeb da iawn o'r gwahanol ardaloedd. Cynhaliwyd tri chyfarfod. Yn y bore arweiniwyd gan y Parchg D D Walters. Holwyd y plant dan 12 oed yn hanes Iesu Grist gan Glan Caeron, a chafwyd atebion gweddol barod. Yn yr arholiad ysgrifenedig yn yr un maes a chan yr un holydd, yn y dosbarth yma, roedd Euros Hughes, Moriah, a Maldwyn Rowlands, Bryn Crwn, yn gydradd gyntaf, a Mair Ellis o 'Ysgoldy Lle Cul', a Mabel Davies, Bryn Gwyn, yn gydradd ail. Holwyd y dosbarth o 12 i 17 oed gan y Parchg John Foulkes a chafwyd atebion bywiog a da. Yn yr arholiad ysgrifenedig, â'r un holwr, y gorau oedd Annie Evans, y Gaiman, ac Idris Hughes, Bryn Gwyn, yn ail. Gwobrwywyd hefyd Ioan Edmunds a Geraint Walters, y Gaiman, am iddynt gyrraedd marciau mor uchel mewn safon dros eu hoedran.

Yng nghyfarfod y prydnawn arweiniwyd gan y Parchg John Foulkes. Holwyd y dosbarth o 17 hyd 25 oed gan y Br Owen Owens, Coetmor. Holwyd yn ddifyr ac adeiladol iawn a chafwyd atebion bywiog a pharod. Maes llafur y dosbarth hwn oedd o'r 9fed bennod o Efengyl Marc hyd y diwedd. Yr arholwr yn yr arholiad ysgrifenedig oedd y Br John Owen Evans, Bryn Gwyn. Aeth y wobr gyntaf i Gwladys Jones, Trelew, a'r ail i Jane Mary Arnold, Tir Halen, a chawsant ganmoliaeth uchel.

Bu'r Parchg Washington Jones yn garedig iawn i ymgymryd ag arwain cyfarfod yr hwyr. Holwyd y dosbarth hynaf, o 25 oed i fyny, yn y chwe phennod gyntaf o Efengyl Marc, gan y Br W W Hughes. Cafwyd atebion parod a pheth dadlau. Roedd yn anfantais fod y rhai a holid mor wasgaredig, a thrwy hynny yn methu â chlywed atebion ei gilydd. Yn yr arholiad ysgrifenedig yn y dosbarth hwn yn yr un maes a chan yr un holwr, y gorau oedd y Br David Evans, y Gaiman, [gyda] Myfanwy Morgan, Bryn Crwn, a Mrs Daniel Roberts, Tir Halen, yn gyfartal ail. Gwobrwywyd y cwbl â llyfrau pwrpasol.

Yn ystod y gwahanol gyfarfodydd canwyd amryw o emynau yn rhagorol iawn o dan arweiniad y Br Edward Morgan, Bryn Crwn, a chanodd pedwarawd y Br Joseph Jones yn swynol iawn. Ar ddiwedd cyfarfod yr hwyr, cafwyd gair gan yr arweinydd, yn cynnwys sylwadau buddiol ac amserol. I ymdrech ddiflino y Fonesig Eluned Morgan yn ddiau y mae llawer o lwyddiant y Gymanfa i'w briodoli ac ar ei hysgwyddau hi fel Ysgrifenyddes y pwyllgor y syrthiodd y trymwaith mewn trefnu a gofalu.

Fel hyn y cynhaliwyd y Gymanfa yn ei ffurf bresennol am y tro cyntaf, a chredwn ei bod wedi cael ei chynnal yn ddi-fwlch bob blwyddyn er hynny. Roedd capeli Trelew, y Gaiman a Dolavon yn cymeryd eu tro i'w derbyn, a disgyblion yr ysgolion Sul o'r gwahanol ardaloedd yn cymeryd rhan ynddi. Erbyn heddiw [1980] y mae iaith y Gymanfa wedi newid yn y rhan sydd i'r plant a'r bobol ifanc. Ond melys ydyw meddwl mai yr un neges sydd gan yr Efengyl, ymha iaith bynnag y cyflwynir hi. Hir oes eto i Gymanfa'r Groglith yn y Dyffryn.

Ffynhonnell

Traethawd yn Eisteddfod Trelew, 25 Hydref 1980.

9

Ffarmio

Clywais fy Nhaid a'm Nain [Elizabeth Pritchard ac R J Berwyn] yn dweud lawer gwaith mor hapus oedd yr Hen Wladfawyr yn dyfod am Patagonia i gael Gwlad Newydd a chael tir yn eiddo iddynt hwy eu hunain. Ac ym mis Medi daeth yma ddau swyddog milwrol o Patagonia ynghyd â'u gweision, perthynol i gyd i'r Llywodraeth Archentaidd, sef Capten Murga a thirfesurydd, Señor Díaz. Dros y Llywodraeth yr oedd y Capten Murga wedi dyfod, i godi Baner Ariannin ac i roddi caniatâd ffurfiol i'r Hen Wladfawyr i gymeryd meddiant o'r lle a'i boblogi.

Rhannu tir Dyffryn Camwy yn ffermydd

Felly ar y 15fed o Fedi 1865 codwyd Baner Ariannin ar Ddyffryn Camwy ar lannerch gerllaw yr afon tua phedair milltir o'r môr. Wedi seremoni codi'r Faner, […] dychwelodd Capten Murga a'i weision yn ôl i Patagones, ond arhosodd y tirfesurydd i wneud ei waith, sef mesur a mapio tiroedd y Dyffryn a'u rhannu yn ffermydd. Penderfynwyd fod y tyddynnod i'w rhoddi allan i'r dyfodwyr drwy roddi tocynnau mewn blwch a rhif y tyddynnod arnynt. Ni roddwyd tocynnau am yr holl dyddynnod yr adeg yma ond y rhai oedd o fewn pymtheng milltir i'r môr.

Erbyn hyn roedd yn hen bryd trin y tir ar gyfer hau gwenith. Nid oedd ganddynt yr adeg honno ond nifer fechan o erydr, a nifer fechan hefyd o geffylau a fedrai weithio yn rheolaidd, felly nid oedd dim i'w wneud ond cymeryd y gaib a'r rhaw i baratoi y tir oedd yn barod i'w hau. Nid oeddynt y pryd hwnnw yn deall yr hinsawdd ychwaith, nac yn deall ansawdd gwahanol rannau o dir y Dyffryn. Felly dewiswyd y tir oedd â thyfiant arno yn barod, am fod y rhan fwyaf o'r tir yn hollol ddi-dyfiant, gan feddwl nad oedd hwnnw fawr o werth

– heb wybod y pryd hwnnw mai diffyg lleithder oedd yr achos o'r diffrwythder. A thrwy ddiwydrwydd a dyfalbarhad, roedd pawb, erbyn Mehefin, wedi hau ychydig erwau. Ym Mehefin cafwyd glaw tyner a thyfol [twf + ol] anghyffredin, ac eginodd y gwenith ar bob llannerch. Ond sychodd i fyny yng ngwres y gwanwyn. Felly siomedig fu y flwyddyn 1866 ac, oherwydd hynny, doedd y sefydlwyr ddim llawer o awydd aros yn y Wladfa am iddynt fod mor anffodus gyda'u hymgais i dyfu gwenith.

Dr Rawson oedd y Ministro del Interior, Gweinidog y [Fewnwlad], yn Buenos Aires y blynyddoedd hynny, ac roedd yn ofidus iawn am fod y sefydlwyr eisiau cael myned i rywle arall. [Anfonwyd Abraham Matthews gan Gyngor y Wladfa i Buenos Aires i drafod gyda'r Llywodraeth y posibilrwydd o symud y Wladfa i dalaith arall (Santa Fé). Ond llwyddodd Dr Rawson i gael Abraham Matthews i ddychwelyd i'r Wladfa i] geisio perswadio y sefydlwyr i aros blwyddyn arall yn y lle, ac y byddai iddo ef ofalu am fwyd iddynt am y flwyddyn, ac anfon hadyd iddynt i hau gwenith y flwyddyn honno hefyd. Perswadiwyd y dynion i geisio hau gwenith unwaith yn rhagor, ac, yn ôl addewid Dr Rawson, cyrhaeddodd yr hadyd ym mis Tachwedd.

'...torri cwter fach o'r afon' '...yr egin wedi bywiogi i gyd'

Gyda'r llong *Mimosa* daethai gŵr a gwraig pur ifanc, sef Aaron a Rachel Jenkins. Nid oedd Aaron Jenkins ar y dechrau wedi hoffi y syniad am fyw yn y Wladfa, ond cymerodd ei ran fel pawb arall i hau gwenith ddiwedd Tachwedd. Lluchiodd yr had i'r tir a chymerodd gribin bach i'w gribinio heb fawr o drafferth. Roedd y tywydd yn boeth iawn erbyn hyn, ac ymhen yr wythnos, ar brydnawn Sul, aeth Aaron Jenkins a'i briod am dro at yr afon i weled os oedd y gwenith wedi egino. A dyna lle roedd yr egin gwyrdd, y gwenith wedi egino, ond golwg wywedig iawn arno. Roedd yr afon yn orlawn o ddŵr ar y pryd, hyd at y dorlan, a daeth dychymyg fel hyn i feddwl Mrs Jenkins: 'Pe byddech chi'n torri cwter fach o'r afon, rwy'n siŵr y buase'r dŵr yn mynd allan ac yn ffeindio'r gwenith.'

Y bore canlynol aeth Aaron Jenkins efo'i raw fach at yr afon ac agor 'cwter fach', * rhyw 30 llath o hyd, a dyna'r dyfrhawr cyntaf wedi dechrau ar y gwaith mawr o godi gwenith, a chnydau eraill laweroedd yn ddiweddarach o weryd y dyffryn newydd. Wedi gadael i'r tir fwydo yn dda, caeodd y bwlch, ond roedd yr egin wedi bywiogi i gyd. Parhaodd i wneud yr un peth hyd nes yr aeddfedodd y gwenith. Ac felly y cafwyd y weledigaeth mai dim ond digon o ddŵr oedd eisiau i'r tir gynhyrchu digon o bopeth.

Llawenydd mawr fu'r darganfyddiad yma i'r sefydlwyr i gyd, ac erbyn mis Chwefror 1868 roedd y gwenith wedi tyfu yn hardd ac wedi aeddfedu yn barod i'w dorri. Felly, blawd o wenith Aaron Jenkins a wnaeth y bara cyntaf yn y Wladfa yn y dyddiau hynny o gynnyrch y wlad. Anfonwyd y newydd i Dr Rawson, a chafodd foddhad mawr o weled y gallai fel hyn gadw'r ymfudwyr o Gymru yn y Dyffryn. Roedd yn llawenydd mawr hefyd i bob un oedd yn bwriadu ffarmio, ac roedd pob un oedd yn byw yn ymyl yr afon yn gallu gwneud ffos o'r afon i'r tir. Ond er cael amryw flynyddoedd llwyddiannus, roedd methiannau hefyd yn cymeryd lle, weithiau yr afon yn codi gormod, a phryd arall ddim yn codi digon i ddŵr fyned i'r ffosydd o gwbl. Roedd yr ansicrwydd yma am gynhaeaf yn atal yr amaethwr i roi gwaith na chostau ar ei ddyddyn yn gynnar yn y flwyddyn, rhag ofn na chodai yr afon y flwyddyn honno.

'Codi gwenith oedd uchelgais pawb...'; '...aredig ar doriad y dydd'

Codi gwenith oedd uchelgais pawb yn y blynyddoedd cyntaf. Gwelid y gweddoedd allan yn aredig ar doriad y dydd. Am aredig a chloddio a hau gwenith y siaredid ym misoedd y gaeaf. Roedd pawb oedd yn ffarmio yn paratoi ar gyfer y gwanwyn, sef trwsio ffensys, a gwneud ffosydd bach ar y tyddyn, a thrin y tir i wneud gerddi, a siarad mawr am wneud camlesydd er mwyn i'r tyddynwyr oedd yn byw ar ganol y Dyffryn gael chwarae teg i ddyfrio eu tiroedd.

I ffarmio yn briodol roedd yn angenrheidiol cael pob math o beiriannau at y gwaith, a thrwy ddyfais Thomas S Williams (Tresalem), cawsant ryw fath o farchraw. Roedd y marchraw yn cael ei weithio gan un dyn a dau geffyl. Bu yn ddefnyddiol iawn ar y ffermydd ac yn help mawr i wneud y camlesydd. Roedd llawer ffordd o ffarmio yn y Dyffryn, rhai yn fedrus iawn a rhai yn ddi-fater iawn. Ond gwenith oedd prif gynhaeaf y ffermydd. Sylwaf mai yn y cyfnod 1890–94 y mae y gwair yn cael sylw, fel porthiant i'r ceffylau ar gyfer gwaith y ffarm, ac ychydig wartheg at ofynion y teulu. Hefyd byddent yn cynhyrchu haidd a cheirch ar gyfer y ceffylau gwaith.

Roedd ffarmio yn golygu gwneud pob math o waith yn perthyn i'r tyddyn, gwaith digon caled a rheolaidd. Y peth cyntaf ar ôl cael tir oedd i'r perchennog adeiladu tŷ ar gyfer ei deulu a ffensio ei dir i gadw ei anifeiliaid rhag trespasu ar diroedd y cymdogion. Gwelais flynyddoedd pan oedd llawer ffarmwr yn cael wyth neu ddeg o deisi gwenith, a hadau alffalffa, a phris da am y cynnyrch. Ym mis Mawrth byddai rhai yn dechrau dyrnu, y gwenith yn gyntaf ac wedyn yr hadau alffalffa, a llawer yn presio y gwair. Ond roedd y cynhaeaf i gyd wedi gorffen erbyn tua Gorffennaf. Roedd pawb yn gweithio ar y ffarm gyda boddlonrwydd mawr, ond aml flwyddyn byddai y gorlifiad yn dyfod heibio a chwalu pob peth, nes oedd y ffarmwr yn teimlo yn drist ar ôl gweithio am dymor yn galed.

Gwaith y gwragedd yn y tŷ ac ar y ffarm

I ffarmio, roedd yn rhaid i'r merched weithio yn galed i ofalu am y mân angenrheidiau: godro amryw o wartheg; gwneud menyn ryw dair gwaith yr wythnos, a phobi ddwywaith yr wythnos – deg o dorthau o fara; magu cywion ieir a thwrcis bach, a rhedeg i chwilio amdanynt os buasai diwrnod o wynt, neu fe fyddent yn mygu. Dyna y cywion mwyaf diymadferth a welais erioed. Os digwyddai iddynt syrthio, roeddynt yn rhy ddigalon i godi. Roedd yn rhaid pesgi dau fochyn i'w lladd ym mis Mai, un i'r teulu ac un i'w werthu. Roedd yr holl bethau yma dan ofal y merched priod, yn ogystal â magu plant, ambell fam yn cael baban bob blwyddyn, ond roedd y gwaith yn myned ymlaen yr un peth. Gofalu bod y plant hynaf yn myned i'r ysgol ddyddiol ac i'r ysgol Sul, a'u dysgu at Gyrddau Llenyddol, a'r tad a'r fam a'r plant lleiaf yn myned i'r Ysgol Gân at yr Eisteddfod. Dechrau ddwy waith yr wythnos o tua mis Mai tan fis Hydref, neu Dachwedd. Roedd ffarmio yr adeg hynny yn golygu bywyd cyflawn yn cael ei fyw o fewn terfynau y ffarm a'r ardal lle byddai y teulu yn byw.

'Yn lle caf fi ffarm heb *salitre*?' Problem yr halen oedd yn halltu'r tir

Meddyliodd llawer un mor braf a fyddai yn y Dyffryn ar ôl cael yr Argae Fawr [Florentino Ameghino, 1963]. Ond ar ôl cael yr argae i gadw y gorlifiadau draw, daeth y *salitre* [halen yn codi o'r ddaear] i ddifetha y ffermydd. Erbyn hyn y mae wedi codi i wyneb y tir a difetha pob peth. Llawer wedi gorfod gwerthu eu ffermydd am fod y cynnyrch wedi darfod a'r coed ffrwythau wedi gwywo at y gwraidd. Mae yr INTA ers blynyddoedd yn ceisio gwneud popeth i achub y tiroedd, ond methiant ydyw hyd yn awr. [INTA: *Instituto Nacional de Tecnología Agropecuaria* (Sefydliad Gwladol dros Dechnoleg Amaethyddol).]

Erbyn hyn y mae ffarmio wedi dirywio ym mhob man, a'r dreth dirol a threth y dŵr wedi myned yn ddrud a thrwm iawn i'w wynebu. Dim digon o gynnyrch i dalu'r costau ydyw y gŵyn ym mhob man. O ran y pris, gallai tatws dalu yn weddol, ond mae yr had a'r sachau yn ddrud iawn, a daw hadyd gwael weithiau, nes bod y golled o'u cynaeafu yn rhy fawr i dalu am y drafferth o'u codi.

Peth arall ydyw nad oes dim posibl cael dynion i helpu ar y ffermydd, os byddant yn cael cyflog a'u bwyd am godi y tatws, mae arnynt eisiau chwaneg eto am eu rhoi yn y sachau, nes bod popeth fel hyn yn erbyn y ffarmwr druan. Pa ryfedd fod cymaint ohonynt yn gadael y tir a myned i chwilio am waith esmwythach yn y trefydd?

Ond mae pawb yn cario y syniad fod y ffarmwr yn ddyn cyfoethog iawn. Os oes ganddo beiriannau at ei waith nid oes neb yn holi faint mae y rhai yma wedi gostio iddo mewn llafur caled i gynilo yr arian i'w prynu.

[…] [Y cwestiwn i lawer un] heddiw ydyw – yn lle caf fi ffarm heb *salitre*?

Ffynhonnell

Ysgrif yn Eisteddfod y Wladfa, 1979.

* 'cwter bach', heb y treiglad, mae'n dra phosibl, fyddai'r ynganiad wedi bod ar lafar. Gw. pen. 5, Gweneira: 'Gwynt a Llwch a Sychder Mawr…' 'Cwter bach' sydd yn ei hysgrif hi. (RG)

10

Diwrnod Dyrnu

Diwrnod pwysig iawn i ni'r plant [yn ardal Ebeneser] oedd 'diwrnod dyrnu'. Roeddem yn brysur iawn yn helpu ein rhieni, i ni gael aros adref o'r ysgol, os oedd bosibl. A dyna lle y byddem yn disgwyl y 'dyrnwr mawr' a'r injan, yn cael ei thynnu gan ryw [chwech i] wyth o ychen mawr cryf, ac mor hamddenol yr oeddynt yn gweithio o dan awdurdod y gansen. Weithiau byddent yn aros yn ein cartrefi [yn ardal Ebeneser], ryw bedwar o ddynion, o ddydd Llun tan nos Sadwrn, os buasai y tywydd yn wyntog, neu wedi glawio [...] a byddai y cymdogion yn rhoddi help [...] Yn y blynyddoedd cyntaf, pan ddaeth y peiriannau mawr, roedd y ffermwyr yn hau llawer iawn o wenith ac felly roedd eisiau llawer o ddynion at y dyrnu. Ond tua'r flwyddyn 1905 daeth peiriannau bach gydag ager, a gwnaed i ffwrdd â'r hen beiriannau mawr a'r ychen a llawer llai o ddynion oedd eisiau wedyn at ddyrnu.

Roedd yn rhaid paratoi llawer o fwyd ar gyfer amser dyrnu. Yn ein cartref ni byddai brecwast ardderchog bob amser i'r dynion oedd yn dyrnu: llond padell o gig moch ac wyau a picls wynwyns a cabets coch a bitrwt. Roedd Mam yn dweud bob amser: 'Mae y dynion sydd yn gweithio eisiau bwyd da, wyddost ti.' Dyna nhw wedi cael brecwast, ffwrdd â nhw i weithio rwan, a rhaid i ninnau ferched baratoi i wneud cig rhost a phwdin reis bob dydd yn y ffwrn fawr grasu bara, oherwydd yr oedd llawer o gartrefi y blynyddoedd cyntaf heb gael stofs, a byddai y bara a'r teisennod duon wedi crasu yn hyfryd yn y ffwrn fawr bob amser. Dyma hi yn ddeuddeg o'r gloch a rhaid galw ar y dynion i gael cinio. Anghofiais ddweud ei fod yn arferiad i wneud plwm pwdin ar gyfer diwrnod olaf y dyrnu, a byddai ambell ddynes yn dda iawn am hynny ac eraill heb fod gystal. Am bedwar o'r gloch mae yn amser te. Weithiau byddem ni ferched yn cario y te a'r bwyd i ben uchaf y ffarm, yn lle bod y dynion yn colli cymaint o amser, a dyna bicnic fyddai y plant yn gael y diwrnod hwnnw! Pawb yn eistedd ar y glaswellt i gael te yr un fath â'r 'bobol dyrnu'.

'Sgwrsio, canu a dweud straeon'

Ar ôl te byddem ni ferched yn myned i weled y dyrnu a'r pwyso gyda'r glorian pwyso gwenith. A dyna lle y byddent, rhai yn synnu eu bod nhw mor drwm, ac eraill yn synnu eu bod nhw mor ysgafn. Yna byddai yn rhaid myned am adref i baratoi swper, ac yna caem sgwrsio, canu a dweud straeon [...] dysgu sol-ffa ac weithiau yn dysgu pedwarawd neu wythawd at gwrdd llenyddol [...] Dyma un stori dda iawn.

Roedd gŵr a gwraig (gweddwon) a phlant gan y ddau wedi priodi, a phlant gan y ddau o'r briodas honno hefyd. Roedd y gŵr a'r wraig yn cael sgwrs yn y *cocina* [y gegin], a dyna nhw'n clywed anferth o sŵn rhwng y plant.

'O, John', meddai y wraig, 'edrych beth ydi'r helynt.' Ufuddhaodd John, ac ar ôl iddo ddyfod yn ôl i'r tŷ:

'Beth oedd yn bod?'

'O, dim byd neilltuol, ond fod hen blant chi a hen blant fi yn rhoi cweir i blant ni!' Pa un bynnag, setlwyd popeth yn iawn.

Malu gwenith

Wedi i'r peiriant dyrnu fyned i ffwrdd i'r ffarm agosaf, roedd yn rhaid i ni'r plant falu gwenith gyda melin fechan a oedd yn y tŷ. Y dull y byddid yn malu pryd hynny oedd malu y gwenith drwyddo, yna byddai gan y merched ograu rhawn, neu o wifrau, tuag at ogrwn y blawd fel ag i dynnu y bran ohono. Byddid yn cario y gweddill o'r gwenith i'w newid am nwyddau, ac er mis Ionawr 1886, roedd maelfa [stordy] yn perthyn i Gwmni Masnachol Camwy yn y Gaiman yr hon a fu yn help mawr i deuluoedd y Dyffryn Uchaf.

A dyna ni wedi pasio y 'diwrnod dyrnu' yn hapus iawn. Nis gwn faint ohonom a wêl ddiwrnod dyrnu y flwyddyn nesaf. Erbyn heddiw ychydig o ffermwyr sydd yn hau gwenith o gwbl, ac nid oes llawer o beiriannau at ddyrnu i'w cael yn y Dyffryn. Mae y dynion ifanc yn ceisio unrhyw waith arall yn y trefydd os gallant, ac y mae dynion y gaib a'r rhaw wedi darfod bron i gyd. Dyna ydyw fy syniad i heddiw.

Peiriannau dyrnu yn y Wladfa

[Detholiad o ysgrif gan Elisa Dimol de Davies yn 1979.]

[…] Bu llawenydd mawr iawn ymhlith y sefydlwyr gan iddynt weled mai dim ond dŵr oedd eisiau ar y tir du, a dyna 'allwedd agorodd ddrws llwyddiant y Wladfa' […] Dyma y gwenith cyntaf i roddi bara i'r ymfudwyr. Ond oedd yma ddim math o beiriant i falu y gwenith. Gyda cheffylau y dyrnid y gwenith am flynyddoedd, drwy osod yr ysgubau frig yn frig ar gylch ar y llawr dyrnu, a gyrru y ceffylau drostynt a sathru y grawn o'r twysennau. Yna ei basio i'w falu drwy beiriannau bach malu coffi, ac yna ei basio drwy ograu. A dyna y blawd oedd ganddynt i wneud bara.

Gyda phladur a chryman y torrid y gwenith hyd y flwyddyn 1876 [pan] ddaeth 'binders' i dorri y gwenith. A bu hynny yn help mawr i'r sefydlwyr i ysgafnhau eu gwaith. Erbyn 1879 daeth dau beiriant dyrnu i'r Wladfa. Cofiaf pan oeddem yn blant yn byw ar y ffermydd y fath lawenydd i ni glywed fod y peiriant dyrnu yn dyfod i'n cartrefi. […] Tua diwedd Mawrth i ddechrau Ebrill oedd tymor y dyrnu, hyd mis Awst […] Tua mis Gorffennaf neu Awst fyddai amser dyrnu yn ardal Ebeneser – debyg iawn wedi dyrnu ym mhob man arall yn gyntaf!

Ychydig beiriannau oedd yn cael eu tynnu gan ychen, ond credaf mai dyna y rhai cyntaf a ddaeth i'r Wladfa: 'Cwmni yr Eryr' oedd un ohonynt, gyda y personau canlynol: Robert Roberts, Maes Pryn; Griffith Pugh; Robert Taylor; Wm Davies, Hyde Park, a llawer o'r cymdogion eraill. Un arall oedd 'Cwmni Bydol' a 'Cwmni Go-[A]head'. Y Br Ivor J Pugh oedd Ysgrifennydd Cwmni yr Eryr, a chawn eu hanes yn *Y Drafod*, Mawrth 1907, yn rhoddi hysbysiad fod eisiau: '4 Arolygydd, 4 ffidiwr i'r dyrnwr, Gyrrwr Ychain. Ceisiadau i fod yn llaw yr Ysgrifennydd erbyn Mawrth 8, 1907.' […]

[…] A dyma ddechrau masnachdy [gwenith] ar raddfa eang a sefydlog yn y Wladfa yn y flwyddyn 1874 [yn Nyffryn Camwy]. Yn y flwyddyn 1876 roedd y rhan luosocaf o'r teuluoedd wedi sefydlu ar eu ffermydd, ac erbyn hyn roedd gan y sefydlwyr ddau ystordy a dwy long y rhai a berthynent i Rook Parry a J M Thomas.

Peiriannau ager

Yn y flwyddyn 1877 anfonodd Rook Parry am beiriant ager o waith Clayton Shuttleworth, ac yn y flwyddyn ganlynol daeth J M Thomas â pheiriant ager arall yma. Bu y peiriannau yma o wasanaeth mawr, ac yn hwylustod anghyffredin i'r sefydliad.

Yn *Y Drafod*, Mawrth 1908, cawn hanes ffermwyr yn brysur iawn wrthi yn cario gwenith i'r ydlannau, a golwg dda ar y cynhaeaf. Hefyd amryw wedi dechreu cynaeafu yr hadau alffalffa. Dywedir mai David Davies, Dyffryn Dreiniog, heuodd yr hadau alffalffa cyntaf tua'r flwyddyn 1890. Dywedodd y diweddar John Jenkins mai yn ffarm Pont yr Hendre y cafwyd yr hadau i hau yn yr ardaloedd cylchynol [...]

[Yn] 1907 daeth Cwmni Dyffryn Uchaf â pheiriant ager o'r enw 'Cosmo'. Cofiaf mai peiriant mawr trwm [ydoedd]. Oedd rhaid gofalu am blanciau mawr cryf dros y pontydd i groesi y camlesydd. Tua'r flwyddyn 1910 daeth peiriant arall o'r enw 'Advance' dan ofal Willie Hughes, Bryn Bela, a'r Br James Brunt. Oedd chwisl soniarus iawn yn perthyn i'r Advance. Oedd ei sŵn i'w glywed o'r pellteroedd yn hwyr a boreu.

Dyma fi wedi casglu hanes peiriannau a gwenith Patagonia ac wedi bwyta llawer o fara o'r blawd gwyn a fyddem yn gael o Felinau Elias Owen, Bryn Gwyn; Evan Thomas, 'Coslet', Trelew; Evan Hughes, a'i fab, William Hughes, Escribano, Dolavon; ac Aeron Morgan ar ei ôl.

Diolchaf i bawb sydd wedi fy helpu i gofio llawer o bethau. A diolch i'm cyfaill am gofio enwau perchenogion y *tractores*:

James Peter Jones.
David John Bowen.
David Humphrey ac Evan John Griffiths: Tractor Ruston Proctor.
Griffith Jones, Bryn Gwyn: Tractor Ruston Proctor.
Jose A Kent, Dolavon.
William O Jones, Peintiwr, Bryn Crwn.
Aeron Jones, Bryn Crwn: Cwmni Carno: Tractor Advance.
Edward Brunt: Case.
Cwmni Clydfan, Bryn Crwn (Thomas Morgan).
Otros [eraill]: William Day, Donald Macdonald, Howell Thomas.

Ffynhonnell

'Ysgrif ddisgrifiadol', 'Diwrnod Dyrnu', yn Eisteddfod y Wladfa, 1980. (Bu farw Elisa Dimol de Davies wythnos cyn yr Eisteddfod.) Cynhwyswyd hefyd ddeunydd o'i hysgrif, 1979, 'Peiriannau Dyrnu yn Patagonia', ac ychydig frawddegau o'r ddwy ffynhonnell a ganlyn: 'Plant y Wladfa a'u Cartrefi' (llythyr at RG, 12 Mawrth 1967, Llsg. AWC 1469/1), a 'Hanes Cynnar Unrhyw Ardal yn y Dyffryn', Eisteddfod y Wladfa, 1972.

11

Ffynhonnau

A oedd ffynnon yn perthyn i'r cartref?

Oedd. Roedd yn rhaid i bob teulu ofalu am wneud ffynnon erbyn y gaeaf, gan fod y dŵr yn cael ei stopio yn y gamlas tua mis Mai, i gael glanhau y ffosydd bach ym mis Awst.

Pa ddefnydd a wneid ohoni?

Roedd pob teulu yn defnyddio y dŵr at bob peth angenrheidiol ar y ffarm yn y gaeaf. Roedd llawer o'r ffermwyr yn byw yn bell oddi wrth yr afon ac am hynny roedd yn rhaid codi dŵr i'r anifeiliaid. Byddent yn gwneud cafnau mawr gyda choed *poplars*, neu dorri baril mawr yn ei hanner i gael dau dwbyn mawr ac yna codi dŵr bob nos a bore i'r anifeiliaid. Hefyd roedd yn rhaid gofalu am gario llawer o ddŵr ar gyfer y peiriant dyrnu. Yn yr haf defnyddid y dŵr oer o'r ffynnon i'w yfed amser cinio a swper. Yfid hefyd laeth enwyn a llefrith.

Sut y codid y dŵr o'r ffynnon?

Dibynnai hynny ar ddyfnder y ffynnon. Roedd posibl codi y dŵr o rai ohonynt gyda bwced yn rhwym wrth raff. Gosodai eraill ddau bren yn y ddaear, a phren yn groes ar eu pennau, pwli (troell) ar hwnnw a'i windio i fyny efo rhaff. Roedd eraill yn gosod pwmp yn y ffynnon. Syniad da oedd hwnnw, gan fod y ffynnon yn cael ei chau a rhoi caead pren arni. Roedd yn rhaid i bawb gau wyneb y ffynnon, un ai gyda *zinc*, neu goed, neu frics wedi eu bildio. Roedd rhai personau yn gwneud ffynhonnau trefnus iawn ac eraill yn ddigon anhrefnus, ond roedd yn rhaid i bawb gau wyneb y ffynnon rhag ofn i ddim byd syrthio i mewn iddi. Yn yr haf defnyddiai pawb y dŵr oer at yfed a rhoddid yr hufen i lawr mewn bwced a'r menyn ynddo hefyd – nid oedd gan neb gwpwrdd rhew yn y blynyddoedd hynny!

Byddai helynt mawr i wneud ffynnon. Efallai byddai rhai yn ffodus i gael dŵr o fewn rhyw bum miter o ddyfnder, a rhai eraill yn gorfod myned i hyd yn oed 100 miter o ddyfnder, ac efallai mai dŵr hallt neu chwerw a geid yn y diwedd. Os felly, byddai raid ceibio am ffynnon a dŵr croyw ynddi, weithiau ymhell o'r cartref, a rhaid oedd rhoddi ceffyl mewn wagen neu drol i gario y dŵr adre mewn tuniau.

A oedd hawl gan unrhyw un i ddefnyddio'r ffynnon?

Oedd, ond gadael popeth yn drefnus wrth y ffynnon.

A oedd traddodiad na fyddai'r ffynnon byth yn sychu?

Os byddai yr haf yn sych iawn, roedd y ffynnon yn sychu rhyw gymaint, ac roedd ambell ffynnon â llawer o *sand* yn y gwaelod nes cuddio y dŵr os digwyddai hynny. Roedd yn rhaid gwneud cylch rownd y ffynnon o'r tu mewn gyda *zinc*, ond roedd yr un ffynnon yn ddefnyddiol am flynyddoedd ond gofalu amdani.

Pe sychai'r ffynnon, o ble y byddech yn cael dŵr?

Cario dŵr o'r afon, neu o dŷ cymydog.

Ffynnon Iago

Laweroedd o weithiau y bûm yn yfed dŵr oer o Ffynnon Iago [yn ardal Ebeneser] a chwarae o gwmpas gyda phedair o ferched bach 'run oed â finnau. Tuag wyth mlwydd oed oeddwn yr adeg honno. Perthynent i deulu William M Davies, ond dyma y teulu i gyd, ac eithrio un ferch, wedi huno erbyn heddiw.

[Byddem yn] chwarae wrth Ffynnon Iago a rhedeg i gyd at y ffynnon i gael dŵr oer fel y rhew yn y dyddiau poeth, ond ni ddaeth y syniad i fy meddwl erioed pam oeddynt yn ei galw yn 'Ffynnon Iago'. Ond ers tua tair blynedd yn ôl breuddwydiais fy mod yn chwarae eto gyda'r merched bach wrth Ffynnon Iago ac yn yfed y dŵr ac wedi rhoddi fy nwylo yn y dŵr oer. Deffrois, a dyma fi yn meddwl o ddifrif: 'Pwy oedd y dyn oedd wedi darganfod Ffynnon Iago?' A hyn sy'n rhyfedd, y bore wedyn roeddwn yn myned â llythyrau i'r llythyrdy, a phwy a gwrddais wrth droi y gornel ond Ivor Roberts, ŵyr i Edwyn Cynrig Roberts. Roedd atal dweud ar Ivor Roberts, a'r peth cyntaf a ofynnodd y bore hwnnw, cyn dweud 'bore da' hyd yn oed, oedd:

Rhai o anifeiliaid y Paith. Lluniau gan Andres Bonetti: ysgyfarnogod, llwynog, cwningen, gwanacos, estrys, armadillo (armellog).

Gwanacos

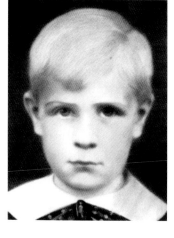

Franklin, 'Gagi' (5 Ebrill 1926–18 Hydref 1930), mab Blodwen ac Owen Williams, Dolavon. Bu farw wedi iddo fynd ar goll ar y Paith tra roedd y teulu yn casglu coed tân. (Gw. ysgrif Gweneira, rhif 7: 'Gwanwyn a Galar ar y Paith'.)

Dyffryn yr Allorau

Parc Cenedlaethol Los Alerces yn yr Andes. (Alerces yw enw'r coed tal sy'n tyfu yn y parc prydferth hwn.)

Gorsedd y Cwmwl, yn yr Andes, rhwng Ariannin a Chile, Ionawr 1993. Llun: Haydn Denman, Caerdydd. Casgliad Llyfrgell Genedlaethol Cymru.

Argae Florentino
Ameghino.

Tynnwyd y llun
hwn gan RG pan
oedd yn ymweld
â'r argae, Hydref
1965.

Afon Camwy

Un o lynnoedd poeth, meddyginiaethol, Copahue (*copa*: brwmstan; *hue*: poeth) yn nhalaith Neuquén, ar y ffin rhwng Ariannin a Chile. (Gw. ysgrif Gweneira, rhif 6, 'Ffynhonnau Meddyginiaethol Copahue'.)

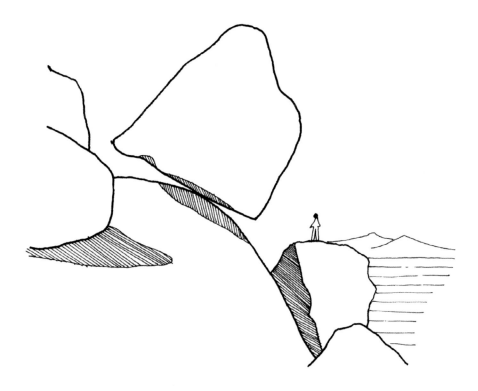

Un o ryfeddodau byd natur. Craig sigledig Tandil, yn Nhalaith Buenos Aires. Bu'n symud yn ôl a blaen am ganrifoedd. Disgynnodd am 6.00 pm, 29 Chwefror 1912. (Gw. ysgrif Elisa Dimol, rhif 12, 'Carreg yn Siarad a Charreg yn Siglo'.)

Llsg. Amgueddfa Werin Cymru 2222/3

Bws mewn eira yng Nghwm Hyfryd
(tua 1930?).
O gasgliad: Amgueddfa Werin Cymru.

Trên o Drelew i Borth
Madryn.

Ford T (1914)

Y Gaiman, yn 1899, blwyddyn y gorlif mawr.

Lepidium draba (*Cardaria draba* gynt); pupurlys llwyd. Planhigyn cydnerth, trafferthus, cwbl ddiwerth. Cludwyd i Batagonia gyntaf gan Owen C Jones, brawd i fam Blodwen Camwy ac Elisa Dimol. Gelwir gan y Gwladfawyr yn 'Flodyn Owen C (Si)' a chan yr Archentwyr yn 'Wansi / Wancy'. (Gw. y bennod 'Teulu Blodwen Camwy… Elisa Dimol …a Gweneira…')

Llun gan Nant a'r Parchg Tegid Roberts, Llanrug, ym Mynwent y Gaiman.

Godro gwartheg yn y Gaiman, Rhagfyr 1992. (Sylwer bod y coesau ôl wedi'u rhwymo â chadwyn.) Llun gan Haydn Denman, Caerdydd.

Casgliad: Llyfrgell Genedlaethol Cymru

Cario gwlân o Gwm Hyfryd i Ddyffryn Camwy. Y mulod yn eiddo i 'Crockett'. Llun gan R E Theobald, Chubut.

O gasgliad: Amgueddfa Werin Cymru

Byrnu / belio gwair alffalffa yn y Wladfa. Llun R E Theobald, Chubut.
O gasgliad Amgueddfa Werin Cymru

Cynhaeaf gwenith yn y Wladfa. Llun gan R E Theobald, Chubut.
O gasgliad: Amgueddfa Werin Cymru

Ffwrn i bobi bara ar fuarth fferm Maesteg yn Nyffryn Camwy. (Gw. llythyr RG o'r Wladfa, rhif 2, Hydref 1965.)

Y drol gyntaf a wnaed yn y Wladfa gan Hugh Hughes, Cadfan Gwynedd (Hughes Cadfan). Gwnaed o goed helyg naturiol a darnau o goed llong wedi'i dryllio, ger Tre Rawson. Cedwir y drol bellach mewn amgueddfa yn Rawson. (Gw, ysgrif Gweneira, rhif 4, 'Teithio yn y Wladfa.') Yn y llun, gan R E Theobald, Chubut, gwelir plant Llywelyn ap Cadfan (?).

Cario coed gyda throl ac ychain yng Ngwm Hyfryd.
Y llun du a gwyn o gasgliad Amgueddfa Werin Cymru.

Capel y Llwyn, 'Capel Logs', Trevelin (tua 1903?).

Arwydd, yn 2006, o flaen Capel Seion, Esquel. Y flwyddyn honno cefais y fraint o gynnal gwasanaeth yn y capel hwn a darlithio ar ddiwylliant gwerin Cymru yn y Ganolfan Gymraeg, ger y capel. (RG)

Capel Bethel, y Gaiman. Cerdyn a dderbyniwyd yn rhodd gan Elisa Dimol gyda'r geiriau hyn arno: ' I gofio eich cenadwri.' Rai blynyddoedd cyn hynny, ar y Sul, 31 Hydref 1965, roeddwn wedi bod yn pregethu yng nghapel Bethel (a hefyd yn y Tabernacl, Trelew), yn oedfa'r Canmlwyddiant, a BBC Cymru, drwy drefniant W R Owen, yn recordio'r oedfa. Roedd Elisa a'i merch Gweneira yn bresennol. (RG)

Capel Bryn Crwn, 18 Hydref 2006. O'r chwith: Anita Lewis, Trelew; Eleri Gwyndaf, Caerdydd; Irma Williams (Gofalwraig); Elda Jones de Ocampo, Trelew

Dosbarth Ysgol Sul Bryn Crwn, 1912. Rhes ôl, ail o'r chwith: Elisa Dimol. (Gw. Elisa Dimol, ysgrif rhif 6, 'Y Capel a'r Diwygiad', ac ysgrif Gweneira, rhif 10, 'Hunangofiant Hen Gapel Bryn Crwn'.)

Casgliad: Llyfrgell Genedlaethol Cymru

Y Parchg David Deyrn Walters, gyda'i ddosbarth Band of Hope yng Nghapel Bethesda, 9 Rhagfyr, 1913.

Casgliad Llyfrgell Genedlaethol Cymru

D Deyrn Walters yn ei gerbyd dwy olwyn a'i geffyl 'Kruger'. Llun o gasgliad Eulfwyn Walters Weston, merch D Deyrn Walters.

Anrhydeddu'r Parchg. David Lloyd Jones, y pedwerydd o'r chwith yn y rhes flaen. Y cyntaf o'r chwith yw'r Parchg John Caerenig Evans

Casgliad Llyfrgell Genedlaethol Cymru

Dosbarth Ysgol Sul y 'Dyffryn Uchaf', Dyffryn Camwy

Casgliad Llyfrgell Genedlaethol Cymru

'M.m.mrs Davies, pwy oedd y dyn ffeindiodd Ffynnon Iago?'

'Nid oes gen i syniad pwy ydoedd, Ivor', meddwn innau wrtho. Ac yna dywedais am y freuddwyd a gawswn y noson gynt. Dyna hwyl a gawsom y bore hwnnw. (Roedd Ivor yn ddarllenwr mawr a thalent fawr ganddo pe byddai wedi cael rhywun i'w gyfarwyddo. Y mae talentau mawr wedi eu colli yn y Wladfa am nad oedd arweinydd i'w cyfarwyddo, ac y mae hynny yn dangos heddiw mewn pobol ganol oed.)

Holais Glyn Ceiriog Hughes pwy a ddarganfyddodd Ffynnon Iago, a dywedodd iddo ddarllen mewn hen *Drafod* fod James Jones ac Aaron Jenkins yn teithio llawer ar hyd y Paith i gael adnabod y wlad, ac eisiau gwybod arnynt os oedd dŵr yn rhywle ar y Paith at gadw anifeiliaid. Ar ôl teithio milltiroedd lawer, 102 *kilómetro* o Madryn, darganfuwyd y ffynnon. Tarddiad oedd ar ochor y bryn. Tua'r flwyddyn 1867 oedd hynny.

Felly, James Jones a aeth gyda'r llong *Denby* i San Antonio, yr un adeg ag y teithiodd Taid Dimol (Thomas Dimol), ydoedd Iago. Ym mis Chwefror 1868 collwyd y llong a'r teithwyr pan ar ei mordaith yn ôl i'r Wladfa. Tua'r flwyddyn 1912 gwnaed camlas newydd tua gwaelod y bryniau, a chuddiwyd Ffynnon Iago. Credaf mai hon oedd yr un ffynnon oedd yn tarddu yn naturiol yn y Dyffryn. Pydewau wedi eu cloddio yn y ddaear ydyw y rhai a elwir yn ffynhonnau gennym yma.

Wrth deithio i'r Andes, sef i Esquel a Threvelin, yr ydym yn myned heibio i lawer o ffynhonnau tarddiad. Felly gynt byddai y teithwyr yn cyrraedd at ryw ffynnon gyda'r hwyr bob dydd, os gallent, a gwersyllu yn y fan honno dros y nos i gael bod yn siŵr o ddŵr iddynt hwy a'u ceffylau. Anodd yn aml oedd cael y ddau beth mwyaf angenrheidiol gyda'i gilydd, sef ffynnon o ddŵr a hefyd danwydd digonol ar gyfer gwneud tân i goginio eu swper a chael brecwast y bore wedyn cyn cychwyn ar eu taith eilwaith. Ond y pwysicaf yn ddiau ydoedd cael ffynnon o ddŵr bywiol i roi anadl newydd mewn dyn ac anifail i ddal ymlaen dros y Paith sych.

Ffynhonnau *Petróleo* Comodoro Rivadavia

Tua 1897 aeth amryw o ddynion ifanc allan i'r Paith a chyraeddasant i Sarmiento lle y gwelwyd fod posibl gwneud ffermydd a chadw defaid arnynt. Chwiliwyd glan y môr am borthladd i anfon y cynnyrch i ffwrdd mewn llongau, ond gwelwyd yn fuan nad oedd yno ddŵr croyw, ac wrth chwilio am ddŵr darganfuwyd y *petróleo*.

Yn y flwyddyn 1901 rhoddwyd caniatâd i sefydlu tref yn Comodoro Rivadavia ar lan y môr. Ond y diffyg mawr yno oedd methu cael digon o ddŵr croyw. Roedd yn rhaid cario dŵr mewn casgenni a'i roddi ar wagen gyda thri cheffyl a'i gludo 38 *kilómetro* o bellter ddwy waith y dydd. Byddai y wagenni yn dyfod i'r dref, a gorfod talu yn ddrud amdano, yn enwedig yn yr haf. Oherwydd prinder glaw yn y gaeaf roedd y teuluoedd yn paratoi tanciau i ddal dŵr glaw. Roedd y trigolion yr adeg honno yn galw o hyd ar y Llywodraeth i geisio ffynhonnau i gael dŵr, felly doedd dim llawer o awydd ar neb i ddyfod i fyw i'r dref heb gael sicrwydd am ddŵr. Ar y 3ydd o Hydref 1903 anfonodd y Llywodraeth beiriannau i wneud ffynhonnau gyda pheirianwyr profiadol, a gwnaed ffynnon 72 miter o ddyfnder, ond nid oedd sôn am ddŵr.

Siomiant mawr oedd hynny i'r teuluoedd oedd wedi adeiladu eu cartrefi ar lan y môr ac nid oedd y peiriannau yn gallu myned i fwy o ddyfnder. Gadawyd popeth bellach am dair blynedd hyd nes cafwyd peiriannau o'r Almaen a pheiriannydd o'r enw Julio Krause a'r peiriannydd Enrique Hermite. Ar ôl iddynt astudio llawer ar y tir, dyna nhw yn dechrau tyllu 3 *kilómetro* fwy am y gogledd. Ond er gweithio am ddyddiau, doedd dim gobaith am ddŵr. Mawrth 24, 1907, cawsant beiriant newydd, eto o'r Almaen, ac yn gryfach, gyda dau beiriannydd ifanc profiadol: José Fusch, Ellmynwr a daearegwr, Umberto Beghin, Eidalwr, a Gustavo Kunzel, Ellmynwr hefyd. Dyna oedd y prif ddynion, heblaw llawer o weithwyr eraill.

Buont yn gweithio a phawb yn disgwyl am newydd da bob dydd. Erbyn hyn roeddynt wedi tyllu 500 miter o ddyfnder, ond dim gobaith am ddŵr. Ond roedd y peiriannydd Krause yn dweud: 'Daliwch ymlaen i dyllu tra deil y peiriant.' Roedd y tir yn garegog iawn. Felly y bu hyd y 12fed o Ragfyr 1907 pan dynnwyd ei sylw gan ryw yswigod du oeliog yn dyfod i fyny o'r ddaear, gydag arogl cerosin arnynt. Roeddid wedi cyrraedd erbyn hyn i'r dyfnder o 539 miter, ac anfonwyd gwefreb i Buenos Aires ar unwaith at y Llywodraeth: 'Rydym yn tyllu ymlaen yn rhagorol, dyfnder o 539 miter. Mae y peiriant yn codi pridd gydag arogl cerosin arno. Rydym yn ddigon siŵr fod olew da yn y gwaelod yma. Pawb a phopeth mewn cyflwr da iawn. Fusch a Beghin.'

Fore y 13 o Ragfyr daliwyd i dyllu i gael sicrwydd eu bod wedi darganfod *petróleo* yn Comodoro Rivadavia, wedi tyllu erbyn hyn 540 miter o ddyfnder. Yna bu y peirianwyr José Fusch ac Umberto Beghin yn enwog ar hyd y blynyddoedd yn Comodoro Rivadavia ac ar hyd y byd.

Kilómetro 3: Tref y *Petróleo*

Roedd José Fusch ac Umberto Beghin wedi priodi ac wedi dyfod â'u gwragedd ifanc gyda hwy ac roeddynt yn byw yno mewn cabanau. Yno y ganwyd eu plant cyntaf yn y caban yn Kilómetro 3. Ond ar ôl darganfod y *petróleo*, anfonwyd llawer iawn o weithwyr i Comodoro Rivadavia a dechrau gwneud cartrefi trwy gael help gan y Llywodraeth. Daliodd José Fusch ac Umberto Beghin yn ymdrechgar iawn gyda'u gwaith. Bu General Enrique Mosconi yn gefnogol iawn i roddi llongau a phob hwylustod i gario y *petróleo* i Buenos Aires. Ond gorfod i'r wagenni gario dŵr am flynyddoedd i Comodoro Rivadavia hyd nes y gosodwyd pibellau i gario dŵr i'r dref o ffynhonnau Tarddiad Behrs (Manantial Behr). Mae José Fusch ac Umberto Beghin wedi huno ers blynyddoedd bellach, ond cawsant fyw am flynyddoedd i weled gwaith eu llafur wedi datblygu a bod yn fywoliaeth i filoedd o weithwyr.

Ffynhonnell

Atebion i holiadur ar gais RG, Chwefror 1976. Gw. Llsg. AWC 2222/2. Seiliwyd yr hanes am ffynhonnau olew Comodoro Rivadavia ar wybodaeth o'r *Album Patagónico* pan oedd y dref yn dathlu 70 mlynedd o fodolaeth.

'Carreg yn Siarad'
a 'Charreg yn Siglo'

Carreg Ateb

Cofiaf pan oeddwn yn byw yn ardal Ebeneser tua'r flwyddyn 1905 glywed y garreg ateb am y tro cyntaf. Roedd storm fawr o fellt a tharanau wedi bod, ond pan oedd yr haul yn machlud roedd yn brydnawn braf a minnau wedi myned i nôl y gwartheg i'r gorlan dros y nos. Gwelais Anti ar y buarth a gelwais arni: 'Anti'. A dyna rywun yn ateb: 'Anti'. Llais newydd iawn i mi. Ar ôl myned adre [dyma fi'n dweud]:

'Glywsoch chi fi yn galw arnoch a rywun yn ateb 'run fath â fi?'

'O', meddai hithau, 'y garreg ateb glywaist ti am fod y prydnawn yn braf ar ôl y glaw. Cerdda allan a dywed: "Ha, ha, tywydd braf", a cei di glywed y garreg ateb yn galw yr un fath â ti. Mae y garreg ateb yn y creigiau gwynion yr ochr draw i'r afon.'

Ac felly y bu. Atebwyd y diwrnod hwnnw a llawer diwrnod arall. Ond ni wn a ydyw ar gael heddiw.

Carreg Siglo Tandil: *La piedra movediza del Tandil*

Roedd y garreg yma [yn Nhalaith Buenos Aires] o uchder o ryw chwe miter, ac mewn rhai mannau yn cyrraedd saith miter. Roedd yn garreg fawr iawn i fod yn gorffwys ar le mor fychan ac yn siglo ar lechwedd digon serth, gan ei bod yn pwyso tua 300 o dunelli.

Roedd Santia Vacchia yn enwog fel un oedd yn gallu gwneud campau mewn cydbwysedd, a gwnaeth lawer o gampau ar frig y garreg siglo yma yn y flwyddyn 1900. Roedd yn aelod o gwmni oedd yn crwydro'r byd yr adeg honno.

Nid oes sicrwydd am ystyr yr enw Tandil, diau mai gair o iaith y brodorion ydyw, ond ni wyddom beth y mae yn ei olygu. Dewiswyd y bryniau yma yn y flwyddyn 1823 gan y Cadfridog Marín Rodríguez a sefydlu yno y ddinas ar y pedwerydd o Ebrill y flwyddyn honno.

Byddai llawer o gyrchu i Tandil i weled y garreg siglo hynod yma, ond syrthiodd o'r fan y safai arno ar y 29 o Chwefror 1912. Blwyddyn naid oedd hi y flwyddyn honno, fel y gwelir. Gwnaeth storm o fellt a tharanau y dydd hwnnw, ac yn sŵn y storm ni fu prin yn bosib clywed sŵn y garreg enfawr yma yn cwympo o'r fan lle buasai yn sefyll am amser mor hir. Ond sylwodd un o'r trigolion beth oedd wedi digwydd a hysbysodd ei bod wedi syrthio. Ar unwaith brysiodd pawb yno i weled drostynt eu hunain, ar eu traed, ar geffylau, ac mewn cerbydau. Ac yn y gwaelod roedd y garreg enwog wedi syrthio ac wedi malurio, er poen a diflastod i bawb ohonynt.

Ffynhonnell

Ymateb i holiadur ar enwau lleoedd a nodweddion ffisegol, megis cerrig, llynnoedd, nentydd a bryniau. Gw. Llsg. AWC 2222/2. Dyma'r unig ddwy garreg (cerrig gwahanol iawn i'w gilydd!) y dewisodd Elisa Dimol de Davies sôn amdanynt. Seiliwyd yr hanes am Garreg Siglo Tandil ar fanylion a gyhoeddwyd yn y cylchgrawn, *Auto Club*, Rhagfyr 1975.

Nodyn gan RG

Lleolwyd y garreg ar fryn o'r enw La Movediza. Ni welodd neb y garreg yn siglo, ond bu'n arfer gan rai i osod poteli gwydr odani, ac erbyn y bore byddent wedi'u malu'n chwilfriw. Disgynnodd y garreg rhwng 5 a 6 o'r gloch, 29 Chwefror 1912. Cred rhai iddi ddisgyn o ganlyniad i ddirgryniad pan fu gweithwyr mewn chwarel gyfagos yn saethu darn o graig. (Gw. darlun ohoni yn y gyfrol hon.)

Gorlifiadau yn Nyffryn Camwy

Roedd gorlifiadau ysgafn wedi bod yn y Dyffryn yn y blynyddoedd [1869], 1875, 1877, 1879 a 1880. Ond y gorlif bythgofiadwy a newidiodd wedd y Wladfa oedd yr un a fu yn y flwyddyn 1899: 'Y Gorlif Mawr', fel y cyfeirir ato. Buasai yn glawio, glaw mân cyson, o fis Mawrth hyd fis Mehefin, o gyfeiriad y môr, gogledd ddwyrain. Dywedid gan rai yr adeg honno mai hwn oedd y gaeaf tyneraf a gawsid er sefydliad y Wladfa. Ond er i'r tywydd tyner a llaith wneuthur y ffordd fel cors ac o'r braidd yn amhosibl ei thramwy, ni theimlid ofn y deuai gorlif. […] Heblaw hynny, roedd llawer wedi cyrraedd i'r Wladfa ar ôl y gorlifiadau olaf a gaed yn flaenorol.

Cododd yr afon yn uchel ym mis Mai 1899 a gostwng wedyn. Cododd eto ym Mehefin, yn uwch na'r mis cynt, ond gostyngodd eilwaith. Y tro hwn bu gweddoedd yn gweithio i gryfhau y lleoedd mwyaf gweiniad ar ei cheulannau. Ond codi a wnaeth y trydydd tro, a gwelwyd y tro hwn fod perygl gwirioneddol, a dechreuwyd eto weithio yn ddyfal, ddydd a nos, a chadw gwyliadwriaeth gyson i geisio rhybuddio y trigolion mewn pryd pe byddai angen.

'Dŵr mawr yn dod, dŵr mawr yn dod': 'Gorlif Mawr' Gorffennaf 1899

A daeth y diwrnod na ellid aros yn hwy. Anfonwyd bechgyn ar geffylau o un tŷ i'r llall i hysbysu y byddai yn rhaid iddynt symud i'r bryniau cyfagos i fod yn ddiogel. Cofiaf i o hyd am lais y bachgen a ddaeth i'n tŷ ni – plentyn bychan oeddwn i ar y pryd. Bachgen ifanc o Ysbaenwr oedd hwn, ond wedi ei fagu ar y ffarm ac yn gallu siarad Cymraeg yn lled dda. Roedd ei geffyl yn chwys gwyn drosto fel y carlamai ar hyd y ffermydd gan waeddi: 'Dŵr mawr yn dod, dŵr mawr yn dod. Pawb i'r bryniau heno; dŵr mawr yn dod.'

Ar yr 21 o Orffennaf 1899 y torrodd yr afon dros ei cheulannau yn y Dyffryn Uchaf, a golygfa galonrwygol oedd gweld trigolion y Dyffryn yn ffoi am eu bywyd am y bryniau. Daliai llawer o'r pennau teuluoedd i weithio wrth yr afon o hyd a'r bechgyn hynaf yn paratoi y wagenni i fyned â'r teulu a'r pethau mwyaf angenrheidiol, fel dillad a bwydydd – ie, heb anghofio ychwaith unwaith y Beibl Mawr teuluaidd oedd ymhob cartref bron y pryd hynny. Ni wnaeth hyd yn oed frys a dychryn y symud iddynt anghofio yr Hen Lyfr a fuasai bob amser iddynt hwy yn 'llusern i'w traed ac yn llewyrch i'w llwybr'. Cododd y mamau blant bach oedd ar hanner cysgu, tra y chwiliai y plant hynaf am yr anifeiliaid i'w gyrru hwythau tua'r bryniau a diogelwch.

Gorffennaf 22: trwy Dir Halen, a thros fwlch Camp Martin, ac uno wedyn yn un cenllif mawr a ysgubai bopeth o'i flaen. Gorffennaf 23: cyrraedd Bryn Crwn yn don enfawr, nes gorfodi y ffermwyr oedd (rhai ohonynt) wedi aros ar y ffermydd gyda'u hanifeiliaid i ffoi hefyd am y bryniau. Gorffennaf 24: dyma'r dydd y cyrhaeddodd [y gorlif] i'r Gaiman a'i lenwi, hyd nes gellid teithio ar hyd y brif stryd mewn cwch! Bu colledion difrifol yma eto, fel ym mhob man arall. Erbyn Gorffennaf 25 roedd y dŵr wedi cyrraedd Trelew, ac ar ddydd Gŵyl y Glaniad yr oedd i lawr yn Rawson, a chan fod bron y cwbl o'r adeiladau yno ar dir isel iawn, ysgubwyd y cwbl i ffwrdd. Dyma'r adeg y collwyd llawer o ddogfennau pwysig a diddorol ynglŷn â dyddiau cynnar y Wladfa, a phapurau angenrheidiol, fel cofrestri genedigaethau, priodasau, marwolaethau, etc.

Nid oedd amser i'w golli yn y dyddiau trychinebus hynny. Ac ar unwaith, rhaid oedd torri drain, gwneud rhyw fath o gysgod i'r bobol a'r anifeiliaid, y rhai hyn heb ddeall beth allai fod yn digwydd, i gyd yn ceisio myned yn ôl am y ffermydd. Gosodid wagenni wrth ochrau ei gilydd i gysgodi dau neu dri theulu gyda'i gilydd, ac yna ceisio cael tân i wneuthur bwyd. Aeth eraill i odro i gael llaeth ffres i'r plant bach, ac ychydig iawn oeddem ni y plant yn feddwl am bryder ein rhieni. Caem ddigon o fara llaeth a chwarae trwy y dydd, nes oedd ein hwynebau yn gochion. Nid âi y rhai hynaf i'r ysgol ychwaith, ac felly rhwng popeth roedd bywyd y teuluoedd ar y bryniau yn ddifyr a hapus dros ben yn y cyfeiriad yna. Gyda'r nos clywid sŵn canu cordian a gitâr yn dyfod o rai o'r pebyll lle yr ymgynullai yr ieuenctid at ei gilydd i dreulio orig ddifyr ar derfyn y dydd. Bu'r ysbryd hwn yn ddiau yn help mawr iddynt i beidio â digalonni. Bu cydymdeimlad a chymorth y Llywodraeth Genedlaethol yn y cyfwng trist yma yn werthfawr iawn hefyd. Cyfrannodd yn helaeth mewn pabelli yn gartrefi dros dro i'r ffoaduriaid, a choed i ddarparu cychod, a rhoddodd ddefnyddiau ac arian i helpu atgyweirio y difrod. Yn y dechrau codasid rhyw fath o gysgod gyda *zinc*, coed, twmpathau – unrhyw beth oedd agosaf i law, oherwydd ychydig iawn o adeiladau oedd yr adeg honno yn agos i'r bryniau ac ar dir digon uchel i fod yn ddiogel.

Er cymaint y peryglon ni chollwyd bywydau ac eithrio Robert Williams, Plas Hedd, a mab i Hopkin Howells, a anturiasant ar feirch i'r Dyffryn pan oedd y dyfroedd wedi cilio, a chan nad oedd posibl gweled lle roedd y perygl, aethant i byllau dyfnion a boddi oherwydd hynny. Bu rhai damweiniau, wrth gwrs. Deuai rhai un diwrnod mewn cwch yn llawn o flawd o Felin Bryn Gwyn (William Jones, John B Davies a David R Pritchard). Dymchwelwyd y cwch gan y tonnau wrth groesi ffarm Hopkin Howells yn Bryn Gwyn a thaflwyd y llwyth a'r dynion i'r dŵr. Yn ffodus, gwelwyd hwy gan eraill a chawsant help buan i'w cario hwy a'u llwyth i ddiogelwch. Hanes arall ydyw hanes Glan Caeron yn myned â'i deulu bach i'r wagen, Mrs Hughes gyda mab bychan, diwrnod oed. Myned i gartref Thomas Morgan yn gyntaf, gan gredu eu bod yn ddiogel yno. Ond nid felly yr oedd. Bu yn rhaid ffoi eto i ben bryncyn uchel y tro hwn, hyd nes gallu cyrraedd yn ddiweddarach i'r bryniau mewn cwch. Dyna paham y galwyd y plentyn hwnnw yn Ben Llifon i gofio'r anturiaeth.

Ail-adeiladu wedi'r chwalfa fawr

Bu'r cymorth a gafwyd yn galondid mawr i ail-drefnu pethau ar ôl y llif. Roedd y cenllif wedi difetha popeth ffordd y cerddai. Addoldai, ysgoldai, ystordai a chartrefi. Capel Ebeneser oedd y cyntaf i gael ei ddymchwelyd ganddo. Ysgubodd ymaith enau camlas y Dyffryn Uchaf, [yr] ochr ogleddol, a rhwygo bwlch trigain miter o led yn ochr yr afon ac arllwys drwyddo yn genllif cryf. Ni chafwyd trwsio'r ceulannau y flwyddyn honno (1899), ond gan fod digon o fwyd a gwenith yn y sefydliad, nid oedd pethau yn rhy ddrwg eto. Ni chiliodd y dŵr nes yn ddiweddar, yn rhy ddiweddar i fedru hau ar gyfer cynhaeaf 1899–1900. Roedd y camlesydd hefyd wedi eu hamharu y tu hwnt i adnabyddiaeth gan y dyfroedd.

Fodd bynnag, wedi i'r dyfroedd glirio a chyda help y Llywodraeth, dechreuwyd o ddifrif ar y gorchwyl o atgyweirio. Ffurfiwyd pwyllgor o ddynion profiadol i arolygu'r gwaith o gyfannu'r bylchau yn nhorlannau yr afon ac atgyweirio y camlesydd. Galwodd yr Hyrwyddwyr yr aelodau yn y gwahanol ardaloedd. Roedd yn ffodus fod y sefydlwyr erbyn hyn yn brofiadol o'r gwaith. Cyrhaeddodd gwifrau y pellebr [teligram] i'r Wladfa yn nechrau Mawrth 1900, yn unol â'r addewid a roisid flwyddyn ynghynt gan Arlywydd y Weriniaeth, Julio A Roca. Bellach, gellid anfon cenadwri i'r byd mawr oddi allan. Enwyd Alejandro Conesa yn rhaglaw, a disgwylid llawer oddi wrtho, oherwydd iddo ddyfod i'r sefydliad rai blynyddoedd cynt yn ddyn ifanc fel ysgrifennydd i'r Rhaglaw Fontana.

Bu'r pibellau haearn a gafwyd gan y Llywodraeth yn ddefnyddiol iawn at gyfannu camlesydd a ffosydd. Roedd rhai o'r pibellau yma yn mesur tua 30 cms o ddiametr, a rhai ohonynt yn fwy na hynny. Ond cafwyd gaeaf gwlyb eto, a phryderus iawn a fu y Gwladfawyr yn 1900. Roeddynt wedi paratoi yn gynnar rhag ofn y byddai yn rhaid ffoi i'r bryniau y flwyddyn honno eilwaith. Ni fu raid, oherwydd ni ddaeth yr afon allan y flwyddyn yma.

Gyda llaw, daeth arferiad newydd i'r Dyffryn ar ôl y 'Lli Mawr': hau yn gynnar, er mwyn cael y cynhaeaf i ddiddosrwydd cyn y gaeaf. Pesgi'r mochyn yn gynnar ar gyfer ei ladd a'i halltu. Gofalu bod digon o ymborth yn y tŷ cyn mis Mai rhag myned yn brin. Codwyd y cartrefi newydd ar fryncynnau uchel lle nad oedd dyfroedd y llifogydd yn debyg o gyrraedd, ac os byddai rhaid aros i mewn, nad oedd raid dioddef eisiau. Byddai llawer yn benderfynol o aros yn eu cartrefi ac yn cloddio o amgylch y tŷ i gadw y dŵr allan. Ond yr oedd gan yr hen afon ryw arferiad o dorri allan mewn lle newydd bob tro, fel na ellid byth â bod yn siŵr iawn a fyddid yn ddiogel ai peidio.

1901: llif mawr eto

Erbyn y flwyddyn 1901, i fyned yn ôl at y cyfnod yr oeddwn yn sôn amdano, roedd pawb wedi dechrau sirioli ac yn llawn cynlluniau newydd at y dyfodol. Ac ni chawsid fawr o arwyddion y byddai perygl ychwaith y tymor hwnnw. I'r gwrthwyneb, buasai yn llawer sychach nag arfer o ddechrau'r flwyddyn hyd ddiwedd Mai. Wedi hynny dechreuodd y glaw trwy Fehefin a Gorffennaf ac Awst. Cododd yr afon yn gyson trwy'r gaeaf er canol Mehefin, ond yr oeddis yn credu, gan fod cymaint o waith wedi ei wneud ar y ceulannau a genau y camlesydd, y gellid cadw'r dŵr o fewn ei derfynau priodol, hyd yn oed os deuai bygwth gorlif. Ond ar yr 11eg o Orffennaf [1901] torrodd y dŵr allan dros y gwrthglawdd a wnelsid i amddiffyn genau y Gamlas Ddeheuol, gan orlifo i Dir Halen eilwaith ac ymdaith ymlaen yn chwyrn nes cyrraedd y Lle Cul Uchaf.

Trwy doriad y gwrthglawdd hwn cafodd y cenllif ffordd i weithio o'r tu ôl i gafn mawr y gamlas yn y fan honno a gadawyd bwlch mawr trwy hynny i'r dyfroedd i lifo trwyddo i Dir Halen. Yn anffodus yr oedd yno hefyd amaethwyr heb ddyrnu eu cynhaeaf, ac aeth y rhan fwyaf ohono yn aberth i'r llifeiriant. Trwy waith y dynion a'u gweddoedd a fu yno ddydd a nos, cadwyd yn gyfan y gwrthglawdd a amddiffynnai enau'r Gamlas Ogleddol ymhen y Dyffryn Uchaf.

Erbyn y 13eg o Orffennaf roedd y dŵr wedi cyrraedd gwaelod y Dyffryn Uchaf a llanw'r pantle yn fôr drachefn, a chronni oddi yno i fyny hyd linell y Br David Jones, Rhymni, ond nid ymhellach i fyny. Ni chyffyrddwyd ag ardaloedd Glan Alaw, Maesteg, Bethesda ac Ebeneser gan y gorlif yma, ac ar y dechrau llwyddwyd i gadw y dyfroedd allan o ardal Bryn Gwyn. Effaith hyn oedd eu cronni a'u gorfodi i fyned trwy y Gaiman, ac ymegnïodd y preswylwyr i amddiffyn eu tai trwy godi cloddiau o'u hamgylch. Ond er y cwbl, mynnodd y dwfr gael ei ffordd trwy Bryn Gwyn hefyd y tro hwn a gorlifo'r ardal honno a'r Drofa Fawr. Gorlifodd i lawr hyd Rawson, ond ni chyffyrddwyd â Threlew. Ni wnaeth ond ychydig o ddifrod yno y flwyddyn hon, gan fod y trigolion wedi adeiladu ar ôl y gorlif cyntaf yn uchel i fyny ar y bryniau allan o'i gyrraedd.

Ni chollwyd bywydau yn yr ail orlif. Cafwyd rhai amgylchiadau cyfyng, ond, yn ffodus, heb ganlyniadau trychinebus. Y pentrefydd eto yn llawn ffoedigion, ond nid cymaint ag yn y gorlif cyntaf. Daeth rhai o'r cabanau a'r ystafelloedd brysiog a godwyd yn amser y gorlif cyntaf yn hwylus i lechu ynddynt allan o raib yr ail. Ni fu'r colledion mewn adeiladau agos mor drymed y tro hwn. Ond, er hynny, bu yn ddigon anghysurus ar amryw – treulio'r gaeaf mewn cabanau bregus, aros yno am fisoedd hyd nes y byddai'r dŵr wedi clirio oddi ar y ffermydd. Yna atgyweirio a threfnu y ffosydd o'r newydd a thrin y tir i hau gwenith – os byddai tir sych i'w gael.

Effaith gwaethaf y gorlif yma oedd ar feddwl a chalonnau y sefydlwyr. Dangoswyd bellach nad rhyw ddigwyddiad allan o'r cyffredin ydoedd gorlifiad ond y gellid ei ddisgwyl o dro i dro, a heb wybod yn iawn ychwaith pa lwybrau a gymerai y dyfroedd. Ar y 5ed o Awst cynhaliwyd cyfarfod yn y Gaiman, a digalon iawn oedd ysbryd y rhai a aeth yno yn gyffredinol. Er fod rhai yn hyderus i ail-gyfannu ceulannau'r afon, glanhau ac atgyweirio y camlesydd, amlwg oedd er hynny na feddent yr un ysbryd â chynt.

A daeth cwestiwn yr ymfudo. Ymfudo, ie, ond i ba le? Ac aeth sôn i Gymru am yr anesmwythder a fodolai yn y Wladfa. Yno tybiodd Mr W T Griffith a

W J Rees, Abertawe, fod cyfle iddynt gael ymfudwyr i Ganada. Penderfynwyd dyfod i'r Wladfa a gweled drostynt eu hunain, ac felly glaniasant yma yn Hydref 1901. Bu eu dyfodiad yn foddion i rai i benderfynu ymfudo a dewis Canada fel y wlad i fyned iddi, yn enwedig felly gan y cynigid iddynt gludiad rhad tuag yno. A'r flwyddyn ddilynol, 1902, ar Fai 14, galwodd yr agerlong *Orisa* ym Madryn, ac aeth 234 o'r Gwladfawyr ymaith ar ei bwrdd. Bu yn ofid dwys i'r Wladfa weled y rhai hyn yn cefnu arni. Ac yr oedd dyrnod arall i ddod i drigolion y Dyffryn.

Yn gynharach na'r ddau orlif arall, sef ar y 5ed o Fehefin, daeth y neges o Ddôl y Plu i hysbysu fod yr afon yno cyn uched ag y buasai yn 1899, dair blynedd yn flaenorol. Erbyn dydd Gwener y 7fed o Fehefin, roedd y cenllif yma wedi cyrraedd genau'r Gamlas Ogleddol ac yn uwch o hanner modfedd na'r ddau orlif blaenorol. Yn ffodus, gan i'r Cennad eu hysbysu mewn pryd o'r perygl, roedd y Br Evan Pugh, Arolygydd y Camlesydd am flynyddoedd, yno gyda dynion a gweddoedd i weithio ar y ceulannau, fel na thorrodd allan yno y tro hwn. Yr ochr arall, torrodd y flwyddyn yma eto a llifo yn genllif i ardal y Tir Halen. Dim ond yn y flwyddyn 1899 y bu dinistr mawr yn y Dyffryn Uchaf yng ngenau y Gamlas Ogleddol. Wedi hynny, llwyddwyd i'w hamddiffyn bob tro.

Ebrill 1903: ymfudo i Ynys Choele Choel, Río Negro

Wedi'r gorlif yma, daliai rhai i feddwl am ymfudo ac edrych am rywle na fyddai mor ansicr i drigiannu ynddo. Felly y bu i amryw ohonynt fel Gwladfawyr ymadael i boblogi Ynys Choele Choel, yn y Río Negro, yn Ebrill 1903. Prif hyrwyddwr y mudiad hwn oedd Edward Owen, Maes Llaned. Yr oedd Eugenio Tello, a fu gynt yn Rhaglaw Chubut, yn awr yn Rhaglaw y Río Negro, a thrwy ei adnabyddiaeth o Gymry y Wladfa a'i gysylltiadau cyfeillgar â'r Br Edward Owen, cynigiodd i'r rhai a ewyllysient ymsefydlu yn yr ynys dyddyn o 240 erw bob un yn rhodd gan y Llywodraeth a thâl am weithio camlas i ddyfrhau y lle. Cymerodd tua phymtheg o deuluoedd ac amryw ddynion sengl fantais ar y cynnig hwn. Drwy fod y Br Owen yn ŵr craff ac yn meddu profiad helaeth o lefelu a gwneuthur camlesydd, a'r Cymry aethant yno yn hyddysg yn y gwaith, gorffennodd y gamlas yn ebrwydd ac atebodd ei diben yn rhagorol.

Y flwyddyn ddilynol, 1904, cafwyd storm o genllysg ym mis Ionawr a glaw trwm hefyd yn yr un mis. Ym mis Mai glawiodd eto, a'r un modd yng Ngorffennaf, ac erbyn y pymthegfed o Orffennaf yr oedd yr hen afon dros ei cheulannau unwaith eto yn y Glyn Du. Ychydig ddyddiau yn ddiweddarach, torrodd dros glawdd arllwysiad Melin Bryn Gwyn ac oddi yno trwy yr ardaloedd eraill. Cyfrifir bod y gorlif hwn yn llawn cyn uched â'r gorlif cyntaf, a daeth yn fwy disymwth na'r un o'r rhai blaenorol. Wedi hyn bu egwyl, heb orlif am agos ugain mlynedd. Er hynny arhosai yr atgof am ddyddiau y gorlifiadau yn ffres yng nghof y trigolion o hyd. Parhawyd i gymeryd y gofal fel a nodais yn nechrau y tymor gaeafol fel na fyddai gormod o anhawster ac anhrefn pe deuai galw am ffoi i'r bryniau fel yn y dyddiau gynt.

1923: pla o lindys; yr afon yn codi, a 'dyna gychwyn am y bryniau unwaith eto'

Yna yn y flwyddyn 1923 cafwyd gwres annioddefol yn niwedd Ionawr ac ym mis Chwefror. Deuai gwynt sych o'r gogledd hefyd a hwnnw yn sychu a deifio popeth. Ar ei ôl dyma'r lindys yn cyrraedd i glirio pob deilen o'r alffalffa. Bwytasant lysiau'r ardd hefyd yn llwyr. Byddent yn myned o un ffarm i'r llall yn groes i'r llinellau [y ffyrdd sydd yn derfyn rhwng ffermydd] yn un rhimyn gwyrdd yn symud fel rhyw ffrwd ryfedd. Dyna ddechrau gofidiau eto i'r ffermwr druan. Glawio wedyn bron bob wythnos ar hyd mis Mai. Mehefin a Gorffennaf yn eithaf sych. Glaw, eira a lleithder mawr ar hyd mis Awst, ond yr afon yn codi yn gymedrol, a phawb yn bur hapus. Dyna y misoedd peryclaf am y gorlif wedi pasio heibio. Daeth mis Medi, y gwartheg yn dod â lloi bach a'r ŵyn i'w gweled ar bob ffarm. A dyna storm yn dyfod, y glaw yn dechrau eto a'r gwynt o'r De, yr anifeiliaid yn dod o'r caeau i chwilio am gysgod o dan y coed ac yn erbyn y cartrefi a'r *galpones* [siediau]. Gorffennodd Medi a'r glaw yn tywallt bob dydd a dal ymlaen fis Hydref, a dyna y cymdogion yn dechrau hysbysu y byddai yn well i bawb fyned am y bryniau, fod golwg beryglus ar yr afon. Dyna gychwyn am y bryniau unwaith eto. Rhoddid tri cheffyl mewn cerbydau ysgafn a cheisio rhoddi y teuluoedd yn ddiogel i gychwyn, ac wedyn ceisio myned â'r anifeiliaid trwy y mwd mawr. Cadwodd ardal y Dyffryn Uchaf yn glir o'r gorlif yma eto, oherwydd i ddynion weithio ddydd a nos i gadw cafn mawr y Gamlas Ogleddol yn ddiogel.

1932, 1944, 1945, 1949, a llifogydd mawr 1958

Yn y flwyddyn 1932 daeth gorlif arall. I'r bryniau eto a llawer wedi cael colledion mawr y tro hwn hefyd. Cafwyd amryw o lifogydd ysgafn wedi hynny a'r ffermwyr oedd â'u tiroedd ger yr afon oedd yn y perygl mwyaf.

Digon tebyg fod yr ymwelwyr sydd yn cyrraedd y Wladfa o Gymru yn rhyfeddu mor dlodaidd ydyw golwg llawer o gartrefi'r Dyffryn, ond nid oes ganddynt ddim dychymyg beth oedd byw mewn dyffryn ac ansicrwydd bob blwyddyn: 'Tybed ddaw gorlif?' 'Tybed gawn ni gadw ein cartref?'

Yn y flwyddyn 1944, credaf, y cafwyd llifogydd eto; [hefyd] yn 1945 ac yn 1949. Bu yr afon yn uchel iawn ar yr holl dymhorau hyn. Ond nid oedd yn orlif cyffredinol fel ag a gaed gynt.

Yng Ngorffennaf 1958 dyma olwg ddifrifol ar y Dyffryn eto, ardal Bryn Crwn yn un môr o ddwfr i lawr hyd at y Gaiman. Wrth edrych o'r Gaiman Newydd ar i fyny gellid meddwl mai rhyw lyn anferth oedd o'n blaenau. Cododd gwynt cryf o'r deheu, ac yna roedd y tonnau yn cael eu lluchio yn erbyn unrhyw beth a safai i'w herbyn. Roedd llawer o gymdogion wedi ymgynnull yn nhŷ y diweddar Edward Morgan ac yn gweithio trwy y dydd i gadw'r dŵr o'r tŷ. Roedd tŷ newydd gan Sami Morgan yn barod i roi to arno, ond golchwyd y planciau mawr i ganlyn y gorlif.

Roedd hwnnw yn Ddydd Sul bythgofiadwy, ond y diwrnod wedyn yr oedd yr afon dechrau gostwng. Clywid rhuad y dyfroedd o bellter, a da ydoedd iddynt dorri allan i ochr Bryn Gwyn, neu buasai y Gaiman eto dan ddŵr, ac efallai rannau o Trelew hefyd. Pe digwyddasai hynny buasai y colledion yn anferth oherwydd fod yna gymaint mwy i'w ddinistrio yn awr nag oedd yn yr amser gynt. Dyma'r gorlif mwyaf o'r rhai diweddaraf, ac er i'r afon ddod allan wedyn yn 1961, am 1958 y cofir bellach fel y flwyddyn y llifodd yr afon allan a dinistrio a chwalu llawer o gartrefi. Gellid clywed eu sŵn yn syrthio o bellter mawr.

Erbyn hyn cawsom yr Argae Fawr [Florentino Ameghino] i'n cadw rhag perygl y gorlifiadau, ond Duw yn unig a ŵyr faint o amser fydd parhad yr Argae Fawr. Gobeithiwn y goreu.

Ffynhonnell

Traethawd yn Eisteddfod y Wladfa, 1974. Gw. Llsg. AWC 2222 /1. Gw. hefyd draethawd Elisa Dimol de Davies 'Hanes Sefydlu'r Cwmni Dyfrhau' (Llsg. AWC 2093 /1).

Yr Indiaid a'r Cymry

Ym mis Ebrill 1866, ar ddiwrnod priodas y Br Edwyn Roberts a Miss Anne Jones, merch John Jones, Mountain Ash, a [phriodas] Richard, brawd Anne, a Hannah, merch Thomas Davies, Aberdâr, y gwelwyd yr Indiaid gyntaf gan yr Hen Wladfawyr. Ym Mhlas Hedd yr oedd y briodas ac yno y cynhaliwyd y wledd briodasol. Pan oedd pawb mewn hwyl wrth y byrddau, dyma ddyn ifanc yn cyrraedd yno ar garlam at y tŷ, ac yn dweud: 'Mae yr Indiaid wedi dod.' Roedd yr Indiaid wedi bod yn destun pryder ar hyd y misoedd a aethant heibio er dyfodiad y Cymry i'r wlad ac roeddynt mewn ofn yn barhaus eu gweled yn dyfod i'r sefydliad newydd. Ni wyddent beth yn hollol i'w ddisgwyl oddi wrthynt.

Bara i'r Indiaid a chig a cheffylau i'r Cymry

Fodd bynnag, y diwrnod hwnnw aeth [Hugh Hughes Cadfan] ac R J Berwyn allan atynt a'u gwahodd i mewn a chynnig bwyd iddynt. Bara. Gwrthod a wnaethant ar y cyntaf, ond wedi i'r rhai a'i cynigiodd fwyta peth ohono cymerasant ef a holi beth oedd. Wedi cael gwybod mai 'bara' ydoedd, cawsant air newydd i'r iaith frodorol. Roedd y brodor weithiau yn siarad ei iaith ei hun a phryd arall yn siarad Ysbaeneg, gan fod rhai o'r brodorion yn arfer myned i Patagones i fasnachu ac wedi pigo rhai geiriau i fyny yno.

Wrth yr enw Don Francisco yr adweinid y brodor yma, a'i deulu ef oedd y rhai cyntaf i ddyfod i'r Dyffryn. Buont yma am fisoedd a'u harhosiad yn fanteisiol iawn i'r Wladfa yn yr amgylchiadau yr oedd ynddynt y pryd hynny. Yn un peth yr oedd cig yn brin iawn gan nad oedd ganddynt eto ddigon o anifeiliaid i fedru lladd rhai. Nid oedd y Gwladfawyr yn arferedig â saethu chwaith, fel na allent gael gafael ar yr un anifail gwyllt, fel ag y gwnaent yn ddiweddarach. Roedd Don Francisco yn fedrus iawn mewn hela, ac wedyn byddai yn newid cig am fara a bwydydd eraill y Cymry. Heblaw hynny, dysgodd lawer ar y dynion ifanc i drin ceffylau, sut i ddofi'r gwartheg a chael llaeth ganddynt, a rhoi iddynt hefyd wersi mewn hela. Mewn canlyniad datblygodd llawer [o'r Cymry] yn fuan yn helwyr cadarn.

[Ymadawodd Don Francisco a'i wraig yn fuan wedi'r cyfarfyddiad cyntaf hwn, ond dychwelasant maes o law yng nghwmni llwyth y Pennaeth Galats.] Daeth y llong Brydeinig *Triton* ar ymweliad â'r Wladfa y pryd hwnnw, a chafwyd ohoni amryw bethau angenrheidiol i'r sefydlwyr, a daeth peth ohonynt yn hwylus i fasnachu eto efo'r brodorion. Gyda bod y llong wedi myned i ffwrdd daeth dau lwyth ohonynt yma. Roedd yn arferiad ganddynt i ddyfod i'r Dyffryn yn ystod y gaeaf, ac ym mis Gorffennaf 1886 daeth rhyw gant a hanner yma a phabellu ryw chwe milltir yn uwch i fyny'r Dyffryn na Rawson, rhyw 15 o bebyll. Daliai y Cymry i fod yn ofnus, ac ar ganol gwasanaeth y Sul yr oeddynt pan ddaeth yr Indiaid ac edrych i mewn drwy y ffenestri, etc. Aeth dau ohonynt i Rawson yn ddiweddarach gyda'r Parchg Abraham Matthews. [Ychydig cyn hynny, cyrhaeddodd llwyth y Pennaeth Chiquichano hefyd.]

Byddai'r brodorion yn ymweld â chartrefi'r Cymry bob dydd i ofyn am fara a phethau eraill, a chafodd y Cymry hwythau drwyddynt geffylau a gêr marchogaeth a chig, wrth gwrs, ddigonedd, yn gyfnewid am wahanol fwydydd, fel ag y sylwyd eisoes. Roedd y 'matras' a weithid gan y merched brodorol yn destun tipyn o sylw gan y Cymry, a'u gwaith hefyd yn gwneud y *quillangos* [ponsios] gyda chrwyn gwanacos bach (*chulengos*), drwy wnïo rhyw bymtheg ohonynt wrth ei gilydd. Dyma eu gwisg naturiol hwy – y fantell groen yma – ac y mae yn gynnes a diddos iawn. Prin y gellid dweud eu bod yn masnachu eto gan mai cyfnewid oedd y cwbl o'r hyn a wneid. [Byddent yn] cyfnewid peth o'r gwenith a gafodd y sefydlwyr gan Lywodraeth Ariannin am blu estrysod a chrwyn a 'matras', ac yna cyfnewid y rhain am bethau eraill addas i fasnachu â'r brodorion. Fel hyn y talai y sefydlwyr hefyd am waith yn eu mysg eu hunain, fel gwneud dillad, trwsio esgidiau, ac yn y blaen. Deuai ambell long yma â nwyddau, ond prin ddigon oeddynt, a digon llwm a fu byrddau yr Hen Wladfawyr yr amser yma. Daeth llong Brydeinig arall yma hefyd, y *Cracker*, a rhoddodd hon lawer o fwyd a phethau eraill i helpu'r sefydlwyr. Trwy gael mwy o ymborth a nwyddau eraill, yr oeddynt hwythau wedyn yn gallu cael mwy o help hefyd gan yr Indiaid.

Tuedd yr Indiaid i ddwyn

Roedd y duedd i fyned ag eiddo eraill heb gytuno amdano yn rhan o gymeriad y brodor bob amser. Nid oeddynt fel yn gallu deall erioed fod yna linell derfyn rhwng yr 'eiddoch chwi' a'r 'eiddof fi'. Bu llawer tro chwithig ynglŷn â'r arferiad yma. Unwaith roedd gwraig ifanc wedi golchi dillad ei baban bach a'u rhoi ar y 'lein' i sychu. Pan aeth i'w nôl i mewn i'r tŷ yn ddiweddarach, nid oedd sôn amdanynt, y cwbl wedi myned, ac nid bach o beth oedd hynny mewn oes pan oedd cymaint prinder. Dro arall, ac roedd hyn ar raddfa ehangach, lladratawyd nifer o geffylau a dianc i ffwrdd o flaen y gweddill. Ond bu y pennaeth Galats yn ddigon anrhydeddus i roddi arweinwyr i'r sefydlwyr i erlid ar eu holau, a buont yn llwyddiannus i'w dal a'u dwyn yn ôl i'r sefydliad. Roedd William Davies, Llywydd y Wladfa ar y pryd, wedi dweud wrtho, os na ddôi y ceffylau yn ôl yna cedwid ef a'i deulu yn garcharorion. Ac efallai i wroldeb William Davies yn y cyswllt yma effeithio yn ffafriol i gael adferyd y ceffylau yn ôl i'w perchenogion.

Dro arall roedd gwraig un o'r sefydlwyr wedi myned i drwsio giât oedd yn myned i gorlan y gwartheg. Nid oedd hon nepell oddi wrth y tŷ, ac roedd wedi myned â bwyell fach yn ei llaw i dorri y coed at y gwaith. Gwelodd Indian toc, yn dyfod allan o'r tŷ a phac ar ei gefn, ond ni chafodd hithau ddim o'i ofn chwaith. Rhedodd i'w gyfarfod a lluchiodd y fwyell fach at ei draed gan waeddi arno: 'Hombre malo' ['dyn drwg'] (diolch fod ganddi gymaint â hynny o Sbaeneg). Dychrynodd y dyn gymaint fel ag y taflodd y pac oddi ar ei gefn a rhedodd i ffwrdd. Roedd wedi myned i mewn i'r tŷ ac wedi dwyn ham gyfan o gig moch oddi yno wrth weled nad oedd neb yn agos, dybiai ef.

Y ddolen werthfawr rhwng yr Indiaid a'r Cymry

Yn y flwyddyn 1874 bu i'r gŵr ifanc, Edward Price, fyned â gwenith i Buenos Aires i'w werthu, a bu hynny yn ddechrau masnach ar raddfa ehangach yn y Wladfa. Daeth ychwaneg o ymfudwyr hefyd ac agorwyd eto fwy o fasnachdai, fel erbyn y flwyddyn 1881 yr oedd yma wyth ohonynt. Dyma'r adeg y deuai'r Indiaid i'r Dyffryn i fasnachu â pherchenogion yr ystordai a chyfnewid eu nwyddau a ddygent gyda hwy o'r camp: plu, crwyn, 'matras', a *quillangos*, etc., am angenrheidiau oedd yn yr ystordai. Daeth enwau brodorol fel Galats, Chiquichano, Foyel, Saihueque, Kankel a Nahuelquir – i enwi ond ychydig – yn enwau adnabyddus a chartrefol ar aelwydydd y rhai a fuasai yn ofnus ohonynt rai blynyddoedd yn flaenorol, a hwythau yn ymwelwyr cyson â'r Dyffryn. Lle manteisiol ganddynt i wersyllu ydoedd lle mae'r Gaiman heddiw. Ac erys enw'r dref yna yn goffadwriaeth i'r brodorion, gan mai gair o'u hiaith hwy ydyw 'Gaiman' yn golygu, ni gredwn, lle cul, fel ag ydyw'r Gaiman, man cul rhwng yr afon a'r bryniau. [Gw. nodyn RG.] Y mae'n debyg mai dilyn yr afon y byddent ar eu teithiau crwydrol, gan mai dyna'r unig foddion oedd ar gael i'w disychedu.

Roeddynt yn hoff hefyd o ddiod feddwol bob amser a chynigient unrhyw beth amdani. Mae'n debyg i lawer masnachwr ar hyd y blynyddoedd fanteisio ar y duedd hon ynddynt, yn ychwanegol at godi efallai grocbris am y nwyddau a werthai iddynt a thalu ond y nesaf peth i ddim am yr hyn a ddygent hwy i'w werthu.

Mae hanes digon trist i'r hen Indiaid yn ddiweddarach. Daeth Roca a'i ymgyrch fawr yn eu herbyn, a pha siawns oedd ganddynt hwy druain yn erbyn y milwyr a'u harfau? Bu iddynt geisio heddwch drwy gytundebau, ond nid oedd gwrandawiad iddynt, roedd eu tiroedd yn llawer rhy werthfawr i'w gadael yn llonydd.

Ond erys hanes cyfeillgarwch y Cymry a'r brodorion yn llecyn golau ynghanol y cwbl, ac mae'n destun balchder a diolch heddiw na fu i'r un Cymro eu gormesu na'u lladd erioed.

Erbyn hyn y mae disgynyddion yr hen frodorion yn cymeryd eu lle yn y gwareiddiad modern, a'u henwau yn britho bywyd y wlad. A does ond gobeithio mai er gwell y bu y newid ym mhatrwm eu bywyd, newid eu bywyd cyntefig, naturiol, ac eangderau'r Paith am ferw'r dinasoedd a dwndwr y ffatrïoedd, lle mae cymaint ohonynt heddiw yn aelodau ewyllysgar o'r gwareiddiad gwyn.

Ffynhonnell

Ysgrif yn Eisteddfod y Wladfa, 1975. Gw. Llsg. AWC 2093/4. Seiliwyd, yn bennaf, ar wybodaeth o gyfrol Abraham Matthews, *Hanes y Wladfa Gymreig yn Patagonia*, Mills ac Evans, 1894.

Nodyn RG

Gair Teweltse yw 'Gaiman', a'i ystyr yn wreiddiol yw 'carreg hogi'.

Estrys Patagonia

Enw gwyddonol estrys De America, estrys y pampas Archentaidd, ydyw *Rhea Darwinii*, ond defnyddir llawer yn ein gwlad ar yr enw *ñandú guaraní*, pan yn cyfeirio ato. Hyd yn oed yn Nhalaith Buenos Aires, sydd mor bell oddi wrth gynefin y *guaraníes*, fe'i gelwir felly. Y mae'r *ñandú*, neu estrys rhanbarthau y de a'r gwastadeddau, yn llai o faint nag estrys Affrica. Ond mae llawer o'i nodweddion a'i arferion yn union yr un fath. Nid yw ei gyflymder yn rhyw anghyffredin iawn. Rhed gan agor ei adenydd fel yr estrys Affricanaidd er mwyn hyrwyddo ei redeg, ac y mae ganddo yr arferiad pan fyddir yn ei erlid a'i wrthwynebydd yn ennill tir arno, i beidio byth â rhedeg mewn llinell unionsyth ond, yn hytrach, i redeg mewn cylchau a throadau, fel ag i ddyrysu ei erlidydd. Byddai y *gauchos*, yr un modd ag Indiaid y cylchynion, yn dal y *ñandú* drwy ei erlid ar geffyl a'i ddal â'r *boleadoras*, ac roedd yr helfa yma yn un o'u difyrion gorau. Byddent yn cael cyfle wrth erlid yr estrys i ymarfer eu doniau fel marchogwyr a thaflwyr *boleadoras* [erfyn hela o reffyn a pheli trymion].

Byddai yr Indiaid yn gwneud cyrchoedd mawrion ar adegau arbennig o'r flwyddyn ac yn ymlid yr estrysod tuag at lan afon neu lyn. Mae yr estrys yn nofiwr da, a deil ei hun yn dda yn y dŵr, gan nofio heb lawer o gyflymder. Ond mae dyfroedd yr afonydd Patagonaidd yn oeri a diffrwytho eu traed i raddau, ac wedi iddynt ddyfod allan ohonynt, byddant wedi colli eu cyflymder i redeg a syrthiant yn ysglyfaeth i'r erlidwyr. Byddai'r [helwyr] yn manteisio ar adegau o eira i gael helfa dda o'r adar yma.

Roedd yr estrys yn un o'r anifeiliaid mwyaf defnyddiol i'r Indiaid a'r *gaucho*. Roedd ei gig a'i wyau ymhlith eu danteithion mwyaf dewisol. Hoffai yr Indiaid fwyta cyw yr estrys cyn iddo ddyfod allan o'r plisgyn. Roedd plu hardd yr estrys yn foddion iddo gael arian. Am lawer o amser, bu plu yr estrys yn un o'r nwyddau mwyaf masnachol. Byddai masnachwyr y Paith yn eu casglu nes cael swm mawr ohonynt, ac yna anfonent hwy mewn troliau i'r canolfannau masnachol. Tua chanol y bedwaredd ganrif ar bymtheg, telid yn Buenos Aires un *peso* am bwys o blu estrys. Gyda'i gylla gwneid pyrsau i ddal tybaco, neu defnyddid ef i gadw halen neu siwgr. Ymhlith y pethau eraill defnyddiol a roddid gan yr estrys i'r *gaucho*, yn ogystal ag i'r Indiaid, oedd gewynnau ei goesau, gyda'r rhain y gwnaent linynnau cryfion eu *boleadoras* cerrig. Roedd saim y frest yn cael ei werthfawrogi yn fawr ganddynt hefyd. Unwaith wedi ei doddi, cedwid ef mewn bagiau a wneid o groen yr estrys. Byddid yn defnyddio y croen yma hefyd i wneud *toldos* [pebyll] yr Indiaid a hefyd fantelli tra derbyniol.

Nid yw cyw y *ñandú*, a elwir gan y *gauchos* yn *charabón*, yn tyfu i'w lawn faint nac yn cael ei blu i gyd nes y bydd tua dwyflwydd oed. Gwyddai yr Indiaid hyn, ac roeddynt yn ofalus iawn o'r anifeiliaid defnyddiol, ni fyddent byth yn lladd cywion estrys. Ni ddalient byth yr un ohonynt hyd nes byddai wedi cyrraedd i'w lawn dwf.

Gelynion marwol yr estrys oedd y pwma [piwma], y gath wyllt, y llwynogod, y condor, yr eryrod, y barcutod, ac anifeiliaid eraill blewog, neu bluog, na fedrent wrthsefyll y demtasiwn o gael pryd blasus o gig brau yr estrys, neu brofi blas hyfryd ei esgyrn.

Wrth deithio ar hyd tiroedd Patagonia, neu ar hyd ei ffyrdd meithion, gellir gweled yn y pellter, mewn gwyliadwriaeth ac yn barod i ffoi, yr estrys hir-goesiog, a fu unwaith yn adeg poblogi a gwladychu yn flasus-fwyd i'r arloeswyr yn yr oriau diamddiffyn hynny. Mae y *picana*, rhan o'r lwynau, yn damaid i beidio â'i wrthod.

Ffynhonnell

Ysgrif a anfonodd Elisa Dimol de Davies at RG, fel ymateb i wahoddiad, tua 1970.

16

Rhai Digwyddiadau Cofiadwy yn Hanes Cynnar y Wladfa: 1865–1900

Ar y *Mimosa* o Lerpwl i Borth Madryn

Darllenais yn llyfr y Parchg Abraham Matthews, *Hanes y Wladfa Gymreig yn Patagonia* [1894], fod mintai'r *Mimosa* wedi myned [ar] fwrdd y llong, Mai 24 [1865]. A bore drannoeth, Mai 25, yr oeddynt yn rhyw fath o barod i gychwyn. Roedd yno gannoedd o bobol ar y lan wedi crynhoi i'w gweled yn cychwyn. Canwyd [alaw] 'Duw Gadwo'r Frenhines' ar eiriau [cenedlgarol] pan yn barod i godi angor a [chyn i'r] llong ddechrau symud allan o'r porthladd. Wedi symud [o'r doc i ddyfroedd y Ferswy], rhoddwyd yr angor i lawr. Nid oedd popeth yn barod eto, papurau y llong a llawer o fân bethau eraill ddim yn orffenedig. Ac felly y buont hyd brydnawn Sul yr 28 o Fai 1865. Am chwech o'r gloch codwyd yr angor eto i beidio ei roddi i lawr bellach nes cyrraedd Porth Madryn. Digon trist a fu ar y daith. Bu farw amryw [pedwar] o blant bach. Mehefin y 9fed, bu farw Catherine Jane, merch Robert Thomas, yn ddwy flwydd oed. Mehefin y 10fed, James, mab Aaron Jenkins, 2 flwydd hefyd. Mehefin 27, John, mab Robert Davies, 11eg mis oed. Gorffennaf 17, Elizabeth, merch Griffith Solomon, yn 15 mis oed. Bu farw un eneth fach y diwrnod y cyrhaeddwyd i Borth Madryn, a daearwyd yr un fach ar ôl cyrraedd y lan drannoeth. Trist iawn.

David Williams, y crydd o Aberystwyth, fu farw ar y Paith

Digwyddiad trist arall. Yr un diwrnod ag y glaniwyd ym Madryn yr oedd amryw o'r dynion wedi myned i gyrchu dŵr i ryw lyn ar ôl y glaw, ac aeth David Williams i ben bryn bychan gan feddwl cael gweled y Dyffryn. Ond aeth ar goll, ac er galw, chwilio llawer amdano a cheisio ei weld ym mhob rhyw fodd, ni ddaeth yn ôl. Teiliwr [= crydd o Aberystwyth] ydoedd, ac ymhen blynyddoedd [deg mis ar hugain] darganfyddwyd ei weddillion gyda phapurau, siswrn a gwniadur yn ei logell, a daethant â'i weddillion i'w daearu yn y Dyffryn.

Yn llyfr Mr Matthews dywedir bod y Br Lewis Jones, Plas Hedd, a'r Br Edwyn Roberts, wedi cyrraedd yn flaenorol i Borth Madryn i baratoi a gwneud trefniadau i gael lluniaeth ac anifeiliaid, a threfnu ym Mhorth Madryn hefyd nifer o fythynnod i dderbyn y teuluoedd.

Edwyn Roberts yn cael ei adael am ddeuddydd yng ngwaelod ffynnon

Erbyn i'r *Mimosa* gyrraedd i Borth Madryn yr oedd Edwyn Roberts wedi adeiladu nifer fychan o fythynnod coed ar y lan yn ymyl y môr. A phan gyrhaeddodd y *Mimosa* aeth Lewis Jones ac Edwyn Roberts i'w cyfarfod mewn cwch ar fwrdd y llong. Cafwyd banllefau lawer o 'hwrê', nes oedd y bryniau yn diasbedain. [Ychydig ddyddiau ynghynt] roedd Edwyn Roberts wedi myned i ddechrau torri ffynnon i chwilio am ddŵr croew, ac wedi myned â dau was gydag ef i godi y pridd i fyny mewn bwcedi. [Roedd rhagor na dau was, yn cynnwys Archentwyr, dau Almaenwr, ac un hanner Gwyddel.] Ac wedi cloddio yn bur isel, ymadawodd y dynion am y noson honno a gadael Edwyn Roberts yng ngwaelod y ffynnon, ac yno y gorfu iddo fod tan [i was arall, oedd wedi cael ei anfon i chwilio am ffynhonnau yn yr ardal, ddychwelyd ddeuddydd yn ddiweddarach] a'i godi oddi yno. (Dau was drwg iawn.)

Helynt dal y gwartheg gwylltion i'w godro

Roedd Lewis Jones ac Edwyn Roberts wedi dyfod â gwartheg dros y [môr] o Patagones, a dau was (hanner Indiaid) i'w helpu gyda'r anifeiliaid. Hefyd yr oedd Lewis Jones ac Edwyn Roberts wedi sicrhau nifer o ychen at weithio, am fod ceffylau yn brinion iawn. Roedd un o'r fintai, sef Thomas Davies (Aberystwyth) [= Aberdâr] wedi arfer gweithio gydag ychen, a chwiliwyd am ddarn o dir hawsaf ei weithio a heuwyd ynddo wenith, heb wybod nad oedd yn y wlad ddigon o law i'w egino.

Digwyddiad gyda llawer o ddigrifwch oedd ceisio dal y gwartheg (roeddynt wedi prynu gwartheg yn Patagones). Nid oedd Ysbaenwyr De Amerig yn arfer godro gwartheg, dim ond eu magu ar y Paith a'u lladd i gael eu crwyn a'u gwêr, felly roedd y gwartheg yn hollol wylltion. Mrs Elinor Davies, priod Thomas Davies (Aberdâr), a roddodd y cynnig cyntaf ar y godro. Dynes wedi ei magu ar y ffarm ac wedi bod yn godro ar hyd ei hoes. Un diwrnod aeth allan â'r piser godro yn ei llaw, gan feddwl godro amryw o'r gwartheg. Cerddai ar eu holau, gan geisio tynnu eu sylw, a dywedyd: 'Dere di, morwyn i, dere ti, morwyn fawr i.' Ond edrychai y gwartheg mewn ofn a dychryn ac am ddianc am eu bywyd. Cerddodd Mrs Davies at y rhai oedd yn sefyll, ond dyma un fuwch yn rhuthro ati a thaflodd Mrs Davies y piser godro a rhedodd i ffwrdd gan ddweud: 'Dyma andros o wartheg! Dyma wartheg ag ysbryd drwg ynddynt.' Ddiwrnod arall yr oedd John Jones, Mountain Ash, yn cerdded yn ddifeddwl heibio i'r gwartheg, a dyma un ohonynt yn rhuthro arno a'i daflu i'r llawr, ond cydiodd John Jones yn ei dau gorn a chiciodd hi yn ei thrwyn, nes oedd yn dda ganddi gael dianc. Wedi ymgynghori â'r hanner Indiad oedd wedi dyfod i ganlyn y gwartheg o Patagones, deallwyd mai arfer y wlad oedd fod dyn ar gefn ceffyl yn arfer taflu rhaff am ben y fuwch, ei harwain at bost wedi ei sicrhau yn y ddaear, ac yna ei rhwymo yn dynn wrtho cyn cynnyg ei godro, ac os byddai yn wyllt iawn, byddid yn clymu ei thraed ôl. Bob yn dipyn deuwyd yn gyfarwydd â'r drefn hon, ac felly llwyddwyd i gael digon o laeth ac ymenyn.

O Borth Madryn i Ddyffryn Camwy 'heb yr un ffordd na llwybr o fath yn y byd'

Deuwyd i ddeall yn fuan nad oedd Porth Madryn yn lle i ymsefydlu ynddo, oherwydd diffyg dŵr croew. Tir graeanog sydd oddeutu Porth Madryn, nid oes yno na dyffryn, nac afon, na nant, nac un math o darddiad yn un man. Yn lle colli dim amser, trefnwyd fod y dynion sengl a'r pennau teuluoedd mwyaf llawrydd i fyned i'r Dyffryn ar unwaith. Roedd rhwng Porth Madryn a'r Dyffryn ryw ddeugain milltir, heb yr un ffordd na llwybr o fath yn y byd. Roeddynt yn gwybod i ba gyfeiriad yr oedd genau Afon Camwy, yn ôl mapiau yr adeg honno. Trefnwyd i fyned bob yn ddeg, a rhoddwyd ceffyl i bob mintai i gario bwyd a dŵr i'r daith a dilladau. Roeddynt wedi trefnu fod y minteioedd i gychwyn un diwrnod ar ôl ei gilydd. Ac roeddynt wedi meddwl cyrraedd mewn dau ddiwrnod, man bellaf, ond ryw ffordd bu iddynt golli y cyfeiriad a buont bedwar diwrnod. Dioddefodd y minteioedd yma galedi ar eu taith, yn bennaf mewn angen dŵr

ar y Paith a diffyg ymborth. Yr un diwrnod ag y cychwynnodd y dynion i'r
Paith, cychwynnodd dynion eraill o Madryn gyda bywydfad dros y môr am y
Camwy. Ond er i'r cwch fyned allan o'r porthladd yn ddiogel, drwy ryw anffawd
rhedwyd ef i'r lan a methwyd ei gael allan drachefn i'r môr. Felly bu raid iddynt
ddadlwytho popeth oedd yn y cwch a'i roi ar y traeth, rhoddi yr hwyl drosto a
cherdded yn ôl i Madryn.

Gwelir bod y minteioedd aeth am y Dyffryn wedi myned yno heb ddim
bwyd. Buont yn byw ar rywbeth a allent ei saethu. [Aeth un ar ddeg o'r dynion
ifanc allan yn fore, gyda'r bwriad o ddychwelyd i'r bae.] Ar ôl cerdded drwy y
dydd, a'r nos yn dyfod, a dim amcan myned yn ôl i Rawson, roedd un ohonynt
yn credu mewn gweddi a bachgen arall yn gwawdio a dweud yn gellweirus:
'Dyma ni ar goll ar y Paith, gweddïa di rŵan, os wyt ti awydd.' [Plygodd deg
ohonynt ar eu gliniau i weddïo. Edrychodd yr un oedd yn gwawdio i'r awyr a
gwelodd farcud yn hedfan uwch ei ben. A dyna fo yn anelu a saethu. Lladdwyd
y barcud ac yfed ei waed i dorri eu syched. Y bore canlynol, wedi clywed sŵn yr
ergyd, daeth tri o ddynion oedd yn cerdded i'r Dyffryn ar eu traws a'u harwain
i ddiogelwch y bae.] Ymhen ychydig o ddyddiau cyrhaeddodd y fintai oedd yn
dyfod ag oddeutu wyth cant o ddefaid drosodd o Borth Madryn i'r Dyffryn. Felly
cafwyd digon o gig defaid. Ond oedd gyda neb halen, a byddent weithiau yn ei
ferwi yn nŵr y môr.

'Bryniau Meri'

Digwyddiad o lawenydd mawr. Ganwyd merch fach i Elizabeth a Morris
Humphreys, yr hon a alwyd Mary, ac enwyd bryn [cadwyn fer o fryniau] ar y
ffordd o Borth Madryn i'r Dyffryn ar ei hôl, sef 'Bryniau Meri' am i rywun [= ei
thad] gael y newydd am ei genedigaeth pan yn croesi y bryniau hyn. Digwyddiad
trist ym Mhorth Madryn oedd marw Mrs Catherine Davies, priod Robert Davies,
Llandrillo, yn 38 oed ar yr ail [= yr unfed ar hugain] o Awst. Cafodd ei daearu
ym Mhorth Madryn.

Dychwelodd amryw o'r pennau teuluoedd oedd wedi cychwyn dros y Paith
yn ôl i Madryn, lle roedd yr ystordy a'r ymborth. Roedd y gwragedd a'r plant o
hyd ym Mhorth Madryn, a rhai dynion yn ystod yr amser yma yn gweithio yn
gyson ar y ffordd i'r Dyffryn. Gwnaed tuag wyth milltir yr adeg honno.

Y fordaith ddioddefus ar y *Mary Helen*

Digwyddiad diddorol oedd cyrraedd o'r llong *Mary Helen* i Borth Madryn. Penderfynwyd llogi y llong hon i gludo y gwragedd a'r plant a'r ymborth dros y môr i'r Camwy. Ond ar ôl hynny bu'n ddigon anffodus arnynt. Cafodd y llong wynt croes a methodd ddyfod i mewn i'r afon (yn Rawson) am 17 diwrnod. Dioddefodd y gwragedd a'r plant a difethwyd llawer o ymborth. Yr achos pennaf o'r dioddef ar fwrdd y llong hon oedd prinder dŵr i yfed ac i wneuthur bwyd, ac felly llawer o'r rhai gwannaf yn suddo i wendid o eisiau ymborth priodol. Collwyd dau faban ar y fordaith yma. Roedd y dynion ieuanc wedi bod, ynghyd â'r pennau teuluoedd, yn brysur yn adeiladu bythynnod i fyw ynddynt oddeutu yr 'Hen Amddiffynfa', cyn i'r gwragedd a'r plant ddyfod drosodd o Borth Madryn. Pob un yn dyfeisio pa fodd i wneud ei dŷ gyflymaf a chyda lleiaf o waith; rhai yn gwneud eu bythynnod gyda choed, wedi'u dwbio â chlai, eraill gyda phriddfeini llosgedig.

Troi ystordy yn addoldy, a sefydlu Tre Rawson

Roeddynt wedi adeiladu rhyw fath o ystordy yno hefyd i gadw gwenith a blawd, a'r gwahanol nwyddau roeddynt wedi'u cyrchu o Buenos Aires. Hefyd yn yr ystordy yma y cynhaliwyd y cyrddau ar y Sul. Yr eisteddleoedd oedd y sachau gwenith, a bocs mawr, gyda lliain bwrdd drosto, oedd y pulpud. Roedd rhai o'r ymfudwyr wedi dyfod â swm da o ddefnydd ymborth i'w canlyn o Lerpwl, ac roedd ganddynt ddwy felin flawd, i'w gweithio gyda llaw, neu gyda cheffyl, wedi eu prynu cyn gadael Cymru. Gosodwyd y rhai hynny i fyny yn yr 'Hen Amddiffynfa', er mwyn bod yn gyfleus i bob un fel ei gilydd i'w defnyddio. A rhoddwyd yr enw 'Tre Rawson' ar y dref, er parch i Dr Guillermo Rawson, 'Ministro del Interior' ar y pryd, am ei fod yn ffafriol i helpu y Cymry er y dechrau.

Codi Baner Ariannin

Digwyddiad hanesyddol ac arbennig iawn ydoedd codi Baner Ariannin am y tro cyntaf yn Nyffryn Camwy [...] ar y 15 o Fedi 1865 [...]. Codwyd y faner ar le a elwid yr 'Hen Amddiffynfa', darn o dir wedi ei gau i mewn gan ffos gron ac yn mesur o 60 i 100 llath ar ei draws. [...]

Ionawr 1869: y llif mawr yn ysgubo'r stycannau gwenith i'r môr

Yn y flwyddyn yma [1868] bu siomedigaeth fawr i'r sefydlwyr. Heuodd rhai y flwyddyn hon ar raddfa eang, a chododd yr afon yn brydlon a chafodd pawb ddŵr i'w wenith. Roedd golwg ardderchog ar y gwenith ym mhob man a daeth y cnydau i aeddfedrwydd yn gynnar yn Ionawr 1869 am fod pawb wedi gallu hau yn gynnar. Pan oedd pawb wedi gorffen torri eu gwenith a'r rhan bwysicaf ohono wedi'i godi yn stycannau ac ambell un wedi dechrau ei gario i'r das, daeth yn law mawr am naw diwrnod. Roedd yr afon wedi bod yn bur uchel ar hyd y tymor ac wedi codi eto yn ystod y glaw hwn. Ar ôl i'r glaw stopio, pan oedd y sefydlwyr yn y capel un Sul, dyma storm o fellt a tharanau, a bron y cwbl o'r Dyffryn wedi ei orchuddio â dŵr. Gan fod y Dyffryn yn wastad a'r tywydd yn dawel, ni chariwyd y cnydau yma gyda'r llifeiriant, ond gellid gweled [y stycannau] yn sefyll ar eu pennau allan o'r dŵr fel llwyni o frwyn neu hesg. Ond y Sul ymhen yr wythnos eto wedi y storm, pan oedd y glaw wedi peidio ers dyddiau a'r awyr wedi clirio a phob man wedi dechrau sychu a phawb yn hyderus y buasent yn cael cnwd heb fod rhyw lawer gwaeth wedi i'r dŵr gilio, am y gwyddid y buasai y ddaear a'r gwenith yn sychu yn gyflym am fod y tywydd mor boeth, ar y Sul hwnnw cododd yn wynt cryf o'r gorllewin, fel y cynhyrfwyd y dŵr oedd fel llyn ar y Dyffryn, nes codi tonnau uchel arno, a'r gwynt mor gryf fel y taflwyd yr holl stycannau i lawr ac yna eu cario yn ysgubau rhyddion i'r môr i ganlyn y llifeiriant. Bu nifer o'r sefydlwyr yn llwyddiannus i achub ychydig, ond collwyd corff mawr y cynhaeaf. Dyma y flwyddyn fwyaf llwyddiannus a gobeithiol oeddynt wedi'i chael o'r cychwyn wedi troi yn fethiant ac yn siomedigaeth fawr. Hefyd heblaw colli y cynhaeaf am y tymor, collwyd chwe deg o wartheg ifanc drwy iddynt ddianc o ffordd y llif oddi ar y Dyffryn a chrwydro i'r Paith ac ni chafwyd byth mohonynt. Bu'n brofiad chwerw i'r sefydlwyr wedi iddynt dybio eu bod wedi cael allwedd llwyddiant y wlad a chael cynhaeaf mor addawol a'i golli ar y funud olaf.

Yn ystod y llif yma aeth rhai teuluoedd i fyw i ryw fath o babellau ar fryn bach gerllaw, ond trwy fod y tywydd mor braf a thesog ni chwynodd neb am hynny. Ac er holl helyntion y tymor yma cafwyd heddwch i raddau helaeth ac nid anghofiodd y rhan luosocaf eu rhwymedigaeth i grefydd a moesau da. Roedd y rhan fwyaf o'r fintai gyntaf yn proffesu crefydd, ac roedd tri phregethwr yn y fintai, sef y Parchn Abraham Matthews, Meirion Williams a Lewis Humphreys.

1869–70: Lewis Jones a Michael D Jones; helynt y ddwy long *Mary Ann* a *Myfanwy*; a geni Eluned Morgan ar y môr

Yn nechrau y flwyddyn 1869 cafodd Lewis Jones long gan y Llywodraeth at wasanaeth y sefydliad, yr hon a elwid *Mary Ann*, a chafodd fyned i brynu gwartheg yn Patagones. Gyda rhan o'r arian prynwyd hefyd felin flawd i'w gweithio gyda cheffylau. Ond [ar] y fordaith gyntaf i *Mary Ann* ysigwyd hi yn ddrwg iawn wrth ddyfod i mewn dros y bar i Afon Camwy, fel na chafodd ond cyrraedd yn ôl i Buenos Aires, a chan nad oedd gennym ni fel Gwladfawyr fodd i dalu am ei hatgyweirio, gorfod i Lewis Jones ei gwerthu am bris isel iawn yn y Brifddinas. Ebrill 1869 aeth Lewis Jones yn ôl i Gymru i nôl ei deulu a dychwelodd yn y flwyddyn 1870 yn y llong *Myfanwy*. Ar y llong yma y ganwyd Eluned Morgan, merch Lewis Jones [20 Mawrth 1870]. Cyrhaeddodd *Myfanwy* i Borth Madryn ym mis Mai 1870, ac wedi dadlwytho ac aros ychydig amser yno ymadawodd wedi ei hunig fordaith i'r Wladfa. Bonheddwr ifanc o'r enw Griffiths oedd Capten y llong ac oherwydd rhyw annibendod a diofalwch, bu y llong hon yn golled o'r dechrau i'r diwedd i'r Cwmni yng Nghymru. A chan mai Michael D Jones o'r Bala oedd yn gyfrifol (trwy eiddo Mrs Jones ei briod), bu helynt y llong yn sarhad mawr iddo, er ei fod yn ddiniwed hollol ynglŷn â'r holl helynt. Gwerthwyd y llong trwy arwerthiant y gofynwyr, a phrynwyd hi gan yr un rhai am un rhan o dair o'i gwerth, a hynny ymhen y flwyddyn wedi ei hadeiladu, a gwerthwyd y Parchg Michael D Jones i fyny am y gweddill o'r arian. […]

1871: Indiaid ysbeilgar yn dwyn ceffylau'r Cymry

Daeth tymor hau 1871, ond yr Indiaid yn lladrata y ceffylau gwaith. Pan oedd pawb yn ddiofal a di-feddwl-ddrwg, daeth yr Indiaid ysbeilgar i lawr tua deg o'r gloch y nos a chasglu yr holl geffylau oedd yn y Dyffryn. Pan aeth y Gwladfawyr i chwilio am eu ceffylau, nid oedd yr un ar gael. Cafwyd gwybod wedyn fod 60 o geffylau wedi eu dwyn, a'r dydd dilynol aeth y sefydlwyr ar eu holau, ond siwrnai ofer a fu gan nad oeddynt yn rhyw gymwys iawn i erlid mintai o Indiaid. Bu'r ysbeiliad yma yn golled fawr i'r sefydliad. Yn fuan wedyn daeth glaw trwm ac eginodd y gwenith, ond ni chododd yr afon iddo dyfu ac aeddfedu, fel mai colledus a fu y flwyddyn yma eto (1871–72).

1872: llong yr *Alban* ar dân

Ar ddiwedd y flwyddyn daeth llong fawr o'r enw *Alban* ar ymweliad, ond trwy ryw anffawd neu esgeulustod eto aeth yn ddrylliau wrth ddyfod i enau Afon Camwy. Wedi ei thaflu i'r lan cymerodd dân a llosgwyd y rhan ohoni a oedd allan o'r dŵr. Cafwyd amryw o bethau defnyddiol o'r llong yma ac, yn bennaf, foch o frid Seisnig a llawer o goed a fu yn werthfawr i adeiladu, a phethau eraill.

Daeth cynhaeaf gweddol i'w rhan yn y tymor 1872–73. Dyma'r tro yr aeth dau ddyn ifanc i'r ochr ddeheuol i'r afon a hau yno a chael cnwd da o wenith.

Mai 1873: Abraham Matthews yng Nghymru

Penderfynodd y Parchg Abraham Matthews fyned i Gymru i weld a allai gael ychwaneg o ymfudwyr i'r Wladfa. […] Wedi ymdroi yn Buenos Aires am bythefnos, cymerodd Mr Matthews y llong *Newton Lambert* [Ionawr 1873] a glanio yn Lerpwl ar y 15fed o Fai 1873. Aeth ar ei union i'r Bala i weled y Parchg Michael D Jones, ac wedi ymgynghori ag ef, penderfynwyd fod Mr Matthews i fyned trwy Dde a Gogledd Cymru i ddarlithio ar y Wladfa Gymreig ym Mhatagonia fel lle i ymfudo iddo. Cafodd dderbyniad croesawus, a bu yno am ryw dri mis yn darlithio yn ystod yr wythnos ac yn pregethu ar y Suliau. Yna myned i'r Unol Daleithiau, dyfod yn ôl i Gymru tua Tachwedd 1873 a pharhau yno hyd fis Mawrth 1874.

1874–75: minteioedd newydd yn cyrraedd y Wladfa

Yn ystod y misoedd yma yr oedd dwy fintai yn cael eu casglu, un yng Nghymru, dan nawdd y Parchg D Lloyd Jones, a'r llall yn yr Unol Daleithiau yng ngofal y Parchg D S Davies. Cafwyd 49 yng Nghymru a 35 yn yr Unol Daleithiau yn barod i gychwyn ym mis Ebrill 1874. Ond nid oedd modd y pryd hwnnw gael gan y cwmni gymeryd mintai a'i rhoddi i lawr ym Mhorth Madryn. Cychwynnodd y Parchg Abraham Matthews a'r fintai o Gymru ar yr 20fed o Ebrill 1874, a glanio yn Buenos Aires ymhen y mis wedi mordaith gysurus. Roedd Cymry yr Unol Daleithiau wedi bod yn fwy anturus ac wedi prynu llong iddynt eu hunain a'i ffitio i fyny, gyda'r dwylo a'r Capten hefyd o blith y fintai. Ond, yn anffodus, aeth y llong yma i'r lan ar dueddau Brasil a chollasant y cwbl a feddent oddigerth eu bywydau. Cawsant garedigrwydd mawr yn Buenos Aires pan gyraeddasant yno. […] Pan gyrhaeddodd y ddwy fintai i Buenos Aires, roedd y llong *Irene* i lawr yn y Dyffryn, felly bu raid iddynt aros yn Buenos Aires. Ac yno y buont am wythnosau, hyd Orffennaf 1874, ac oherwydd anawsterau eraill dim ond yr hanner allodd deithio y tro cyntaf a chyrraedd i'r Camwy ar yr ail o Awst 1874.

Roedd y dyfudwyr [ymfudwyr] yn wahanol i rai mintai 1865 gan mai pobol dlawd o'r dosbarth gweithiol oedd y rhan fwyaf o'r rheini, heb arian eu hunain, dim ond eu bod wedi cael eu cludiad ar draul Michael D Jones a wariodd er eu mwyn hwy a phethau eraill, perthynol i'r Wladfa, a holl arian ei wraig a myned yn fethdalwr wedi hynny. Ond efallai fod yn well nad oedd ganddynt fodd i fyned oddi yma, neu ni fuasent wedi aros yn y wlad drwy holl helbulon y blynyddoedd cyntaf. Minteioedd gwahanol iawn oedd minteioedd 1874 a 1875. Roedd ymysg y rhai yma ddynion crefftus a darbodus a oedd wedi manteisio ar y cyflogau uchel a delid iddynt i roddi peth o'r neilltu. Daeth gweinidogion gyda'r rhai yma eto, tri ohonynt yn perthyn i'r Annibynwyr, a hefyd y Parchg Abraham Matthews oedd yn dyfod yn ôl at ei deulu: y Parchn D S Davies o America, y Parchg John Caerenig Evans o Gwmaman, a'r Parchg D Lloyd Jones o Ruthun. Buasai ef â rhan flaenllaw yn y mudiad gwladfaol o'r cychwyn cyntaf yng Nghymru ac yn cyd-weithio â'r Parchg Michael D Jones. Roedd y cwbl o'r dyfudwyr o Gymru ac o'r Unol Daleithiau wedi cyrraedd i'r Dyffryn erbyn tua mis Hydref, a'r cwbl hefyd wedi ymroi â'u holl egni i gartrefu yn y wlad newydd.

Adeiladu tai ar 'lannerch o dir gwastad, cul, ar lan yr afon': sefydlu pentref y Gaiman

Yn un o'r minteioedd yma daethai Mr David D Roberts. Roedd pawb o hyd yn byw yn Tre Rawson, llawer yn myned i fyw ar eu tyddynnod, gan baratoi ar gyfer y dyfodol. Daeth Chwefror 1875 a chafwyd cynhaeaf toreithiog a phawb yn hapus. Rhyw 35 kilomedr o Rawson yr oedd llannerch o dir gwastad, cul, ar lan yr afon, yr ochr ogleddol iddi, a chraig o dywodfaen y tu ôl iddo. Am ei fod mor gul, nid oedd wedi ei fesur i fod yn ffermydd, ac felly barnodd rhai o'r fintai newydd fod y lle hwn yn gyfleus i adeiladu tai, ac felly y gwnaethant. Y cyntaf i adeiladu ei dŷ yno oedd y Br David Roberts, sef pedair ystafell o gerrig a tho o bridd a mwd wedi ei gymysgu gyda gwellt. Mae'r tŷ a'r to yn gadarn hyd heddiw, o 1874 hyd 1976. Yr unig un a helpodd David D Roberts oedd ei ferch, Jeanne, a ddaeth wedi hynny yn Mrs William Meloch Hughes (mam y Br Aeron C Hughes a'i ddwy chwaer, Buddug a Nest, perchenogion y tŷ cerrig).

Teithiai David D Roberts a Jeanne o Rawson i'r Gaiman bob bore o ddydd Llun hyd ddydd Sadwrn ar gefn eu ceffylau, a hynny yng nghanol y gaeaf. Dyma un arall o ferched dewr y Wladfa. Daeth y teulu i fyw yn y Gaiman yn 1874 neu 1875, ac ym mis Gorffennaf ganwyd y mab cyntaf-anedig i Mr a Mrs Roberts, a galwyd ef yn Idris. Dyma'r baban gwyn cyntaf i'w eni yn y Gaiman.

Ar ôl treulio rhyw 6 mis o unigrwydd a byw mewn ofn y cyrhaeddai yr Indiaid, penderfynodd David D Roberts deithio i Rawson i geisio perswadio ei gyfaill a'i gyd-wladwr, y Parchg John Caerenig Evans, i ddewis ei ffarm yn agos i'r Gaiman. Gwnaeth Mr Evans hyn, gan ddewis yr ochr ddeheuol i'r afon. Adeiladodd yntau ei gartref, tŷ cerrig a llofft iddo, ac yn fuan iawn wedyn adeiladwyd y capel bach cerrig. Bu dyfodiad y minteioedd yma yn ail-gychwyniad i'r achos crefyddol yn y Wladfa. Roedd hyn wedi dioddef, fel popeth arall, yn y blynyddoedd o flinderau a dioddefaint. Bu cyfarfod pregethu yn Rawson yn yr hen gapel bach a adeiladasid yn 1868: y Parchn D Lloyd Jones, John Caerenig Evans, a D S Davies yn gwasanaethu. Derbyniwyd llythyrau y fintai newydd a gwelwyd fod yr aelodau yn rhifo 45. Dewiswyd y Parchg Abraham Matthews yn weinidog. Erbyn diwedd y flwyddyn 1875 yr oedd tua 500 o ymfudwyr newydd yn y Camwy o wahanol barthau o Gymru.

1879: carcharor o Chile yn trywanu Aaron Jenkins â'i gyllell

Ym Mehefin 1879 digwyddodd i gymeriad amheus ddyfod i'r Dyffryn, yr hwn oedd ffoadur o garchar perthynol i Chile. Roedd wedi llwyddo i gael ceffyl ac wedi teithio cannoedd o filltiroedd dros y Paith i'r Dyffryn. Pan ddeuai cymeriadau amheus i'r Dyffryn ar ddamwain fel hyn, byddai'r Gwladfawyr yn ofalus i'w cymeryd i'r ddalfa a chadw math o brawf arnynt. Ac ymysg y trigolion yr oedd Aaron Jenkins (a enwyd eisoes ynglŷn â dyfrhau y gwenith). Roedd yn hynod barod ei gymwynas bob amser, a phenodwyd ef i fyned i'r Gaiman a chymeryd i'r ddalfa y crwydryn yma, ond wrth ddyfod i Dre Rawson, ar gyfer Plas Hedd, tŷ Lewis Jones, mewn lle unig ar y ffordd, gan nad oeddynt wedi rhoddi ei ddwylo mewn gefynnau, llwyddodd i drywanu cyllell i gefn yr heddwas, Aaron Jenkins, o'r tu ôl. Syrthiodd hwn yn farw i'r llawr, a dihangodd y llofrudd ar gefn ceffyl. Cyn gynted ag y daeth y ffaith alarus yma yn hysbys, cododd yr holl sefydlwyr i erlid y llofrudd, ac ymhen deuddydd cafwyd ef yn ymguddio mewn trofa yn yr afon lle roedd hesg tewion, ryw 40 milltir o Rawson. Heb oedi saethwyd ef yn farw a'i gladdu yn y fan lle syrthiodd.

1881: y llanc ifanc, William Meloch Hughes, awdur *Ar Lannau'r Camwy*, yn cyrraedd y Wladfa

Erbyn gaeaf 1876 yr oedd y rhan fwyaf o'r sefydlwyr ar eu ffermydd, a chawn hanes amryw o'r blynyddoedd dilynol yn *Ar Lannau'r Camwy* [ym Mhatagonia, 1927], llyfr William Meloch Hughes. Cyraeddasai ef i'r Wladfa yn y flwyddyn 1881 o fewn pedwar diwrnod i fod yn un ar hugain oed. Dyn ieuanc talentog wedi bod yn y coleg, gan feddwl myned yn weinidog, ond torrodd ei iechyd i lawr a daeth i'r Wladfa i gael haul Patagonia i gryfhau, a bu yn ddyn defnyddiol iawn ymhob ystyr. Yn 1881 cawn ei hanes yn cael ei ddewis yn athro yn y Festri newydd wrth Gapel Moriah, gyda dau ddeg pump o ddisgyblion. Ond ymhen blwyddyn gadawodd ei waith fel athro am nad oedd ei gyflog yn ddigon at ei fywoliaeth a phenderfynodd gael ffarm a dechrau ffarmio fel pawb arall. Ond daeth problem arall i gwrdd ag ef, sef methu cael dŵr mewn pryd i'r gwenith. O'r diwedd cafodd ei ddewis yn arolygydd ar dŷ masnach, a dyna lle y gweithiodd am flynyddoedd nes codi masnachdy iddo ei hun yn y Gaiman. Ac ymhen blynyddoedd wedi iddo flino gweithio, aeth i fyw gyda'i deulu i Gymru a gwneud ei lyfr *Ar Lannau'r Camwy*. Bu farw yn y Rhyl yn 1926 ar yr 28ain o Fawrth.

Mawrth 1882: Michael D Jones yn ymweld â'r Wladfa [am bum mis]

Ym mis Mawrth 1882 daeth y Parchg Michael D Jones i'r Wladfa gyda'r Parchg D[avid] Rees, Capel Mawr, Môn. Roedd arnynt eisiau cael nabod Patagonia, a chawsant groeso mawr iawn yma. Trefnwyd cyfarfodydd croeso ymhob ardal, a bu amryw gyfarfodydd pregethu hefyd. Aethant ar wibdaith i'r Paith a chysgu allan yn yr awyr agored, profiad dieithr iawn iddynt. Mwynhawyd y cwbl ganddynt.

Ym mis Ebrill sefydlwyd y Parchg William Morris yn weinidog ar eglwys Annibynnol yn y Dyffryn Uchaf, adeilad bychan diaddurn o bridd a tho hesg iddo, wedi ei orchuddio â chlai.

Mai 1885: sefydlu Cwmni Masnachol Camwy (CMC: 'Ec Em Ec'), a'r 'faelfa': 'Nyth y Dryw'

Ddechrau'r flwyddyn 1885 adeiladasai David D Roberts dŷ ar ei ffarm yn y Dyffryn Uchaf, ond nid oedd ganddo goed i wneud y to. Aeth i lawr i Rawson yn y wagen, honno yn cael ei thynnu gan dri cheffyl. Nid oedd wedi torri y gwenith eto, ond roedd golwg am gynhaeaf da iawn. Cyrhaeddodd i Rawson ac aeth i siarad â pherchennog y tŷ marchnad. Boddlonodd un o'r maelwyr i roddi coed iddo, ond cael sicrwydd y telid amdanynt mewn gwenith, a hynny yn ôl pris y maelwr ei hun. Ni werthai y coed am arian parod chwaith pe llwyddai i gael eu benthyg. Nid ystyriai D D Roberts hynny yn deg a gwrthododd y telerau. Ymweled â maelwyr eraill, ond canai rheini yr un gân. Felly bu'n rhaid troi yn ôl heb y coed, yn flin a siomedig ei deimlad.

Teithio adre yn ei wagen wag a synfyfyrio tybed nad oedd dim posibl cael gwell trefn ar fasnach yn y sefydliad. Cyrraedd i'r Gaiman a myned i aros am y noson i gartref ei gyfaill, y Parchg J Caerenig Evans, a chawsant sgwrs iawn ar y mater. Roedd Mr Evans yn cyd-weld â helbul David Roberts, ond roedd rhaid cael cwrdd i gael syniad a barn y sefydlwyr.

Penderfynwyd cynnal y cwrdd yn nhŷ David Roberts yn y Gaiman, ac yn bresennol yr oedd J Caerenig Evans (Cadeirydd); William Williams (Mostyn); William Meloch Hughes (Ysgrifennydd); Evan James (Triongl), ac Evan Roberts (Drofa Hesgog). Ar gadair o goed helyg o saernïaeth cartref [yr] eisteddai'r Cadeirydd, a dyna lle roedd yr amaethwyr oll ar ddiwrnod gwyntog, lluwchiog, yn taro eu pennau a'u calonnau ynghyd i gynllunio gwella masnach y Wladfa. Penderfynwyd yn y cwrdd yma i anfon pedwar o ddynion, sef dau bob ochr i'r afon, i weled a oedd cymeradwyaeth i agor tŷ masnach. Trodd popeth yn ffafriol ac addewidion ysgrifenedig am y cynhaeaf hwnnw. Yna galwyd cyfarfod arall a rhoddi adroddiad o waith y cwrdd blaenorol. Yn hwn, penderfynwyd anfon y Br Thomas Awstin i Buenos Aires i logi llongau i ymofyn y cynnyrch i'r farchnad. Ceisiwyd ganddo ar yr un pryd i sicrhau nwyddau yn y llongau a logid i ddyfod i'r Wladfa. Tra yn Buenos Aires daeth y Br Awstin i gyffyrddiad â Robert Jones o'r Wladfa a weithiai yn Buenos Aires, ac aethant eu dau i weled D M Davies, peiriannydd a Chymro dylanwadol yn Buenos Aires. Cydsyniodd ar unwaith a sicrhaodd fasnachwyr y gallent anturio anfon y nwyddau. Tra yn y Wladfa dewiswyd pwyllgor ddechrau mis Ebrill i ofalu am y mudiad a'i hyrwyddo ymlaen. Ac ar y 25 o Fai 1885 ffurfiwyd Cwmni Masnachol Camwy (CMC ['Ec Em Ec'] fel y'i galwyd). J Caerenig Evans yn Gadeirydd, William Meloch Hughes yn Ysgrifennydd, a deuddeg o gyfarwyddwyr. Cartref David D Roberts yn y Gaiman a ddewiswyd fel man i agor y stôr, a bu Robert Edwards (y Saer) a William Meloch Hughes yn brysur am fis o amser yn paratoi y lle i fod yn gymwys i siop. Galwyd y faelfa [stordy] newydd yn 'Nyth y Dryw'. ['Cwrdd Cop' oedd yr enw poblogaidd ar y cwrdd blynyddol.]

Cyrhaeddodd y nwyddau ac agorwyd y stôr ar ddechrau Ionawr 1886. William Meloch Hughes a fu yr Arolygwr cyntaf. Cafwyd cynhaeaf da y tymor hwn, ond teimlai yr amaethwyr fod anfon y cynnyrch i Rawson yn myned yn drwm iawn arnynt, a pheth arall dyrys iawn oedd ei anfon i Buenos Aires.

1886–89: adeiladu'r 'ffordd haearn', y rheilffordd o Fadryn i Ddyffryn Camwy (Trelew)

Daeth i feddwl Thomas Davies, Aberystwyth (adeiladydd), tybed nad oedd modd cael rheilffordd o Madryn i Trelew (neu, yn hytrach, i'r Dyffryn, gan nad oedd sôn am Trelew yr adeg honno!). Siaradodd gyda'r Br E J Williams, Mostyn, fel prif beiriannydd, a siarad hefyd gyda Lewis Jones, ac aeth y tri i ddechrau gwneud lefeliad o'r Dyffryn i Madryn. Nid oedd y sefydlwyr ar y cyfan yn aeddfed iawn eto i'r syniad, ond aeth Lewis Jones i Buenos Aires a rhoi'r mater gerbron y Llywodraeth a gofyn am ganiatâd i wneud y rheilffordd. Cafodd y caniatâd a chafodd ran o dir y Paith oddeutu'r rheilffordd hefyd. Aeth yn ei flaen i Gymru. Ar ôl cyrraedd yno cyfarfyddodd â Mr A P Bell, a daeth â'r gweithwyr allan gydag ef ar y llong *Vesta* ym mis Gorffennaf 1886 i weithio'r ffordd haearn a orffennwyd erbyn 1889 i gario'r cynnyrch i Madryn.

Y tŷ cyntaf yn Nhrelew

Yn y flwyddyn 1882 adeiladodd Josiah Williams ei dŷ – y tŷ cyntaf yn Trelew – ar lan y ffos sydd ar stryd Fontana heddiw. Erbyn 1886 roedd tua thri dwsin o dai wedi eu hadeiladu ar lan y llyn sydd yn myned at y fynwent heddiw. Bythynnod o goed at wasanaeth Cwmni y Rheilffordd, wedi eu codi ar frys i lochesu teuluoedd mintai y *Vesta* a ddaeth yma i wneud y ffordd haearn o Madryn i'r Dyffryn.

Yr Indiaid yn llofruddio tri Chymro yn Nyffryn y Merthyron, a dihangfa ryfeddol John D Evans ar ei farch, Malacara

Fel yr oedd sefydliad y Camwy yn llwyddo, roedd Patagonia fel gwlad yn dyfod yn fwy adnabyddus o hyd, ac er gwneud y tir yn fwy masnachol tybiwyd pe baent yn glanhau y wlad o'r Indiaid y buasent yn ateb y diben hwnnw. Roedd creulondeb yr Ysbaenwyr at drigolion De America yn ddiarhebol. Felly roedd yn naturiol i'r Indiaid ddial arnynt, bob tro y caent gyfle, ac felly y gwnaent. Ond roedd y Cymry wedi bod yn garedig i'r Indiaid er y cychwyn cyntaf ac wedi ennill eu hymddiriedaeth a'u hewyllys da. Anfonodd Llywodraeth Ariannin fyddin o filwyr i lawr o Buenos Aires a Bahía Blanca hyd odre'r Andes a daliodd y rheini lawer o Indiaid diniwed a chymeryd ymaith y cwbl a roddai eu hunain i fyny iddynt.

Yr adeg yma digwyddodd tro pur ofidus. Roedd pedwar o'r sefydlwyr wedi myned am wibdaith archwilio i'r wlad tua'r Andes, ryw ddau can milltir o'r sefydliad. Wrth ddychwelyd yn ôl tuag adref ben bore rhuthrodd nifer o Indiaid arnynt yn ddisymwth, Mawrth y 4ydd 1884. Lladdasant dri ohonynt mewn modd barbaraidd iawn, ond dihangodd John D Evans yn wyrthiol. Teithiodd yr holl ffordd gydag un ceffyl [o'r enw Malacara] a hynny heb aros yn unlle. Roedd John Evans wedi dal ebol y bore hwnnw i'w farchogaeth ac yn nhwrf yr ymladd a'r bloeddio dychrynodd yr ebol a rhuthrodd oddi yno fel saeth. Yn ffodus yr oedd John D Evans yn farchogwr campus. Neidiodd yr ebol wely afon sych lydan yn glir. Wyth llath o led a dwy o ddyfnder oedd y naid fythgofiadwy honno. Gwelodd yr Indiaid y naid a chawsant rybudd mewn pryd am y gwely peryglus hwnnw a bu hynny yn fantais i John D Evans, a gwnaeth y gorau o'r munudau a theithio yn gyflym i gyfeiriad y Camwy i roddi gwybod i'r sefydlwyr. Gwyddai yn dda nad oedd y gobaith lleiaf am fywydau ei gymdeithion. Felly, daliodd i deithio yn ddiorffwys, ddydd a nos, a heb fwyd, gan osgoi y llwybrau arferol rhag ofn bod ei erlidwyr yn parhau i'w ddilyn. Taith enbyd, ddeuddydd a dwy nos, dros gan milltir, ond cyrhaeddodd i'r Dyffryn yn ddiogel.

Ar ei gyrhaeddiad, aeth y newydd fel gwefr [teligram] am y trychineb drwy'r sefydliad. Galwyd am wirfoddolwyr i fyned ar unwaith yn arfog i'r fangre er gweled tynged eu cydwladwyr anffodus. Atebodd ugeiniau, o'r rhai y dewiswyd deugain. Teithient dan ddisgyblaeth filwrol y Br John Davies (marchfilwr o'r Fyddin Brydeinig). Erbyn iddynt gyrraedd mangre y trychineb sylweddolwyd eu hofnau. Yno, yn agos at ei gilydd, oll yn feirwon, cafwyd cyrff y tri Chymro. Roedd yno ôl brwydro caled, ond ni ellid mwy yn awr na chasglu cyrff y tri at ei gilydd a thorri bedd iddynt a'u claddu yn barchus ac annwyl. Darllenwyd gwasanaeth claddu Eglwys Loegr gan Lewis Jones, Plas Hedd, a chanwyd 'Bydd myrdd o ryfeddodau' mewn teimladau dwys uwchben eu beddrod a'u gweddillion marwol. Ymhen rhai blynyddoedd [30 mlynedd], drwy ymdrechion John Evans yn bennaf, gosodwyd maen coffa ar y bedd ac arni eu henwau: 'Er cof am Richard B. Davies, Llanelli; John Hughes, Caernarfon, a John Parry, Dinbych, y rhai tra yn dychwelyd o archwilio y wlad a oddiweddwyd ac a lofruddiwyd gan yr Indiaid, Mawrth 4ydd, 1884. Heddwch i'w llwch.' [Dyffryn y Merthyron fu'r enw ar y fangre hon wedi'r gyflafan drist.]

1888–89: croesi'r Paith, o Ddyffryn Camwy i Gwm Hyfryd, ac arweiniad John Murray Thomas

Fis Mai 1885 cyrhaeddodd y Rhaglaw Fontana i Rawson. Ym Mehefin galwyd cwrdd gan y sefydlwyr, a'r Br John Murray Thomas oedd eu harweinydd. Roeddynt am gael ymgom gyda'r Rhaglaw a chaniatâd iddynt gael adnabod tiroedd y gorllewin. Gofynnent i'r Rhaglaw ddyfod yn arweinydd iddynt. Roedd y Rhaglaw yn cyd-weld â phopeth a siaradwyd y dyddiau hynny, ac wedi deall fod gwelediad da ganddynt, ond nid oedd yn awyddus i gychwyn yng nghanol y gaeaf. Heblaw hynny roedd yn rhaid iddo ef ofyn caniatâd yr Arlywydd, Julio A Roca, cyn gallu rhoi ei addewid iddynt. Yn y gwanwyn dyma ail-ddeisyfu ar y Rhaglaw Fontana i ganiatáu ac i arwain y fintai, a dweud wrtho eu bod hwy wedi llwyddo i gael chwe mil o *pesos* yn barod ar gyfer yr ymgyrch a thros ddau gant o geffylau a'r gêr angenrheidiol.

Wedi iddo sylweddoli eu hawydd a'u haelioni, cael caniatâd y Llywodraeth, ac arfau a bwledi o'r Río Negro, cydsyniodd â'r cais i chwilio gwlad y gorllewin. Rhoddodd hyn lawenydd mawr i'r Cymry, a dyna baratoi brwd dan arolygiaeth John Murray Thomas; Gregorio Mayo; a'r peiriannydd Katterfield. Y pennaf o'r tri oedd J M Thomas, dyn o ysbryd anturiaethus a chymeriad di-ofn a threfnus. Tri deg oedd rhif y fintai, a chawsant yr enw o *rifleros del Chubut*, neu *companía de rifleros del Chubut* ['reifflwyr Chubut, neu gwmni reifflwyr Chubut']. Cafwyd adroddiad boddhaol yn ddiweddarach gan y Rhaglaw am y Cymry ac addawodd i'r rhai a aeth gydag ef y caent naw milltir sgwâr lle dewisent fel lle i sefydlu. Syrthiodd eu dewisiad ar ddyffryn rhwng mynyddoedd yr Andes a alwyd ganddynt yn 'Gwm Hyfryd', ac yng ngwanwyn 1888 gwnaed paratoadau i fynd i sefydlu y lle. Mintai o chwe deg o wŷr sengl a rhai priod heb eu teuluoedd i ddechrau. Gwladfa newydd eto wrth droed yr Andes. Roedd ganddynt ddeg o wagenni, pedair trol, a dros ddau gant o geffylau. John Murray Thomas yn llywydd [= arweinydd]; Llwyd ap Iwan, mab Michael D Jones, yn beiriannydd

[= tirfesurydd]; a John D Evans, *baqueano*, yn arweinydd [= tywysydd]. [*Baqueano*: tywysydd; gŵr cyfarwydd ar y Paith.] Nid oedd eto yr un math o ffordd tuag yno, fel mai dilyn llwybrau yr Indiaid a wnaethant. Agor y llwybr gyda bwyell, caib a rhaw fach. Prin y gellir sylweddoli heddiw mor araf a llafurus oedd y daith a'r gwaith o agor y ffordd. Hefyd roedd raid i rai o'r dynion ofalu bod cig i'w gael ar gyfer paratoi'r bwyd i'r cwbl ohonynt. Aent allan i hela bob dydd, heblaw y Sul, ac roeddynt i gyd yn saethwyr da. Chwilio am estrysod, gwanacos, petris, gwyddau a hwyaid gwylltion. Buont wythnosau yn teithio, gweithio yn galed bob dydd, ond roedd eu parch yn fawr i'r Dydd Sanctaidd bob amser.

1889: y meddyg, Mihangel ap Iwan, mab Michael D Jones, yn dod i'r Wladfa

Yn y flwyddyn 1889 daeth y meddyg, Mihangel ap Iwan, i'r Wladfa. Daethai ei frawd, Llwyd, yma yn y flwyddyn 1886 fel peiriannydd mewn cysylltiad â gwneuthuriad y rheilffordd o Madryn i Drelew. Gwelodd Dr Mihangel ap Iwan y byddai raid iddo raddio yn y Weriniaeth cyn y buasai ar dir diogel i weithio, gan na chydnabyddai y Llywodraeth dystysgrifau Prydain. Wedi iddo aros rhyw dair blynedd yn Buenos Aires i sicrhau ei dystysgrif, penodwyd ef yn feddyg Cwmni Rheilffordd y Pacific. Ond bob haf caem gwmni Dr Mihangel a'i gynghorion hefyd fel meddyg a chyfaill.

1890: ffurfio Cymdeithas Dewi Sant, Trelew

Yn y flwyddyn 1890 ffurfiwyd Cymdeithas yn Trelew i'r amcan o noddi llenyddiaeth Gymraeg a thrafod pynciau o ddiddordeb cyffredinol i'r Wladfa. Ymysg yr aelodau yr oedd y Parchg Casnodyn Rhys (Cadeirydd) a William Meloch Hughes (Ysgrifennydd). Cyfarfyddent yn wythnosol, ac o dan nawdd y gymdeithas hon y cynhaliwyd yr arddangosfa amaethyddol gyntaf yn y Wladfa yn Trelew, ar ddydd Gŵyl Dewi yn 1892. Dyna ddechrau Cymdeithas Dewi Sant, Trelew, sydd yn dal yn flodeuog hyd y dydd heddiw.

Ionawr 1891: Lewis Jones yn sefydlu y newyddiadur wythnosol, *Y Drafod*

Ym mis Ionawr 1891 cychwynnodd Lewis Jones newyddiadur wythnosol yn y Wladfa, *Y Drafod*. Daethai ag argraffydd gydag ef o Gymru, y Br Edward Davies.

Bu Miss Eluned Morgan am gyfnod yn golygu ac argraffu'r *Drafod*, a Mrs Irma Hughes de Jones ydyw'r golygydd yn awr ers blynyddoedd, dan anawsterau mawr i ddal ymlaen. Bu llawer o olygyddion o dro i dro, ond dyma'r unig ddwy ferch [hyd 1976] sydd wedi'i golygu.

1891: 'Y Fintai Wyllt' yn chwilio am aur

Y flwyddyn 1891 ydoedd hi hefyd pan aeth y newydd allan fel tân gwyllt fod aur wedi ei ddarganfod yn yr Andes. A mawr y cynnwrf a fu. Credai rhai, yng ngwres eu dychymyg, fod yr aur i'w gael yn dalpiau ac nad oedd eisiau dim ond ei olchi o'r graean! Adeg cynhaeaf oedd hi pan ysgubodd y newydd dros y Wladfa. Roedd rhai amaethwyr am adael eu cynhaeaf a phopeth arall yn eu brys i gychwyn, ond darbwyllwyd hwy i dasu y gwenith, a gwnaed hyn ar frys yn nechrau Mawrth 1891. A ffwrdd â hwy, mintai gref o ryw drigain o bersonau, a galwyd hi 'Y Fintai Wyllt' (*flying squad*). Ond siomedigaeth fawr a gafodd y fintai yma, rhai gronynnau [o aur] a gafwyd yn unig, a hwythau wedi meddwl cael talpiau!

1893: cystadleuaeth y corau cymysg yn Eisteddfod Trelew

Medi 28, 1893, cynhaliwyd Eisteddfod yn Trelew, a'r prif atyniad iddi, fel i bob un arall, oedd cael clywed y corau cymysg. Fel rheol, ni ellid cael ond tri chôr cymysg, sef Côr Dyffryn Uchaf, dan arweiniad Dalar Evans; Côr Cymysg y Gaiman, dan arweiniad John Carrog Jones; a Chôr Moriah a Trelew, dan arweiniad Llewelyn Williams. Y darnau cystadleuol i'r prif gorau y tro yma oedd 'Ar Don o Flaen y Gwyntoedd' [Joseph Parry; geiriau: Thomas Levi] a'r 'Haleliwia Chorus'. Y beirniaid oeddynt Gwaenydd, R A Davies, a Thomas Williams, Tresalem. Dau gôr oedd yn cystadlu yn yr Eisteddfod yma, a chôr Dalar Evans a enillodd y wobr.

1896: Cymry'r Wladfa yn gwrthod dilyn ymarferiadau milwrol ar y Sul

Tua'r flwyddyn 1896 cyfarfyddodd dynion ifanc y Wladfa ag amgylchiad a roddodd brawf ar eu dewrder moesol. Rhoddodd y Llywodraeth orchymyn fod pob dinesydd rhwng 18 a 40 oed i fyned drwy ymarferiadau milwrol bob Sul. Pan geisiwyd rhoddi'r gorchymyn mewn grym yn y Dyffryn, bu gwrthwynebiad mawr, ac ni orffwyswyd hyd nes cael gwared o'r orfodaeth. Roedd y safiad yma ar dir moesoldeb yn beth hollol newydd yn y Weriniaeth, ac ni ddeallent yn iawn beth oedd ei ystyr, gan fod agwedd [y Cymry] at y Sabath yn wahanol i eiddo Ariannin, lle yr edrychir ar y Sul fel diwrnod o orffwys ac nid yn unig i addoli.

Medi 1897: pont dros Afon Camwy yn y Gaiman

Ar y 3ydd o Fedi 1897 agorwyd pont gadarn dros Afon Camwy yn y Gaiman. Agorwyd hi gan y Rhaglaw, Eugenio Tello. Pont gref wedi ei chynllunio gan Llwyd ap Iwan a'i hadeiladu gan Gutun Ebrill. Cyn hyn rhaid oedd bodloni ar grog-bont a wnaed rai blynyddoedd yn flaenorol. Gwnaed honno gan Robert Edwards, y Saer, a gwnaethai yntau waith rhagorol. Daeth tymor Luis Jorge Fontana fel Rhaglaw i ben yn 1894 a dilynwyd ef gan Eugenio Tello sydd â'i enw ar brif stryd y Gaiman heddiw.

1898: 'tri Gwladfawr selog' yn 'huno' yr un flwyddyn

Gwelodd y flwyddyn 1898 huno o dri Gwladfawr selog. Ceir hanes helaethach yn y llyfr *Ar Lannau'r Camwy ym Mhatagonia* gan William Meloch Hughes. Y tri yma oeddynt Hugh Hughes, 'Cadvan Gwynedd', ar y 7fed o Fawrth; D S Davies, ar y 29 o Hydref; a'r mwyaf ohonynt i gyd, Michael D Jones, y Bala, ar yr ail o Ragfyr yn ei gartref yn Bodiwan, Cymru.

Ionawr 1899: yr Arlywydd Julio A Roca yn ymweld â Dyffryn Camwy

Yn Ionawr 1899 ymwelwyd â'r Wladfa gan yr Arlywydd Julio A Roca ar ei daith yn ôl o'r De i Buenos Aires. Daeth i Madryn yn y llong ryfel *Belgrano* a theithio gyda'r trên i Trelew. Yna i'r Gaiman i gael cinio a gweled y camlesydd; gwrando deisyfiadau y trigolion; gweled y bont newydd [yn y Gaiman] a'r adeilad oeddis yn ei adeiladu ar gyfer yr Ysgol Ganolraddol, a rhoddi cyfraniad tuag ati. Myned i Maes Llaned wedyn i gael te a theithio i Rawson i aros y noson honno yno. Dyfod yn ôl i Trelew wedyn y bore dilynol ac yn ôl i Madryn, i hwylio eto am y Brifddinas. Fel canlyniad i'w ymweliad stopiwyd y drilio [yr ymarferion milwrol ar y Sul] a chafwyd y teligraff, etc., i hyrwyddo'r lle yn ei flaen.

1 Ebrill 1899: marw 'Mr Matthews'

Ddydd Sadwrn, Ebrill y 1af 1899 bylchwyd rhengau arweinwyr crefyddol y sefydliad yn ymadawiad y Parchg Abraham Matthews yn chwe deg saith mlwydd oed. Pregethwr a Gwladfawr rhagorol oedd, ac efe oedd y gweinidog cyntaf i noswylio yn y Wladfa. Rhoddwyd ei weddillion i orffwys ym mynwent Moriah. Heddiw cofir amdano bob dydd Gŵyl y Glaniad a rhoddi torch o flodau ar ei gofgolofn yno.

1899: y gorlif mawr

Fe wêl y darllenydd fy mod wedi casglu llawer o hanesion a digwyddiadau ar hyd y blynyddoedd a llawer iawn wedi digwydd ar y Sul. Ond y digwyddiad mwyaf torcalonnus a fu yn y Wladfa oedd y gorlif mawr yn 1899. Rhoddwn yma rai manylion amdano. [Gw. ysgrif yr awdur: 'Gorlifiadau yn Nyffryn Camwy'.] [...]

1900

Fis Mawrth 1900 cyrhaeddodd gwifrau'r pellebr i'r Wladfa, yn ôl addewid yr Arlywydd y flwyddyn flaenorol [...]

Gaeaf gwlyb iawn a gafwyd y tymor yma ac erbyn canol Gorffennaf codasai yr afon yn uchel ac ymddangos yn fygythiol. Ond gostwng yn raddol a wnaeth, ac aeth y perygl heibio a lleihaodd y pryder. Fel hyn y tynnodd y flwyddyn 1900 i'w therfyn, gan adael y sefydliad ar ei draed, ond heb eto gwbl iacháu o greithiau trychineb gorlif mawr 1899.

Ffynhonnell

Traethawd yn Eisteddfod y Wladfa, 1976. Hepgorwyd ychydig adrannau, yn fwyaf arbennig y darnau hynny sy'n ymdrin â digwyddiadau y rhoddwyd sylw iddynt gan yr awdur eisoes mewn penodau eraill. Cydnabu hi ei dyled yn arbennig i ddwy gyfrol: Abraham Matthews, *Hanes y Wladfa Gymreig yn Patagonia*, 1894; a William Meloch Hughes, *Ar Lannau'r Camwy ym Mhatagonia*, 1927. Yn anffodus, nid yw'n defnyddio dyfynodau i nodi'r union ddyfyniadau, ond y mae'n amlwg iddi ddyfynnu'n helaeth o'r cyfrolau hyn, yn arbennig o gyfrol Abraham Matthews. Er enghraifft, yn y rhannau sy'n adrodd hanes arwrol y Cymry, yn fuan wedi iddynt gyrraedd y Wladfa, yn chwilio'n daer am ddŵr i'w yfed a bwyd i'w fwyta.

17

Storïau a Hanesion Difyr a Dwys

Y ddwy ferch ifanc ddireidus, a'r Parchg Lewis Humphreys yn cael ei daflu i'r dŵr

Cofiaf am y Parchg Lewis Humphreys yn bedyddio amryw o ferched ifanc tal yn yr afon. A dyn bach byr ei gorff oedd Mr Humphreys, ac yn un gwyllt ei dymer. Roedd yn methu â phlygu un ferch dan y dŵr, a dyma fo yn dweud wrthi yn reit siarp: 'Wel, plyga dan y dŵr, neu i beth doist ti yma?'

Ryw dro aeth Mr Humphreys am dro i'r Andes, ac ar geffylau yr oedd pawb yn teithio yr adeg honno. Roedd dwy ferch ifanc yn y cartref lle roedd Mr Humphreys yn aros, a byddent yn myned am dro bob dydd er mwyn i Mr Humphreys gael adnabod Cwm Hyfryd. Roedd y ddwy ferch yma yn ddwy ddireidus iawn, ac yn y bore daliwyd y ceffylau a chadwyd ceffyl Mr Humphreys heb ddim dŵr drwy y bore, a hithau yn ddiwrnod poeth iawn. Yn y prydnawn cychwynnwyd am dŷ cyfeillion oedd yn byw yr ochr draw i'r afon. Nid oedd llawer o ddŵr yn hon, ac roedd yn loyw a gellid gweled gwaelod yr afon trwyddo. 'Mi awn ni gyntaf a dilynwch chi ni, Mr Humphreys', meddai y merched. Ond pan welodd ceffyl Mr Humphreys y dŵr a'r fath syched arno, dyma fo yn myned i'r afon ac yn yfed y dŵr gloyw hyfryd, a Mr Humphreys druan yn llithro dros ei ben ac i'r afon. Ceisiai y merched ddangos ei bod yn edifar ganddynt am yr hyn a ddigwyddodd, ond roedd Mr Humphreys yn ddig iawn wrthynt. Roedd tŷ'r cyfeillion lle roeddynt yn myned yn ddigon agos erbyn hyn, a gallodd Mr Humphreys gael dillad sych, ond yn unig gan fod perchennog y dillad yn ddyn mawr tal a'r dillad o'r herwydd yn rhy fawr o lawer i Mr Humphreys, gan beri rhagor o ddifyrrwch eto i'r ddwy ferch ddireidus. Roedd Mr Humphreys wedi arfer cymaint yn eu cwmni nes ei fod yn eu ceryddu yn aml iawn.

Thomas Pugh, cymeriad ffraeth o'r Gaiman, a'r 'Professor' ar ei geffyl

Tua'r flwyddyn 1908 roedd adeilad newydd Cwmni Masnachol Camwy (CMC) yn gorffen cael ei adeiladu, a'r tu allan i'r adeilad yr oedd cymrwd (*cement*) a physt o'r naill bost i'r llall ar gyfer clymu ceffylau y bobol a fyddai yn dyfod i brynu nwyddau. Yn y Gaiman yr oedd yno hen ddyn bach gwyllt ei dymer o'r enw Enoch Davies, a dyna pwy oedd y gwyliedydd nes byddai y *cement* wedi sychu. Yn byw yn Drofa Dulog yr oedd athro o'r enw Thomas Pugh, wedi bod yn astudio yn Paraná ac wedi graddio yn 'Professor', yr unig un yn y Wladfa i gyd yr adeg honno. Ac roedd yn ddyn braidd yn hunanol. Cyrhaeddodd i'r Gaiman un diwrnod ar gefn ceffyl *alazán* ['gwinau'] smart, a disgyn a myned i glymu ei geffyl wrth y post. Ond dyna Enoch Davies yn galw arno:

'Weli di, paid â chlymu dy geffyl yn fan yna.' A dyna Professor Pugh yn ateb:

'Welwch chi, bonwr, peidiwch chi â galw ti arnaf i.'

'O, felly'n wir', atebodd Enoch Davies. 'Ti ydan ni yn galw ein Tad Nefol. Wyt ti yn meddwl dy hun yn fwy nag Ef?' Ac ychwanegu: 'Paid ti â chlymu dy geffyl yn y fan yna, Tomos.' A hynny a fu, gorfod iddo glymu mewn lle arall am y diwrnod hwnnw.

Wrth sôn am yr CMC, cofiaf am hanes arall. Roedd amryw o fechgyn lled ifanc yn gweithio yn yr CMC, ac roedd yn y Dyffryn Uchaf ddyn o'r enw Hugh Vychan Jones oedd yn hoff iawn o ddiod feddwol ac yn smociwr mawr iawn. Roedd hefyd yn hoffi barddoni a 'gwneud englynion' [penillion] ar unrhyw bwnc a ddeuai i'w feddwl. Nid oedd yn hoffi rhyw hen wraig oedd yn ei ardal, a dyna fo yn gwneud pennill iddi rywbeth yn debyg i hyn:

> Hen ledi fawr, lydan,
> Ydi yr hen Elin Owan,
> Gwraig weddw John Owan,
>   Sy'n byw mewn tŷ coch.
> Mae ganddi hen weflau mawr llydan,
>   A rheini'n hyll, fel cwt moch!

Wedyn anfonai nodyn i un o'r bechgyn oedd yn hoffi barddoniaeth, fel hyn:

Annwyl gyfaill: Sut yr wyt ti yn hoffi'r pennill yma? Anfon sigaréts i mi neu bapur a baco. Yr ydw i yn gwneud sigaréts ers wythnos gyda papur *Y Drafod*, nes ofnaf weld y llythyrennau yn dod allan ar fy ngwyneb!

Roedd o yn ddyn medrus iawn i wneud gwaith croen a'i dorri yn fain, fel *twine*, a'i blethu. Roedd yn rhaid i bawb oedd eisiau ei geffyl reidio yn smart gael set reidio o waith Hugh Vychan Jones, sef *bozal*, penffrwyn, awenau a chwip. Roedd yn fedrus hefyd am chwarae y *guitar*. Dysgai bob peth ei hunan bob amser, ac felly y mae hi, y mae rhyw ddaioni ym mhawb. Y ddiod feddwol oedd yn difetha bywyd Hugh Vychan Jones. Trueni na fuasai bechgyn ifanc y Wladfa wedi dysgu gweithio croen, ond ychydig iawn o ddiddordeb a fu yma mewn dysgu unrhyw fath o grefft yr adeg honno. Wrth gwrs, roedd bechgyn y ffermwyr yn gorfod helpu gyda phob math o waith ar y ffarm.

Yn y blynyddoedd a basiodd ceid cyrddau llenyddol da iawn, digon o gystadlu ar bob peth. Nid â byth yn angof un gystadleuaeth anfarwol, sef 'Cystadleuaeth gwneud set o gêr reidio', yn ôl yr hyn oedd ar y rhaglen. Ond yr oedd y pwyllgor wedi anghofio dweud beth oedd defnydd y set gêr i fod. A dyma sôn yn yr ardal y byddai'n werth myned i'r cwrdd llenyddol pe byddai ond yn unig i weled y set gêr reidio.

Daeth y noson, cwrdd rhagorol, cystadlu ardderchog ar bopeth, partïon yn canu, ac adroddiadau da hefyd. O'r diwedd, dyna yr arweinydd yn dweud: 'Wel, yn awr, fe gawn y feirniadaeth ar y set gêr reidio.' Ac meddai y beirniad: 'Un ymgeisydd sydd ar y gystadleuaeth yma o wneud set gêr reidio.' A dyma ddechrau canmol y gwaith, a dweud bod y defnydd wedi dyfod o *North* America, bod gwaith trefnus iawn ar y set yma ac am i ni, y gynulleidfa, gofio bod yr ymgeisydd wedi bod yn brysur iawn i gael pethau pwrpasol o *North* America, gyda phwyslais mawr ar *North* America. Ei fod ef, y beirniad, yn gwybod nad oedd dim posibl dangos set fel yr un bresennol yn aml iawn, a bod y set yma yn werth ei chadw mewn *museo* [amgueddfa] i gofio am y defnyddiau a ddaeth o *North* America. Ychwanegodd fod yr ymgeisydd yn deilwng o'r wobr ac am i'r gynulleidfa roddi cymeradwyaeth fawr iddo am ei waith. Bu clapio dwylo am hir iawn. 'Ond, sefwch chi', meddai y beirniad, 'dylaswn fod wedi dangos y set gêr, ni chofiais i ddim am hynny.' Mawr fu'r syndod pan welwyd o ba beth y gwnaethpwyd y set enwog, a pha beth oedd y defnydd o *North* America: *twine* [llinyn /cortyn] beindar wedi ei blethu, weiar *press* i wneud *rings*, a thun *Naphtha Wico* wedi ei dorri yn ddarnau mân a'i rowlio i addurno y gêr! Credaf mai y beirniad a ddylai fod wedi cael y wobr y tro hwnnw am ei feirniadaeth! A gallaf ddweud wrthych mai dyna oedd Noson Lawen mewn gwirionedd!

'Tad fi yn rhoid cweir i mam fi': helynt ffrae teulu o Wyddelod

Roedd gŵr a gwraig yn byw mewn rhyw ffarm, Gwyddelod oeddynt, ac yn ffraeo â'i gilydd bob amser. Cymraeg trwsgwl oedd ganddynt, ac iddynt fachgen tua'r pymtheg oed. Un diwrnod, dyma'r wraig yn myned i'r Gaiman at yr Ynad Heddwch, sef Hugh Griffith. Efo oedd yr Ynad yn y Gaiman am dros ugain mlynedd, mab i Gutun Ebrill, Archdderwydd y Wladfa. Cwyn y wraig oedd:

'Fi'n dod i ddeid bod bachgen fi wedi rhoi cweir i gŵr fi, beth isio i fi gneid rŵan?'

'Deudwch wrtho am ddod i'r ynadfa yma i siarad efo fi', meddai yr Ynad. Drannoeth dyma y bachgen yn cyrraedd yn siriol iawn at Hugh Griffith.

'Wel, George', meddai Hugh Griffith wrtho: 'Ydach chi wedi curo ych tad?'

'Ia, tad fi yn rhoid cweir i mam fi a fi yn hitio fo yn ei grwmp efo hen padell mawr, a dyna fo yn dychryn a rhedeg ffwrdd fel hen *Fancy Dog.*'

'Bobol bach, gofalwch beidio gwneud hynny eto, George.'

'Ie, os na neith o curo mam fi eto!'

John Davies, Ebeneser: hen gymeriad diniwed, digrif iawn

Roedd yr athraw Wm Hughes, 'Glan Caeron', yn byw yn ardal Ebeneser ac yn cadw llythyrdy yn ei gartref, ac yn myned i'r Gaiman bob dydd Sadwrn i nôl y llythyrau. Ac wedyn pawb o'r cymdogion yn myned yno i chwilio am lythyr. Ac yn yr ardal yr oedd hen gymeriad diniwed, digrif iawn, o'r enw John Davies. Fel 'John Davies, Patagonia' yr oedd pawb yn ei adnabod, ac nid oedd yn meddwl fod neb yn ei dwyllo mewn dim, er bod merched a bechgyn yr ardal yn chwarae triciau arno bob amser. Os byddai cyfarfod cystadleuol i fod, byddent yn gofyn i John Davies pa solo fuasai yn hoffi ganu. 'Y Deryn Pur, allan o *Geinion y Gân*', meddai. Y bechgyn ifanc wedyn yn setlo i gystadlu â fo, a setlo gyda'r beirniaid i roi y wobr i John Davies. Dyna lle y byddai yn canu ac yn peswch, ac yn chwysu, ac allan o'r dôn, ond y beirniad yn dweud am fod John Davies yn hynach na'r bechgyn, mai efe oedd i gael y wobr. Byddai yn torsythu wedyn ac yn chwerthin ar y gynulleidfa.

Gŵr gweddw oedd o ers rhai blynyddoedd, ond roedd yn cael ei blesio yn arw iawn os buasai y merched yn dweud ei fod yn edrych yn ifanc. Byddai merched yr ardal yn golchi ac yn smwddio iddo bob yn ail fis a dweud nad oeddynt yn codi dim am eu gwaith, 'ond os byddwch yn dewis dod â *sweets* neu focs o siocled, mi fyddai yn dderbyniol iawn, John Davies.' John Davies wedyn yn cario pob peth i'r merched: *scent*, sebon molchi, a chadachau bach sidan. Ac am fod pawb yn golchi iddo, roedd yn medru plesio pob un. Roedd pawb yn startshio crysau a choleri yr adeg honno a'r merched yn rhoi digon o startsh yng ngholer John Davies, nes oedd ei wddf yn goch ddydd Llun. Ond nid oedd dim o bwys ganddo am hynny, dim ond i'r merched ddweud ei fod yn edrych yn smart mewn crys gwyn a choler galed. Cariai hefyd gydag ef ryw *sweets* duon oedd wedi dyfod i'r CMC, 'rhai da at yr annwyd', meddai John Davies. A phan oedd y tywydd yn oer, roedd peswch ar bawb er mwyn cael *sweets* John Davies!

Perswadiodd rhai merched John Davies i brynu cerbyd, fod hynny yn ateb dyn canol oed yn well na bod yn myned ar gefn ceffyl. A gofynnodd John Davies beth oedd barn Glan Caeron, oherwydd yr oedd ganddo ffydd mawr mewn popeth a ddywedai Glan Caeron. Ond yr oedd Glan Caeron, yntau, yn ddyn chwareus iawn, a dyma fo yn ateb: 'Wel, ardderchog, John Davies, fydd cerbyd i chi, a rhowch y gaseg wen yn y cerbyd a dowch yma am dro i mi gael gweld y cerbyd.' John Davies yn cyrraedd rhyw noson, yn siriol iawn yn y cerbyd newydd, ac arhosodd i swper. Dyma Glan Caeron allan yn ddistaw bach a thynnu y gaseg o'r cerbyd a'i rhoddi y tu mewn i'r giât a'i rhoi yn ôl yn y siafft. Wedyn dyfod yn ei ôl i'r tŷ a siarad mawr am bopeth, fel pe na byddai dim allan o le. Pan oedd John Davies yn cychwyn adref yn hapus wedi cael swper a sgwrs mor dda aeth Glan Caeron i'w ddanfon at y giât.

'Wel', meddai John Davies, 'mae y gaseg fach wedi dod i'r ochor yma, a'r giât ar gau hefyd, welwch chi?'

'Yr ydw i wedi dweud wrthoch chi bob amser mai un glyfar ydi y gaseg wen', meddai Glan Caeron wrtho yntau. Ac ni feddyliodd John Davies ddim yn wahanol byth!

Gwroldeb merched y Wladfa

[Eisoes yn y bennod 'Yr Indiaid a'r Cymry' adroddwyd hanes yr Indiad yn mynd i mewn i dŷ a dwyn 'leg o ham' a gwraig y ffferm yn taflu bwyell at ei draed. Yntau'n gollwng yr ham yn ei fraw ac yn ffoi.]

…Dro arall yr oedd dynes a dau o blant bach ganddi wedi clywed bod yr Indiaid ar hyd y lle ac yn myned i bob ffarm i ofyn am unrhyw fwyd. 'Bara' oedd y pwnc mwyaf. Roedd ei gŵr yn gweithio i ffwrdd am wythnos, a meddyliodd beth pe byddai yr Indiaid yn dyfod yno wedi nos. Cymerodd ysgol ac aeth â'r ddau blentyn a blancedi i fyny i ben y to a chododd yr ysgol ar ei hôl. Yno y cysgwyd trwy y nos; yn ffodus, yr haf oedd hi ac yn dywydd braf.

Clywodd dynes arall fod y pwma [piwma] (llew Patagonia) yn dyfod i'r Dyffryn o'r Paith yn yr haf at yr afon i gael dŵr, a chysgodd hithau hefyd ar ben y to. Aeth yn arferiad wedyn i wneud hynny a chysgodd llawer dynes a'i phlant bach ar ben y to tra'r pwma yn rhuo o gwmpas. A llawer noson byddent wedi lladd llo bach neu oen wrth ymyl y cartref. Peth cyffredin hefyd fyddai i'r merched fyned ar gefn ceffylau i'r Paith i chwilio am y gwartheg pan fyddent wedi dyfod â lloi bach. Nid oedd dim gwaith yn y Dyffryn am flynyddoedd lawer, felly cedwid y gwartheg ar y Paith, a byddent yn dyfod i'r Dyffryn i gael dŵr, a chuddient y llo bach yn y drain. Dyna broblem a fyddai dyfod o hyd iddo, oherwydd byddai yr hen fuwch yn cymeryd cyfeiriad gwahanol i fyned yn ôl ar ôl deall ei bod hi'n cael ei gwylio. Er hynny, a gorfod bod allan weithiau am oriau lawer, roedd y merched yn siŵr o'i gael yn y diwedd.

Stori'r Pantri

Yn adeg y Diwygiad daeth i'r Wladfa ddyn ifanc o'r enw Sam Jenkins o'r Hen Wlad. Roedd yn ganwr swynol iawn a chanodd lawer ar 'O, achub hen rebel fel fi', a ninnau yn cael canu y cydgan: 'Tyrd ato bechadur, mae'n disgwyl amdanat yn awr'. Cofiaf amdano mewn capel yn y Dyffryn ac yn siarad gyda ni, blant, ac yn dweud storïau wrthym.

'Mi ddweda i "Stori'r Pantri" wrthych chi rŵan, os byddwch chi yn blant da', meddai. 'Roedd tŷ tafarn enwog iawn yn yr Hen Wlad, lle yr oedd y gweithwyr yn arfer mynd bob nos Sadwrn i yfed cwrw ac i dalu am y cwrw roeddynt wedi'i gael wythnos ynghynt. Roedd yn lle cysurus iawn i bawb, haf a gaeaf, digon o bob peth i'w fwyta. A dyna lle byddai y gweithwyr yn mynd gyntaf ar ôl cael eu

cyflog bob dydd Sadwrn, heb fod ganddynt lawer o bwys a fyddai arian ar gyfer
y cartref ai peidio.

'Un nos Sadwrn, pan oedd y gegin yn orlawn o gwsmeriaid, dyna wraig y
tŷ tafarn yn dweud: "Yr wyf yn eich gwahodd i gyd i weld y pantri newydd sydd
gennym." Dyna pawb yn codi oddi wrth y byrddau ac yn mynd i ganlyn gwraig
y tŷ. Dangoswyd iddynt y pantri newydd yn llawn o ddiodydd o bob math, a
hefyd o bob math o fwydydd. Popeth yn drefnus iawn. "Pantri newydd", meddai
y wraig. "A diolch i *chwi* i gyd fel cwsmeriaid am fod mor ffyddlon. A thrwy eich
arian *chwi* yr ydym wedi gwneud y pantri." Aeth pawb yn ôl at y byrddau. Ond
fe gydiodd un dyn yn ei het, gan fynd allan a dweud:

"Nos da i chi i gyd gyfeillion."

"O", meddai gwraig y tŷ, "i ble ydych chi yn mynd mor gynnar?"

"Mynd gartref i wneud pantri", meddai y dyn, "gwelais heno gymaint yr
wyf wedi esgeuluso fy nheulu mewn bwyd a dillad i wneud pantri newydd i
chi."

'Ond erbyn heddiw, amser y Diwygiad yma', meddai Sam Jenkins, 'y
mae y tŷ tafarn hwnnw yn bur wag. Digon tebyg fod llawer wedi aros gartref
i wneud pantri. Felly, hogia bach, sydd yma heddiw, os gwelwch chi ddyn
meddw ryw dro, gellwch ddweud heb ofn methu nad ydi'r dyn hwnnw ddim
yn gwybod "Stori'r Pantri".'

'Neb yn cael dod i'r tŷ ar ôl hanner nos': Antonio Miguens a Harry Jones

Dyma hanes dau ddyn yn teithio am yr Andes: Harri Jones, Cymro, dyn a het
[ganddo], ac Antonio Miguens, brodor du ei liw. Ond roedd ef yn siarad Cymraeg
yn bur dda. 'Ni, bobol gwynion' – dyna fel y siaradai am y Cymry. Dyma stori
am Harry Jones [ac Antonio Miguens].

Roedd y ddau wedi gwneud dwy ystafell i fyw. Roedd Harry Jones yn hoffi
myned i dai y cymdogion, ac roeddynt yn byw yn bell. Ac, felly, [roedd] yn hwyr
yn dyfod yn ôl bob amser. Roedd Miguens wedi ei rybuddio y buasai yn cloi y
drws ryw noson. Roedd Miguens yn cadw ieir hefyd mewn cwt.

Rhyw noson dyma Harry Jones wedi cyrraedd yn hwyr eto, a chnocio'r
drws i gael myned i fewn. 'Na, na', meddai Miguens, 'neb yn cael dod i'r tŷ ar
ôl hanner nos.' Ac yna bu distawrwydd mawr. Ond yn sydyn dyma Miguens
yn clywed sŵn ieir wedi cael eu dychryn. A dyna fo yn cymeryd y gwn ac

allan â fo, meddwl bod llwynog yn bwyta yr ieir. A tra buodd yn chwilio am y llwynog, sleifiodd Harry Jones i'r tŷ a chloi y drws. Ac wedi i Miguens flino chwilio am y llwynog, dyna fo yn myned am y tŷ. Ond roedd y drws wedi ei gloi. Yna cnocio mawr ar y drws a Harry Jones yn dweud o'r tu mewn: 'Ydw i ddim yn agor y drws i neb ar ôl hanner nos.' A gorfod i Miguens fod allan am oriau!

T T Awstin; Jimmy, ei was; ac Oscuro, y 'ceffyl du a man gwyn ar ei frest'

Erbyn y flwyddyn 1892 roedd sefydlwyr yr Andes yn cadw defaid ac yn cneifio bob blwyddyn. Amryw hefyd wedi prynu gwagenni ar gyfer cario y gwlân i'r Dyffryn a phrynu nwyddau yn Trelew ar gyfer anghenion eu teuluoedd am y tymor. Roedd llawer o'r dynion ifanc yn cadw *tropilla* ['gyr'] hefyd o geffylau rhydd a'u newid ambell dro gyda'r ceffylau gwagenni.

Un o'r rhai oedd â *tropilla* ganddynt oedd T T Awstin. Roedd yn berchen ar lawer o geffylau reidio, ac roedd ganddo was i'w helpu o'r enw Jimmy. Roedd T T Awstin wedi amau nad oedd Jimmy yn un craff iawn i adnabod ceffylau, a daeth i'w feddwl i roddi prawf arno. Un direidus iawn oedd T T Awstin, ac wedi iddynt gychwyn ar un o'r teithiau tua Dyffryn Chubut, gyda thair gwagen o wlân, a hefyd y trŵp ceffylau (y rhai yma o dan ofal T T Awstin a'i was, Jimmy), dyma ddechrau meddwl am roi y cynllun mewn gweithrediad.

Wedi teithio am ryw wythnos, dyma ddynion y gwagenni a'r lleill yn gweled bod digon o borfa dda a dŵr i'r ceffylau yn un lle a ddewiswyd ganddynt i wersylla, a dyma benderfynu aros yno am ryw dri diwrnod i'r anifeiliaid gael seibiant a gorffwys, gan mai taith flinderus a digon llwm a oedd o'u blaen am rai dyddiau yn olynol. Felly codwyd pabell i fod yn gysgod iddynt a gosododd pawb bopeth yn drefnus a chyfforddus am y dyddiau yma.

Roedd gan T T Awstin geffyl arbennig iddo ei hunan: Oscuro, ceffyl du a man gwyn ar ei frest, a thri cheffyl du arall. Ar ôl i'r dynion fyned i gysgu y noson gyntaf ar ôl gwersyllu yn y fan yma, dyma fo yn cymeryd saim du o'r wagen a rhwbio y blew gwyn oedd ar frest Oscuro, nes oedd yn ddu i gyd! Y bore wedyn, dweud wrth ei was nad oedd Oscuro ddim efo'r ceffylau a bod yna ryw geffyl diarth wedi dyfod atynt a'i fod ef wedi paratoi Negrito iddo i fynd i chwilio am Oscuro. Ac felly y bu. Bu Jimmy i ffwrdd trwy y dydd yn chwilio yn ofer, a dyfod yn ôl gyda'r nos yn ddigon siomedig. Felly hefyd y diwrnod dilynol yr un modd, a dyfod yn ôl yn flinedig iawn yr hwyr hwnnw.

'Ydi Negrito gystal ceffyl ag Oscuro?' gofynnwyd iddo.

'Nag ydi, wir', oedd yr ateb, 'mae Oscuro yn well lawer am garlamu.'

Wel, doedd dim i'w wneud, ac roedd yn rhaid myned i gysgu yn union wedi swpera, gan fod cychwyn yn gynnar ar y rhaglen at y diwrnod wedyn. Ac unwaith yr oedd pawb yn y gwersyll mewn cwsg trwm, dyma T T Awstin at y ceffyl eto, gyda dŵr poeth y tro yma, a digon o sebon, a golchi y saim du i gyd yn lân i ffwrdd oddi ar frest Oscuro, nes oedd yn edrych yr un peth â chynt. A'r bore wedyn galw ar Jimmy.

'Wyddost ti fod Oscuro wedi dod yn ei ôl at y ceffylau neithiwr o rywle?'

'Rhywun wedi ei ddwyn a'i ollwng yn rhydd wedyn, siŵr', meddai'r gwas, heb feddwl unwaith mai ar gefn Oscuro yr oedd wedi bod ar ei deithiau hirion yn chwilio amdano y ddau ddiwrnod blaenorol!

Y tarw tenau a phrinder bwyd i'r anifeiliaid

Flynyddoedd yn ôl, pan fyddai hi'n anodd cael dŵr at y cnydau, byddai rhai gaeafau yn llwm a digysur i'r anifeiliaid am fod y gwair y llwyddwyd i'w gynaeafu yn brin ar eu cyfer. Dioddefai llawer o'r rhain eisiau bwyd yn nhymor y gaeaf a myned yn denau a di-raen eu golwg. Ac ar fore oer yng ngaeaf y flwyddyn 1930 yr oedd gŵr a gwraig yn myned am y Gaiman, mewn cerbyd a cheffyl. Wrth basio un ffarm, lle roedd tarw tenau wedi ei glymu yn y gorlan, dyma'r wraig yn dweud wrth ei gŵr:

O, John, welwch chi'r tarw tenau yna a'r das wair bron â darfod. Beth wnaiff yr anifail druan wedyn?'

'Wel, wn i ddim wir', meddai'r gŵr yn hamddenol, 'mae'n dibynnu yn union pa un ai y das wair neu y tarw fydd wedi darfod gyntaf!'

Sut y croesodd y defaid yr afon ar eu taith hir i'r Andes

Roedd myned â'r defaid i'r Andes yn orchwyl yr oedd yn rhaid cymeryd gofal mawr wrth ymgymeryd ag ef yn yr amser gynt, a phan aed â'r rhai cyntaf yno, tuag wyth cant mewn nifer, buont am ddwy flynedd [llai na hynny?] ar y daith! Cneifiwyd y defaid ddwywaith a chollwyd amryw ohonynt hefyd, ond roedd yr ŵyn a anwyd ar y daith yn gwneud y golled i fyny, fel yr oedd

wyth cant yn cyrraedd i Gwm Hyfryd, yr un modd â phan oeddynt yn gadael
y Dyffryn.

Bu aml dro difyr ac ambell dro trwstan ar y daith yma. Y rhai oedd yn myned
â'r defaid oedd: John Henry Jones, Elias Owen, Rhys Thomas, Simon Whitty, a
James Wagner, yn fachgen ifanc iawn. Pan gyrhaeddwyd Dôl y Plu (Las Plumas),
roedd yn rhaid croesi yr afon, a dim pont yn unlle yr adeg honno i feddwl
cerdded y defaid drosodd. Roedd John Henry Jones yn ddyn mawr, cryf, ac yn
nofiwr rhagorol iawn. A dyma glymu rhaff am gyrn yr hwrdd a'r pen arall i'r rhaff
am ei ganol, ac i'r afon ag ef gan dynnu yr hwrdd i mewn ar ei ôl. Buasai popeth
wedi troi allan yn iawn pe byddai'r syniad wedi gweithio yn ôl y cynllun, ond pan
gyrhaeddodd John Henry Jones i'r lan arall i'r afon, roedd yr hwrdd wedi boddi.

Yn ffodus, nid oedd John Henry Jones ddim gwaeth ar ôl yr anturiaeth, ond
bu cynllunio gofalus a chydymgynghori dwys rhwng y dynion â'i gilydd pa fodd
i groesi'r defaid mewn dull diogelach na'r hwrdd druan. Y diwedd a fu, tynnu'r
planciau o'r gwagenni, gwneud rhyw fath o gwch, neu rafft, a chroesi'r defaid
bob yn ddeg ar y tro. Wedi cael y cwbl i'r ochr draw, tacluso'r gwagenni i gyd eto
ar gyfer y daith hir a'u disgwyliai hyd nes cyrraedd gwlad y mynyddoedd.

Dim ond un enghraifft o'r hyn oedd teithio'r Paith gynt ydyw hyn. Oriau hir
o lafur a blinder a'r gwmnïaeth ddifyr a'r sirioldeb yn wyneb anawsterau yn help
difesur i wynebu pob anhawster.

Ffynhonnell

Detholiad o ddeunydd a fu mewn cystadleuaeth yn Eisteddfod y Wladfa, 1967:
'Casgliad o Hanesion Gwladfaol', yw prif gynnwys y bennod hon. Anfonwyd
yr hanes am Antonio Miguens a Harry Jones ataf mewn llythyr gan Elisa Dimol
de Davies yn 1975. Bu'r tri hanesyn olaf a gynhwyswyd mewn cystadleuaeth yn
Eisteddfod y Wladfa, 1980: 'Tri Hanesyn Difyr'.

18

R J Berwyn (1837–1917)

Ganwyd [Richard Jones Berwyn] yng ngogledd Cymru, Hydref 31, 1837 [ym Mrynhyfryd, tŷ ger y Sun Inn, Glyndyfrdwy, rhwng Llangollen a Chorwen]. Enwau ei rieni oedd Dafydd a Mary Jones, disgynyddion o linach y bardd Huw Morris [1622–1709, Pontymeibion, Pandy Melin Deirw, Dyffryn Ceiriog. Erbyn cyfrifiad 1851 roedd y teulu yn byw ar fferm Nant Swrn, Tregeiriog, ond (o leiaf wedi cyfrifiad 1861) Pontymeibion a enwir fel cartref y teulu. Bu Richard Jones, fel y'i gelwid bryd hynny, yn Ysgol Frutanaidd Glyndyfrdwy, yna yn Ysgol Llanarmon Dyffryn Ceiriog.] Bu yn athraw cynorthwyol [Disgybl Athro] yn Llanarmon. [Pan oedd yn Ysgol Llanarmon Dyffryn Ceiriog] cerddai wyth milltir bob bore dydd Llun a'i fwyd gydag ef am wythnos. A nos Wener byddai yn myned i'w gartref yn Pontymeibion, y ffarm lle roedd ei rieni yn byw.

Er mai amaethwr a chrydd oedd ei dad, cafodd yr addysg orau oedd o fewn eu gallu y blynyddoedd hynny. Pan yn [ei arddegau] aeth i Lundain a chafodd le fel Llyfrwerthwr yno. Dyna lle dechreuodd gario yr enw 'Berwyn' fel [enw canol, ac yn y Wladfa fe'i mabwysiadodd fel cyfenw]. Dechreuodd ysgrifennu i'r papurau, a'i hoff waith a'i destun a fyddai 'cael Gwladfa Gymreig'. Rhoddai wersi Cymraeg hefyd, a dewiswyd ef yn athro Cymraeg yn un o gapeli mwyaf Llundain, 'Jewin Crescent'. [Yn 1863] ymfudodd i Efrog Newydd, ond gorfod iddo newid ei le yn fuan am fod yr hinsawdd yn rhy oer iddo, ac erbyn hyn roedd cyffro mawr am gael Gwladfa Gymreig ym Mhatagonia. Cafodd ei enwi fel Ysgrifennydd [= Cofrestrydd] i'r mudiad a darlithydd, felly daeth yn gyfaill mawr i Lewis Jones, Plas Hedd.

Addysgwr, cyhoeddwr ac almanaciwr; cofnodydd a llythyrgludydd; arloeswr a chymwynaswr

Yn 1865 daeth R J Berwyn i'r Wladfa ar y *Mimosa*. Efe oedd un o'r rhai a ofalai am rannu yr ymborth ar y daith, ac ef oedd y Cofnodydd. Daliodd gyda'r un cyfrifoldeb tra y bu'r fintai gyntaf ym Madryn, ac ar ôl cyrraedd Rawson. Cafodd ei enwi yn Gofnodydd y Wladfa, ac ef a gyhoeddodd y papur newydd cyntaf yn y Wladfa, sef *Y Brut*, Ionawr 1868.

Yn yr un flwyddyn hefyd, sef 1868, dechreuodd gadw ysgol ddyddiol i'r plant yn Trerawson. Un deg saith o blant oedd yn yr ysgol yma, mewn caban o goed helyg glan yr afon: *Sauce criollo* ['math o goed helyg sy'n tyfu yn Ne America']. Casglai ef a'r plant gerrig gwynion llyfn, a cholsyn oedd eu pensil. Y Beibl oedd eu llyfr darllen, nes iddo baratoi gwerslyfr [gyda chymorth Thomas Pugh] i ddysgu y plant i ddarllen. Bu y llyfr hwnnw am flynyddoedd dan law Mr Llew Tegid, yng Ngholeg Bangor. R J Berwyn wedi ei anfon yn anrheg i'r Parchg Michael D Jones. [Gwerslyfr cyntaf i ddysgu darllen Cymraeg at wasanaeth ysgolion y Wladfa, 1878. Dyma'r llyfr Cymraeg cyntaf i'w gyhoeddi yn Ne America.]

Cafodd R J Berwyn stôl i eistedd arni yn yr ysgol yma. Pen buwch oedd honno wedi ei gael gan bennaeth y brodorion, sef Chiquichan. Eisteddai y plant ar ddarnau o goed caled, ac yn droednoeth, a'r bwrdd oedd darn o hen gwch yr oedd y mamau wedi ei gario o lan y môr.

Pan ddechreuodd y llongau alw rhwng Madryn a Rawson, gwelwyd fod angen llythyrdy, ac R J Berwyn a gafodd ei enwi i fyned i gwrdd y llong i Madryn i gario y llythyrau i Rawson. Gwnaeth hyn ar gefn ceffyl drwy'r haf, ond pan fyrhaodd y dydd a'r tywydd yn oeri cafodd drol a cheffyl a gwneud y daith mewn dau ddiwrnod, aros am noson ar y Paith a chyrraedd Rawson drannoeth yn y prydnawn. Mawr oedd y disgwyl am y llythyrgludydd. Roedd rhai heb gael llythyrau ers blynyddoedd oddi wrth eu perthnasau. Mewn rhai misoedd wedi hynny cafodd gerbyd bach dwy olwyn gyda cheffyl bychan a'i goesau yn gam. 'Chueco' oedd enw hwnnw, ond er yn fach a'i goesau cam, gallai wneud y daith o Madryn i Rawson mewn diwrnod. Gwnaeth y gwaith am bedair blynedd. Felly enwodd Thomas Pugh (bach) [o Landderfel, Meirionnydd] i'w gynorthwyo yn yr ysgol, bachgen 17 mlwydd oed. Gwnaeth R J Berwyn lyfr arall eto, ar gyfer y plant fel yr oeddynt yn tyfu i fyny. [Ail-argraffiad, 'wedi ei ddiwygio a'i helaethu', 1881, o gyfrol 1878.] Bu yn llythyrgludydd i'r Wladfa hyd y flwyddyn 1899 pan anfonwyd un arall o Buenos Aires gan y Llywodraeth i gymeryd y gwaith. Daeth y gorlif mawr a chollwyd pob peth oedd yn perthyn i R J Berwyn yn y llythyrdy. $25 oedd cyflog y blynyddoedd cyntaf a $50 ar ôl hynny.

Roedd R J Berwyn wedi cadw hinsawdd y glaw am dros dri deg o flynyddoedd. Gwnaeth *Almanac* hefyd am flynyddoedd. [1884–1905, 'Almanac Berwyn'] Treuliodd lawer o flynyddoedd gyda'r *Astrónomo* ['seryddwr'] Ezcurra, teithio y Paith i astudio y sêr ac archwilio y Paith tua glannau Camarones, gyda'r Perito Moreno. Cymerwyd ef i'r carchar am iddo amddiffyn Lewis Jones (Plas Hedd), ac anfonwyd ef i Buenos Aires. [...] Ni allai R J Berwyn gael ei weled [hynny yw, Dr Rawson], ond yr oedd gan Dr Rawson forwyn o Wyddeles oedd yn gallu siarad Saesneg, a thrwy hynny gallodd roddi gwybod i Dr Rawson ei fod yn y carchar o hyd, ac mewn cyflwr truenus, yng nghanol llygod mawr a llawer o drybini arall. Yna cafodd ei ryddhau yn fuan.

Nadolig [1868], priododd R J Berwyn gydag Elizabeth Pritchard [o Gaergybi], gweddw y diweddar Thomas Pennant Dimol. Ganwyd iddynt [dri ar ddeg] o blant, pump o fechgyn [ac wyth] o enethod. Dyma eu henwau. Alwen, Bronwen, Ceinwen, Ynfer, Ffest, Dilys, Gwenonwy, Ithel, Einion, Urien, Owain, Wyn [a Helen, ganwyd 16 Ionawr 1893; bu farw'n blentyn bach].

Ond erbyn heddiw y mae y teulu i gyd wedi huno, heblaw Ffest Berwyn de Jones yn Trelew a Gwenonwy Berwyn de Jones yn Trevelin. Treuliodd R J Berwyn ei oes yn Rawson hyd 1907 pan y daeth ef a'r teulu i fyw at ymyl Trelew yn Bod Arthur, ffarm y diweddar Thomas Pennant Dimol. Bu unwaith am dro yng Nghymru [1908] yn gweled ei hen gartref ac yno cafodd ei enwi yn aelod o Orsedd y Beirdd. Roedd mynydd Berwyn yn gydiol â'i gartref, Pontymeibion, lle treuliodd ei blentyndod.

Bu farw [ar fore] dydd Nadolig 1917, a rhoddwyd ei weddillion i orffwys ym Mynwent Moriah, lle roedd cannoedd o Wladfawyr a hen gyfeillion wedi dyfod i ffarwelio â chyfaill a oedd wedi bod yn ffyddlon i'r Wladfa.

Ffynhonnell

Cyfuniad o ddwy ysgrif, y naill heb ddyddiad arni na chyfeiriad at ei ffynhonnell, a'r llall yn rhan o gystadleuaeth yn Eisteddfod y Wladfa, 1977: 'Bywgraffiad:

Unrhyw Bump o'r Hen Wladfawyr sy'n Gorffwys ym Mynwent Moriah'. Cafwyd y cyfeiriadau pellach a osodwyd gan RG o fewn cromfachau petryal yn bennaf o gyfrol R Bryn Williams, *Y Wladfa*, 1962; *Pethau Patagonia*, Fred Green, 1984 (pennod 'Taid Berwyn'); ac erthygl Eirionedd A Baskerville, yn 'Cydymaith i'r Wladfa Gymreig ym Mhatagonia', Gwefan Cymdeithas Cymru-Ariannin, 2014, tt. 8–10.

19

Mrs Gwenllian
Thomas de Matthews

Merch i Mr [William Thomas] a Mrs Mary Thomas o Ferthyr Tudful, sir Forgannwg, oedd Mrs Gwenllian Thomas de Matthews, ac yno y ganwyd hi ym mis Ionawr 1842. Ystyrid mam Mrs Matthews yn nodedig am ei chrefyddoldeb a'i duwioldeb. Yr oedd Mrs Matthews yn un o chwech o blant, tri o fechgyn a thair o ferched, a gwnaeth pedwar ohonynt eu cartref yn y Wladfa, sef Mrs Matthews; Mrs William Lloyd, Bryn Crwn; Mr J M Thomas a Mr James Thomas yn ardal Bethesda, Dyffryn Uchaf. Aeth y brawd a'r chwaer arall i'r Unol Daleithiau. A Mrs Matthews oedd y gyntaf o'r chwech i groesi y tu arall i'r llen.

Priodwyd hi a'r Parchg Abraham Matthews yn y flwyddyn 1863 [22 Mai] pan oedd Mr Matthews yn weinidog ar ddwy eglwys [Annibynnol]: Horeb, Llwydcoed; ac Elim, Cwm-dâr. [Yn ddiweddarach, ychwanegwyd Adulam, Merthyr Tudful, at ei ofalaeth.] Bu iddynt bump o blant. Claddwyd un ohonynt, Rawsona, pan oeddynt yn byw yn Pant yr Esgob, Rawson, yn y flwyddyn 1888. ['Yr Esgob' oedd un o hoff enwau'r Gwladfawyr ar y Parchg Abraham Matthews. Enwau'r plant eraill ydoedd]: M[ary] Annie Sanchez; Mrs Gwen Henry Jones a'r Bwyr Henry Ward a William John Matthews.

Ei chyfraniad nodedig hi ac Abraham Matthews i fywyd cynnar y Wladfa

Ymunodd y teulu bychan, Mr a Mrs Matthews, a'u hunig blentyn yr adeg honno, [sef Mary Annie] â'r fintai gyntaf i ddyfod allan ar y *Mimosa* i sefydlu Gwladfa Gymreig ar lannau Camwy yn y flwyddyn 1865. [Gyda hwy hefyd yr oedd eu morwyn, Mary Ann John, John Murray Thomas, brawd Gwenllian Matthews;

a nifer o aelodau cynulleidfa Abraham Matthews yn ei eglwysi. Gwnaeth y cymwynaswr a'r anturiaethwr, John Murray Thomas (1848–1924), gyfraniad gwerthfawr i fywyd y Wladfa, ac ef oedd trefnydd y daith hanesyddol yn 1885 o Ddyffryn Camwy i Gwm Hyfryd yn yr Andes.]

Ddarllenydd, hawddach dychmygu na darlunio y treialon [a gafwyd wedi] sefydlu yma [y deipysgrif yn aneglur]. [Cafodd] addysg a dylanwad aelwyd ei effaith ar Mrs Matthews mewn cynildeb a darbodaeth, ac oni bai am yr elfennau hyn yn ei chymeriad hi a'i chyd-sefydlwyr yr adeg honno, buasai yr anawsterau yn llawer mwy. Bu y nodweddion hyn yn amlwg yng nghymeriad a bywyd Mrs Matthews hyd y diwedd. Prawf o'i gallu yn y cyfeiriad yma ydoedd iddi allu llywio ei haelwyd fechan mor llwyddiannus dan amgylchiadau anffafriol yn fynych, yn absenoldeb Mr Matthews ar ei deithiau trwy yr Unol Daleithiau a Chymru o blaid y Wladfa.

Bu yn un o'r gwragedd gorau ellid ei gael i ateb amgylchiadau eithriadol. Meddai ar ysbryd dewr i gyfarfod ag anawsterau ac ewyllys barod i gynorthwyo pawb a phopeth a welai mewn angen. Bu yn gynhorthwy mawr i'w phriod, Mr Matthews, yn ei waith gweinidogaethol. Dymunwn trwy hyn dalu teyrnged o wrogaeth i wragedd ein gweinidogion yn gyffredinol. Roedd Mrs Matthews yn nodedig yn y gwaith hwn. Roedd ganddi syniad uchel am weision y Duw Goruchaf.

Yn y dyddiau gynt roedd pedwar o gartrefi heb fod ymhell o dref Rawson: cartrefi R J Berwyn; J[ohn] M[urray] Thomas; y Parchg D Lloyd Jones, ac Abraham Matthews, a gellid galw pob un ohonynt yn 'Llety'r Fforddolion'. Roeddynt fel gorsafau i drigolion cyrrau uchaf y Dyffryn.

Roedd ffydd ac ymddiriedaeth Mrs Matthews yn gryf yn Nuw, a hoffai edrych arno fel Tad tyner yn parhau i edrych ar ei hôl a gofalu amdani. Dioddefodd lesgedd a nychdod hir, ond daeth ei gyrfa i derfyn a hunodd yn dawel, Mawrth 28, 1922. Daeth tyrfa luosog i roddi ffarwél i'w gweddillion yn naear gysegredig Moriah.

Ffynhonnell

Cystadleuaeth yn Eisteddfod y Wladfa, 1977: 'Bywgraffiad: Unrhyw Bump o'r Hen Wladfawyr sy'n Gorffwys ym Mynwent Moriah'. Nodyn gan Elisa Dimol: 'Manylion allan o'r *Drafod*, Ebrill 14, 1922'. Cafwyd y manylion pellach gan RG (o fewn cromfachau petryal) o amryw ffynonellau.

Thomas Dalar Evans
(1847–1926)

Bu farw Thomas Dalar Evans yn 78 mlwydd oed yn ei gartref, Bod Eglur, o dan gysgod mynyddoedd yr Andes, ar Mai 31, 1926. Daeth i Patagonia yn y flwyddyn 1875, a'r gorchwyl cyntaf a gafodd oedd bod yn athraw yn ysgol Glyn Du. Nid oedd Moriah na Trelew yn bodoli yr adeg honno. Roedd ganddo bedwar deg o ddisgyblion mewn ystafell 8 x 6 [llath]: priddfeini heb eu llosgi, a llawr pridd, meinciau di-gefn a'u coesau wedi eu sicrhau yn y ddaear, a'r plant i gyd yn dyfod yn droednoeth bob dydd i'r ysgol, ond yn blant ufudd a boneddigaidd i gyd. Ac ar ôl gorffen y gwersi, byddent yn cael dysgu sol-ffa a dysgu canu. Roedd Dalar Evans yn gerddor mawr iawn. Bu'n arwain Côr y Dyffryn Uchaf gyda llwyddiant mawr yn yr Eisteddfodau, ac enillodd lawer gwobr.

Yn y flwyddyn 1877 priododd ag Esther Williams (modryb i'r athraw David Rhys Jones, athraw cyntaf Ysgol Ganolraddol y Gaiman). Roedd ganddynt ddeg o blant […].

Roedd tyddyn Dalar Evans yn y Dyffryn Uchaf, yr ochr draw i'r afon. Roedd anfanteision mawr iawn iddo ef fel arweinydd y côr, ond roedd yr aelodau yn dyfod yn ffyddlon i Gapel Glan Alaw ar gefn ceffylau ac mewn troliau a gwagenni ar brydnawn dydd Sadwrn i gwrdd â'r arweinydd, ac yna pawb ohonynt yn dyfod i'r capel ar y Sul, ac arweinydd y canu oedd Dalar Evans hefyd.

Profedigaethau rif y gwlith

Nid wyf yn cofio sôn am yr un dyn wedi cael mwy o brofedigaethau yn ei fywyd nag a gafodd Dalar Evans. Fel y dywedais, roedd yn rhaid iddynt groesi yr afon mewn cwch, ac felly y deuai y plant i'r ysgol ddyddiol. A Brychan, y mab hynaf, a Buallt oedd yn wyth mlwydd oed, oedd yn yr ysgol y diwrnod hwnnw. Roeddynt ar lan yr afon yn disgwyl am eu tad i ddod â'r cwch, ond aeth Buallt bach yn rhy agos at geulan yr afon a syrthiodd i'r dyfnder. Ac mewn amryw o ddyddiau cafwyd hyd i'w gorff bach. A chafodd fyned i dŷ ei hir gartref ym mynwent y Gaiman, Mai 1888.

Yn 1894 aeth Dalar Evans a'i deulu i fyw i'r Andes, a gwnaeth ei gartref wrth droed [mynydd] Gorsedd y Cwmwl. Yn y flwyddyn 1903 daeth Mrs Esther Evans i lawr am dro i'r Dyffryn ar ymweliad â'i pherthnasau a chyfeillion, y rhai nad oedd wedi eu gweled er ei hymadawiad yng ngwanwyn 1894. Tramwyai y [clefyd coch], *Diphtheria*, trwy y Dyffryn yr wythnosau hynny, a dyna aeth â bywyd Mrs Esther Evans, tra'i phriod a rhai o'i phlant bach dri chant a hanner o filltiroedd oddi wrthi. Fe basiodd o leiaf bythefnos cyn i'r newydd gyrraedd aelwyd Bod Eglur, lle roeddynt wedi cartrefu ers rhai blynyddoedd wedi gadael Gorsedd y Cwmwl, neu Droed yr Orsedd. Nid hawdd yw dychmygu y trallod oedd ar aelwyd Dalar Evans pan ddaeth y newydd trist ei fod wedi ei adael yn weddw a'r holl blant bach wedi colli eu mam.

Mehefin 6ed, 1904, cymerodd digwyddiad arswydus le o fewn hanner can llath i'r tŷ. Roedd y plant i gyd allan yn chwarae, ac roedd Irfonwy, y ferch hynaf, yn paratoi te tua phedwar o'r gloch y prydnawn. Aeth i alw ar y plant i'r tŷ, ac ar hynny sylwyd nad oedd Madryn bach, wyth oed, ddim gyda'r plant. Aethpwyd i chwilio amdano ar unwaith, ond nid oedd llais yn ateb. Chwiliwyd pob man o gwmpas, a galwyd y cymdogion i roddi helpu i chwilio amdano. Dechreuodd y glaw ddisgyn hefyd, ac ar doriad y wawr daethant o hyd i'w gorff bach drylliedig wedi ei guddio gan ddail, a deallwyd mai pwma [piwma] oedd wedi ei ladd, sef llew Patagonia. Hebryngwyd ei weddillion i fynwent y Cwm gan dorf nad oedd prinder dagrau ar eu gruddiau.

Ym mis Medi 1914 bu i'w gartref [Bod Eglur] gael ei losgi yn lludw, trwy dân difaol a ddifododd y tŷ a'i gynnwys yn llwyr, heb adael na gwely na chwpwrdd, cadair na llyfr, na chopi ychwaith o weithiau cerddorol Dalar Evans, ffrwyth oriau hamdden blynyddoedd. Wedi'r digwyddiad echrydus yma, bu ef a'i feibion yn brysur ddyddiau yr haf yn gwneuthur priddfeini a'u llosgi a'u hadeiladu, nes erbyn mis Chwefror yr oedd y tŷ newydd o briddfeini cochion yn barod i'w doi. Ond gan fod ganddo faes eang o wenith i'w gynaeafu, bu dan orfod gadael y to, gan feddwl cael y cnwd gwerthfawr i ddiddosrwydd. A phan oeddynt wedi ei gael i ystycannau, daeth glaw mawr, a pharhaodd am ddyddiau. Mewn canlyniad syrthiodd y tŷ yn bentwr anhrefnus, ac erbyn gweled yr ystycannau yr oedd y rhai hynny hefyd yn sypiau pydredig, fel na chafodd y tymor hwnnw foddion cynhaliaeth i'w deulu. A bu raid iddo hefyd ddechrau adeiladu tŷ newydd arall. Cymerodd y tri digwyddiad alaethus yma le yng nghwrs saith mis o amser. Gwelodd hefyd gladdu Eurgain ac Almed, ac ym mis Awst 1920 collodd ei ferch Briallen, sef priod John S Pugh, a gadawodd ddau o blant bach i alaru ar ei hôl. Ar ôl hynny collodd ei ferch Siân, priod Thomas Nichols, a adawodd bump o blant bach yn amddifad.

Ond er yr holl brofedigaethau, roedd y Ddyletswydd Deuluaidd yn cael ei chynnal nos a bore ar aelwyd Dalar Evans. Dyma oedd enwau y plant: Brychan, Irfonwy, Morgan, Siân, Ioan, Buallt, Madryn, Briallen, Eurgain ac Almed. Yr unig un o'r teulu mawr sydd ar ôl heddiw ydyw Mr Brychan Evans, Trevelin.

Ffynhonnell

Ysgrif, heb ddyddiad arni, a anfonwyd at RG yn y 1970au. Am wybodaeth bellach am Thomas Dalar Evans (cyflwynwyd peth ohono yn yr ysgrif hon o fewn cromfachau petryal), gw. ei hunangofiant 'Banau vy Mywyd', *Y Drafod*, 4 Mehefin 1926; ysgrif 'Y diweddar Thomas Dalar Evans', *Y Drafod*, 26 Awst 1926; Eirionedd A Baskerville, 'Cydymaith i'r Wladfa Gymreig ym Mhatagonia', Gwefan Cymdeithas Cymru-Ariannin, 2014, tt. 25–26.

Nodyn gan RG

Ganwyd Thomas Dalar Evans, 21 Rhagfyr 1847, ym mhlwyf Llanfechan (Llanafan Fechan), ger Llanfair-ym-Muallt, sir Drefaldwyn. Crydd, ac yna ysgolfeistr a gweinidog gyda'r Annibynwyr, oedd Morgan Evans, ei dad. Aelod o deulu cerddorol Samuel o Droedrhiwdalar, ger Merthyr Tudful, oedd Jane, ei fam.

William Henry Hughes, 'Glan Caeron'

Mawrth 26, 1926, bu farw Glan Caeron yn 68 mlwydd oed. Trist ydyw meddwl fod yr annwyl Caeron yn ei fedd. Annwyl ydoedd i'r Wladfa yn ei holl gysylltiadau, ac mor amrywiol ydoedd y rhai hyn. Ni allwn feddwl am fywyd cymdeithas ein Dyffryn na ddaw person urddasol ein Dirprwy Archdderwydd o flaen ein llygaid.

William Henry Hughes oedd ei enw bedydd, ond fel 'Glan Caeron' yr adnabyddid ef drwy y Wladfa yn gyfan. Daeth yma yn y flwyddyn 1881. Chwarelwr ydoedd cyn hynny yn ardal Cesarea, Arfon. Nid oedd yn ddyn tal iawn, ond yr oedd o ymddangosiad boneddigaidd, a cherddai yn urddasol ac yn bwyllog. Yr un cerddediad bob amser. Torrai ei wallt yn fyr a byddai yn eillio ei wyneb bob dydd. Bonheddwr ydoedd, yn dweud ei feddwl yn glir, ac yn barod i roddi ei farn yn eglur ar unrhyw bwnc. Dyn talentog ymhob ystyr hefyd. Difyr iawn oedd cwmni 'Glan Caeron' bob amser. Ymhlith pethau eraill roedd yn storïwr di-ail.

'Athro addfwyn iawn...'

Daethai i'r Wladfa yn ifanc iawn a bu yn athro mewn amryw o ysgolion cyn iddo fyned i'r Dyffryn Uchaf. Yno bu am flynyddoedd lawer yn athro yn ysgolion Maesteg ac Ebeneser. [Gw. ysgrif Elisa Dimol 'I'r Ysgol'.] Yna, yn y flwyddyn 1923, gan fod yr adeg yn nesáu iddo i dderbyn blwydd-dal y Llywodraeth, anfonwyd ef i'r Paith yn athro ar blant y brodorion. Roedd yn unig iawn yno a thorrodd ei iechyd i lawr. Tebyg fod yr unigrwydd wedi effeithio arno gan ei fod yn ddyn oedd wedi arfer mewn cymdeithas bob amser ac yn hoff o gwmni. Athro addfwyn iawn oedd Glan Caeron. Parhâi i gofio am ei ddisgyblion ymhell ar ôl terfynau adeg ysgol, a llawenydd mawr fyddai iddo dderbyn llythyr neu gerdyn oddi wrth un ohonynt.

Eisteddfodwr a bardd; Archdderwydd yn ei goroni ei hunan!

Ni allwn byth â chyfeirio at hanes Eisteddfodau y Wladfa na ddaw enw Glan Caeron yn amlwg yn eu noddi a'u cynnal. Gweithiodd bob amser i gynorthwyo ein gŵyl Gymreig, a phan hunodd yr Archdderwydd, Gutyn Ebrill, i Glan Caeron y disgynnodd yr anrhydedd o fod yn olynydd iddo. [Gw. nodyn R.G.] Cyn hynny llenwasai y swydd o Ddirprwy Archdderwydd am flynyddoedd. Erys eto yn ein Dyffryn rai a gofia yn dda ei ffurf urddasol ar ben y Maen Llog.

Efallai mai fel bardd y cofir amdano erbyn heddiw yn fwyaf arbennig. Bu Glan Caeron yn fardd aml ei gadeiriau yn Eisteddfodau'r Wladfa. Cawn ei hanes yn ennill cadair mewn Eisteddfod cyn gynhared ag 1883. Enillodd wedyn gadair Eisteddfod y Gaiman yn y flwyddyn 1892 am y bryddest 'Efa'. Yn 1893 enillodd y gadair eto am ei bryddest ar 'Ryddid', a phump yn ymgeisio. Yn 1902 enillodd gadair arall. 'Cartrefi'r Wladfa' oedd y testun y tro yma, a'r diweddar Gutun Ebrill oedd y beirniad. Ac yn 1911 enillodd gadair am awdl-bryddest i'r 'Gorlif' a Pedrog yn beirniadu.

Yn y flwyddyn 1909 enillodd goron hardd, wedi ei chael o Gymru, am ei bryddest 'Arwyr y Wladfa'. Cofiaf am yr Eisteddfod honno. Glan Caeron oedd yn arwain y cwrdd yn y prydnawn, a dyna seremoni y cadeirio yn dechrau. Yn ei swydd fel Archdderwydd, galwai ar y bardd i godi ar ei draed ac, os cofiaf yn iawn, 'Is-helyg' ydoedd y ffugenw. Roedd Glan Caeron yn galw ac yn edrych o'i gwmpas i bob man a'r gynulleidfa yr un modd. Wedi galw y drydedd waith, dywedodd: 'Wel, os na ddaw "Is-helyg" ymlaen, mi gymeraf i y goron yma!' Dyna gymeradwyaeth a gafodd! Mrs [Lewis] Jones, Plas Hedd, a osododd y goron ar ben y bardd.

Enillodd hefyd lawer o wobrwyon am englynion a mesurau eraill ar hyd y blynyddoedd. Pan fu farw Glan Caeron, rhannwyd y cadeiriau rhwng y pedair merch, ac un i'r mab ieuengaf. Rhoddodd y goron i'r ferch ieuengaf, sef Dora, ond yn fuan iawn bu hi farw a throsglwyddwyd y goron i'r mab hynaf, y Br Emrys Hughes, Esquel. Dyma enwau y plant: Menai, Emrys, Tryfan, Dilys, Ben Llifon, Enid, Lilian, Hefin, a Dora.

Dianc yn ddiogel rhag y 'gorlif mawr': 1899

Yn adeg y 'gorlif mawr' yn 1899 cawn yr hanes am Glan Caeron yn cael dihangfa rhag y dyfroedd. Baban naw diwrnod oed oedd ei fab Ben Llifon pan orfu iddynt godi o'u gwelyau am hanner nos a rhoddi popeth yn y wagen. Roedd pedwar o blant bychain eraill ganddynt y pryd hynny a Miss Irfonwy Evans, merch y diweddar Dalar Evans, yno yn gweini ar Mrs Hughes. Bu yn rhaid iddynt fyned drwy genlli o ddŵr, ond cyraeddasant yn ddiogel i Clydfan, cartref y Br Thomas Morgan a'i deulu. Rhoddwyd Mrs Hughes a Ben Llifon mewn gwely cysurus, gan feddwl fod pawb yn ddiogel oherwydd fod y tŷ yma ar foncyn. Ond tua un o'r gloch y bore dyma Johnnie Morgan yn galw ar ei dad: 'Mae y dŵr wrth riniog y drws.' Bachwyd chwe cheffyl wrth y wagen, codwyd y gwragedd a'r plant – un ar bymtheg mewn nifer – neidiodd Thomas Morgan i gymeryd gafael yn yr awenau, a ffwrdd â hwy drwy ganol y dŵr hyd nes cyrraedd boncyn arall. Roedd y dŵr erbyn hyn wedi eu hamgylchynu ar bob tu, ond ceisiwyd gwneud cysgod gyda'r drain, a dyna lle y buont am dri diwrnod hyd nes daeth dewrion anturus gyda chychod bregus tuag atynt o'r Gaiman a'u dwyn i ddiogelwch. Mawr oedd y croeso oedd yn eu haros yn nhŷ dymunol Edward Morgan, brawd Thomas Morgan, Clydfan, lle yr arhoswyd hyd nes daeth gwell amser.

Glan Caeron, y postfeistr, ac enwi Dolavon ar ôl enw ei hen gartref

Llythyrgludydd a fu Glan Caeron am flynyddoedd yn ei ardal. Myned i'r Gaiman bob dydd Sadwrn yn ei gerbyd dwy olwyn a dyfod adref gyda'r nos yn yr haf ac yn hwyr y nos yn y gaeaf oer. Byddai y cymdogion i gyd yn disgwyl am eu llythyrau a hefyd am lawer neges arall yn aml gyda Glan Caeron o'r Gaiman.

Yn y flwyddyn 1915 dechreuwyd ffurfio tref yn ardal Ebeneser, a phasiwyd fod y *Correo* – y post – yn dyfod i'r dref fel na fyddai o hyn ymlaen yn angenrheidiol myned cyn belled â'r Gaiman i gyrchu y llythyrau a'r parseli. Ond, pa enw a roddid ar y dref newydd yma?

Yn y flwyddyn 1909 prynasai Glan Caeron ffarm yn ardal Ebeneser lle gwnaeth ei gartref. Dolafon oedd enw ei hen gartref am ei fod yn byw ar lan yr afon. Roedd ganddo gyfaill mawr iawn o'r enw José Gaffet, oedd hefyd wedi byw blynyddoedd yn Ebeneser, a Glan Caeron wedi bod yn athro ar ei blant er y flwyddyn 1900. Aeth José Gaffet at yr awdurdodau yn Rawson a Trelew a dweud wrthynt mai 'Dolavon' a ddylai enw y dref hon fod, oherwydd fod Glan Caeron wedi cymeryd gofal y post ac wedi gwasanaethu y cymdogion yn ffyddlon am flynyddoedd lawer. Penderfynwyd felly yn unfrydol mai Dolavon a fyddai enw y dref newydd. Felly dyma yr hyn a roddodd ei henw i dref Dolavon: gwasanaeth un a fu yn weithgar mewn amryw o gysylltiadau ym mywyd y Dyffryn ac a roddodd ei orau i'w drigolion bob amser.

Cafodd Glan Caeron gynhebrwng tywysogaidd mawr iawn. Dyma yr [ar]ysgrif sydd ar garreg ei fedd ym Mynwent Dolavon:

> Pur awenydd pêr anian; – a llywydd
>   Llawen o bob llwyfan;
>   Fe gofia Gwladfa gyfan
>   I'r bedd gloi arabedd Glan.

David T Evans, y Gaiman

Ffynhonnell

Cyfuniad o ysgrif heb fanylion pellach iddi ac ysgrif fuddugol yn Eisteddfod y Wladfa, 1972.

Nodyn gan RG

Pan urddwyd Glan Caeron yn Archdderwydd roedd yn dilyn Griffith Griffith, 'Gutyn Ebrill': saer coed, bardd a llenor, a thad Hugh Griffith, Llwyn Ebrill, a fu'n brif Ynad y Wladfa am flynyddoedd.

22

David D Roberts, 'Sefydlwr' Cyntaf y Gaiman

Ymfudodd y Br Roberts, ei briod a'i ferch ac eraill o Pennsylvania yng Ngogledd America, ar fwrdd y llong *Electric Spark*, yn rhwym am borthladd Rawson yn Ebrill 1874. Ond, yn anffortunus, aeth yn llongddrylliad arnynt ar draethau Brasil, a chollasant eu dodrefn a'r offer gwaith a ddeuent gyda hwy. Ar ôl peth amser teithiasant dros y tir i ddinas Buenos Aires, lle y cyfarfyddasant â minteioedd eraill oedd newydd lanio yno o Gymru, dan arweiniad D Lloyd Jones. Wedi oedi am tua dau fis cychwynasant mewn llong tua Rawson ym mis Awst yr un flwyddyn.

Wedi treulio rhai wythnosau yn Rawson, penderfynodd Mr Roberts gyfeirio ei gamrau tua'r Dyffryn Uchaf i geisio tiroedd addas i'w ffermio. Cyrhaeddodd hyd at y fan lle saif heddiw dref y Gaiman, ac yno, ar ôl dewis ei ffarm ryw gilomedr o'r fan a elwir yn awr Gaiman Newydd, adeiladodd ei gartref: tŷ o bedair ystafell (sydd yno o hyd) ar lethr y bryn. Wedi gorffen ei dŷ o gerrig, yr unig ddefnydd oedd wrth law yr adeg honno, daeth â'i deulu i fyw i'r cartref newydd ym mis Hydref.

Ar ôl treulio chwe mis o unigrwydd a byw mewn ofn yr Indiaid a arferai wersyllu yn y fan lle ceir heddiw sgwâr y dre (Plaza Julia A Roca), rhyw ganllath o'i dŷ, pan ddeuent ar eu ffordd o'r mynyddoedd i Rawson, penderfynodd Mr Roberts yntau deithio i Rawson gyda'r bwriad o berswadio ei gydwladwr y Parchg John C[aerenig] Evans, i ddewis hefyd ei ffarm yn agos i'r eiddo ef. Gwnaeth Mr Evans hyn ym mis Ebrill 1875, gan adeiladu ei dŷ arni, sef yr ochr dde i'r afon, rhyw ddau gilomedr o'r bont sydd dros yr afon yn awr, i gyfeiriad rhediad y dŵr.

Fis Gorffennaf 1875 ganwyd mab cyntaf David D Roberts a'i briod, yr hwn a alwyd ganddynt yn Idris. Yn y flwyddyn 1893, penderfynodd Mr Roberts ymadael am Gymru yng nghwmni ei deulu, i'w wlad enedigol, gan fod ei iechyd yn fregus, wedi agos i ugain mlynedd o lafur caled a phrinder. Arhoswyd [yng Nghymru] am rai misoedd cyn myned ymlaen i Auckland yn New Zealand, lle bu farw yn y flwyddyn 1909 yn 71 mlwydd oed. Ar ôl cymaint o amser, dywed ei ddisgynyddion y teimlant y dylai y Llywodraeth fod wedi rhoddi ei enw ar un o strydoedd y dref. Gwnaeth ef yn ei ddydd lawer dros les y Wladfa, fel y tystia yr anerchiad a gyflwynwyd iddo yn y cwrdd ffarwél a gynhaliwyd iddo yng Nghapel y Gaiman.

Ffynhonnell

Ysgrif a anfonwyd gan Elisa Dimol at RG yn y 1970au.

23

Robert Owen Jones, 'Jones y Tunman'

Y person a ddewiswn heddiw i roi braslun ohono ydyw y diweddar Robert Owen Jones, neu fel yr adnabyddid ef yn y Wladfa, Mr R O Jones. Enw arall arno oedd 'Jones y Tunman', gan mai dyna oedd ei grefft pan ddaeth i'r Wladfa, a byddai hefyd yn gweithio modrwyau priodasol allan o sofrenni aur. Mr R O Jones oedd yr athro Cymraeg cyntaf yn Trelew. Bu yma o'r flwyddyn 1896 hyd y flwyddyn 1903. Roedd yr ysgol yn y fan lle mae Ysgol Rhif 5 heddiw. Wedi hynny aeth yn athro trwyddedig o dan Lywodraeth Ariannin i'r Andes hyd y flwyddyn 1906. Wedi hynny bu yn athro i ddysgu Cymraeg a Saesneg. Erbyn hyn plant y brodorion oedd y rhan fwyaf o'i ddisgyblion. Dysgent Gymraeg a siaradent hi yn rhugl. Yn Esquel yr oedd ei gartref a bu yno hyd y flwyddyn 1921.

Bu R O Jones yn flaenor yng Nghapel y Tabernacl yn Trelew, a hefyd efe oedd y dechreuwr, neu godwr canu, tra y bu yn byw yn Trelew. Bu yn ffyddlon a pharod bob amser yn ei swydd. Yn Esquel ystyrid ef bob amser yn ddyn o ddylanwad. Yng nghartref R O Jones yr arhosai y Parchg Morgan Daniel pan y byddai yn pregethu yn Esquel, ac roedd ganddo air uchel iawn i Mr a Mrs R O Jones am eu caredigrwydd a'u boneddigeiddrwydd tuag ato ef, fel tuag at lawer un arall yn eu cartref hyfryd.

Ym Môn y ganwyd R O Jones, mewn ffarm, gerllaw Amlwch. Collodd ei fam pan oedd ond naw oed a bu raid iddo newid ei gartref. Aeth gyda'i dad i Hafod y Wern, Betws Garmon. Symudodd y teulu drachefn, i Gaernarfon y tro yma, ac yno y prentisiwyd ef yn llefnyn ifanc fel tunman. Mewn saith mis ar ôl gorffen ei brentisiaeth, priododd â merch ifanc o Bethel, yr hon a brofodd ei hunan yn ymgeledd gymwys iddo. Ar ôl priodi, ymsefydlodd ym Mangor, a thra yno profodd ei hunan yn aelod gweithgar yn eglwys Ebeneser. Dewiswyd ef yn fuan i arwain y canu yn yr eglwys honno.

Yn y flwyddyn 1881 ymfudodd ef a'i briod i Batagonia. Roedd R O Jones hefyd yn fardd yn ogystal ag yn llenor a cherddor. Fel bardd cariai ei enw barddonol 'Gwyrfai'. Roedd yn aelod o Orsedd y Beirdd a charai yr Eisteddfod yn fawr iawn. Roedd yn dwyn sêl mawr iawn dros ei hurddas a'i thraddodiadau. Hoffai brydyddu ar adegau, ond ni chystadleuodd ryw lawer erioed.

Edrychid arno gan ei gydnabod fel gŵr amryddawn, diddorol a goleuedig ei ymddiddanion. Byddai bob amser, ym mha le bynnag yr agorai ei enau, yn llefaru synnwyr a doethineb. Credai mewn gwneud popeth yn daclus, yn drefnus a gorffenedig. Deuai y nodwedd ynddo i'r golwg yn ei ddyn oddi allan. Gwisgai yn drwsiadus a boneddigaidd, a theimlid wrth ei gyfarfod fod holl elfennau boneddigeiddrwydd yn cartrefu yn ei bersonoliaeth. Meddai hefyd galon fawr haelionus.

Bu R O Jones farw yng Nghymru ar yr 11eg o Chwefror 1926 yn 71 mlwydd oed. Pe buasai wedi byw am dridiau yn rhagor, cawsai ef a'i briod ddathlu eu priodas euraidd, ond yn lle hynny roedd R O Jones yn cael ei ddaearu y diwrnod hwnnw ym mynwent Brynrodyn. A gallwn ddweud heddiw:

> Melus fo hun y gweithiwr
> Yn nistawrwydd dwfn y bedd.

Ffynhonnell

Cystadleuaeth yn Eisteddfod y Wladfa, 1975: 'Unrhyw Berson o'r Wladfa'.

Thomas Morgan, 'Clydfan'

Cofiaf ddarllen mewn hen *Drafod* ers rhai misoedd yn ôl, ysgrif o waith Thomas Morgan, 'Clydfan', yn sôn am ei hanes yn myned i'r Eisteddfod gyntaf ym Mhatagonia. [= un o'r eisteddfodau cynharaf.] Ar ôl dweud mai am Thomas Morgan y bwriadaf ysgrifennu a rhoi peth o hanes ei fywyd gweithgar, maith a llawn, rhoddaf yma grynhoad o hanes yr Eisteddfod gyntaf [gynnar] honno, fel y ceir ef gan Thomas Morgan, wedi ei gyflwyno â'r gofal a nodweddai y cwbl o'r hyn yr ymgymerai ei law â'i wneuthur.

Un o eisteddfodau cynnar yr 'Hen Wladfawyr'

Deuthum i Borth Madryn ym mis Hydref 1875, un o fintai oedd yn cyfrif 79 o bersonau yn y *Santa Rosa*. Yr oedd y fintai yma wedi dod yn lotiau bychain o Gymru ac wedi cyfarfod â'i gilydd yn Buenos Aires, yng 'Nghartref yr Ymfudwyr'.

Cynhaliwyd yr Eisteddfod tua hanner [y] ffordd o Drelew i Rawson, tua chanol Haf 1876 – un cyfarfod yn unig yn y prynhawn. A chafwyd cynhulliad lluosog ag ystyried nad oedd darpariaeth, fel lle i gael bwyd, gan nad oedd Trelew wedi ei sylfaenu a Rawson ond pentref distadl. Felly, nid oedd gwesty yn y gymdogaeth ac, o ganlyniad, yr oedd yn rhaid i bawb ddod â bwyd yn eu pocedi; gan nad oedd yn y Dyffryn yr un cerbyd na throl, âi pawb ar gefn eu ceffylau. Ac i'r Hen Wladfawyr y mae y clod am yr Eisteddfod yma. Hwy a fu yn trefnu yr ŵyl, ac yn mynd i lan y môr yn Rawson i gael gweddillion llongddrylliad i wneud y babell. Yn awr, beth am waith y swyddogion? Cadeirydd oedd y Br Hugh Hughes Cadfan; Arweinydd: R J Berwyn. A'r beirniaid: Llenyddiaeth: Lewis Jones, Plas Hedd; Adrodd: John Caerenig Evans; Cerddoriaeth: y Br Thomas Williams, Tresalem, a'r Br William R

Jones, 'Gwaenydd', pa rai a fuont yn beirniadu y cerddorion fel cyfansoddwyr a chantorion am flynyddau.

Yn awr ceisiwn roi syniad i chwi am safon yr hyn y cystadleuwyd arnynt. Y Prif adroddiad o lyfr Mynyddog; cywydd ar y testun 'Einioes'. Bu tri yn tynnu torch yn y gystadleuaeth hon, ond chwi faddeuwch i mi am ddweud mai V [fi] a gafodd y wobr! Ac mae y pedair llinell olaf ar fy nghof yn awr, a phe buaswn fyw am gan mlynedd eto, ni chollwn afael arnynt:

> Bore einioes: byw rhinwedd
> Tua'r nawn sy'n troi yn hedd;
> Ond draen yn hydre einioes
> Yw gwario rhan orau'r oes.

Y darn cystadleuol i bartïon oedd 'Y Blodeuyn Unig'; cynigiodd dau barti ac enillodd parti y Br Thomas Awstin. A dyna ddechrau yr Eisteddfod yn y Wladfa. [Gw. nodyn RG.]

Wel, daeth yr hanes yma â Thomas Morgan fel adroddwr i'n hadnabyddiaeth. Enillodd lawer gwobr am adrodd mewn eisteddfodau, a chyrddau llenyddol. Adroddai hefyd mewn cyrddau ysgolion, ac adroddai adnodau niferus oddiar ei gof yn rhwydd. Hoffai hefyd farddoni ei hun, ac ysgrifennodd ysgrifau lawer i'r *Drafod* yn ystod ei oes.

O Gymru i 'Glydfan', Bryn Crwn, Patagonia

Priododd Thomas Morgan â Harriet Thomas ar y 7fed o Fedi 1878. Roedd hi yn ferch i Dafydd ac Elizabeth Thomas, o Aberdâr. Perthynai y ddau i enwad y Bedyddwyr a buont yn ffyddlon iawn yng Nghapel Fron-deg tra buont yn byw yn ardal Treorci. Byddent yn myned yno mewn wagen am rai blynyddoedd. Yn y flwyddyn 1881 daethant i sefydlu ar dyddyn 'Clydfan' yn ardal Bryn Crwn, a 'chlyd fan' a fu eu cartref i bawb, bob amser. Nid wyf yn credu i ddim un gweinidog na chenhadwr o unrhyw genedl fod yn y Wladfa heb gael eu croesawu yn Clydfan, a pharhaodd y croeso hwnnw dan law eu merch, Mary Jane, a'i phriod hithau, Henry Jones, bob amser, yr un mor ffyddlon. Drws agored a bwyd ar unrhyw amser o'r dydd. Magwyd teulu mawr ar aelwyd Mr a Mrs Thomas Morgan, ac ni raid dweud wrth neb oedd yn eu hadnabod am eu bywyd gweithgar a llafurus. Ni fwytasant 'fara seguryd', a chadwasant yn ffyddlon i bethau gorau ein cenedl a safasant yn gryf dros egwyddorion eu crefydd.

Gweithiodd yn galed iawn gyda'i feibion. Heuodd lawer o wenith a hadau alffalffa a helpu ei gymdogion mewn unrhyw anghenraid at fyw ac yn barod ei gymwynas i bawb. Roedd ei help yn ddi-ffael mewn cymdeithas a bu yn ffyddlon iawn fel aelod yng Nghapel Bryn Crwn. Âi i'r capel dair gwaith bob dydd Sul, os na fyddai wedi cael annwyd mawr, ac os digwyddai hynny, galwai ar Harriet (sef Mrs Morgan) i ferwi wnionyn a rhoddi pupur a halen arno. A dyna oedd ei feddyginiaeth i wella. Roedd ei gartref yn 'glyd fan' ar ben boncyn, ond bron bob amser byddai dŵr yn cyrraedd dros y ffarm amser gorlif. Felly byddai yn rhaid rhentu ffarm yn nes i'r bryniau i hau gwenith at eu cynhaliaeth ac aros i ddŵr y gorlif sychu erbyn y tymor dilynol. [...]

O Fryn Crwn i Gwm Hyfryd i ffermio

Yn 1888 aeth Thomas Morgan yntau gydag Elias Owen, John Henry Jones, Rhys Thomas, Simon Whitty a James Wagner [ar draws y Paith] i sefydlu y 'Wlad Newydd' [yng Nghwm Hyfryd, yr Andes, gydag 800 o ddefaid. Fel y dywedwyd eisoes] buont ddwy flynedd [= amser maith?] ar eu taith. [...]

Yn y flwyddyn 1891 gwnaeth dŷ gyda phriddfeini llosgedig a'i orffen yn 1892. Yna daeth gorlifiad mawr ac ysgubo y tŷ yn llwyr. Ond yn y flwyddyn 1892 cafodd gynhaeaf da o wenith, ac adeiladodd dŷ arall ar ochr bryn bychan, a galwodd y cartref yma yn 'Maes Araul'. Thomas Morgan oedd y ffarmwr cyntaf i hau gwenith yn y Cwm Hyfryd. [Yn fuan wedyn] cychwynnodd ef ac Evan Jones (Bagillt) i lawr i'r Dyffryn i edrych am eu teuluoedd. Ar geffylau y teithient, a cheffylau eraill (y cargueros) ['y ceffylau pwn'] i gario y bwydydd a'r dilladau. Yr unig fwyd oedd ganddynt i gychwyn oedd wy estrys a chyrrants gwyllt. Ond bu Evan Jones mor lwcus â saethu gwanaco, ac felly cyraeddasant mewn rhyw wyth diwrnod i Clydfan.

Yn Trevelin y bu Thomas Morgan yn cartrefu am flynyddoedd. Ar ôl cael cynhaeaf da o wenith a'r defaid yn cynyddu i gael gwlân, daeth yn berchen dwy wagen i gario ei gynnyrch unwaith y flwyddyn i'r Dyffryn, a'i newid am ddillad a bwyd am flwyddyn arall. Bu Thomas Morgan gyda'r ffyddlonaf i roddi help i adeiladu 'Capel y Cwm' [Capel Bethel], yn Trevelin, ac yn ffyddlon fel athro yn yr Ysgol Sul. Mewn rhai blynyddoedd aeth â'i deulu i fyw i'r Andes. Yna dyfod yn ôl i Clydfan ym mis Mai 1908. A dyna lle y buont yn byw hyd y flwyddyn

1926. Erbyn hyn roedd y plant i gyd wedi priodi a gwneud eu cartrefi eu hunain, a Johnnie Morgan, sef y mab hynaf, yn edrych ar ôl eiddo ei dad yn yr Andes.

Cafodd Thomas Morgan gynaeafau da bron bob blwyddyn, ac enillodd wobrau mewn arddangosfeydd yn Trevelin. Mawrth 25, 1926, enillodd dystysgrif a'r wobr gyntaf am y pêrs a'r tatws, a Mrs Morgan hefyd yn ennill gwobr am ymenyn. Ebrill 23, 1937, enillodd wobr am y tywysennau gwenith, a gwobr a medal arian am y ceirch a'r had llin.

Bu Thomas Morgan yn ddefnyddiol ymhob cylch y bu ynddo. Yn Gyfarwyddwr ar 'Gwmni y Ffos'; yn gyfarwyddwr hefyd yng 'Nghwmni Masnachol Camwy' am flynyddoedd. Ac os oedd angen arian at unrhyw gymdeithas, roedd cynnwys ei law yn hael bob amser at bob gweithred dda. Yn y flwyddyn 1926 aeth Mr a Mrs Morgan yn ôl i Maes Araul hyd y flwyddyn 1934, pan ddaethant yn ôl i fyw eto i Clydfan, am fod iechyd Thomas Morgan wedi torri i lawr a'r tywydd yn rhy oer a gwlyb yn Cwm Hyfryd.

Ganwyd Thomas Morgan yn Cwm Ogwr, Morgannwg, ac enw ei dad oedd John Morgan, ac enw ei fam oedd Margaret. Bu farw mam Thomas Morgan pan oedd ef yn ieuanc iawn ac aeth i weithio i'r pwll glo pan oedd yn ddeuddeg oed. Yno y bu hyd nes dyfod allan i'r Wladfa yn y flwyddyn 1875.

'Cerdded llwybrau'r ddaear / Heb anghofio llwybrau'r nef'

Mai 28, 1939 bu farw ei briod, Mrs Harriet Thomas Morgan, yn 81 mlwydd oed, a rhoddwyd ei gweddillion i orffwys ym mynwent Dolavon. Treuliodd Mrs Morgan ei hoes rhwng y ddwy ardal, Bryn Crwn a Trevelin, a gwnaeth iddi ei hun lu o gyfeillion hoff yn y naill le a'r llall. Dynes dawel, ddiwyd ydoedd ac o ysbryd tra charedig. Pan ymwelid â'i haelwyd byddai ei gwên siriol a'i chroeso cynnes a syml yn gwneud i bawb deimlo yn gartrefol ar unwaith. Yn ei chysylltiad â chrefydd deuai yr un nodweddion i'r golwg ag a welid mewn cysylltiadau eraill. Roedd wedi darllen ei Beibl drwodd chwe gwaith. Bu yn archoll fawr iawn i Thomas Morgan golli ei briod ar ôl cael ei chwmni am dros 60 mlynedd.

Ddydd Nadolig 1942 aeth y diweddar Evan Thomas i edrych am Thomas Morgan a oedd yn ei wely yn llesg ers dwy flynedd bellach. A dyma fel y

dywed yr hanes: 'Fin hwyr ddydd Nadolig, euthum i'r Clydfan i ddymuno'n
dda i'r Hen Bererin, ac wrth ddyfod yn ôl i'r Gaiman ar y Beic, lluniais yr
odlau syml yma.'

> Gorweddai yn ei wely clyd,
>   Yn flin gan bwys y daith,
> A'r genau hen adroddent
>   Hynt y blynyddoedd maith.
>
> Nadolig lawer welodd ef
>   Yn iach ac ysgafn fron
> A heddiw yn yr hwyrddydd teg,
>   Daw yr atgofion llon.
>
> Mi welwn yn y llygaid dwys
>   Hiraeth am amser fu,
> Pan gyrchai gynt i'r capel bach
>   I foli Iesu cu.
>
> Amgau o'i gwmpas mae yr hwyr,
>   A thlws ei orwel ef,
> Fe glyw o bell yr alwad glir
>   Gan ddwyfol Aer y Nef.

Cafodd bob gofal oddiar law ei ferch, Mary Jones, a'i fab yng nghyfraith,
Henry Jones Davies, a'i wyrion, pawb ohonynt yn gofalu am Taid yn eu tro ac
yn ei anwylo yn ei hen ddyddiau. Bu farw ar y 19 o Awst 1943 yn 88 mlwydd
oed, ar ddiwrnod o eira mawr. Gwasanaethwyd wrth y tŷ ac yn y fynwent yn
Dolavon gan y Parchg E R Williams, ein diweddar weinidog annwyl erbyn
heddiw. Hawdd y gallwn ninnau adrodd llinellau y bardd:

> Os yw'r llaw fu'n hau y gwenith
>   Yn yr amdo'n gaeth,
> Dwed y dwysen dan ei bendith
>   Beth a wnaeth.

Hefyd eiriau Evan Thomas eto:

> Bydd ei feddrod yn Nolavon
> Yn atdynfa byth i ni,
> Heibio cerdda cenedlaethau
> A rhyw ddwys ddolefus gri.
> Ni anghofir byth yr aberth
> Er mwyn eraill a wnaeth ef,
> Tra yn cerdded llwybrau'r ddaear,
> Heb anghofio llwybrau'r nef.

Ffynhonnell

Cystadleuaeth yn Eisteddfod y Wladfa, 1976: 'Bywgraffiad: Unrhyw Berson o'r Wladfa'.

Nodyn RG

Ar ddydd Nadolig 1865, yng Nghaer Antur (Tre Rawson), y cynhaliwyd yr eisteddfod gyntaf yn y Wladfa. Gw. Elvey MacDonald, *Yr Hirdaith*, tt. 111–12.

Miss Eluned Morgan

L lawer o hanes sydd wedi ei ysgrifennu a'i siarad am yr Hen Sefydlwyr ddaeth i'r Wladfa ar y *Mimosa* yn y flwyddyn 1865. Y mae pawb yn canmol y dynion am fod mor wrol a gweithgar ac anturus, ac mor egnïol mewn pob gwaith. Ond ychydig iawn o ganmoliaeth a gafodd 'Merched y Wladfa'. Maent hwythau wedi gweithio ochr yn ochr â'r dynion bob amser; cadw eu cartrefi a magu llawer o blant; dysgu'r plant i adrodd; dysgu adnodau iddynt; dysgu canu a dysgu y 'Rhodd Mam'. A llawer o'r gwragedd hefyd yn helpu y gwŷr gyda gwaith y ffarm. Oes, y mae merched talentog a gweithgar wedi bod yn y Wladfa a llawer ohonynt wedi cael bywyd helbulus yn aml, a hynny yn gwneud eu gwaith yn fwy anodd eto iddynt allu ei gyflawni i foddlonrwydd. Â'r gciriau hyn fel teyrnged iddynt bob un ohonynt, arwresau dinod a dienw ein Gwladfa. Yn eu mysg cawn un foneddiges sydd yn disgleirio megis seren ddisglair yn eu canol, a honno ydyw y Fonesig Eluned Morgan, merch ieuengaf Lewis Jones, Plas Hedd. Daeth hi i amlygrwydd yn ieuanc fel llenores, a pharheir i ddarllen ei llyfrau hyd heddiw o'r ddau du i'r Iwerydd.

Ganwyd Eluned Morgan ar y ffordd i'r Wladfa ar y llong *Myfanwy* ar yr 20fed o Fawrth 1870, ym Mae Biscay. Bu yn ddisgybl yn ysgol gyntaf Rawson, lle roedd R J Berwyn yn athro. Roedd y diweddar Caradog Jones yn gyd-ddisgybl ag Eluned, a chlywais ef yn dweud:

> nad oedd Eluned ddim yn hoffi ryw lawer am wersi yn yr ysgol, ond y
> diwrnod y buasai unrhyw ysgrif i fod, yr oedd ysgrif Eluned yn cael ei
> rhoi o'r neilltu nes darllen ysgrifau y plant eraill i gyd i ddechrau, ac yna
> fel esiampl i ni'r plant, darllenai yr athro ysgrif Eluned yn uchel i ni gael ei
> chlywed.

Eluned: plentyn natur; Gorsedd y Cwmwl, Bro Hydref, a rhyfeddodau'r goedwig

Plentyn Natur oedd Eluned, roedd wrth ei bodd yn nistawrwydd y nos, a gwrando ar sŵn dŵr yr afon a gwrando ar yr adar bach a sylwi ar y coedydd a'r blodau. Dyna oedd y peth cyntaf a oedd ar ei meddwl ymhob cartref y bu yn byw ynddo – plannu coed a blodau. Dyma a ddywed yn ei llyfr *Dringo'r Andes* [1904] pan yn dweud ei hanes hi yn myned gyda chwmni o gyfeillion i gael golwg ar Orsedd y Cwmwl yn yr Andes: 'Yr oeddwn i gael un daith fythgofiadwy cyn canu'n iach â Bro Hydref. […] Mynd i weld cewri'r goedwig oedd yn tyfu ar lethrau Gorsedd y Cwmwl […] coed pinwydd, coed bedw anferthol o faint, etc.' Ond daeth y nos a chollwyd y ffordd a gorfod iddynt sefyll y noson honno yn y goedwig, gwneud tân mawr i gynhesu a phawb yn cael sgwrs am y rhyfeddodau a welsant yn ystod y prydnawn. Aeth llawer ohonynt i gysgu, ond gweled rhyfeddodau yn y goedwig yr oedd Eluned. Gwylied y pryfaid a'r ymlusgiaid oedd wedi dyfod allan yn y nos, ac yn eu mysg gwelodd ei 'hen gyfeillion, megys y chwilen ddu a'r chwilen werdd symudliw, y pryf copyn a'r geneu goeg'. Yna mae yn gofyn:

> Welsoch chi'r adar yn ymolchi erioed? Dyna'r wers rymusaf mewn glendid deimlais i erioed, ac mor ddedwydd y maent yn ymbincio ac yn ymdrwsio. […] Ac wedi iddynt wneud yn siŵr fod pob pluen yn ei lle yn bert a syber cymer bob un ei le yn y côr, a phrin y caiff yr arweinydd amser i gyrhaedd y llwyfan gwyn acw […] na fydd y gân yn dechreu, ac yn esgyn yn un anthem orfoleddus, yn aberth hedd a llawenydd, ac yna mewn amrantiad â pawb at ei orchwyl. Ymlanhau, diolch a gweithio, dyna raglen yr adar.

I Gymru yn ferch ifanc a mynnu'r hawl i siarad Cymraeg

Cafodd Eluned Morgan fyned i Gymru am y tro cyntaf pan oedd yn eneth bymtheg oed, a bu yn ddisgybl yn Ysgol Dr Williams yn Nolgellau. Arhosodd yn yr ysgol yma am dair blynedd, nes yn ddeunaw oed. Roedd yn ferch hardd iawn, a thynnai sylw pawb a'i gwelai, ei cherddediad yn osgeiddig a rhyw swyn dieithr yn ei phersonoliaeth. Bu yn benderfynol dros yr iaith Gymraeg er yn blentyn, a hynny mewn oes nad oedd eto wedi deffro i bwysigrwydd hawlio i'r iaith Gymraeg ei lle priodol. Yn y llyfr *Gyfaill Hoff* [1972, golygwyd gan W R P

George], cyfrol o'i llythyrau at William George (brawd D Lloyd George), cawn yn un o'i llythyrau ato yr hanes yma. Sonia amdani pan yn yr ysgol y cyfeiriwyd ati:

> Dydd mawr bythgofiadwy oedd hwnnw pan aethom yn llu banerog i ystafell y brifathrawes i hawlio ein parchu yn ein gwlad ein hunain. Siaradai Winnie Ellis drosof am nas gallwn siarad yr iaith fain yn llithrig, yr oeddwn newydd gael fy nghospi y diwrnod cynt am siarad iaith fy mam wrth y bwrdd cinio. Gorchymynwyd i mi sefyll allan tra yr oedd wyth deg o blant yn gorffen eu cinio ac yn syllu arnaf.

Ond doedd yr athrawes ddim yn adnabod ei deryn o'r paith. 'Pob Cymraes sydd yn yr ystafell yma nad oes arni gywilydd arddel ei gwlad, na'i hiaith, a ddeuwch gyda mi i'r Classroom', meddai Eluned.

> Cododd pob Cymraes yn yr holl ysgol ac aethant allan gan adael rhyw dri deg o Saeson gyda'r athrawesau. Bu yn helynt difrifol am wythnos ac o'r diwedd anfonais am Dr Pan Jones, a bu tawelwch o'r dydd hwnnw hyd heddyw. Nid oeddwn ond plentyn 15 oed, ond bu yr hen Ddr yn arwr mawr i mi byth wedyn.

Wedi hyn, daeth yn ôl i'r Wladfa, pan fu yn cadw am ychydig y Ban Ysgol yn Trelew, gyda'i chyfnither, Miss Mair Ruffydd, a dychwelyd eto i Gymru. Dyfod i'r Wladfa wedyn yn 1904 pan oedd ei thad yn wael ei iechyd. Bu Lewis Jones farw, [24] Tachwedd y flwyddyn honno.

Ymgyrch dros addysg i blant y Wladfa a 'sylweddoli breuddwyd': sefydlu Ysgol Ganolraddol y Gaiman

Dyma'r adeg y dechreuodd weithio o ddifrif er sefydlu Ysgol Ganolraddol y Gaiman. Cyfeiria Hugh Griffith yn ei ysgrif ar 'Hanes ymdrech yr Hen Wladfawyr i gael Ysgol Ganolraddol i blant y Wladfa': 'Yr arloeswr yn y cyfeiriad yma a fu y diweddar Fonwr Probert Evans, a fu yn athraw [...] yn hyfforddi nifer o bobl ieuanc ac yn agor cil y drws megis i feysydd dysg a gwybodaeth.' Cymerai y diweddar John Murray Thomas yntau gryn ddiddordeb yn y mudiad hwn ar ei gychwyniad, ac amryw o'r Gwladfawyr hynaf, megis y diweddar William T

Griffiths; Benjamin Brunt, a David Jones, 'Maes Comet', yr hwn a fu y trysorydd cyntaf. Cyn bo hir aed ymlaen i godi adeilad o eiddo'r Gymdeithas ei hun, ar ddarn o dir gerllaw 'Hen Gapel' y Gaiman a roddwyd at adeiladu ysgol gan y diweddar Mr a Mrs Thomas S Williams, Tresalem.

Bu nifer o gyfeillion yn casglu at yr achos drwy y Wladfa, ond i'r Fonesig Eluned Morgan y dylem ddiolch yn fwyaf arbennig am gasglu arian at yr ysgoldy newydd. […] Teithiodd hi am wythnosau ar hyd y Dyffryn, weithiau mewn cerbyd, ac weithiau ar gefn ei cheffyl, drwy wres yr haf ac oerfel y gaeaf, i gael enwau disgyblion a chael aelodau i berthyn i'r ysgol ac addewidion gan bawb oedd yn barod i helpu. $25 *pesos* y flwyddyn oedd pob aelod yn dalu, ac yna rhoddai hysbysiad yn *Y Drafod* y buasai merched yr ardal yn myned i gasglu bob blwyddyn cyn y buasai yr ysgol yn dechrau y flwyddyn ddilynol.

Cawn ddarllen eto yn y llyfr *Gyfaill Hoff* lythyr arall a ysgrifennodd at William George, yn rhoddi hanes gosod carreg sylfaen yr ysgol: 'Bu gennym ddydd Gŵyl pwysig y 20fed o Ragfyr 1906, sef gosod carreg sylfaen ein Hysgol Ganolraddol. Yr oedd yn ddiwrnod mawr iawn i mi; sylweddoli breuddwyd fu yn tyfu am bedair blynedd lafurus a phoenus […].'

Diddorol oedd y baneri a chwyfient ddydd y Dathlu. Y Ddraig Goch yn y canol a baner Archentina a Phrydain Fawr bob ochr iddi. Rhaglaw y Diriogaeth (Dr Lezama) yn traddodi yr anerchiad agoriadol; ŵyr yr Archdderwydd Gutyn Ebrill, Ivor J Pugh, yn rhoi hanes y cychwyn; ac athraw cyntaf y Wladfa (1867), sef R J Berwyn, yn gosod y garreg sylfaen.

Desg i'r Ysgol gan David Lloyd George

Yn yr un gyfrol cawn eto lythyr, dyddiedig Rhagfyr 1909, oddi wrth Eluned Morgan at William George a'i hanes wedi myned i Gymru unwaith yn rhagor ac wedi anfon pedwar deg o ddesgiau i'r Ysgol Ganolraddol. Ond er ei siomiant 'nid oedd digon o arian mewn llaw i gael desc ddestlus i'n hathraw ymroddgar, a dyna yw fy nghais: cael anrheg o ddesc gan yr Anrhydeddus D Lloyd George i Ysgol Ganolraddol gynta'r Camwy. A fedrwch chwi gario neges fechan at eich brawd ar ryw egwyl?' Cyrhaeddodd y ddesg i'r Wladfa, rhoddedig gan y diweddar D Lloyd George, ac mae i'w gweled heddiw (1974) yn Llyfrgell Eluned Morgan yn y Gaiman, o dan ofal dwy or-nith i Eluned Morgan, sef Mrs Luned Roberts de González a Miss Tegai Roberts.

'A'i bryd bob amser ar wneuthur daioni...'

Boneddiges oedd Eluned Morgan a'i bryd bob amser ar wneuthur daioni. Darllenwn yn *Yr Enfys*, am Mai 1965, y geiriau hyn gan y Parchg D D Walters dan y pennawd, 'Eluned a'm denodd yno':

> Roeddwn i'n digwydd bod yn y Llyfrgell yng Nghaerdydd ar ddiwedd fy ngyrfa yn y coleg pan ddaeth Eluned Morgan, merch Lewis Jones, ataf a gofyn a oedd gennyf ddiddordeb mewn cymryd gofal Eglwys yn y Wladfa. Roedd Diwygiad 1904–05 wedi dylanwadu yn drwm arnaf. Cyn hir daeth cais swyddogol oddi wrth Swyddogion Eglwysi Rhyddion y Wladfa ar i mi gymryd gofalaeth yr Eglwysi i gyd. Fe welais i gyfnod rhagorol yno rhwng 1906 a 1922 a phopeth yn mynd yn ei flaen yn ogoneddus. Roedd yno foesau da hefyd a chrefydd yn ffynnu, y deuddeg capel yn llawn bob Sul ac ysgol Sul ardderchog.

Cyhoeddodd Eluned bedwar llyfr: *Dringo'r Andes* (1904); *Gwymon y Môr* (1909, hanes mordaith o Gymru i Batagonia); *Ar Dir a Môr* (1913), yn cynnwys ei thaith ym Mhalesteina); a *Plant yr Haul* (1915, stori Incas Peru).

Rhoddaf yma restr o bersonau a ddaeth yma i'r Wladfa ar gais Eluned Morgan: Yr Athro David Rhys Jones; y Parchg D Deyrn Walters; y canwr, y Br Sam Jenkins; y Parchg Philip Jones; yr ysgolhaig, y Br Arthur Hughes; y Parchg Nantlais Williams. Ac efallai fod llawer ychwaneg nad wyf i yn gwybod amdanynt.

Aeth Eluned Morgan ar ei thaith olaf i Gymru yn 1912, a'r tro hwn aeth â'i nith, Mair ap Iwan, gyda hi i Mair gael dilyn ei chwrs yn y Brifysgol yno. Dyma'r adeg y bu hi yn gweithio ar ei thrydydd llyfr: *Ar Dir a Môr*.

Bu Eluned Morgan yn ffyddlon iawn ac yn ddefnyddiol mewn pwyllgorau yn yr Eisteddfod, a thrwy ei hymdrech hi y cafwyd y Babell o Gymru, am y gwelai fod pob adeilad erbyn hyn yn rhy fychan i gynnal yr Eisteddfodau. Bu y Babell yma yn hwylus i allu cynnal Eisteddfod ar y ffermydd yn ddiweddarach, pan gynhelid Arwest yn y Dyffryn Uchaf. Gosodwyd hi i fyny ar ffarm y Br Aeron Jones, Y Rhymni. Credaf mai yn y Plaza yn y Gaiman y gosodwyd y Babell i fyny y tro cyntaf, ac mai y Br R Bryn Williams oedd y cyntaf i ennill y gadair farddol a chael ei gadeirio yn y Babell. Yn y flwyddyn 1922 y bu hynny.

Ddiwedd Rhagfyr [29] 1938 bu farw Eluned Morgan yn 69 mlwydd oed.

Hunodd fel cannwyll yn diffodd wedi llosgi allan wrth oleuo. Felly y bu ei bywyd hithau, treuliodd ei hoes mewn gwasanaeth. Roedd wedi bod yn brysur iawn y dyddiau blaenorol yn trefnu cyfarfodydd i ffarwelio â'r Parchg Nantlais Williams. Cafodd yntau wasanaethu yn ei hangladd a rhoddi ffarwél i un a fu yn ddolen gydiol rhwng Cymru a'r Wladfa ar hyd ei hoes fel teilwng ferch i un o'r prif arloeswyr.

Ffynhonnell

Cystadleuaeth yn Eisteddfod y Wladfa, 1974: 'Bywgraffiad: Unrhyw Berson o'r Wladfa'.

Nodyn gan RG

'Yr Arloeswr' oedd testun pryddest fuddugol R Bryn Williams yn Eisteddfod y Wladfa, y Gaiman, 1922: cerdd yn disgrifio antur y Cymry yn teithio ar y *Mimosa* i Ariannin. Gw. R Bryn Williams, *Prydydd y Paith*, 1983, t. 48–9, am yr hanes a llun o'r gadair.

Roeddwn i Yno

Cyngerdd cyntaf Neuadd Dewi Sant

Yr oeddwn i yn y cyngerdd cyntaf erioed a gynhaliwyd yn Neuadd Dewi Sant, Trelew, neu fel y galwyd hi ar y dechrau 'Neuadd Goffa yr Hen Wladfawyr'. Cynhaliwyd hwn ar Tachwedd 13, 1913, a chafwyd cyngerdd ardderchog. Roedd y trên yn hwylus o'r Gaiman i Trelew i breswylwyr tref y Gaiman a'r ffermydd cylchynol. Arweinydd y cyngerdd oedd y Br David Iâl Jones, a chawsant gymeradwyaeth fawr iawn. Cafwyd anerchiad gan y cadeirydd, yr hwn a ddiolchai yn fawr am yr anrhydedd o gael cadeirio yn y cyfarfod cyntaf yn y Neuadd Goffa yn Trelew. Cafwyd llawer o adroddiadau a chaneuon y noson honno, a chafodd pawb eu boddhau yn fawr iawn. Roedd llawer yn teithio adref i'r Gaiman ac yn dyfod yn ôl y bore wedyn i'r Orsedd a gynhelid fore'r Eisteddfod, oherwydd y cyngerdd y nos cyn yr Eisteddfod oedd y cyngerdd cyntaf yma.

Gorsedd Beirdd Ynys Prydain

Y dydd canlynol cynhaliwyd yr Orsedd, am 10 o'r gloch fore'r 14 o Dachwedd, ac 'roeddwn i yno' hefyd. Roedd diddordeb mawr gennym ni'r bobl ifanc yr adeg honno i gael bod yn bresennol i weld seremoni'r Orsedd, oherwydd nid bob amser yr oeddem yn cael myned i'r Eisteddfod. Lluniasid cylch yr Orsedd ar brif heol Trelew, yr Avenida Fontana, rhwng y ffordd haearn a masnachdy canolog y Cwmni Masnachol, yr CMC. Gorymdeithiodd Caeron, Ceidwad y Cledd, a rhai urddedig hyd at y Neuadd Goffa ar hyd Heol Belgrano, heibio Capel Tabernacl, ac yn ôl at yr Orsedd. Aelodau'r seindorf yn chwythu eu hydgyrn gan adseinio alawon ymdeithiol ac arwain y dyrfa.

Wedi seinio'r Corn Gwlad a gosod y cledd yn y wain ar y Maen Chwŷf, galwodd Caeron ar Caerenig i draddodi Gweddi'r Orsedd, ac yna cyhoeddodd ein bod yn agor yr Orsedd yn ôl braint a defod Beirdd Ynys Prydain, yng ngwyneb haul llygad goleuni. Yn nawdd Duw a'i dangnef. Yna cyhwfanwyd y cleddyf yn y wain gan Berwyn a Caerenig, a gwaeddodd oddi ar y maen: 'A oes heddwch?' ac atebodd y dyrfa yn galonnog 'Heddwch' dair gwaith. Yna cyhoeddi Eisteddfod 1914 yn y Gaiman, gan hysbysu rhai o'r prif destunau. Canwyd 'Yr Hen Simne Fawr', gan Twrog (Humphrey T Hughes), a chafwyd i ddilyn anerchiadau gan Caerenig, Tudur Evans, Deiniol, Prysor, a Glan Eifion. Cân gan y Br David Iâl Jones: 'Codi'r Hen Wlad yn ei Hôl', ac alaw ar y crythau gan Ben Dâr Lewis a Tom Edwards. Yna aeth pawb am ginio.

Yr Eisteddfod gyntaf yn y Neuadd Goffa

Erbyn dau o'r gloch yr oedd pawb yn barod am gyfarfod cyntaf yr Eisteddfod. Canwyd 'Gorymdaith Gwŷr Harlech' gan gôr Trelew yn fywiog a da. Nid wyf yn cofio pwy oedd arweinydd y cwrdd, ond cafwyd anerchiad gan y cadeirydd, sef y Parchg J Caerenig Evans. Diolchai yntau am yr anrhydedd o fod yn gadeirydd yr Eisteddfod gyntaf yn y Neuadd Goffa a fu hefyd yr Eisteddfod a'r Orsedd olaf iddo ef fod yn bresennol ynddynt, oherwydd bu farw ym mis Rhagfyr 1913. Bu cystadlu brwd ar y canu a'r adrodd. Y Gaiman a enillodd ar brif gystadleuaeth y corau plant, 'Plant y Wlad', a rhannwyd y wobr rhwng corau merched Bryn Gwyn a'r Gaiman am ganu 'Daeth Haf'. Y Gaiman aeth â'r wobr yn yr ail gystadleuaeth gorawl, 'Dim ond Breuddwyd', dan arweiniad y Br David Rhys Jones, a oedd ar y pryd yn athro yn yr Ysgol Ganolraddol.

Roedd cyfarfod yr hwyr am chwech, ac roedd y seindorf wrth ddrws y Neuadd yn seinio alawon amryw wledydd cyn dechrau y cyfarfod, ac yna daethant ymlaen i'r llwyfan i ganu 'Harlech' eto, ac yna ymadael yng nghanol cymeradwyaeth fawr y gynulleidfa. Galwyd ar gôr Trelew i ganu Anthem Genedlaethol Ariannin, a chafwyd anerchiad byr a phwrpasol gan y Br Joseph Jones. Y prif adroddiad oedd 'Awr i'w Chofio', a rhannwyd y wobr rhwng Miss Gladys Jones a'r Br Idwal Hughes. Gwobrwywyd côr meibion y Gaiman am ganu 'Rhyfelgan y Mwncïod'. Aeth pedwar parti i ganu 'Blodeuyn bach wyf i mewn gardd'. Enillodd parti Bryn Gwyn. Ac i ddiweddu y cyfarfod cafwyd y brif gystadleuaeth, 'Teyrnasoedd y Ddaear'. Roedd dau gôr yn cystadlu ac enillodd côr y Gaiman.

Oeddwn, 'roeddwn i yno', ac yn teimlo yn foddhaus iawn ein bod ni wedi cael Eisteddfod mor llwyddiannus. A'r diddordeb mwyaf i mi oedd fy mod wedi cael bod yn yr Orsedd.

Dathlu hanner canmlwyddiant y Wladfa: 1915

Roeddwn i yn y Neuadd Goffa eto, Gorffennaf 28, 1915 yn cael dathlu 50 mlwydd y Wladfa. Cefais i weled llawer modur y diwrnod hwnnw, wedi dyfod yno i gario yr Hen Wladfawyr a'u plant a llawer o'r wyrion i gael cinio i dref Rawson. Roedd cannoedd o bersonau wedi ymgynnull at y Neuadd Goffa erbyn amser te i roddi 'Hwrê' fawr i'r moduron pan oeddynt yn cyrraedd. Pawb yn llawen a hapus ac yn barod i gael y te a'r danteithion oedd wedi cael eu paratoi ar gyfer pawb. Roedd cyngerdd ar ôl hyn, ond roedd llawer ohonom o'r ffermydd yn cynnal Gŵyl y Glaniad yn ein hardaloedd ein hunain, felly roedd yn rhaid cychwyn am ein cartrefi yn gynnar.

Canmlwyddiant y Wladfa

'Neuadd Dewi Sant' y gelwir yr hen Neuadd Goffa erbyn hyn, ond pery o hyd yn fan cyfarfod i ddisgynyddion y Cymry ar adegau arbennig. 'Roeddwn i yno' eto ar ddydd croesawu y pererinion o Gymru a gyrhaeddodd i'r Wladfa ym mis Hydref 1965. Cawsom gyd-deithio â hwy i amryw leoedd a chael Noson Lawen yn eu cwmni, yn ogystal ag Eisteddfod a Chymanfa Ganu ragorol yn y Neuadd Gymreig, a'r tro yma hefyd cefais fyned i'r Neuadd Ysbaenig i wrando ar y telynor enwog, Osian Ellis, yn canu'r delyn. Roeddwn eto wedi cymeryd diddordeb mawr iawn yn nathlu Canmlwyddiant y Wladfa ac yn ddiolchgar iawn i'r 'Pererinion' o Gymru am ddyfod yma i roddi teyrnged i'r Hen Wladfawyr, 'Arwyr y *Mimosa*'.

A llawer tro arall ar wahanol achlysuron o'r fath yma 'roeddwn i yno' ac yn falch o gael bod, oherwydd er na fûm i erioed yng Nghymru, mae gen i gariad mawr at y wlad fach honno tu draw i'r môr o'r lle daeth fy hynafiaid i sefydlu Gwladfa Gymreig ar lannau Camwy bell.

Ffynhonnell

Cystadleuaeth 'Roeddwn i Yno' yn Eisteddfod Trelew, 1970.

27

Hunangofiant
Cerbyd Bach Ben Pritchard

Cofiaf glywed sôn mai tua 1892 y daeth y cerbydau cyntaf i'r Wladfa. Cerbydau pedair olwyn a tho iddynt oedd y rhai hynny hefyd. Roedd un gan y Parchg Abraham Matthews a'r Parchg D Lloyd Jones, ac un gan E M Morgan, arolygydd yr CMC, Cwmni Masnachol Camwy. Ni wn pwy oedd perchennog y pedwerydd cerbyd ond cofiaf glywed fod un ohonynt o hyd mewn cyflwr pur dda tua 1920. Digon tebyg mai o Ogledd America, neu o Brydain, y daeth y rhai hynny, ond gan fy mod mewn oed mawr y mae'r cof yn pallu ac ni allaf sicrhau dim ar y pwynt yma. Ond tua 1912 daeth stoc arall o gerbydau pedair olwyn â tho, a pherthyn i'r rhai hynny ydwyf i. Roedd pawb yn cyfrif mai y cerbydau smartiaf oeddem ni, ac roedd llawer priodas yn ceisio cael benthyg cymaint ag a allent o gerbydau â tho. Rhoddid rhyw bwysigrwydd mawr i'r cerbyd pedair olwyn â tho. Credaf ein bod yn rhai cryf iawn, ac roedd pawb yn dweud ein bod wedi cael ein gwneud â choed da iawn. Hawdd credu hynny, oherwydd cymaint ydym wedi ei deithio ar hyd ffyrdd y Dyffryn, drwy yr holl gerrig a'r tyllau sydd yn y ffyrdd ac, yn aml iawn, gorfod sgriwio o'r mwd, pan fyddai y ffermwyr wedi gadael dŵr i golli i'r llinellau [ffyrdd] pan fyddent yn dyfrio eu ffermydd. Mae yn dibynnu llawer sut berchennog sydd yn gofalu am ei gerbyd hefyd, rhaid i ni gael digon o saim yn yr haf i gadw yr echel rhag sychu. A blynyddoedd lawer yn ôl roeddem yn cael myned am ddiwrnod neu ddau at Robert Edwards y Saer a David Williams y Gof, i'r Gaiman. Byddai y ddau yn cydweithio yn dda ac yn onest iawn bob amser, a byddem ninnau yn siŵr ein bod ni mewn cyflwr ardderchog os byddem wedi cael archwiliad gan y ddau Gymro yn y Gaiman. Unwaith yn y flwyddyn, tua mis Ebrill, byddem yn cael côt o baent cyn y gaeaf, ac felly yr oedd y coed yn cadw rhag sychu.

Ond, wedi i mi siarad cymaint â hynna, yr ydw i yn siŵr yr hoffech gael fy enw a gwybod pwy ydw i. Felly, rhaid i mi fy nghyflwyno fy hun i chi. 'Cerbyd bach Ben Pritchard' ydi fy enw i. Mae Ben Pritchard yn byw ar ochr y bryniau yn ardal Bryn Crwn, ac yno yr ydwyf innau er pymtheg mlynedd a deugain, yn un o'r teulu megis, ac yn un o'r ychydig gerbydau sydd â graen arnynt y dydd heddiw.

I'r 'Galpón' ['sied', ystordy'] oedd yn perthyn i Gwmni Masnachol Camwy y deuthum i ac amryw gerbydau eraill i ddechrau. Daethom mewn llong fawr i Borth Madryn ac wedyn yn y trên i'r Gaiman. Roedd Samuel Jones yn gweithio yn y Co-op yr adeg honno. Erbyn hyn y mae Sam Jones wedi huno yn Dolavon er Ebrill 6, 1968, yn 92 mlwydd oed. Dyma a ddywedodd Sam Jones wrth Ben Pritchard pan oedd yn fy ngwerthu iddo yn y flwyddyn 1912: 'Dyma i chi gerbyd cryf, da, yn werth i chi i'w brynu.' A gallaf ganmol fy hunan hyd y dydd heddiw fy mod wedi gweithio yn galed am lawer o flynyddoedd ac wedi dal hynny yn dda.

Pan brynodd Ben Pritchard fi yr oedd o newydd briodi efo Martha Ann Morgan, Tŷ Newydd, hithau wedi huno er mis Awst 1965. Roeddwn i yn eu cario i Gapel Bryn Crwn dair gwaith bob Sul ac i bob ysgol gân, rhyw dair gwaith yr wythnos, os byddent yn paratoi at yr Eisteddfod, ac yn myned i bob cwrdd a fyddai yn y Gaiman ac i bob cynhebrwng ac i briodasau. A fedrwch chi ddim dychmygu y *kilos* o fenyn yr wyf wedi eu cario i'r Gaiman bob wythnos ers dros bum deg o flynyddoedd. Felly, gellwch feddwl cerbyd mor dda ydwyf i hyd y dydd heddiw. Wrth gwrs, yr wyf yn cael fy nghadw mewn sied yn ofalus bob amser rhag i'r gwres na'r oerfel effeithio arnaf.

Dair blynedd yn ôl, yn 1965, adeg dathlu Canmlwyddiant y Wladfa, daeth i mi brofiadau newydd iawn yn fy hanes. Ym mis Medi, y 15fed, yr oedd can mlynedd er pan godwyd Baner Ariannin am y tro cyntaf yn Nhre Rawson. A wyddoch chi fod dynion wedi dyfod o Dre Rawson i ofyn i Ben Pritchard a fuasai o yn myned â fi i Rawson y diwrnod hwnnw, fel hen gerbyd mae'n debyg. A dyna ddechrau paratoi at y diwrnod mawr. Prynwyd paent a gwneud to newydd gyda *lona* ['tarpowlin'] a thrwsio popeth oedd yn angenrheidiol, ac wedyn côt o baent i'r to a finnau nes oeddem yn sgleinio, fel cerbyd newydd.

Roeddwn i yn methu deall beth oedd yr holl baratoi, ond mewn ychydig ddyddiau daeth *camión* [lori] mawr a chodwyd fi i hwnnw i fyned â fi i Rawson. Minnau yn crynu yn ofnadwy ar hyd y daith, ond mi gyrhaeddais yn ddiogel a

thynnwyd fi i lawr a'm gosod y naill du. Y diwrnod wedyn dyma'r *camíon* i dŷ
Ben Pritchard eto, i nôl Monica, y gaseg gerbyd y tro yma. Roedd hithau yn
smart iawn, wedi cael ei brwsio a thorri ei mwng a darn o'i chynffon. Daeth Ben
Pritchard i Rawson hefyd a pharatoi i fyned â ni ar hyd y stryd, a dyna ollwng y
boms i hysbysu y bobol i ddyfod i weled y seremoni, a'r band yn dechrau cnocio
a drymio, nes oedd Monica druan wedi dychryn am ei bywyd ac awydd rhedeg i
ffwrdd cyn belled ag y gallai o'r fath sŵn. Ond yr oedd Ben Pritchard yno efo ni, a
dyma fo yn dechrau galw arni: 'Shi Moni, Shi Moni', ac wedi iddi hi nabod ei lais
dechreuodd dawelu, neu pe buasai hi wedi digwydd rhedeg y diwrnod hwnnw,
mi fuaswn i yn yfflon mân, a digon o goed tân i rywun! Cefais ganmoliaeth fawr
am fy mod yn edrych mor dda a chysidro faint oedd fy oed i, yntê?

Wedi hyn, tua diwedd Hydref 1965 [ar achlysur dathlu'r Canmlwyddiant],
roedd arddangosfa fawr yn y Gaiman, a'r 'Pererinion' a ddaeth o'r Hen Wlad
yn dyfod i'r Gaiman i Blas y Coed i gael te. Roedd yn rhaid i mi baratoi at y
diwrnod hwnnw eto, ac roedd amryw o gerbydau eraill wedi dyfod ynghyd yno
hefyd. Cerbyd pedair olwyn â tho yn perthyn i Keri Ellis o ardal Salem, ac amryw
o rai eraill nas gwn pwy oedd eu perchenogion. Roedd yno hefyd gerbyd mawr
dwy sedd yn perthyn unwaith i'r athro R O Jones, Esquel, ond pan aethon hwy
i'r Hen Wlad daeth y cerbyd i feddiant teulu Willie Griffiths, Bryn Crwn, ac
Elfed Griffiths, ei fab ef, oedd yn dreifio y cerbyd y diwrnod hwnnw. Roedd
llond y cerbyd o ferched wedi gwisgo mewn dillad hen ffasiwn i gydweddu â'r
amgylchiad a ddethlid. Roedd yno hefyd lawer o ferched a bechgyn ar gefnau
ceffylau, a Thomas Daniel Evans, dros ei 80 oed, fel bachgen ifanc ar gefn ei geffyl
yn eu canlyn. Ac, wrth gwrs, roedd yn y Gaiman y diwrnod hwnnw gannoedd
o foduron o bob lliw yn gwibio yn ôl ac ymlaen, ar hyd ac ar draws y lle. Ac
roeddwn innau yn teimlo ein bod ni wedi cael anrhydedd fawr iawn wrth gael
ein dangos i'r Pererinion ar Ganmlwyddiant y Wladfa, a rhoi iddynt ryw syniad
sut y teithiai yr hen sefydlwyr yn y blynyddoedd cynnar. Ar ôl i ni fyned yn ôl ac
ymlaen ar hyd y strydoedd yn y Gaiman, dyna bawb yn stopio ac yn myned i Blas
y Coed i gael te gyda phob math o deisennau.

Ar ôl te, dyma fi yn gweled rhyw ddyn wedi dyfod at fy ochr i a rhyw
beiriant bach yn ei law, a phan gyrhaeddodd Ben Pritchard dyma'r dyn yn gofyn
caniatâd i dynnu ein lluniau: y perchennog a'r cerbyd a Monica, wrth gwrs. A
dyna ni wedi cael ffafr arall, yntê? [Cael] tynnu ein lluniau ni ar ein pennau ein
hunain.

Roeddwn i wedi blino erbyn hyn wrth fyned y tu ôl i Monica drwy'r prydnawn, a dyma fi am y tro cyntaf erioed yn teimlo rhyw hiraeth mawr wrth feddwl fy mod yn myned yn hen ac yn hen ffasiwn i olwg y bobol ifanc sydd yn dyfod o wahanol wledydd. Yn lle ein bod ni yn cael amser i bensynnu chwaneg, dyma ni yn cychwyn am adref, a Ben Pritchard yn sisial canu: 'Pwy fydd yma mhen can mlynedd?' Erbyn gyda'r nos roeddem ni wedi cyrraedd adre at ochr y bryniau yn ardal Bryn Crwn. Cafodd Monica fyned at y das wair, a finnau i'r sied i feddwl wrth fy hunan: 'Sut y daw y lluniau allan, tybed?' Ac aeth Ben Pritchard i'r tŷ ac eistedd wrth y stôf i adrodd hanes y diwrnod i'r rhai oedd gartref.

Yn ystod oes hir a llawer o ddigwyddiadau ynddi, daeth i mi yn fy hen ddyddiau [brofiadau] hapus fel yma i roddi lliw ar fy henaint a phleser i mi o weled fy mod yn parhau o hyd yn ddefnyddiol, er gwaethaf fy oed.

Ffynhonnell

Cystadleuaeth yn Eisteddfod Trelew, 1968: 'Hunangofiant Cerbyd'.

28

Hunangofiant Ford T

Dyma y testun sydd i fod yn yr Eisteddfod eleni. A buaswn innau yn hoffi rhoddi fy hanes yn fanwl er pan yr ydwyf ym Mhatagonia. Ond yr wyf yn teimlo yn hen iawn erbyn hyn i ysgrifennu fy hunangofiant. Tua'r flwyddyn 1914 y daeth y moduron Ford T cyntaf i Batagonia ac roedd Sr Martínez Díaz yn un o'r pump o bersonau cyntaf i gael Ford T. Ar ôl hynny daeth nifer ohonom o Norte America yma. Henry Ford oedd cynhyrchydd y Ford T (a'r holl foduron Ford eraill o ran hynny), a'r Co-op, Cwmni Masnachol Camwy, oedd yn eu derbyn yn Chubut.

Roedd Sr Pedro Corradi wedi dyfod i Chubut fel mecanic i Sr Pecoraro yn y flwyddyn 1912, ac mewn rhai wythnosau ar ôl i'r Ford T gyrraedd yma fe aeth yn *chauffeur* i Sr Pujol i Madryn. Aethant mewn modur Benz i Telsen i edrych sut oedd y stôr yn dyfod ymlaen (masnachdy y Br Pujol). Wrth ddyfod yn ôl o Telsen am Madryn daethant at ryw fasnachdy, a pwy oedd yno ond Sr Martínez Díaz yn barod i fyned am Madryn hefyd, ac aeth yn sgwrs fawr rhwng y Br Pujol a Martínez Díaz. A dyma Corradi yn myned allan i gael golwg go iawn ar y modur Ford T. O'r diwedd dyma gychwyn am Madryn, a dywedodd Pujol wrth Sr Corradi:

'Gadewch i'r Ford fynd ar y blaen, rhag ofn iddo dorri i lawr, am fod y ffordd i Telsen yn ddifrifol o ddrwg.' Ar ôl cychwyn dywedodd Corradi wrth Sr Pujoli: 'Dydyw y Ford yma ddim yn fodur ar gyfer Patagonia, rhywbeth simpl fel hwn.' Ond dyma y Ford T yn myned fel yr awel, dros y twmpathau a'r cerrig a'r bonciau a'r pantiau, ac fe aeth mor gyflym nes oedd dim ond y llwch ar ei ôl.

Wedi rhai oriau o deithio, meddai Sr Pujoli:

'Rhaid i ni gael Ford T i deithio i'r Paith hefyd, welsoch chi mor gyflym y mae hwn ar ei bedair olwyn?' Ac atebodd Sr Corradi yn bur sarrug:

'Prynwch y Ford, os ydych yn dewis, ond ydw *i* ddim yn mynd i'w ddreifio fo i chi. Dach chi ddim yn ei weld o fel *bicicleta* [beic]? Mor fach a dinod.'

Ond cyrhaeddodd y Ford T i Madryn yn gampus ac ymhell o flaen y Benz.

1915: Dathlu hanner canmlwyddiant y Wladfa

Credaf mai yn y flwyddyn 1915 y daeth stoc reit dda ohonom i Batagonia, a pherthyn i'r rhai hynny ydw i. Wyddoch chi beth oedd yr anrhydedd fwyaf gawsom ni i gyd gyda'n gilydd? Cael cario yr Hen Wladfawyr a'r plant a'r wyrion i Rawson ar Ŵyl y Glaniad yn y flwyddyn 1915, adeg dathlu hanner canmlwyddiant y Wladfa, 50 o flynyddoedd er glanio ohonynt o'r *Mimosa* yn 1865.

Cafwyd cinio penblwydd a chael tynnu ein lluniau wedyn, wrth y Monument lle codwyd y tro cyntaf Faner Ariannin yn y Dyffryn yma. Oddi wrth Orsaf y Rheilffordd yr oeddem yn cychwyn am Rawson, a chyrraedd yn ôl tua 3 o'r gloch at y Neuadd Goffa (dyna oedd enw y 'Salón San David' yr adeg honno, ei henw cyntaf, gan mai i goffadwriaeth yr Hen Wladfawyr y codwyd hi). Cawsom 'hwrê' fawr iddynt hwy, a diolch i ninnau y moduron am eu cario. Roedd cael myned mewn modur yn brofiad newydd a dieithr iddynt hwy a fuasai ar hyd eu hoes yn dibynnu ar y ceffylau i'w cario i bobman nad oeddynt yn cerdded iddo. A da oedd iddynt gael y daith yma wedi'r holl flynyddoedd yma yn y wlad.

Aeth pawb i'r Neuadd i gael te a danteithion wedyn. Roedd yno lawer o bobol, a dyna lle bu sgwrsio mawr a phawb yn hapus am fod y pum deg mlynedd wedi pasio er yr holl anawsterau a fu. Yna cawsom ninnau ddŵr yn y peiriannau a pharatoi i gario y personau yn ôl i'w cartrefi, ac roedd pawb yn ein canmol fel moduron cryf a defnyddiol.

Prin eich bod chi yn cofio y fath ffyrdd oedd ar y Dyffryn yn y flwyddyn 1915. Byddai llawer ffermwr yn dyfrhau y gwenith ac yn gadael i'r dŵr redeg i'r ffyrdd, ac felly yr oedd yn rhaid i ni stryglo cryn dipyn i ddyfod allan o'r mwd yma oedd yn gymaint o rwystr i ni fyned ymlaen ar ein taith. Ac i gario teithwyr i Comodoro roedd yn rhaid i ni fyned trwy ganol y drain a'r tyllau *sand* a thros gerrig mawr, ond roeddem ni, y Ford T, yn cyrraedd pen ein siwrnai bob amser.

Erbyn y flwyddyn 1920 roedd Don Pedro Corradi yn dweud ei fod wedi cael ei siomi o'r ochr orau yn y Ford T, gan ei fod yn ddefnyddiol ar y ffyrdd ac yn uchel pan fyddai mwd mawr yn y gaeaf. A bu Don Pedro Corradi yn gynrychiolydd i'r Ford ym Madryn dros yr CMC ac yn ein gwerthu am $1,500. Erbyn y flwyddyn 1924 Sr Corradi oedd yn cynrychioli y Ford yn Trelew, a phery felly hyd y dydd heddiw pan y mae amryw o wahanol *vehículos* yn perthyn i'r *firma* Ford.

Buom yn rhedeg ras yn y flwyddyn 1917 – a fi enillodd! Y gyriedydd oedd mecanic o'r CMC, un o'r enw Saler. Cofiaf fel yr oedd y dŵr yn berwi yn y peiriant a finnau yn llwch nes nad oedd neb yn gwybod pa liw oeddwn pan gyrhaeddais i yn gyntaf!

Cefais lawer noson ddifyr yn y Dyffryn. Roedd mab i'm perchennog yn un difyr iawn i fod yn ei gwmni, ac ef oedd yn fy nhrin i bob amser. […]

Bûm i yn ddefnyddiol iawn i lawer o'r cymdogion yn y Dyffryn. Mewn priodasau, genedigaethau a marwolaethau. Nid oedd llawer o foduron ar gael yr adeg honno, ac am hynny yr oedd y gyriedydd yn gymwynasgar iawn bob amser. Y mae llawer mab a merch wedi cael achub eu bywydau oherwydd fy mod i wedi brysio i gael y meddyg mewn pryd. Dr Jubb oedd yr unig feddyg oedd ar gael am flynyddoedd lawer yn y Dyffryn, a byddai fe yn barod bob amser, unrhyw awr o'r dydd neu'r nos fel ei gilydd ac i unrhyw gyfeiriad. Gofalai am ddigon o sigaréts yn barod, ac i ffwrdd â fo. Lawer gwaith y dywedodd fy mherchennog wrthyf fy mod wedi bod yn ddefnyddiol iawn am flynyddau iddo ef a'i deulu. A byddai yn dweud wrtho ei hunan: 'Does dim modur yn debyg i'r hen Ford T.'

Ffynhonnell

Cystadleuaeth yn Eisteddfod y Wladfa, 1975: 'Hunangofiant Ford T'.

29

Hunangofiant
'Yr Hen Gôt Lwyd'

Teimlaf yn hen iawn i ddechrau hunangofiant, ond efallai y byddai yn ddiddorol gennych gael fy hanes yn ifanc ar y ffarm. 'Yr Hen Gôt Lwyd' ydyw fy enw. Roedd John Edwards a'i briod, Siân, yn byw ar y ffarm, ac ar ôl dyrnu aethant â hadau alffalffa i'w gwerthu i Trelew, ac ar ôl prynu amryw o fân bethau aethant i'r Co-op (ystordy Cwmni Masnachol Camwy) i brynu angenrheidiau, fel bwydydd dros y mis, a phwy a welsant ond Bob Williams yng nghanol pentwr o gotiau (['cotiau] dal glaw' roedd pawb yn eu galw).

'Mrs Edwards, fuasech chi ddim yn hoffi prynu côt? Mae y rhain newydd gyrraedd o'r Hen Wlad.' A dyna Siân Edwards yn ffitio un frown, ond y Gôt Lwyd oedd yn ei ffitio orau. A phan gyraeddasant adref yr oedd y plant i gyd wedi hoffi y Gôt Lwyd.

'Mi fydd yn gôt ddefnyddiol iawn', meddai Siân, 'i gadw y glaw i ffwrdd yn y gaeaf ac i gadw'r llwch o'r dillad yn yr haf.'

Roedd Megan, ei merch, yn hoffi gwisgo dillad goleu gyda *starch* tenau, ond roedd yn cwyno bob amser am y llwch, ac weithiau, wrth fyned i Trelew, roeddynt yn cael storm o law taranau yn yr haf. Ond roedd y Gôt Lwyd yn eu cadw yn sych ac yn lân. Do, bûm yn ddefnyddiol iawn am flynyddoedd. Roeddwn yn cael fy hongian y tu ôl i'r drws yn y gegin, ac felly wrth law bob amser. Yn y blynyddoedd hynny nid oedd moduron nac *asfalto*, fel y gallwch feddwl pa faint o lwch oedd ar y ffyrdd. Byddwn yn cael myned dair gwaith bob Sul i'r Capel i gadw y llwch oddi wrth ddillad gorau Megan. Ond fel yr oeddwn yn heneiddio yr oeddwn yn treulio. A wyddoch chi beth a wnaethant â fi yn y diwedd? Bwgan brain!

Roedd John Edwards wedi hau gwenith, a daeth yr amser i'w dorri, a gwneud tas enfawr o wenith. A, wir i chi, dyma haid fawr o chwîd gwylltion a pharots yn dechrau crafu a chwalu y das wenith. Dyna John Edwards yn cyrraedd adref ryw fore ac yn edrych yn drist iawn.

'O, John, beth sydd yn bod?' gofynnodd ei briod.

'O', meddai John, 'mae y parots a'r chwîd wedi crafu a gwneud llanast ofnadwy ar y das wenith, Siân.'

'O, diar', meddai Siân, 'peidiwch â phoeni am hynny, gwnewch fwgan brain a'i osod ar y das.' A dyma hi allan i'r sied a fy nhynnu i allan o ryw focs mawr. A ffwrdd â hi i'r tŷ.

'Dyma yr Hen Gôt Lwyd.'

'Wel wir, rhaid i mi gredu fod merched yn fwy peniog na dynion!' meddai John Edwards.

A dyna osod y bwgan brain i chwifian ffordd hyn a ffordd arall. A dihangodd y chwîd a'r parots i ffarm rhywun arall! Ac ar ôl dyrnu, lluchiodd John Edwards fi ar draws y ffens i orffen y tymor. Ond meddai Megan 'Dowch â'r Hen Gôt Lwyd adref, fe wnaiff yn iawn i ddychryn yr adar bach yn y gwanwyn yn lle eu bod nhw yn bwyta y letis a'r llysiau eraill.'

Ac wrth sôn am adar bach, ni wn a wyddoch am y stori yma? Dau ffarmwr, pob un yn ei gartref wedi hau letis a phersli. Ac mewn dau ddiwrnod, dyna y ddau gymydog yn cwrdd eto, a chael sgwrs.

'Wel, sut hwyl ar yr hadau?'

'Wel, ardderchog, fachgen', meddai y cymydog, 'wyddost ti beth, erbyn bore heddiw roeddynt allan i gyd!'

'Bobol annwyl! Mor fuan?'

'Ie, ie, yr oedd yr adar bach wedi eu crafu allan i gyd!'

'Ha! ha! ha!' Dyna hwyl fawr rhwng y ddau gymydog.

Ac felly, gyfeillion, chwi welwch fy mod yn darfod yn araf deg, wedi colli fy lliw yn yr haul a'r glaw, a theimlo fel recsyn brau. Ond, er hynny, teimlaf fy mod wedi bod yn ddefnyddiol ar hyd y blynyddoedd. A wnewch chithau gofio fy enw ar ôl i mi ddarfod? 'Yr Hen Gôt Lwyd'.

Ffynhonnell

Cystadleuaeth yn Eisteddfod y Wladfa, 1978: 'Hunangofiant Unrhyw Ddilledyn'.

Ddoe ac Yfory

Mewn 'Casgliad o Atgofion am Fywyd yn y Wladfa', gallasem enwi llawer o famau dewr sydd wedi bod yn ffyddlon i gydweithio gyda'u gwŷr, a magu teuluoedd mawr ar eu haelwydydd. Cyn diwedd y flwyddyn yma [1977] yr ydym wedi gorfod ffarwelio â dwy foneddiges oedrannus oedd â'u presenoldeb gyda ni ymhob cwrdd, sef Mrs Nel Owen de Williams, yn 92 mlwydd oed, a hunodd ar yr ail o Dachwedd, 1977, ac ymhen mis ar ei hôl, Mrs Barbara Llwyd Evans yn 93 oed. Buasai'r ddwy yn ffyddlon i'r Capel, yr Ysgol Sul a'r Eisteddfod a phob peth arall oedd yn ymwneud â'r bywyd Cymreig. Bu Mrs Williams yn athrawes yn yr Ysgol Sul am flynyddoedd, a chlywais hi'n dweud lawer gwaith mai ei gwaith olaf bob Sul oedd marcio adnodau i'r plant i'w dysgu erbyn y Sul dilynol. Roedd ganddi hi ei hunan wyth o fechgyn ac un ferch. Cafodd y cwbl ohonynt yr addysg orau oedd i'w gael y blynyddoedd hynny.

Roedd Mrs Barbara Llwyd Evans yn un arall a ofalodd am gychwyn ei phlant mewn ffyddlondeb at y pethau da. Enillodd Mrs Evans lawer gwobr am ysgrifau yn yr Eisteddfod, a'r Br John Owen Evans, ei phriod, a'i frawd, William Owen Evans, yn ennill llawer gwobr hefyd gyda'u corau a'u partïon. Bu Mrs Evans yn chwarae'r delyn droeon pan gynhelid Gorsedd o flaen yr Eisteddfod. Roeddynt yn deulu a roddodd eu gorau ymhob peth. Ond erbyn heddiw, 'tawel fo'u hun ar ôl eu llafur' i gadw'r hen draddodiadau yn y Wladfa. Ie, colli'r hen golofnau yr ydym yn brysur yn y Wladfa, ond rhoddwn barch iddynt am gael cadw moesoldeb yn ein Dyffryn.

Digon helbulus a fu bywyd yn y Wladfa'n aml. Llawer o anawsterau'n dyfod i'n cwrdd gyda'r gorlifiadau mor aml, yn enwedig yn hanes yr Hen Wladfawyr yn ystod y rhan ddiwethaf o'r ganrif o'r blaen a dechrau'r un bresennol. Darfu i'r genhedlaeth o'm hoed i roddi eu hysgwydd yn galed i fedru cadw popeth i fyned ymlaen ar yr ochr orau, ond meddyliaf lawer beth tybed oedd barn y Pererinion a ddaeth yma i ddathlu'r Canmlwyddiant yn 1965, wrth weled llawer o gartrefi llwm a di-addurn. Digon prin y gwelsant y datblygiad a fu mewn can mlynedd, mae'n debyg. Ond mae'n rhaid derbyn y canlyniad. Yng ngwlad Ariannin yr ydym yn byw ac yr ydym wedi cael ein parchu fel cenedl, ac fel y mae'r amser yn dirwyn heibio gwerthfawrogant hefyd ein hymdrech er cadw ein hiaith.

Diolchwn i bawb o'r Cymry sydd wedi bod yn y Wladfa a diolchwn iddynt am ddyfod â llyfrau Cymraeg yma i 'Lyfrgell Eluned Morgan'. Priodol iawn ydyw fod ei henw ar y llyfrgell. Gofalodd Eluned Morgan amdanom ni blant y Wladfa i gael llyfrau bach Cymraeg yn wobrwyon mewn Cyrddau Ysgol Sul ac mewn cyrddau llenyddol. Roedd llawer ohonom yn gwneud ymdrech fawr i ddysgu er mwyn cael 'llyfrau bach Miss Morgan'.

Ac eleni [1977], dyma gôr 'Godre'r Aran' wedi dyfod i ganu i ni yn y Wladfa, a phob un ohonynt yn ogystal wedi dyfod â llyfr Cymraeg gyda hwy i'w adael yma'n y llyfrgell. Diolchwn i'r ysgolion o'r Hen Wlad sydd wedi anfon llyfrau hefyd. Trist ydyw dweud mai ychydig o rai ifanc sydd yn cymeryd diddordeb mewn darllen Cymraeg y blynyddoedd yma, ac oherwydd hynny y mae'r Ysgol Sul yn gwanhau, ac felly y bydd hanes yr Eisteddfod yn fuan iawn, ac nad yw'r rhai ifanc sydd yn canu ddim yn deall y geiriau am fod y Gymraeg wedi colli oddi ar yr aelwydydd.

Ffynhonnell

Ysgrifennwyd gan Elisa Dimol de Davies, ar gais RG, fel nodyn ar derfyn yr ysgrifau a anfonwyd ganddi i'r gystadleuaeth yn Eisteddfod Genedlaethol Caerdydd a'r Fro, 1978: 'Casgliad o Atgofion am Fywyd yn y Wladfa'.

Nodyn gan RG

Er i Elisa Dimol de Davies gloi ei sylwadau gyda thinc o bryder am ddyfodol y Gymraeg ar wefusau'r to iau, cafodd hithau fyw i weld o leiaf ddechrau'r adfywiad ym maes dysgu'r Gymraeg ymhlith plant ac ieuenctid y Wladfa, datblygiad a fyddai wedi rhoi boddhad y tu hwnt i eiriau iddi.

Rhan 3

Ysgrifau Gweneira Davies de González de Quevedo

Gweneira Davies de González de Quevedo (1923–2015)

G aned Gweneira, 7 Awst 1923, ar fferm Drofa, Bryn Crwn, Dyffryn Camwy, yn ail blentyn Elisa Dimol a David John Davies. Symudodd i'r dref yn Nolavon tua 1929 ac i Drelew, tua 1931. Yna, ymhen tua blwyddyn, symud eto, y tro hwn i Comodoro Rivadavia. Wedi bod mewn ysgolion yn Nolavon, Trelew a Comodoro Rivadavia, a llwyddo yn ei gwersi, bu'n ffodus i dderbyn cefnogaeth y Cyngor Addysg Cenedlaethol yn 1940 a chael mynd am bedair blynedd i astudio yn Ysgol Normal Viedma, ysgol, neu goleg, i ddarpar athrawon, yn Río Negro. Cyfle newydd ardderchog a hithau'n manteisio i'r eithaf arno.

I Tecka yn athrawes

Chwefror 1945: drws arall yn agor. Cael ei phenodi yn athrawes mewn ysgol gynradd yn Tecka, tref ar y Paith, tua 100 km o Esquel: Ysgol Rhif 40. Profiad arbennig ac amser hapus iawn. Mwyafrif y plant yn ddisgynyddion yr Indiaid.

Yn Tecka y cyfarfu Gweneira â'i darpar ŵr: Joaquín González de Quevedo. Pan oedd Joaquín yn ddwyflwydd oed roedd ei deulu wedi symud o Andalucia i Cordoba, a dod i fyw i Tecka erbyn yr oedd yntau'n ddeunaw oed. Bryd hynny roeddynt yn agor llawer o ffyrdd yn ardal Tecka ac Esquel, a gweithio i Gyngor y Ffyrdd yr oedd Joaquín. Priodwyd hwy yn Buenos Aires, 8 Ionawr 1949. Ac felly y daeth cyfnod cofiadwy yr athrawes Gymraeg ei hiaith yn yr ysgol ar y Paith i ben.

O Tecka i Gwm Hyfryd

O 1950 hyd 1955 bu hi a'i phriod yn byw 'mewn dyffryn llawn gwyrddni yn yr Andes bell', yng Nghwm Hyfryd. Gweithiai mewn ysgol yn Esquel i blant ifanc iawn, tair i bump oed, un o'r ysgolion meithrin cyntaf o'i bath yn Chubut. A hi oedd wedi sefydlu'r cwrs addysg ar gyfer yr ysgol arloesol hon.

Yn ôl i Ddyffryn Camwy

Yn 1955 yn ôl i Ddyffryn Camwy ac i Drelew. Yno bu'n athrawes, yn brifathrawes ac yn *Is-Directora* (Ysgol Rhif 5), hyd nes ymddeol yn 1978. Yn ystod y cyfnod hwn bu ym Muenos Aires, 1955–57, yn gofalu am Gloria Susana, ei phlentyn cyntaf, pan oedd yn wael. Bu hefyd yn is-athrawes yn y Gaiman, 1976–78.

Ganed i Gweneira a Joaquín ddau o blant: Susana (g. 20 Ebrill 1950): Athro Mathemateg yn y Brifysgol yn Nhrelew, a Guillermo (g. 22 Mehefin 1952), pensaer, yn gweithio i'r Llywodraeth.

Bu farw Joaquín González de Quevedo, 25 Mai 2005. Roedd brawd hynaf Gweneira, Arthur Glyn, swyddog gyda'r Llywodraeth yn Buenos Aires, wedi marw'n ifanc yn 1972. Bu farw ei hunig chwaer, Irvonwy (Nanny) yn 2014. Roedd hithau am flynyddoedd wedi bod yn athrawes ac yn brifathrawes yng Nghomodoro Rivadavia. Yr oedd yn barddoni yn Sbaeneg ac yn cynorthwyo gyda gwersi dysgu Cymraeg. Hanzel yw enw brawd ieuengaf Gweneira, ac y mae ef yn byw yn Buenos Aires. Er wedi'i hyfforddi yn athro ysgol, treuliodd flynyddoedd yn feddyg (20 ohonynt yn Nhrelew). Y mae wedi arbenigo mewn *Homeopatheg* ac yn ymddiddori mewn tyfu llysiau llesol a phlanhigion meddyginiaethol.

'Os am fod yn hapus, estynnwch eich llaw at y rhai sydd mewn angen.' (Leo Tolstoi)

Dyna uchod rai ffeithiau moel am Gweneira González de Quevedo.[1] Caiff y darllenwyr ragor o wybodaeth amdani drwy ddarllen ei hysgrif hi ei hun yn y gyfrol bresennol: 'Bywyd a Gwaith Gweneira'. Ond nid yw'r ysgrif ddiddorol honno chwaith yn dweud y cyfan. Nodwedd arbennig o'i bywyd yw ei diwydrwydd a'i pharodrwydd bob amser i gynorthwyo eraill. A gwneud hynny'n llawen. Meddai mewn llythyr at Eleri a minnau, 4 Ionawr 2012:

> Dywedodd Leo Tolstoi: 'Os am fod yn hapus, estynnwch eich llaw at y rhai sydd mewn angen.' Medraf innau ddweyd mai dyna ydyw hapusrwydd fy mywyd, helpu, rhoi cymorth i werthfawrogi beth sydd yng nghalon pob mawr a bach.[2]

Bu'n athrawes Ysgol Sul am flynyddoedd ac yn arbennig o ffyddlon a gweithgar yng Nghapel y Tabernacl, Trelew. Bu'n arwain yn gyson yng Ngŵyl y Glaniad ac mewn cyrddau llenyddol a'r Eisteddfod. Roedd bob amser alw mawr hefyd am ei gwasanaeth i gyfieithu – o'r Gymraeg i'r Sbaeneg, o'r Sbaeneg i'r Gymraeg. Cefais i fy hun un o'r profiadau hyfryd hynny pan fu'n cyfieithu rhannau o'm sgwrs yn Neuadd Dewi Sant, Hydref 2006. Bu'n cyfieithu – na, yn ail-gyflwyno – fy sgwrs gydag afiaith, a chyfleu'r neges mewn geiriau, bid siŵr, ond hefyd drwy gyfrwng dau lygad byw; ystum dwylo a breichiau; a goslef a thraw y llais. (Beth fyddai barn arholwyr y cyrsiau cyfieithu proffesiynol yng Nghymru am berfformiad o'r fath, ni wn!)

Ar ben hyn oll, wrth gwrs, rydym yn cofio'n arbennig am ei chymwynas fawr yn rhoi rhan dda o hanes ei phobl ei hun yn y Wladfa ar gof a chadw. Wedi dychwelyd i fyw i Drelew yn 1955, ac yn arbennig wedi ymddeol yn 1978, mawr fu ei llafur yn ysgrifennu ac yn cystadlu yn eisteddfodau'r Wladfa, yn Gymraeg a Sbaeneg. Felly, yr un modd, wrth gwrs, yn yr Eisteddfod Genedlaethol. Yn y gystadleuaeth arbennig ar gyfer y Gwladfawyr, enillodd yn gyson yn ystod y blynyddoedd diwethaf hyn.

Cydnabod gwasanaeth, a dweud: 'Diolch Gweneira'

Llawenydd yw gwybod i'r Cymry a'r Archentwyr yn Ariannin gydnabod gweithgarwch Gweneira. Yn 1975 derbyniodd wobr arbennig gan Bwyllgor Dewi Sant. Yn 1976 cafodd ei henwi yn 'Wraig y Flwyddyn' gan Lywodraeth Ariannin. Yna yn 2010 derbyn anrhydedd gan y Cyngor Addysg Cenedlaethol ei hun. Rhoddwyd yr enw 'El Jardin de Gweneira' yn enw ar ysgol feithrin yn Rawson (Ysgol Nivel Inicial, Rhif 459). Roedd hyn i gydnabod yn arbennig ei gwaith arloesol yn sefydlu'r ysgol feithrin – un o'r rhai cyntaf yn y wlad – yn Esquel, 1950–55, gan baratoi cynllun y gwersi am y flwyddyn. Tua'r un adeg derbyniodd wahoddiad gan Faer Tecka i gofnodi ei phrofiadau fel athrawes yn y dref fechan hon yng nghanol y Paith yn ôl yn ail hanner y pedwardegau. Cafodd hefyd anogaeth gan addysgwyr yn Chubut a chan y Cyngor Addysg i ysgrifennu, yr un modd, am ei phrofiadau mewn ysgolion eraill, a bellach cyhoeddwyd ei hunangofiant yn Sbaeneg.[3] Yn 2013 dewiswyd hi i dderbyn gwobr arbennig gan Gyngor Trelew i gydnabod ei chyfraniad oes i fyd addysg.

Gŵyr Gweneira cystal â neb mor hanfodol bwysig yw gwaith pob athro ysgol, a mawr yw ei pharch tuag at ei chyd-athrawon. Y maent hwythau – hi fyddai'r cyntaf i gyfaddef – yn haeddu cael eu hanrhydeddu, fel hithau. Gŵyr o'r gorau hefyd mor werthfawr yw paratoi deunyddiau difyr sy'n apelio at

Y mae gennyf oddeutu dwsin o faneri a gyflwynwyd i ni'r 'Pererinion' o Gymru ar achlysur dathlu'r Canmlwyddiant, 1865–1965 (Hydref–Tachwedd, 1965). Ond hon yw un o'r baneri a drysoraf fwyaf. Derbyniais hi yn rhodd gan Elisa Dimol de Davies a'i merch, Gweneira, Trelew. (Am fanylion pellach yn ymwneud â'r Dathlu, gw. y gyfres o lythyrau, 1-9, a anfonwyd gennyf o'r Wladfa at fy nheulu, ynghyd â chrynodeb ohonynt ym Mynegai Pwnc y gyfrol hon. RG)

Cyflwynwyd y plât hwn gennyf o Batagonia yn rhodd i'm teulu yn Uwchaled, a diolchaf i'm nai, Elgan Goddard, a'i briod, Sharon, am gael ei fenthyg ar gyfer y gyfrol hon.

Wrth ei ddychwelyd yn awr, carwn ei gyflwyno eilwaith, y tro hwn er cof annwyl iawn am fy nhad a mam a roes imi bob cefnogaeth yn fachgen ifanc i ymweld â'r Wladfa, a chyda diolch o galon hefyd i Gyngor yr Eisteddfod Genedlaethol am gynnig yr Ysgoloriaeth, ac i'r Dr Jenkin Alban Davies am ei haelioni. (RG)

Y BERERINDOD
I BATAGONIA
1865 - 1965

DIPUTACIÓN
GALESA
AL CHUBUT
1865 - 1965

Cofgolofn y Canmlwyddiant yn Nhrelew.

Dydd Mawrth, 26 Hydref 1965: yr ymwelwyr o Gymru (c. 70) yn cael eu croesawu yn swyddogol yn Nhrelew gan y Maer a rhai o ddinasyddion y dref. Rhes flaen: y Maer (Pedro Meschio?) yn sgwrsio gyda'r Dr Jenkin Alban Davies, Arweinydd y 'Pererinion'. Wrth ochr y Maer (a'i law chwith o'i flaen): Dr Huw T Edwards, Cadeirydd Bwrdd Croeso Cymru. Yn yr ail res, ail o'r chwith: Mali Evans, Abergwaun; T Elwyn Griffiths; Frank Price Jones; [?]; Dr Elwyn Davies; W R Owen, BBC; [?]; Rachel Mary Davies, Abertawe.

Dydd Iau, 28 Hydref, ar daith o'r Gaiman a Threlew i Borth Madryn, lle glaniodd llong y Mimosa, 28 Gorffennaf 1865. Yr hen fws, y *pullman*, yn penderfynu nogio a chael awr, neu fwy, o hoe ar y Paith.

Cyfle i dynnu llun agos o'r Paith a rhyfeddu at y sychder.

Ar y traeth ym Mhorth Madryn lle glaniodd y Cymry yn 1865.

R Bryn Williams yn annerch y dorf. Osian Ellis, y telynor, yn y canol, a Tom Jones, Llanuwchllyn, yn ei ymyl yn ein hwynebu.

Tom Jones, Llanuwchllyn yn difyrru'r gynulleidfa (canu penillion). Bu Olwen Lewis hithau yn canu 'Ar lan y môr'.

Cofgolofn y Canmlwyddiant i'r Cymry a laniodd gyntaf ym Mhorth Madryn, 1865.

Cofgolofn y Brodor ym Mhorth Madryn, 1865–1965.

Dydd 28·10·1965

Paratoi cinio, gyda bwydydd o wahanol bysgod cregyn, gan Bwyllgor Canolog y Canmlwyddiant ac Is-Bwyllgor lleol Porth Madryn a'r cylch er anrhydedd i'r ddirprwyaeth a ddaeth o Gymru ar achlysur ei hymweliad a'r Wladfa.

Comisión Central Festejos
del Centenario del Chubut

1865 - 28 DE JULIO - 1965

Taflen i groesawu'r Ymwelwyr o Gymru i 'Lwnsh Morwrol' ym Mhorth Madryn, gwledd ddwyawr a mwy o 'bysgod cregyn'.

Dydd Gwener, 29 Hydref, cyfarfod yng nghapel Moriah ac yn gweld beddau rhai o arloeswyr y Wladfa a gladdwyd yn y fynwent gysegredig hon. Yn eu plith: Lewis Jones a Richard Jones Berwyn. Yn y llun gwelir Jenkin Alban Jenkins yn gosod torch o flodau ar fedd y Parchg Abraham Matthews. Ar y dde iddo, mewn côt olau, gwelir Alwyn Hughes Jones, Caernarfon, a Huw T Edwards ar y chwith.

Profiad dwys iawn i mi y bore hwn ym Moriah oedd cael dweud gair ar ran fy nghyd-deithwyr, ac adrodd detholiad byr o gyfrol Luned Morgan, *Dringo'r Andes*, yn cynnwys yr adran pan fo un o benaethiaid yr Indiaid yn datgan mai eu henw hwy ar y Sbaenwyr (gelynion) ydoedd: *Cristianos*, ond eu henw ar y Cymry ydoedd: '*Amigos de los Indios*': 'cyfeillion yr Indiaid'. (RG)

Tua chanol y llun (mewn crys gwyn a bresus): Hywel Hughes, 'Don Hywel', a'i fab, Rowlant, Colombia. Tua'r canol, yn nes i'r dde, mewn gwisg liwgar: Nan Griffiths (?), merch R Bryn Williams.

Cofeb yn y Gaiman (llechen o Flaenau Ffestiniog): 'Teyrnged Cymru i'r Gwladfawyr Cymreig ym Mhatagonia'. Ar y dde, un o'r 'Pererinion': Rachel Mary Davies, Abertawe.

O Gapel Moriah i'r *Recreo Sosino* gerllaw. 'Lwnsh Brodorol', neu *asado,* yng nhysgod yr helyg ar lan Afon Camwy. Yng nghanol y llun, gwelir Luned Vychan Roberts de González a'i mab bychan, Fabio Trevor, ar ei glin. Mae Virgilio González yn eistedd gyferbyn, a'u mab, Lucio Daniel González Roberts, yn ymyl ei dad yn edrych ar y camera. Yn eistedd wrth ochr Luned, ar y dde iddi, mae Alin (gydag 'i'), mab bach Iris Spannaus. (Am lun o fam Alin, gw. eto wrth gyfeirio yn yr adran hon at luniau o'r dathlu yng Nghwm Hyfryd).

Plant o ysgol yn y Gaiman, yn eu gwisg ysgol, o dan arweiniad Valeira Puw (merch David Iâl Jones), hwythau yn ymuno yn nathliadau'r Canmlwyddiant.

Eisteddfod y Canmlwyddiant, Neuadd Dewi Sant, Trelew, Sadwrn, 30 Hydref 1965. Plant o Drelew, yn eu gwisg Gymreig, yn estyn eu croeso cynnes. (Arweinydd: May Williams de Hughes.)

Eisteddfod y Canmlwyddiant. Defod Cadeirio'r bardd buddugol, Dic Jones. Ei gynrychiolydd: Kenny Evans. Arweinydd: Morris ap Hughes. Ar y llwyfan, o'r chwith: John Roberts (Trefnydd y Gogledd, Eisteddfod Genedlaethol Cymru); RG; Dafydd Wigley; a Desmond Healey.

Rhan fechan o'r gynulleidfa fawr yn Eisteddfod y Wladfa. Yn uchaf, yng nghefn y llun, a'r agosaf i'r chwith, gwelir Mair Davies, y genhades. Ar y chwith, yn union ar flaen y llun, y mae Dafydd Wigley yn gwrando'n astud a gwên fawr ar ei wyneb. Yn ei ymyl: Eileen Thomas (wedi hynny: de Dolic), yr un mor llawen. Yna minnau (RG) yn y sedd agosaf, a 'mhen i lawr, yn brysur yn ysgrifennu! Cofiaf yr achlysur yn dda! Rheidrwydd arnaf, ond braint hefyd, i baratoi pregeth ar fyr rybudd ar gyfer Oedfa'r Dathlu, i'w chynnal yn y Gaiman a Threlew, yr un dydd Sul ag y daeth yr eisteddfod lwyddiannus i ben yn oriau mân y bore.

Meillionen a William Edward Davies a theulu Twyn Carno, ardal Bryn Crwn (Gaiman yn ddiweddarach). Rhes gefn, o'r dde: Cristina; ei mam, Elen (Lele) Meriel; chwaer Lele, sef Vilda; a'i phlant hithau, Patricia a Ricardo. (Llun: Awst 1987.)

Carwn gyflwyno'r llun hwn er cof annwyl am Meillionen a William Edward Davies a fu mor garedig wrthyf pan arhosais yn eu cartref clyd, Twyn Carno, am wythnos yn ystod dathliadau'r Canmlwyddiant yn Nyffryn Camwy. (RG)

Twyn Carno, Bryn Crwn.

Ar fferm Twyn Carno

Tas o wair alffalffa a dau gar llusg, neu 'slêd'.

Marchraw, horsiol, neu 'horshelve' (gw. Geirfa).

Peiriant malu 'Indian Corn'.

Aeron Jones, fferm Rhymni, tad Meillionen, Clydwyn ap Aeron, a Dewi Mefin Jones, plant Twyn Carno.

Julio Rossi, Eidalwr. Bu'n canu i'r ymwelwyr o Gymru droeon yn ystod y Dathliadau. Ei hoff emyn oedd: 'O, Iesu mawr, rho d'anian bur...'

Elda Lorain Jones (de Ocampo), Trelew. Ffrind annwyl a charedig iawn.

Rhan fechan o Gomodoro Rivadavia, tref y môr a'r olew.

Ar y daith i Gwm Hyfryd: Tom Jones, Llanuwchllyn, yn estyn ei law brofiadol i archwilio cyflwr dau ychen dof ar ochr y ffordd; Mrs Tom Jones wedi mentro i'r drol, a'r bonwr Huw T Edwards (?), â'i gefn at y camera, yn syllu mewn rhyfeddod.

Y 5ed o Dachwedd: gwledd awyr-agored (*asado*) a hamddena ar Estancia braf El Fortín yng Nghwm Hyfryd. Yn y cwmni y tro hwn, yn drydedd o'r chwith, Graciela Lloyd. Yn ei hymyl hi, yn y cefn, Mrs Eluned Bere, o'r Barri, disgynnydd i Michael D Jones. Yn y canol, ar y blaen: Iris Myfanwy Lloyd Spannaus, perthynas arall i MDJ. (Cawn gwrdd â'i theulu hi hefyd yn yr adran nesaf o luniau, sef 'Cyfeillion'.)

Dyma ni eto yn mwynhau pryd o fwyd blasus, y tro hwn yn Salon de Te, Mrs Prusella Lewis de Arietta, Esquel. Yma rwy'n lletya tra byddwn yn oedi yng Nghwm Hyfryd. Dyma lun o Dafydd Wigley yn gwrando'n astud arni'n sgwrsio, a'r ddau ohonom yn mawr werthfawrogi'r croeso twymgalon i ni, fel i bawb arall.

Pryd bwyd swyddogol olaf y Dathlu oedd yr un nos Sadwrn, y 6ed o Dachwedd. Gwledd ffarwél yn Esquel.A dyma lun o gwmni llawen yno yn cael modd i fyw yn gwrando ar Elvira Austin yn adrodd dywediadau Sbaeneg wedi'u haddasu a'u cyfieithu – weithiau'n llythrennol ac yn ddoniol iawn i'r Gymraeg. (Cyhoeddais rai ohonynt yn fy wythfed llythyr.) O'r chwith: Valmai Hughes; Elvira Austin (Moseley); RG; Dafydd Wigley; Lewis Thomas, [   ].

Yn gweini yn y wledd yn Esquel roedd mam ifanc i bedwar o blant bach. Glenys Owen oedd ei henw, ac El Delta oedd enw'r fferm yn Nhrevelin lle roedd hi'n byw. Rhoddodd lun imi ei gadw, llun ohoni hi gydag un o'i cheffylau hoff ar y fferm, gan ychwanegu: 'Cofiwch ddod i'n gweld y tro nesa…'

ddiddordebau a dychymyg plant o bob oed. Dyna paham, mi wn, ei bod yn arbennig o falch, fel finnau, o weld cyhoeddi ym Mhatagonia yn 2011 gyfrol ardderchog, wedi'i golygu gan Esyllt Nest Roberts de Lewis: *Juan y Gwanaco a Cherddi Eraill*. Cymaint o angen deunydd Cymraeg o'r fath sydd ar gyfer plant y Wladfa – darpar siaradwyr yr iaith. Y mae Gweneira hithau yn llawen iawn o gael ei huniaethu ei hun â chyhoeddiad fel hwn a bod yn awdur un o'r cerddi difyr: stori Taid yn 'mynd am dro' i lan y môr, yn gwisgo het sy'n llawer rhy fawr i'w ben ar ddiwrnod mor goblyn o wyntog!

Rwy'n cloi y rhan hon o'r bennod gyda dyfyniad. Ar derfyn ei thraethawd yn adrodd hanes ei theulu, cyfeiriodd ati'i hun yn 'treulio rhan fwyaf o'm hoes yn mwynhau fy hunan yn hel hanes'.[4] 'Mwynhau fy hunan…' Beth bynnag oedd y gweithgarwch, boed ym myd addysg, boed ym myd llên, boed ym myd crefydd, 'mwynhad' ydoedd. Llafur cariad. Ac yn y mwynhad a dderbyniai hi ei hunan, rhoddai hithau fwynhad i eraill. Yn union fel y gwnaeth ei mam, Elisa Dimol. A mawr ein diolch ninnau.

Ysgrifau a thraethodau Gweneira

Dyma fanylion y cystadlaethau yn yr Eisteddfod Genedlaethol sy'n gyfyngedig i'r Gwladfawyr y bu Gweneira yn fuddugol arnynt:

2000	Llanelli a'r Cylch:	Atgofion Personol Bywyd a Gwaith.
2003	Maldwyn a'r Gororau:	Eisteddfodau'r Wladfa. (Cyd-fuddugol)
2005	Eryri a'r Cyffiniau:	Dygymod â'r Elfennau yn y Wladfa
2007	Sir y Fflint a'r Cyffiniau:	Olrhain Hanes Un Teulu o'i Gychwyn yn y Wladfa hyd Heddiw.
2008	Caerdydd a'r Cylch:	Teithio yn y Wladfa.
2009	Meirion a'r Cyffiniau:	Peth o Hanes Canu Corawl y Wladfa.
2012	Bro Morgannwg:	Achlysur i'w Gofio.
2013	Sir Ddinbych a'r Cyffiniau:	Y Pedwar Tymor yn y Wladfa. (Rhannu'r wobr)
2014	Sir Gâr:	Cyflwyniad cryno o hanes o leiaf chwe addoldy Cymreig yn y Dyffryn a'r Andes ar gyfer ymwelwyr â Phatagonia.

Cynnyrch tair o'r cystadlaethau uchod a gyhoeddwyd gan yr Eisteddfod yn y *Cyfansoddiadau*,[5] ond cyhoeddwyd pump o'r traethodau yn y gyfrol *Bywyd yn y Wladfa*, golygydd Cathrin Williams [2009].[6]

Gair byr yn awr am rai o gyfansoddiadau eraill Gweneira. Yn y cyhoeddiad ardderchog gan Gymdeithas Cymru-Ariannin, er cof am T Arfon Williams, ac a olygwyd gan Cathrin Williams: *Agor y Ffenestri: Cyfrol o Lenyddiaeth y Wladfa er y Flwyddyn 1975* (2001) cynhwysir pedwar cyfansoddiad o eiddo Gweneira: dwy ysgrif 'Siop y Pentre' a 'Glan y Môr'; 'Hunangofiant y Gadair Siglo'; ac 'Atgofion Personol Bywyd a Gwaith.'

A dyma restr o rai cyfansoddiadau eraill y bu i'r wraig garedig o Drelew eu hanfon ataf: 'Hen Dai'r Wladfa';[7] 'Hunangofiant Cadair Esmwyth'; 'Hunangofiant Twm y Ci'; 'Hunangofiant Lein Ddillad'; ysgrif 'Diwrnod Arbennig'; stori fer 'Amser Tê'; dwy gerdd acrostig 'Cerddi'r Paith' a 'Mini Bethel'.

Y detholiad presennol

Yn y gyfrol bresennol detholwyd un cyfansoddiad ar ddeg o eiddo Gweneira. Wrth benderfynu pa eitemau i'w cynnwys, ceisiwyd sicrhau bod y dewis yn adlewyrchiad teg o ddiddordebau ac o ddawn yr awdur. Ond cadwyd mewn cof hefyd y deg ar hugain o gynhyrchion ei mam a gyhoeddir. Rhaid oedd osgoi ailadrodd, a'r nod oedd bod ysgrifau a thraethodau'r fam a'r ferch rhyngddynt yn cynnig inni ddarlun mor gytbwys a theg, diddorol a chyfoethog ag oedd modd o fywyd yn y Wladfa Gymreig ym Mhatagonia. Gwyddwn fod rhai o'r cyfansoddiadau wedi'u cyhoeddi eisoes, ond heb y traethodau ar eisteddfodau'r Wladfa a thraddodiad y canu corawl yn y Wladfa, er enghraifft, prin y byddai'r darlun yn un cytbwys.

Canllawiau golygu

Ar y cyfan y mae'r un ystyriaethau ag a nodwyd wrth drafod gwaith Elisa Dimol yn berthnasol hefyd yn achos cyfansoddiadau'r ferch. Y mae, fodd bynnag, un sylw i'w wneud. Yng ngwaith Gweneira gwelir yn aml iawn, ond nid bob amser, ymdrech amlycach i ysgrifennu Cymraeg safonol a chyfoes.

Is-benawdau. Fel yng ngwaith Elisa Dimol, ychwanegwyd y rhain, bron yn ddieithriad, gennyf i.

Ôl-nodyn

Bu Gweneira farw yn gynnar iawn bore Gwener, 20 Chwefror 2015.

Nodiadau

1. Seiliwyd y crynodeb hwn o fywyd a gwaith Gweneira ar y ffynonellau canlynol: sgyrsiau yn ei chartref yn Nhrelew, Hydref 2006; ei hatgofion 'Bywyd a Gwaith Gweneira' yn y gyfrol bresennol; teipysgrif ei thraethawd 'Olrhain Hanes Un Teulu o'i Gychwyn yn y Wladfa hyd Heddiw', buddugol yn Eisteddfod Sir y Fflint a'r Cyffiniau, 2007; nodiadau bywgraffyddol gan Gweneira a anfonwyd at RG, Medi 2013.

2. Gw. llythyr Gweneira at Eleri, fy mhriod, a minnau, dyddiedig 4 Ionawr 2012.

3. *ibid.*

4. Teipysgrif: 'Olrhain Hanes Un Teulu…', t. 12.

5. Sef Eisteddfodau 2000 ('Atgofion Bywyd a Gwaith'); 2009 ('Canu Corawl yn y Wladfa'); 2012 ('Achlysur i'w Gofio').

6. Sef cynnyrch Eisteddfodau 2000 ('Atgofion Bywyd a Gwaith'); 2003 ('Eisteddfodau'r Wladfa'); 2005 ('Dygymod â'r Elfennau…'); 2007 ('Olrhain Hanes Un Teulu…'); 2008 ('Teithio yn y Wladfa').

7. Cyhoeddwyd mewn dwy ran yn *Y Drafod*, rhifynnau 18–19, Hydref a Gaeaf 2011.

1

Bywyd a Gwaith Gweneira

Diddorol fydd darllen hanes bywyd a gwaith yn ôl atgofion personol, gan nad oes dau ddyn byw wedi treulio eu hoes yn yr un modd a mesur. Diolchaf yn bersonol am fy mod wedi fy ngeni mewn talaith sy'n perthyn i Batagonia. Diolch am fy ngwreiddiau Celtaidd a'm perthynas â Chymru, ac am fendith Duw am fywyd a gwaith heb fawr o gorwyntoedd croes.

Bywyd ar fferm yn ardal Bryn Crwn

Mewn fferm yng nghanol y Dyffryn yma y'm ganwyd [Drofa, ardal Bryn Crwn], ers dros dri chwarter canrif bellach, ac yn hapus o hyd am fod mor ffodus i dreulio fy mhlentyndod ym mysg natur. Yn y fferm hon trigai fy nhaid a'm nain, ac yno roedd fy rhieni wedi gwneud eu cartref am rai blynyddoedd. Credaf yn sicr fod bywyd plentyn sydd yn tyfu yng nghanol glesni, anifeiliaid dof, a gwaith naturiol y fam a'r tad ar ddyddyn fel hwn yn ffurfio ei bersonoliaeth a tharo ar ei fywyd am ei oes. Dyma fu bywyd yr hen Wladfawyr ar ôl mentro gadael Cymru a chroesi môr Iwerydd yn 1865. Ar ôl gwaith caled a llawer o aberth llwyddasant i droi tir dreiniog, llwm, sych yn baradwys. Yn ffodus, mae holl drigolion y wlad yn gwerthfawrogi fwy bob dydd ddyfodiad y Cymry i Batagonia, am eu bywyd syml, gonest a'u gwaith anghredadwy.

Pan oedd fy nhad yn llanc di-briod roedd yn cario gwlân a chrwyn defaid a gwartheg o'r camp i'r farchnad. Roedd criw o fechgyn ifanc yn arwain wagenni pedair olwyn a gwedd o geffylau yn eu llusgo. Eraill yn eu canlyn, neu yn marchogaeth o'u blaen, a dyna lle roeddynt yn rhes araf yn mynd am amser maith weithiau, a dim math o ffordd i gysylltu â'r teulu. Cofiaf ddarllen dyddlyfr fy nhaid lle roedd yn dweud bron bob dydd eu bod yn disgwyl Deio ac Evan, ei frawd, yn ôl, a Nain yn pryderu yn eu cylch.

Bugeilio'r caeau ar y fferm oedd gwaith fy mam yn ifanc, a chadw i ffwrdd anifeiliaid y cymdogion oedd yn dod drosodd i fwyta haidd a gwenith oedd ei hewyrth yn eu tyfu. Roedd mam yn eneth amddifad o dad a mam, a chafodd ei magu gan ei modryb.

Wedi gwneud eu cartref roedd gan fy nhad rai peiriannau i weithio, ond prin oeddynt yn ystod y dauddegau a phrin oedd yr arian i'w prynu hefyd. Roeddem ni'n dri o blant ac yn aml roedd acw was a morwyn i helpu. Bywyd hapus oedd ein bywyd ni blant: chwarae a chrwydro yng nghanol y coed a'r twmpathau uchel, pigog. Yn aml, roeddem yn cael cwmni plant eraill oedd yn ffrindiau i ni, ac mi roedd difyrrwch mawr wrth chwarae cŵn yn hela sgwarnogod, neu hel gwydrau a llestri lliwiog i'r tŷ bach, gwylio'r adar yn gwneud eu nythod, gwrando ar y cantwr bach a'r dryw, y robin goch a'r dylluan. Ceisio ein gorau i ddod o hyd i nyth y gornchwiglen, ond roedd hon yn hedfan yn ffyrnig uwch ein pennau ac yn cadw'r fath stŵr er mwyn i ni ffoi i ffwrdd.

Cawsom ein dysgu i gynilo ac i barchu a helpu hefyd, y tu mewn a'r tu allan i'r tŷ. Roedd yno berllan a gardd lysiau a phob math o flodau o gwmpas y cartref, fel ymhob fferm bron. Amser hel y ffrwythau, neu'r corn, roeddem yn barod i wneud y dasg, ond hefyd cafodd fy mrawd a minnau'r drefn a gwialen ar ein coesau am fwyta ffrwythau gwyrdd yn adeg y siesta aml i waith. Roedd fy mrawd yn cyfaddef a derbyn y gosb, ond roeddwn i yn dengid i guddio, ac yna roedd y gosb yn waeth, ac i'r gwely â mi ar fy mhen fy hun.

I'r ysgol bob dydd

Roedd fy rhieni yn gofalu bod y plant yn cael ysgol i ddysgu darllen, ysgrifennu, hanes a daearyddiaeth, gwyddoniaeth naturiol ac ati. Cawsom fynd i'r ysgol ddyddiol o chwech hyd dair ar ddeg oed, neu fwy os buasai angen. Ar ein traed yn cerdded oeddem yn mynd, neu ddau neu dri ohonom ar gefn ceffyl. Un athro oedd ar ein cyfer ac yn gweithio gyda'r plant fore a phrynhawn, ac yn ein dosbarthu yn ôl ein gallu. Ar ddiwedd y tymor roeddem yn trefnu cyngerdd ac yn gwahodd y rhieni er mwyn iddynt weld eu plant yn actio, canu ac adrodd. Roedd yr athro yn cael caniatâd i drefnu yn y capel, er mwyn i'r gynulleidfa gael eistedd yn gyfforddus.

Yn yr ysgol roeddem yn dathlu'r 25 *de mayo* a'r 9 *de julio* – dyddiau pwysig yn hanes ein hannibyniaeth oddi wrth Sbaen. Byddai'r esgynlawr yn cael ei addurno gyda rhubanau glas a gwyn, gan mai dyna yw lliwiau ein baner, a phob un yn gosod bathodyn gyda'r un lliwiau ar ochr chwith ein brest ar y ddyscot wen ['*dust-coat*'] oeddem yn wisgo yn ôl y ddeddf. Mae hen luniau'n dangos y nifer oedd yn dod atom yn eu cerbydau ac yn aros ar eu traed am awr neu ragor i gymryd rhan yn yr ŵyl. Cymry oedd y rhan fwyaf gyda'u hetiau smart a bathodyn Ariannin ar eu cotiau. Roedd yn werth eu clywed yn uno â ni i ganu'r Anthem Genedlaethol.

Dathlu Gŵyl y Glaniad, 28 Gorffennaf

Dathliad pwysig arall yn ein hanes erioed oedd y 28 o Orffennaf, sef dydd Gŵyl y Glaniad i gofio am y Cymry cyntaf yn cyrraedd Porth Madryn yn 1865. Roedd pawb yn edrych ymlaen at y diwrnod hwn, er ei ddathlu yng nghanol y gaeaf oer. Roedd pwyllgor arbennig ar gyfer y trefniadau a phawb yn paratoi at y te, y chwaraeon a'r cyngerdd ar ddiwedd y dydd. Tua thri o'r gloch y prynhawn roedd y byrddau wedi eu gosod yn daclus gyda llieiniau bwrdd gwyn ac arnynt y llestri lliwiog gorau yn sgleinio. Roedd y genethod ifanc yn cael y fraint o dendio'r byrddau ac yn serchus a mawreddog gyda'u hambwrdd yn eu llaw a'r jwg llaeth a'r basin siwgr yn barod. Dros eu ffrogiau gorau roeddynt yn gwisgo ffedog wen dwt, a dyna nhw trwy'r prynhawn yn cyflwyno'r te blasus gyda bara menyn, jam, caws a theisennau lawer. Allan roedd coelcerth o dân ac arno sosbenni yn berwi dŵr, ac mi roedd y gorchwyl yma o dan ofal y dynion.

Ar ôl te roedd y chwaraeon wedi eu trefnu: rasys ar draed, rhedegfa ar geffylau, dal y mochyn wrth ei gynffon wedi ei seboni, dringo post wedi cael sebon hefyd, cystadleuaeth rhoi'r edau mewn nodwydd, ac ati. I ddiweddu'r dathliad roedd cyngerdd gwych a phawb yn mynd adre mewn llawenydd mawr. Roedd pob cenedl yn uno, a hyd y dydd heddiw mae'r dathliad yn holl dalaith Chubut yn bwysig ac yn ddydd gŵyl, wrth gwrs.

Band of Hope, capel ac eisteddfod

Unwaith yr wythnos yr oeddem yn mynd i'r Band of Hope, ac yno roedd y pregethwr a'i briod yn ein dysgu i adrodd a chanu yn Gymraeg, wrth gwrs, ac yn ein paratoi ar gyfer cyrddau llenyddol, Eisteddfodau'r Bobl Ifanc a Chymanfa'r Groglith. Roeddem yn hapus iawn i gyrchu yno a hefyd i'r Ysgol Sul ble roedd yn rhaid dysgu adnodau ar ein cof ac atebion y *Rhodd Mam*.

Roedd Mam yn ein hymarfer yn yr adroddiadau at yr Eisteddfod a ninnau'n edrych ymlaen at gael y bag bach am ein gwddf a rhywfaint o arian yn wobr.

Bob nos roeddem yn adrodd Gweddi'r Arglwydd ers pan yn fach iawn. Roedd fy nhad a'm mam yn cymryd diddordeb yn y corau oedd yn yr ardal ac yn cystadlu gydag eraill erbyn yr Eisteddfod. Gyda'r nos, wedi gorffen eu gwaith, roeddem yn cychwyn yn y cerbyd a chyrraedd ymhen hanner awr i'r ysgol gân, ac yn ôl wedyn dan olau'r lleuad.

Difyrrwch y diwrnod dyrnu

Un o'r dyddiau yr oeddem yn ei fawr ddisgwyl ar y fferm oedd cyhoeddiad yr amser dyrnu. Roedd yn ddifyr i ni blant ac roeddem yn cael aros adref o'r ysgol i 'helpu' er mai chwarae oeddem o gwmpas y dynion dyrnu! Cofiaf y peiriant yn chwibanu ac yn herio culni'r pontydd cyn cyrraedd. Gweithio gydag ager yr oedd yr amser hwn, ond clywais fy nhad yn sôn am ychen yn tynnu'r peiriant yn ei flaen y blynyddoedd cyntaf. Roedd criw eithaf yn canlyn y perchennog ac yn aros am ddeg [?] diwrnod neu ragor ar ein fferm, yn dibynnu ar sawl tas oedd acw ac os oedd y tywydd yn gyfleus.

Roedd gan y gwragedd lawer o waith ymlaen llaw i baratoi bwyd i'r gweithwyr. Crasu rhyw ugain torth o fara ddwywaith yr wythnos, teisen ddu a phwdin reis mewn ffwrn wedi ei chodi yng nghanol y buarth. Gofalu hefyd am swper, gan fod rhai o'r dynion yn aros dros y nos am fod eu cartrefi ymhell. Yn y prynhawn roeddynt yn rhoi eu bratiau gorau ac yn mynd i'r cae i weld y dyrnu, i gael eu pwyso ar y glorian fawr unwaith y flwyddyn, ac yn gwneud cymhariaeth gyda'r flwyddyn ddiwethaf. Gyda'r nos, ar ôl swper, roedd cerddoriaeth i orffen y noson. Roedd fy nhad yn hapus yn ffurfio deuawd neu bedwarawd ar gyfer rhyw gyngerdd neu eisteddfod, ac felly roeddynt yn llwyddo weithiau i gyrraedd y llwyfan. Roedd ambell un yn adrodd straeon neu ddigwyddiad hynod yn yr ardal, neu'n sôn am ryw gymeriad hynod, ac yna roedd aml i fardd yn dangos ei ddawn ar yr aelwyd. [Am ragor o hanes y diwrnod dyrnu, gw. ysgrif Elisa Dimol, rhif 10.]

O Fryn Crwn i Gomodoro Rivadavia

Roedd llawer o lyfrau Cymraeg i ni ddarllen, ac yn eu mysg yr oedd *Cymru'r Plant* a'r 'Drysorfa Fach', gyda hanesion a chwedlau i'n difyrru. Yn y tridegau daeth *crisis* trwy Wlad Ariannin, ac yn y dalaith yma rhodd dro ar fywyd llawer teulu. Nid oedd iechyd fy nhad erbyn hyn yn caniatáu gwaith trwm y fferm bellach. O ganlyniad, gorfod i fy rhieni feddwl am ymfudo i chwilio am fyd gwell. Briw i'r galon oedd ymadael â chymdeithas glòs a ffrindiau lawer. Gadael capel, ysgol gân, cyrddau llenyddol ac eisteddfod oedd mor bwysig i'n bywyd diwylliannol. Roedd fy rhieni yn benderfynol i ni gael addysg uwch, os oedd rhyw fantais, ac felly ymdrechu ddaru nhw i geisio gwaith yn ardal yr olew i lawr yn y de, sef Comodoro Rivadavia, yn agos i 400 km o'r Dyffryn. Yno yr oedd pob math o waith yn deillio oddi wrth yr olew. Roedd cwmnïau yn denu llawer o weithwyr o bob cwr o'r wlad a hefyd ymfudwyr o dramor. Roedd y rhai di-briod yn lletya mewn gwestai oedd yn paratoi bwyd a rhoi ystafell wely ar eu cyfer. Yn un o'r rhain cafodd fy nhad a'm mam waith. Roedd aml fachgen arall yn perthyn i Gymry yn gweithio yn y cwmni, ac mi roeddynt yn cael eu gwerthfawrogi'n fawr am eu gallu, eu cysondeb a'u gonestrwydd.

Gorfod i fy mrawd hynaf, wedi gorffen ei ysgol gynradd, fynd i werthu papurau newydd ar yr heol a'u dosbarthu yn y swyddfeydd a'r gwestai. Pan gyrhaeddodd ei ddeunaw oed, aeth i gyflawni ei wasanaeth milwrol, ac yno cael cyfle i astudio gyda'r nos mewn coleg uwchradd. Wedi hynny, cafodd waith mewn swyddfa i lawr yn y de, yn nhalaith Santa Cruz, ac esgynnodd yn dda yn ôl yr arholiadau. Cefais innau grant oedd yn caniatáu i mi fynd ymlaen fel athrawes, ond rhaid oedd mynd am y gogledd ymhell i gael yr addysg arbennig am bedair blynedd, a'r Cyngor Addysg yn talu am fy nhaith a'm llety. ['Ysgol Normal Viedma', prifddinas Río Negro.] Bu'n amser hapus gan fy mod wedi gwneud llawer o ffrindiau ac wedi medru eu cwrdd eto wedi hanner can mlynedd. Wedi terfynu, es ati i fofyn am waith yn unrhyw fan o'r dalaith lle roedd angen, am fy mod yn teimlo erioed alwedigaeth, a hefyd gwyddwn y byddai'n ffordd i ennill fy mara.

O Gomodoro Rivadavia i Tecka, yn athrawes mewn ysgol ar y Paith

Cefais fy mhenodi yn fuan iawn [yn 1945] i ysgol yng nghanol y Paith, allan o fy nghartref, ryw 600 km i gyfeiriad y gorllewin. [Ysgol gynradd rhif 40, yn Tecka, tua 100 km o Esquel.] Roedd yn daith am ddau ddiwrnod trwy heolydd caregog, llychlyd, mewn bws oedd yn cario teithwyr yn ôl ac ymlaen, llawer ohonynt i gartrefi yng nghanol y Paith, felly roedd rhaid aros i'w gadael ar y ffordd, ac os oeddynt yn byw ymhell roedd rhywun yn eu disgwyl gyda cheffyl i'w reidio i berfeddion y Paith. Ar hanner y ffordd roeddem yn aros dros y nos, a dyna oedd golygfa ardderchog ar yr awyr yn sêr i gyd, a Chroes y De yn ymddangos yn glir. Sefyll mewn gwesty digon tlawd yng nghanol pobl ddieithr, ond roedd pawb yn byw yn dawel ac yn groesawus. Ambell waith roeddem yn taro ar rywun oedd yn chwarae'r gitâr ac yn gwisgo fel y *gaucho* gyda throwsus llydan yn cau gyda botwm bob ochr yn y gwaelod, hances am ei wddf, esgidiau ysgafn o ddefnydd cryf neu *botas* o groen os oedd y tywydd yn oer, ac wrth fyned allan gwisgai bonsio o wlân ar ei ysgwyddau.

Ar ben fy nhaith yr oedd yno res o dai bob ochr i'r heol a llawer yn disgwyl am yr athrawes newydd. Pobl dywyll oedd y mwyafrif o'r trigolion, y rhan fwyaf yn disgyn o dylwyth yr Indiaid, a hefyd o Chile, gwlad oedd dros y ffin ddim yn bell oddi yno. Buan iawn yr oeddwn wedi setlo i lawr mewn gwesty digon di-nod, ond nid oedd dewis i'w gael, ac yn ffodus roedd y perchnogion, gŵr a gwraig, Sbaenwyr, yn groesawus iawn. Y dyddiau nesaf cefais gwmni dwy athrawes arall wedi eu penodi yr un amser. Yr oedd yno brifathrawes o deulu o Wyddelod mewn oed i ymddeol. Dynes nobl, gwerth cael sgwrs ganddi am ei phrofiadau ac wedi cwrdd rhyw dro gyda Bandits yr Andes. Roeddwn yn arswydo wrth feddwl mai dyma lwybrau Bandits Butch Cassidy ar ddechrau'r ugeinfed ganrif, ac yn eu mysg yr oedd llofruddion Llwyd ap Iwan a gafodd ei ladd yn yr ardal hon.

Adeilad heb ei wir orffen oedd yr ysgol, dwy ystafell to sinc, heb nenfwd, meinciau pren i eistedd bob yn ddau, a stôf gron o haearn yn cynhesu gyda choed tân oedd y Cyngor Addysg yn ei ddarparu i ni. Agos i drigain oedd nifer y plant a dyma gychwyn ar y gwaith ym mis Chwefror 1945, er bod y tymor wedi dechrau ym mis Medi ac yn gorffen ym mis Mai. Roeddem yn cael gwyliau yn y gaeaf gan fod yr hinsawdd yr adeg yma yn galed iawn gydag oerni tu hwnt ac eira trwchus yn torri'r ffyrdd i gyrraedd yr ysgol.

Pan oeddwn yn teithio yn ôl i'm cartref ym mis Mai, ganol gaeaf, lawer tro aeth y bws yn sownd mewn llyn o ddŵr neu yng nghanol eira trwm, nes oedd angen aros a mynd i mofyn am gymorth ychen neu geffylau yn y gymdogaeth i'n tynnu allan o'r dagfa, a'r mwd yn gwasgaru i bob cyfeiriad, neu'r dŵr yn llenwi gwaelod y bws at ein sêt. Pum mlynedd y bues yn trafaelu fel hyn, ond roedd y gwaith fel athrawes mewn ysgol ar y Paith wrth fy modd, ac erbyn hyn, melys cofio am y cyfan.

Cwmni hyfryd y plant

Mae gen i gymaint o atgofion am y dref fach a'r plant. Roedd yno Swyddfa Bost, siopau, masnachdy lle roeddynt yn prynu crwyn, gwlân, a chig o'r camp, ac yn eu newid weithiau am nwyddau oedd eu hangen. Roedd yno le i gael petrol, rhai moddion, bwyd a dillad. Wedi i'r brifathrawes ymddeol cefais nodyn oddi wrth yr awdurdodau yn fy mhenodi i gymryd ei lle nes dyfod prifathro arall mewn ychydig amser. Bu'r cyfrifoldeb hwn yn brofiad gwych a gwerthfawr iawn yn fy mywyd. Dysgais lawer oddi wrth fy mhlant bach oedd yn byw mewn byd mor wahanol i'r hyn yr oeddwn wedi ei brofi yn y dref fawr. Roeddynt yn fwyn ac yn ddiniwed, ond os oeddynt yn cael y drefn am rywbeth deuai eu ffyrnigrwydd i'r wyneb yn fuan ac roedd y bechgyn hynaf yn anodd eu trin. Roedd angen amynedd di-ben-draw i'w perswadio weithiau, a chofiaf un tro am un o'r rhai mwyaf yn cadw ei gap crwn, tywyll, yn wastad ar ei ben. Dechreuais ei ddysgu'n foneddigaidd i'w dynnu wrth ddod i mewn i'r ysgol, ond nid ufuddhaodd, ac wrth i mi roi fy llaw ar ei ben gafaelodd yn dynn yn ei gap a neidiodd i ben y stôf, allan o fy nghyrraedd gan ddweud yn ffyrnig, 'Trïwch ei dynnu'n awr!' A minnau wedi cyffroi dipyn, es ymlaen gyda'r plant eraill efo'r gwersi heb wneud sylw ohono, a daeth yntau i lawr a'i gap yn ei law i eistedd ar ei fainc. Ni fuodd ail ddigwyddiad gyda'r cap.

Amser y gwanwyn roeddynt yn cymryd seibiant i fynd i helpu'r rhieni gyda'r cneifio a hefyd i hel wyau adar gwyllt er mwyn eu bwyta, a dyna'r presant oeddem ni'n ei gael pan ddychwelent: wyau estrys (mae pob un yn cynnwys tua dwsin o wyau ieir) o liw gwyrdd golau, hardd, a hefyd wyau gwyddau gwyllt. Roeddem yn eu derbyn yn ddiolchgar ac yn eu defnyddio fel siampŵ i olchi ein gwalltiau.

Buodd un ohonynt yn colli dyddiau yn yr ysgol, a phan ddaeth yn ei ôl dyma fi'n gofyn beth oedd wedi digwydd, gan fy mod yn ei weld yn drist a phenisel. Dywedodd ei fod wedi magu oen bach oedd yn amddifad a bod ei dad wedi ei siarsio i edrych ar ei ôl am fod llwynog o gwmpas. Gwnaeth drap i ddal y llwynog a'i adael dros y nos, ond mawr fu ei siom ar y bore canlynol pan welodd mai'r oen swci oedd wedi ei ddal yn y trap.

Yn aml, roeddem yn cael gwersi yn yr awyr agored ac yn mynd am dro gyda'r plant i'r Paith agos, neu i fyny i fryniau oedd o'n cwmpas. Wrth gerdded un tro rhwng y twmpathau llwyd, pigog, gwelsom sgerbwd dafad ar ben twmpath, a dyna un yn gofyn i mi sut roedd hyn wedi digwydd. Yn wir, trois ato heb ateb i'w chwilfrydedd, a dyma un arall yn ateb yn y munud: 'Pan fuodd eira mawr y gaeaf diwethaf, safodd y greadures ar ben brigyn i gael rhywbeth i'w fwyta a daeth angau i'w chyffwrdd, ac wedi i'r eira doddi safodd esgyrn ei chorff ar y twmpath.' Llawer gwers gefais ganddynt, a hiraethais yn fawr ar eu hôl wrth ymadael â'r lle a chael fy symud i ddinas hardd ar droed yr Andes [Esquel].

O Tecka i Esquel a Chwm Hyfryd yn yr Andes

Pan oeddwn yn 24 oed deuthum ar draws bachgen oedd wedi closio dipyn ataf ac yn hyderus o fod yn fy nghwmni, a phenderfynais innau fy mod yn mwynhau ei agosatrwydd, a daethom i ddeall ein gilydd yn dda ac i garu am flwyddyn [Joaquín González de Quevedo]. Pan aeth fy nghariad i weld fy rhieni a gofyn amdanaf, dywedodd fy nhad: 'Os ydych chwi eich dau yn deall eich gilydd, does gennyf i ddim rhagor i'w ddweud.' Wedi dweud ei feddwl felly, dechreuasom baratoi'r briodas, ac felly bu newid byd! [1949] Mynd i gartrefu mewn dyffryn llawn gwyrddni yn yr Andes bell [ger Esquel]. Bryniau uchel yn ein cornelu gyda'u copâu yn wyn o eira ar hyd y flwyddyn. Roedd yr olygfa yn fendigedig gan fod y coedwigoedd yn ymestyn yn uchel nes cyrraedd creigiau noeth sydd yn eu hatal; llynnoedd hardd a chychod yn eu croesi yn ôl ac ymlaen, gyda llawer o dwristiaid. Yn y gaeaf mae ymwelwyr yn dyfod i sgïo ac i bysgota.

Cadw ysgol i'r babanod oedd fy ngwaith y tro hwn, plant bach rhwng tair a phump oed mewn tŷ twt, ac oddi amgylch fuarth gyda blodau a choed, hefyd teulu o golomennod a chwningod dof yr oedd y plant yn eu trin gyda thynerwch. Roedd tipyn o waith paratoi ar gyfer pob gwers, a minnau yn wraig tŷ erbyn hyn, ond yn y dosbarth roeddem yn rhannu'r amser yn hapus iawn yn canu ac yn chwarae bob yn ail. Chwe blynedd dreuliais yn yr ysgol fach yma ac yn magu plant fy hunan erbyn hyn.

Yn ôl i Ddyffryn Camwy a diolch am bob bendith

Am fod y gŵr yn cael ei symud yn ei swydd, roedd angen i minnau symud fy mhac ar ei ôl. Buom yn ffodus o gael dod eto yn ôl i Ddyffryn Camwy, a chefais le mewn ysgol gynradd ganolog iawn. Plant rhwng deg a deuddeg oed am rai blynyddoedd, ac wedyn arholiad i fynd yn is-brifathrawes, nes cyrraedd oed i ymddeol wedi pymtheg mlynedd ar hugain o waith cyson, gyda llawer o bleser. Nid oedd y cyflogau erioed yn gyfiawn ar gyfer yr athrawon sydd â chymaint o gyfrifoldeb yn eu gwasanaeth.

Ar ein gwyliau yn yr haf, fan yma, cefais y fraint o deithio tipyn trwy'r wlad i gyffwrdd â llawer o ryfeddodau natur, yng nghwmni'r gŵr a'r plant. Bellach rydym wedi dathlu ein priodas euraidd, ac, fel pob cwpl arall, wedi treulio pleserau a phryderon, ond melys cofio am bob ymdrech i lwyddo dod drwodd gyda chariad, amynedd a ffydd yn y Goruchaf. Mae'r plant wedi cael addysg uchel ac yn barchus ohonom. Mae popeth yn fwy hwylus heddiw a chyfle i bawb ddysgu a dod yn ei flaen. Mae pob math o beiriannau at waith y tŷ a'r swyddfeydd, moduron modern a chwim i'n cario mewn byr amser i bob rhan o'r wlad, ac awyrennau i hedfan i unrhyw gornel o'r byd.

Rwyf yn diolch o ddydd i ddydd yn barhaus i Dduw am iechyd ac am yr holl fendithion yn ystod fy mywyd, ac i'm rhieni am fy mywyd a'm gwaith. Teimlaf lawenydd tu hwnt am fy mod wedi fy ngeni a fy magu ym Mhatagonia, yn Nyffryn Camwy, darn bach o Gymru, ond o dan awyr las a haul bendigedig, tipyn yn sych am fod y gwynt wastad o hyd yn gwasgaru'r cymylau. Nid wyf erioed wedi byw yn hunanol, a chefais gyfle laweroedd o weithiau i estyn llaw i'm cyd-dylwyth yn y mesur a'r modd y medrwn, a dyna sydd wedi llenwi fy nghwpan. Ar ddiwedd y mileniwm yr ydym ni, blant o Gymry, wedi derbyn gwobr, hynny yw, cael cymorth athrawon o Gymru i ddysgu ac i beidio colli'r iaith Gymraeg sydd yn perthyn i ni, er mwyn cadw ein diwylliant, ein crefydd, ein gwyddoniaeth a'n llenyddiaeth gyfoethog. Mae hyn yn ddymuniad cryf yn ein calonnau a'r munud hwn daw'r gân adnabyddus i'm cof [geiriau gan Harri Webb; alaw gan Meredydd Evans]:

> Cael yn ôl o borth marwolaeth
> Gân a ffydd a bri yr heniaith;
> Cael yn ôl yr hen dreftadaeth,
> A Chymru'n dechrau ar ei hymdaith.

Gobeithio y bydd y plant a'r bobl ifanc sydd yn dysgu yn awr yn gwerthfawrogi'r ymdrech ac y cymerant ddiddordeb i gadw'r hen iaith er mwyn gwireddu breuddwyd yr Hen Wladfawyr ddaeth ar y *Mimosa*: cael gwlad i gadw ein hetifeddiaeth a'n rhyddid.

Ffynhonnell

Buddugol yn Eisteddfod Genedlaethol Llanelli a'r Cylch, 2000, 'Atgofion Personol Bywyd a Gwaith'.

2

Eisteddfodau'r Wladfa

'Rhyfedd fel y glŷn cariad y Celt yn ei lên a'i gân ymhob rhan o'r ddaear – pethau annwyl, pethau cysegredig y Cymro; maent yr un mor annwyl iddo wrth odre yr Andes a phe wrth odre'r Wyddfa.' (Eluned Morgan: *Dringo'r Andes*)

Denu'r bobl sydd yn hoff o gerddoriaeth neu lenyddiaeth, neu sydd â serch at ddangos eu gallu mewn celfyddyd; cyrchu at ei gilydd yr holl ffrindiau, teuluoedd a chystadleuwyr; dyna fuaswn yn ddweud yw ysbryd yr Eisteddfod yn y Wladfa. Rydym ni, ddisgynyddion y Cymry, yn gartrefol gyda'r gair ac mae pawb rhywsut neu'i gilydd yn edrych ymlaen at yr awydd i gymryd rhan mewn gŵyl mor bwysig, lle medrwn ddarganfod galwad gyffredinol i gadw ein diwylliant a'n traddodiadau yn fyw.

Dim ond dyrnaid bach o'r Cymry a gyrhaeddodd ym mintai'r *Mimosa* yn 1865 i Batagonia oedd yn cynnal yr Eisteddfod gyntaf yn y Wladfa. Yng nghanol diffeithwch y Paith, dan haul, rhyddid ac awyr las, dim ond sŵn y gwynt, sisial dŵr yr afon a chân ambell aderyn oedd i'w glywed yn yr holl ddistawrwydd. Erbyn heddiw, wedi 137 mlynedd, rydym yn medru mwynhau'r Eisteddfod, prif ŵyl ddiwylliannol Chubut, yn ddwyieithog, ac yn cyrchu oddeutu 1500 o wrandawyr a chystadleuwyr yn gymysg bob blwyddyn. Nid oes ei thebyg yn holl Dde Amerig.

Arwest ac eisteddfod a'r plant yn mwynhau

Wedi dathlu Canmlwyddiant y Glanio yn 1965, bu ailddechrau cynnal yr Eisteddfod wedi bwlch o bymtheg mlynedd. Ers hynny, rwyf wedi cael y pleser o fod yn bresennol yn y rhan fwyaf hyd y dydd heddiw. Pan oeddem yn blant roedd rhywbeth arbennig ar ein cyfer i'w ddysgu, yn ganu neu'n adrodd. Y cof cyntaf yw i mi fod mewn arwest o dan babell fawr wedi ei gosod mewn fferm ganolog yn y Dyffryn, fferm Aeron Jones, Rhymni. Roedd fy mrawd a minnau yn cael ymarfer gartref yn gynnar iawn er mwyn i'r cwbl aros ar y cof. 'Y Pry Bach Du' a 'Helbulon' oedd y ddau adroddiad hynny, a llawenydd mawr i ni blant oedd derbyn y bag bach lliwiog am y gwddf gyda rhywfaint o arian ynddo. Bu'n llwyddiant i ni ein dau ennill y wobr gyntaf.

Nid anghofiaf yr argraff ddofn wnaeth yr ymgeisydd Clydwyn Jones, mab i Aeron Jones, arnaf, yn fachgen rhyw bymtheg oed wrth y piano. Tynnodd ein sylw gan ei fod yn hogyn mor lluniaidd a dawnus wrth yr offeryn, a'i ddwylaw yn hedfan yn ysgafn ar bob nodyn.

Mor bwysig â'r seremoni yn yr arwest honno oedd y seibiant roeddem yn ei gael rhwng y ddau gwrdd i flasu cwpanaid o de ar y cae. Llieiniau gwyn wedi eu taenu ar lawr o borfa dan y coed a'r mamau wedi paratoi bara menyn a chacennau gyda the blasus wedi ei gario mewn 'jacs' bach [ystenau], gyda llaeth a siwgr. Hwyl fawr i ni blant oedd rhannu gyda phlant eraill oedd gyda ni yn y Band of Hope a'r Ysgol Sul. Pawb yn adnabod ei gilydd ac yn ffrindiau. Darllenais rywdro mai Eluned Morgan yn bersonol oedd wedi trefnu i gael y babell o Gymru i'r Dyffryn, am fod y Neuadd Goffa oedd wedi ei hadeiladu yn Nhrelew erbyn 1915, wedi hanner canmlwyddiant y glanio, yn rhy bell o gyrraedd sefydlwyr y Dyffryn Uchaf.

Dywedodd Morris ap Hughes rywdro yn gyhoeddus, ychydig cyn iddo farw mewn oedran mawr, nad oedd neb wedi ennill cymaint ag ef na chwaith wedi colli cymaint o weithiau ag ef mewn eisteddfodau, a dyna sut oedd yn annog y bobl ifanc i ddal ymlaen i gystadlu. Yr oedd yn fardd, yn gerddor ac yn arwain corau gyda theulu lluosog y tu ôl iddo yn cefnogi ac yn barod i gyfrannu bob amser.

'Eisteddfod y Glaw', ac ymroddiad yr oedolion i'r Ysgol Gân

Roedd fy mam a nhad wedi byw ers dechrau'r ganrif ddiwethaf ac wedi cael mynd i sawl eisteddfod. Roedd cof da gan fy mam, a llawer tro fe'i clywais yn adrodd rhyw amgylchiad diddorol neu arswydus, fel 'Eisteddfod y Glaw' gafodd ei chynnal yn y Gaiman, a llawer wedi cyrraedd mewn wagen â cheffylau. Yn ystod y cwrdd nos roedd y glaw yn pistyllu, ac ar y diwedd gorfod i'r dynion gario'r merched â'u dresus llaes ar eu hysgwyddau i gyrraedd y wagen, a hynny yn y tywyllwch llwyr! Penderfynodd llawer ohonynt aros yn y Gaiman dros nos ac eraill am gychwyn adref. Roedd y ceffylau yn dychryn ac yn sefyll yn y storm gan wrthod symud ymlaen. Druan o'r ffrogiau newydd a'r hetiau yr oedd y merched wedi eu gwnïo neu eu prynu at yr Eisteddfod! Roedd angen tynnu eu hesgidiau a chlymu'r het rhag i'r gwynt ei chipio. Clywsant lawer o'r gwragedd yn dweud ar eu llw nad oeddynt yn mynd i eisteddfod byth wedyn yn y gaeaf!

Roedd y bobl hynaf yn ymdrechu i beidio colli dim un ysgol gân ym misoedd y gaeaf er mwyn ffurfio'r Corau Cymysg niferus erbyn yr Eisteddfod. Cystadleuaeth wych oedd hon gydag amryw o gorau lluosog yn ein Dyffryn. Roedd y beirniad yn crafu ei ben weithiau i fedru egluro'r gwallau mân er gwneud cyfiawnder.

Un o eisteddfodau cynnar y Gwladfawyr ar 'Foncyn Betsi Hughes' yn Rawson

Yn ôl yr hanes, cafodd yr hen Gymry [un o'u heisteddfodau cynnar] mewn cwt bach ar ben boncyn yr ochr uchaf i Rawson. Boncyn Betsi Hughes oeddynt yn ei alw. Yn 1876 yr oedd hynny, er bod Elvey MacDonald yn sôn yn ei lyfr *Yr Hirdaith* eu bod wedi cynnal eisteddfod fwy nag unwaith cyn y dyddiad hwn [y gyntaf ar ddydd Nadolig 1865] gyda chystadleuaeth barddoni, siarad a chanu o gwmpas y tân. I godi'r caban bach ar y boncyn roeddynt wedi cario planciau o draeth y môr lle roedd llong wedi dryllio rhyw dro. Cliriwyd y tir a gosodwyd y planciau gyda sawl postyn o goed oedd yn tyfu ar lan yr afon. Gosodwyd sachau o hadau i'r dyrnaid bach o gynulleidfa yn eisteddle, ond mi roedd y gân yn y galon a gwres y Celt yn eu hysbryd.

Soniwyd hefyd am Eisteddfod 1881 yn y Gaiman. Yno yr enillodd y Parchg William Casnodyn Rhys, Fron-deg, ardal Treorci, y Gadair. Roedd Mr Rhys wedi dod i'r Wladfa yn 1875 gyda'i briod, Margaret Ffrances Rhys, oedd yn siarad mwy o Saesneg nag o Gymraeg. Fe gafodd ei ddewis i'r capel oedd yn Nhreorci cyn iddo gwympo gyda gorlif 1899, ac yna pregethai ymhob capel ble roedd galw amdano. Fe, hefyd, oedd arweinydd yr Eisteddfod y diwrnod hwnnw, a phan alwodd ar y ffugenw *Marwol*, nid oedd neb yn ateb na chodi ar ei draed. Yna symudodd yntau ac eisteddodd yn y gadair ei hun! A mawr fu'r clapio dwylo gan y gynulleidfa pan ddeallwyd mai ef oedd yr awdur.

Y cystadlu brwd, yn Gymraeg a Sbaeneg, ymysg plant ac oedolion

Fel disgynyddion y Cymry, rydym yn cydnabod yn haelionus bod gwerth mawr i bwyllgorau'r Eisteddfod nodi cystadlaethau arbennig ar gyfer cyfieithu i'r Sbaeneg amryw o lyfrau gwerthfawr yr awduron fuont yn byw yma yn y blynyddoedd cyntaf ac a oedd yn brofiadol o holl anturiaethau'r sefydliad. Dyma rai ohonynt: llyfrau'r Parchg Abraham Matthews, Eluned Morgan, William Hughes (Meloch), Lewis Jones, John Daniel Evans. Fel y gwyddom, bu Irma Hughes de Jones yn un o'r colofnau gwerthfawr i gyfieithu tri neu bedwar ohonynt. Erbyn hyn rydym yn medru eu cynnig i'r holl dwristiaid sydd yn cyrraedd Chubut, ac yn awyddus i wybod am hanes y sefydliad Cymreig. Mae'r rhan fwyaf o boblogaeth Ariannin yn anymwybodol o'r fintai heddychol hon. Ni fedrant ddychmygu mwy na chyflwr gwyllt y paith, y rhew a'r pengwyniaid! Maent yn synnu at y stôr o hanes sydd ar gael ac mae'r Eisteddfod yn eu syfrdanu ac yn eu taro yn fwy na'r cwbl.

Erbyn hyn mae llawer o gorau yn dod i gystadlu o wahanol daleithiau'r Ariannin. Mae dros gant yn cystadlu am y goron, gan mai dyna brif wobr yr adran Lenyddiaeth Sbaeneg, ac, yn ffodus, gwelwn Gymry'r Wladfa yn llifo i mewn o hyd, rai ohonynt dros eu saith a'u hwythdegau, heblaw y to newydd sydd yn codi yn fwy bob tro. Mae'n bleser eu gweld yn y pwyllgor sydd yn trefnu ac ymysg yr arweinwyr ar y llwyfan. Mae hyn yn galondid mawr ac yn obeithiol i ddyfodol yr Eisteddfod.

Bob mis Medi mae Eisteddfod y Bobl Ifanc yn cael ei chynnal yn y Gaiman a gwelwn ddwsinau o blant yn cymryd rhan yn y ddwy iaith, yn mynd yn ôl ac ymlaen gyda'u bagiau bach lliwiog am eu gyddfau. Mae'n ddolur pen a chalon i'r beirniad ddyfarnu pwy yw'r tri sydd yn cael mynd i'r llwyfan. Mae'r bardd ifanc yn derbyn medal am farddoniaeth yn adran y Llenyddiaeth Sbaeneg – rhodd y mae cyngor y Gaiman yn ei chynnig bob blwyddyn.

Eisteddfodau Cymry'r Wladfa yn ennyn cefnogaeth ac edmygedd trigolion Ariannin a Chile

Mae plant yn dod o'r tu allan i'r Wladfa i gystadlu, ac maent yn cartrefu gyda'r plant lleol, gan fwynhau yn fawr a gwneud ffrindiau newydd. Mae'n plant ninnau yn cael y fantais o dro i dro i fynd allan o'r Wladfa i ateb gwahoddiad neu i gystadlu, a hynny'n llwyddiannus iawn. Rhwng yr eisteddfodau mae Mini Eisteddfod neu

Ficro Eisteddfod i'r plant ymarfer â chystadlu. Trefnir y rhain gan bwyllgor lleol ymysg y cymdogion, neu hefyd gan ddisgyblion Ysgol Camwy dan arweiniad ewyllysgar y to ifanc a chymorth y rhieni.

Yn Eisteddfod Trelew [2002] cawsom y pleser o wrando côr capel yn cystadlu – agos i 80 ohonynt o dair i wyth deg a phump oed yn canu 'Bydd yn wrol...' Yr oedd yno blant tywyll eu croen a'u gwallt, ynghyd â phlant golau â chroen gwyn, ar ben y llwyfan yn canu â'u holl nerth mewn parch a llawenydd. Darlun i'w gofio a hefyd wyneb y beirniad yn dotio atynt. Da i ni hefyd yn y blynyddoedd diweddaraf fod beirniaid o Gymru, mwy nag un, yn cael eu gwahodd i ddod drosodd.

Rhwng blynyddoedd 1910 a 1920 yr oedd y Parchg Tudur Evans yn gwasanaethu yn Esquel a Chwm Hyfryd, wrth odre'r Andes. Yn ystod yr amser trefnwyd eisteddfod yno ac ef enillodd y Gadair. Mae llawer Eisteddfod Gadeiriol wedi cael ei chynnal yn Nhrevelin bellach, yn ddwyieithog, ac yn y blynyddoedd diwethaf mae corau o ochr draw y mynyddoedd yn Chile yn ymuno yn yr ŵyl ac yn cludo eu hofferynnau i gyfeilio i'r canu a'r dawnsio. Mae dawnsiau gwerin Chile yn atyniadol iawn yn eu gwisgoedd lliwiog a'u symud siarp a bywiog, fel llawer dawns werin o Ariannin hefyd.

Mae'r Eisteddfod yn y Wladfa wedi cychwyn yn ddwyieithog er y pumdegau [1965?] oherwydd fod diddordeb gan y cenhedloedd diarth, yn bennaf pobl Ariannin, a'u bod yn awyddus i gymryd rhan. Roedd deunydd yr iaith Gymraeg wedi lleihau yn amlwg a dim athrawon na phregethwyr wedi dod drosodd ar ôl y rhyfel i geisio parhau gyda'r cyrddau i ymarfer fel cynt. Heblaw hyn, bu llanw allan, dros bymtheg mlynedd, oherwydd yr amgylchiadau a chyflwr economaidd y wlad ar ôl y Rhyfel Byd.

Eisteddfod y Canmlwyddiant yn 1965

[Yn 1965] ailgychwynnodd yr awydd am Eisteddfod, ynghyd â chyrhaeddiad canmlwyddiant y glanio. Roedd Pwyllgor Dathlu'r Canmlwyddiant yn trefnu rhaglen ac yn benderfynol o gynnal Eisteddfod fel nodyn dyledus a theyrngar i sefydlwyr cyntaf y Wladfa. Daeth mintai dda o Gymry erbyn yr achlysur i roi hwb i'r galon, a chredaf yn sicr iawn fod y ddolen gydiol hon wedi dal yn gryf rhwng y ddwy wlad o hynny ymlaen. Bu tri o ymgeiswyr am y Gadair yn Eisteddfod 1965, a'r awdl fuddugol oedd eiddo 'Blaen Tir', sef Dic Jones, Yr Hendre, Blaenannerch, Sir Aberteifi. Daeth corau o bob rhan o Chubut, o'r Andes ac o Comodoro

Rivadavia. Bu côr Comodoro yn dod am bymtheg mlynedd heb fethu unwaith ac yn trafaelio dros 400 o gilomedrau ar ffyrdd caregog a llychlyd yr adeg honno. Yna aeth eu harweinydd i ffwrdd dramor gyda'i swydd, gan adael y côr dan ofal bachgen arall o Gymro. Mae'r [arweinydd] cyntaf wedi ymddeol erbyn hyn ac yn byw yn yr Andes, lle mae wedi codi côr meibion sydd yn canu hen alawon yn Gymraeg, ac yn gwahodd pob un o bob oed sydd yn hoff o ganu.

Bu Porth Madryn hefyd yn selog iawn dan arweiniad y Br Elved Williams. Mae ei ddisgynyddion heddiw yn cymryd ei le ac yn dilyn ei lafur yn gyson. Gallaf ddweud yr un peth am gorau'r Andes bell. Maent yn ffyddlon i'r Eisteddfod erioed, llawer ohonynt yn perthyn i deulu'r cerddor a'r arweinydd enwog Dalar Evans.

Ar ddathliad y canmlwyddiant roedd Neuadd Dewi Sant dan ei sang a phawb yn hwyliog gan fwynhau yn fawr. Bu ymweliad y pererinion o Gymru yn fendithiol a bythgofiadwy yn y digwyddiad neilltuol hwn.

Irma yn ennill y Gadair yn 1946

Mae pob eisteddfod yn gadael rhyw argraff. Roedd perthynas i mi yn adrodd ei hanes yn blentyn deuddeg oed yn 1946 pan enillodd Irma Hughes y Gadair yn ferch ifanc iawn. Gwyddom fod hyn wedi bod yn llawenydd eithriadol yn yr holl Wladfa gan nad oedd yn arferol i ferch gael yr anrhydedd. Nid oedd y plentyn hwn wedi gweld y seremoni o'r blaen, ac felly tynnodd ei sylw pan alwodd yr arweinydd ar y buddugwr. Pan gododd hi ar ei thraed yng nghanol y gynulleidfa a chael ei harwain ymlaen at y llwyfan, dywedodd ei bod yn edrych mor dlws ac eiddil, fel y dychmygodd, pan alwodd arni, weld angel. Safodd wrth ei chadair a dyma osod y cledd mawr uwch ei phen, ynghyd â'r waedd arferol gan y ceidwad, a chredodd, gydag arswyd, ei fod am ddisgyn ar ei phen neu ei gwddf.

Yn 1966 cawsom Eisteddfod yn y Gaiman. Yr adeg hynny yr oedd yr ifanc a'r rhai hynaf yn yr un cwrdd, gan mai felly y cychwynnodd yn 1965, ond yr hyn sy'n aros yn fy nghof yw gweld Elvey MacDonald yn arwain. Ar ganol yr ŵyl cyhoeddodd y newydd trist ddaeth o Gymru am drychineb Aber-fan, lle collwyd llawer o blant ysgol.

Yr Eisteddfod a'r Gymanfa Ganu

Pan ddaeth y sôn am ailgychwyn yr Eisteddfod ar achlysur y Canmlwyddiant, daeth y syniad o gael Cymanfa Ganu y dydd Sul dilynol, ac felly y bu. Cynhaliwyd hi yn Neuadd Dewi Sant, dan arweiniad yr Athro Clydwyn ap Aeron Jones, a chyda phresenoldeb y Pererinion a llu anferth o Gymry'r Wladfa. Cafwyd hwyl eithriadol y noson honno. Roedd y Fonesig Mali Evans o Gymru yn ymweld â'r Wladfa i ddathlu'r ŵyl a gwahoddwyd hi gan Clydwyn ap Aeron Jones i arwain dwy gân. Peth newydd i ni yn y Wladfa oedd gweld boneddiges yn arwain Cymanfa Ganu. Byth er hynny y mae'r Gymanfa yn cael ei chynnal yn gyson ar ôl pob Eisteddfod.

Yn 1909 cyflwynwyd y Goron am y tro cyntaf i fuddugwr y gystadleuaeth am gerdd *vers libre*. Enillwyd hi gan athro ysgol ddyddiol o ardal Ebeneser, y Dyffryn Uchaf, sef y Br William M Hughes, Glan Caeron. Cafodd y bardd ei goroni gan Mrs Lewis Jones, Plas Hedd, ac mae'r goron yn cael ei chadw yn amgueddfa'r Gaiman lle mae cadair y Parchg Casnodyn Rhys (1881) hefyd. Mae'r gadair wedi ei gwneud o bren helyg sydd yn tyfu yn naturiol ar lannau'r afon, ac wedi ei cherfio yn hynod.

Eisteddfod arbennig oedd honno gynhaliwyd yn Nhrelew yn 1913 pan agorwyd y Neuadd Goffa, er nad oedd yr adeilad wedi ei lwyr orffen. Bu ymdrech fawr gan y Gwladfawyr am fisoedd i godi hon fel cofadail erbyn hanner canmlwyddiant y glanio, a dyma ble mae'r gymdeithas Gymraeg wedi cwrdd erioed. Bu cyngerdd agoriadol noson cyn yr Eisteddfod a'r diwrnod canlynol cynhaliwyd Gorsedd y Beirdd.

Yr Eisteddfod a Gorsedd y Beirdd

Yr oedd diddordeb mawr gan y bobl ifanc i gael bod yn bresennol i weld y seremoni, oherwydd nid bob amser yr oeddynt yn cael mynd i'r Eisteddfod. Mae hen luniau yn dangos Cylch yr Orsedd y diwrnod hwnnw ar brif heol Trelew. Gorymdeithiodd Caeron, Ceidwad y Cledd, a'r beirdd urddedig at y Neuadd Goffa ac yn ôl at yr Orsedd. O'u blaenau yr oedd aelodau'r seindorf yn chwythu eu hutgyrn ac yn arwain y dyrfa. Mewn campfa maent yn cynnal Eisteddfod y Bobl Ifanc yn y Gaiman bellach, a'r un modd yn Nhrelew, oherwydd fod pob adeilad arall yn rhy fach i ddal y gynulleidfa luosog sydd yn cymeradwyo gwaith yr ymgeiswyr a'r beirniaid ar bob adran.

Erbyn 2001 ailsefydlwyd Gorsedd y Beirdd yn y Wladfa. Gwelwyd criw o ymwelwyr o Gymru gyda'r Archdderwydd, y Parchg Meirion Evans o'r Hen Wlad, yn eu gwisgoedd lliwgar. Llywydd Gorsedd y Beirdd yn y Wladfa [2003] yw Clydwyn ap Aeron Jones a chafodd ei goroni ar y Maen Llog. Coron oedd hon gafodd ei gwneud gan Anthony Lewis ac a roddwyd gan Orsedd yr Hen Wlad. Arni y mae cwpled o waith y cyn-Archdderwydd Geraint [Geraint Bowen]:

Coron i Wladfa'r Cewri;
Rhodd gan Gymru yw hi.

Rhoddodd hyn oll nodyn lliwiog iawn yn seremoni'r cadeirio ar y diwrnod dilynol ar lwyfan yr Eisteddfod gan fod y grŵp oddi yma mewn mentyll glas ar ffurf ponsio, dilledyn poblogaidd yn y Wladfa.

Beirdd Cadeiriol y Wladfa: 1880–2002

1880	Fron-deg	Thomas G Pritchard, 'Glan Tywi'
1881	Gaiman	Y Parchg William Casnodyn Rhys
1883	Gaiman	William H Hughes, 'Glan Caeron'
1884	Trelew	William T Mason, 'Grugog'
1891	Rawson	Neb yn deilwng
1892	Gaiman	William H Hughes, 'Glan Caeron'
1893	Trelew	William H Hughes, 'Glan Caeron'
1895	Gaiman	Gwilym Lewis
1898	[?]	Neb yn deilwng
1902	[?]	William H Hughes, 'Glan Caeron'
1908	[?]	Morgan Philip Jones
1909	Trelew	(coron) William H Hughes
1910	Gaiman	Morgan Philip Jones
1911	Trelew	William H Hughes
1912	Gaiman	[?]
1913	Trelew	[?]
1917	[?]	Morgan Philip Jones
1918	Trelew	William Williams, 'Prysor'
1919	Trelew	[?]

1920	[?]	William Williams, 'Prysor'
1921	[?]	William Williams, 'Prysor'
1922	Gaiman	R Bryn Williams
1923	Dolavon	Morgan Philip Jones
1924	Trelew	Cynan Jones
1925	Gaiman	Cynan Jones
1926	Dolavon	Owen Hughes, 'Glasgoed'
1927	Trevelin	Cynan Jones
	Trelew	Cynan Jones
1928	Bro Hydref	Y Parchg Tudur Evans
1929	Trevelin	[?]
1933	Trelew	Neb yn deilwng
1936	[?]	[?]
1937	Trelew	Morgan Roberts
1942	Gaiman	Morris ap Hughes
1944	Gaiman	Evan Thomas
1945	Dolavon	Elved Price
1946	Gaiman	Irma Hughes de Jones
1947	Trelew	Evan Thomas
1949	Gaiman	Irma Hughes de Jones
1950	Trelew	Elved Price
1965	Trelew	Dic Jones
1966	Gaiman	Y Parchg D J Peregrine
1967	Trelew	Y Parchg D J Peregrine
1968	Gaiman	Morris ap Hughes
1969	Trelew	Morris ap Hughes
1970	Trelew	Irma Hughes de Jones
1971	Trelew	Irma Hughes de Jones
1972	Trelew	Elvey MacDonald
1973	Trelew	Elvey MacDonald
1974	Trelew	Henry Hughes
1975	Trelew	Neb yn deilwng
1976	Trelew	Iwan Morgan
1977	Trelew	Irma Hughes de Jones
1978	Trelew	Margaret Rees Williams

1979	Trelew	Margaret Rees Williams
1980	Trelew	Eirlys Hughes
1981	Trelew	Arel Hughes de Sarda
1982	Trelew	Neb yn cystadlu
1983	Trelew	Irma Hughes de Jones
1984	Trelew	Neb yn deilwng
1985	Trelew	Neb yn deilwng
1986	Trelew	Margaret Lloyd Jones
1987	Trelew	Irma Hughes de Jones
1988	Trelew	Osian Hughes
1989	Trelew	Cathrin Williams
1990	Trelew	Ieuan Jones
1991	Trelew	Eryl MacDonald de Hughes
1992	Trelew	Arel Hughes de Sarda
1993	Trelew	Geraint ab Iorwerth Edmunds
1994	Trelew	Karen Owen
1995	Trelew	R J H Griffiths (Machraeth)
1996	Trelew	Owen Tydur Jones
1997	Trelew	Owen Tydur Jones
1998	Trelew	Arel Hughes de Sarda
1999	Trelew	Geraint ab Iorwerth Edmunds
2000	Trelew	Arel Hughes de Sarda
2001	Trelew	Monica Jones de Jones
2002	Trelew	Andrea Parry

Ffynhonnell

Cyd-fuddugol yn Eisteddfod Genedlaethol Maldwyn a'r Gororau, 2003.

3

Traddodiad Cyfoethog y Canu Corawl yn y Wladfa

Clywais Sbaenwr yn dweud rywdro: 'Os gwelwch chi dri neu bedwar *Galenso* (Cymro) yn cwrdd â'i gilydd, maent yn sicr o ddechrau canu'. Meddyliais innau mai da oedd mai canu sydd yn eu gwaed ac nid rhyfela. Mae'n sicr fod y Sbaenwr hwn wedi bod yn canlyn criw dyrnu mewn fferm, gan fod rhyw bedwar o ddynion yn sefydlog yn aros o ddydd Llun hyd nos Sadwrn, yn perthyn i'r peiriant dyrnu ac yn cael ambell gymydog i helpu hefyd. Ar ôl swper, byddai pawb yn sgwrsio a dweud straeon a chanu, wrth gwrs. Cyfle weithiau i ymarfer rhyw dôn i'w dysgu at y cyrddau llenyddol. Gwyddom hefyd am hanes yr Indiaid oedd o gwmpas y Dyffryn yn dod i wrando wrth gapel, ac yn edrych trwy'r ffenestr a phob yn dipyn yn mentro eistedd i mewn a gwrando'n astud.

Mae'r hanes yn dweud bod canu eu Ffydd yn cael ei le ar fwrdd y *Mimosa*, a chanu oeddynt hefyd i haul a rhyddid ym Mhatagonia bell, llwm, ansicr i ddyfodol eu bywyd. Yn y flwyddyn 1876 [fel y nodwyd eisoes yn y bennod ar Eisteddfodau'r Wladfa], roedd yr hen Gymry yn cynnal Eisteddfod fach mewn lloches yr oeddynt wedi'i chodi ar 'Foncyn Betsi Hughes', gyda sachau llawn i eistedd arnynt, ac roedd dau barti corawl yn cystadlu.

Heb os, mae corau'r Wladfa mewn cysylltiad â'r holl eisteddfodau a fu'n perthyn i'r Wladfa, ond ymlaen yn yr amser yr oedd gan bob ardal ei chôr, a gwyddom am arweinyddion enwog fel Dalar Evans, Joseph Jones (Trelew), Tom Rowlands (Bryn Crwn), Carrog Jones (Drofa Dulog), William O Evans ac Edward Williams (Bryn Gwyn), Robert Davies (Tir Halen). Gwn fod cystadleuaeth wedi bod mewn Eisteddfod yn Chubut tua 1968 yn crynhoi hanes 'Corau'r Wladfa ac enwau eu harweinyddion yn ystod y can mlynedd cyntaf'. Felly, gwaith i ni ydyw hel hanes o hynny ymlaen, ond gadawaf hynny i rai sydd wedi brwydro erioed ar dir y canu, oherwydd fy mod wedi bod yn absennol am dros chwarter canrif allan o'r Dyffryn.

Cof da sydd gennyf am yr amser pan oeddwn yn blentyn bach ac yn byw ar fferm ym Mryn Crwn. Fy rhieni'n mynd i Gapel yr ardal i'r ysgol gân a ninnau blant yn eistedd ar waelod y cerbyd gyda mantell fach a bricsen gynnes wrth ein traed os oedd y tywydd yn oer iawn. Mynd gyda'r nos a dod adref yng ngolau'r sêr a'r lleuad. Caf alwad ar y funud i gofio siâp yr arweinydd, y Br Edward Morgan, dyn corfforol, gwridog, gwallt gwyn a thamaid o fwstas a barf fach wen dan ei ên. Cyrraedd mewn cerbyd dwy sêt gyda'i wraig a saith o ferched talentog a siapus. Ar geffylau y deuai eu dau fab, Iorwerth a Samy. Pawb ohonynt â lleisiau bendigedig. Bu Edward Morgan dros ddeugain mlynedd yn arwain y canu a chystadlu'n aml. Mae llawer o'i ddisgynyddion hyd heddiw yn arwain ar ei ôl.

Côr Tir Halen a'r arweinydd, Robert Davies

Pan oeddwn ar fy arddegau, aethom i fyw i Dir Halen, ac yno deuthum i adnabod yr arweinydd, Robert Davies, ac ar y côr hwn yr wyf am ganolbwyntio'n awr. Caf fy ysbrydoli gydag atgofion am y Band of Hope yng Nghapel Bethel bob wythnos, dan ofal y Parchg E R Williams a'i wraig fwyn a oedd yn dysgu adrodd a chanu, ynghyd â rhoi ar y cof adnodau erbyn y Sul. Pleser i ni blant oedd cwrdd â'n gilydd a dechrau ymwneud hefyd â'r bywyd crefyddol. Roedd amryw'n fedrus i arwain y canu yn y Capel, ond Bob David Davies oedd yn codi hwyl, a phob yn dipyn ffurfiodd gôr plant a phartïon gyda'r bobl hynaf. Mab i'r blaenor, David Davies, a'i wraig, Cathrin Humphreys, unawdydd campus, oedd Bob, sef Robert Davies. Cofiaf yr hen ŵr, tua'r tridegau, gyda'i farf wen, lân, laes yn dod yn selog i'r Capel, yn aml iawn ar ei draed gan ei fod yn heini ac yn hoff o gerdded. Byddai'r rhaw goes hir wedi ei gadael y noson gynt, wedi ei phlannu'n syth ar y cae i ddangos mai segur oedd i fod ar ddydd Sul. Bu'r teulu'n byw i ddechrau yn ardal Drofa Gabaits (Dyffryn Isaf), ond wedi rhai blynyddoedd aethant i ymsefydlu yn Nhir Halen ar fferm o'r enw Bryn Siriol a oedd gyferbyn â'r Ysgol Ddyddiol.

Roeddynt yn ddeg o blant, a Robert, wedi ei eni ym mis Awst 1894, oedd yr un a ddangosai ddiddordeb neilltuol mewn cerddoriaeth yn ifanc iawn. Meistrolodd y sol-ffa, a chyda chyfeiliant ffrindiau, fel Ap Owen Roberts a Rhaeadr Prichard, dechreuodd ambell gyda'r nos gyda rhyw dôn arbennig, a mentrodd o hynny ymlaen i ymarfer rhyw barti erbyn aml i ddathliad yn y Capel.

Wedi marwolaeth Gruffydd N Jones, arweinydd y canu yng Nghapel Bethel, Tir Halen, enwyd Robert Davies i gymryd ei le. Nid oedd neb bron yn cael llawer o addysg yr adeg honno, ond llwyddodd trwy ei ymdrechion ei hun a chymorth y Br Ap Owen Roberts, unig organydd yr eglwys. Roedd yn meistroli'r sol-ffa, ac ymhen amser dechreuodd ymarfer côr yn yr ardal a bu'n llwyddiannus iawn.

Yn y flwyddyn 1919, fe briododd â Margaret Davies, 'Y Boncyn', ac ymhen amser cawsant ddau o blant, sef Elmer ac Irfon. Yng nghyfnod cynnar y Wladfa, rhaid i ni gofio mai ffermwyr oedd y dynion, y mwyafrif wedi gweithio'n galed i agor y camlesi i fedru dyfrio eu ffermydd i godi cynnyrch at eu bywoliaeth. Llawer ohonynt wedi troi eu llaw at wneud gorchwylion eraill, fel gwaith saer, trwsio peiriannau, torri gwallt, trwsio esgidiau, rhoddi addysg i'w plant, sefydlu newyddiadur, ac ati, ond roedd pawb yn cyrchu tua'r Capel, yn deuluoedd lluosog y rhan amlaf, i gadw eu crefydd ac ymuno'n frwd yn y canu ac yn barod i fynd ymlaen yn y corau. Ar nos Sadwrn, roedd Robert Davies yn cadw ysgol gân gyda chôr y rhai [hynaf] yn y Capel a hynny ar unrhyw dywydd, ond roedd y lleisiau'n dod yn selog i ymarfer yn y festri, a thân mawr yn y simdde, a thra eisteddai rhai ar y meinciau o gwmpas, clywn eraill yn 'practeisio' o gwmpas yr organ lle roedd Ap Owen yn cyfeilio.

Yn y flwyddyn 1931, dechreuwyd trwy gadw arwest mewn tent fawr yn Rhymni, fferm Aeron Jones ym Mryn Crwn. Syniad Eluned Morgan fu cael tent o'r Hen Wlad, er mwyn i Gymry o dop y Dyffryn fedru cyrraedd i gael Eisteddfod, gan fod y rhai blaenorol wedi eu dathlu yn Neuadd Dewi Sant yn Nhrelew er 1913, ymhell o gyrraedd y Dyffryn Uchaf, a dim ond cerbyd a cheffyl neu wagen i'w cludo. Yn yr arwest hon, bu côr Robert Davies yn cystadlu'n gyhoeddus am y tro cyntaf, ac yno roedd ei ferch, Elmer, yn naw oed, yn ennill ar ganu unawd. Cychwyn gyda'i thad a David Adna Davies, a oedd yn cyfeilio iddi, yn fore cyn i'r haul godi a mynd â rhywbeth i'w fwyta iddynt hwy a hefyd gwellt i'r ceffyl rhwng y ddau gwrdd. Felly pan oedd yn ei dridegau, mentrodd Bob allan o'r ardal a chyrhaeddodd ei gampwaith fel arweinydd.

Yn Bethel roedd wedi codi côr plant hefyd, ac ynddo y buais i'n canu am dair blynedd. Dyn rhadlon oedd ef hefyd, yn arbennig gyda'r plant. Gyda'i gôr mawr, arweiniodd mewn eisteddfodau nifer o anthemau fel 'Pebyll yr Arglwydd', 'Emyn y Greadigaeth', 'Mae'th Dad wrth y Llyw', 'Dyddiau Dyn sydd fel Glaswelltyn' a 'Hen Aelwyd Cartref' (hon mewn sied sinc a oedd yn perthyn i Gwmni'r Rheilffordd ac wedi ei hadeiladu'n groes dros y ffos fawr sydd yn mynd trwy dref Dolavon). Cefais hanes y diwrnod hwnnw gan Nancy Davies, a oedd yn perthyn i'r côr a thros ei 90 heddiw, a da gennyf ddweud bod un wraig arall yn fyw hefyd, sef Eurwen Brunt, sydd tua 95 oed. 'Hen Aelwyd Cartref' oedd yr ail gystadleuaeth, a phump o gorau'n cydymgeisio, sef: Tir Halen, Côr Dyffryn Uchaf, Gaiman, Bryn Crwn a Threlew. Un o'r beirniaid oedd y cerddor Carrog Jones, y sonnir amdano'n sychu ei chwys gyda chadach boced goch. Cododd ar ei draed i roi'r feirniadaeth a dywedodd fod canu rhagorol wedi bod, ond mai Côr Tir Halen oedd wedi ennill, a dyna sŵn clapio dwylo am hir. Pan ostegodd y sŵn mawr, dyna Carrog yn sychu'r chwys eto ac yn dweud ar dop ei lais; 'Côr Tir Halen sydd i gael y wobr, Arweinydd y llaw chwith, myn giafr'. Robert Davies oedd yr arweinydd buddugol, a phawb o'r corau eraill yn foddlon iawn fod y côr yma wedi ennill, a bu cymeradwyaeth tu hwnt iddo ar ôl hynny. Roedd ef yn adnabyddus trwy'r Dyffryn am ei fod yn arwain gyda'i law chwith. Yn lle baton, defnyddiai ddalen o bapur wedi ei rowlio'n dda, ond dywedodd ei ferch Elmer mewn sgwrs ddiweddar â fi fod rhywun wedi mynd i dorri cangen fach o goeden *tamarisco* [grugwydden] a dweud wrtho: 'Gwell i ti ddefnyddio hon na'r ddalen bapur', ac felly bu – fe'i cadwodd at y job o hynny ymlaen.

Yn 1934, tynnwyd llun o'r côr gan y ffotograffydd Stillitani o Drelew a 54 o aelodau'r côr yn y llun. [Roedd] William Williams, Lle Cul, yn eistedd yn y canol a Robert Davies yn ei ymyl. Mae'r organydd Ap Owen Roberts yn un o'r côr, ac felly oedd yr arferiad ar gyfer pob eisteddfod, gan fod gan Ap Owen lais da. [Roedd] William Williams wrth yr organ er mwyn i Ap Owen fod yn un o'r côr. Ar ddydd Gŵyl y Glaniad, byddai'r côr yn canu penillion o waith beirdd enwog y Wladfa, sef James Peter Jones, Prysor Williams, Cynan Jones a David Iâl Jones, ei frawd, ar gerddoriaeth adnabyddus o ddewis yr arweinydd.

Mae Nancy [Davies] yn cofio hefyd am ei ferch Elmer yn eneth fach dair oed yn mynd i Gapel Bethel gyda'i mam oedd yn canu yn y côr. Rhoddai'r ferch dan ofal ei hewyrth oedd yn gwrando, ond mynnai hi fynd i'r sêt ar yr esgynlawr, a phan glywai ei thad yn taro'r 'pitch' roedd y fach yn gweiddi'r nodyn. Yntau'n edrych yn ffyrnig a hithau'n mynd trwy'r festri i'r ochr arall i'r llwyfan a gwneud yr un peth eto. Felly cafodd yr ewyrth arwydd i fynd â hi allan ddigon pell a hithau'n bloeddio crio wedi iddi gael codwm wrth fynd allan. Nid yw'n rhyfeddol ei bod wedi cael y ddawn ysbrydol at y miwsig gan ei bod wedi arwain ei chôr bach ei hun yn bedair ar ddeg oed, ac wrthi'n ddyfal heddiw, yn ei hwyth degau o flaen côr bach Dolavon ac ynddo ugain o aelodau yn canu'n foddhaol iawn, yn bennaf emynau yr ydym yn eu trysori fel Cymry, mewn sawl cyngerdd, angladd neu ryw amgylchiad arbennig. Dynes fechan fywiog ydyw a'i gwallt yn wyn fel eira. Pleser o'r mwyaf oedd gwrando ar ei chôr meibion yn cystadlu gyda chôr ei thad yn y darn adnabyddus 'Cyfri'r Geifr'. Dyna'r ddau gôr ddaeth i'r llwyfan y noson honno, a'r Br Newton Hughes (Moriah) oedd y beirniad. Yn ei farn ef, ychydig o wahaniaeth oedd rhyngddynt, ond wedi iddo wneud ei gyfri, côr Elmer a gipiodd y wobr gyntaf, yn hollol deg, oherwydd iddynt ganu'n ysgafnach a chyflymach.

Roedd yn wironeddol braf cael gwrando ar gôr Bob yn canu 'Myfanwy' mor dyner, ac wedyn 'Chwi Feibion Dewrion' gyda'r organ yn ei holl nerth hefyd, nes i'r gynulleidfa godi ar ei thraed i gael ailwrando arnynt yn eu buddugoliaeth. Wedi i'r Eisteddfod ailddechrau yn y flwyddyn 1965, yr hon a gafodd ei hatal am bymtheg mlynedd wedi'r Ail Ryfel Byd, rhoddodd côr Robert Davies y gorau i gystadlu mewn eisteddfodau gan ei fod ef bellach yn ei saith degau ac yn wan ei iechyd a llawer o aelodau'r côr wedi ymadael. Er hynny, ni wnaeth yr arweinydd na'r gweddill laesu dwylo, ond yn hytrach parhau i ganu yng Ngŵyl y Glaniad ac mewn rhyw gyngherddau bach lleol, bron hyd y diwedd.

Cofia Nancy Davies eto am eiriau'r bardd ar y dôn 'Hen Aelwyd Cartref': 'Ac mae'r hen aelwyd honno yn awr heb dad na mam / Ond aros mae dylanwad y cylch yn fyw o hyd'. Gwanhaodd iechyd Bob nes y cyrhaeddodd ei 77 mlwydd oed a bu farw yn 1971. Y dydd canlynol, cafodd ei gladdu ym mynwent Tir Halen. Y Br Gerallt Williams oedd yn gwasanaethu ac Edward Davies, Hyde Park, yn canu'r organ yn ei gartref. Pawb yn bresennol er parch i'r cyfaill annwyl a ddysgodd ganu i'r rhan fwyaf o'r ardal, a mawr ein hiraeth a'n cydnabyddiaeth am ei holl garedigrwydd. Dyna amcan yr ychydig eiriau a roddaf ar bapur heddiw fel teyrnged iddo a diolchaf am y cyfle a roddodd testun yr Eisteddfod Genedlaethol yn y Bala ar gyfer disgynyddion o'r Cymry sydd wedi eu geni yn y Wladfa ac yn byw yno o hyd. Diolch hefyd i Miss Nancy Davies, Eurgain Roberts (merch Ap Owen Roberts), ac Elmer (merch Robert Davies) am eu hatgofion gwerthfawr. Gwnes i fel y dywed yn y Beibl: 'Sefwch ar y ffyrdd, ac edrychwch, a gofynnwch am yr hen lwybrau a rhodiwch trwyddynt', a dyna sut y cwrddais â'r hen ffrindiau gyda'r atgofion i ychwanegu at yr hyn a gofiwn.

Chubut: 'prifddinas y corau'; Clydwyn ap Aeron, a'r traddodiad corawl yn parhau...

'Prifddinas y corau' y maent yn galw Chubut er pan oedd corau mawr y Dyffryn yn canu'n gyson. Bu'n rhyfeddod i lawer o'r tu allan nad oeddynt yn gyfarwydd â'r diwylliant a gariodd y Cymry dros y môr i Batagonia pan nad oedd hon ond diffeithwch yn yr Ariannin. Tipyn cyn y canmlwyddiant yn 1965, dychwelodd i'n plith y Proffesor Clydwyn ap Aeron Jones, yn enedigol o ardal Bryn Crwn ac wedi llwyddo i gael addysg uchel a gwneud yn fawr ohoni. Bu am flynyddoedd yn y brifddinas, Buenos Aires, gyda'i wraig Alicia yn cyfeilio, a'r ddau yn ymwneud â'r Collegium Musicum. Cododd gôr yn y Brifddinas a chofia llawer o'r nyrsys a aeth o'r Wladfa i weithio i'r Ysbyty Prydeinig yno eu bod wedi bod yn perthyn i'r côr am flynyddoedd, ac yn y Gymdeithas Gymraeg a oedd wedi ei sefydlu yno hefyd. Wedi iddo ddychwelyd yma, cafodd ef a'i briod swyddi uchel yn y brifysgol. Aethant trwy ranbarth Chubut i drefnu corau a gwersi, heblaw'r un oedd wedi ei ffurfio yma i ddechrau yn y brifysgol. I ddathlu'r canmlwyddiant, gofynnodd Cymdeithas Dewi Sant a fuasai'n trefnu cymanfa o hynny ymlaen. Gyda chymorth y pwyllgor, anfonwyd nodyn i bob ardal gyda rhestr o emynau a gwahoddiad i bawb oedd â diddordeb yn y canu. Erbyn y diwedd cyrchodd cannoedd i gyngerdd bythgofiadwy yn y neuadd ganolog yn Nhrelew i ganu gyda'i gilydd. Bu hwyl tu hwnt ar y canu yn yr ŵyl dan arweiniad Clydwyn ac roedd y neuadd dan ei sang.

Ers hynny, mae Cymdeithas Dewi Sant wedi parhau, gan fanteisio ar yr arweinwyr ifanc sydd wedi cael addysg uchel trwy law Clydwyn a'i wraig wedi iddynt godi Ysgol Fiwsig yn Nhrelew gyda chytundeb y llywodraeth i dalu costau'r offerynnau ac ati. Mae'r pwyllgor yn trefnu ym mha gapel y mae'r ŵyl i fod gan ddechrau ym mis Mawrth trwy ddathlu Gŵyl Dewi, ac unwaith y mis mae pob capel trwy'r Dyffryn yn cael y cyfle i gael Cymanfa Ganu. Gwaetha'r modd, mae Clydwyn wedi ffarwelio â ni ers blwyddyn bellach wedi iddo gyrraedd yr oedran teg o 94 blynedd, ond yn mwmian canu ei hoff emynau yn ei gystudd hir.

Dyma enwau rhai o'r arweinwyr corau sydd i'w cael heddiw yn gwasanaethu'n wastad, heblaw'r rhai sydd wedi hoffi meistroli offerynnau fel y piano, organ, gitâr, ffliwt, ac ati. Mae Mrs Edith MacDonald yn hyfforddi corau a phartïon ers blynyddoedd; Marli Pugh gyda chôr cymysg, côr meibion a pharti merched yr un modd; a Mirna Jones. Hefyd mae Gladys Thomas gyda chorau plant, Rebeca White, Ida Williams, Sonia Baliente, ac eraill. Daniel Garavano, yntau wedi codi côr ym Mhorth Madryn ac wrthi'n trefnu ymweliad corau cydwladol bob dwy flynedd. Hefyd mae gennym gyfeilydd gwych sydd yn llawn deilwng o holl gyfarchion pob beirniad canu, sef y Br Hector MacDonald. Mae ef yn barod wrth y piano neu'r organ o'r dechrau i'r diwedd os bydd ei angen.

Dyma arweinyddion da rydym wedi eu colli'n ddiweddar iawn: y Br Osian Hughes, mab y Br Morris ap Hughes o Moriah, fu'n cadw côr Trelew yn gyson ac am ddim dros ddeng mlynedd. Hefyd Gerallt Williams o Fryn Crwn, yntau'n ŵyr i Edward Morgan y soniais amdano ar y dechrau. Cofiaf Gerallt yn Eisteddfod y llynedd yn camu i'r llwyfan i ganu mewn côr a'i gefn wedi crymu'n arw, effaith holl waith caled ar ffarm Bod Iwan, ond bu trwy ei oes yn canu ac yn arwain, ei brif fwynder, er y blinder lluddedig.

Dylwn ddweud bod corau'r Wladfa wedi cynyddu wedi i'r Cymry ymfudo i wahanol ardaloedd i sefydlu yno, fel Esquel a Threfelin yn yr Andes, ac yn ffyddlon i ddod bob blwyddyn i gystadlu yn Eisteddfod y Plant ac ymhellach ymlaen i Eisteddfod y rhai dros 25 oed. Hefyd mae corau niferus ym Mhorth Madryn, gan fod Elved Williams, a'i briod Eilid, wedi cychwyn yno flynyddoedd yn ôl ac yn dod â'i griw i'r Eisteddfod, yn enwedig gyda phartïon teuluol, ond yn awr mae'r Cymry yno wedi cymysgu i mewn i'r Sbaeneg ac mae llawer ohonynt yn canu yn y ddwy iaith.

Pan ffurfiwyd cymdeithas fach 'Dewi Sant' yn Comodoro Rivadavia, ardal yr olew, yn y tri degau, roedd digon o griw i gadw côr a chynyddodd yn y dyfodol dan arweiniad y Br Arthur Lowndes a fuodd yn dod 400 cilomedr trwy lwybrau caregog a llychlyd am 12 mlynedd yn ddi-stop. Mae Arthur Lowndes yn byw yn awr yn agos i Drefelin ac yn dal i wasanaethu gyda'r corau. Ein diolch yn fawr i bob un ohonynt am fod mor ffyddlon i gadw ein hiaith a'n traddodiadau.

Wrth rodio o hyd yn yr hen lwybrau, cefais hanesyn diddorol ym myd yr hen gorau i gloi'r ysgrif hon. Fel y dywedais, roedd fy rhieni yn perthyn i ardal Bryn Crwn, sef y Dyffryn Uchaf amser hynny, tua 1925, a bu digwyddiad yr oedd mam yn sôn amdano wedi iddynt ddechrau dysgu 'Drylliwyd y Delyn'. Roedd yn arferiad gan Tom Rowlands, yr arweinydd, fynd o amgylch y teuluoedd a oedd ar y ffermydd i'w hysbysu y byddai'n cynnal ysgol gân at yr Eisteddfod ym mis Mai bob nos Sadwrn i gychwyn. A chyfeilydd côr Dyffryn Uchaf oedd Joseph Davies, Llanddewi. Daeth y côr yn gryno i Gapel Bethesda ar y nos Sadwrn cyntaf, a'r ffyddlon Joseph Davies yno gyda hwy. Ond y noson honno, ar ôl iddo fynd adref, trawyd ef yn wael iawn, a'r dydd Sadwrn dilynol, roedd ef wedi gadael côr y Dyffryn Uchaf i alaru ar ei ôl. Y tro cyntaf i'r côr gyd-gwrdd ar ôl hynny, dyna Tom Rowlands yn dweud wrthynt: 'Rwyf yn gobeithio y gwnewch eich gorau i ganu "Drylliwyd y Delyn", er cof am eich cyfeilydd, Joseph Davies'. Cawsant gyfeilydd arall, sef y Br William Williams, Lle Cul. Credaf fod y côr wedi ymdrechu'r flwyddyn honno i ganu, ac i fod yn fwy ffyddlon nag erioed, a chôr y Dyffryn Uchaf a enillodd y wobr gyda chanmoliaeth fawr. Y côr arall oedd yn cystadlu oedd côr y Dyffryn Isaf dan arweiniad y Br Joseph Jones, Trelew. Adroddodd Clydwyn ap Aeron Jones yn ddiweddar ei fod yn cofio'r gystadleuaeth hon gan fod ei fam yn y côr, ac yng nghôr y Dyffryn Isaf oedd ei chwaer hi, sef Mrs Joseph Jones, [gwraig] yr arweinydd. Pan gwrddai'r ddwy chwaer cyn yr Eisteddfod, pwnc y côr oedd yn cael ei drin ac, yn naturiol, y naill a'r llall yn sicr o'r fuddugoliaeth. Siom aruthrol fu barn y beirniad i'r fodryb druan, a phan oedd y gynulleidfa'n mynd allan, arafodd ei cham a dywedodd yn reit ffyrnig wrth Carrog Jones, ar dop ei llais: 'Gofalwch eich bod yn glanhau eich clustiau erbyn y tro nesaf, Carrog!' Felly, fel mae'n digwydd erioed, nid pob un o'r aelodau sy'n fodlon ar ddyfarniad y beirniad, yn ôl yr hanes!

Ffynhonnell

Buddugol yn Eisteddfod Genedlaethol Meirion a'r Cyffiniau, 2009: 'Hanes Côr neu Gorau yn y Wladfa'.

4

Teithio yn y Wladfa

Buan iawn y bydd y Wladfa'n dathlu 143 o flynyddoedd er pan roddodd y Cymry eu traed ar dywod Porth Madryn. Wrth godi eu golygon, dim ond diffeithwch oedd o'u blaenau. Ychydig yr ydym yn sylweddoli beth oedd cychwyn yng nghanol y gaeaf heb ffyrdd, trwy'r drysni a'r drain, i chwilio am yr afon oedd ar y map. Mae hyn yn gwneud i mi feddwl am eiriau bardd adnabyddus yn Sbaen sydd yn cael eu canu gan Joan Manuel Serrat o Catalugna: 'Deithiwr, nid oes ffyrdd; ti dy hun sydd yn agor y ffordd, wrth ei cherdded'. Ac felly y bu. Cefnu ar y môr oedd rhyngddynt a'u hen gartref gyda chwmpawd yn eu llaw i droedio deugain milltir. Roedd ceffyl ar gyfer pob criw i gario'r hyn yr oedd ei angen arnynt i wynebu'r Paith, tir a deimlodd cyn hynny fywyd gwyllt yr anifeiliaid ac ambell lwyth o'r Indiaid Tehueiches oedd yn crwydro yma ac acw ar eu ceffylau yn yr haf.

Mae llawer o newid ar deithio wedi digwydd wedi hyn, fel yng ngweddill y byd. Wedi cychwyn y sefydliad, yr unig ffordd i deithio oedd yn y dull cyntefig, sef ar ddwy droed neu ar geffyl, ond nid oedd y rhai a ddaeth gyda Lewis Jones ac Edwin Roberts o Batagones yn ddof iawn i'w marchogaeth. Ymhellach ymlaen bu'r ceffyl yn angenrheidiol i'w ddefnyddio at bob gorchwyl, yn enwedig i gario pobl ar ei gefn.

Y drol gyntaf a cherbydau pedair olwyn

Hugh Hughes, Cadfan Gwynedd, aeth ati i lunio'r drol gyntaf, gyda phlanciau o goed helyg oedd yn tyfu'n naturiol ar lan yr afon. Mi ddaru hefyd gario i'r lan o'r môr ddarnau o goed a oedd yn perthyn i long oedd wedi dryllio cyn iddynt hwy gyrraedd Rawson. Roedd y llong honno wedi bod â llwyth o gasgenni arni, a bu cylchau'r top a'r gwaelod yn addas i wneud byrddau a hefyd y ddwy olwyn i'r drol. Galwyd y lle yn ddaearyddol yn 'Pant y Byrddau'. Bu'r drol yn llesol am flynyddoedd i gario pobl a nwyddau, coed tân ac ambell beiriant i agor y tir. Mae llun ohoni i'w weld y tu ôl i griw o'r hen Wladfawyr 25 o flynyddoedd wedi iddynt gyrraedd, ac mae'n sefyll yn awr mewn amgueddfa hanes yn Rawson.

Cafwyd cerbyd bach o Batagones i Richard Jones Berwyn fedru mynd i Borth Madryn i gwrdd â'r llongau oedd yn gadael llythyrau a phapurau i'r Wladfa fach, yn lle siwrnai hir ar geffyl a oedd yn ei orfodi i gysgu allan noson neu ddwy a bwyta tipyn o fara caled ar y ffordd. Tua 1890 cyrhaeddodd y cerbydau cyntaf gyda tho a phedair olwyn. Roedd un ohonynt gan y Parchg Abraham Matthews i gyrraedd Capel Moriah. Ymhellach ymlaen, daeth *sulkys* a phatrymau eraill, sef rhai gyda dwy sêt i bedwar eistedd gefn wrth gefn, a cherbydau mawr gyda phedwar drws i gario tua wyth o bobl.

Gutyn Ebrill, cychod a phontydd

Yn ystod y blynyddoedd cyntaf, nid oedd pontydd i groesi'r afon a cheid sefydlwyr yn eu ffermydd ar y ddwy ochr. I groesi'r afon roedd angen cwch ac, felly, wedi dod at y lan roedd rhaid galw amdano. Os oedd y gwynt yn rhwystro'r llais, roeddynt yn chwifio cadach gwyn a disgwyl am y cychwr. Wedi gwneud neges neu ddychwel o'r Capel neu'r ysgol, roedd y siwrnai i groesi eto adref. Cafwyd wagen i gario plant i'r ysgol wedi iddynt groesi gan fod y capeli a'r ysgol ar yr ochr ogleddol i'r afon.

Tua 1889, codwyd pont tua 'Thre Rawson' i groesi'r afon gan y saer a'r bardd enwog Griffith Griffith, 'Gutyn Ebrill', a oedd wedi cyrraedd y Wladfa gyda'i deulu. Nid hon oedd yr unig un a wnaethpwyd ganddo ond, yn anffodus, ymhen deng mlynedd daeth llif mawr 1899 ac ysgubo dwy ohonynt i ffwrdd. Bu Rawson ryw ugain mlynedd cyn cael pont gref o haearn gan y Llywodraeth, a chafodd y llall, sef Pont yr Hendre, ei chodi gan beiriannydd oedd yn perthyn i Gwmni'r Rheilffordd. Ond erys cof da am Gutyn Ebrill am ei holl waith fel 'saer geiriau a phontydd'.

Y ffordd haearn a'r trên

Tua 1887, gorffennwyd y ffordd haearn pan gwrddodd y ddau ben â'i gilydd. Roedd un pen wedi cychwyn yn Nhrelew, yn rhan o waith y dynion priod, a'r llall yn cychwyn o Borth Madryn yn nwylo'r bechgyn di-briod. Y rheswm am hynny oedd bod pentref bach wedi ei godi yn Nhrelew lle cadwyd rhai defnyddiau at y rheilffordd ac ambell deulu oedd heb gael meddiant ar dir fferm eto. Gorfu i ambell benteulu gerdded ymhell i gyflawni ei waith, ac mae llawer hanesyn am y gwragedd ifanc oedd yn cael eu siawnsio gyda'u plant mân am dros wythnos, tra bo'r gwŷr gyda'u gwaith ar y ffordd hir. O ganlyniad, dechreuodd Trelew gael ei phoblogi, a bu'r trên yn bwysig iawn i'r Wladfa symud ymlaen. Cludwyd y peli gwair, y gwlân o'r Paith, sacheidiau o hadau gwenith ac alffalffa i'w hallforio gyda'r llongau oedd yn mynd heibio Porth Madryn. Yno y cafwyd y pier cyntaf, wedi'i godi gan Gutyn Ebrill eto, fel y rhan fwyaf o'r gwaith saer ar y stesions.

Hefyd bu'r rheilffordd yn gymorth hawdd i bobl deithio, er ei bod braidd yn araf, ond yn gyfforddus ac yn torri ar unigrwydd y Paith eang oedd o gwmpas. Bob yn dipyn, ymestynnodd y rheilffordd nes cyrraedd y Gaiman, Dolavon a Dôl y Plu, ac yr oedd yn hwylus iawn i deithio i bawb. Cafwyd llawer o amser hapus pan oedd yn cyrraedd glan y môr, tua 6 km o Rawson mewn lle a alwyd yn Playa Unión.

Erbyn heddiw nid yw chwiban y trên yn torri ar ddistawrwydd y Paith gan fod Llywodraeth yr Ariannin wedi codi llawer o'r rheilffordd i roi lle i loriau i gario nwyddau ar draws y wlad bron yn gyfan. Ond yn ddiweddar iawn, maent yn sôn ei bod yn werth ei chael eto o Buenos Aires i Drelew. Pwy a ŵyr?

Y Ford T a rhyfeddod moduron cyntaf y Wladfa [Gw. hefyd 'Hunangofiant Ford T', Elisa Dimol, pen. 28.]

Daeth y modur cyntaf, sef y Ford T, tua 1914, a syndod i bawb oedd gweld nad oedd angen ceffyl i dynnu hwn! Ond medraf ddweud hyn: unwaith eu bod ar dir Patagonia roedd angen ceffyl neu ddau i'w tynnu o drwbl yn aml iawn! O'r Unol Daleithiau ac i'r Co-op (Cwmni Masnachol Camwy) y cyrhaeddodd y rhai cyntaf, ac erbyn hanner canmlwyddiant y Wladfa roedd rhyw ddeuddeg ohonynt yn cludo pobl o Drelew i'r dathliad swyddogol yn Rawson. [...] Nid oedd yn hawdd i bawb gael modur gan fod llawer yn ymdrechu i geisio peirannau at weithio tir ac injan ddyrnu a weithiai gyda stêm. Wrth weld ambell ffermwr a fyddai'n gyrru ei fodur, roedd yn amlwg ei fod wedi gwella'n dda ar ei safle.

Roedd cyfaill i nhad wedi newid ei le er gwell pan aeth i'r Andes (Cwm Hyfryd) gyda chriw o deuluoedd eraill i boblogi a chadw anifeiliaid (defaid yn bennaf). Ryw ddiwrnod, daeth yn ôl am dro i'w hen gartref yn y Dyffryn, a phrynodd Ford T yn y Co-op. Bu mantais iddo gael Eisteddfod ar yr un adeg. Daeth o'r cwrdd nos adref i'r fferm, yn reit hwyr. Yr un diwrnod, roedd dau was iddo wedi cyrraedd o'r Andes gyda wagen a llwyth o wlân arni i fynd i gwrdd â'r trên i Fadryn y dydd canlynol. Wedi siwrnai hir ar ddiwrnod poeth a neb gartref, aethant i gysgu yn flinedig dan y wagen. Pan gyrhaeddodd Arthur yn y car at y giât a chodi'r golau i weld y buarth, deffrodd un ohonynt mewn braw wrth glywed y sŵn rhyfeddol a'r fflach yn disgleirio, a bloeddiodd wrth ei bartner: 'Cwyd, Juan, i ni ddengid – mae'r *gwalitso* (y gŵr drwg) wedi dod amdanom!' Nid oeddynt wedi gweld modur erioed cyn hynny a buont am oriau'n cuddio i sicrhau bod popeth yn dawel cyn dychwelyd yn y bore. Adroddasant yn syn yr hanes wrth Arthur ac yntau'n cymryd arno na wyddai am y peth ond, yn hwyrach, aethant i weld y modur yn y sied er syndod mawr i'r ddau greadur gwyllt o'r Paith.

Mae llawer o hanesion diddorol wedi aros ar gof er pan oedd y moduron cyntaf yn mentro ar lwybrau caregog a llychlyd. Clywais gan Uriena Lewis, sydd bellach yn ei naw degau, ei stori'n ferch ifanc iawn yn gyrru car Ford A i gario ei modryb a'i hewyrth i Gwm Hyfryd. Yng nghanol y gwastadedd, aeth yn sownd mewn tir tywodlyd a oedd yn peri trafferth bron i bawb a oedd ar daith. Wedi ymdrechu'n ofer i'w gael yn rhydd, doedd dim i'w wneud ond disgwyl tan olau dydd y diwrnod wedyn. Taenu gwlâu yng nghysgod twmpathau uchel i gysgu a deffro'n fore gyda'r gobaith y deuai rhyw greadur heibio gyda cheffyl neu ddau i'w dynnu allan. Pan gododd Uriena, cafodd fraw gan fod neidr yn ffoi o dan y dillad gwely a'i dychryn bron i ffit!

Roedd rhyd i groesi Afon Camwy am fod hon yn isel yn yr haf. Erbyn amser y moduron, gwnaethpwyd pont i groesi, a'r cyntaf a gyrhaeddodd o Esquel i'r Dyffryn oedd y fonesig Coni Freeman de Owen yn gyrru modur, a hi gafodd y fraint o fod y gyntaf i groesi'r bont newydd yn Nôl y Plu. Roedd hi yn ddynes a ddaeth yn enwog am ei gwroldeb i drin ei champ â'r anifeiliaid wedi iddi golli ei phriod yn ifanc, a chael ei gadael gyda saith o blant. Roedd yn chwaer ieuengaf Peithgan Freeman, a gafodd ei geni ar y Paith pan ymfudodd teulu William Freeman a Mary Ann Thomas gydag wyth o blant am yr Andes yn 1891. Cawsant bedwar ar ddeg o blant a Constance (Coni) oedd yr ieuengaf ohonynt.

Ar geffylau neu wagenni yr oeddynt yn trafeilio gan gymryd mis neu fwy i wneud y daith. Wrth fynd â'r defaid cyntaf y bu'r drafferth fwyaf i groesi'r afon. Cychwynnodd criw o ddynion ar geffylau i arwain a hefyd wagen i gario bwyd a dillad gwlâu ar y daith o 600 km. Buont fisoedd ar y ffordd.[…] [Cofnodir yr hanes – a'r helbul i groesi'r afon – gan ei mam. Gw. pen. 17: 'Storïau a Hanesion Difyr a Dwys'.]

Diolch i gof pobl mewn oed yn adrodd neu adael tystiolaeth o'r hyn sydd wedi digwydd wrth deithio ymhell i ymfudo o Ddyffryn Camwy. Darllenais unwaith ddyddlyfr o nodiadau yr oedd modryb i mi [Blodwen Camwy] yn ddeunaw oed [= 23 mlwydd oed] wedi'i ysgrifennu ar ei thaith i'r Andes gyda gŵr a gwraig a geneth fach dair oed. Trwy hwn, cawn syniad pa mor ddifyr oedd hi arnynt weithiau ac mor ddiflas dro arall i wynebu'r anawsterau a'r peryglon o'u blaen ond gwelwn foddlonrwydd ym mhob amgylchiad.

Mae'r ffordd hon i'r Andes wedi ei phalmantu erbyn hyn ac mae'r daith yn bleserus iawn. Rydym yn gweld llawer o fywyd gwyllt, sef ysgyfarnogod, armadulos, gwanacos, sgync, dwcwdwc ac estrysod (sydd yn dianc yn gyflym ac yn gofalu cysgodi eu cywion wrth redeg). [Anifail tebyg i lygoden sy'n byw'n bennaf o dan y ddaear yw dwcwdwc.]

Mynd i'r ysgol

Mae awduron y llyfrau hanes cyntaf, fel Abraham Matthews, Lewis Jones ac eraill, yn cyfeirio'n aml at y diddordeb mawr oedd yn ysbryd y tadau am i'r plant gael addysg. Mae esiampl o hynny yn sôn am gynllun Evan Roberts, Parc y Llyn, Bryn Gwyn, yn agor cwys gyda'i aradr o'i gartref hyd at Ysgol Cefn-hir tua 1880, rhag i'w blant fynd ar goll yn nrysni'r twmpathau. Mae ei fab hynaf, Edward Morgan Roberts, a ddaeth gyda'i rieni o Gymru, wedi gadael penillion teimladwy wrth gofio am 'Y gwys agorodd fy nhad'. Ei ffugenw barddonol oedd Llynfab.

Roedd cof da gan fy mam am yr amser pan oedd y plant yn mynd i'r ysgol. Roedd ceffyl yn cario tri neu bedwar o blant ar ei gefn ac aml i dad yn magu poni hefyd ar eu cyfer. Llawer o chwaraeon a thriciau oedd yn eu difyrru ar y ffordd, ond, yn ffodus, roedd y ceffylau'n ddof ac amyneddgar. Tyfai'r plant mewn awyrgylch naturiol a di-boen, ond rhybudd cyson y rhieni oedd iddynt fod yn gyfrifol a pharchus.

Priodas ac angladd

Marchogai'r merched a'r bechgyn a oedd yn mynd i briodi ar geffyl i Rawson, Trelew neu'r Gaiman, lle roedd yr ynad a berthynai i'r ardal. Byddai'r gwahoddedigion ifanc yn eu canlyn yn yr un modd ac roedd fy mam, yn blentyn yng nghwmni plant eraill, yn dringo i le uchel i gyfri faint o fflagiau gwyn oedd yn chwifio uwchben y tai. Os oedd llawer ohonynt, roedd yn sicr o fod yn briodas bwysig a'r ardal i gyd yn dymuno'n dda iddynt.

Hefyd adroddai'r hen bobl am lawer o angladdau yn yr amser gynt lle'r oedd wagen a thri cheffyl yn cychwyn yn araf, yn cludo'r merched a'r plant. Dilynai'r dynion y cynhebrwng ar geffylau a doedd neb yn cyfri maint y ffordd i ddanfon gweddillion rhywun i'r fynwent. Claddwyd rhai yn Moriah ac eraill yn y Gaiman neu ym mynwent Trelew. Cofiaf yr ymdaith mewn cerbydau lawer, ond moduron sydd yn cymryd eu lle yn awr a cherbyd pwrpasol i gario'r arch.

Teithio ar ffyrdd y Wladfa yn y dyddiau gynt

Mae llawer o ddynion wedi aberthu i agor ffyrdd ar hyd ac ar draws y Wladfa. Allan am wythnosau, byw dan babell neu wersyllu fel yr oedd yn bosibl. Bwyta cig wedi ei rostio (*asado*) ar ddarn o haearn main gyda bara caled, a'r cig, pan oedd yn barod, yn crincian rhwng y dannedd oherwydd y llwch a'r tywod oedd yn cael ei chwythu gyda'r gwynt cyson. Medrwn deithio'n awr ar heolydd o balmant, ond mae llawer o'r ardaloedd a'r ffermydd yn disgwyl am welliant. Oherwydd y sychder parhaol sydd yn ein pryderu'n aml, fel yn 2007, heb law am fisoedd, mae'r llwybrau'n dal yn sychlyd, ond mae pawb yn teithio'n naturiol fel arfer. Yn ffodus, mae'r prif ffyrdd sydd yn croesi'r Paith ac yn arwain allan o'r Wladfa wedi eu palmantu, ac mae llawer o dwristiaid ac ymwelwyr yn dod i weld rhyfeddodau Patagonia.

Gallaf ddweud fod gennyf yn bersonol brofiadau hael am deithio yn y Wladfa. Pan oeddwn i'n blentyn bach, mi wnes deithiau lawer gyda fy rhieni mewn cerbyd a cheffyl. Mynd am dro i weld ffrindiau, neu ar neges. Yn selog i'r Capel a'r Band of Hope neu gyrddau eraill. Pan oeddwn yn hŷn, canlyn fy nhad yn y wagen neu'r drol. Amser ysgol, reidio ar geffyl, neu ar fy nhraed. Cefais sawl cyfle i fynd mewn moduron, ac mewn trên, a hynny oedd wrth fy modd. Pan deithiais tua'r gogledd yn eneth ifanc, rhaid oedd cymryd y bws ac wedyn y trên at ddiwedd y ffordd. Pan oeddwn yn gweithio, bu angen teithio weithiau gyda lori, ac ar fy ngwyliau cefais fynd mewn awyren a dyna sydd yn hwylus yn awr i fedru cyrraedd mewn byr amser. Ni chefais gyfle i fynd mewn llong erioed. Rwy'n sicr fy mod wedi tasgu miloedd o gerrig wrth yrru modur, ond nid wyf yn hoff o yrru. Gwell gennyf gael fy ngharío erbyn heddiw. Lawer gwaith teithiais o'r Dyffryn i Comodoro Rivadavia, ardal yr olew, gan fod fy rhieni wedi ymfudo yno. Nid oedd palmant yn y dyddiau hynny a'r ffordd yn hir a blinedig. Cymylau o lwch a gwastadedd y Paith yn ymestyn 400 km. Y planhigion naturiol yn isel gyda dail caled, pigog i arbed yr ychydig damprwydd sydd wrth eu gwreiddiau. Gwelwn wrth fynd heibio anifeiliaid gwyllt yn dianc i ffwrdd wrth glywed y bws. Cyrraedd i le diarth iawn gyda llawer o beiriannau'n symud i godi'r olew. Roedd yno ddigon o waith a buan iawn y cynyddodd y boblogaeth pan ddaeth llawer o ymfudwyr o Ewrop wedi'r Rhyfel i gymryd gorchwylion i gynnal eu teuluoedd.

Cefais ran o'r ysgol gynradd yma a mantais i gael addysg uwch, ond roedd angen teithio am y gogledd i gyfeiriad y brifddinas, Buenos Aires. Wedi gorffen, cefais waith yn agos i'r Andes, a dyna ddechrau teithio ar hyd heolydd llychlyd y Paith eto. Gweithio fel athrawes am bum mlynedd mewn ysgol gynradd unig a'r tymor yn ymestyn o fis Awst hyd fis Mai, sef y gwanwyn a'r haf, a chael gwyliau yn ystod y gaeaf. Yma, un tro, cefais siwrnai mewn *catango*, trol o goed gyda dwy olwyn fawr yn cael ei thynnu gydag ychen yn araf a dyn yn arwain gyda ffon hir yn ei law. Mae llawer o'r brodorion yn defnyddio'r *catango* i fynd i hel coed yn y coedwigoedd sydd ar y mynyddoedd. Cariai lwyth ohonynt at eu hiws neu i'w gwerthu.

Mewn bws yr oeddwn yn teithio ac yn cymryd bron i ddau ddiwrnod o'r môr i fyny am yr Andes. Yn ystod y siwrne roedd y bws yn codi pobl gyffredin o'r Paith hyd y dref gyfagos. Os oedd yn dywyll roedd y teithwyr yn cynnau tân bach ar ymyl y ffordd i roi rhybudd i'r gyrrwr. Ambell waith, dim ond disgwyl i anfon llythyr neu barsel oeddynt, a'r gyriedydd yn barod i wneud y gymwynas a chario yn ôl hynny roedd ei angen. Cyrraedd y gwesty i gael pryd o fwyd a gwely i ddadflino, ond hoffwn weld y ffordd nodedig o fyw oedd o gwmpas. Gwisg arferol y dynion oedd trowsus llydan a strapen o wlân wedi ei gweithio gan y brodorion o wahanol liwiau i'w rhwymo am ei ganol. Hances am ei wddf a phâr o fwtsias neu esgidiau o ddefnydd cryf gyda gwadnau wedi eu rhaffu (*alpargatas*) yn yr haf. Ar eu hysgwyddau, roeddynt yn gwisgo ponsio o wlân, eto wedi ei gweithio a'i gweu'n gain. Wedi swper, cymerai un ohonynt y gitâr neu'r cordion i ddifyrru'r bobl o'r camp oedd ar dro yno, neu hefyd i'r teithwyr oedd ar eu ffordd. Ymlaen â ni am bron i ddiwrnod arall, ac wedi i mi ddisgyn mewn tref fechan âi'r bws ymlaen am Esquel.

Teithio'n ôl yng nghanol y gaeaf oedd yn galed. Nid oedd cynhesrwydd yn y bysiau yr adeg honno, ac felly roeddem yn cychwyn gyda photel rwber â dŵr poeth ynddi. Os oedd trwch o eira, araf iawn oedd y daith a gofal mawr a gymerai'r gyrrwr i ddreifio. Basgwr oedd hwn ac nid oedd llawer o amynedd ganddo. Roedd ei fywyd wedi bod yn galed gan ei fod wedi byw amser y rhyfel yn Sbaen ac wedi medru ffoi trwy nofio rhai milltiroedd yn y Môr Canol gyda phartner arall. Cymerai arno ei fod yn feistr ar bob gwaith, ond trwy ei fod yn benderfynol, neu'n 'bengaled' fel y'i gelwid ef yn y wlad yma, mentrai groesi afonydd bychain ar y ffordd. Un tro, rhybuddiwyd ef i beidio mynd dros afon Apeleg gan ei bod yn cario llawer o ddŵr, ond ymlaen yr aeth y Vasco a mynd yn sownd yn y canol. Gyda'r nos roedd rhew yn llifo yn y dŵr a hwnnw'n codi wrth gael ei atal gan y bws. Erbyn y bore, roeddem i gyd ar ein gliniau ar y seti ac wrth weld y perygl yn cynyddu aeth dau ddyn allan trwy'r ffenestr, nofio i'r lan a dechrau rhedeg yn gyflym i gyrraedd *estancia* a oedd ryw fil o fitars yn ôl. Ddiwedd y prynhawn, daeth gwedd o geffylau i'n tynnu'n ôl nes i'r modur fynd yn sownd yn y mwd ar ochr y ffordd, ac yno y cafodd ei adael tan y diwrnod canlynol. Ninnau'n rhedeg am y tŷ a'n bysedd yn rhewi ac yn brifo'n eithriadol, ond daethom atom ein hunain o flaen coelcerth o dân. Wedi ailgychwyn, buom agos i bum diwrnod ar y ffordd i gyrraedd adref heb fedru hysbysu'r teulu i wybod beth oedd ein hynt.

Mae hanes lawer i'w gael am ddigwyddiadau o'r fath ar hyd y can mlynedd cyntaf yn y Wladfa. Ond credaf fod llawer mwy o ddamweiniau'n digwydd heddiw gyda'r moduron modern ar ffyrdd cyfforddus. Brys a chyflymder gyda diffyg gofal sydd yn peri digwyddiadau annisgwyl. Rhaid symud ymlaen gyda'r amser ac felly estynnaf wahoddiad i'r darllenwyr: Dewch am daith i'r Wladfa. Bydd croeso cynnes! A dewch â theithlyfr defnyddiol Miss Cathrin Williams yn eich poced!

Ffynhonnell

Buddugol yn Eisteddfod Genedlaethol Caerdydd a'r Cylch, 2008.

***

Pontydd a Cherbydau

[Ychydig sylwadau ychwanegol o draethawd cynhwysfawr Elisa Dimol de Davies: 'Atgofion am Wahanol Fathau o Deithio yn Nhalaith Chubut', cystadleuaeth yn Eisteddfod y Wladfa, 1967. RG]

Pontydd

Adeiladwyd pont goed gyferbyn â Trelew, rhyw naw milltir o Rawson. Pont ddefnyddiol iawn a fu hon hyd y flwyddyn 1921, ond roedd cymaint o lifogydd wedi cario llawer o goed yn erbyn y bont a chymaint o deithio wedi bod drosti ar hyd y blynyddoedd nes yr oedd wedi myned yn sigledig iawn. Roedd yr awdurdodau wedi rhoddi rhybudd nad oedd dim llwythi trymion i fyned dros y bont yma mwyach, ond nid oedd neb yn gwneud yr un sylw o'r rhybudd gan fod y ddwy bont arall mor bell o Trelew. Ac ar y 24 o fis Mai, aeth dyn ieuanc mewn wagen a thri cheffyl i'r bont gyda llwyth o beli alffalffa, a phan ar ganol y bont torrodd hon yn ei hanner gan ollwng y wagen a'i cheffylau a'r llwyth gwerthfawr i'r dŵr islaw. Tynnwyd y dyn ifanc allan cyn gynted ag y gallodd y cymdogion pan welwyd beth oedd wedi digwydd, ond roedd hi yn ddiwrnod mor ofnadwy o oer fel na bu byw ond ychydig o oriau. Roedd wedi hanner rhewi yn y dŵr. Yn ddiweddarach tynnwyd allan y tri cheffyl hardd a dynnai y wagen, hwythau hefyd, wrth gwrs, wedi boddi. […]

Ar Hydref 15fed 1931, gorffennwyd pont newydd y Gaiman, gan y peiriannydd Maffia, gyda seiri o Buenos Aires. Yr ochr draw i'r bont yr oedd Mrs Thomas S Williams yn byw, ac yn agos iawn i'w chan mlwydd oed. Chwaer i'r Parchg John Caerenig Evans, Gweinidog Bethel, y Gaiman, oedd Mrs Williams, a dywedodd y peiriannydd Maffia mai hi oedd i gael croesi y bont gyntaf, a hynny ar ddiwrnod ei phenblwydd yn gant oed. Ond yr oedd Mrs Williams yn wanllyd ers rhai dyddiau, a rhyw dri diwrnod cyn cyrraedd ei phenblwydd yn gant, bu farw. Er hynny cariwyd ei gweddillion hi gan ei pherthnasau a'i chyfeillion dros y bont newydd yn gyntaf oll. Mrs Williams a ddaeth agosaf o neb yn y Wladfa at gyrraedd yr oedran teg o ganmlwydd oed, a'r agosaf ati a fu Mrs Myfanwy Ruffydd Lewis, merch y diweddar Lewis Jones, Plas Hedd, a hunodd ym mis Mawrth 1965. Buasai hi yn yn 99 oed pe cawsai fyw i gyrraedd y dydd cyntaf o Ebrill.

Cerbydau

[Wedi cyfeirio at y cerbydau pedair olwyn a tho iddynt yn dod i'r Wladfa am y tro cyntaf, tua 1892, a bod gan y Parchg Abraham Matthews un o'r cerbydau defnyddiol hynny, meddai Elisa Dimol de Davies]:

Ni ddaeth llawer o'r math hynny o gerbydau yn y blynyddoedd cyntaf. Ar ôl hynny daeth cerbydau dwy olwyn ag un sedd iddynt ac, yn ddiweddarach, rai eraill â dwy sedd iddynt, ond bod y rhai oedd yn eistedd y tu ôl â'u cefnau at y rhai oedd yn eistedd yn y sedd flaen. Wedi hynny daeth cerbydau uchel pedair olwyn, ac olwyn fach o'r tu blaen yn troi odanynt; dwy sedd iddynt a drws yn cau ar bob sedd. Ychydig o'r math hwn a ddaeth hefyd ac, yn ddiweddarach, daeth *waggonettes* ag un sedd iddynt, ac eraill o'r un dull â dwy sedd ynddynt. Daeth hefyd gerbydau bach ysgafn a dwy olwyn iddynt ac un sedd. Credaf mai cerbydau i rai newydd briodi oedd y rheini, oherwydd pan fyddai dau blentyn wedi cyrraedd yr oedd y cerbyd yn rhy fach o lawer.

Yn y blynyddoedd cyntaf, mewn troliau yr oedd y rhan fwyaf o wragedd yn teithio i Rawson a'r Gaiman i brynu negesau. Roedd un wraig yn berchen ar drol a cheffyl, ac wedyn byddai rhyw chwech o ferched yn cael myned gyda hi yn y drol. Ond roedd yr hen wraig yn hoffi gormod o ddiod gadarn, ac wedyn dyna lle byddai y ceffyl yn myned o'r naill ochr i'r llall ar hyd y llwybr nes yr oedd y daith yn igam ogam iawn! Byddai y merched eisiau cael cymeryd yr awenau er mwyn iddi gael cysgu, ond: 'Paid â trwblo dim', meddai hi, 'y mae Cochyn yn gwybod yn iawn y ffordd i'r dref ac i fynd gartref.' Roedd rhyw ddeng milltir ar hugain o ffordd i Drerawson, ac felly roeddynt yn cychwyn ben bore a chyrraedd Rawson gyda'r nos, gwneud y negesau y diwrnod dilynol a'r diwrnod wedyn cychwyn adre ben bore eto, er mwyn bod yn siŵr o gyrraedd erbyn y nos. [...]

Yn yr haf byddai amryw deuluoedd yn myned am wythnos o amser i lan y môr, ac weithiau yn aros dipyn yn hwy. Byddai yno ryw dair neu bedair o wagenni, yn llawn o ferched a phlant. Gofelid am ddigon o fwyd: bara, ymenyn, caws ac eraill a byddai pawb yn dyfod yn ôl adref wedi mwynhau eu hunain yn fawr iawn.

5

Gwynt a Llwch a Sychder Mawr: Dygymod â'r Elfennau yn y Wladfa

Dechrau Ionawr 2005. Mae blwyddyn arall wedi dod i ben a dyma ni gyda'r haf yn cerdded ymlaen yn y Wladfa. Mae digon o haul poeth, crasboeth weithiau, fel heddiw – yn rhy gynnes i eistedd i lawr a hel meddyliau at ysgrifennu. Ond y mae digon o ddefnyddiau i'r testun rhyfeddol hwn, a ninnau'n cael ein heffeithio yn ymarferol gan y tymhorau i lawr yma yn Ne Amerig. Credaf, erbyn heddiw, wrth wrando a gweld mor dymhestlog mae'r tymhorau yn y byd yn gyfan, bod y Wladfa yn cael ei chyfri ar y gorau.

Y Brenin sydd yn llywodraethu yma yw'r gwynt. Does dim dadl am wynt Patagonia – boed hi yn ddydd neu yn nos, mae ef yn chwythu yn gyson. Mae pob un o'r pedwar tymor yn cadw ei le yn barchus, ond mae'r gaeaf yn ymestyn gormod ambell dro yma yn y de deheuol.

Dewrder yr hen Wladfawyr cynnar yn Nyffryn Camwy

Does dim amheuaeth mai'r hen Wladfawyr cyntaf a gyrhaeddodd yn 1865, yng nghanol y gaeaf, i draeth Porth Madryn, wynebodd yr elfennau gwaethaf yn y wlad ddieithr. Dychmygwn y digalondid wrth iddynt lanio ym mis Gorffennaf a syllu ar y Paith diderfyn. Dechrau tyllu i chwilio am ddŵr cymwys at eu defnydd yn y man, ond siom fu'r ymdrech gan fod y dŵr yn tarddu yn hallt.

Roedd angen cychwyn am y de ddwyrain yn nannedd y gwynt oer i chwilio am yr afon oedd ar eu map. Cludwyd y gwragedd a'r plant mewn cwch i ganlyn yr arfordir nes cyrraedd ceg afon Camwy, ond cafodd y cwch ei wthio i mewn i'r môr gan wynt croes y gaeaf gerwin. Roedd Cawr y Syched yn ymosod ar y ddwy ffordd roeddynt yn eu ceisio i fynd ymlaen: y môr hallt a sychder y Paith. Bu bron yn anobeithiol i gyrraedd yr afon ond llwyddasant yn y diwedd i gwrdd â'r dynion oedd yn hir ddisgwyl ar ei glannau gyda phryder am eu teuluoedd annwyl.

Aeth Awst heibio pryd y buont yn llochesu mewn hen amddiffynfa, gan ymdrechu i sefydlu a chodi bythynnod bach ar gyfer y teuluoedd i'w cysgodi. Yna hwylio'r tir i hau rhywfaint at eu cynhaliaeth, ond siom arall fu darganfod nad oedd y glaw yn amlwg fel yn yr Hen Wlad i ddyfrio'r hadyd. Roedd amser yn mynd heibio a'r ymdrechion yn ofer. Mai a Mehefin ydyw'r misoedd addas i hau yn y Wladfa, felly tra oeddynt yn clirio'r twmpathau a'r hesg oedd yn cyfro'r tir, aeth yn rhy hwyr.

Daeth y gwanwyn gyda'r wybren yn glir a'r haul yn tywynnu ond nid oedd fawr o lewyrch ar eu bwyd. Dim cymorth i'w gael o'r tir y tro hwn a bu prinder a newyn yn ymosod arnynt yn greulon nes cwrdd â'r brodorion [yr Indiaid], oedd yn cyrraedd i'r Dyffryn. Ddaru y rhain eu cynorthwyo gyda chig yr anifeiliaid roeddynt yn eu hela ar y Paith a wyau estrys a ddygent oddi yno hefyd. Bu'r gyfathrach hon yn achubiaeth i'r hen Gymry gan eu bod mor bell ac unig oddi wrth bob masnach ar y cychwyn.

Nid oeddynt yn medru dygymod â'r elfennau hyd yn hyn, ond yr oedd angen ymgodymu â hwy, gan nad oedd gobaith i droi yn ôl dros y môr. Mae'r holl anawsterau wedi cael eu hadrodd gan lawer o haneswyr, rhai ohonynt yn brofiadol am eu bod wedi gadael tystiolaeth am eu bywyd a'u holl helyntion di-ben-draw i ddygymod â'r elfennau yn y wlad yma, pan oedd eto yn anial. Er popeth, gwn fy mod wedi clywed am lythyrau ein hynafiaid i'w cyfeillion yng Nghymru, yn adrodd eu hynt, ond yn canu clod i'w rhyddid a chanmol yr haul oedd yn tywynnu arnynt dan awyr las a ddaeth yn gyfarwydd iddynt. Yn aml hefyd, roeddynt yn crefu ar berthnasau a chyfeillion ddod drosodd i gael gwell iechyd nag yng Nghymru. Amryw ohonynt gafodd adferiad buan oherwydd y gwres a'r awyr sych, iachus.

Agor 'cwter bach' a bendithion dyfrhau'r tir

Wedi cwrdd a threchu'r problemau sylfaenol fel sychder y tir a methiant eu cynhaeaf, cafodd Mrs Aaron Jenkins y syniad o agor ffos fach, 'cwter bach', fel y dywedodd, o'r afon i'r cae sych cyfagos, a dyna fu'r allwedd i lwyddiant tyfu'r gwenith. [Gw. yr hanes ym mhennod 9 Elisa Dimol: 'Ffarmio']

Gyda rhaniad y ffermydd i'r sefydlwyr roedd y Dyffryn yn ymestyn bob ochr i'r afon ac felly roedd angen agor camlas o'r Dyffryn Uchaf hyd at Rawson. Palu yn y gamlas fu gwaith yr holl ffermwyr yn ystod gaeaf 1883, gan ddechrau gyda chaib a rhaw a gwersylla yn griwiau dros rai wythnosau gan adael y gwragedd i siawnsio gyda'u plant ymhell yn eu cartrefi. Erbyn y gaeaf dilynol daeth y twrio yn well gyda 'horsiol' (march-raw) a gynlluniwyd gan y cymydog Thomas Williams. Syllodd yn bwyllog ar batrwm oedd mewn catalog ddaeth o'r Unol Daleithiau, a bu hwn yn beiriant gwerthfawr iawn o hyn ymlaen i balu a chloddio.

Pan ostyngai dŵr yr afon o ddiffyg glaw neu ddoddiad eira yn y mynyddoedd, prin iawn oedd y dyfrhau. Am hyn, roedd yr awdurdodau yn cynilo rhediad y dŵr gan roi toriad ar bob bwlch oedd yn arwain i'r fferm gyda fflodiard i reoli'r dŵr o'r gamlas. Roeddynt yn siarsio i barchu hawl y cymydog, ac ufuddhau i'r rhybudd.

Er mwyn ymestyn yr amser oedd ar gyfer ei dyddyn, cymerodd rhyw gyfaill yr iet oedd yn ei nodi ac aeth ar ei draed i'r Gaiman gyda'r arwydd ar ei ysgwydd i ofyn iddynt gyfieithu'r gorchymyn i'r Gymraeg, gan nad oedd yn deall yr iaith Sbaeneg, ac wedi iddo gyrraedd adref, heb ei gosbi, roedd y dŵr wedi llifo i bob cae, ac roedd wrth ei fodd.

Cyd-ddyheu a chydweithio

Ni roddasid heibio'r syniad o godi argae i gychwyn, ar fannau cul yr afon, rhwng creigiau a lle roedd sylfaen garegog, gadarn, ond ofer fu'r bwriad. Ysgubwyd mwy nag un i ffwrdd gan nerth y dŵr. Daeth blynyddoedd tywyll i gwrdd â'r Gwladfawyr. Sychder a gorlifiadau bob yn ail yn peri digalondid a llawer ohonynt yn barod i ymfudo i daleithiau eraill. Ond arhosodd y rhan fwyaf yma i wynebu'r helyntion ac uno yn glòs at ei gilydd, gan lwyddo i drefnu eu bywyd yn y Dyffryn, codi eu capeli a'u hysgolion a chadw eu traddodiadau'n fyw. Wedi brwydr galed teimlent yn hyderus wrth edrych i'r dyfodol yn llawn gobaith a gwelsant dymhorau lle roedd y gwenith yn euraidd ar y caeau bob yn ail â'r gwair (alffalffa) oedd yn doreithiog ac yn fwyd iddynt hwythau ac i'w hanifeiliaid. Roedd hyn i'w weld cyn diwedd y 19eg ganrif, a bu rhai ohonynt yn ennill gwobrwyon am ansawdd arbennig y gwenith mewn arddangosfa yn Chicago yn 1892 a hefyd ym Mharis wedi hynny.

Llawer hanesyn sydd ynglŷn â'r cynaeafu a'r dyrnu yn y Wladfa. Mae rhai yn ddifyr ac eraill yn ddifrifol. Gwelais ddyddlyfr ffermwr yn rhoi manylion am hyn. Nododd mor gytûn oedd y cymdogion i gyd-dynnu yn y gorchwylion hyn ac mewn llawer o amgylchiadau eraill yn eu bywyd beunyddiol fel salwch, prinder bwyd, lladdfa anifeiliaid, gwerthiant, ac yn y blaen. Difyr oedd ei eiriau sylweddol am y Comet Halley a ymddangosodd yn y flwyddyn 1910 gyda'i chynffon ddisglair. Roedd yn cyfro rhan fawr o'r ffurfafen, a pharodd am dros ddau fis. Roedd ef yn cyfri bod yr olygfa yn drawiadol ac ymddangosodd yn yr un mis â chanmlwyddiant y Weriniaeth hon, sef Ariannin.

Soniai yn aml yn y llyfryn am rwystrau'r gwynt i godi gwair i wneud tas, neu ar amser dyrnu. Roedd yn amhosibl mynd ymlaen os oedd storm o wynt llychlyd gan ei fod yn cario'r ysgubau a chwalu'r gwair i bob cyfeiriad. Gwelent goed cryf yn disgyn a'u brigau yn hedfan uwchben. Roedd y merched yn gwisgo bonet a'i chlymu dan eu gên i fynd allan i'r caeau i helpu'r dynion a hefyd i odro'r gwartheg. Roedd angen iddynt gau pob drws a ffenestr a phrysur hel y llwch oddi ar bob silff a chornel. Mae hynny'n wir yn fynych hyd heddiw. Os oedd hi'n amser dyrnu a'r gwynt yn benderfynol o chwythu, mi roedd rhaid stopio, ond nid oedd y merched yn cael sbel gan eu bod yn paratoi bwyd ar gyfer y criw am y dyddiau i gyd gan fod llawer ohonynt ymhell o gartref.

Bu llawer o blannu coed cysgodol ar hyd Dyffryn y Camwy, ac erbyn heddiw nid yw'r gwynt mor blagus, ond… mae yma o hyd!

Erbyn y presennol mae argae mawr swyddogol o dan arolygaeth y Llywodraeth wedi gweddnewid bywyd y Dyffryn, ond mae rhai problemau newydd wedi codi yn lle'r hen rai. Anodd iawn yw gwrthwynebu natur. Os yw'r argae mawr wedi atal y llifogydd yn y Dyffryn, mae'n ffaith bod y ffermwyr ifanc heddiw yn colli eu cynnyrch ar y caeau o'r ddwy ochr i'r afon gan fod lefel y dŵr wedi codi dan wyneb y tir i raddau, fel ei fod yn lladd gwreiddiau'r coed a phob planhigyn a ddaw i gyffyrddiad ag ef. Felly maent yn cynllunio yn awr y ffordd i agor rhediad i'r Paith cyfagos i'r argae, a siawns y bydd y cynllun yn agor dyffryn newydd ar y Paith yn y dyfodol.

Ehangder y Paith a'i beryglon

Wrth sôn am y Paith, mae yntau wedi bod yn fradychus ym mywyd y sefydlwyr cyntaf. Heb heolydd i ddim un cyfeiriad roedd yr helwyr yn mynd i mewn i'w berfeddion ac yn colli'r ffordd yn aml, nes dysgu arwain yn y nos wrth wylio'r sêr, ac, yn bennaf, y pedair seren sydd yn ffurfio Croes y De. Roedd llawer yn crwydro i chwilio am goed tân, ac agorwyd ffyrdd gan y troliau a'r wagenni i'w cario yn ddiogel at y gaeaf. Roedd y teulu cyfan yn helpu yn y gorchwyl hwn ac roedd mynd am dro yn seibiant i ferched a phlant.

Clywais hanesyn o'r amser gynt pan ddaeth y llong *Vesta* yn 1885, yn cludo dynion a'u teuluoedd ynghyd â'r defnydd at wneud y ffordd haearn o Drelew i Borth Madryn. Yn eu mysg yr oedd gŵr a gwraig tipyn dros eu hugain oed gyda phlentyn bach ychydig o fisoedd oed. Yr oedd addewid am fferm i bob teulu, ond erbyn hyn roedd ugain mlynedd wedi mynd heibio ers y rhaniad cyntaf, ac mi roedd y Gwladfawyr wedi sefydlu ar y ddwy ochr i'r afon. Felly gorfod i bobl y *Vesta* foddloni ar y tiroedd oedd ymhellach, wrth droed y bryniau cyfagos

Mewn bwthyn bach ar fryn gwnaeth William Owen a Kate eu cartref, a alwyd yn nes ymlaen yn Bryn Antur. Roedd Kate a Margaret Jane (Magi) fach yno yn trigo, tra oedd y gŵr allan ymhell am wythnosau gyda'i waith ar y rheilffordd. Roedd angen mynd dros y bryniau i gael coed tân o'r Paith, a chychwynnodd Kate a'i phlentyn yn gynnar ar ddiwrnod braf a cherddodd heibio'r twmpathau, y cwbl â'u dail mân neu bigog, nes cyrhaeddodd ddraenen dal, gysgodol, ac arni rhoddodd ei ffedog wen ar ei chopa a Magi fach dan ei chysgod i orffwys.

Cerddodd yn hir o gwmpas i hel baich o goed a threfnodd rai eraill erbyn y siwrnai nesaf gan gadw ei sylw ar y ffedog wen. Yn sydyn, a hithau wedi ymbellhau, daeth chwyldro o wynt i'w chwrdd, a phenderfynodd droi yn ôl i gychwyn adref, ond ni fedrai leoli'r brat gwyn oedd wedi hedfan yn y gwynt. Camodd i bob cyfeiriad, ond ni fedrodd ddod o hyd i'w baban.

Yn ei ffwdan, cychwynnodd yn ôl am ei chartref, ond nid oedd neb wrth law i'w chynorthwyo, felly ceisiodd gychwyn eto tua'r un cyfeiriad ag a gymerodd ar y dechrau. Roedd yn nosi a'i phryder yn cynyddu, ond o'r diwedd gwelodd eto y ddraenen uchel a chlywodd y plentyn yn crio. Anghofiodd am y baich coed y noson honno, ond gwasgodd y fach at ei brest i sugno a chysgodd y ddwy yn hapus wedi oriau tymhestlog ar y Paith twyllodrus.

Profiad y ferch a gollodd ei het ar ddydd ei phriodas

Clywais hefyd am dric arall y gwynt, ym mywyd rhyw bâr ifanc, tua'r flwyddyn 1912. Daeth merch ifanc hoffus yma o Gymru i briodi llanc roedd wedi ei adnabod draw pan oedd ef yn y coleg yn dysgu mynd yn bregethwr. Roedd yr addewid am ei phriodi wedi ei sicrhau, a daeth hi drosodd yn cario ei ffrog briodas sidanaidd gyda'r esgidiau pwrpasol, a hefyd het wedi ei haddurno gyda phluen ffein o Baris at yr achlysur.

Ar ddiwrnod gwyntog, wedi cawod drom o law, daeth dydd y dathliad, ac wedi'r seremoni aeth y ddau mewn cerbyd a cheffyl i'r wledd. Gorfod iddynt fentro trwy lyn o ddŵr oedd ar y ffordd, a dyma chwythiad cryf o wynt yn peri i'r het hofran a disgyn ar y llyn gyda'r bluen yn ei choroni. Mewn eiliad roedd y Parchedig wedi torchi ei lodrau a ffwrdd â fo trwy'r dŵr i achub yr het oedd yn nofio ar y lli. Yn sicr, roedd ei chariad yn rhoi ei sylw ar yr het ac nid ar ei siwt orau y diwrnod hwnnw!

Y gwynt a'r llwch yn Comodoro Rivadavia

Tua'r tridegau aethom fel teulu i fyw yn y rhan fwyaf deheuol o'r dalaith, sef Comodoro Rivadavia, ardal yr olew. Yno mae bryniau o dir gwyn sydd yn diweddu ffordd y Paith ac yn nesu at y môr. Mae'r tir gwyn, sych yn cael ei godi gan y gwynt fel powdwr nes cyfro'r holl le. Mae'r hinsawdd yn arw iawn yno y rhan fwyaf o'r flwyddyn, gyda chorwyntoedd ffyrnig yn gwneud bywyd yn annifyr i fyw er cystal y cyfle i weithio a chynnal bywyd dros gan mil o drigolion.

Bûm yn byw yno yn blentyn ysgol a chofiaf fy chwaer ieuengaf a minnau yn cychwyn i'r ysgol yn y bore, ar ein traed fel arfer, ar ddiwrnod o wynt cryf. Nid oedd math o balmant ar y strydoedd garw, a'r cerrig mân yn codi oddi ar y llawr a tharo fel pigiadau ar ein coesau. Cyn cerdded dwy sgwâr roeddem wedi gorfod gafael yn dynn am bost y golau ar y gornel, ond aeth y gwynt â fy chwaer dros yr heol a chollais olwg arni am amser nes i ni lwyddo cwrdd ar fuarth yr ysgol. Wedi cyrraedd adref ganol dydd, roedd y gwynt yn destun sgwrs, ac ar ôl iddo ostegu rhaid oedd gafael ar aden gŵydd neu *plumero* (tusw o blu estrys wedi eu rhwymo wrth goes o bren) i dynnu'r llwch oddi ar bob dodrefnyn a chornel.

Cofiaf hefyd am y mamau yn cario eu plant lleiaf ar eu cefnau i'w cysgodi. Rhyw ddiwrnod yr oeddem yn canlyn ein gilydd wrth fynd i'r ysgol, ac fel y cerddem yn erbyn y gwynt gofynnodd y bach, rhyw bedair oed, i'w fam, pan welodd y dail yn hedfan yn gyflym i'n cwrdd: 'Wyt ti'n meddwl mai rhedeg mae'r dail lle bod y gwynt yn eu dal, Mam?'

Roeddem yn cartrefu yn agos i deuluoedd o Gymry aeth o'r Dyffryn yn y pedwardegau i chwilio am waith ym maes yr olew. Wrth lethrau mynydd tipyn bach yn uwch na'r môr roedd rhes o dai ac oddi yno yn aml gwelem y môr, yr awyr a'r tir yn un lliw llwyd, gwastad oherwydd y llwch. Anodd iawn oedd tyfu coed yno achos y prinder dŵr a'r gwyntoedd cryfion. Erbyn hyn mae'r palmant a'r *acueducto* [dyfrbont] wedi gwella bywyd holl drigolion y ddinas a'r cyffiniau.

Dygymod a diolch...

Yn ffodus, rwyf yn byw eto yn Nyffryn y Camwy, ond wedi croesi'r Paith ugeiniau o weithiau ac yn gwybod o brofiad am y problemau sydd yn gyfarwydd i'r trigolion. Mae'r sychder yn gorfodi anifeiliaid gwyllt fel y pwma [piwma], y llwynog, cathod gwylltion, estrysod, ac yn y blaen i agosáu at y tai, neu ymlaen i'r dyffryn i chwilio am ddŵr, ac mae rhai adar fel yr elyrch yn heidiau wrth ymyl yr afon neu ar lynnoedd o gwmpas.

Roedd criwiau o ddynion yn perthyn i Weinyddiaeth y Ffyrdd yn cael bywyd caled wrth weithio i wella'r ffyrdd ar y Paith. Roeddynt yn byw mewn pebyll bach, a'r bwyd y rhan amlaf oedd *asado*, sef darn o gig dafad ar ffon o haearn yn crasu uwchben y tân agored, ond erbyn amser cinio roedd y llwch wedi ei gyfro ac roedd yn teimlo yn annifyr dan eu dannedd. Mae hyn yn digwydd yn y Dyffryn hefyd wrth drefnu *asado* mewn picnic neu wledd yn yr awyr agored.

A dyna fel mae bywyd yn y Wladfa wedi ein llunio i ddygymod â'r elfennau a holl fyd natur sydd o'n cwmpas. Medrwn fyw yn hapus gan fod popeth angenrheidiol wrth law erbyn heddiw. Mae teulu'r Cymro wedi arfer bodloni ar yr hyn sydd gyda ni ac, yn hynod iawn, ni fyddwn yn cwyno ar ein byd, ond yn medru mwynhau ein bywyd am fod yr ysbryd yn llawen.

Mae'r rhan fwyaf wedi ymhyfrydu yn y pethau bach, ac wrth edrych yn ôl gwelwn mai eu ffydd a'u llinach oedd yn eu cadw rhag torri eu calon lawer tro. Mae gan ein cenedl gyfoeth ysbrydol. Ni chawsom ni, Gymry'r Wladfa, erioed fywyd moethus, ond diolch am yr hyn oll yr ydym wedi ei etifeddu.

Ffynhonnell

Cyd-fuddugol yn Eisteddfod Genedlaethol Eryri a'r Cylch, 2005, 'Dygymod â'r Elfennau yn y Wladfa'.

6

Ffynhonnau Meddyginiaethol Copahue

Y mae llawer o ffynhonnau meddyginiaethol yn yr Ariannin, rhai ohonynt yng nghanol mynyddoedd yr Andes, ac eraill yng nghanol y Cyfandir. Tarddant o *volcanoes* sydd wedi hanner diffodd, ac felly brwmstanaidd ydyw ansawdd y dŵr ar y gorau. Y mae halen ac *iodine* yn gryf yn ffynhonnau y Cyfandir. Cyfeiriaf yn arbennig at ffynhonnau Copahue, sydd yn adnabyddus yn y byd i gyd erbyn hyn, yn enwedig yn yr Almaen. Y maent wedi eu darganfod gan yr Indiaid ers rhyw 80 o flynyddoedd, a hwy a roddodd yr enw Copahue arnynt ('*Copa*' = brwmstan, a '*hue*' = poeth). Ceir yno losgfynydd wedi hanner ddiffodd a llyn yn y top nas gŵyr neb ei ddyfnder. Ceir yno ddŵr cynnes rhyw 35 *centígrado* o dymheredd, yn dyfod i lawr y graig ac yn diflannu o dan y ddaear i ail-ymddangos mewn llyn arall ryw 1000 *metro* yn is i lawr. Yno y maent wedi codi tai bychain i bobl gael bathio ynddynt ac yn ei oeri gyda dŵr oddi ar yr eira.

Saif y fan yma ryw 3000 *metro* uwch arwynebedd y môr yn Nhalaith Neuquén, ar y ffin rhwng yr Ariannin a Chile. Y mae yn y gwaelod amryw o ffynhonnau haearn, lemon, soda, Vichy (am y tebygolrwydd rhyngddo a dŵr Vichy yn Ffrainc). Ceir bath o ager mewn llyn a mwd. Y mae'r dŵr hwn yn tarddu o'r ddaear, ac weithiau yn gynnes a throeon eraill yn boeth. Ni fedrwch aros mwy na 15 munud y tro cyntaf, a hynny o dan olwg y nyrsus. Mae rhai llynnoedd allan yn yr awyr agored, a gellir cymeryd y bath yn y fan honno, ond mae'r gwynt yn oer iawn ar ôl dod allan ohono.

Dim ond am dri mis yn yr haf y ceir caniatâd i fynd i'r ffynhonnau hyn, oherwydd fod yr eira yn drwchus yno, rhyw 4 neu 5 *metro*. Y mae yn gwella pob afiechyd ar y croen ac yn cael ei gynghori a'i gymeradwyo yn arbennig at y riwmatic. Mae pobl o bob man o'r byd yn cyrchu yno, ac y mae ffordd dda yn arwain yno ers rhyw ugain mlynedd. Cyn hynny, dim ond ar gefn ceffyl, neu mewn trol ychen, neu drol a cheffyl, yr oedd posib myned, a gofalu am [fwyd] a dillad cynnes iawn ar gyfer y 10 neu 20 diwrnod y byddent yno. Mae meddygon yno i gynghori pa ddŵr i'w gymeryd a pha faint o amser i aros yn y dŵr, a byddwch yn talu iddynt am eu cyngor.

Dan law llywodraeth Talaith Neuquén y mae'r ffynhonnau, ac y maent wedi sefydlu yno leoedd i letya, cael bwyd a lle i gysgu, ond y mae llawer yn myned gyda car a carafan. Ryw 10 *hectárea* ydyw y lle yn gyfan gwbl, a rhaid gofalu ble yr ydych chi'n cerdded rhag llosgi eich traed gan y dŵr berwedig sydd yn tarddu yn aml ar y llawr pridd. Mae llyn yn y canol yn berwi yn gyson. Felly gwelwch mewn lluniau a dynnir yn y gaeaf yr eira yn drwchus, a'r llyn yn dywyll yn y canol gan ei fod yn toddi yno y munud nesaf ar ôl disgyn.

Mae llawer mathau o fwd yno o bob lliw, cynhesrwydd a rhinweddau. Mae ffynhonnau bychain, fel crochanau, yn berwi yn gyson ar hyd a lled y pentre bach, ac arogl *ácido sulfhídrico* [asid swlffwrig] yn yr awyr yn gyson. Mae yn iach iawn i arogli yr awyr yma, a phan fydd yr haul yn cynhesu, mae yn ddisglair ac yn boeth ddigon i losgi – a'r eira yn galed [o] gylch y waliau cerrig sydd o'n cwmpas.

I gael iachâd rhaid yfed y dŵr haearn yn y bore, a dŵr sulffur cyn cinio, a dŵr Vichy gyda'r bwyd. Mae y rhai hyn yn rhad ac am ddim, ond mae dŵr y llosgfynydd yn cael ei gario lawr mewn poteli neu *demijohn* [potel fawr ar gyfer dal gwin, etc.], a'i werthu gan ei fod lawer mwy pur na'r un sy'n tarddu yn y pentre. Mae pobl yn myned yno yn gyson ers 30 o flynyddoedd bellach, ac y maent yn adrodd hanesion ffafriol iawn am les y dŵr a'r gwellhad a geir trwyddynt. Mae rhai yn mynd yno o ran diddordeb yn unig, neu i gadw cwmni i'r rhai cleifion a'u helpu. Byddai yr Indiaid yn gwella pob afiechyd yn y fan yma, ac yr oedd ganddynt ffydd mawr yn y dyfroedd.

Ffynhonnell

Ymateb i holiadur ar ffynhonnau, ar gais RG, Chwefror 1976. Gw. Llsg. AWC 2222/2.

7

Gwanwyn a Galar ar y Paith

Atgof plentyn sydd gennyf am yr achlysur hwn, a phlentyn sydd yn ein cysylltu â'r digwyddiad cofiadwy, nid yn unig i mi, ond hefyd i lawer o drigolion Dyffryn Camwy.

Roedd yn arferiad yn y gorffennol i fynd allan i'r Paith i chwilio am goed tân ar gyfer y gaeaf. Coed coch *algarrobos* [coed garob] oedd y rhai gorau i wneud cols. Wedi eu hel, eu pentyrru a'u torri roedd pawb yn hapus. Ar ôl i'r gaeaf fynd heibio, roedd angen cychwyn eto, a dyna lle y manteisiai'r gwragedd a phlant i fynd am dro i'r camp yn y gwanwyn. Aml dro ymunai dau neu dri theulu i fynd am ginio, sgwrsio a chymdeithasu o dan yr awyr iach a disglair.

Ar fore braf o wanwyn [y diwrnod arbennig hwn], cychwynnodd Owen Williams, gyda Blodwen, ei wraig, a phedwar o blant yng nghwmni teulu arall o dref Dolavon, ar eu gwagenni, gyda dau geffyl i'w tynnu ymlaen. Yn araf y tu ôl iddynt reidiai'r gwas, Avelino Payagual, i gyfeiriad lle gwyddai fod coed cryf yn tyfu. Mewn fferm gyfagos â thref Dolavon yr oedd cartref Owen Williams ac mi roedd yn un o blant John a Meri Williams, teulu a sefydlodd yn y dref ar y cychwyn, sef tua 1918. Roedd pawb yn adnabod John Williams a'i wraig. Buodd hi yn gweithio fel bydwraig am flynyddoedd lawer. Mae ysbyty Dolavon yn cario ei henw i gydnabod ei ffyddlondeb. Âi hi allan ar gefn ei cheffyl, neu gerbyd, unrhyw adeg o'r dydd neu'r nos, ar hyd y Dyffryn Uchaf, fel roedd y galwad. A llawer o sôn a glywais am ei charedigrwydd.

Yn y bore bach [y diwrnod hwn o wanwyn], aeth y teulu heibio i Nain a Taid i ffarwelio yn hapus, a'r plantos mewn brys i gychwyn. Bu angen croesi rhan o'r Paith am ryw ddwy awr ac, yn aml, agor llwybr rhwng y twmpathau uchel, a thro arall dilyn cwrs lle roedd anifeiliaid wedi gadael eu trac. Dyma ddisgyn o'r diwedd a chludo'r llwdn i'w rostio i wneud *asado* mewn lle reit glir ac yng nghysgod boncyn bach isel. Un arall yn cario'r fasged gyda'r bara cartref a chacennau bach at y prynhawn i fwynhau paned o de. Aeth y plant gyda'i gilydd i chwilio am le agored i chwarae cuddio neu i wneud cylch i neidio a chanu. Yn eu mysg yr oedd Franklin, un o blant Owen a Blodwen, yn bedair oed, ac un arall, tua blwydd oed, gyda'i fam. 'Gagi' y galwai [Franklin] ei hunan er pan oedd yn fach iawn, ac yr oedd yntau yn awyddus i chwarae gyda'r rhai hynaf. Roedd Sara Jane yno hefyd. Chwaer ieuengaf y fam oedd hi, wedi'i chymryd i fagu a helpu yn y cartref.

Tra oedd y cig yn rhostio o dan ofal y gwragedd, aethant yn gylch i yfed *mate*, fel mae'n arferiad yn y Wladfa bellach, ac mae'r Cymry yn ymwybodol ohono hefyd. Pob un yn sgwrsio trwy'i gilydd nes i'r *mate* ddod y tro nesaf yn y cylch. Clywent y plant o bell yn chwarae gyda'u miri iach, a sicr eu bod yn disgwyl y munud i alw pan fyddai'r cinio yn barod.

Erbyn hyn roedd Gagi wedi cael rhybudd gan ei chwaer i gilio, oherwydd ei fod yn rhwystr iddynt chwarae yn rhydd. 'Wyt ti'n rhy fach i chwarae', meddai'r fodryb, 'eistedd ar y garreg ac aros am sbel', dyfarnodd Sara Jane. Yn bwdlyd braidd, ufuddhaodd, a dechreuodd hel cerrig mân o gwmpas. Ond wedi hir ddisgwyl, ac yn ei dymer drwg, taflodd y cerrig mân at y plant a chododd yng nghwmni ei gi bach, gan ddweud: 'Dwi'n mynd nôl at Mam', gan ddisgwyl rhywun i'w ddanfon. 'Cer at Mam, os wyt ti'n dewis, mae hi tu ôl i'r boncyn bach acw', meddai'r chwaer.

Dechreuodd gerdded, ac wedi troi a throsi rhwng y twmpathau uchel, methodd y ffordd gan na welai bellach y boncyn. Nid ystyriodd ei fod wedi ymbellhau, a daliodd i gerdded ac i redeg, gan ymddiried y buasai'n dod i gwrdd â'i fam yn sicr. Camgymerodd y cyfeiriad yn hollol, a dyfalwn mai eistedd i grio yn anobeithiol a wnaeth tra oedd ei gi bach yn disgwyl wrtho.

'Lle mae Gagi...?' 'Lle mae Gagi...?'; 'Dada, fydda i'n mynd i'r haul i hel blodau gwyllt...'

Erbyn hyn roedd haul canol dydd yn gwasgu tipyn, a bu galwad am ginio gan fod yr *asado* yn barod i'w flasu. Pawb yn newynog ac mewn brys i gael tamaid a Blodwen yn holi: 'Lle mae Gagi?' ac un o'r plant yn ateb: 'Ddaeth o ddim yma?' 'Naddo', meddai'r fam, mewn braw. 'Mi gychwynnodd yn ôl bron yn syth', dywedodd Sara Jane hefyd mewn syndod. A dyma ddechrau chwilio. Y fam, mewn braw, a fentrodd redeg a galw yn ddi-baid, ond ni ddaeth ateb o'r un cyfeiriad. Gadawodd y babi o dan ofal Sara Jane ac aeth i alw ar Owen, a hefyd ar y gwas a'r cymydog oedd ymhellach yn hel a thorri coed.

'Chwiliwn o gwmpas, ni fedr fod yn bell', meddai ei dad. 'Dywedodd wrthyf y bore 'ma cyn cychwyn pan rybuddiais i bob un i gario cot gynnes i ddychwelyd gyda'r nos: "Dada, fydda i'n mynd i'r haul i hel blodau gwyllt".'

Daeth y plant ar draws pant lle mae'r Indiaid yn cyrchu cerrig i naddu eu saethau (*flechas*). Cawn weld yno lawer siâp a lliw, ond nid oedd arwydd fod Gagi wedi aros yno chwaith. Aeth pawb ati yn eu holl nerth i chwilio trwy'r prynhawn, ac anfonwyd Avelino ar garlam i'r dref i alw am help cyn i'r nos gau amdanynt. Rwy'n cofio yn awr fy hun – gweld fy nhad yn dod â'i gaseg fach goch, dywyll, aflonydd, yn ei gerio ar frys ac yn cychwyn, gan godi ei law arnom i ymuno â chriw arall i estyn eu cymorth.

Trawodd y newydd yn y dref arnom ninnau, ac roeddem yn dyheu y buasai'r cwbl yn llwyddiannus yn y diwedd, gyda chynhorthwy pawb. Bu llawer o'r teuluoedd yn chwilio yn ddyfal tan rhyw hanner nos a phawb yn siarad am yr achos, tra oedd y dynion dan olau'r sêr a'r lloer yn tramwyo'r camp mewn gobaith i'w ddarganfod. Roedd hud a distawrwydd y Paith wedi ei rwygo fin nos gan lef y fam a'r galw cyson mewn llais uchel: 'Gagi, Gagi.' Ond dim ond cysgodion mud oedd o'i chwmpas. Cafodd y teulu eu cynghori i agosáu at y gwagenni i ddadflino tan y bore i arbed damwain arall. Erbyn hyn roedd y lludw lle gwnaethpwyd yr *asado* wedi oeri a chuddio'r llwdn rhost oedd eto'n disgwyl [cael ei fwyta]. Chwythai'r gwynt rhwng y twmpathau, ond penderfynodd y marchogwyr ddal ymlaen i chwilio am ryw arwydd. Cofiai rhai ohonynt fod aml ddyn wedi colli'i ffordd ar y Paith eang, ond dilynent gwrs yr haul yn y dydd a Seren y De yn y nos, ond beth wyddai'r creadur bach diniwed am yr arwyddion hyn?

Gwawriodd, a dim i'w glywed ond ambell lais aderyn, fel y robin goch a'r cantwr bach [aderyn bychan] sydd yn dod yn agos os gwelant griw o bobl, ond nid oedd neb mewn cyflwr i daflu briwsion iddynt. Nid oedd dim yn calonogi eu meddwl na'u hysbryd. Nid oedd ond blinder a thristwch. Cododd pawb yn y dref hefyd ar yr achlysur digalon, gan ofni efallai y gallai pwma [piwma] ymosod arno. Nid yw'n beth cyffredin i bwma ymosod ar fod dynol, ond os bydd sychder ar y Paith, mae'r anifeiliaid gwyllt yn agosáu at ryw ddyffryn i chwilio am ddŵr. Os bydd pwma yn newynog ac yn taro ar rywbeth diamddiffyn, medr wneud niwed yn sicr, fel y digwyddodd flynyddoedd yn ôl yn yr Andes.

Maes o law, tua thri o'r gloch y prynhawn, dyma un o'r tracwyr yn nesáu mewn carlam, ac yn codi ei law ar y teulu oedd wedi cyrchu yn y lle arferol, ac wedi iddo gyrraedd â rhywbeth o'i flaen, rhedodd y fam drallodus ato gyda gwaedd o lawenydd. 'Mi rydym wedi dod o hyd iddo, a dyma'r ci bach fydd eisiau llymed o ddŵr', meddai'r dyn.

'Diolch i Dduw, fy mhlentyn annwyl, a ydyw yn fyw?' gofynnodd Blodwen mewn brys. 'Ydi, ond braidd yn ddiarwybod', atebodd y cymydog o Dolavon i ysgafnu ychydig ar y baich. Roedd yn agos i'r llwybr sydd yn mynd am Esquel, felly aethant ag ef yn syth am Ddolavon i weld y meddyg. Roedd cymydog arall, ynghyd ag Owen, wedi cymryd carlam i hysbysu'r doctor am ei ddisgwyl. Mewn eiliad, dechreuwyd symud y ddwy wagen eto i gario'r teulu, gan ddychwelyd gyda gobaith ffyddiog.

Cyrhaeddont pan oedd yn dechrau nosi eto a gwelent dyrfa o bobl o gwmpas yn eu disgwyl a phawb yn hyderus am newyddion da, tra oedd y meddyg yn ei archwilio. Mentrodd Blodwen i mewn a gwelodd nad oedd y doctor mewn cyflwr i siarad na'i wedd yn golygu arwyddion da. Cusanodd y fam ei phlentyn yn dyner a distaw, ac aeth allan yn brudd a synhwyrol.

Y nos yn cau eto amdanynt a phawb o'r gwylwyr yn ddistaw a pharchus i ddisgwyl am y canlyniadau. Gwaetha'r modd, bu atebiad y meddyg yn anobeithiol a hunodd y plentyn annwyl oedd yn 'rhy fach i chwarae' mewn distawrwydd llwyr. Aeth y newydd fel ton o dristwch dros y Dyffryn mewn cydymdeimlad dwys â'r teulu oll ac yn ergyd garw i galon Taid a Nain yn eu henaint. Pan gwrddodd Avelino â'r tad trallodus, dywedodd wrtho: '*Son cosas del destino, don Owen*' ('Trefn rhagluniaeth, Mr Owen'), yn ôl ei feddwl syml.

Daeth llawer ynghyd i'w ddanfon i'r fynwent y bore wedyn, gyda'r pregethwr yn cyflwyno neges dyner i gysuro'r teulu. Cofiaf fy hun ymysg y dyrfa gyda fy rhieni, y tu ôl i'r arch fach wen oedd yn cael ei chario gan rai o'r teulu. Tra siaradai'r pregethwr roedd fy meddwl plentyn yn dianc a deuai i'm golwg gwmni Franklin ('Gagi') yn yr Ysgol Sul yng Nghapel Dolavon. Safai'r Capel wrth ymyl y gamlas fawr sydd yn dangos eto yr hen olwynion dŵr, yn dal i droi fel arfer rhwng y ddwy res o goed hardd.

Pan euthum allan dros y bont o'r fynwent yn ddistaw, nid oedd dim i'w glywed ond murmur y dŵr yn rhedeg, gan fyth ddod yn ôl. Ac felly y digwyddodd i Gagi wedi iddo ddweud wrth ei dad y bore cyntaf: 'Fydda i'n mynd i'r haul i hel blodau gwyllt.' Ac ni ddaeth byth yn ôl. Ceisiodd y gwanwyn drefnu'r blodau oedd yn cyfro'r arch, tra oedd lleisiau yn canu emyn teimladwy i ffarwelio ag ef. Wrth y bedd gorweddai ei gi bach oedd wedi ein dilyn, i wylio ei hir gwsg.

Heddiw medrwn ddarllen ar y plac uwch ei fedd sy'n dangos bod Franklin wedi ei eni ar y 5ed o Fawrth 1926, ac iddo huno ar y 18fed o Hydref 1930.

Daeth dwy ferch a dau fachgen i gartref Blodwen ac Owen wedi'r digwyddiad hwn, ond bu hiraeth am y bach yn aros, aros fyth, a neb yn mentro sôn wrthynt am y digwyddiad trist a ddaeth i'w rhan.

Ffynhonnell

Buddugol yn Eisteddfod Genedlaethol Bro Morgannwg, 2012: Traethawd 'Achlysur i'w Gofio'.

Nodyn gan RG

Hanes gwir: 18 Hydref 1930.

8

Hunangofiant Llawr Pren

Nid wyf yn cofio ymhle na phwy fath o goeden a roddodd fywyd i mi, ond erbyn hyn nid wyf ond darn o bren brau yn gorffwys ar y lan, ger Afon Camwy. Mae fy nghof yn fethedig iawn, ond ymdrechaf i ymddiddan â chwi ar ddiwedd bywyd amrywiol yn y Wladfa. Mae gennyf stôr o hanes, a diolch fy mod wedi ei ddiogelu i'w adrodd heddiw wedi cant ac ugain o flynyddoedd!

Cartref difyr Thomas Rees, Bryn Gobaith, Glan Alaw, a'i deulu o 13 o blant

Rwyf yn perthyn i lawr pren, llewyrchus i gychwyn, mewn tŷ o'r enw Bryn Gobaith, yng Nglan Alaw, sydd yn perthyn i'r Dyffryn Uchaf. Cefais fy ngosod yn daclus gan ddwylaw medrus y saer, Thomas Rees, yn y flwyddyn 1885 mewn tŷ o furiau cadarn yr oedd ef ei hun wedi ei adeiladu, gyda help dau gyfaill, a'i godi o briddfeini. Daeth Thomas Rees yma o Gymru gyda'i rieni yn 1875 pan oedd yn bedair ar hugain mlwydd oed, ac ar yr un llong, yn ôl y clywais, daeth mwy o deuluoedd, ac yn eu mysg Mary Howells, yn bedair ar ddeg mlwydd oed.

Ymhen amser bu iddynt briodi a chawsant 13 o blant. Medrwch feddwl mor hapus oedd fy mywyd yn gwrando arnynt o'r crud ac, yn hwyrach, yn cropian yn ôl ac ymlaen. Yna'r dechrau cerdded, gan simsanu ar hyd a lled y gegin, nes oedd fy arwyneb yn flinedig ac yn dda gennyf ddistawrwydd y nos i gael dadflino ynghyd â'r teulu. Erbyn iddynt dyfu, roeddynt o gwmpas y bwrdd yn gwneud eu gwersi a digon o rialtwch fel arfer. Gyda'r nos yn aml roeddynt yn distewi i wrando ar y tad yn darllen y Beibl, ac erbyn dydd Sul yr oedd eu mam yn dysgu adnod i bob un. Dyna nhw yn cychwyn i'r Capel yn griw ar eu traed. Yng nghwrdd y prynhawn yr oedd eu tad yn pregethu a phawb yn cyrchu yn selog.

Difyr iawn oedd fy myd yn y cartref hwn. Roedd y crud yn cael ei le mewn congl yn y gegin a chlywais mam yn canu lawer gwaith i'r baban gysgu. Weithiau roedd y plant hŷn yn cael y cyfrifoldeb i edrych ar ôl y baban a dyna lle roeddynt yn ei siglo, neu'n llusgo'r crud o gwmpas, nes yr oeddwn i'n streips wedi eu marcio, dan sylw pawb! Dro arall roedd y bechgyn yn ceisio taro hoelen ynof gyda mwrthwl 'fel mae tada yn gwneud yn y sied'. A'r canlyniad oedd eu bod yn codi estyll a rheini yn brifo dwylaw neu bengliniau yr un bach oedd yn cropian, heb sôn am newid fy ngwedd innau. Wrth iddynt dyfu, bu mwy o drefn ac ufudd-dod yn y chwarae a'r gweithio. Roeddwn i yn cael fy ysgubo ddwywaith yn y dydd, a sgwriad da gyda dŵr a sebon ddwywaith yr wythnos. Roedd y lle tân yn braf i daflu gwres i fy sychu, yn yr un modd â bu'r awel a'r haul oedd yn dyfod drwy'r drws neu'r ffenestr. Pan oedd y plantos yn cychwyn i'r ysgol roedd sŵn traed y ceffylau yn troi a throsi yn y buarth, a hwythau ['r plant], yn eu miri iach yn codi, y naill yn sgîl y llall, gan ymadael ar frys rhag cyrraedd yn hwyr.

Roedd llawer o'r ardalwyr yn galw acw i adrodd eu helynt, ac yn blasu cwpanaid o de neu bryd o fwyd. Rhai yn trin rheol y Capel, eraill yn mofyn cyngor gan Thomas Rees, gan ei fod yn ddyn synhwyrol, o gymeriad cadarn, ac yn chwilio am y gorau i'w ddweud, dybiaf i. Clywais sgwrs hefyd gyda saer ddaeth heibio o Dre Rawson ac yn rhyfeddu mor dda roedd y meistr wedi gosod y llawr pren. Dywedodd ei fod ef wedi casglu pren o focsus oedd yn cynnwys Nafftha a gludai llongau o'r Unol Daleithiau, a'i fod wedi eu defnyddio i lorio'r gegin, ac roeddynt yn edrych yn dda wedi iddo roddi côt o oel iddynt, oel roeddynt yn ei werthu ar gyfer peiriannau gwaith.

Pan ddaeth planciau coed i Gwmni Masnachol y Camwy – y Co-op fel yr oeddynt yn ei alw – yr oedd gwaith i'r seiri i osod to a lloriau i lawer o dai. Roedd hynny yn sicr yn gwella golwg y cartrefi oedd wedi gorfod byw gyda lloriau pridd. Meddyliaf am y merched druan oedd yn cael trafferth i gadw'r llwch i ffwrdd. Mae'r gwyntoedd yma yn ddidrugaredd weithiau ac yn cario cymylau o lwch. Roedd yn rhaid i'r teuluoedd cyntaf wneud yn dda o'r ychydig bethau oedd wrth law, ac roedd pob bocs pren yn dderbyniol iawn, yn ôl fel y clywais.

Yr hyn oedd yn anesmwytho'r ffermwyr oedd bygythiad yr afon yn codi a mynd dros ei glannau i wneud llanastr, er bod y dynion yn cytuno i gloddio yn fuan i arbed y llifeiriant. Ddegau o weithiau clywais bryder cymdogion y fro a theulu y tŷ acw yn cynhyrfu ac yn hel pethau angenrheidiol i gychwyn am y bryniau cyfagos. Bu raid diogelu'r anifeiliaid a chyrchu bwyd iddynt heblaw symud yr holl deulu i gysgod a gofalu am flawd i wneud bara ac ati. Llwytho'r wagen gyda rhai dillad cynnes a'r bocsus yn cario'r ieir oedd yn cadw stŵr a chlocian mewn braw. Roeddynt yn cychwyn weithiau yn y nos, os oedd rhybudd, a gadael y tŷ a minnau i siawns. Lawer tro bûm am ddyddiau gyda'r dŵr drosof, ond nid oedd modd gwrthwynebu yr ymosodwr, ac felly disgwyl yn dawel yr oeddwn nes i'r dŵr glirio. Doedd dim i'w glywed ddydd a nos ond sŵn y dŵr a'r gwynt yn rhuthro drwy gil y drws neu'r ffenestr.

Roedd yr amser yn hir weithiau cyn iddynt gael croesi'r Dyffryn yn ôl. Ond o'r diwedd dychwelodd y teulu i ddedwyddwch yr aelwyd. Ar ôl cyrraedd, roedd tân braf yn cael ei gynnau yn yr ystafell gyda gwres da i fy sychu bob yn dipyn. Roedd ambell frigyn yn sboncio o'r tân ac yn disgyn arnaf, gan beri llawer o sbotiau brith ar fy ngwedd. Ond roeddwn yn hapus rhwng y pedair wal gref sydd yn sicr yn dal y tŷ ar ei draed hyd heddiw.

Trychineb y gorlif mawr yn 1899 a'r cwch a wnaed o goed llawr pren Bryn Gobaith

Yn sydyn, daeth newid byd, a chyfeiriaf yn awr at y profiad hollol ddiarth i mi a ddigwyddodd amser y gorlif mawr yn 1899. Cododd yr afon yn ffyrnig a bygythiol, ac nid oedd amser i drefnu'r ymfudiad i'r bryniau. Roedd y teulu yn niferus i'w cario gyda'r pethau gorfodol i wynebu'r anhawster difrifol. Yr hinsawdd yn oer, gyda glaw mân yn disgyn yn gyson. Felly, heb ystyried yn hir, roedd angen dianc a chroesi'r Dyffryn oedd bellach o dan ddŵr. A dyma Thomas Rees yn mynd ati i fy nghodi bob yn ddarn hir i wneud cwch i rwyfo allan gyda'r teulu. Buodd y creadur wrthi drwy'r nos nes y llwyddodd i fy rhoi mewn siâp diogel i gychwyn ar wyneb y dŵr. Gwnaeth fy meistr druan lawer siwrnai yn ôl ac ymlaen i achub hynny oedd o wir angen i dreulio wythnosau neu fisoedd ar y bryniau.

Teimlwn innau fy mod wedi gwneud cymwynas fawr a chael cyfle i weld a chlywed llawer mwy allan yn yr amgylchiad hyn nag oeddwn wedi fy hoelio ar lawr. Roedd galw amdanaf o ben pob tŷ oedd ar ei draed, gyda chadachau gwyn yn chwifio i dynnu ein sylw am ddyddiau, a bûm yn medru tystiolaethu i lawer o ddigwyddiadau trist yn hanes bywyd y Gwladfawyr. Roedd yr ymdrech i fyw wedi bod yn galed arnynt er eu sefydliad yn 1865.

Er hynny, roedd ambell nodyn difyr, diolch i'r hiwmor oedd yn perthyn i'r Cymry. Un diwrnod aeth AD i ben tas o wair i weld a oedd yn wlyb ar y top, a dyma'r das yn dechrau nofio am y môr ac AD ar ei phen! Pwt o ddyn byr, bywiog yn canu 'Hen Wlad fy Nhadau' nerth ei galon, ac yn codi ei law arnom wrth fynd heibio. T Rees yn ateb ei foddlonrwydd, gan dynnu ei het a chodi ei law hefyd. Ni wn lle y glaniodd ei 'gwch' ef, ond clywais yn nes ymlaen ei fod ar dir sych ac yn dweud yn hapus fod y das wair wedi gwneud cwch ardderchog!

Wedi i'r dyfroedd dawelu, a'r haul yn cynhesu, aethom o gwmpas ardal Bryn Crwn i gael cipolwg ar y sefyllfa. Nid wyf yn cofio os TR oedd yn fy rhwyfo y diwrnod hwnnw, ond gwn fy mod wedi cario rhyw dri o ddynion a gwraig o'r ardal [Mrs Catherine Hughes de Mariani]. Pawb yn syllu i'r pellter, ac yna clywais floedd ofidus y wraig yn dweud: 'Bobol bach, mae'r Capel wedi'i dorri i lawr!' Anodd oedd meddwl sut i drefnu eu bywydau wedi'r fath drachywedd [distryw], gan fod pawb o'r cymdogion wedi cyfrannu'n ddiweddar i godi'r Capel newydd, ond meddai hi: 'Tro nesaf, bydd angen ei wneud ar dir uchel.'

'Dacw foncyn sych ar y ffarm nesaf', meddai un o'r dynion, 'efallai y bydd fan acw yn le sicr allan o gyrraedd y dŵr.'

'Y fi sydd yn berchen ar y llecyn yna', meddai hi, 'ond Duw sy'n berchen ar y ddaear, ac os byw ac iach, cawn adeiladu tŷ i addoli Duw ar y boncyn acw.'

Ac felly y bu, rwy'n sicr, a gallaf feddwl bod llawer o genedlaethau wedi ei fynychu a'i gadw yn lle duwiol hyd heddiw. Rwy'n gwybod bod yr hen Wladfawyr wedi llafurio'n galed i'w godi eilwaith, ond ni chefais gyfle i'w weld mwy.

Diwedd oes y llawr pren ar lan yr afon...

A dyma fy hanes yn gorffen. Cefais fy angori ger yr afon, a hogiau Mr Rees yn dyfod i bysgota nawr ac yn y man. Gwrandewais arnynt yn siarad yn drist rhyw dro am fod y Dyffryn ddim yn dod ymlaen ar ôl y dilyw, a thrwy ganlyniad bod eu tad wedi cael cynnig i ymfudo i Ganada gyda'i holl deulu. Fe aethon, mae'n debyg, yn y flwyddyn 1902, ac yng nghwmni amryw deuluoedd eraill oedd yn barod i fynd.

Cafodd fy ysgerbwd driniaeth go galed am amser hir yn nŵr yr afon, ac ni ddaeth dwylaw i'm rhwyfo a'm diogelu, ond buodd rhywun mor garedig â fy nhaflu i'r lan i orffen fy mywyd a chario'r gweddill o'r planciau i ffwrdd. Rwyf yn awr prin yn gwrando ar sisial y dŵr sydd yn llifo'n dawel am y môr. Mae rhywrai wedi gweld y ffordd i atal ei nerth aruthrol, a diolch am hynny, gan fod yr afon wedi bod dros gan mlynedd yn aflonyddu bywyd trigolion y Dyffryn. Byddaf innau'n llwch cyn bo hir, fel yr hen bobl sydd yn huno ym 'mynwent eu gweryd'. Ond rwyf i'n teimlo'n hapus rhwng dwy goeden helyg sydd yn perthyn yn ddiffuant i'r hen afon. Ystyriaf fy mod wedi bod yn fendith i lawer, ac wedi cael cyfle yn awr i rannu profiadau fy mywyd yn hanes y Wladfa a'i phobl yn y gorffennol pell.

Ffynhonnell

Yr ail wobr yn Eisteddfod y Wladfa yn Nhrelew, 2004.

Nodyn gan RG

Y mae'r hunangofiant hwn wedi'i seilio ar wir ddigwyddiadau yn Nyffryn Camwy yn yr amser gynt.

9

Hunangofiant: 'Neuadd Goffa i'r Cymry Cyntaf' – Neuadd Dewi Sant, Trelew

Edrychaf o gwmpas a gwelaf fel y mae'r ddinas fawr hon [Trelew] wedi newid: y moduron yn gwibio o'm cwmpas; miwsig sydd yn byddaru fy nghlustiau ac yn boddi lleisiau'r rhai sydd yn sefyll i siarad; pawb mewn brys yn galw am dacsi ac yn cynhyrfu wrth orfod disgwyl am ail gyfle […] Felly y mae y byd heddiw. Neu y fi sy'n groendenau oherwydd fy henaint? Rwyf bron yn gant oed, ond rwyf yn dal ar fy nhraed am fod sylfaen gadarn odanaf a muriau llydain yn dal fy nghorff wrth ei gilydd.

Perthyn yr wyf i Gymdeithas Dewi Sant yn Nhrelew, ac mae gennyf lawer o hanes i'w adrodd. Ddeg ar hugain o flynyddoedd wedi i'r hen Gymry lanio ym Mhorth Madryn yn 1865 aeth eu plant ati i feddwl o ddifrif am baratoi teyrnged barchus am yr ymdrech anhygoel i wladychu ym Mhatagonia. Roedd angen ffurfio pwyllgor i wneud trefniadau a chael lle i'r Gymdeithas ymgynnull i drafod eu problemau. Hefyd lle cyhoeddus i gynnal eisteddfod, cyngerdd ac arddangosfa o'u cynnyrch, er mwyn codi marchnad o hynny ymlaen.

Gyda sefydliad y rheilffordd, roedd y Cwmni wedi cael hawl i feddiannu tiroedd yma ac ym Mhorth Madryn a deallaf iddynt drosglwyddo rhan o dir yn rhad i adeiladu capel a hefyd neuadd goffa fel cofadail urddasol i gofio'r hen Wladfawyr. Tua diwedd y ganrif honno dyma ddechrau ar y gwaith. Cefais fy llunio ar batrwm Eglwys Dewi Sant, Tyddewi, yng Nghymru, gyda lle i dros fil o bobl eistedd. Cymry, felly, ddaru gyflawni'r orchest hon, a gallaf dystio i'r holl waith aeth ymlaen i fy adeiladu: y dynion yn cwrdd â'i gilydd gyda chaib a rhaw, berfa, trol a cheffyl (y rhai olaf hyn wedi eu rhentu) i gario cerrig a naddwyd gan eraill o'r creigiau cyfagos i wneud y sylfaen, llaweroedd o frics, casgenni o ddŵr a phentyrrau o ddefnyddiau at yr adeiladu. Bu'r llifogydd mawrion ar ddiwedd y ganrif yn rhwystr am amser hir, ond erbyn 1910 roedd y garreg sylfaen wedi ei gosod, ac erbyn 1913, er nad oeddynt wedi gorffen yn llwyr, penderfynwyd agor fy nrysau i gael Eisteddfod.

Roedd pawb wedi cyfrannu'n hael i fy adeiladu. Bu'r gwragedd a'r merched ifanc yn paratoi aml de a chyngerdd i wneud arian – pob un yn dyfalu sut i wneud elw. Llwyddasant i fy agor ar ddyddiad hanner can mlwyddiant y glanio (1915). Agoriad swyddogol oedd hwn, a'r enw ar yr ystafell gyhoeddus oedd 'Salón Conmemorativo de los Primeros Colonos', sef 'Neuadd Goffa i'r Gwladfawyr Cyntaf'. Mae'n rhaid i mi ychwanegu mai y fi oedd y neuadd fwyaf yn y dref, a bron yn sicr ym Mhatagonia gyfan hefyd yr amser hwnnw. Roedd y ffrynt yn ymddangos yn urddasol, gydag ystafell uwchben, ac mewn rhan o'r adeilad roedd dau binacl yn pwyntio i fyny. Roedd ynof lawer o ffenestri er mwyn cael golau haul yn y bore a'r prynhawn, ac ar ddrws llydan y ffrynt yr oedd hanner cylch o bren gyda'r geiriau 'Neuadd Goffa Sefydlwyr Cyntaf y Wladfa'.

Cofiaf ddydd y dathlu yn dda. Roedd y band hefyd yn chwarae'r ddau emyn cenedlaethol i gynrychioli'r ddwy wlad. Cawsant de a chyngerdd rhagorol yn y prynhawn hefyd. Cofiaf weld y trên yn chwythu mwg a'r gloch yn chwibanu dros bob man i alw'r bobl oedd wedi dod o bob cwr o'r Dyffryn i ddychwelyd tuag adref. Roedd pawb yn eu dillad gorau yn mwynhau'r ŵyl – y merched yn eu ffrogiau hirion crand a'u hetiau llydain o wellt, gyda rhubanau a blodau yn eu haddurno – rhai yn cymryd rhan yn y canu, eraill yn adrodd, eraill yn annerch – y cwbl yn fythgofiadwy.

Wedi hynny mae llawer o weithgareddau wedi cymryd lle y tu mewn i mi. Roeddwn yn barod i gael fy nefnyddio i ddathlu gwyliau'r wlad. Dan fy nho y dathlwyd canmlwyddiant annibyniaeth Ariannin ar y 9fed o Orffennaf, 1916. Cefais fy addurno â rhubanau glas a gwyn y tu mewn a'r tu allan, ac ar y ffrynt eto, hanner cylch pren gyda'r geiriau: '1816: Al Gran Pueblo Argentino Salud: 1916' ['Henffych well i'r wiw genedl Archentaidd': dyfyniad o'r anthem genedlaethol.] Yn y nos roedd goleuadau yn goleuo'r llythrennau, a bu yno am amser maith nes i'r gwynt a'r glaw ei ddifetha.

Erbyn 1917 cefais nenfwd o bren da, fel y lloriau. Bu rhaid i mi dderbyn aml gyfnewidiad er mwyn addasu, i gael fy rhentu i fasnach neu ymdrechion eraill, ac er mwyn wynebu costau fy nghynnal. Rhwng fy muriau y dathlwyd

Canmlwyddiant y Glanio yn 1965, gydag Eisteddfod wych a llwyddiannus yng nghwmni'r fintai o Gymru a ddaeth drosodd i ymuno yn y dathliad. Nid anghofiaf y te a wnaeth y pwyllgor i blant yr hen Wladfawyr. Ychydig oeddynt, ond roedd yr wyrion a'r wyresau yn bresennol wrth y byrddau hefyd. Roedd y Gymanfa Ganu i gloi'r Eisteddfod yn fendigedig. Roedd fy muriau cryfion yn crynu mewn gorfoledd a daliaf i hiraethu wrth gofio'r amgylchiad.

Mae'n bleser gennyf agor fy nrysau bob blwyddyn i ddathlu Gŵyl y Glaniad yng nghanol y gaeaf. Ceir dathliad swyddogol a theimlaf innau yr un cynhesrwydd calon â'r disgynyddion niferus sydd yn dathlu ac yn canu'r emynau cenedlaethol. Yma hefyd y mae teuluoedd yn cyfarfod i fwynhau Swper Gŵyl Dewi sy'n draddodiad ers blynyddoedd bellach.

Mae rhan ohonof yn swyddfa i'r Pwyllgor Ymgynnull. Mewn rhan arall o'r ffrynt bu siop lyfrau Cristnogol am amser, o dan ofal cenhades o Gymru [Mair Davies], nes symud i le mwy, a chymerodd Pwyllgor yr Eisteddfod yr ystafell hon wedyn.

Ar gornel [yr adeilad] mae swyddfa yn perthyn i'r Gymdeithas lle medrwch gael pob math o wybodaeth am y Wladfa. Ceir llyfrau hanesyddol, cylchgronau o Gymru, ac ar y muriau nifer o luniau o'r hen amser. Mae cyfle i brynu cardiau neu bapur newydd ac, yn bennaf, *Y Drafod*. Mae'r enwog deisen ddu ar werth yma hefyd.

Clywaf ar y llofft sŵn plant a phobl ifanc yn cael gwersi Cymraeg, neu'n dysgu dawnsio gwerin. Mae'r piano i'w glywed yn aml pan fydd côr neu barti yn ymarfer. Felly nid oes distawrwydd nac unigrwydd, gan fod y byd yn dal i fynd ymlaen a llawer cenhedlaeth wedi mynd heibio erbyn hyn.

I fy adfywio, cefais deils ar y lloriau a llawer côt o baent o bryd i'w gilydd. Cefais fy ail-lunio amryw o weithiau heb golli, wrth gwrs, y patrwm gwreiddiol.

Rwyf yma o hyd, yr hen Neuadd urddasol, ac yn tynnu sylw llawer o ymwelwyr. Mae pob Cymro drwy'r blynyddoedd wedi bod i mewn yma i fy adnabod. Rwyf yn dymuno y caf hir oes eto gyda'r drysau yn agored i wasanaethu fy nghydwladwyr sy'n cadw fy atgofion yn fyw.

Ffynhonnell

Eisteddfod Trevelin, 2006, 'Hunangofiant Hen Adeilad'.

10

Hunangofiant
Hen Gapel Bryn Crwn

Teimlaf fel ceidwad tŵr yn gwylio ar ben y boncyn bach hwn, yng nghanol ardal Bryn Crwn [yn Nyffryn Camwy], gyda gwrych o *tamarisco* hynafol yn torri'r gwynt oer sy'n chwythu'n aml o'r gorllewin y tu ôl i mi. Yn ôl yr hanes, darganfuwyd y boncyn hwn, oedd wedi cael ei achub o gyrraedd y dŵr, amser y llif mawr yng ngaeaf 1899. Roedd y tonnau gwyllt wedi taflu'r capel blaenorol oedd ar dir fferm gyfagos. Wrth gwrs, roedd ffydd yr hen Wladfawyr mor gryf fel i feddwl am adeiladu capel eto o'r newydd mor fuan ag oedd bosibl. Dywedodd perchenoges y fferm lle safai'r boncyn yma bod y tiroedd yn gyfan yn perthyn i Dduw, ac os gwelent hwn yn addas i godi tŷ i Dduw, roedd at eu gwasanaeth yn rhad ac am ddim. Mrs Catherine Hughes de Mariani oedd enw'r wraig garedig honno.

Wedi i'r dŵr glirio, aeth y ffermwyr ati o ddifri i daclu eu cartrefi, ac, ar yr un amser, i adeiladu'r capel. Roeddwn yn barod ar ddiwedd y flwyddyn ddilynol (1900). Ar ôl hyn, medrwch gyfrif fy mod dipyn dros gant oed, ac wedi gweld amser llewyrchus iawn am ddegau o flynyddoedd, pan oedd llu o deuluoedd niferus yn byw yn yr ardal a'r cwbl yn mynychu'r capel ddwy a thair gwaith y Sul. Roedd pawb yn selog i gymryd rhan mewn llawer o weithgareddau oedd yn cael eu cynnal yma. Roedd eu ffydd mor gadarn â'r sylfaen sydd odanaf. Ond tra fy mod i'n aros yn gryf eto, nid felly'r gymdeithas, sydd wedi gwasgaru bellach, a'r ffydd wedi gwanhau yn fawr. Tybed a all y byd roi rhywbeth mwy gwerthfawr iddynt? Yn sicr, nid oes dim byd gwell ar gael!

Rhodd Mam a sol-ffa, Band of Hope ac 'arweinyddion canu'

Mae pob capel yn Nyffryn Camwy a adeiladwyd gan yr hen Wladfawyr dros eu cant oed erbyn heddiw, a phob un, rwyf yn sicr, wedi bod yn ganolfan i'r gymdeithas Gymraeg i gwrdd ac i drafod llawer testun ac, yn bennaf, i addoli. Dyma lle cafodd y plant eu dysgu yn iaith eu tadau i ymarfer canu, adrodd, dweud adnodau ar eu cof a llefaru'r *Rhodd Mam*, dysgu darllen gyda'r wyddor a dod i arfer y sol-ffa. Roedd gwragedd a merched yr ardal yn gwneud gwaith gwerthfawr gyda'r plant yn y band of hope ar ddydd o'r wythnos. Amser wedyn, pan ddaeth y pregethwr, y Parchg E R Williams, yn y flwyddyn 1930 o Gymru i sefydlu yma, roedd ef a'i wraig yn mynd o gapel i gapel yn yr wythnos i gadw'r cyrddau yma oedd mor werthfawr i gario ymlaen yr iaith a'r diwylliant.

Cofiaf yn dda am yr arweinyddion canu. Un ohonynt fu agos i hanner can mlynedd yn y gorchwyl yma oedd y Br Edward Morgan oedd yn dod gyda'i deulu mewn cerbyd dwy sêt. Roedd ganddo naw o ferched heblaw eu mam a nith oedd wedi ei magu ganddynt yn amddifad, a bu hi yn organyddes am amser hir. Dyn tal, cryf oedd Edward Morgan a stamp ar ei agwedd, ei wallt wedi gwynnu yn gynnar, a hefyd barf fach wen o dan ei ên. Roedd yn llawn bywyd, a'i freichiau yn hedfan wrth arwain y canu yn orfoleddus. Roedd ei fab, Iorwerth, yn ganwr penigamp hefyd a bu yn ffyddlon yma hyd ei farwolaeth. Un arall o'r teulu fu yn flaenllaw iawn gyda'r plant yma oedd ei ferch, Myfanwy. Cof amdani yn hyfforddi pob agwedd ar waith ysbrydol, a rhoddodd sylw arbennig i'r Diwygiad Crefyddol gymerodd le yng Nghapel y Gaiman (1904–05) pan oeddwn i prin wedi gweld golau dydd. Buodd llu o weinidogion yma, yn eu tro yn rhoi darlun clir i'w gwrandawyr o natur Duw. Yma y clywais wirioneddau sydd wedi aros gyda mi gydol fy hir oes.

Mair Davies, y genhades o Gymru

Daeth cyfnod yn ddiweddarach pryd y teimlwn fel pentewyn, yn unig a diflas, nes daeth cenhades sefydlog i'r Wladfa yn 1964 i ailgynnau'r gwres yn yr ardal. Miss Mair Davies ydyw hi, ac mewn deugain mlynedd mae wedi llwyddo i gadw drysau'r hen gapeli ar agor, ac yn awr yn ffyddlon yma ar y Sul cyntaf o bob mis, ac y mae hi yn medru cyhoeddi'n fedrus yn y ddwy iaith, Sbaeneg a Chymraeg. Cawn ymweliad bob hyn ac yn y man gan ambell bregethwr o Gymru, a phob un yn llwyddo i grynhoi cynulleidfa i wrando a mwynhau'r neges. Mae'r iaith Sbaeneg yn cael ei lle mewn oedfaon hefyd o dan ofal pregethwyr o enwadau eraill.

Tegai Roberts (1926–2014), y Gaiman, yng Nghwm Eithin, Llandaf, Caerdydd, cartref Eleri a Robin Gwyndaf, yn 2000. Y tu ôl inni gwelir hen delyn deires o Uwchaled, bro mebyd yr awdur. Cyflwynir y llun hwn gyda diolch o galon ac er cof annwyl iawn am Tegai.

Eleri a Robin Gwyndaf wrth y bwrdd swper ar aelwyd Plas y Graig, y Gaiman, yng nghwmni Tegai Roberts a'i chwaer, Luned Vychan Roberts de González, 15 Hydref 2006. Y nos Sul honno, cyn dod i Blas y Graig, hyfrydwch arbennig oedd cael cyflwyno gwasanaeth am yr ail waith ym Methel (y tro cyntaf oedd oedfa Sul Dathlu'r Canmlwyddiant, 30 Hydref 1965).

Luned Vychan Roberts de González.

Sarah a Héctor MacDonald, y Gaiman.

Elvey MacDonald.

Elena Davies de Arnold, Trelew, yng ngwisg yr Orsedd, o flaen Capel Bethel, y Gaiman. 26 Hydref 2006.

Elena yng nghwmni Eleri Gwyndaf, 10 Hydref 2006. Yn ei chartref hi y buom yn aros am dros wythnos ym mis Hydref 2006.

Teulu Elda Lorain Jones a Juan Ocampo, 9 Hydref 2006. O'r chwith: Juan; Ana a'i mab, Genaro; Diego; Elda; Eleri.

Elda gyda'i modryb, Eryl MacDonald de Hughes, mewn ysbyty yn Nhrelew, Hydref 2006.

Graciela Colasante de Pinciroli, Trelew, a'i mab, Marco, yn mwynhau pryd o fwyd blasus - *asado* - yn y Gaiman, 29 Hydref 2006.

Anita Isabel Lewis, Trelew, yn mwynhau diod mate ar fferm ei ffrind, Nelia Humphreys, fferm 94, ger Moriah.

Nelia Humphreys, Trelew, gydag
Eleri Gwyndaf, ym Mhorth Madryn,
13 Hydref 2006.

May Williams de Hughes, Trelew.

Eileen James a Dewi Mefin Jones, Trelew, yn ein cartref yng Nghwm Eithin, Llandaf, 1991, yng nghwmni Eleri, Nia, Llyr, a Tessa, yr ast

Dewi Mefin Jones, Llywydd Gorsedd y Wladfa, Hydref 2006.

Clydwyn ap Aeron Jones, y cerddor, yng nghwmni RG, ar derfyn ei ddarlith ar 'Ddiwylliant Gwerin Cymru', yn Neuadd Dewi Sant, Trelew, 14 Hydref 2006.

Irma Hughes de Jones, bardd, llenor, a chyn-olygydd *Y Drafod*.

Silvia M Jones a'i mam, Delyth Llwyd, yr arlunydd (1961).

Gerallt Williams yn ei gartref ar fferm Bodiwan, Bryn Crwn, 18 Hydref 2006.

Alwina Hughes de Thomas a'i phriod Elwy; Tilsa ar y chwith a Moira ae lin ei mam.

Cyflwynir y llun hwn er cof annwyl am Iris Myfanwy Lloyd de Spannaus (1934–2015; disgynnydd i Michael D Jones), a'i phriod, Fernando Spannaus (1929–2011). Bu Iris farw, 16 Mehefin 2015. Tynnwyd y llun, 29 Mai 1969, ar achlysur geni Diego Edgar. Yn eistedd: Guillermo (Billy), gyda Diego Edgar ar ei lin; Patricia (Patsy) yn ei ymyl; ac yna Alin (sillefir gydag 'i').

Glenys Owen, fferm El Delta, Trevelin, ac RG, o flaen Capel Bethel, Trevelin, 21 Hydref 2006.
(Gw. hefyd y llun o Glenys yn olaf yn adran lluniau dathlu'r Canmlwyddiant.)

Noson i groesawu ymwelwyr o Gymru yng Nghanolfan Gymraeg Esquel, 23 Hydref 2006.
Rini Griffiths (ar y dde) yng nghwmni Eleri Gwyndaf.

Aira ac Elgar Hughes, Esquel. Noson i groesawu'r Cymry yn y Ganolfan Gymraeg,
23 Hydref 2006.

Ethel Mini Morgan a Christine Jones, Esquel, ar yr un noson.

Cyfeillion o Gwm Hyfryd yn yr Andes.

Capel Bryn Crwn: ei wneuthuriad

Cyn i mi flino adrodd yr hanes hwn sydd yn llanw fy mywyd, af ati i chwi wybod sut yr wyf wedi fy ffurfio. Mae'r waliau wedi eu gwneud o frics coch a tho o sinc wedi ei rannu i rediad y dŵr ar y ddwy ochr. Patrwm ar ffurf y llythyren 'L', gan fod un ystafell hir ar gyfer yr oedfa yn wynebu codiad yr haul a thu ôl mae'r festri yn ymestyn i'r rhan ogleddol. Mae cyntedd i'r mynediad gyda dwy step yng ngharreg y drws, wedi treulio yn arw erbyn hyn. Mae'r meinciau yn y canol a llwybr ar y ddwy ochr yn arwain ymlaen at y pulpud sy'n wynebu'r drws. Ar y pulpud y mae dwy sêt hir ar yr ochr chwith, ac ar y dde y mae'r organ, a hefyd y drws sy'n mynd i'r festri.

Mae bwrdd ar y canol lle gwelir y Beibl mawr a'r llyfr emynau. Y tu ôl i'r bwrdd mae cadair freichiau o bren wedi ei gerfio. Rhodd gan Mrs Hugh Gruffydd, a fu yn un o'r blaenoriaid nodedig yn ei amser. Mab oedd Hugh Gruffydd i'r saer pren a geiriau, sef 'Gutyn Ebrill', un o golofnau'r Wladfa, fel saer pontydd ac fel bardd enwog o Gymru. Wedi i Hugh Gruffydd gael ei gladdu yma, aeth ei wraig yn ôl i Gymru, a chofiaf hi yn gadael y gadair yn barchus i eiddo ei gapel hoff yn y flwyddyn 1935.

Cefais ffenestri uchel gilotîn, o bren, ac sydd yn cael eu cadw yn lân a thaclus gyda llenni gwynion. Y drysau yma hefyd sydd o bren cryf ac wedi cael llawer côt o baent i arbed y glaw a'r gwres. Mae hen gloc yn taro ar y wal, a lampau da yn goleuo.

Dathlu Gŵyl y Glaniad, a hiraeth am 'y ffyddloniaid oedd yn llonni fy mywyd gynt...'

Hiraethaf am gwmni yr holl ffyddloniaid oedd yn llonni fy mywyd gynt. Nid oes [mwyach] sŵn y cerbydau ar y ffordd na'r ceffylau oedd yn troedio. Cofiaf am y bechgyn oedd yn dod yn griwiau i'r ysgol gân, rhai ohonynt yn ddireidus, ond yn y diwedd yn barchus bob amser, pob un ar gefn ei geffyl, ac yn mwynhau y canu yn y côr. Caf fy hun yn dyheu y dyddiau hyn am weld y rhai a fagwyd o dan fy nho yn dod nôl eto i ganu mawl rhwng fy muriau fel cynt ac i fwynhau gwrando'r Gair. Diolchaf lawer am ofal rhai o ddisgynyddion teuluoedd yr ardal sydd yn dal yn ddiwyd yn y gwaith. Rhai ieuanc wedi gofalu cyrchu lluniau ac wedi paratoi arddangosiad o'r cwbl ar ddathliad fy nghant oed.

Mae Gŵyl y Glaniad yn cael ei dathlu yma bob blwyddyn pan ddaw mis

Gorffennaf. Tywydd oer iawn, ond mae pawb wrthi yn ddyfal ac yn rhannu'r gwaith o drefnu y te a'r chwaraeon sydd yn digwydd. Dynion a merched yn barod iawn, ac yn gynnar mae paratoi ar gyfer yr Ŵyl. I ganlyn mae cyngerdd yn cael ei gynnal yn y ddwy iaith, a gair yn barod i gofio am wroldeb a dyfalbarhad yr hen Wladfawyr. Maent yn cloi y dydd gyda'r Anthem Genedlaethol, 'Hen Wlad fy Nhadau'.

Mae'n ddiwedd Mai yn awr, ac mae'r cymylau tywyll wrth ben yn symud yn fuan gyda'r gwynt gaeafol. Wedi i mi orffen hel y meddyliau hyn, gwelaf ei bod yn nosi eto yn y Dyffryn.

Mae'r bryniau cyfagos yn amlinellu, ac ambell sgrech y dylluan yn cyffro fel i ddangos mai hi ydyw brenhines y nos. Ond, yn fuan, daw'r lleuad i oleuo, fel y gwelais hi erioed ar adegau, ac mae ei chwmni yn codi fy nghalon. Ond buaswn yn hoffi llefaru i ddiweddu fy atgofion a hefyd fy ngobaith cryf, fel y dywedodd yr emynydd, Dafydd William:

> O Arglwydd dyro awel,
>   A honno'n awel gref,
> I godi'm hysbryd egwan
>   O'r ddaear hyd y nef!
> Yr awel sy'n gwasgaru
>   Y tew gymylau mawr;
> Mae f'enaid am ei theimlo –
>   O'r nefoedd doed i lawr!

Ffynhonnell

Buddugol yn Eisteddfod Mimosa, y Wladfa, Porth Madryn, 2006.

11

Chwedl y *Yerba Mate*: 'Te Croeso' Trigolion Patagonia

Yn ôl y chwedl hon, bu i un o lwythau brodorol Ariannin, a oedd wedi ymsefydlu gynt ar lethrau'r mynyddoedd lle tardd Afon Tabay, adael y lle a theithio ar draws y goedwig mewn ymchwil am fan gwell i aros ynddo. Ond yn eu mysg yr oedd un hen ŵr a phwysau'r blynyddoedd yn drwm arno na allodd ddal ati i deithio gyda'r gweddill, ac felly bu'n rhaid iddo aros ar ôl a llochesu yn y goedwig yng nghwmni ei unig ferch, Yaríi. Yr oedd hi'n ferch dlos a charedig.

Un min nos, pan oedd yr haul yn machlud y tu hwnt i'r mynyddoedd, cyrhaeddodd gŵr dieithr at eu gwersyll. Roedd lliw ei groen a'r dillad a wisgai yn dangos yn glir nad oedd wedi dod o unlle yn y cyffiniau, ond yn hytrach o ryw fro bell.

Rhoddodd yr hen ŵr *acutí*, anifail bychan sydd yn byw yn y rhan hon o'r wlad, i'w rostio wrth y tân coed, ac wedi iddo ei goginio, estynnodd ran ohono i'r dieithryn. Rhoddodd iddo hefyd beth o gig gwyn a blasus y *tambú* y mae'r *Guaraní* yn ei fagu ym moncyffion y *pindó* ac a gyfrifir ganddynt yn ddanteithfwyd o'r mwyaf dewisol. Mwynhaodd y dieithryn y cwbl a diolchodd iddynt am eu lletygarwch.

Ond ymwelydd oedd hwn wedi ei anfon gan Tupá, duw daioni, ac felly penderfynodd wobrwyo'r hen ŵr a'i ferch am eu caredigrwydd a'u haelioni tuag ato. Meddyliodd mai peth da fyddai iddynt fod â'r modd ganddynt i groesawu ymwelwyr bob amser, pa mor annisgwyliadwy bynnag a fyddent. Ac, ar yr un pryd, fod ganddynt rywbeth fyddai'n lleddfu iddynt yr oriau hirion o unigrwydd oedd yn eu bywydau drwy fod yn byw fel hyn mor bell oddi wrth eraill, yn eu caban bychan tlawd ar lan yr afonig fechan lle roeddynt wedi cartrefu. Felly, gorchmynnodd i blanhigyn newydd dyfu yn y goedwig, ac enwi Yaríi yn dduwies, CaaYaríi, i amddiffyn y goeden newydd sbon yma a ymddangosodd mor sydyn. Roedd ei thad [yntau], fel CaaYará [Duw Yará], i fod i ofalu am y goeden, a dysgodd iddo sut i sychu'r dail a hefyd sut i baratoi'r trwyth a fyddai o hyn allan bob amser wrth law i'w estyn i bob dieithryn a ddeuai at ddrws unrhyw gartref yn y wlad honno.

Dyna'r goeden *yerba mate* gyntaf erioed, yn ôl y chwedl, ac o hynny allan, o dan ofal tyner CaaYaríi a meithriniaeth gyson y CaaYará, tyfodd y pren o nerth i nerth ac enillodd y *mate* ei le fel arwydd di-ail o gyfeillgarwch a chroeso i bob ymwelydd.

Dywedir hefyd fod llun y dduwies CaaYaríi i'w weld ar wyneb un o greigiau rhaeadr yr Iguazú, ac oddi yno ei bod hi'n gwylio'n dragwyddol dros y planhigyn hoff gan ofalu na fydd iddo byth golli ei rinweddau.

Ffynhonnell

Derbyniwyd yn rhodd gan yr awdur yn 2012.

Rhan 4

Dathlu
Canmlwyddiant y Wladfa
1865–1965

Rhestr o'r 'Pererinion' o Gymru

Mrs Eluned Bere, y Barri

Miss Justina Bevan, Abertawe

Mrs Anne M Boumphrey, y Rhyl

Dr Elwyn Davies, Caerdydd

Miss Eva Davies, Caerefrog

Mr Gethyn Davies, Llundain

Dr Jenkin Alban Davies, Llanrhystyd

Miss Rachel Mary Davies, Grovesend, Abertawe

Mrs Gertrude E Dodd, y Rhyl

Dr Huw T Edwards, yr Wyddgrug

Mrs Maud Edwards, Pentre Bychan, Wrecsam

Miss Heulwen Ellis, Llys Meddyg, Dinbych

Miss Mali Evans, Abergwaun

Miss Gwendoline Ffoulkes, y Fflint

Miss A M Francis, Croesoswallt

Mrs Nan Griffiths, Llandaf

Mr T Elwyn Griffiths, Ystradgynlais

Mr Merfyn Hale, Bangor

Mr Desmond Healy, y Rhyl

Mr T G G Herbert, Aberaeron

Mr Alwyn Hughes-Jones, Caernarfon

Mr George Barrie Humphreys, Llanfechain

Mrs Ann John, Clunderwen

Mrs Catherine Jane Jones, Llundain

Miss Eluned Jones, y Groeslon

Mr Frank Price Jones, Bangor

Mr J S Jones

Miss Muriel Jones, Rhuddlan

Dr Owen Lewis Jones a Mrs Jones, Cricieth

Mr Robin Gwyndaf (Jones), Cerrigydrudion

Mr a Mrs Tom Jones, Llanuwchllyn

Mrs Helen Lewis, Rhuddlan

Mr a Mrs Llewelyn J Lewis, Abertawe

Miss Olwen Lewis, Ynys Môn

Mr W P Lloyd-Jones, Tregaron

Dr J H Marshall-Lloyd, Tywyn, Meirionnydd

Miss Annie Morgan, Blaen-plwyf, Aberystwyth

Miss Eleri Owen, Llanelli

Mr W R Owen, Bangor

Mr Thomas Owens, Llangefni

Mr Richard Parkhouse, Caerdydd

Mr a Mrs John Pritchard Jones, Talysarn, Arfon

Miss Gwen Pritchard Jones, Tal-y-sarn, Arfon

Miss Dilys E Quick, Abertawe

Miss Sarah Rees, Casllwchwr, Abertawe

Mr Stanley Rees-Hughes, Llundain

Miss Cathrine Richards, Hengoed

Miss Gladys Olive Richards, Bwlch-gwyn, Wrecsam

Mr a Mrs Herbert Richards, Caerffili

Mr John Roberts, y Groeslon

Mrs C Elizabeth Rowson, Harrow

Miss Olwen Stent, Llundain

Mrs Jennie Thomas, Aberystwyth

Mr W J Thomas

Mr John Elwyn Watkins, Abertawe

Mr Tudor Watkins, AS, Aberhonddu

Mrs Olwen Walters, Caerdydd

Mrs Eulfwyn Walters Weston, Caerdydd

Mr Dafydd Wigley, Hornchurch, Essex

Miss Eunice Miles Williams, Hengoed

Miss G G Williams, Abertawe

Mr Goronwy Williams, Ystradgynlais

Miss Kathleen G Williams, Bradford

Miss Mary EllenWilliams, Amlwch

Mr R Bryn Williams, Aberystwyth

Mrs Susie Williams, Bargoed

Trefnodd y Cyngor Prydeinig ym Mhrydain fod y telynor Osian Ellis yntau yn mynd i Dde America yn ystod y flwyddyn 1965 i gadw cyngherddau yn Buenos Aires a gwahanol ardaloedd ym Mhatagonia. Aeth Mrs Ellis gydag ef.

Aeth y Br Hywel Hughes (Don Hywel), a'i fab Rowlant, Bogota, Colombia, hefyd i'r dathlu.

Canmlwyddiant y Wladfa: 1865–1965

Llythyrau at Deulu yng Nghymru
22 Hydref – 12 Tachwedd 1965

Robin Gwyndaf

1

Nos Wener, 22 Hydref 1965

Annwyl Dad a Mam a phawb gartref,

Pe bawn i'n sgrifennu 'Pererin' ar ddiwedd y llythyr hwn, fe chwarddech, mae'n siŵr. A welwn i ddim bai arnoch chi chwaith. Rwy'n hanner chwerthin fy hunan wrth feddwl mai hoff enw llawer un ar y saith deg neu ragor o'r cwmni sy'n ymweld â'r Wladfa yw 'Pererinion'. Bid a fo am hynny, dyma hi'n nos Wener, 22 Hydref 1965, ac y mae mwyafrif y 'Pererinion' wedi dod i'r cyfarfod o groeso gan Gymry Llundain. Cyn dod i'r cyfarfod hwn bûm yn meddwl pa ansoddair y deuwn i'w ddefnyddio maes o law i'n disgrifio fel cwmni. Ond nid wyf am ddefnyddio yr un ar hyn o bryd, os gwnaf o gwbl: y mae cymaint o amrywiaeth yn ein hoed a'n swydd. Y mae tocyn da o athrawon, gwragedd tai, gwŷr busnes a ffermwyr yn ein plith; dau feddyg ac un milfeddyg; dau lyfrgellydd ac un disgybl ysgol, yr ieuengaf ohonom i gyd, a nifer o gynrychiolwyr eraill, gan gynnwys o leiaf ddwsin o bobl wedi ymddeol, a'r mwyafrif mawr o'r dosbarth olaf hwn yn wragedd.

Ond nos Wener, dyma gyfle godidog inni ddechrau anghofio am ein gwahanol waith a'n hoed, ac yr wyf yn siŵr fy mod i'n mynegi teimladau pawb wrth ddiolch yn gynnes iawn i Gymry Llundain am eu croeso cynnes inni. Yn ystod y cyfarfod cyflwynwyd Llestr Rhosod y Bwrdd Croeso, gan y Dr Huw T Edwards, i Bwyllgor Dathlu Canmlwyddiant y Wladfa. Cyflwynwyd llyfr o gyfarchion cymdeithasau Cymraeg Lloegr a'r Alban i fynd gyda ni i Batagonia. A chyn diwedd y cyfarfod yr oedd blodyn melyn y *Mimosa* o blastig wedi'i werthu i'r rhan fwyaf ohonom. Bydd yr elw'n cael ei drosglwyddo i goffrau Ysgol Gymraeg y Wladfa.

★★★

Y mae'n hanner awr wedi chwech nos Sadwrn, 23 Hydref, ac, o'r diwedd, dyma ni ar ein ffordd i Ariannin. Mor hyfryd yw cael eistedd i orffwys wedi'r loetran a'r cerddeta. Comed o Ariannin yw'r awyren: Cwmni 'Aerolineas Argentinas'. Dotiaf at ei fforddusrwydd ac at wasanaeth ei chwmni. Tri chwarter awr o sythu traed ym meysydd awyr Paris a Madrid, a dyma ni nawr yn hedfan uwchben Affrica. Glanio'n y bore bach yn Dakar. Ond dyna weddnewidiad! Y mae'r gwres yn annioddefol. Ai blanced drydan sydd wedi'i gwasgu'n dynn amdanom? Cofiaf amdanaf fy hun yn grwt bach yn gorweddian yng nghysgod hulog yn y cae gwair 'slawer dydd pan oedd yr haul yn rhy gryf. Ond mae'r poethder hwn mor wahanol: y mae'n drwm a llaith, fel sach wlyb o ffwrnais boeth yn pwyso arnoch.

Syndod oedd y lleithder poeth yn Dakar, ond nid oes gennyf air i gyfleu'r rhyfeddod a welaf yn awr. Yr ydym bron â chyrraedd Recife ym Mrasil, ac y mae'r wawr yn torri. Collais y seren wib a welodd rhai cyn cyrraedd Dakar, ond dyna falch yr wyf fy mod i'n effro ar lasiad y wawr fel hyn.

> Pe bawn i'n artist, mi dynnwn lun
> Rhyfeddod y machlud dros Benrhyn Llŷn...

meddai'r bardd, T Rowland Hughes. Pe bawn innau'n ffotograffydd...

'...Tri oedd ar yr awyren honno, wsti. Masnachwr oedd un, ac roedd 'i galon o'n 'i sodlau o cyn iddo gychwyn. Cofia di, 'machgen i, pwy bynnag wyt ti, lle bynnag y byddi di, fod dy galon di yn y lle iawn.' Bûm yn sgwrsio'n hir gyda'r gŵr ifanc, deg a thrigain oed, a ddywedodd hyn wrthyf. Y mae wedi dychwelyd i'w sedd yn awr, ond y mae wedi procio llawer ar fy meddwl. Y mae diwedd soned Irma 'I Gymru' yn mynnu glynu yn y cof:

> ...Pan ddelo'r dydd i ysgwyd llaw â thi,
> Rwy'n erfyn, Gymru fach, na'm sioma i.

Daeth rhyw ofn i'm calon innau. A ydym ni, ddeg a thrigain ohonom, yn gynrychiolwyr teilwng o'n gwlad? Beth petaem ni'n siomi'r llu na welodd Gymru erioed? Beth petai rhai ohonom yn magu cenfigen hyd yn oed yn ein plith ein hunain?

Ond wedi nodi'r amheuon hyn, y mae'n rhaid imi gael sôn wrthych am yr hyn a welais yn Rio de Janeiro. Ar wahân i'r patrymau o gaeau gwyrdd yn cael eu rhannu'n dwt ac yn bendant gan ffyrdd syth, llwytgoch, a welwn o'r awyren, a llu o bobl yn rhodianna yn y gwres ar y maes awyr, mi welais hefyd ddau greadur bach diddorol iawn, sef dau barot amryliw mewn cawell fawr o haearn. Dyna gartrefol a di-lol oedden nhw. Fe ddaeth un ata' i am sgwrs!

Drwy ffenest yr awyren y munudau hyn mi welaf barsel ar ôl parsel o gymylau llwydwyn. Rhyngddynt dacw wyrdd golau y caeau yng nghwpan y mynyddoedd i'w weld yn eglur, ac yma ac acw ddarnau o wyrdd tywyll y coed. Neu dyna a feddyliwn! Ond y mae'r haul a'r lliwiau'n chwarae mig â mi. Nid coed a welais i o gwbl, ond cysgod y cymylau! Y mae pawb yn siarad pymtheg y dwsin, a sŵn yr awyren a'r lleisiau yn un bwrlwm llafar. A pha ryfedd? Yr ydym bron â chyrraedd Buenos Aires. Gyda hyn byddwn yn Ne America a'n traed ar dir sych. Rhyfeddaf at y caeau âr ger y maes awyr, maent yn wastad ac yn berffaith sgwâr, neu'n berffaith hirsgwar, hyd y gwelaf i. Ond y mae hi bron â bod yn amser glanio, a rhaid imi roi'r gorau i sgrifennu. Mae'n un o'r gloch brynhawn Sul, 24 Hydref, ond pedwar o'r gloch acw, mae'n debyg. Gobeithio i chi gofio troi'r cloc yn ôl nos Sadwrn!

Yn Ninas Buenos Aires

Bellach, dyma hi'n hanner awr wedi wyth nos Sul. Y mae saith ohonom, yn bobl ifanc i gyd, yn eistedd o amgylch bord gron, yn y City Hotel ym Muenos Aires. Mor braf yw cael sgwrsio'n gwmni ifanc fel hyn am bawb a phopeth, gan gynnwys rhai o'r 'Pererinion'! Ond ble mae'r cinio yna? *Mañana, Mañana, Mañana*: 'Fe wna yfory'r tro' – y mae'r gair hwn yn gyfarwydd inni eisoes. Ofer yw brysio'r Archentwr bach sy'n ceisio'i orau glas, chwarae teg iddo, i ufuddhau i'r cant a mil o fân orchmynion a saethir tuag ato mewn bratiaith Sbaeneg a Saesneg carbwl. Cofio am Sophia Dogle sy'n forwyn ar drydydd llawr y gwesty. Y mae pawb wedi dotio at y wraig fechan, siort, hon. A pha ryfedd? Fe'i ganwyd ym Mhatagonia ac y mae ganddi lond ceg o Gymraeg. Hen dro na byddai yma nawr i sbarduno peth ar y mañanwr pen moel acw!

Fe ddaeth y bwyd o'r diwedd. Gwelais ei well, ond mor dda oedd ei gael, a diolch amdano. Ar ôl bwyta fe arwyddodd pawb o'r cwmni ddau lyfr clawr coch hardd iawn gyda'r geiriau hyn ar y ddwy wyneb ddalen:

Dathlu Canmlwyddiant y Wladfa
1865–1965
Cofrodd o Gymru

y naill i'w gyflwyno i Raglaw Talaith Chubut a'r llall i Arlywydd Gweriniaeth Ariannin.

Y mae'n fore Llun, 25 Hydref, bore gwresog a mwyafrif y cwmni ar gychwyn ar wibdaith o amgylch y ddinas. Dacw fws yn ein disgwyl, un llwyd, pur wael ei wedd, a dynes dal, gydnerth i'n harwain. Dyna fôr o lais cryf sydd gan hon. Bu'n gynhorthwy mawr inni, chwarae teg, ond mor anodd yw gwrando truth ar ôl truth pan fo rhyfeddod ar ôl rhyfeddod yn dal y llygad. Gweld strydoedd llydain, braf, a sylwi'n arbennig ar 'Stryd y Nawfed o Orffennaf'. Gweld ambell goeden yma ac acw a'i changhennau eang yn gysgod i'r teithiwr blinedig. Gweld cofgolofn i William C Morris (1864–1932) a fu'n codi ysgolion i blant tlawd Buenos Aires. Gweld prysurdeb y porthladd a dŵr llwyd Afon Plate sy'n ddeg milltir o led gyferbyn â'r cei ei hun.

Ac yng nghanol y cyfan, gweld paradocs mawr y ddinas. Y mae diwrnod ar ôl yfory yn y gwesty, ond tu allan y mae hi'n un ras wyllt rhwng cerbyd a cherbyd. Y mae'n wir eu bod yn symud beth yn arafach, o bosibl, nag mewn dinas fel Llundain, ond beth petaech chi'n eu gweld nhw'n rhuthro heibio ichi ar yr ochr chwith a'r dde, fel y daw hi, ac yn rhuo eu cyrn. 'Fi gynta. Fi gynta. Gwnewch le. Gwnewch le.' Ond nid dyma'r unig wrthgyferbyniad a welir yn y ddinas. Y mae'r hen a'r newydd yma hefyd, ochr yn ochr. Hen gerbydau a bysiau budron, llychlyd; moduron a lorïau newydd llachar. Hen adeiladau llwyd, blêr; adeiladau newydd, urddasol.

Ond cipolwg yn unig a gawsom ar y ddinas. Argraff sydd gennyf finnau. Mor hawdd yw cael camargraff. Bore heddiw hefyd aeth rhai o drefnwyr y dathlu i gyfarfod ag Arlywydd Gweriniaeth Ariannin. Heno fe fydd pawb o'r cwmni'n ymweld â'r Llysgennad Prydeinig ym Muenos Aires. Oni ddylem oll deimlo'n hynod o falch o'r croeso cynnes hwn a gaiff y fintai o Gymry yn Ariannin? Heddiw ddiwethaf yn y byd, fe ddywedodd rhywun un peth wrthyf â'm gwnaeth i yn hapus iawn: 'Y mae Cymru yn golygu llawer mwy yn Ne America yn awr, ac yn Ariannin yn arbennig, oherwydd y trefniadau i ddathlu canmlwyddiant y Wladfa.'

★★★

Ben bore yfory fe fyddwn yn gadael Buenos Aires ac yn hedfan i'r Wladfa. Hoffech chwithau ddod gyda ni? Rhaid rhoi pen ar y mwdwl yn awr.

Cofion annwyl iawn,

Gwyndaf

2

Twyn Carno,
Bryn Crwn, Gaiman,
Nos Iau, 28 Hydref 1965

Annwyl Dad a Mam a phawb gartref,

O Buenos Aires i Drelew yn y Wladfa, dydd Mawrth, 26 Hydref

O, na allwn fynegi mewn geiriau y gorfoledd sy'n fy nghalon heno. Y mae hi'n nos Iau, Hydref 28. Bu'n boeth iawn heddiw ac er bod yr haul wedi machludo dros y Paith ers awr neu ddwy, y mae'r awel yn dyner ryfeddol heno. 'Mae'n dymor cwympiad y dail yn yr hen wlad', meddai un ffarmwr wrthyf ddoe, ond hawdd gweld oddi wrth dynerwch awel yr hwyr mai Gwanwyn yw hi ym Mhatagonia. Mi welais Groes y De yng nghanol myrdd o sêr neithiwr cyn dod i'r tŷ ac roeddwn i'n meddwl amdanoch. Gobeithio bod pawb yn iach ac ar i fyny. Rydych chi i gyd yn cysgu nawr, mae'n siŵr, a hithau'n fore bach yng Nghymru. Yn wir, yn fy ngwely y dylwn innau fod hefyd. Yr wyf wedi blino'n arw, ond mae'n rhaid imi ysgrifennu gair heno cyn mynd i gysgu.

Mr a Mrs William Edward Davies, Twyn Carno, biau'r lamp hen ffasiwn sy'n cadw cwmni imi'r munudau hyn. Dyna ichi deulu caredig ydi teulu Twyn Carno. 'Pe bawn i'n frenin drwy ryw hap, yn…'. Wel, ar ôl y ddau ddiwrnod olaf hyn, rwy'n siŵr fy mod i drws nesaf! Mae'n wir nad oes na thrydan na dŵr yn y tŷ ar fferm Twyn Carno, ond beth petaech chi'n cael profi 'Teisen Ddu' a 'Phwdin Wy' Mrs Davies a'i chlywed yn rhoi manylion sut i wneud 'Pwdin Carrots'. Beth petaech chi'n clywed Muriel [Lele] y ferch yn disgrifio hanfodion y grefft o ladd pryfaid â'r 'pad clêr', a chlywed Taid, Aeron Jones, yn sôn am 'Nain y Boots', fe ddeuech chwithau saith mil o filltiroedd er mwyn ymdeimlo â'r wefr.

Ond beth yw saith mil o filltiroedd? Yr wyf yn siŵr mai teimlad pob un ohonom ni ymwelwyr o Gymru yw ein bod gartref oddi cartref. Ar y daith o Buenos Aires i Drelew yn y Wladfa, fedrwn i ddim llai nag ymdeimlo â rhyw ddieithrwch rhyfedd. Mi wyddwn eisoes cyn cychwyn o Gymru am yr hen rigwm:

Trelew, tre lwyd:
Digon o faw a dim bwyd.

Ond pan laniodd yr awyren yn Nhrelew a phan welais innau am y tro cyntaf filltiroedd ar filltiroedd o anialdir sychlyd a ffyrdd llychlyd, graeanog, mi wyddwn nad breuddwydio yr oedd yr hen fardd.

Ond nid anialdir llwm na phorfeydd gwelltog sy'n gwneud lle, ond pobl. A phan ddisgynnais o'r awyren a chlywed bloedd o groeso'r cannoedd o Gymry a theimlo calon yn torri yng nghynhesrwydd ysgwyd llaw, mi wyddwn mod i gartref. Yn y croeso swyddogol yn Nhrelew fe dorrais i grio fel na chriais o'r blaen er pan fu farw Nain. Na, peidiwch â meddwl fy mod i'n galon feddal, roedd eraill yn wylo dagrau hefyd. Ni wn i pam. Ai wylo o lawenydd pur yr oeddwn? Yr oedd yno ddynion a merched mewn gwth o oedran ac olion gerwinder gwlad agored ar eu croen, a'u llygaid yn fyw i gyd. Yr oedd yno bobl ganol oed a phobl ifanc, a'r cyfan am ein gwasgu'n dynn yn angerdd eu croeso.

Ond yr oedd yno hefyd blant bach na allent siarad Cymraeg a gwên fawr syn ar eu hwynebau, fel pe baent yn gofyn: 'Beth yw ystyr hyn i gyd?' Ai hwy a gyffyrddodd â'r tant trist?

O Drelew i fferm Twyn Carno

Ond nid oes gennyf eisiau aros i ddadansoddi fy nheimladau, pe bawn i'n gallu gwneud hynny. Yn sicr nid wyf am sôn am unrhyw dristwch. Pwy a allai wneud hynny â chymaint o lawenydd o'n cwmpas? A pheth arall, er pan laniasom yn Nhrelew, nid oes amser o gwbl i'r un ohonom fyfyrio'n hir ar unrhyw stad o feddwl. Pan oedd y croeso swyddogol ar ben, yr oedd William Edward Davies, dyn bach byw, caredig, gyda mwstas du, fel archgeidwad wrth f'ochr yn barod i'm hebrwng i'm llety. Roedd ganddo lori fechan las. Dyma neidio iddi a chael pryd o fwyd yn Nhrelew cyn troi am Dwyn Carno. Yr wyf yn falch o gael ychwanegu fy mod i'n anghytuno â barn yr hen rigymwr am fwyd y dref honno!

Ar y daith o Drelew heibio'r Gaiman fe welais Ddyffryn Camwy yn ei ogoniant am y tro cyntaf. Mor anodd yw cyfleu natur y dyffryn hwn. Ni ellir cymharu ei gyfoeth â chyfoeth rhai o ddyffrynnoedd Cymru. Y mae rhannau ohono yn dir sychlwyd, di-dyfiant. Ac eto, o edrych arno o bell, y mae'n rhyfeddol o wyrdd yn y gwanwyn fel hyn gyda chaeau lawer o wair alffalffa i'w gweld yn y pellter a choed poplys yn rhesi yma ac acw ar ei hyd. Y mae gwyrdd gwyryfol y Dyffryn yn creu argraff ar ei union, y mae'n debyg, oherwydd fod y Dyffryn wedi'i amgylchynu gan foelni di-derfyn y Paith. Y cyfan a wn i yw fod y glesni hwn yn hardd.

Yr oedd wyneb gwastad i'r ffordd syth o Drelew i'r Gaiman, ond yr wyf yn dal i ryfeddu bod cymaint o'r strydoedd llydain yn y ddau le hyn, a'r mwyafrif mawr o ffyrdd neu 'lwybrau' Patagonia, yn llawn graean anwastad. Llwch a cherrig neu beidio, fodd bynnag, yr oedd y daith i Dwyn Carno yn fwy nag agoriad llygad. A phan gyrhaeddais y tŷ a derbyn môr o groeso'r teulu, mor llawen yr oeddwn i fy mod i'n cael aros ar fferm ymhell o ruthr pob trafnidiaeth.

Tŷ un llawr yw Twyn Carno – fel y mwyafrif o dai Patagonia. Nid yw'n annhebyg iawn i dai ffermydd yng Nghymru, ond fod y muriau'n deneuach, efallai, a'r ffenestri wedi'u gorchuddio â netin mân i'w diogelu rhag cesair, pryfaid ac unrhyw aflonyddwr arall. Ac, yn sicr, y mae'r ystafell wely yr wyf ynddi'n awr yn gwbl Gymreig ei hawyrgylch. Ar y silff ben tân y mae dau gi mawr du, rhai tebyg iawn i'r ddau sydd gennym gartref. Ac y mae'r garthen drwchus, amryliw, sydd ar y gwely yn tynnu am gant oed, meddai Mrs Meillionen Davies, ac wedi dod o Gymru.

Ond y glustog fawr ar droed y gwely a dynnodd fy sylw i fwyaf. Heno, fel pob noson arall, bu raid imi ei symud o'r neilltu. Pan ddaw nos yfory, yno y bydd hi eto a phob nos yfory arall oherwydd dywed Mrs Davies imi ei bod yn hen arferiad yn y Wladfa i osod clustog swmpus fel hon bob amser wrth droed y gwely yn union ar ôl ei gyweirio yn y bore. Y pwrpas, meddai hi, yw cael clustog at y galw pe bai gan y sawl sy'n cysgu angen atgyfnerthu'i gefn pan fo'n eistedd yn ei wely. Pe bawn i'n gallu, mi ddisgrifiwn harddwch gorchudd gwyn y glustog ichi, ond y mae gennyf well esgus na'm hanwybodaeth o wniadwaith: yr wyf eisoes wedi sgrifennu llawer ac y mae'n hwyr glas imi ddechrau sôn am ddydd Mercher.

Ar fferm Twyn Carno, 27 Hydref

Aeth rhai o'r cwmni i weld ysgolion yn y Gaiman a Threlew yn ystod y bore, ond daliais i ar y cyfle i weld tipyn o fferm Twyn Carno a rhai ffermydd cyfagos. A dyna fore hyfryd ydoedd. Yr oedd tri cheffyl yn cael hoe hir yn yr haul ym mharc Twyn Carno tu ôl i'r tŷ. Yng nghornel isaf y parc yr oedd clamp o dwlc mochyn, y bleraf a welais erioed a'i do yn dyllau i gyd. Ond dywedodd William Davies wrthyf am beidio â phoeni am y tyllau! Nid oedd yr un mochyn yn y twlc, fe laddwyd yr olaf rai blynyddoedd yn ôl. O gwmpas cefn y tŷ yr oedd amryw o offer fferm wedi eu taro yno, debygwn i, rywsut-rywsut dros dro yn unig. Yr oedd yno, ymysg offer a pheiriannau yr ydym ni yng Nghymru yn gyfarwydd â hwy, ddwy neu dair o erydr uncwys, rhai syml iawn gyda rhannau helaeth ohonynt o bren, yr oedd yno dynnwr chwyn â'i ddannedd o haearn ac roedd yno 'Horseshelve' (marchraw) fawr, math o sleis ffasiwn newydd fawr, fawr, o haearn trwm. Llenwir y 'sleis' â phridd ac fe'i tynnir gan geffylau i wastatáu'r tir âr. Yr oedd yno hefyd beiriant bychan i falu 'Indian Corn' a 'mochyn' diddorol iawn i agor rhesi tatws.

Ond y teclyn mwyaf diddorol o'r cyfan i mi oedd y ddwy slêd fawr, neu'r ddau gar llusg, fel y gelwir hwy weithiau. Ydych chi'n cofio'r hen gar llusg oedd gennym ni gartref ers talwm? Y mae rhai Twyn Carno yn fwy ac nid oes iddynt ochrau o gwbl. Eglurodd William Davies imi fod car llusg yn llawer mwy defnyddiol yn y Wladfa at gario alffalffa na throl, ac ar ôl gweld y das ger y tŷ, hawdd deall paham. Y mae'r das yn union fel wedjen bren fawr gydag un pen iddi'n uchel, a chan fod y pen arall yn goleddfu'n raddol nes bod yn wastad â'r ddaear, geill y ceffyl dynnu'r llwyth gwair i ben y das, gan arbed llawer o waith dadlwytho. Ydych chi'n cofio'r cyfnod byr hwnnw pan fuom ni yn yr Hafod yn llusgo hulogod â chadwyn haearn i'r gadlas pan oedd y cowlasau gwair yn isel? Onid yw'n rhyfeddol fel y mae dyn dros y byd i gyd yn dyfeisio'i ddyfais fechan ei hun er arbed llafur?

Roeddwn i'n sôn gynnau am y gwair alffalffa. Mi welais lwyth ohono cyn diwedd y bore yn cael ei gario i'r anifeiliaid a phwtyn byr o hanner Indiad a Chileniad yn arwain y llwyth heibio i Dwyn Carno. Gobaith am lun da, meddwn i wrthyf f'hun. Ond pan welodd y dyn bach fi'n anelu'r camera at y drol a'r ceffyl, baglodd hi dros y clawdd mewn braw!

Cefais well hwyl gyda'r Sbaenwr sy'n gweithio yn Nhwyn Carno. Plannu tatws yr oedd ef y bore hwnnw a newydd ddechrau ar y gorchwyl o ddyfrhau'r tir. Fel y gwyddoch, oherwydd fod tir Patagonia mor sych, y mae llwyddiant unrhyw gnwd yn dibynnu, ymhlith elfennau eraill, ar ddull da o ddyfrhau'r tir. Byddaf yn meddwl yn aml nad ydym ni eto wedi llwyr sylweddoli cyfraniad mawr y Cymry tuag at lwyddiant amaethu yn Nhalaith Chubut. Mor syml heddiw yr ymddengys y dulliau o ddyfrhau. Ond tu ôl i'r symlrwydd y mae dyfeisgarwch a chrefft. Teimlaf yn falch ryfeddol imi weld y Sbaenwr hwn wrth ei waith fore Mercher.

Hanfod pob llwyddiant amaethyddol yn Nyffryn Camwy, wrth gwrs, yw Afon Camwy ei hun sy'n llifo drwy'r Dyffryn. Rhed y brif gamlas o'r afon hon yn union heibio fferm Twyn Carno. Pan fo'r caeau'n isel, hawdd yw gollwng y dŵr iddynt ar hyd y ffosydd. Ond pan fo ychydig o godiad tir, rhaid codi clawdd pridd. 'Cob' yw'r enw arno yn y Wladfa, a hafn yn ei ganol fel bo'r dŵr yn rhedeg i rych weddol lydan sy'n amgylchynu'r cae. Rhych wedi'i llunio dros dro yw hon, a rhych felly oedd yn y cae tatws a welais i fore Mercher. Yr oedd y rhych yn groes i'r rhesi tatws, ac er mwyn gollwng y dŵr, gwelwn y Sbaenwr yn agor bwlch ynddi ar gyfer pob rhes.

Yn y lori fechan las i Fynwent Dolavon ac i ffermydd Treborth, Rhymni a Maesteg

Ond rhaid imi beidio â'ch gorflino â manylion fel hyn, ac yr oedd gennym ninnau daith ddiddorol o'n blaenau. Yr oedd Mrs Meillionen Davies wedi ein siarsio i fod yn ôl i ginio erbyn hanner awr wedi hanner, fan bellaf, ac yr oedd gan William Davies eisiau mynd â mi i weld teulu Treborth a heibio fferm Rhymni. Felly dyma gychwyn y lori las a gyrru yn wyneb haul cryf a thipyn o lwch i gyfeiriad Treborth. Mynd heibio Mynwent Dolavon ar y chwith a phenderfynu'n sydyn yr hoffwn daro i mewn. Gweld bedd y Parchg E R Williams (1887–1952), a synnu braidd wrth weld y geiriau hyn ar y garreg: 'Ni cheir mo'r gorau o'r tu ôl ond o'r tu blaen'. Holi William Davies faint o englynion a naddwyd ar gerrig beddau yn y Wladfa. Oedodd cyn ateb ac arweiniodd fi at garreg fedd ei dad a'i fam. Arni yr oedd dau englyn o waith Morris [ap Hughes]. Ac fel enghraifft o'r hyn a osodir ar gerrig beddau ym Mhatagonia dyma ichi'r geiriau a oedd ar y garreg hon:

> **Er Cof am E Nicolas Davies**
> ganwyd 7/3/1867. Bu farw 5/7/1949.
>
> Dawnus a chyfaill doniol, – hynod ffri,
> O nwyd ffraeth rhyfeddol;
> Gedy hiraeth annrhaethol
> Oriau o ing ar ei ôl.
>
> Morris

> **Er Cof am Janet O de Davies.**
> A fu farw Gorffennaf 11, 1960 yn 87 mlwydd oed.
>
> Un deg a chymydogol; – un a fu
> Yn fwyn fam rinweddol;
> Aeth fel blodyn gwyn i gôl
> Ei gŵr yn dra ragorol.
>
> Morris

Gadael y fynwent a chyrraedd Dolavon. Gweld yr arwydd *DESPACIO* ('Ara deg') mewn llythrennau breision ar gwr y pentref a synnu ei fod yno o gwbl, gan mor dawel yw hi. Fel yn y Gaiman a Threlew, ni welais neb yn rhuthro mynd fel pe bai ar ladd nadroedd. A bore Mercher, 27 Hydref, er bod gennym fôr a mynydd o bethau i'w gwneud, yr oedd gan William Davies yntau ddigon o amser i yrru'n hamddenol ac i daflu sylw ar ôl sylw: 'Oes 'na ddim gofied yng Nghymru 'cw, deudwch? Fedrwn ni ddim cael rhai yn y Dyffryn 'ma dros ein crogi...' 'Sgwarnogod? O, oes maen nhw'n bla yma; mae llawer mwy o sgwarnogod nag o wningod...'. 'Drychwch ar y Paith acw, maen nhw'n dweud, wyddoch chi, fod 'na aur a phob math o fwynau yn 'i grombil o. Ond be ydan ni eisiau ydi pobol ifanc o Gymru i chwilio am y mwynau hyn...'. 'Wyddoch chi bod rhai pobl ym Muenos Aires yn dal i gredu mai Indiaid sy'n byw ym Mhatagonia...'. Ac felly, o sylw i sylw.

Ond dyma ddod i olwg fferm Maesteg. 'Does gynnon ni ddim amser i boeri bore 'ma', meddai William Davies, 'ond mae'n rhaid inni alw heibio Maesteg gan ein bod ni mor agos.' Mor ddi-ddatod yw'r cwlwm sy'n clymu Cymry'r Dyffryn yn un gymdogaeth. A dyna falch oeddwn i inni alw yn y fferm hon. Pa frân wen ehedodd o'n blaenau i ddweud ein bod yn dod? Ar y buarth i'n disgwyl yr oedd teulu Maesteg a dau neu dri o gŵn yn groeso i gyd. 'Pasiwch i mewn', meddai Mrs Jones.

Ar ganol buarth Maesteg y mae ffwrn fara heb unrhyw adeilad arall ynghlwm wrthi. Dyna chi ffwrn fach dwt ydoedd – un sgwâr a tho hanner crwn iddi, nid annhebyg i dŷ Esgimo ond mai cerrig oedd y defnydd. Wrth dynnu braslun o'r ffwrn ddiddorol hon, mi gofiais am yr hen bopty mawr a oedd yn y cefn yn yr Hafod erstalwm. Dyna drueni na bawn wedi tynnu llun o'r popty cyn iddo gael ei chwalu. Brithgof yn unig sydd gennyf ohono bellach. Y mae llawer enghraifft o'r ffwrn a welais i fore Mercher ar gael o hyd yn Nyffryn Camwy, o leiaf. Daw noswyl iddynt hwythau, fel llawer peth arall, ryw ddydd, mae'n siŵr. Ond pa ffwrn bynnag a ddefnyddir ymhen canrif neu ddwy, rwy'n gobeithio'n fawr y bydd cystal blas ar fara'r Wladfa â'r bara cartref a brofais i ym mlwyddyn y Canmlwyddiant.

Erbyn hyn yr oedd William Davies a minnau ar ein ffordd i Dreborth. Dechreuodd holi hanes ein teulu, a phan ddywedais wrtho mai yn ardal Llangwm, Sir Ddinbych, y'm ganwyd, dyma fo'n canu'r hen bennill telyn hwn ar alaw 'Y Mochyn Du':

Gwelais neithiwr drwy fy hun
Lanciau Llangwm bob ag un:
Rhai mewn uwd a rhai mewn llymru,
Rhai mewn beuddai wedi boddi.
O, mor drwm yr ydym ni…

Ysgwn i sawl hen bennill fel hwn sy'n fyw o hyd ar lafar yn y Wladfa?

Ond dyma gyrraedd Treborth. Cyflwyno, ysgwyd llaw a chlywed yr un geiriau braf unwaith eto: 'Pasiwch i mewn'. Sgwrsio a rhyfeddu. Roedd cwrs cyntaf y cinio ar y bwrdd. A welodd Richard James a Misus James fi'n serennu ar y danteithion a'r gwin? Fodd bynnag, cyn pen chwinciad yr oedd gwydryn yn fy llaw. Mor hyfryd oedd yr hylif coch ar fore poeth draw ym Mhatagonia! Y mae blys arnaf ychwanegu: 'lle mae'r llwch yn gwahodd llwnc!' Anodd iawn oedd gadael y teulu mwyn hwn. Ond ffarwelio a fu raid a gweld Osian Ellis, y telynor; Frank Price Jones, a Jack Elwyn Watkins newydd gyrraedd y buarth – wedi dod yno i ginio. O, freintiedig dri!

Ymlaen â ni yn y lori las heibio 'Cydgornel y Rhymni' a gweld bwgan brain yn segura'n braf mewn cae gerllaw. Ai dychryn brain yr oedd, ni wn. Ond rwy'n siŵr ei fod yn perthyn yn agos iawn i deulu'r bwganod brain yng Nghymru, yn ôl ei garpiau, beth bynnag! Cyrraedd fferm y Rhymni lle cynhaliwyd rhai o eisteddfodau'r Wladfa. Eglurodd William Davies mai dyma hen gartref Aeron Jones, tad ei briod, Mrs Meillionen Davies, Dewi Mefin a Chlydwyn ap Aeron Jones. Cewch ragor o hanes Clydwyn eto. Y mae ef yn un o gerddorion mwyaf talentog y Wladfa ac yn arweinydd côr enwog ym Muenos Aires. Nid oes raid egluro mai o Rymni yng Nghymru yr ymfudodd teulu Aeron Jones i Batagonia. Ond dyma ddychwelyd i Dwyn Carno lle roedd Aeron Jones ei hun ar y buarth yn llawn chwilfrydedd. Ai gwestiwn cyntaf ydoedd: 'Wel, be mae'r Cymro bach yn 'i feddwl o'r Wladfa?' Croesi i'r tŷ a theimlo'n fwy na balch fod y 'Cymro bach' mewn pryd i ginio!

Pan ddechreuais ysgrifennu'r llythyr hwn, bwriadwn ddweud gair am y tridiau cyntaf yn y Wladfa. Ond y mae'n hen bryd imi roi'r gorau iddi yn y fan hyn; aeth fy nhruth yn rhy hir o lawer. Yn wir, ni synnaf glywed rhywun yn gofyn ai llythyr ynteu traethawd a anfonais atoch. Ond efallai na chaf fyth eto brofi yr un wefr ag a deimlais fore Mercher a rhaid oedd manylu wrth geisio'i chyfleu mewn geiriau.

Cofion annwyl iawn,
Gwyndaf

3

Twyn Carno,
Bryn Crwn, Gaiman,
Nos Wener, 29 Hydref, 1965

Annwyl Dad a Mam a phawb gartref,

Ni wn sut i ddechrau'r llythyr hwn. Y mae cymaint wedi digwydd yn ystod y tridiau diwethaf hyn ac y mae fy meddwl braidd ar chwâl. Ydych chi'n cofio imi ddod adref o'r ysgol un dydd yn llanc i gyd a chyhoeddi: 'Mae Mistar Lloyd Titsiar wedi dweud, Mam, na' 'dech chi ddim i ddechre llythyr efo "Dim ond gair bach"'? Heno roeddwn i'n mynd i herio gorchymyn fy hen athro. Y mae'r amser mor fyr ac roeddwn i'n mynd i ddechrau gydag agoriad ffwrdd-â-hi. 'Dim ond gair bach, gan obeithio bod pawb ar i fyny a…'. Ond mi gofiais yn sydyn am fy llythyr olaf. Gair bach oedd hwnnw i fod hefyd, ond aeth y 'gair bach' yn druth hir!

Heno, fodd bynnag, fe fydd fy llythyr yn llawer byrrach. Gwn fod Huwcyn Cwsg eisoes yn ymystwyrian o'm cylch. Yn wir, rydym ni wedi cael popeth gan Gymry da Patagonia ond cwsg! 'Bydd bws y Gaiman yn gadael bore yfory am wyth o'r gloch', ebe llais W R Owen, ein trefnydd gweithgar, nos Fercher. Wyth o'r gloch a hithau'n oriau mân y bore arnon ni'n cael mynd i glwydo y noson gynt, wedi ymweliad cofiadwy â Rawson ac yna noson lawen ragorol yn Nhrelew.

Amgueddfa'r Wladfa yn y Gaiman; telyn fud, a dosbarth croesawus o blant ysgol

Wrth gwrs, ni chychwynnodd y bws am wyth! Sôn amdanom ni yng Nghymru ar ei hôl hi yn cyrraedd y lle a'r lle, dowch i Batagonia! Ac eto, codi'n gynnar neu beidio, roeddwn i'n falch fore Iau, 28 Hydref, o hanner awr wrth gefn. Y mae rhyw dawelwch hyfryd o gwmpas y Gaiman, a'r bore hwn o Wanwyn, er bod wyneb neu ddau i'w weld yn loetran yma ac acw ac ambell chwa o wynt yn aflonyddu ar y llwch, nid oedd dim i dorri ar hedd y dref fach, ac yr oedd rhodio ar hyd y stryd lydan yn wefr. Cofiais am y Bardd Cwsg a'i dair stryd yntau. Mor wahanol yw stryd y Gaiman.

Pan oeddwn i ar fin troi i'r chwith i stryd arall daeth Luned Vychan Roberts de González heibio a'r wên dyner ar ei hwyneb mor dawel â'r bore ei hun.

Y mae hi yn or-wyres i Michael D Jones a Lewis Jones. Ei chwaer Tegai sy'n gofalu am Amgueddfa Hanesyddol y Wladfa. Cynigiodd fynd â mi i gael cip ar yr Amgueddfa a oedd yn union wrth ein hymyl – rhan o adeilad yr hen Ysgol Ganolraddol yn y Gaiman, un o adeiladau gorau'r Wladfa.

Gweld amgueddfa am wyth o'r gloch y bore, meddech chi, y mae'n rhaid mod i'n un rhyfedd. Ond, coeliwch fi, wrth syllu ar offer a gwisg a llawysgrifen rhai o'r ymfudwyr cynnar y bore hwn, daeth y gorffennol yn fyw iawn imi. Aeth fy meddwl i Gymru. Gwelwn y garreg las ar dalcen tŷ yr hen gartref:

'RHAVOD
Adeiladwyd yn 1868 A.D.
gan Michael D Jones,
ac Ann Jones.

Deuthum yn ôl i'r Wladfa. Gwelwn gaib a rhaw o'm blaen. Yr oedd rhwd y blynyddoedd arnyn nhw a daeth imi ddarlun o ŵr ifanc yn y flwyddyn 1868 yn ceisio crafu bywoliaeth iddo ef a'i deulu o'r tir llwm.

Gadael yr Amgueddfa a sylwi ar fy ffordd allan ar y delyn deires yng nghornel y Llyfrgell, yr unig delyn yn y Wladfa, medd rhywun, a'r delyn hon heb res o dannau arni mwy. Mor hawdd y gallai'r ffaith fy nhristáu. Ond y drws nesaf i'r Llyfrgell yr oedd dosbarth o blant, y cyfan yn gwisgo cotiau llaes gwyn – y *guardapolvo* – i'w cadw rhag y llwch (*polvo*). Pan welson nhw'r ymwelydd o Gymru yn ystod gwers gyntaf y bore fel hyn, yr oedd eu croeso swil imi yn pefrio yn eu llygaid. Anghofiais dro am dannau coll y delyn. Mor hawdd oedd bwrw trem i'r dyfodol.

A ddaw rhywun o Gymru i'r Gaiman gyda'i delyn? Fe gaiff groeso twymgalon gan blant y Wladfa, yn enwedig ar ôl iddyn nhw ryfeddu at Osian Ellis a'i delyn hardd ef. Ac eto, heb delyn, heb ganeuon Cymraeg, heb lyfrau Cymraeg, heb hyd yn oed yr iaith Gymraeg, gwelwn blant y dosbarth hwn a phlant y Wladfa yn llawen ac yn fodlon braf ar eu byd. Ni welan nhw eu colli am na welson nhw erioed mo'u gwerth. Ac wedi meddwl, pwy o blant y Wladfa na allai fod yn hapus, a hwythau'n byw mewn gwlad fel Ariannin a'r dyfodol yn llawn gobaith o'u blaen? Ond cymaint mwy cyfoethog fyth fyddai eu byd petai'r Gymraeg yn iaith fyw ar eu gwefusau.

Croesi'r Paith o'r Gaiman i Borth Madryn a chofio'r Cymry'n glanio yn 1865

Ond dacw 'fws y Gaiman' wedi cyrraedd. Yr oedd gennym ddiwrnod mawr o'n blaen: ymweld â Phorth Madryn lle glaniodd y Cymry ar y *Mimosa* ganrif yn ôl. Wrth gael ein hysgwyd ar hyd y ffordd raeanog, rhyfeddwn at gryfder corff y bws i wrthsefyll hyrddiadau'r cerrig mân a sgytiadau'r pantiau. Ond pan oedden ni hanner y ffordd rhwng Trelew a Madryn, penderfynodd y bws rhyfeddol, neu'r *pullman* fel y gelwir ef yn y Wladfa, aros i gael ei wynt ato.

Awr a hanner o hoe ar ganol y Paith, dyna brofiad! Dwn i ddim sut y teimlai'r rhai hynaf yn y bws, ond roeddwn i bron â bod yn falch i'r hen *bullman* nogio. Ofer siarad na sgrifennu i geisio disgrifio ehangder a moelni'r Paith. Prin y gellir amgyffred ei hyd a'i led hyd yn oed wrth sefyllian yn hir ar ei ganol, fel y bu raid i ni. Rhaid ei gerdded a'i groesi.

A bore Iau, wrth aros am y dyn bach glas ei wisg i drwsio'r bws a syllu ar Fryniau Meri tu cefn inni a Thŵr Joseph yn fryncyn pigfain yn y pellter o'n blaen, daeth imi ddarlun o rai o'r Cymry ar ôl glanio ym Madryn yn crwydro'n ddiamcan ar y Paith i chwilio am y dyffryn cyfoethog y clywson nhw gymaint o sôn amdano. Gwelwn y llanc o Aberystwyth, Dafydd Williams, yn crwydro'n rhy bell ac yn marw o newyn ger y Llyn Mawr. Gwelwn fachgen ifanc arall, Joseph Seth Jones, ar goll ac ar fin marw o sychder, yn ymlusgo'n flinedig i ben y bryncyn yn y pellter ac yn ei lawenydd yn gweld môr o'i flaen. A gwelwn un ar ddeg o wŷr ar drengi ar eu taith yn ôl i Fadryn a dau arall yn eu cyfarfod gyda bwyd a'r newydd da fod gwraig un o'r cwmni – Morris Humphreys – wedi geni plentyn o'r enw Meri yn un o'r ogofâu ym Madryn, y plentyn cyntaf i'w eni yn y Wladfa. A dychmygwn un o'r tri ar ddeg yn dweud: 'Galwn y bryniau hyn yn "Fryniau Meri".'

Dyna drueni i'r llanc o Aberystwyth farw mor gynnar. Wrth aros am y bws cofiais am ei barodi ar y Deg Gorchymyn a luniodd fel rhan o Holwyddoreg ogleisiol i ddifyrru'r teithwyr ar eu taith hir o Gymru. Mor gyfoes yw'r dychan. Dyma'r ail orchymyn:

> Na wna i ti Wladfa Gymreig mewn un llannerch sydd dan y nefoedd uchod, neu y sydd ar y ddaear isod, nac yng ngwaelod y môr, na than y ddaiar. Na ddysga iaith dy fam, ac na chefnoga lenyddiaeth dy wlad. Canys myfi, y Sais, wyf ddyn eiddigus, yn troi y Tenantiaid o'u ffermydd am genedlaethau, o'r

rhai ag sydd yn dangos y gronyn lleiaf o annibyniaeth ysbryd, ac yn dangos ychydig ffafr weithiau i'r rhai sydd yn ymlusgo ar eu torrau yn y llwch o'm blaen ac yn 'votio' fel y gwelwyf yn dda.

Ond y mae hoe awr a hanner y bws ar ben. Cyrraedd Madryn a sefyll wrth droed y golofn fawr i gofio'r Cymry a laniodd yno ganrif yn ôl. Gweld Indiad bychan carpiog ei wisg yn loetran o gwmpas gyda bag bach yn ei law yn holi hwn a holi'r llall a neb i'w weld yn ei ateb. Mynd ato am sgwrs, er nad oedd ganddo sgwrs – dim ond un gân hir:

'Be wyt ti isio, 'mach i?'

'Isio peso, Syr. Plîs ga i beso?'

Cerdded o'r bysiau i lawr at y traeth a gweld yr ogofâu a'r celloedd yn y creigiau a fu'n gartref dros dro i'r Cymry ar ôl glanio. Gwrando ar sgwrs fyw R Bryn Williams yn ail-greu'r hanes a chlywed Olwen Lewis o Gaergybi yn canu'r hen benillion 'Ar lan y môr...' a'r llais mor bêr a chlir fel petai am rychwantu'r maith filltiroedd dros y môr bob cam i Ynys Môn.

Ond dyma fi bron wedi ymadael â Phorth Madryn heb ddweud gair am y cinio a gawsom ni yno. Sôn am ginio oedd hwnnw! 'Lwnsh Morwrol', yn ôl y rhaglen swyddogol: cinio o gyrsiau lawer wedi'i baratoi o wahanol bysgod cregyn. Sawl awr y buon ni wrth y bwrdd? Dwyawr? Teirawr? Ni wn. Yr oedd fel y cinio hud yn Harlech gynt. 'Lwnsh morwrol' go iawn, a'r pysgod a'r llysiau yn wir deilwng o'r enw.

Rhan o hyfrydwch y pryd hwn o fwyd oedd y sgwrs a gefais i gyda Neved Jones o Drelew. Er pan gyrhaeddais y Wladfa bûm yn osgoi sôn am grefydd. Mor hawdd yw cael camargraff. Mor hawdd yw brifo. Ond y prynhawn hwn ym Madryn ym mhresenoldeb gostyngeiddrwydd ac onestrwydd y wraig hon o Drelew, fe giliodd fy ofnau.

...Mae hi'n wewyr enaid i mi fod rhai teuluoedd yn gadael yr hen Gapeli Cymraeg i ymuno â'r Methodistiaid Americanaidd. Fe rown i'r byd petai modd inni fod yn un. Dw i eisie bod yn un. Ond be' wnawn i? Be' wna' i? Mae 'nghalon i'n cael ei rhwygo'n ddwy. Mae arna i hiraeth am deimlo'r peth byw – yr Iesu byw yn llenwi mywyd i, a mae...

Ond rhaid imi ymatal. Ar y daith yn ôl o Fadryn cyfarfûm â hen ŵr diddorol iawn. Cefais nifer dda o benillion llafar gwlad ganddo. Cewch glywed un neu ddau yn y llythyr nesaf, os byw ac iach. Tan y tro nesaf, felly. Neu, chadel Cymry Patagonia, *hasta luego*.

Cofion annwyl iawn,

Gwyndaf

4

Trelew,

Chubut,

Pnawn Sadwrn, 30 Hydref, 1965

Annwyl Dad a Mam a phawb gartref,

Y mae hi'n ddiwrnod mawr yn y Wladfa heddiw: diwrnod yr Eisteddfod. Awr arall a bydd cyfarfod y prynhawn wedi dechrau. Y mae Aeron Jones, Twyn Carno, eisoes wedi mynd i wneud yn siŵr o sedd yn Neuadd Dewi Sant, Trelew, lle cynhelir yr ŵyl. Yn ei gar modur ef y deuthum o Dwyn Carno i Drelew ar ôl cinio, ac am y tro cyntaf er pan gyrhaeddais Batagonia, methais â dioddef yr haul. Mor hir y bu'r daith. Ond y mae'n dynerach lawer yn y gwesty yr wyf ynddo ar hyn o bryd, ac fe gilia'r cur pen gyda hyn, rwy'n siŵr. Er mai newydd anfon fy llythyr diwethaf atoch yr wyf, daliaf innau ar yr orig rydd hon i roi rhagor o hanes ichi.

Elvan Thomas a'i hen gerddi llafar gwlad

Mi ddwedais ar derfyn y llythyr hwnnw mod i wedi cyfarfod â gŵr diddorol dros ben ar ein taith yn ôl o Fadryn, ddydd Iau. Elvan Thomas, Fron Goch, Gaiman, oedd yr hen ŵr hwn, os oedd yn hen hefyd. Eisteddai yn y sedd o'm blaen. Ni chofiaf yn awr am ba beth yn union nac â phwy yr oeddwn i'n siarad ar y pryd, ond yn ddiarwybod hollol, gwelwn wyneb byw, hoffus yn edrych arnaf a chlywn lais tawel Elvan Thomas:

'Glywsoch chi, 'te, am bennill yr hen Antonio Miguens? Roedd o â'i lygaid ar ferch o'r enw Celia, ond roedd Celia'n canlyn Gwilym Ddu, Cymro pryd tywyll. A dyma Antonio'n canu fel hyn:

> O, Celia fwyn, O, Celia dlos;
> Fi'n caru ti'r dydd, fi'n caru ti'r nos.
> Ti'n canlyn mab o ymyl y Dam,
> Du fel y Diawl, a'i goesau fe'n gam!'

Adroddodd Elvan Thomas nifer o bytiau cerddi imi, ac yn eu plith yr oedd pwt yn cychwyn fel hyn:

> Gofynnwch pam rwy'n clymu
> Fy nghlos â llinyn pleth…

Gadawaf i chi ddyfalu pam! Ond gwell, efallai, imi ddweud bod llygoden yn y brywes yn rhywle!

Fe fuon ni'n sgwrsio hefyd am Lên Gwerin. Sgwrs am y Tylwyth Teg, ac Elvan Thomas yn fy sicrhau bod y bodau bach hudolus wedi aros i gyd yn yr 'Hen Wlad'! Sgwrs am Lyn y Gŵr Drwg, ger y Gaiman, lle suddodd dau geffyl, medden nhw, ar y Paith sych a methu'n lân â chyrraedd y llyn i gael diod o ddŵr, er eu bod bron yn ymyl. A sgwrs am *La Luz* – Y Golau. Fe gred y gwir frodorion yn y *La Luz* hwn. Ysbryd yw'r Golau, medd Elvan Thomas, ond weithiau y mae'n Ysbryd Da; dro arall, Ysbryd Drwg ydyw. Dibynna'r cyfan ar y sawl a'i gwêl.

'Cyraeddasant gyda chân o obaith': te croeso ym Methel, Gaiman

Ond torrwyd ar ein sgwrs gan leisiau plant, pobl ifanc a phobl mewn oed. Mi wyddwn ein bod i gael te a chroeso yn y Gaiman, ond ni freuddwydiais erioed y caem ein derbyn fel hyn. Un funud yr oedd pawb ohonom yn ddigon blinedig ar ôl taith hir, a'r munud nesaf gwelem Gapel Bethel, Gaiman, yng nghysgod yr 'helyg wylofus' ar lan Afon Camwy ac ugeiniau o Gymry yn tyrru o'n cwmpas a'u hwynebau yn gyforiog o lawenydd. O, na welech y gorfoledd yn eu llygaid a'n lludded ninnau'n diflannu.

Yn Nhrelew, fel y soniais wrthych eisoes, ac yn Rawson, prif ddinas Talaith Chubut, brynhawn Mawrth, yng nghanol y llawenydd, fedrwn i ddim llai nag ymdeimlo â rhyw ddwyster rhyfedd. Yn Rawson, yn arbennig, yr oedd y dref i gyd allan yn y strydoedd i'n derbyn. Ond croeso mud ydoedd gan mai ychydig iawn o Gymry Cymraeg oedd yno.

Ond o flaen Capel Bethel, Gaiman, yr oedd mwyafrif mawr o'r dyrfa yn siarad Cymraeg. A mwy na hynny, yr oedd cymaint o'r dorf yn bobl ifanc ac yn blant, ac yr oedd gwrando ar ynganiad clir, persain eu Cymraeg yn hyfrydwch pur. Ond pa le y mae bechgyn ifanc y Wladfa? Hyd yn hyn, ychydig iawn o fechgyn ifanc Cymraeg eu hiaith a welais. Onid yw hyn yn drist?

O flaen Capel Bethel y prynhawn hwnnw fe gafodd Dafydd Wigley, bachgen ifanc o'r Bontnewydd, ger Caernarfon, a minnau un o freintiau mawr ein bywyd: cael sôn wrth ieuenctid y Wladfa am ieuenctid Cymru. O, na welech eu llygaid yn pefrio wrth inni ddweud wrthyn nhw am Urdd Gobaith Cymru. Fe rodden nhw'r byd am gael cangen o'r Urdd ym Mhatagonia. Fe rodden nhw'r byd am gael dod am dro i Gymru a chroesawu ieuenctid o Gymru i'w cartrefi hwythau yn eu tro. Y mae cymaint y gellir ei wneud. Ond mor rhwydd yw siarad.

Pan aethom ni i mewn i Festri Capel Bethel yr oedd y lle yn gram ulw a phawb am y gorau yn dawnsio tendans arnon ni. Wedi teithio a siarad a blino, mor fendithiol yw paned o de. Ar gefn y llwyfan yr oedd darlun mawr o ŵr a gwraig ifanc yn cychwyn law-yn-llaw ar y daith i'r Wladfa gan mlynedd yn ôl ac o dan y darlun yr oedd y geiriau hyn mewn llythrennau breision: '**Cyraeddasant gyda chân o obaith**'. A'r gair hwn 'gobaith' i mi oedd yn cyfleu naws y cyfarfod. Hyd yn oed ar daith i ddathlu canmlwyddiant, y mae dyn weithiau yn blino clywed cymaint o sôn a siarad am y gorffennol. Ond y prynhawn hwnnw ym Methel nid oedd neb yn hiraethu'n bruddglwyfus am yr hyn a fu. Clywsom blant bach y Gaiman yn canu â'u holl galon, a chlywsom araith hwyliog, ddiffuant, Mr Tudor Watkins, Aelod Seneddol. Y mae'n rhaid fod te y Gaiman yn de da, meddai – 'yr oedd bron cystal â dishgled o de Sir Frycheiniog!'

Y mae'n hawdd ar daith fel hon i nifer o bobl sydd wedi arfer â siarad yn gyhoeddus siarad yn rhy aml, tra bo rhai o aelodau 'di-sôn-amdanynt' y cwmni heb gael cyfle o gwbl. Dyna falch oeddwn i, er enghraifft, o weld ffermwr o gefn gwlad Sir Aberteifi yn sôn wrth bobl y Gaiman am rai o gymeriadau digri y rhan honno o Gymru, a gweld gŵr, deunaw a thrigain mlwydd oed, yn codi i ganu 'Mentra, Gwen'.

Buom ym Methel am oriau lawer: neb eisiau ymadael a digon o amser i wneud llu o gyfeillion. Dyna braf oedd cael sgwrsio gyda Mr a Mrs Héctor a Sarah MacDonald, tad a mam Elvey, sydd yng Ngholeg Harlech ar hyn o bryd. Rwy'n siŵr y byddai Elvey'n rhoi'r byd am gael bod gyda ni yr wythnosau hyn.

★★★

Capel a mynwent Moriah a chofio'r arloeswyr gynt

Ymweld â Chapel Moriah, dyna'r peth cyntaf ar y rhaglen ddoe, sef dydd Gwener, 29 Hydref. Cyfarfod trist iawn oedd hwn. Gwelais ddagrau ar ruddiau Osian Hughes a fu gyda ni yng Nghymru yn ystod yr haf eleni, ac ar lawer grudd arall. Gosododd y Dr Jenkin Alban Davies, arweinydd y fintai, dorch o flodau ar fedd y Parchg Abraham Matthews, a buom yn gweld beddau rhai o'r arloeswyr cynnar eraill a huna yn y fynwent hanesyddol hon: Lewis Jones, Richard Jones Berwyn, Morris Humphreys a John Murray Thomas. Braint arbennig i mi ym Moriah oedd cael dweud gair ar ran y Pererinion a chael adrodd rhan o gyfrol Eluned Morgan, *Dringo'r Andes*.

Cyn ymadael â'r fynwent daeth Dafydd (Wigley) ataf a darn bach o bapur yn ei law. Arno yr oedd englyn a luniasai ar ôl dod allan o'r capel:

> Abraham, llais bro yma – sy'n canu
> Seiniau ceinion goffa;
> Mawr yw hiraeth Moriah –
> Heddiw'r un ganmlwydd i'r ha'.

'Lwnsh brodorol' yng nghysgod yr helyg ar lan Afon Camwy: ymweld â chapeli Drofa Dulog, Bryn Gwyn a Salem; amgueddfa, arddangosfa a chyngerdd

Am hanner dydd cawsom 'Lwnsh Brodorol' yn y Recreo Socino yng nghysgod yr helyg ar lan Afon Camwy, a Phont yr Hendref – y bont gyntaf a adeiladwyd i groesi Afon Camwy – yn ymyl. *Asado* y gelwir y math hwn o wledd-awyr-agored yn y Wladfa – a gwledd ragorol oedd hi hefyd. Awgrymodd Mr Frank Price Jones y dylem ni ddechrau arfer y gair *asado* (ynganer 'asaddo') yn Gymraeg yn lle'r gair Saesneg *barbecue*, o leiaf, onid oes gennym air Cymraeg gwell na'r 'erthyl' Saesneg hwn. Syniad da, onidê?

Ar ôl cinio, wedi gwrando ar Julio Rossi, Eidalwr, yn canu yn Gymraeg: 'O, Iesu mawr, rho d'anian bur', fe aethom ni i weld rhai o gapeli'r Wladfa: Capel Drofa Dulog, Bryn Gwyn a Salem. Yr oedd Ysgol Bryn Gwyn yn agos iawn i'r capel o'r un enw ac roeddwn i'n fwy balch na dim inni alw i weld yr ysgol gartrefol hon mewn llecyn mor dlws. Cyflwynodd Mrs Lily Richards, Caerffili, blac o fathodyn Ysgol Rhydfelen i'r brifathrawes. Cafodd yr hen blant bach ddod allan o'u hystafelloedd i'r haul, ac fe gofiaf yn hir amdanyn nhw'n canu: 'Río,

Río' ('Afon, Afon') ac am y côr bach o Gymry Archentaidd yn canu: 'Mae gen i dŷ cysurus'.

Mor flinedig oedd pawb ohonom ni'n crwydro o gapel i gapel ar brynhawn poeth fel ddoe. Ac eto, pan gyrhaeddem y blychau bach yng nghanol tawelwch Dyffryn Camwy a gweld y balchder ar wynebau'r dorf a'n harhosai, yr oeddem ninnau hefyd yn teimlo'n falch, fel petaen ni'n cael cydrannu eu balchder hwy. Pa bryd y bu'r capeli hyn mor llawn o'r blaen? Pymtheg o aelodau sydd yng Nghapel Drofa Dulog. O, na allech ymdeimlo â'r tristwch yn llais Tom Rowlands wrth iddo ddweud mai anaml iawn y ceir gwasanaeth yno bellach. Ond O, na allech hefyd weld y llawenydd ar ei wyneb ac yn symudiad ei gorff wrth iddo gael y fraint o arwain llond y capel o bobl yn canu y prynhawn Gwener hwnnw.

Gwelais yr un gorfoledd nos Fercher yn y noson lawen: Tom Jones, Llanuwchllyn, yn canu penillion, detholiad o 'Mab y Bwthyn' (Cynan), ac un hen ŵr yn union o flaen y llwyfan yn plygu ymlaen ar ochr ei sedd ac yn gwrando'n geg-agored mewn rhyfeddod llwyr. Wrth ymadael â Chapel Drofa Dulog, daeth pennill olaf telyneg Irma (Golygydd *Y Drafod*) i Gapel Treorci i'm cof:

> Edrychais yn ôl arno eto,
> > Mor unig ei lun,
> A synnais mor bell y daw'r Arglwydd
> > I gwrdd â dyn.

Ond y mae'n bryd imi dynnu at y terfyn. Hawdd y gallwn ysgrifennu'n hir am weddill y dydd Gwener, 29 Hydref: am ein hymweliad brysiog â'r tŷ hynaf yn y Wladfa ac â'r Amgueddfa yn y Gaiman, pan gyflwynwyd nifer o ddogfennau a thrysorau eraill o Gymru i Miss Tegai Roberts i'w cadw; am yr arddangosfa o hen gerbydau a gwisgoedd a ddefnyddid ganrif yn ôl; am y te ym Mhlas-y-coed; am gyngerdd Osian Ellis yn y Gaiman, ac am y cyngerdd yn Nhrelew, gan gôr Quilmes, un o faestrefi Buenos Aires, o dan arweiniad Clydwyn ap Aeron Jones. Dau gyngerdd gwych. A fu rhaglen lawnach erioed ar gyfer un dydd?

Fe welsom lawer ddoe ac y mae Pwyllgor Canolog y Canmlwyddiant i'w canmol yn fawr am drefnu mor rhagorol ar ein cyfer. Un peth bach yn unig sydd wedi bod yn fy mhoeni. Yn ôl y trefniadau, yr oeddem ni i ymweld â fferm Mr a Mrs Peredur Morgan yn y bore. Ni chawsom fynd oherwydd prinder amser. Mi wn yn dda am le canolog y capeli ym mywyd y Wladfa yn y gorffennol ac am eu cyfraniad mawr heddiw, ond hen dro inni golli'r cyfle i ymweld o leiaf ag un fferm. Wedi'r cyfan, yr oedd i amaethyddiaeth, fel i grefydd, ei le canolog ym mywyd y bobl gan mlynedd yn ôl, ac wedi hynny, ac, yn sicr, y mae dyfodol y Wladfa heddiw yn dibynnu lawn cymaint ar amgylchiadau byw y bobl ag ar eu ffordd o fyw.

Ond dyma fi'n pregethu. Yn hytrach, diolch yw fy mraint am y cyfoeth profiadau a gawsom. Rhaid imi roi pen ar y mwdwl yn y fan hyn.

Cofion annwyl iawn

Gwyndaf

5

Comodoro Rivadavia
Chubut
Pnawn Mawrth, 2 Tachwedd, 1965

Annwyl Dad a Mam a phawb gartref,

Croeso cynnes Cymry Comodoro Rivadavia: 'tref yr olew'
Anfonaf y nodyn hwn atoch o Gomodoro Rivadavia yng ngwaelod isaf Talaith Chubut. Yr ydym newydd gael cinio croeso ar ôl teithio dros ddau can milltir o Drelew mewn awyren ar draws y Paith, awyren fach glyd – un i'r dim i deithio o Gwm Eithin i Gaerdydd ac yn ôl! Er mai dim ond am ddiwrnod yr ydym i aros yma, y mae Cymry'r ddinas wedi argraffu rhaglen dwt ar ein cyfer. Ar ei chlawr y mae geiriau o groeso mewn Sbaeneg a Chymraeg. Dyma'r union eiriau Cymraeg:

> Pob croeso i chwi ar eich taith drwi'r Wladfa Gymreig ym Mhatagonia yn ei chanmlwyddiant, 1865–1965. Gan fawr obeithio y mwynhawch ein cwmny yn dre yr olew. Hyn i'w dymuniad Gymdeithas Dewi Sant, Comodoro Rivadavia.

'Tref yr olew': hon yw dinas 'aur du yr olew ac aur gwyn gwlân', medden nhw. Ni wn ai gwir y gair i gyd, ai peidio, ond hyd yn oed drwy ffenest un o ystafelloedd y gwesty yr wyf ynddo nawr hawdd gweld bod yma gyfoeth. Dinas yr adeiladau newydd, lliwgar yw hi. Dinas hefyd lle clywir llawer mwy o Saesneg nag mewn man fel Buenos Aires. Yr oedd awyrgylch Seisnig hyd yn oed yn y cinio croeso a gawson ni, a Saesneg, nid Cymraeg, sydd ochr yn ochr â'r Sbaeneg ar y rhaglen swyddogol.

Brwdfrydedd ac ymroddiad: diwrnod i'w gofio yn Eisteddfod y Wladfa

Ond nid am Gomodoro yr wyf am sôn yn y llythyr hwn. Y mae gennyf hiraeth am Ddyffryn Camwy, a chant a mil o bethau heb eu dweud. Soniais i ddim am yr Eisteddfod, yn naddo? Dyna ddiwrnod i'w gofio oedd dydd Sadwrn, 30 Hydref. Cystadleuwyr o Esquel a Chwm Hyfryd, dros dri chan milltir o daith ar draws y Paith; cystadleuwyr o Buenos Aires, taith dros saith gan milltir: yr ymdrech fawr yr oedd pawb yn ei gwneud oedd nodwedd arbennig yr Ŵyl. Ni bu eisteddfod yn y Wladfa ers pymtheng mlynedd. Ond eleni, ym mlwyddyn y canmlwyddiant, yr oedd yn amlwg i bawb fod Cymry Patagonia wedi rhoi pob gewyn ar waith. Yr oedd Neuadd Dewi Sant yn Nhrelew, lle cynhelid yr eisteddfod ei hun, yn ddrych o'r gweithgarwch hwn. Adeiladwyd y neuadd nodedig hon i gofio sefydlwyr cynnar y Wladfa (agorwyd hi yn swyddogol yn 1915, hanner can mlynedd union wedi glaniad y *Mimosa*), a dydd Sadwrn yr Eisteddfod yr oedd lluniau trawiadol iawn ar furiau'r neuadd yn portreadu gwahanol benodau yn hanes y Wladfa Gymreig.

Ar y mur o'n blaen yr oedd enwau rhai o gerddorion y Wladfa ac un ar hugain o'i beirdd, enwau megis: Berwyn, Glan Tywi, Glan Caeron, Ap Salem a Bardd y Neuadd Wen. Ac wrth wrando ar y cystadlu yn ystod y ddau gyfarfod ni allai neb lai na sylwi'n hir ar arwyddair yr Eisteddfod wedi'i sgrifennu mewn llythrennau breision ar gefn y llwyfan:

> COF AM A FU.
> YSTYR AM Y SYDD.
> BARN AM A FYDD.

Ond y cwestiwn sy'n eich meddwl chi ar hyn o bryd, rwy'n siŵr, yw: be oedd fy marn am y cystadlu? Rhaid imi gael dweud un peth ar ei ben: dotiais at ansawdd lleisiol cantorion y Wladfa. Yr oedd eu hynganu clir yn wers i lawer ohonom ni yng Nghymru sy'n rhy aml yn malurio geiriau caneuon wrth eu mwmblan canu. Angen mawr y Gwladfawyr, fel ein hangen ninnau, mae'n debyg, yw mwy o hyfforddiant ac ymarfer.

A ninnau yng Nghymru mor gyson yn galw am gael clywed yr 'hen ganiadau', doedd hi ddim yn syndod yn y byd fod pobl y Wladfa yn dal i lynu wrth hen ffefrynnau, megis 'Myfanwy', 'Ffarwél iti Gymru Fad', a 'Deio Bach'. Ond dyna drueni na baem ni yng Nghymru yn ystod yr hanner canrif diwethaf wedi anfon un copi – petai ond un copi – i Batagonia o bob cân newydd a gyhoeddwyd yn Gymraeg. Gwell hwyr na hwyrach, a gallem ddechrau arni'n awr. Y mae gennyf gyfeiriadau lu o bobl ifanc a rhai hŷn a fyddai wrth eu bodd yn derbyn caneuon o bob math, yn arbennig caneuon gwerin a chaneuon ysgafn cyfoes fel rhai Islwyn Ffowc Elis a Robin Williams, caneuon ysgafn yr Urdd a chaneuon tebyg i'r rhai a geir yn *Tonc*. Yn wir, oni fyddai'n beth da petai trefniant i holl gyhoeddwyr llyfrau Cymraeg neu i ryw gorff arbennig yng Nghymru fod yn gyfrifol am anfon o leiaf ddau gopi i'r Wladfa o bob llyfr Cymraeg a gyhoeddir, un i'r Llyfrgell yn y Gaiman, ddwedwn ni, ac un i Esquel.

Ond dyma fi'n crwydro. Yn ôl at yr Eisteddfod. Cystadleuaeth a ddaeth â brwdfrydedd a rhyw ysgafnder a llawenydd mawr i'r eisteddfod oedd cystadleuaeth y corau plant. Dau gôr yn cystadlu a'r ddau yn dod o'r Gaiman. Meddyliwch am orfoledd yr hen blant pan glywson nhw'r beirniad yn cyhoeddi eu bod yn gyfartal gyntaf. '*Pueblito, mi Pueblo*' ('Fy Hoff Dre Fach'), Guastavino, a ganai un côr, ond y syndod mawr a gefais i oedd clywed y côr arall, o dan arweiniad Mrs Edith MacDonald yn canu 'Y Crwydryn Llon'. Ond, cofiwch chi, nid canu am *El Alegre Vagabundo* yn union a wnaeth plant y Gaiman, ond canu'n naturiol braf am yr *Happy Wanderer* mewn Saesneg pur! A ninnau ein hunain wedi crwydro mor bell o Gymru i Batagonia, 'Cynffon y Greadigaeth', fel y galwodd rhywun y lle, hawdd iawn, coeliwch fi, y gallem ymgolli yn y gân wrth wrando ar leisiau hapus plant y Gaiman – er y geiriau Saesneg!

Ym myd yr adrodd, fe fyddech chi, Dad, wrth eich bodd yn gweld cymaint o sylw a roddai'r cystadleuwyr i ystum corff. Fe fwynheais innau bob munud o'r gystadleuaeth adrodd o dan ugain oed, er enghraifft, 'Yr Arloeswyr,' gan R J Jones, a sylwi fel yr oedd pob cystadleuydd yn gosod ei law ar ei galon wrth adrodd llinell megis: 'Mae'n torri ei galon ar ganol ei waith', neu yn torchi ei lewys, yn llythrennol, wrth adrodd:

Pan dorchodd arloeswyr y Wladfa Gymreig
Eu llewys 'nôl croesi y don…

Ond o'r holl gystadlaethau adrodd yn Sbaeneg a Chymraeg, yr oedd un adroddiad a oedd yn wahanol i bopeth arall a glywais. 'Gŵyl y Glaniad', allan o *Odlau'r Paith*, R J Jones, oedd y darn prawf i'r merched yng nghystadleuaeth y Prif Adroddiad.

Hwrê i Ŵyl y Glaniad, i gofio'r Cymry gwiw
A ddaeth dros foroedd mawrion, i newydd wlad i fyw…

Yr enillydd oedd Mrs Elena Jane Arnold. Fe erys yr adroddiad hwn yn hir yn fy nghof. Yr oedd ynddo rywfaint o'r angerdd tawel, di-ystum, sy'n ddieithr iawn i adrodd y Wladfa ar hyn o bryd. (Os wyf yn camgymeryd, maddeuer imi.)

Mi allwn sôn yn hir wrthych chi am lawer rhagor o'r cystadlaethau ac am seremonïau'r cadeirio a chroesawu'r Cymry ar Wasgar, ond bodlonaf ar ddweud gair am yr adran gelf a chrefft. Dyna ichi adran ddiddorol oedd hon. Yr oedd digon o gyfle i'r merched ym myd gwau a gwnïo: 'gwau neu grosio menyg a chap', er enghraifft, neu lunio dilledyn, megis gwasgod, 'wedi ei gweu â llaw o wlân dafad, gafr neu wningen', y gwlân wedi ei nyddu hefyd â llaw.

Naturiol iawn oedd sylwi cymaint o'r cystadlaethau celf a chrefft oedd yn adlewyrchu natur arbennig y wlad. Ni raid aros yn hir ym Mhatagonia cyn gweld dylanwad yr Indiaid ar y bywyd yno, ac nid oedd yn syndod o gwbl i'r pwyllgor roi cyfle i Gymry'r Wladfa gynnig ar wneud carped Indiaidd. Ac yng ngwlad y *gaucho* a'r *lasso*, beth oedd yn fwy naturiol na'r gystadleuaeth gwneud *Bozal*, *Cabestro* a Chwip – y *bozal* (penffrwyn), y *cabestro* (rheffyn), a'r chwip i'w plethu â chroen ystwyth.

Ond rhaid imi ymatal. Yr oedd eistedd yn Neuadd Dewi Sant, Trelew, ddydd Sadwrn yr Eisteddfod ac ymdeimlo â'r brwdfrydedd yn brofiad gwefreiddiol. Am hanner awr wedi un bore Sul yr oedd y neuadd o hyd o dan ei sang ac rwy'n siŵr na bydd i'r un ohonom ni, ymwelwyr o Gymru, anghofio yn fuan iawn am y dyrfa fawr yn codi ac yn aros ar ei thraed tra canai Côr Quilmes, Buenos Aires, yr 'Hallelujah Chorus' o'r 'Messiah' yn y brif gystadleuaeth gorawl ar derfyn yr ŵyl.

Ar ôl bod yn yr eisteddfod hon, mi wn yn awr nad oes raid i Gymry'r Wladfa gywilyddio dim oherwydd eu diwylliant. Fe glywaf rywrai yn dweud: 'Ond does ganddyn nhw ddim syniad sut i ganu gyda'r tannau, a maen nhw'n canu sawl darn yn well yn Sbaeneg nag yn Gymraeg…'. Efallai wir, ond y maen nhw hefyd, serch hynny, wedi llwyddo'n rhyfeddol i drosglwyddo llawer o nodweddion y canu Sbaenaidd hwn i'r canu Cymraeg, a hynny er gwell, fel arfer. Mwy na hyn, rwy'n siŵr eu bod yn trosglwyddo ambell nodwedd Gymreig i'r caneuon Sbaenaidd, er na allaf i nodi enghreifftiau arbennig o hyn.

Mi wn am yr anawsterau, ond gobeithiaf yn fawr y bydd Eisteddfod yn y Wladfa eto flwyddyn nesaf a bob blwyddyn am amser maith i ddod. Oni fyddai'n gyfle gwych i bobl o Gymru ymweld â'r Wladfa? Ac, yn yr un modd, wrth gwrs, i fwy a mwy o Gymry Patagonia ymweld â'n Heisteddfod Genedlaethol ni o dro i dro. Ond ochr-yn-ochr â hyn, y mae yr un mor bwysig, gredaf i, i geisio atgyfodi rhai o'r mân eisteddfodau neu gyfarfodydd llenyddol yma ac acw. Fel yr eisteddfod fawr, fe fyddai'r cyfarfodydd cystadleuol hyn yn y Wladfa yn gwlwm sy'n creu ac yn sbardun i wir ddiwylliant. Ond gwn mor rhwydd yw i mi gynnig awgrymiadau. Rhwydd yw dweud; nid hawdd gwneud.

Terfynaf yn y fan hyn. Fe ysgrifennaf bwt arall, efallai, cyn mynd i'r gwely, oni fyddaf wedi bwyta gormod! Y mae cinio mawr i'r ymwelwyr o Gymru heno. *Muchos bwydos,* myn brain i!

Cofion annwyl iawn,

Gwyndaf

6

Comodoro Rivadavia,
Chubut,
Nos Fawrth, 2 Tachwedd, 1965

Annwyl Dad a Mam a phawb gartref,

'Dwy lodes bur landeg oedd rheini / a welais nos Wener yn Rhymni…': cerddi llafar gwlad William Edward Davies, Twyn Carno

Fe soniais wrthych eisoes mewn llythyr arall am rai o gerddi llafar gwlad a glywais gan Elvan Thomas. Fodd bynnag, person a adroddodd lawer rhagor o'r penillion hyn wrthyf oedd William Edward Davies, Twyn Carno. Diolch am y daith ugain munud o Dwyn Carno i'r Gaiman. Wrth fy nanfon yn y boreau yn y lori las y clywais y rhan fwyaf o'r penillion. Ac wrth wrando ar y llif geiriau, hawdd gweld bod amgenach ysgogiad na'm cwestiynau clytiog i yn procio'i feddwl. Onid oedd awduron y 'Rhigymau' hyn yn annwyl iawn iddo? Ac onid oedd achlysuron canu'r pytiau yn rhan o hanes a rhamant y Wladfa? Os bydd rhai darllenwyr yn ystyried cynnwys ambell un o'r cerddi hyn braidd yn ddi-chwaeth, cofiwn fod diwylliant gwerin pob gwlad yn llawn amrywiaeth ac nad yr un yw'r apêl i bawb.

Gan y Gwladfawr caredig o Dwyn Carno y clywais am yr hen Jac Scotsh:

> Mae pawb yn nabod 'rhen Jac Scotsh
>   Am fod o'n ffond o gysgu;
> A phan y codith yr hen ŵr,
>   Mae'n broffeswr efo'r *mate*.

Perthyn i deulu o'r Alban yr oedd yr yfwr *mate* (te o ddail gwyrdd; yn wreiddiol, diod yr Indiaid) a'r cysgwr enwog hwn. Yr oedd gan ei dad enw yr un mor ddiddorol: Gringo Gaucho a ddaeth i'r Wladfa yn y dyddiau cynnar. Huw Vychan Jones a luniodd y pwt hwn. Yn wir, ef yw awdur y rhan fwyaf o'r cerddi a adroddodd William Edward Davies wrthyf. Pobl eraill, fel arfer, yw gwrthrych ei ganu, ond ambell dro y mae'r bardd ei hun yn destun cân, fel y soniaf wrthych yn awr. Ystyrid Huw Vychan yn giamstar ar waith sadler, ac un tro yr oedd ar ei ffordd i Ddolavon a gêr ceffyl gydag ef i ddyn a oedd bron wedi blino disgwyl amdanyn nhw. Ond ar y daith fe syrthiodd y bardd a thorri ei goes. Ar ôl hynny cafodd gartref ger Dolavon gan Robert John Williams. Nid oedd ond un drwg i'r tŷ hwn: tŷ heb ffenest ydoedd! Dyma gŵyn y bardd:

> Mewn llety glem yr wyf
> Yn cwyno dan fy nghlwyf
>   Mewn stafell dywyll.
> Os agor wnewch y ddôr,
> Cewch deimlo'r rhew ar bwys;
> Rho olau Arglwydd Iôr
>   Mewn stafell dywyll.

Ond pobl eraill, fel y dywedais, yw prif destun ei gerddi. Daeth llanc a oedd yn caru merch George Reynolds ato un tro a gofyn iddo wneud pwt o gân i'w gariad. Gwrthododd Huw Vychan. Ond taer erfyniodd y llanc, ac o'r diwedd canodd y bardd fel hyn i'r eneth druan:

> Yn lle yr hen George Reynolds
>> Mae clamp o hogan gas,
> A'i hwyneb fel cabetshen
>> A'i thin fel talcen tas!

Ond nid aeth cais gwreiddiol y llanc dros gof. Chwarae teg i'r bardd, fe gafodd y llanc ei 'bwt o gân' ymhen yr hwyr a rhawg:

> I'r hen Baith y trof fy wyneb
>> Unwaith eto ar fy hynt;
> Fel yr awel mae fy meddwl,
>> Hed yn fuan fel y gwynt.
> Dywed wrthyf, eneth annwyl,
>> Cofia di'r addewid chwim
> Wnest â mi cyn im ymadael
>> Am na thorrith hwnnw ddim.

Gan William Edward Davies hefyd y clywais gân 'Y Botel Ddŵr Poeth' o waith Evan Parry. Y mae'n ddigon oer yng Nghymru ar hyn o bryd, rwy'n siŵr, a chaf fy nhemtio i sgrifennu'r gerdd ogleisiol hon yn llawn. Dyma hi:

> Dwy lodes bur landeg oedd rheini
> A welais nos Wener yn Rhymni;
>> Rhyw botel o ddŵr
>> A wnai yn lle gŵr,
> Er cadw yn gynnes eu gwely.

> Rhof gyngor i'r ddwy lodes landeg,
> Sef cyngor eu llygaid bob adeg;
>> Drwy hynny pwy ŵyr,
>> Na ddwedant un hwyr:
> 'Fydd eisiau y botel ddim chwaneg'.

Ar ôl ichwi daro ar lencyn,
Boed o'n hen neu'n ddim ond rhyw grwtyn,
  Os cynnes ei waed
  Na rowch wrth eich traed,
Ond rhowch o cydrhyngoch â'r erchwyn.

Rhyw achos a bair i ddyn synnu
Os na chewch gynhesrwydd drwy hynny;
  Fe reda eich gwaed
  Yn rhwydd drwy eich traed
Wrth geisio ei gicio o'r gwely!

Ond fy ffefryn i o'r cerddi hyn yw pennill o waith Henry Hughes, Gaiman. Yr oedd o yn meddwl y byd o Gwenno, ei gaseg. Ond bu'r gaseg farw un dydd ar y Paith. Lluniodd yntau'r pennill coffa hwn iddi yn y fan a'r lle:

O, Gwenno fwyn, O, Gwenno wen,
Un diwrnod daeth dy oes i ben;
Bydd Iesu Grist yn ddiawch o tsiap
Pan geith o hon yn gaseg trap.

Bu'n demtasiwn dyfynnu rhagor o'r rhigymau hyn am eu bod yn rhoi gwell syniad o natur y gymdeithas glòs – y cwlwm adnabod – yn y Wladfa nag ystadegau lawer. Hyd yn hyn, ychydig o gerddi tebyg a gofnodwyd ac y mae perygl mawr i lawer ohonyn nhw ddiflannu. Oni ddylid mynd ati ar unwaith i'w casglu a'u cyhoeddi, petai ond er mwyn cynorthwyo'r hanesydd i roi darlun cytbwys a byw o'r gymdeithas Gymraeg yn y Wladfa?

'Amigos de los Indios' ('cyfeillion yr Indiaid'): Sul, 31 Hydref: pregethu yn y Gaiman a Threlew

Fore Sul, 31 Hydref, bûm yn pregethu yng nghapel Bethel, Gaiman, a'r Tabernacl, Trelew – llenwi bwlch yn lle'r Parchg D J Peregrine, yr unig weinidog ar y capeli Cymraeg Ymneilltuol ym Mhatagonia. Dau ddiwrnod o rybudd a gefais. Roeddwn i yn synnu na threfnwyd mewn pryd i rywun o'r Wladfa ei hunan arwain y gwasanaethau. Ond wedi dweud hynny, afraid yw i mi ychwanegu fod cael pregethu i ddau lond capel ddydd Sul ac arwain y ddwy oedfa (oedd yn cael eu recordio gan y BBC), wedi bod yn fraint arbennig iawn.

Ceisiais sôn am eiriau Iesu Grist: 'Dyma fy ngorchymyn i ar ichwi garu eich gilydd fel y cerais i chwi.' Am ba beth arall y gallwn i sôn â ninnau wedi clywed cymaint gan yr Archentwyr am Gymry'r Wladfa yn llwyddo i gyd-fyw mor llwyddiannus gyda Sbaenwyr, Eidalwyr, Indiaid a Chileniaid? Pa fodd y gellid troi anialwch yn ardd ac agor drws gobaith ym Mhatagonia? Onid oedd raid i'r ymfudwyr cynnar garu ei gilydd a dysgu cyd-fyw? Y Sul hwn, yn anad unrhyw ddiwrnod arall, roedd geiriau Eluned Morgan yn fyw iawn yn fy nghof, sef y disgrifiad byw sydd ganddi yn ei llyfr *Dringo'r Andes* o'i chyfarfyddiad â theulu o Indiaid wrth droed y mynyddoedd.

> Cawsom ninnau le i swatio yn ymyl yr hen bennaeth, a phan ddywedais wrtho pwy oeddwn, fy mod yn ferch i Don Luis, cododd ar ei draed i ysgwyd llaw â mi, gan ddweud: 'Os wyt ti'n ferch i Don Luis, yna ein chwaer ni wyt ti, canys y mae ef yn frawd i ni oll'.
>
> Balchach oeddwn o deyrnged yr hen frodor syml i'm tad na phe rhoesid iddo ffafrau tywysogion mwyaf y byd. 'Gwyn eu byd y rhai addfwyn, canys hwy a etifeddant y ddaear.' Cymerodd Ariannin y cledd a'r milwr i wareiddio Indiaid Patagonia; daeth dyrnaid o Gymry o gilfachau mynyddoedd Gwalia i ddysgu dull arall o wareiddio. Wrth ymgomio yn y babell daeth y gair *Cristianos* i'r sgwrs, a gofynnais iddo pwy a feddyliai wrth y *Cristianos* hyn.
>
> 'Y Sbaeniaid', meddai.
>
> 'Eithr onid ydym ninnau hefyd yn *Cristianos*?' meddwn.
>
> 'O, na *amigos de los Indios* (cyfeillion yr Indiaid) ydych chwi.'

Cymanfa ganu ac Argae Ameghino; Pont Tom Bach a chapeli Tir Halen, Glan Alaw a Bryn Crwn; y te croeso yn Nolavon a thristwch y ffarwelio yn Nhrelew

Nos Sul yr oedd Cymanfa Ganu yn Nhrelew. Ond am chwech o'r gloch prin y gallwn i sefyll ar fy nhraed gan flinder, a chefais fynd i dŷ Mr a Mrs Héctor a Sarah MacDonald i gysgu am bedair awr. Ni chofiaf pa bryd y cefais gwsg mor hyfryd. Mawr iawn fy nyled i'r teulu caredig hwn.

Da oedd imi gael y cwsg bendithiol i fwrw fy mlinder, oherwydd ben bore Llun (ddoe), 1 Tachwedd, yr oeddem yn cychwyn i weld yr argae mawr ym mhen uchaf Talaith Chubut – Argae Ameghino. Bu hon yn daith hir a blinderus rhwng y llwch a phopeth. Ond yr oeddwn i'n fwy na balch inni gael gweld y gronfa ddŵr. Cymharol ychydig o ddatblygiadau diwydiannol a fu yn y Wladfa. Y mae pobl ifanc yn gorfod ymadael i chwilio am waith. Gymaint yw'r angen am ddynion ifanc o weledigaeth a gallu i sefydlu mân ddiwydiannau yn Nyffryn Camwy.

Dyna pam yr oeddwn i mor hapus o gael ymweld ag Argae Ameghino. Agor yr argae hwn, gredaf i, fydd y digwyddiad pwysicaf ym mywyd y Wladfa ers llawer blwyddyn. Nid yn unig fe fydd modd yn awr i reoli'r dŵr fel na bo gormod sychder yn yr haf na llifogydd yn y gaeaf, ond hefyd bydd yn gyfrwng i gynhyrchu trydan i'r Dyffryn. Mor anodd yw amgyffred arwyddocâd y datblygiad.

Ar y ffordd yn ôl o'r Argae aethom heibio Pont Tom Bach, Capel Tir Halen, Glan Alaw, Bethesda a Bryn Crwn a chael te a chroeso yn Nolavon. Erbyn hyn, am y tro cyntaf er pan droediasom Batagonia cawsom law, a hwnnw'n law trwm. Newidiodd popeth ar amrantiad. Yr oedd Dyffryn Camwy yn ganmil gwyrddach nag o'r blaen. A lle gynt y bu llwch yn llenwi ffroen a cheg, dyma deimlo pwysau'r byd o dan draed. Welsoch chi gerdded mewn esgidiau hoelion ar eira gwlyb, onid o? Ond yr oedd y llaid a lynai wrth ein hesgidiau ni yn llawer trymach. Ai esgidiau plwm oedd am ein traed?

Oherwydd y llaid, cynigiodd sawl un nad oedd yn weddus inni fynd i mewn i Gapel Bethesda. Saith deg o draed budron, meddyliwch am y gwaith glanhau. Ond nid oedd dim yn tycio. I mewn y bu raid inni fynd a chael ymdeimlo â'r un cynhesrwydd croeso yng Nghapel bach Bethesda, fel ymhob un o'r capeli eraill y buom ni'n ymweld â nhw ym Mhatagonia.

Ar un ystyr, roeddwn i'n diolch am y glaw hwn. Onid ydym wedi bod yn lwcus? Dyma ni wedi cael pob peth y gallai Dyffryn Camwy ei gynnig inni bron: haul, awel dyner, llwch, gwynt, glaw, llaid. Ar ben hyn, rhaid i mi ddiolch i gyfeilles garedig, Eileen Thomas, am un profiad anturus iawn a gefais: eistedd yn sedd ôl car modur a hwnnw'n sglefrio o glawdd i glawdd ar y llaid llithrig, a chael dod allan ohono'n fyw!

Nos Lun (neithiwr), noson o ganeuon a dawnsfeydd gwerin gwlad Ariannin oedd ar y rhaglen. Yn Nhrelew y bu hynny.

A dyma'n harhosiad yn Nyffryn Camwy ar ben. Mor greulon y ffarwelio yn Nhrelew fore heddiw. Yr oedd pawb yn rhy drwm i siarad bron ddim. Awr fud, drist oedd aros am yr awyren. Ond yng nghanol y tristwch, y mae un frawddeg ffarwél yn mynnu glynu yn y cof; yr oedd dagrau'n llyn yn llygaid Mrs Eileen Jones wrth iddi fynegi'r ofn a fu'n cronni'n hir yn ei chalon: 'O, peidiwch â'n hanghofio ni.'

Bore yfory byddwn yn codi'n pac unwaith eto: gadael Comodoro am Esquel a Chwm Hyfryd, wrth droed yr Andes. Ond mi wn na fydd y ffarwelio hwn mor drist. Ni fuom yma yn ddigon hir i adnabod y bobl. A phobl, wedi'r cyfan, sy'n gwneud lle.

Cofion annwyl iawn,
Gwyndaf

7

'Achalay' – Salon de Te,
Esquel,
Chubut,
Bore Sul, 7 Tachwedd, 1965

Annwyl Dad a Mam a phawb gartref,

Cyrraedd Cwm Hyfryd, a chroeso mwyn gwraig y *Salon de Te* yn Esquel

Y bore hwn o wanwyn y mae dros dri chan milltir rhyngof â Dyffryn Camwy; y mae wyth mil o filltiroedd rhyngof a Chwm Eithin. Ac eto, nid wyf yn ymwybodol o gwbl o'r pellter: gallwn yn hawdd fod mewn unrhyw dŷ yng Nghymru. Yr wyf newydd gael fy mrecwast ac nid yw'n syndod yn y byd fy mod yn meddwl amdanoch y munudau hyn ac am bawb yng Nghymru: cofiais yn sydyn am William Jones, un o gymeriadau hoff T Rowland Hughes. Erbyn hyn, fe wyddoch pam, rwy'n siŵr: cefais ddau wy i frecwast! Ond yn wahanol i William Jones druan, mi wn nad breuddwydio yr wyf i.

A minnau'n aros mewn *Salon de Te*, nid yw'n syn efallai imi brofi o bob blasusfwyd yn ystod y tridiau diwethaf hyn. Ond pan ymadawaf â'r tŷ cartrefol hwn ymhen teirawr neu fwy, nid am y bwyd yn unig y byddaf yn cofio. Cofio y byddaf am ddiffuantrwydd y croeso syml a thwymgalon a gefais ar hyd yr amser gan Mrs Prusella Lewis de Arrietta sy'n byw yma. Bu Mrs Arrietta yng Nghymru yn ystod yr Haf, ond pan oeddwn i'n siarad â hi bryd hynny doeddwn i fawr feddwl y caethwn aros yn ei thŷ maes o law.

Cyfeiriais at y wraig dyner, ganol oed hon wrth ei chyfenw. Pe gwyddai hi hynny, rwy'n siŵr y caethwn i dafod ganddi! 'Prusella' yw hi i bawb yn Esquel a'r cylch, ac wrth ei henw morwynol y cyfarchaf innau hi. Y mae'r anffurfioldeb hwn, hyd y gwelaf i, yn nodweddiadol iawn o Gymry'r Wladfa. Y mae 'ti' a 'tithau', er enghraifft, yn fwy cyffredin nag yng Nghymru. Yn wir, y mae rhyw agosatrwydd amheuthun i'w deimlo yn eu mysg. Prin y gwelais i, beth bynnag, neb yn cadw hyd braich oddi wrthym ni, ymwelwyr o Gymru, fel petai golwg cŵn lladd defaid arnom!

Y mae hyn yn f'atgoffa am un peth a ddywedodd Prusella wrthyf am ferched y Wladfa: gwell gan y Sbaenwr yn aml briodi merch o Gymraes nag un o'i genedl ef ei hun. Jolihoitian ar hyd y strydoedd â'i phen yn y gwynt a wna'r Sbaenwraig/Archentwraig. Aros yn y tŷ i ofalu am y cartref a wna'r Gymraes. Y mae hi'n fwy mamol a thyner na'r Sbaenwraig 'benchwiban'. Boed hynny fel y bo, yn wir neu beidio, gwell yw imi beidio ag ymhelaethu ar y sylw hwn, neu does wybod ymhle y glaniwn ni! A rhag fy mod i'n rhoi'r drol o flaen y ceffyl, mi af yn ôl i ddechrau'n harhosiad yn Esquel a Chwm Hyfryd.

'Tu hwnt i Hwntw': iaith trigolion y Wladfa

Dieithrwch yr anialdir agored a'm synnodd yn fwy na dim ar ôl glanio yn Nhrelew. Ond wedi cyrraedd maes awyr Esquel, dydd Mercher, 3 Tachwedd, yr oedd glesni'r gwanwyn ar bob llaw ac yr oedd y tir a welwn yn hynod debyg i dir rhai o ddyffrynnoedd Cymru. Yr oedd min ar yr awel y bore hwnnw, ond, fel o'r gorau, ni bu raid inni aros dim bron yn yr oerfel ar y maes awyr: yr oedd dyrnaid da o Gymry'r Wladfa yno i'n cludo ar ein hunion i dref Esquel. Yn lori fechan Caeron Llwyd, ffermwr ifanc, wynepgoch, yr euthum i. Dotiais at ei Gymraeg.

Tuedda'r rhan fwyaf o'r Gwladfawyr i siarad Cymraeg yn sydyn a chwta, gydag ynganiad clir iawn. Ond yr oedd cryfder ac eglurdeb ynganiad Cymraeg Caeron Llwyd yn beth tu hwnt i'r cyffredin. Ac eto, yr oedd yr un oslef chwareus, os dyna'r ansoddair priodol, a'r cynhesrwydd sain, sydd mor nodweddiadol o Gymraeg y Wladfa, ganddo yntau hefyd.

Wedi gwrando ar Gymraeg Cymry Patagonia, deuthum yn ymwybodol o lawer rhythm a goslef newydd yn yr iaith a siaradaf yn naturiol bob dydd, na wyddwn i ddim am eu bodolaeth cyn hynny. Mor ddiddorol a gwerthfawr fyddai olrhain dylanwad yr iaith Sbaeneg ar y Gymraeg (ac fe wnaed hynny, o bosibl

– maddeuer fy anwybodaeth). Er enghraifft, dylanwad y duedd mewn Sbaeneg i feddalu rhai cytseiniaid, megis *d* a *b* . Hefyd i ynganu rhai geiriau sy'n diweddu â chytsain gan roi'r acen ar y sillaf olaf. Clywir, er enghraifft, ynganu'r gair 'Ebrill' felly. (Cymharer y Sbaeneg: *Abril*.) Ac y mae angen gwneud yr ymchwil hwn yn fuan cyn i'r to hynaf ym Mhatagonia gilio o'r tir.

Y mae yn Nhalaith Chubut faes toreithiog hefyd i'r tafodieithegydd. Y mae'n wir i lawer iawn o'r amrywiadau tafodieithol ddiflannu erbyn heddiw, ond clywir o hyd y fam, dyweder, mewn teulu arbennig yn dweud 'deall' a'r tad yn dweud 'dallt', a byddai gweld pa fodd y cyfunwyd nifer o nodweddion gwahanol dafodieithoedd yn Chubut yn sicr o fod o gynhorthwy wrth astudio'r tafodieithoedd yng Nghymru.

Tuedda'r Gwladfawyr weithiau, yn naturiol iawn, i ddefnyddio ambell air Sbaeneg pan fo'r gair Cymraeg yn anghyfarwydd iddynt; er enghraifft, *museo* y gelwir amgueddfa. Daw ambell air Sbaeneg hefyd i'r sgwrs pan fo hi'n hawdd cymysgu rhwng y gair Cymraeg a'r gair Sbaeneg. Dyma un enghraifft a glywais: 'Y mae'r *mar* wedi mynd' (*mar* = môr.) A chlywir sawl ymadrodd megis *claro?* (ydych chi'n deall?) yn eu sgwrs. Ond ychydig iawn ar gyfartaledd o eiriau Sbaeneg a ddefnyddir. Y mae'n loes calon i mi feddwl mor lastwraidd yw'r Gymraeg a siaradaf i ac eraill, gyda'r mynych ddefnyddio geiriau Saesneg dianghenraid a chyfieithu priod-ddulliau yn llythrennol o'r Saesneg. Wedi gwrando ar iaith Cymry Patagonia, teimlaf hyn yn fwy nag erioed.

Brysiaf i ychwanegu, serch hynny, nad yw Cymraeg y Gwladfawyr eu hunain yn gwbl rydd o eiriau Saesneg. Yn Saesneg, gan amlaf, er enghraifft, y clywais enwau misoedd y flwyddyn, a diddorol i mi oedd sylwi mai cyfeirio at y 'Spanish' a wnaent, ac nid at y 'Sbaeneg'. Y mae yn y fan hyn eto faes astudiaeth. O sylwi'n fanwl ar y geiriau Saesneg a ddefnyddir, gellir cael syniad pur dda o'r nifer a'r math o eiriau Saesneg a oedd ar arfer yn yr iaith Gymraeg rhwng 1865 a dechrau'r Rhyfel Byd Cyntaf, cyfnod yr ymfudo mwyaf i Batagonia.

Cymraeg Caeron Llwyd â'm cymhellodd i ddilyn y trywydd hwn, onidê? Dywedais fy mod wedi dotio at ansawdd lleisiol yr iaith a siaradai. Ond yr oedd cynnwys yr iaith hon hefyd yr un mor ddiddorol. Yr oedd ganddo yntau ymadroddion byw, megis y rhai hyn a glywais o bryd i'w gilydd yn y Wladfa: 'Llwch yn pannu fy nhrowsus'; 'Mor hen â baco Shag'; 'Tu hwnt i Hwntw'. A'r cwpled gogleisiol hwn gyda'i arwyddocâd arbennig i Gymry'r Wladfa a ymfudodd yno o'r 'North' ac o'r 'Sowth' yn yr 'Hen Wlad'. (Fe welir bod angen rhoi'r acen ar y sillaf gyntaf yn y geiriau 'nerthmawr', 'Northman', 'seithmwy', a 'Sowthman', er mwyn y gynghanedd.)

> Mae nerthmawr mewn Northman;
> Mae seithmwy mewn Sowthman.

★★★

Hyfrydwch tref Esquel a harddwch Gorsedd y Cwmwl a Mynyddoedd yr Andes

Ar y daith o'r maes awyr i dref Esquel aethom heibio llawer llecyn tlws, ac yn eu plith y Mynydd Llwyd a'r Dyffryn Bach, gyda'i amrywiaeth mawr o goed. Wedi cyrraedd Esquel ni theimlais yr un dieithrwch ag a deimlais ar ôl cyrraedd Trelew. Ond y lle ac nid y bobl a wnaeth y gwahaniaeth; yr oeddent hwy yr un mor groesawus â thrigolion Dyffryn Camwy. Nid wyf chwaith am geisio dweud ymhle y cawsom ni'r baned o de orau! Ac yma, fel mewn trefi eraill y buom ni, ymwelwyr o Gymru, yn ymweld â hwy, fe'n gwnaed yn ddinasyddion y dref.

Tref hardd, lân iawn yw Esquel, prif ganolfan y Cymry yn y rhan hon o Dalaith Chubut. Y mae rhyw dawelwch a hamdden hyfryd o'i mewn a chefais innau gyfle brynhawn Mercher i flasu peth o'i naws arbennig. A gawsoch chi'r profiad rywdro mewn tref o deimlo eich bod wedi cael eich cau yng nghanol rhwydwaith o strydoedd a thai? Y mae arnaf i bob amser ofn y wasgfa hon, a bûm yn meddwl tybed ai dyma pam yr wyf mor hoff o Esquel? Y mae ynddi strydoedd eang, sythion, sy'n arwain o'r dref megis ac yn ymestyn fel breichiau agored am y wlad – gwlad a welir o lawer stryd. Pwy a eill gerdded ar hyd y dref hon heb orfoleddu o weld y panorama o fynyddoedd o'i flaen?

Er pan ddarllenais lyfr Eluned Morgan, *Dringo'r Andes*, a darganfod am y tro cyntaf enwau hyfryd megis Gorsedd y Cwmwl, bûm yn meddwl lawer tro yr hoffwn weld y mynyddoedd hyn a ddisgrifiwyd mor rhagorol ganddi hi. Pa fodd y gallaf ddiolch am y cyfle hwn a ddaeth imi yn nawr i'w gweld â'm llygaid fy hun? Fe'u gwelais hwy gyntaf o'r awyren wrth deithio o Gomodoro i Esquel, yn un rhimyn ysgythrog, gwyn. Fe'u gwelais hwy eilwaith ar y daith o'r maes awyr i dref Esquel. A dyma'u gweld unwaith eto brynhawn Mercher, a phob tro y gwelaf hwynt, syllaf arnynt mewn rhyfeddod. Y mae'n debyg mai'r gorchudd o eira, haf a gaeaf, ar gribau'r mynyddoedd hyn a rydd iddynt eu harddwch a'u hurddas. Un peth a wn i sicrwydd: fe gofiaf yn hir am yr haul yn gynnes ar fy moch wrth imi gerdded ar hyd strydoedd Esquel a rhodianna yng Nghwm Hyfryd a phelydrau'r un haul yn disgyn ar y copaon gwyn o'm blaen, fel mantell o aur.

Yr ydych wedi sylwi erbyn hyn, mae'n siŵr, mai ychydig iawn a soniais am gynnwys y llu mawr o areithiau a draddodwyd yn ystod ein taith. Fodd bynnag, dyma fi'n torri ar yr arfer ac yn rhoi holl gynnwys araith Pab tref Esquel yn y te croeso a gawsom ni ddydd Mercher. Tua diwedd y cyfarfod cododd dyn bychan bywiog mewn gwisg ddu ar ei draed. Rhoes ragymadrodd byr o air neu ddau mewn Sbaeneg; yna aeth rhagddo â'i araith fawr: 'Fi'n dymuno gore i chi. Dim rhagor'. Ac eisteddodd yn ei sedd yn sŵn cymeradwyaeth y dorf. Gwell imi ychwanegu mai dim rhagor o Gymraeg a olygai'r Pabydd mwyn.

Y mae'n bryd i minnau, am y tro, ddweud 'dim rhagor'. O Fuenos Aires yr anfonaf y llythyr nesaf, os byw ac iach, a chewch weddill yr hanes bryd hynny.

Gyda chofion annwyl iawn,

Gwyndaf

8

City Hotel,
Buenos Aires,
Ariannin.
Nos Sul, 7 Tachwedd, 1965

Annwyl Dad a Mam a phawb gartref,

Dyma ni rai cannoedd o filltiroedd o Batagonia. Pum diwrnod arall, os byw ac iach, a byddwn gartref yng Nghymru. Wrth fwrw trem yn ôl heno ar ein tridiau wrth droed yr Andes, rhyfeddaf o feddwl cymaint a welsom mewn cyn lleied o amser, a hynny heb inni orfod rhuthro'n ormodol o le i le.

Iau, 4 Tachwedd: y daith drwy Gwm Hyfryd a'r wledd ar lan y Futalaufquen (Y Llyn Mawr)

Mor braf ddydd Iau, 4 Tachwedd, ydoedd teithio'n ddi-ruth drwy Gwm Hyfryd at y Futalaufquen (Y Llyn Mawr) a gweld ar y daith yr amrywiaeth dihysbydd o goed yn harddu'r Cwm; gweld defaid Merino yn pori'n fodlon, braf ar eu byd; a gweld dau ych yn llonydd rhwng siafftiau wagen hen ffasiwn. Ac wrth groesi'r afonig fach Raninco a theithio heibio Llyn Wiliam Tomos a syllu o hyd ar gadernid oesol y mynyddoedd o'n blaen, a'r ddau ych digyffro yn mynnu aros yn y cof, hawdd oedd ymdeimlo â llonyddwch y cwm hyfryd hwn. Mor debyg yw i rannau tawelaf gwlad Llŷn.

Wedi cyrraedd Futalaufquen, cawsom wledd *asado* yng nghysgod y coed ar lan y llyn. Gwelaf y cigoedd a'r bwydydd eraill o'm blaen yn awr. Gwelaf Tegid, ein tywysydd, yn ei grys fflamgoch yn chwifio'i gyllell gig yn llawn brwdfrydedd. A gwelaf Mrs Freeman, fel brenhines weithgar, wrth ben un o'r byrddau yn prysur dorri bara menyn cartref.

Buom ar lan y llyn am ddeirawr neu ragor, ac yr oedd yr hamdden hwn yn gyfle godidog i ni a'r Gwladfawyr wneud cyfeillion â'n gilydd. Yma y cyfarfûm gyntaf ag Iris (Spannaus), mam ifanc pedwar o blant. Y mae hi'n byw ymhell iawn o Batagonia – yn San Salvador de Jujuy, yn un o'r ddwy dalaith fwyaf gogleddol yn Ariannin. Ond daw yn ôl i Esquel bob cyfle a gaiff gan mai yno y mae ei mam a'i brodyr a'i chwiorydd yn byw. Wrth sgwrsio ag Iris, fe deimlais rywbeth y bûm yn ymwybodol iawn ohono er pan ddeuthum i ddechrau adnabod Cymry'r Wladfa: mor annatod yw'r cwlwm sy'n eu clymu ynghyd. Anodd yw i ni yng Nghymru sylweddoli gwlad mor fawr yw Ariannin, a bod cymaint o Gymry'n byw ynddi ar wasgar yn bell iawn o Batagonia. 'Mae'n gallu bod yn unig iawn weithie', meddai Iris wrthyf. Pa ryfedd fod golwg mor llawen a bodlon arni hi ac eraill a ddaeth i'r dathliadau yn y Wladfa. Oni wyddant hwy, fel y gwyddom ninnau yng Nghymru, am orfoledd y 'perthyn'.

Ond rwy'n siŵr eich bod yn dechrau anesmwytho ac yn gofyn y cwestiwn: pam athronyddu fel hyn? Pam na chawn ni wybod am yr hyn a ddigwyddodd ddydd Iau? Brysiaf i ychwanegu mai diwrnod yr ymdawelu a'r ymlacio ydoedd i mi. Fe ddigwyddodd pethau, y mae'n wir. Pwy a all anghofio'r ddwyawr o daith ar y Llyn Mawr wedi'r wledd, a'r cwch yn hwylio'n dawel ar y dŵr llonydd, hyd at Afon Río Los Arrayanes ac i mewn i'r Lago Verde (Y Llyn Gwyrdd). Ond, fel yr hamdden ar lan y llyn, yr oedd y daith hon hithau yn gyfle i ymdeimlo â naws y Cwm a'r llyn hardd hwn yng nghwpan y bryniau; yn gyfle i sgwrsio â chyfeillion, ac yn gyfle i ail-fyw pob gwefr a deimlwyd ar ein taith ym Mhatagonia.

Gwener, 5 Tachwedd: hamddena yn yr haul, a gwledd (eto fyth!) ar fferm El Fortín, Trevelin; bedd Malacara, y ceffyl chwim; a'r cyngerdd yn Esquel

Cawsom hoe dawel ar ddydd Gwener, 5 Tachwedd, hefyd. Buom yn hamddena yn yr haul yn El Fortín, Trevelin, fferm Mrs Elsie S de Tschudi, a chael gwledd fras arall, a gweld y defaid a'r eidion yn rhostio'n braf o flaen tanau coed. Cymry yw perchenogion y rhan fwyaf o'r ffermydd yng Nghwm Hyfryd. Y mae yma dir cyfoethog a ffermydd mawr iawn. Fferm felly yw fferm Mrs Tschudi.

Ar y ffordd i El Fortín, teithiem heibio mynydd Gorsedd y Cwmwl a synnais mor agos yr oeddem i wlad Chile; dim ond croesi'r Afon Fawr, y *Río Grande*, a dyna ni yno. Y diwrnod hwn, fel pob dydd arall, nid oedd ball ar barodrwydd Cymry'r Wladfa i ateb cant a mil o gwestiynau a ofynnem ni'r ymwelwyr iddynt. 'Be 'di enw'r mynydd acw?' 'Be 'di enw'r afon hon?' Dechreuais innau ddwyn i gof rai o'r enwau lleoedd a glywais o dro i dro yn y Wladfa, ac rwy'n dotio at eu cyfaredd: Twyn Carno; Penderyn; Tal-y-Llyn; Pontyberem; Pontymeibion; Bryn Awelon; Maes yr Ymdrech; Dolwar Fechan; Treorci; Pant y Blodau; Parc Unig; Perthi Gleision; Nant y Pysgod; Llyn yr Alarch; Dôl-y-plu; Pant-y-gwaed; Mynydd Edwyn; Pant y Ffwdan, a Bro Hydref. Mor dawel yw'r enw olaf hwn. Onid yw'n cyfleu peth o dawelwch yr Hydref ei hun? Hawdd ym mharadwys El Fortín ydoedd dal rhin yr enwau hyn. A hawdd fyddai aros yma hyd yr hwyr. Ond ymadael fu raid, ond nid cyn i rai o ffermwyr y Cwm baratoi arddangosfa (un ddiniwed ddigon yn ôl eu safonau hwy, rwy'n siŵr) o'r modd i ddal a thaflu gwartheg gyda'r *lasso*.

Clywsoch eisoes, efallai, am Malacara, y ceffyl a achubodd fywyd John Evans rhag yr Indiaid yn Nyffryn y Merthyron. Wedi inni ymadael ag El Fortín, aethom i weld bedd y ceffyl enwog hwn yn ardal Trevelin. Caiff Malacara barch mawr yn y Wladfa, ac ail-grëwyd yr hanes am ei wrhydri i ni ddydd Gwener yn fyw iawn gan Brychan Evans.

Sadwrn, 6 Tachwedd. 'Cynffon y Greadigaeth': gwasanaeth ym Methel, Trevelin, ac anerchiad y Parchg D J Peregrine

Yn hwyr nos Wener cawsom gyngerdd yn Esquel, cyngerdd o ganeuon a dawnsfeydd gwerin Ariannin. Mwynheais y noson hon yn fawr. A dyma fi wedi dod at y diwrnod cyfan olaf ym Mhatagonia: Sadwrn, Tachwedd y 6ed. Prif atyniad y diwrnod hwn ydoedd y gwasanaeth yng Nghapel Bethel, Trevelin.

Credaf imi glywed ym Methel un o'r anerchiadau gorau a glywais ynglŷn â Phatagonia. Y Parchg D J Peregrine oedd yn siarad, a seiliodd ei anerchiad ar gwestiwn Iesu Grist: 'Pa beth yr aethoch allan i'r anialwch i edrych amdano? Ai corsen yn ysgwyd gan wynt?'

Yr oedd hi'n brynhawn poeth, trymaidd ac ofnwn y deuai Huwcyn Cwsg heibio imi. Ond ni ddaeth. A pha ryfedd? Yr oedd cyffyrddiadau o hiwmor yn rhedeg fel llinyn arian drwy'r sgwrs. Mi wyddwn y gelwid Patagonia yn 'Gynffon y Greadigaeth', ond ni wyddwn i am dynged y ddwy gath druan hynny a fu'n ffraeo mor gas nes i rywun eu clymu gerfydd eu cynffonnau ar lein ddillad ac iddynt hwythau barhau i ffraeo ac ymladd fel nad oedd dim ar ôl ymhen amser ond y ddwy gynffon! Pan fydd y byd yma wedi gorffen cweryla, meddai D J Peregrine, efallai na fydd dim ar ôl ond Gwlad yr Iâ a Phatagonia!

Er na siaradodd Mr Peregrine yn hir, y mae sawl sylw o'i eiddo wedi glynu yn y cof: 'Welais i erioed Sbaenwr wedi meddwi. Ond mi welais i Gymro a Chilenwr lawer gwaith.' 'Y mae digon o le ym Mhatagonia: nid oes ond tri chwarter person i bob milltir sgwâr o dir.' 'Daeth Cymry i'r Wladfa i osgoi siarad Saesneg, a bu raid iddyn nhw ddysgu siarad Sbaeneg.'

Soniodd hefyd, yn ddigon teg, gredaf i, am rai o'r camgymeriadau a wnaeth Michael D Jones wrth ddewis Ariannin fel man i ymfudo yno. Yr oedd ef o dan yr argraff y byddai'r Grefydd Ymneilltuol yn blodeuo'n ffrwythlon iawn yn y wlad bell hon tu hwnt i'r moroedd. Ond yn Ariannin heddiw, medd Mr Peregrine, Catholigiaeth yw'r wir Grefydd, ac ystyrir y Grefydd Ymneilltuol fel agwedd ar ddiwylliant, a hynny'n unig. Credodd Michael D Jones hefyd mai pobl ddi-ynni ydoedd yr Archentwyr ac y byddai'r Cymry yn sicr o ennill y blaen arnynt. Camsyniad dybryd arall ydoedd hyn.

Ond pennaf ragoriaeth yr anerchiad hwn oedd y modd y llwyddodd y siaradwr, drwy ei ddefnydd a'i agwedd ef ei hun tuag at y defnydd hwnnw wrth ei fynegi, i ail-greu peth o awyrgylch arbennig y gymdeithas sy'n ffynnu heddiw yn y Wladfa. A mwy na hyn, i ail-greu rhywfaint o naws cyfnod caled yr arloesi cynnar. Y mae'r darlun o Gymro mewn syched mawr ar y Paith ym Mhatagonia, er enghraifft, yn fyw iawn yn fy meddwl wedi clywed Mr Peregrine yn adrodd yr englyn rhagorol hwn. (Y mae'r bardd o Gymro filoedd o filltiroedd o Gymru, mewn syched mawr ar y Paith ym Mhatagonia. O, am gael diferyn bach o rywbeth i'w yfed):

Gwaelod ffynhonnau Gwalia – a gwin Ffrainc
Yn ffrwd ar fy ngwefla;
Mate cynnes dan des da,
Ac enwyn Patagonia.

[Y Parchg Ben Davies, Pant-teg, Ystalyfera, yw'r awdur. Gw. fy ysgrif ar Elisa Ann Dimol de Davies yn y gyfrol hon am achlysur cyfansoddi'r englyn.]

Cymanfa ganu yn Nhrevelin a'r cyfarfod ffarwelio cofiadwy yn Esquel

Wedi'r gwasanaeth ym Methel a the braf yn nhŷ Elsie a Gwener ap Cynan Jones, rhagor o ganu emynau: Cymanfa Ganu y tro hwn yn Nhrevelin.

Buasech yn tybio y byddai hyn yn ddigon o ddiwrnod i unrhyw un rhesymol. Ond na, dyma gyfle olaf Cymry'r Cwm a'r Andes i'n croesawu, a chawsom wledd i'w chofio wedi'i harlwyo'n hardd ar ein cyfer yn Esquel. Ar y bwrdd agosaf i mi fe eisteddai Dafydd (Wigley) a rhai o ferched ifanc y Wladfa o'i amgylch, ac yr oedd yn amlwg eu bod yn cael sbri fawr ynghylch rhywbeth. Deellais wedi hynny ystyr y chwerthin a'r hwyl: Elvira Awstin, y ferch â'r gitâr a fu'n canu mor hyfryd yn yr *asado* yn El Fortín, a rhai o'i ffrindiau, a fu wrthi'n brysur yn adrodd wrth y llanc o Bontnewydd, Arfon, ddywediadau Sbaeneg, gan amlaf, a gyfieithwyd ac y daethpwyd i'w defnyddio o dro i dro yn y Gymraeg. Dyma rai ohonynt: 'Rhedeg y sgwarnog' (chwilio am fwyd); 'Yn groes fel trot ci'; 'Yn gas fel sachaid o gathod'; 'Yn amheus fel caseg un-llygad'; 'Yn fyr fel cic mochyn'; 'Yn llithrig fel ffon cigydd'; 'Yn llithrig fel selsig mewn pistyll gwydr'; 'Yn suddo fel botwm-bol dyn tew'; 'Yn dawel fel cath tafarn'.

Ond yng nghanol y llawenydd fe deimlais hefyd don o dristwch, y tristwch mwyn a chreulon hwnnw sydd ynghlwm wrth bob ffarwelio. 'Mae gen i bedwar o blant bach gartref. El Delta ydi enw'r ffarm; mae hi yng Nghwm Hyfryd. Biti na fuasech chi wedi cael dod acw.' Mrs Glenys Owen de Jones oedd y wraig ifanc a ynganodd y geiriau yna. Rhoes ei llun yn rhodd imi, a gwn y byddaf yn ei drysori. Llun ohoni hi ac un o'r ceffylau ar y fferm. Ond yr oedd y wledd drosodd erbyn hynny. Yr oedd hyd yn oed ein harhosiad yn y Wladfa bron ar ben.

A heno yr wyf yn bell o El Delta ac ymhell, bell o Dwyn Carno a'r Gaiman a Threlew. Ac eto, nid wyf am orffen y llythyr hwn ar nodyn trist. Digon yw dweud: 'Diolch am destun diolch.'

Cofion annwyl iawn,
Gwyndaf

9

Gwener, 12 Tachwedd, 1965

Annwyl Dad a Mam a phawb gartre',

Hwn fydd fy llythyr olaf atoch cyn inni ddychwelyd i Gymru. Yr ydym eisoes yn yr awyren ar ein taith yn ôl i'r Hen Wlad. Er bod golwg flinedig ar rai ohonom, y mae pawb yn rhyfeddol o fywus: rhai yn prysur ysgrifennu; rhai yn siarad pymtheg yn y dwsin, ac ambell un ar ei draed hyd yn oed cyn bod hawl ganddo ef neu hi i godi o gwbl. Ond y mae'r mynd a dod hwn yn gwbl naturiol. Oni chawsom dair wythnos lawn i ddod i adnabod ein gilydd ac i wneud cyfeillion? Dyma i mi ran o lawenydd pob cyd-deithio: y tawel ymgydnabod.

Gofynnodd sawl un imi yn y Wladfa paham na buasai rhagor o bobl ifanc ar y daith. Er cydnabod y llu anawsterau, gallwn innau'n hawdd fynegi rhyw gymaint o siom pan welais gyntaf gyfartaledd oed yr ymwelwyr. Ond wedi dweud hynyna, rhaid i mi gael ychwanegu: clywais un neu ddau yng Nghymru cyn ymadael yn awgrymu mai esgus am wyliau braf oedd y daith i Batagonia i lawer un. Wedi dod i adnabod y rhan fwyaf o'r teithwyr, y mae'n anodd iawn gennyf i gredu hyn. Cyfrannodd pob un o'r ymwelwyr yn eu ffyrdd eu hunain tuag at lwyddiant y daith.

Croeso Cymry Buenos Aires

Soniais fod rhai yn brysur yn ysgrifennu ar yr awyren. Ysgwn i pa beth a nodir gan bob un? Byddai'n ddiddorol iawn, oni fyddai, i gymharu'r gwahanol argraffiadau? Fodd bynnag, dweud gair am ein tridiau olaf yn Ariannin, dyna yw fy mwriad i yn y llythyr hwn. Ar y dechrau tueddwn i ystyried y trefniadau i aros ym Muenos Aires o ddydd Sul hyd fore Gwener yn drefniant anffodus iawn. Gymaint gwell fyddai cael aros rhagor yn y Wladfa. Ond ar derfyn ein harhosiad yn y brifddinas, roeddwn i'n falch iawn inni gael y cyfle hwn i hamddena mewn dinas mor ddiddorol â hon.

A ninnau mor bell o'r Wladfa, yr oedd yn naturiol iawn i lawer ohonom deimlo chwithdod mawr ar ôl y trigolion mwyn. Ond un peth a gaeodd lawer iawn ar y bwlch oedd y ffaith fod rhai o Gymry'r Wladfa wedi dod bob cam i Fuenos Aires i gael bod gyda ni am weddill y daith. Mwy na hynny, wrth gwrs, y mae llawer iawn o Gymry yn byw yn y ddinas ei hun, ac nid oedd ball ar eu croeso inni ac ar eu parodrwydd i sicrhau bod ein harhosiad yn un hapus iawn. Gymaint yw ein dyled i bobl weithgar fel Mr Dan Lewis.

Cof bach sydd gennyf i am Mr a Mrs Herbert Jones, eu mab Arty a'u merch Silvia, yn dod acw i'r Hafod, ond ni freuddwydiais erioed y caethwn fynd i'w cartref hwythau ryw ddydd. Medrwch ddychmygu'r derbyniad croesawgar a gefais i, fel pawb arall, pan euthum i edrych amdanynt un noson. Yr oedd gwrando ar y Gymraeg hyfryd ar wefusau'r pedwar ynddo'i hun yn beth amheuthun. Cawsom noson lawen ar-y-pryd, a chan fod Silvia wedi bod yng Nghymru eleni, yr oedd gennym fwy na digon i siarad amdano. Y mae Delyth Llwyd, mam Silvia, yn arlunydd dawnus.

Ond at fy sgwrs ag Arty yr hoffwn i gyfeirio'n arbennig nawr. Ydych chi'n cofio imi sôn wrthych imi gael peth siom o ganfod cyn lleied o fechgyn ifanc sy'n siarad Cymraeg yn y Wladfa, ac ychydig â'u bryd ar fynd i'r Brifysgol, neu yno eisoes? Fodd bynnag, y mae Arty yn y Brifysgol ym Muenos Aires, ac yr oedd hi'n agoriad llygad i mi ei glywed yn sôn am rai pethau ym myd addysg prifysgol mewn dinas fawr fel Buenos Aires.

Person arall sy'n byw yn y ddinas hon ac a fu'n garedig iawn wrthyf ydoedd Mrs Nan Roberts, neu 'Anti Nan', fel y galwn i hi. Gwyddai hi yn dda am y ddinas a bu ei chwmni o gynhorthwy mawr, yn arbennig pan chwiliem am rywle braf i fwyta! A chyda llaw, lle rhagorol yw Buenos Aires am fwydydd. Pwy a eill anghofio am y golwythion cig yn drwm a brau ar blât? Drwy Elda Lorain Jones o Drelew y deuthum i adnabod Mrs Nan Roberts. Y mae'n fodryb iddi. Daeth Elda (a'i chyfeilles, Hilda Jones) i aros am yr wythnos yn y brifddinas. Tra bûm yn Nyffryn Camwy, ac yna yn ystod f'arhosiad ym Muenos Aires, bu Elda yn ffrind annwyl a ffyddlon, ac ni allaf fyth ddweud gymaint yw fy niolch iddi am ofalu amdanaf ar hyd yr amser.

Yn wahanol i'm harhosiad yn y Wladfa, yr oedd pob dydd yn rhydd inni wneud fel y mynnem, ar wahân i un trefniant. Ymweld â'r Ysbyty Prydeinig oedd hwnnw. Dyma un o ysbytyau enwocaf y ddinas. Cymro yw'r prif feddyg yno: Dr ap Iwan, ac mewn sgwrs fer a gefais ag ef yng nghinio croeso Cymry Buenos Aires i'r ymwelwyr dywedodd un peth diddorol iawn wrthyf. Priodolai lwyddiant yr ysbyty yn ystod y blynyddoedd diwethaf hyn i raddau pell iawn i'r ffaith fod cynifer o'r gweinyddesau yno'n awr yn ferched Cymraeg o'r Wladfa, gan gyfeirio, fel y gwnaeth Mrs Prusella Arrietta cyn hynny, at natur dyner, ofalus merched y Wladfa.

Parc Palermo

Mewn dinas fawr, brysur, fel Buenos Aires, y mae'n naturiol fod dyn yn cael ei ddenu i ymneilltuo i'r mannau tawel. Sŵn cerbydau'n rhuthro mynd ac yn canu eu cyrn; sŵn pobl yn gwerthu beth-bob-peth ar y strydoedd: y mae digon o sŵn ym Muenos Aires ac nid yw'n syn i minnau deimlo'r dynfa i adael y dwndwr am y fangre dawel. Aeth Elda â mi i Barc Palermo a hawdd yn y parc prydferth hwn oedd ymdawelu.

Y mae Sŵ Palermo ar ran o diroedd eang y Parc, a dyna oedd nodwedd arbennig y sŵ hon i mi, nid ei hanifeiliaid (ni welais fawr o wahaniaeth ynddynt hwy i'r anifeiliaid a geir mewn milodfeydd tebyg yng Nghymru), ond naws y lle. Y mae'n gas gennyf weld symud unrhyw beth, boed yn hen dŷ mewn amgueddfa neu yn anifail mewn sŵ, o'i amgylchfyd naturiol a'i drawsosod mewn cornel gyfyng, ddieithr, heb sylw o gwbl i'r amgylchfyd agored oedd iddo gynt. Ond yn y sŵ ym Mhalermo bron na allech anghofio ar brydiau mai mewn sŵ yr oeddech gan mor dda y llwyddwyd i ail-greu rhodfeydd naturiol yr anifeiliaid a rhoi pob cyfle iddynt, o fewn terfynau, wrth gwrs, i grwydro cryn dipyn a mwynhau peth o'r rhyddid a fu ganddynt unwaith. Pa ryfedd fod y wanacos a welais i ym Mhalermo, fel y rhai a welais yn y Wladfa, a'r ysgyfarnogod dof, heb na phren na chlawdd i'w cadw'n gaeth, yn ymddangos i mi fel pe baent yn mwynhau pob eiliad o'u bywyd? Ond, o ran hynny, creaduriaid hapus iawn yw llawer o anifeiliaid wrth natur, onidê?

Museo Colonial e Historico, Luján

Nid oedd angen teithio ymhell o ganol y ddinas i ymweld â Phalermo. Nid felly'r *Museo Colonial e Historico* yn Luján, taith o ddwyawr mewn trên. Ond yr oedd yn werth teithio mor bell petai ond i weld yr Eglwys fawr hardd, *la Basilica*, a saif yn ochr y brif fynedfa i'r amgueddfa. Yn wir, fe ddown i Luján eto pe cawn gyfle. Casglwyd i'r amgueddfa greiriau o Dalaith Buenos Aires gan mwyaf, a rhai taleithiau eraill yng Ngweriniaeth Ariannin, megis Talaith San Juan. Ni ddof byth i ben â disgrifio'r cant a mil o bethau diddorol a welais, pethau megis yr arth bren hanner crwn a gweddillion plentyn o Indiaid ynddi; y bicfforch geinciog, driphen, nad oedd yn ddim namyn tamaid o wreiddyn coeden; y drol anferth at gario gwlân, a throl San Martín ei hun, gyda'r ddwy olwyn ymhell dros chwe throedfedd o uchder; yr awyren gyntaf a groesodd o America i Ewrop; y bwrdd mawr at wneud gwin; yr erydr pren syml, cyntefig; a'r blwch baco a wnaed o groen gwddw estrys, i enwi ond ychydig.

Ond hoffwn gyfeirio'n arbennig at un peth, sef yr ymgais ddiddorol, a dweud y lleiaf, a wnaed yn yr Amgueddfa hon i atgynhyrchu nid yn unig bethau, ond hefyd anifeiliaid a phobl, pobl a fu unwaith yn defnyddio'r pethau hyn. Yr oedd yno, er enghraifft, Indiaid. Yn y tŷ syml un ystafell hwn yr oedd cadair isel wedi'i llunio'n gyfan-gwbl o esgyrn buwch, ychydig bethau eraill ac yna, wedi'i mymeiddio yn un gornel o'r ystafell, wraig fach o Indiad yn prysur falu gwenith. Y mae'n hawdd iawn, wrth gwrs, wrth geisio atgynhyrchu pobl ac anifeiliaid, i'r ymgais fod yn fethiant llwyr; digwyddodd hynny, ysywaeth, mewn cymaint o amgueddfeydd. Ond y mae'n rhaid i mi gyfaddef nad dyna'r argraff a gefais yn Luján. Yn yr hen felin flawd, er enghraifft, yr oedd gweld y meistr a'r gwas yn eu dillad bob dydd a'r mul bach wrth ei waith yn gynhorthwy mawr i ddarlunio a chreu naws y malu.

Ond nid yr hen ful bach hyd yn oed oedd y rhyfeddod mwyaf a welais yn Luján. Gweld atgynhyrchiad ar lawr dros wythlath sgwâr o ddinas Jerwsalem oedd hwnnw. Gwnaed y cyfan o gorcyn. Pam yr oedd y gorchestwaith hwn yn yr amgueddfa hon, ni wn, ond un peth a wn i sicrwydd: fe gofiaf yn hir am fanylrwydd di-ben-draw ac am urddas ysblennydd y ddinas gadarn hon a wnaed o ddefnydd mor frau.

Amgueddfa Isaac Fernandez a'r arlunydd, Luis Aquino

Bûm yn ymweld ag un amgueddfa arall: Amgueddfa Isaac Fernandez Blanco. Amgueddfa fechan yw hon wedi'i chorffori mewn tŷ mawr yn y ddinas. Siomedig oedd ei chynnwys. Ond onid yw'n rhyfeddol fel y geill siom un munud droi'n wefr y munud nesaf? Pan aeth Elda a'i ffrind, Lily Davies, a minnau draw i'r amgueddfa yr oedd y lle, am resymau arbennig y diwrnod hwnnw, ar gau. Dyna'r siom gyntaf. Ond daeth y gofalwr i ateb y gnoc ar y drws, ac er nad oedd brin wedi clywed am Gymru, heb sôn am Amgueddfa Werin Cymru, dechreuodd ymddiddori yn y triawd a siaradai'r fath iaith ryfedd â'i gilydd, ac agorodd y drws inni. Dyna'r wefr gyntaf. Yna, fel pe na bai hyn yn ddigon o gymwynas â ni, hebryngodd ni o amgylch yr amgueddfa gan egluro arwyddocâd llawer gwrthrych, megis y ddwy gannwyll ar y ddau bolyn yng nghanol llawr un o'r ystafelloedd i'w goleuo pan fo rhywun wedi marw yn y tŷ.

Siomedig, fel y dywedais, oedd yr amgueddfa hon o ran cynnwys a dulliau o arddangos y cynnwys. Ond wedi'r siom, dyma wefr arall: cawsom gyfarfod â'r cyfarwyddwr, Luis Aquino, gŵr deg a thrigain oed. Ni châi ef fawr mwy na gweithiwr mewn gwesty am ei waith. Ond nid yw'n cwyno. Arlunydd yw ef ac wrth werthu ac arddangos ei ddarluniau y caiff arian i fyw. Cawsom ninnau fynd i mewn i'w dŷ a gweld ugeiniau o'i ddarluniau. Ac yng nghwmni'r artist tawel, diymhongar hwn teimlais rywbeth na allaf fyth ei fynegi'n iawn: teimlo fy mod ym mhresenoldeb gŵr arbennig iawn a wybu rin a gorfoledd y gwir ddiwylliant. Cyflwynodd i'r tri ohonom gopi o'i lyfryn sy'n cynnwys manylion am ei arddangosfa ddiweddaraf o ddarluniau. Mor annheilwng y teimlwn wrth ddarllen yr ysgrifen grynedig a oedd arno: 'Rhodd... am ymddiddori mewn diwylliant'.

Cyn ffarwelio â Luis Aquino fe ddymunais yn dda iddo ef a'i waith a daeth dagrau i'w lygaid. Er y prynhawn gorfoleddus hwnnw, bûm yn meddwl llawer am yr hen ŵr hwn. Pa dristwch cudd oedd tu ôl i'r llygaid tawel? Pa lawenydd? Siom oedd ei amgueddfa, ond wrth ymadael â hi yr oedd fy nghalon yn fwy na llawn. Mae'n dda fod pobl yn bwysicach na phethau. Ac ymhen blynyddoedd i ddod, os byw ac iach, wrth fwrw trem yn ôl ar y tridiau hyn ym Muenos Aires, efallai na byddaf yn cofio fawr am ei hadeiladau, ei hamgueddfeydd na'i hysbytyau – pethau'r ddinas, ond byddaf yn cofio am ei phobl, y bobl hynny a welais ac y cefais gyfle i ddechrau eu hadnabod.

Efallai hefyd y byddaf yn cofio am y bobl hynny a welais ac a ddiflannodd o'm bywyd am byth cyn imi gael eu hadnabod o gwbl; yr oedd y ddinas yn llawn ohonynt: dyn dall yn gwerthu sythwyr plastig coleri crysau; pwtyn tew yn annog pobl ar uchaf ei lais i brynu copïau newydd o reolau rhentu tai; paffiwr gwallt melyngoch o Wlad Pwyl a fu'n cwffio Rocky Marciano a phencampwyr eraill ac a'm cynorthwyodd i ddal pen rheswm ag Archentwraig fach 'benchwiban' wrth archebu bwyd; barbwr y gwesty yr arhosem ynddo yn cael hwyl braf ar dorri gwallt y Dr Huw T Edwards a minnau a chodi crocbris am ei waith. Ac wrth gofio am y paradocs y soniais amdano yn fy llythyr cyntaf atoch: y rhuthr a'r arafwch, fe gofiaf am yr hogyn bach dewr hwnnw a welais yn llusgo cerbyd bychan coch wrth ddarn o linyn ar hyd ochr un o strydoedd prysuraf y ddinas, yn ddigyffro yng nghanol y rhuthro.

★★★

'Mae pethau nad ânt yn angof...': 'diolch am destun diolch'

Ysgrifennais y llythyr hwn rhwng cyfnodau o siarad, bwyta a chysgu ar yr awyren, 12–13 Tachwedd. Yr ydym bron â bod gartref nawr. Ac ar derfyn ein taith fel hyn, yr wyf eisiau diolch o galon i bawb a'm gwnaeth i mor llawen ar hyd yr amser, ac am gael nerth ac iechyd i fwynhau pob dydd. Gwyn fy myd. Gwn na allaf fyth ddiolch yn iawn, ond hoffwn i chi, Dad a Mam; Cyngor yr Eisteddfod Genedlaethol; fy nghyfeillion hoff yn y Wladfa, a phawb arall, wybod gymaint yr wyf yn gwerthfawrogi'r cyfle hwn a gefais i weld gwlad newydd ac i wneud cyfeillion newydd. Daw geiriau'r bardd, Roland Jones, 'Rolant o Fôn', yn rhwydd i'r cof (o'i gerdd 'Y Gyfrinach'):

> Mae pethau nad ânt yn angof
> A sêr na ddiffydd o'r nen...

A dywedaf innau unwaith eto: 'Diolch am destun diolch.'
Gyda chofion annwyl iawn,
Gwyndaf

Ôl-nodyn 1

Er pan gyhoeddwyd y llythyrau uchod am y tro cyntaf yn *Y Faner* yn ystod misoedd Hydref a Thachwedd 1965, daliwyd ar y cyfle yn awr i olygu ychydig yma ac acw: cywiro ambell lithriad a chamargraff.

Ôl-nodyn 2: Sylwadau'r Dr Huw T Edwards

Rhan arbennig o hyfrydwch taith y Canmlwyddiant i'r Wladfa i mi oedd hyn: yn ogystal â chael cwmni hoff y Gwladfawyr a chreu cymaint o gyfeillion o'r newydd yn y rhan hon o'r byd, pleser arbennig iawn hefyd oedd cael cwmni fy nghyd-bererinion am dair wythnos gron. Soniaf yn unig am un ohonynt, sef y Dr Huw T Edwards. Ar y pryd yr oedd ef yn Gadeirydd Bwrdd Croeso Cymru, ac ar y daith yn rhinwedd ei swydd. Bu'n un o deithiau mwyaf cofiadwy ei fywyd. Fodd bynnag, yn fuan wedi inni gwrdd yn Llundain (a hynny am y tro cyntaf erioed), gofynnodd imi a fyddwn yn fodlon bod yn gydymaith iddo. Er enghraifft, rhannu ystafell wely mewn gwesty. Ac felly fu. Ni wn pa gymhwyster a welodd ynof fi, ond, yn fuan wedi dychwelyd i Gymru, cyhoeddodd ei argraffiadau o daith y Canmlwyddiant yn *Y Faner*, a dyma un dyfyniad o'i ysgrif gyntaf: 'Efo'r Pererinion Hoffus i'r Wladfa'. Ond beth bynnag a ddywedodd Huw T Edwards yn yr ysgrif honno, brysiaf i ychwanegu: bu cael ei gwmni, nid yn ofal ychwanegol, ond yn bleser.

> Rhaid i mi gyfaddef fy mod y teithiwr bleraf dan haul. Roedd Robin
> Gwyndaf dan yr unto â mi, a chredai ar ôl awr neu ddwy fy mod yn fwy o
> broblem na'r Amgueddfa Werin gyda'i gilydd! Iddo ef, Eilfwyn ac Alwyn
> Hughes Jones yr wyf yn fythol ddyledus ddarfod imi lwyddo i ddyfod yn ôl
> heb golli fy sbectol na chymaint â philsen drwy gydol y daith. Pan dorrodd
> fy sbectol, llwyddodd Robin i'w thrwsio hefyd. …Cyfrinach teithio, fel
> cyfrinach bywyd ei hun, ydyw cyfeillion, a mwy o gyfeillion.

'Cyfeillion, a mwy o gyfeillion…' Yn arbennig wedi'r daith gofiadwy i'r Wladfa yn 1965, does ond un sylw y gallaf innau ei ychwanegu: 'Mor wir yw'r geiriau hyn.'

Rhan 5

2015

Diogelu a
Hyrwyddo'r Etifeddiaeth

Cyfeillion Hoff a Chynheiliaid yr Etifeddiaeth: 1965–2015

Ym mharagraff agoriadol fy ebost at Luned González ar 4 Mai eleni (2015), ysgrifennais y geiriau hyn:

> Bore da, Luned, ar fore hyfryd o Fai. Y mae Eleri hithau yn anfon ei chofion cynhesaf. Mor aml y byddwn yn ail-fyw'r croeso mwyn a gawsom yn 2006. Y mae gennym hefyd lun arbennig o Tegai yn ein cartref ninnau yn eistedd o flaen telyn deires, i'n hatgoffa ymhellach o'r ddolen annatod. Er ei adnewyddu, y mae seinfwrdd yr hen delyn (o fro fy mebyd yn ardal Uwchaled) bellach yn rhy wan i'r telynor mwyaf dawnus allu 'tynnu mêl o'r tannau mân'. Ond cofiwn i Dic Jones ddweud:
>
> > Mae alaw pan ddistawo
> > Yn mynnu canu'n y cof.
>
> Felly'r gân sy'n fy nghalon innau bob tro rwy'n ail-fyw'r munudau yng nghwmni cyfeillion hoff o'r Wladfa.

A dyna'r fraint amheuthun a ddaeth i'm rhan yn y gyfrol hon ac y ceisiais ei rhannu â'r darllenwyr. Yn bennaf drwy gyfrwng dau ddyddiadur a nifer o ysgrifau cawsom rannu cwmni tair gwraig arbennig. Tair gwraig o'r un teulu yn ymddiddori'n fawr yn llên a llafar eu gwlad, a'u cariad tuag at y Wladfa a'i phobl yn amlwg ar bob tudalen o'u gwaith ysgrifenedig. Yr un modd, drwy gyfrwng y gyfrol hon, cawsom y fraint o rannu cwmnïaeth cyfeillion draw yn Ariannin. Bu rhai o'r personau hyn (a'u teuluoedd wedi hynny) yn gyfeillion ffyddlon imi er adeg y Canmlwyddiant.

Mor rhwydd y daw enwau i'r cof yn nawr. Yn Nyffryn Camwy: Elena Davies de Arnold; Elda Lorain Jones Ocampo, a'i modryb, Eryl MacDonald de Hughes; Eileen James a Dewi Mefin Jones; Eileen Thomas de Dolic; ac Edith MacDonald, ynghyd â'r cof hyfryd am ei rhieni, Sarah a Héctor MacDonald. Yn yr Andes: teulu'r diweddar Vera a Fred Green, Trevelin; Glenys Owen, Trefelin; Lewis Thomas, eto o Drevelin; ac o Esquel, Aira ac Elgar Hughes, a'r ddiweddar Prusella Lewis de Arrietta. Yna o Fuenos Aires, Alwina Thomas ac Iris Lloyd de Spannaus. Y mae Iris yn ddisgynnydd i Michael D Jones ac yn awdur yr hunangofiant: *Patagonia Gringa* (2004), a llyfr i blant, ar y cyd â'r arlunydd, Florencia Rivas Molina: *Nain canta y cuenta – Nain tells a story* (2010). Bu'n ysgrifennu atom o flwyddyn i flwyddyn er 1965, hyd nes i wendid corfforol yn ddiweddar ei llethu, a chyhoeddwyd ychydig ddetholion o'i llythyrau yng nghyfrol Mari Emlyn, *Llythyrau'r Wladfa: 1945–2010.* [Bu farw 16 Mehefin 2015.]

Dyna fi wedi cyfeirio at rai cyfeillion yn unig. Yna, wrth gwrs, y mae'r llu o bersonau a ddaeth yn gyfeillion yn ystod yr hanner can mlynedd ddiwethaf. Ni ddechreuaf eu henwi yn y fan hon, ond fe welir lluniau amryw ohonynt yn y gyfrol bresennol.

Rhestr bersonol iawn yw'r rhestr uchod, ac y mae gan bawb sydd wedi treulio peth amser yn y Wladfa eu rhestrau cyffelyb. Mor gadarn yw'r gadwyn sy'n clymu'r Gwladfawyr a thrigolion yr Hen Wlad ynghyd. Boed lythyr neu ebost; boed alwad ffôn neu lun, y mae'r cyfan yn tynhau'r cwlwm. Ond does dim i'w gymharu, wrth gwrs, â'r wefr o ymweld ein hunain â'r 'Wladychfa Gymreig' yn nhalaith Chubut.

Teulu Twyn Carno

Carwn yn awr roi sylw arbennig i un teulu, sef teulu Twyn Carno. Gwnaf hynny oherwydd fod y berthynas agos rhwng dau deulu, un o Dwyn Carno, yn ardal Bryn Crwn (ac, yn ddiweddarach, y Gaiman), ac un o Gwm Eithin, yn Llandaf, Caerdydd, yn ddrych o'r berthynas agos sydd rhwng cymaint o deuluoedd yn y Wladfa a Chymru. Bydd llawer o'r darllenwyr, dybiwn i, yn barod i gytuno'n rhwydd â mi pan ddywedaf fod 'ffrind yn y Wladfa yn ffrind am oes.'

Chwi sydd wedi darllen y gyfres o lythyrau a anfonwyd at fy nheulu o Batagonia ar achlysur dathlu'r Canmlwyddiant, fe gofiwch mai gyda theulu Meillionen Jones a William Edward Davies, Twyn Carno, yr oedd y llanc 24 mlwydd oed o Uwchaled a Chaerdydd yn lletya yn ystod ein harhosiad yn Nyffryn Camwy, Hydref 1965. Ar yr aelwyd hefyd yr oedd y ddwy ferch: Elen (Lele) Meriel (yn briod wedi hynny ag Aidel Griffiths, fferm Llain Las (Rhif 229), Bryn Crwn), a Vilda (yn briod, wedi hynny â'r diweddar Elvio Rogers, y

Gaiman). Yn ychwanegol, pleser mawr oedd cael peth o gwmni 'Taid', sef y gŵr
ifanc, Aeron Jones, Rhymni, tad Meillionen. Yr un modd, cael bod yng nghwmni
Eileen James a Dewi Mefin Jones, brawd Meillionen. Fe gofiwn imi ddyfynnu
eisoes mewn llythyr ei geiriau olaf hi wrthyf, a dagrau'n llyn yn ei llygaid, wrth
i ni'r 'Pererinion' o Gymru ffarwelio â'r Gwladfawyr yn Nyffryn Camwy: 'O,
peidiwch â'n hangofio ni.'

Yn 2006, yn arbennig, cafwyd cwmni brawd arall, sef Clydwyn ap Aeron
Jones, y cerddor a'r arweinydd corau a chymanfaoedd nodedig. Ceir llun ohono
yntau, fel o weddill y teulu, yn y gyfrol hon. Cyhoeddir hefyd un o'i donau, tôn a
alwyd ganddo, yn addas iawn, yn 'Dwyn Carno', y geiriau gan William Williams,
'Prysor':

> O ddydd i ddydd, dyneraf Dad,
> Y cofiast Ti fyfi,
> A minnau'n bwrw pob sarhad
> Yn ôl i'th wyneb Di.

Gŵr o Drawsfynydd oedd Prysor, a chyfaill i Hedd Wyn. Ymfudodd i'r
Wladfa yn 1911. Cynhwyswyd y dôn a'r geiriau hefyd gan R Bryn Williams a
John Hughes yn eu llyfryn gwerthfawr, *Canu'r Wladfa* (cyhoeddwyd dros Bwyllgor
Cenedlaethol y Dathlu, gan Ernest Roberts [1965].) Yn yr un cyhoeddiad ceir
tôn arall o eiddo Clydwyn ap Aeron, sef 'Celyn y Bryniau', eto ar gyfer emyn gan
Prysor. Dyma'r pennill cyntaf:

> Buost, Arglwydd, inni'n gysgod,
> Dy amddiffyn drosom fu;
> Agos iawn yn oriau trallod,
> Ac ym mhob cyfyngder du;
> Dy drugaredd
> Oedd ein nerth a'n cadarn dŵr.

Wedi'r arhosiad bythgofiadwy yn Nhwyn Carno, Hydref 1965, ni welais y
teulu hoff wedyn hyd y flwyddyn 2006. Ond er y cyfarfyddiad cyntaf hwnnw,
bu Meillionen yn ysgrifennu'n gyson atom fel teulu, llythyrau cynnes ac annwyl
iawn, fel pe bawn yn fab iddi; a llythyrau yn llawn gwybodaeth am hynt a helynt

ei phobl ei hun a'r byd o'i chwmpas. (Gweler enghraifft yn *Llythyrau'r Wladfa: 1945–2010*, tt.260–1.).

Ganed Meillionen Jones de Davies, 10 Tachwedd 1910. Brynhawn Iau, 15 Tachwedd 2007, derbyniwyd galwad ffôn gan ei merch, Lele, yn dweud i'w mam farw am 1.30 y bore hwnnw, yn 97 mlwydd oed. Y noson honno, yn rhan o fyfyrdod mewn llythyr a anfonais at y teulu, ysgrifennais y geiriau a ganlyn. (Cyhoeddwyd hwy yn *Y Drafod*, Haf 2008, gyda chyfieithiad hefyd i'r Sbaeneg gan Gweneira Davies de Quevedo yn *El Regional*, Mawrth 2008.)

Ti oedd Meillionen:
Gwynfyd y gwanwyn a meillion y maes;
Ti oedd cannwyll y teulu
A brenhines yr aelwyd yn dy Dwyn Carno hoff.
Addfwyn a thyner iawn oeddet ti.

Pan oeddwn innau'n ifanc, rhennaist â mi wres dy gariad,
A rhoi i mi obennydd ymhell o'm bro.

Flwyddyn ar ôl blwyddyn, parhau i rannu a wnaethost ti;
Agor dy galon mewn llythyr,
A rhannu mewn geiriau ofidiau a llawenydd
D'anwyliaid a'th gydnabod,
Hyd nes i lesgedd ei hun dy lethu.

Heno, Meillionen annwyl, y mae arnaf innau hiraeth.
Er hynny, mi wn o'r gorau dy fod ti yma gyda mi
Yn f'ystafell yn gysur ac yn gefn.
Daw i gof wefr y gwmnïaeth gynt
A gorfoledd yr ail-gyfarfod wedi'r maith flynyddoedd;
Tithau'n hen a gwan a'r corff yn pallu.
Ond yn y dwyster dieiriau,
Gweld eto'r wên dyner ar wyneb
A'r golau yn dy lygaid yn dyst o'r ail-adnabod.

Heno, Meillionen annwyl,
Yn y mudandod maith boed hyfryd dy gwsg;
Nos da a diolch.

'Ti sy'n fy rhwymo wrth y tiroedd mwyn…' Cynnal y cwlwm

Yn arbennig wedi dathliadau'r Canmlwyddiant yn 1965, bu cynnydd sylweddol yn y cyswllt rhwng Cymru a Phatagonia. Cofiwn am y teithiau mynych a drefnir rhwng y ddwy wlad. Cofiwn am weithgarwch nodedig Cymdeithas Cymru-Ariannin, gan gynnwys, er enghraifft, y gwaith o weinyddu Gwobr Goffa Shân Emlyn i'r enillwyr yn y gystadleuaeth yn yr Eisteddfod Genedlaethol, y gystadleuaeth sy'n gyfyngedig i'r Gwladfawyr (noddir y Wobr yn nawr gan deulu'r ddiweddar Shân Emlyn). Cofiwn hefyd am haelioni David Gravell, Cydweli, yn parhau cymwynasgarwch ei ddiweddar dad, Tom Gravell, drwy gefnogi 'Ysgoloriaeth Tom Gravell', ysgoloriaeth flynyddol sy'n galluogi myfyriwr o'r Wladfa i dreulio tymor yng Ngholeg Llanymddyfri. Yr un modd, cofiwn am y Gweinidogion o Gymru a fu'n gweinidogaethu am gyfnodau penodol yn y Wladfa. Yn bennaf oll, cofiwn am waith ardderchog yr athrawon Cymraeg o Gymru, yr athrawon swyddogol, drwy gefnogaeth y Llywodraeth, a'r rhai gwirfoddol, heb anghofio chwaith waith pwysig athrawon o blith y Gwladfawyr eu hunain.

Afraid dweud, er mwyn hyrwyddo'r iaith a'r diwylliant Cymraeg yn y Wladfa heddiw, gwneir cyfraniad amhrisiadwy gan yr unigolion a'r sefydliadau y cyfeiriwyd atynt yn y paragraff blaenorol, a llu o enghreifftiau cyffelyb. Carwn, fodd bynnag, yn y fan hon ychwanegu un sylw pellach. A dyma'r sylw hwnnw: er mor bell yr ydym o Batagonia, y mae gan bob un ohonom ninnau yng Nghymru sydd ag unrhyw gysylltiad â'r Wladfa gyfraniad i'w gynnig. Beth bynnag ein hoed; beth bynnag ein gwaith a'n diddordebau, gallwn ninnau hefyd fod yn gogiau bychain, ond gwerthfawr a chwbl angenrheidiol, ar yr olwyn fawr sy'n cynnal y Gymraeg a'i gwerthoedd draw yn Ariannin: dyfnhau'r berthynas; ymdeimlo o'r newydd ag argyfwng yr iaith ym Mhatagonia, fel yng Nghymru; dal ar bob cyfle i siarad Cymraeg â'n brodyr a'n chwiorydd draw yn Ariannin. A gwneud hyn oll am ein bod yn dymuno uniaethu â hwy, eu pryderon a'u gofidiau, eu dyheadau a'u llawenydd, ac oherwydd ein bod ninnau yn gallu dweud gydag W Rhys Nicholas ym mhennill cyntaf ei gerdd 'Y Gymraeg':

> Ti sy'n fy rhwymo wrth y tiroedd mwyn
> Ac wrth dreftadaeth na all neb ei dwyn;
> Dy briod-ddulliau sydd fel clychau clir
> I'm galw'n daer at wleddoedd bras fy nhir.

Yr her sy'n ein hwynebu: achub y Gymraeg 'drwy ei *siarad,* drwy gyfathrebu'n naturiol ynddi, nid dim ond drwy wrando arni mewn dosbarth, eisteddfod neu gapel.' (Esyllt Nest Roberts de Lewis)

Mewn mwy nag un ysgrif, ac yn arbennig yn ei llythyrau, y mae Elisa Dimol yn mynegi ei phryder fod y Gymraeg yn prysur gilio o gartrefi a bywyd bob dydd y Wladfa. (Ei gofid arall oedd lleihad y cynulleidfaoedd yn y capeli Cymraeg, yn enwedig o blith y genhedlaeth iau.) Bu i ninnau, ymwelwyr o Gymru â'r Wladfa, sylwi mor aml y mae hyd yn oed aelodau o'r to canol oed a hŷn yn siarad â'i gilydd mewn Sbaeneg. Sylwi a synnu, heb bob amser, efallai, lwyr sylweddoli peth mor naturiol yw hynny, pan ystyrir yr amgylchiadau ym Mhatagonia heddiw, gant a hanner o flynyddoedd wedi i'r Cymry wladychu yno gyntaf. A hyn yw'r amgylchiadau: y Cymry wedi'u hamgylchynu bron ymhobman gan filoedd ar filoedd o drigolion Sbaeneg eu hiaith. Onid yw megis gwyrth fod y Gymraeg yn fyw o gwbl a chymaint bri ar y diwylliant Cymraeg? Yn hytrach na sôn am fethiant, onid achos i lawenhau y sydd, a diolch am yr hyn a gafwyd?

Ac eto, ym mhennod olaf y gyfrol hon, y mae'n rhaid i mi ddal ar y cyfle hwn i ddwyn sylw'r darllenwyr i erthygl bwysig iawn, yn fy marn i, a gyhoeddwyd yn rhifyn Mai, 2015, y cylchgawn *Barn.* Ei theitl yw 'Peidiwch ag Anghofio Amdanom', a'r awdur yw merch ifanc o Gymru, Esyllt Nest Roberts de Lewis. Y mae hi'n briod â Gwladfâwr, ac yn magu ei dau blentyn ar aelwyd Gymraeg yn y Gaiman. Yn yr erthygl hon y mae'n rhoi darlun teg iawn, dybiaf i, o wir sefyllfa'r Gymraeg ym Mhatagonia'r unfed ganrif ar hugain. Y mae'n cyfleu yn union fy nheimladau innau, a dyna paham rwy'n dyfynnu mor helaeth eiriau un fam ifanc yn y Wladfa heddiw. Y mae'n cynrychioli pob un arall yn y dalaith bell hon o Gymru sy'n gweld gwerth yn y Gymraeg a'i diwylliant ac yn barod i roi'u hysgwyddau o dan y baich. Meddai Esyllt:

…fel y gwyddom yn rhy dda, nid yw dysgu iaith mewn dosbarth yn sicrhau ei bod yn cael ei defnyddio i gyfathrebu mewn sefyllfaoedd naturiol… Y gwir yw bod trosglwyddo'r Gymraeg i blant wedi mynd yn beth prin yn y Wladfa erbyn y 1950au. Hyd yn oed pan geisiai rhai rhieni siarad Cymraeg â'u plant yn y tŷ, y Sbaeneg a ddeuai'n naturiol iddynt y tu allan i'r cartref, a'r Sbaeneg oedd iaith cymdeithasu â chyfoedion. Hynny (a phriodasau cymysg) sydd i gyfrif am y lleihad yn y siaradwyr 'naturiol' heddiw [a'r] siaradwyr hŷn (bellach) sy'n ein gadael fesul un ac un gan fynd â Chymraeg hyfryd y Wladfa gyda nhw i'r bedd. Dyrnaid fechan iawn o siaradwyr Cymraeg a ddysgodd yr iaith ar yr aelwyd sydd ar ôl – ei dysgu a'i *defnyddio*, hynny yw…

Yng nghymunedau Cymreig y Wladfa heddiw… mae'n rhaid i'r Gwladfawyr eu hunain sylweddoli ei bod hi'n hanfodol i'r Gymraeg fod yn iaith fyw, yn iaith bob dydd, ac yn iaith leiafrifol sy'n sgrechian i gael ei gwarchod a'i hachub drwy ei *siarad*, drwy gyfathrebu'n naturiol ynddi, nid dim ond drwy wrando arni mewn dosbarth, eisteddfod, neu gapel. Oni bai am ryw ddau neu dri theulu, ymysg plant bach, nid yw'r Gymraeg yn famiaith yma bellach. Un her yw ceisio'i chael o leiaf yn 'nainiaith' neu 'daidiaith', fel bod sŵn Cymraeg y Wladfa yn cael ei throsglwyddo o un genhedlaeth i'r llall.

Ond wedi tynnu'r darlun hwn o sefyllfa'r iaith heddiw, y mae gan yr awdur cyn diwedd ei herthygl argymhellion tra gwerthfawr y talai inni roi sylw manwl iddynt wrth ymateb i'r sefyllfa bresennol. Y mae hi hefyd yn mynegi ein dyled fawr i'r holl ymdrechion sydd wedi cael eu gwneud yn ystod y blynyddoedd diwethaf hyn i hyrwyddo'r Gymraeg, ymdrechion yr ydym oll mor falch ohonynt. Llawenydd mawr i minnau yn y bennod hon yw cael cyfeirio atynt drwy ddyfynnu ymhellach eiriau Esyllt Nest Roberts de Lewis:

Er imi sôn fod perygl i'r Gymraeg fynd yn iaith ystafell ddosbarth yn unig, *oni bai* am Gynllun yr Iaith Gymraeg yn Chubut, mae'n gas gen i feddwl beth fyddai ei hynt ym Mhatagonia bellach. Drwy godi proffil yr iaith ymhellach yn y gymdeithas, efallai fod modd ei chynnal, a chredaf mai drwy feithrin y cysylltiadau â Chymru y daw'r achubiaeth honno. Er 1997 mae athrawon Cymraeg wedi cael eu hanfon yma (a swyddogion Menter Iaith hefyd ers rhyw saith mlynedd), ac er bod tiwtoriaid ac athrawon lleol yn gweithio'n ddiflino am gyflogau isel iawn, heb y gefnogaeth gyson o'r Hen Wlad byddai'n ddu iawn ar y Gymraeg yn y Wladfa heddiw, yn fy marn i. Ni ellir ychwaith anghofio am gyfraniad pobl ifanc sy'n dod yma i weithio'n wirfoddol ac ymwelwyr sy'n dod draw ar eu gwyliau – mae *gorfod* siarad Cymraeg â Chymry di-Sbaeneg yn talu ar ei ganfed – ac mae'r Gwladfawyr wrth eu boddau'n gwneud hynny…

Er 1865 mae hanes y Wladfa ym Mhatagonia wedi bod yn rhan bwysig o

Brodwaith Dathlu 150 y Wladfa Gymreig.

Fel aelod o Bwyllgor Cymdeithas Cymru-Ariannin ac aelod hefyd o Gymdeithas Brodwaith Cymru, awgrymodd Megan Bevan, Porth-y-rhyd, Caerfyrddin, baratoi brodwaith arbennig i ddathlu'r 150. Cydweithiodd gyda Joyce Jones, Cricieth, a fu'n cydlynu'r cynllun ar ran aelodau'r Gymdeithas Frodwaith.

Yn ogystal â chyfeirio yn y brodwaith hardd hwn at enw tri o brif arloeswyr y Wladfa a nodi rhai o'r prif enwau lleoedd, ceir portread o'r Mimosa ac o draeth Porth Madryn lle glaniodd y llong, ynghyd â darluniau o'r tŷ, y capel a'r trên cyntaf yn y Wladfa, a'r gamlas gyntaf. Cyflwynir hefyd arwyddair yr eisteddfod ac Ysgol Gymraeg yr Hendre, Trelew. Yn ymyl y cwpan a'r soser a'r tebot, gwelir rhai o gynhwysion cynnar 'teisen ddu' enwog y Gwladfawyr, a'r cyfan yn arwydd o'u croeso cynnes. Yn goron ar y cyfan, pwythwyd geiriau cofiadwy R Bryn Williams, geiriau a fyddai'n arwyddair teilwng iawn i gofio arloeswyr y Wladfa.

Erys dur oes y dewrion;
Erys eu her i'r oes hon.

Llun: Rob Piercy, Porthmadog

Gŵyl y Glaniad, y Bala, Gorffennaf 1965.

Rhes flaen, y drydedd o'r chwith: Eiddwen Humphreys. Y drydedd o'r chwith yn yr ail res: Ellen Davies de Jones; yn ail o'r dde: R Bryn Williams. Y cyntaf ar y chwith yn sefyll yn y drydedd res: W J Jones, tad Eiry Palfrey, benthycwraig y llun. Yn y rhes gefn, yn ail o'r dde, William M Evans, tad Eiddwen Humphreys. Yn drydydd o'r dde: Arturo Roberts.

Gŵyl y Glaniad, y Bala (Illun: ger Gwasg y Cyfnod, c.1970 - 75?)

Eluned Mair Davies (1935 - 2009), cenhades yn y Wladfa.

Côr Camwy, yn Eisteddfod Gydwladol Llangollen, Gorffennaf 1987. Arweinydd (yn y rhes gefn, y drydedd o'r dde): Edith MacDonald. Cyfeilydd (y pumed o'r dde yn y rhes gefn): Héctor MacDonald.

Plant Ysgol Sul y Gaiman. (Llun yn rhodd i Eleri ac RG, gan Tegai Roberts a Luned González, Nadolig 1987.)

Côr Ariannin (yn cynnwys Ysgol Gerdd y Gaiman). Arweinydd: Mirna Jones. Cyfeilydd (ar y chwith yn y cefn, mewn sbectols): Héctor MacDonald.

Héctor MacDonald, cerddor.

Mari Phillips, athrawes Gymraeg yn Nyffryn Camwy, a Gabriel Restucha, athro Cymraeg yng Ngholeg Camwy, y Gaiman (maer y Gaiman wedi hynny), 17 Hydref 2006.

René Griffiths, y canwr, o Gwm Hyfryd ac o Gymru. Awdur: *Ramblings of a Patagonian* (2014).

Llun: Fredy Griffiths.

René Griffiths, a'i gitâr.

Llun: Keith Morris.

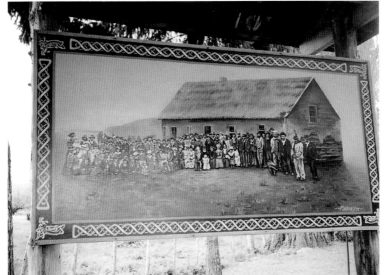

Hen Ysgol Rhif 18, ger Trevelin.

Plentyn yn marchogaeth i'r ysgol yn gwisgo'i *'guardapolvo'* / *'dyscot'* (Hydref 1965).

Llun agosach o gêr ceffyl (Hydref, 1965).

Plant Ysgol Gymraeg yr Hendre, Trelew, 9 Hydref 2006. Judith Jones, y Brifathrawes, yn y gornel ganol

Yn Esquel

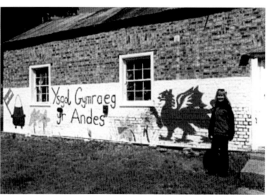

Ysgol y Cwm, Ysgol Gymraeg, Trevelin

Y dosbarth meithrin yn Ysgol y Cwm

Ar aelwyd teulu'r Green, Trevelin, Cwm Hyfryd, 22 Hydref 2006. Rhes ôl, o'r chwith: Alan (mab); Margarita a Charlie Green (rhieni); Eleri Gwyndaf. Rhes flaen, o'r chwith: Eliana Oliver (ffrind Alan); Gery (mab); Helen Davies, Athrawes Gymraeg yn Nhrevelin.

Alwen Green (de Sangiovanni), a Mary Green (de Borda), Trevelin. Chwiorydd i Charlie Green, a phlant i Vera a Fred Green. Gw. Mynegai 1, Personau (Teulu Richard Jones Berwyn).

Cyfarfod o Gymdeithas Cymru-Ariannin, Eisteddfod Llangefni, 1983. Tom Gravell (yn cyflwyno'i adroddiad fel Trysorydd). O'r chwith: Eiddwen Humphreys; Shân Emlyn; Elvey MacDonald.

Pwyllgor Gwaith Cymdeithas Cymru-Ariannin, 2006/7. Rhes flaen, o'r chwith: Elan Jones; y Parchg Eirian Wyn Lewis; Gruff Roberts; Hazel Charles Evans; Ceris Gruffudd; Meirion Wynne; Cathrin Williams. Rhes ganol: Angharad Rogers; Glory Roberts; Elvey Macdonald; Miriam Tilsley; Morfudd Slaymaker; Megan Bevan; Aur Roberts. Rhes ôl: Dr Gareth Tilsley; Menna George; Nans Rowlands; Gwilym Roberts.

Llun: o'r cyfrol: *Cymdeithas Cymru-Ariannin: 1939 - 2014*, golygydd Elvey MacDonald (2014).

Y Wladfa

BRYN CRWN · BRYN GWYN · BUENOS AIRES ·
CAER ANTUR · CAMWY · CEG Y FFOS ·
COMODORO RIVADAVIA · CWM HYFRYD ·
DOLAVON · DÔL Y PLU · DROFA DULOG ·
DROFA GABAETSH · DROFA HESGOG ·
DYFFRYN OER · ESQUEL · GLAN ALAW ·
GLYN DU · GRAIG GOCH · LLE CUL ·
MYNYDD LLWYD · NANT Y FFÔL · NANT Y
PYSGOD · PANT YR YMLID · PENTRE SYDYN ·
PORTH MADRYN · RAWSON · RHYD YR INDIAID ·
SARMIENTO · TAIR HELYGEN · TIR HALEN ·
TREVELIN · TRELEW · TREORCKI · Y GAIMAN ·
· BETHESDA ·

PATAGONIA

Enwau lleoedd o'r Wladfa ar grys T.
(Cwmni Lacotex Prendas)

Erys dur oes y dewrion ;
Erys eu her i'r oes hon.

R Bryn Williams

hanes Cymru ac mae nifer enfawr o bobol talaith Chubut yn dal i ymfalchïo yn eu hetifeddiaeth Gymreig...

Ar ôl dathliadau canmlwyddiant y Wladfa yn 1965 cafwyd adfywiad yn y diddordeb yn y Gymraeg. Ar ôl dathliadau 2015 bydd hi'n bwysicach nag erioed (os nad yn gyfrifoldeb arnom fel Gwladfawyr a Chymry sydd â diddordeb yn y Wladfa) inni roi trallwysiad arall i'r iaith ym Mhatagonia. Yr un yw brwydr y Gymraeg ar ddwy ochr yr Iwerydd – ond cofiwch, mae llawer llai ohonom yn rhannu'r baich yma yn y Wladfa. Peidiwch ag anghofio amdanom!

Luned a Tegai:
'Gofalu am iaith a threftadaeth gu,
Trysorau ein hoes a'r oes a fu...'

Yn y gyfrol hon cyhoeddir lluniau rhai o blant Ysgol yr Hendre, Trelew, yn Nyffryn Camwy, a rhai o blant Ysgol y Cwm, Trevelin, yn yr Andes. Wrth wneud hynny carwn i'r lluniau hyn gynrychioli hefyd holl ddosbarthiadau dysgu ac ymarfer Cymraeg sydd yn y Wladfa heddiw mewn canolfannau eraill, megis y Gaiman ac Esquel: dosbarthiadau i blant o bob oed a dosbarthiadau i oedolion. Wrth i ninnau gofio am gyfraniad nodedig y canolfannau hyn: ymroddiad yr athrawon; cefnogaeth y rhieni, a brwdfrydedd y disgyblion, un sylw yn unig sy'n aros i mi ei fynegi: diolch o galon; myrdd o ddiolch.

Yr un modd, diolch yn ddiffuant iawn i holl gymwynaswyr y Gymraeg a'i diwylliant yn y Wladfa heddiw, gan gynnwys, er enghraifft, gyfeilyddion, hyfforddwyr ac arweinyddion partïon a chorau. I gynrychioli'r cymwynaswyr hyn oll, carwn gyfeirio at ddwy chwaer yr ydym oll yn gyfarwydd iawn â'u cyfraniad tra rhagorol: Luned Vychan Roberts de González, y Gaiman, a'r ddiweddar Tegai Roberts.

Dyma, yn gyntaf, ddyfyniad o gywydd ardderchog a gyflwynwyd i **Luned** gan y beirdd, Mererid Hopwood a Karen Owen, pan oeddynt ar ymweliad â'r Wladfa, Awst 2013. (Cyhoeddwyd yn *Y Goleuad*, 13 Mai 2013). Cyhoeddir y cywydd cyfan ganddynt hefyd yr haf hwn (2015) mewn cyfrol o'r enw *Glaniad* (Llanrwst, Gwasg Carreg Gwalch).

Luned yw cof y glanio,
hi biau'r wên wrth fwrdd bro,
hi biau'r iaith yn ei brat,
y swatio agos–atat.

Daw i alw'r hen deulu
heddiw, ddoe, at deisen ddu;
hi yw mam Dyffryn Camwy,
y te a'r maté a mwy.

Luned sy'n cynnal heniaith
a geiriau pur gwŷr y Paith,
ac yma yn y Gaiman
hi yw eco Gaucho'r gân

A dyma nawr lythyr a phennill gennyf innau a gyhoeddwyd yn *Y Cymro*, 9 Mai 2014, dan y pennawd: **'Mor fawr y golled ar ôl Tegai'**:

Mae pethau nad ânt yn angof
    A sêr na ddiffydd o'r nen…

Dyna eiriau'r bardd, Rolant o Fôn. A geiriau tebyg a ddaeth i'm meddwl i a llawer un arall, bid siŵr, wrth ddwyn i gof y wraig nodedig o'r Gaiman, yn y Wladfa, Tegai Roberts (6 Mehefin 1926 – 23 Ebrill 2014), chwaer Luned González ac Arturo Roberts. Pwy all anghofio'i gwên a'i gwyleidd-dra, ei boneddigeiddrwydd a'i chymwynasgarwch?

Oes o wasanaeth er mwyn eraill, yn dawel a diwyd: gofalu am Amgueddfa Hanesyddol y Wladfa hyd y diwedd (cofiwn fod y gair 'amguedd' yn golygu 'trysor'; ie, tŷ o drysorau, yn wir); cyflwyno rhaglen radio wythnosol, yn cynnwys caneuon Cymraeg; cefnogi a hyrwyddo llu mawr o achosion da… Mor fawr y golled ar ôl Tegai. Ond mor fawr hefyd ein diolch.

Gofal am iaith a threftadaeth gu;
Trysorau ein hoes a'r oes a fu;
A'th ofal dihafal, cariadus di,
Fydd eto yn rhodd i'n hyfory ni.

'... i ddeffro rhosys cochion dy daid': dwy gerdd arobryn

Iaith a threftadaeth… A dyma brif thema'r ddwy gerdd y carwn gloi'r bennod hon â hwy. Cyhoeddwyd y ddwy yn rhifyn 27 (Haf 2015) *Y Drafod*. Esyllt Nest Roberts yw awdur y gerdd gyntaf, un o ddwy gerdd a enillodd iddi gadair Eisteddfod y Wladfa, 2014, ar y testun 'Pontydd'.

Croesi'r Bont

('I Ana [Chiabrando], a ymfudodd o ddinas La Plata, ger Buenos Aires, i'r Wladfa, i redeg tŷ te [Plas y Coed] ei diweddar nain a thaid a chroesawu ymwelwyr o Gymru a thu hwnt i'w gwesty. Dysgodd y Gymraeg, cyn dod yn ddiwtor ei hun, yn ogystal â gweithio'n ddiflino i hyrwyddo'r diwylliant Cymreig yn Nyffryn Camwy. Ym mis Gorffennaf [2014] derbyniodd radd anrhydedd yn y Gymraeg o Brifysgol Cymru Dewi Sant, Llanbedr Pont Steffan.')

O'r ddinas arian
dychwelaist i gloddio am aur
melynach nag aur Periw;

daethost yn ôl
i ddeffro rhosys cochion dy daid
a gwarchod gwreiddiau
hŷn na chyndadau;

ac i ti,
nid rhes o lestri gleision mud
i'w gadael i hel llwch ar seld
yw eu geiriau,
na gwanwyn o lwyau caru
yn ymffrost o groeso
i ddewino dieithriaid ar daith;
a theimlaist yn dy fêr
na all awr drystfawr o gân
am galon wen lân
gynnal cymanfa cydwybod.

Ana,

bwriaist ffrwyth

llafur dy gariad

yn lliain llachar dros fwrdd ein bro,

a thaenaist angerdd drwy galonnau,

fel menyn mwyn

yn drwch ar fara cartre.

A heddiw,

yn nhref Steffan, fe groesi di'r bont

dros fwrlwm o eiriau

sy'n lli o donnau byw

yn dy hen, hen wythiennau.

Esyllt Nest Roberts

Mary Green de Borda yw awdur yr ail gerdd. Un o blant y diweddar Vera a Fred Green ydyw hi, wedi'i magu ar aelwyd Gymraeg yn Nhrevelin. Y gerdd hon, 'Bywyd' oedd yn fuddugol yn y gystadleuaeth 'Telyn', sef y brif gystadleuaeth farddol yn Eisteddfod Mimosa, 2014.

Bywyd

Ddoe.

Cofiaf wyneb tirion fy mam

a'i chrychni yn gwysi mân,

pob rhigol yn bennod, pob llinell yn gân.

Yno roedd pryderon a liwiodd ei dyddiau,

yno roedd awelon a lanwodd ei hwyliau

o lawenydd, o ddolur, gorfoledd a chur.

Profiadau ac atgofion,

dyddiau a fu.

Y wên hudolus fu'n cynnal,

yn cario'r gobaith a'r cariad,

y mwynder a'r gofal.

Coflaid dyner yn clymu amdanaf,

Fel mewn breuddwyd.

Amser maith yn ôl.

Y llygaid gleision,

Adlewyrchai galon lân gyhyrog,

tecach na'r lili,

a cheinder heintus y meddyliau mwyn,

a lenwai y galon

erstalwm.

Heddiw.

Edrychaf ar brydferthwch fy mhlentyn,

a'r wên sy'n fory i gyd.

Teimlaf y llyfnder sidanaidd,

a chofleidiaf y corff eiddil.

Llygaid bywiog fel dwy berl

Sy'n herio'r dyfodol.

Iaith ei hynafiaid fydd ar ei gwefus,

A seiniau'r Gymraeg fydd ei pharabl hi.

Ddoe a heddiw.

Cenedlaethau yn plethu trwy ei gilydd

Ar hyd y canrifoedd.

Tylwyth, hil a thraddodiad

Yn trosglwyddo eu trysorau.

Ddoe i heddiw

A heddiw i yfory…

Bywyd.

Mary Green de Borda

★★★

A dyna ni, bron wedi dod i derfyn y gyfrol hon. Yr hyn sydd ar ôl (ac eithrio'r eirfa, y llyfryddiaeth a'r mynegai) yw 'Salm o Foliant i Arloeswyr y Wladfa, Ddoe a Heddiw'. Ie, arloeswyr ddoe, ac arloeswyr heddiw hefyd:

...Wedi'r maith flynyddoedd, mae yno eto rywrai
Yn parhau i gloddio'r ffynhonnau,
Yn arloesi ac ireiddio'r tir...

A'r cyfan sydd raid i mi ei wneud bellach yw dyfynnu geiriau olaf y salm hon:

I'r rhai hyn oll: diolch a chanmil diolch.
Boed iddynt nerth a bendith,
A gwyn fo eu byd.

Salm o Foliant i Arloeswyr y Wladfa, Ddoe a Heddiw

Cyflwynwyd am y tro cyntaf gerbron cynulleidfa yn Llys Tre-garth, Caerdydd, cartref Gwyneth a Hywel Jeffreys, mewn noson o gerdd a chân, 15 Ionawr 2007, er budd Ysgol Gymraeg yr Hendre, Trelew, y Wladfa.

★★★

Heno ar hwyrnos o Ionawr, a ninnau wedi ymgolli'n llwyr yng ngwledd y llys, welwch chi nhw?

Ydych chi'n clywed curiad eu calon ac angerdd eu llais; y gwŷr a'r gwragedd gwrol gynt a di-droi'n-ôl?

A'u breuddwyd? Cael byw mewn rhyddid, draw mewn paradwysaidd dir, yn bell o olwg byd lle'r oedd tlodi a gormes yn gafael, megis gefail, yn dynn amdanynt.

Dacw'r hen **Feical D Jones** yn ei farf drwchus a'i siwt o frethyn cartref.

Ef oedd yr un a deimlodd wewyr ei fam ar y clwt, wedi'i throi'n ddidrugaredd o'i thyddyn, y Weirglodd Wen, gan Syr Watcyn.

Fel Moses, arweiniodd ei genedl tua'r Ganaan wlad. Rhoes **Ann**, ei briod, ei harian, rhoes yntau ei holl enaid i'r freuddwyd fawr.

A'u haberth fwyaf un: gweld llofruddio **Llwyd ap Iwan**, eu mab galluog, y peiriannydd a'r mesurydd, yn Nant-y-pysgod.

A phwy sy'n hwylio'n llanc hyderus ar y sgwner fechan, y *Candelaria*, i Ariannin, a'r capten o Fadryn yn gydymaith? Pwy ond **Lewis Jones**, y trefnydd, yr anturiwr talog, yr argraffydd, cyhoeddwr *Ein Breiniad* a'r *Drafod*.

Mawr fu ei aberth yntau. Oni fu farw Llywelyn, ei fab, a'r tad draw ymhell mewn dieithr wlad?

Eto, yng ngwanwyn un wyth chwe deg pump, mae'n hwylio'r tonnau ar y *Córdoba*. Dyna pryd y taflwyd **Ellen**, ei briod hoff, yn bendramwnwgl oddi ar ei cheffyl. Ac onid ef a gyfaddefodd bryd hynny mewn llythyr: 'Rwyf bron gwallgofi'.

Lewis Jones: tad Trelew; y cynllunydd craff, yr un a roes y rheilffordd yn rhodd i'r Wladfa. Rhoi ei holl fywyd i'w gyd-wladfawyr. A rhoi ei ferch, **Eluned**, yn llenor, yn llawforwyn, yn llestr prin.

Wedi llafurwaith y dydd, wedi aml storm, solas i'w enaid oedd cael noswylio i hyfrydwch ei dŷ annedd hardd, Plas Hedd.

A dacw **Edwyn Cynrig Roberts**, y llanc tal, talentog o Gilcen, ac asbri yn ei lygaid.

Er ymfudo i Oshkosh, draw yn Wisconsin, bu yntau'n breuddwydio am y wladfa well – breuddwydio, a rhannu'r freuddwyd ag eraill. Gwelwch ef yn un ar hugain oed yn cenhadu, yn ymlwybro o bentref i bentref ac o dref i dref yn Neheudir Cymru.

Yng ngwanwyn un wyth chwe deg pump mae yntau'n hwylio'r tonnau ar y *Córdoba* i Batagonia bell: Patagonia, 'tir y traed mawr'. Yn sychedig a blinedig mae'n cerdded y maith filltiroedd, yn chwilio'n ddyfal am ddŵr croyw i'w yfed.

Dro arall, am ddau ddiwrnod cyfan, bu'n dihoeni yn isel yng ngwaelod ffynnon, gweision meddw, creulon, wedi'i adael yno.

Ond ni chollodd y llanc o Eglwyswr ei ffydd, ac wedi'i holl deithio, wedi'i holl anturiaethau, un enw yn unig oedd yn addas i'w annedd ef. A'r enw hwnnw: Bryn Antur.

Heddiw, cerddwn ninnau ar hyd Hirdaith Edwyn; dringwn Fynydd Edwyn; a melys y cof am y llanc o Gilcain pan blygwn ein pennau wrth fan fechan ei fedd ym Mynwent Eglwys Llandygái.

Mae'n wythfed ar hugain o Fai yn un wyth chwe deg pump, ac wele, yn hwylio'r moroedd mae'r **Mimosa**.

Ar ei bwrdd mae teuluoedd, a llawer un yn deulu tlawd. Tlawd, ond cyfoethog hefyd.

Caled fu chwalu cartref, a chaled fu'r deufis hir ar y môr.

Ond pwy sy'n codi calonnau'r mordeithwyr mentrus? Pwy ond **Cadfan**, Cadfan Gwynedd, Hugh Hughes o Drefdraeth, ym Môn: y saer coed corfforol, yr ysgrifennydd diwyd, a'r mwyaf brwd o bawb, wedi meddwi'n llwyr ar y freuddwyd wladfaol.

Clywch ef yn arwain y Cymry i gyd-ganu'n llawen ar y llong:

Ni gawsom wlad sy well
Yn y deheudir pell,
A Phatagonia yw.

Er hynny, garw fu'r glanio ar y traeth digysgod ym Madryn, heb do, heb dân ar yr aelwyd, a'r bwyd yn brin.

Gweld gwlad megis anialdir gwyllt, ac yna, ar y diwrnod cyntaf un, cyd-alaru am **Ddafydd**, y crydd a'r gŵr ifanc ffraeth o Aberystwyth a fentrodd yn rhy bell o dre a marw o newyn ar y Paith.

Eto eilwaith yn y man, wylo dagrau heilltion mewn hiraeth am y chwe morwr a foddodd wrth hwylio'n ôl o Batagones, a **Thwmi Dimol** o Bennant Mihangel yn un o'r chwech.

Ond yn nhywyllwch y nos ddu, ac ar yr aelwydydd cymdogol, cariadus hynny, yr oedd rhywrai beunydd-beunos yn cynnau cannwyll.

Yn wir, gwelaf un ohonynt y funud hon, yn ymlwybro tua thref. Welwch chi ef? Ie, yr hybarch **Abraham Matthews** ei hun ydyw.

Megis Abraham, tad yr hen genedl gynt, wedi llafurwaith y dydd ar ei fferm, ac wedi blino'n lân, ni ddiffoddwyd fflam ei ffydd. Wedi trin y tir sych, hallt, rhannu Gair y Bywyd, yr halen sy'n puro'r enaid.

Dewch gyda mi i'w oedfa gyntaf un mewn ystordy blawd a gwenith. Gwrandewch arno'n codi'i destun ac yn codi calonnau ei bobl: 'Israel yn yr anialwch': y Cymry yn Nyffryn Camwy, megis yr Israeliaid yn yr anialwch a'u golygon tua'r 'wlad yn llifeirio o laeth a mêl'.

Yno yn yr oedfa nodedig honno roedd **Aaron Jenkins**, y merthyr. Yno yn codi canu nes codi'r to! Ef oedd yr un a neidiodd mor sydyn ar ei draed nes taro'i ben yn y nenfwd isel!

Ond yn awr fe gofiwn hefyd am **Rachel**, ei briod. Hi oedd yr un a awgrymodd i Aaron agor 'ffos fach' yn y geulan ar lan yr afon i ddyfrhau'r 'tir du', sych.

Mor dra rhagorol, mor fendithiol fu dŵr Afon Camwy, y Ffos Fawr, a'r mân gamlesi i ireiddio'r pridd, a pheri i gnydau dyfu yn fwyd i ddyn ac anifail.

Rhown wrogaeth i Rachel, a rhown fawl i holl wragedd y Wladfa; y rhai di-sôn-amdanynt; y rhai a fu yn y bore bach yn cario dŵr glân i'w teuluoedd; hwynt-hwy a fu'n llafurio'n ddirwgnach ar y tir ac yn cadw aelwyd; y mamau a brofodd wewyr esgor a gorfoledd y creu.

Bendigedig fo'r cof amdanynt.

Bu hefyd rai yn creu mewn geiriau; mewn nodau cerddorol; mewn celf a chrefft. Ni pheidiwn â rhyfeddu at eu dawn.

Dacw **Richard Jones Berwyn**, yr addysgwr, y Cofrestrydd, Arolygydd y Llythyrdy, Golygydd *Y Brut*, ac awdur y *Gwerslyfr Cymraeg*.

Yn llinach personau creadigol eu hanian fel ef y mae holl feirdd a llenorion y Wladfa, ac **Eluned Morgan** ac **Irma** megis breninesau yn eu plith.

O Ddyffryn Camwy, dewch gyda mi yn awr ar daith; troediwn y Paith twmpathog, dreiniog; heibio'r helyg coch a'r creigiau gwynion, gan groesi Rhyd yr Indiaid.

Oedwn yn Nyffryn y Merthyron. Yno cofiwn mewn galar am y Gwladfawyr gwrol a lofruddiwyd.

Cofio a rhyfeddu. Cofio camp y mab o Aberpennar, **John Daniel Evans**, ar ei ebol ifanc cyhyrog, Malacara, yn neidio i lawr dros dorlan i hen wely yn Afon Camwy, gan ddianc yn ddiogel rhag saethau blaenllym yr Indiaid.

Ef oedd y *Baqueano* anturus a fu'n arwain teithiau lawer dros y Paith. Ef a sefydlodd y felin flawd gyntaf yn yr Andes.

Ac ef, gyda'i gyd-wladfawyr o gyffelyb anian, a fu'n gefn i'r cymdogaethau Cymraeg yn y rhan hon o Ariannin.

Oedwn eto, a syllwn a rhyfeddwn at harddwch y 'Cwm Hyfryd' wrth odre mynyddoedd yr Andes.

Wŷr a gwragedd y Wladfa, hwynt-hwy a alwyd yn *amigos de los Indios* – yn 'gyfeillion yr Indiaid'; y mawr gymwynaswyr caredig, yr arloeswyr dewr, boed clod i'w henw byth.

A heddiw, wedi'r maith flynyddoedd, mae yno eto rywrai yn parhau i gloddio'r ffynhonnau, yn arloesi ac ireiddio'r tir.

Mae yno eto rywrai yn troi daear lom yn ardd,

Yn cynnal fflam y ffydd,

ac yn cadw'n fyw y freuddwyd.

Ninnau yn awr, cyfarchwn hwy:

athrawon ac athrawesau disglair ac ymroddedig y Gymraeg;

y rhai sy'n gofalu'n gariadus am drysorau a chreiriau'r gorffennol a'r presennol;

arweinyddion a hyfforddwyr y gân,

a gweinidogion y Gair.

I'r rhai hyn oll: diolch, a chanmil diolch. Boed iddynt nerth a bendith, a gwyn fo eu byd.

Robin Gwyndaf

Geirfa

A. Cymraeg

alffalffa Math o wair. Maglys.

arffedog Ffedog; barclod; brat.

armadilo Anifail bychan sy'n cartrefu'n bennaf yn y pridd. Armellog. Armadilo Bach: *piche*. Cymh. yr enw Drova Dulog.

arwest Gŵyl; cyngerdd; eisteddfod.

bara B P Bara blawd peilliaid? Blawd wedi'i ogrwn; blawd mân; blawd gwenith?

boms ? 'A dyna ollwng y boms i hysbysu y bobl i ddod i weld y seremoni, a'r band yn dechrau cnocio a drymio.' Arddangosfa o hen gerbydau adeg dathlu canmlwyddiant y Wladfa, 1965. (Elisa Dimol, 'Hunangofiant Cerbyd Bach Ben Prichard'.)

brafeiddio Sylw am y tywydd: brafio; codi'n braf.

breinlen Hawl gyfreithiol ar dir neu wlad.

brych Brechiad. 'Mynd i gael vy mrych.'

CMC Ynganer: 'Ec Em Ec'. Cwmni Masnachol Camwy; Companía Mercantil Chubut; Chubut Mercantile Company. Y Co-op (yn y Wladfa: Coop / Cop). Yr enw ar y cyfarfod blynyddol ydoedd 'Cwrdd Cop'.

calaffats Enw'r Gwladfawyr ar fwyar llwyn cyffredin y *calafate*, y gwneir jam ohonynt; aeron bychain, glas-ddu, nid annhebyg o ran maint a lliw i lus.

camp Fferm ar dir y tu hwnt i'r dref.

cantwr Aderyn bychan, cyffredin, sy'n canu'n swynol ac yn uchel.

cawlach (Cyfeiriad at fwyd i'w fwyta.) Cymysgedd o gawliau? Cawl-ffordd gosa? Lobsgóws?

celyn bach	*Chuquiraga avellanedae.* Yn Sb.: *Quilimbai.* Gelwir gan y Gwladfawyr yn 'gelyn bach'. Coeden debyg i gelyn, er nad celyn mohoni. Llygriad o 'celyn bach' yw *Quilimbai.*
cianti	Sianti: caban, cwt, hofel. Yn Sbaeneg yngenir 'c' fel 'z' (fel 's' yn Ariannin). 'Daethom hyd hen cianti Sam yma. Yr oedd yn ymy[l] yr avon…' (Dyddiadur Blodwen Camwy, 26 Hydref 1920.)
corwynt gwyn	Lluwch eira. Sb.: *viento blanco.*
Croes y De	Un o'r sêr amlycaf yn awyr Patagonia. Pedair seren sy'n ymdebygu i bedwar pen croes.
cryg	Crygni. 'Gwddw cryg'; dolur gwddw.
Cwacer	Uwd. '*Quaker oats.*'
Cwrdd Cop Cymdeithas C Vydd	Gw. CMC. 'Cawsom gyngerdd dda iawn. Ei diben oedd sefydlu Cymdeithas Camwy Vydd.' (B. Camwy, 1 Mawrth 1920.)
cymrwd	morter; sment.
demi-john a jimi-john	Costrel, ystên, neu botel fawr, gron (yn aml wedi'i gorchuddio â gwiail, '*wicker*'), i ddal diod, megis gwin. Cymh. Sb. *Damajuana*; Saes. *Demijohn*; Ffr. *Dame-jeanne* ('Ledi Jên').
dwc-w-dwc	Anifail bychan, tebyg i lygoden, sy'n treulio'r rhan fwyaf o'i amser o dan y ddaear. Gelwir hefyd: twcw-twcw (Sb. *tucutuco*).
dyfudwr	Ymfudwr. ll. dyfudwyr. Ceir hefyd: dyfudiaeth: ymfudiaeth. Geiriau ar arfer yn y Wladfa.
esgriblo	Sgriblo: ysgrifennu hytrach ar frys.
esgynlawr	Llwyfan; llawr dyrchafedig. Er enghraifft, yng nghapeli'r Wladfa.
fflamenco	Fflamingo; 'aderyn y fflam'.
ffroes	Ffrois; crempog; pancos; ponca.
Gaiman	Yn Nyffryn Camwy. Gair o'r iaith frodorol, Teweltse, yn golygu 'carreg hogi' neu 'ben-carreg'.

guriedydd	Gyrrwr gwartheg; porthmon.
gwanaco	Sb. *guanaco*. Anifail ar y Paith, blewog, ac yn perthyn i deulu'r lama. Bwyteir y cig, a gwneir defnydd helaeth o'r gwlân a'r croen.
gwefr; gwifreb	Teligram. Gwefrwyr: teligramau.
gwialen sebon	Ar lannau Afon Camwy: 'Cael gwialem [gwialen] sebon yma i wneud ffon.' (B. Camwy, 22 Hydref 1914.) Tybed ai cyfeiriad at wialen denau, newydd ei thorri, a'r rhisgl wedi'i dynnu, fel bod y pren llithrig, 'sebonllyd', yn y golwg ac yn barod i'w blygu i wneud ffon?
gwigwyl	Te parti; picnic yn yr awyr agored (gwig+gŵyl). Gair a ddefnyddid yn aml yn y Wladfa.
Gŵyl y Ffyliaid	'Gwyl y Ffyliaid yn dechreu heddiw; y Coop yn cau am haner diwrnod.' (B. Camwy, 16 Chwefror 1920.)
gwynt cynannus	Gwynt cynhennus. Disgrifiad o dywydd gwyntog iawn. Gwynt ymrysongar, cecrus, cwerylgar.
gwyrdd	Gw. mate. 'Yna cawsom ychydig wyrdd ac aethom i'n gwlâu.' (B. Camwy, 12 Mehefin 1920.)
haid	Gyr, diadell. Ond yn cyfeirio yn aml hefyd at bobl, weithiau gydag awgrym o ddychan. Ymwelwyr; llwyth; teulu; trŵp. 'Cyrhaeddodd haid W Jones yma…'
hali-ba-lŵ	Helynt mawr; rycsiwns.
halio	Arwain, neu yrru ceffylau.
horsiol	Gw. marchraw.
hyrwyddai	Ar arfer yn y Wladfa. Er enghraifft, am bennaeth cwmni masnachol. O'r gair 'cyfarwyddwr'. Yn golygu hefyd: 'yr un, neu ragor, sy'n hyrwyddo'r gwaith'. ('Hyrwyddwyr [yn trefnu, wedi Gorlif 1899'] Elisa Dimol.)
jac	Ystên, neu gostrel, i gario diod. Gw. demi-john.
legio	Taflu coesau yn uchel? Cicio? 'Merched o gwmpas heddiw yn casglu at y nodachva [basâr], ac yr oedd can

lig

waethed golwg arnyn ac ar sydd ar Sipsiwn, yn legio gwaeddi a chwerthin.' (B. Camwy, 8 Mai 1920.)

O'r Saesneg: '*league*'. Mesur o dir, tua 3 milltir, neu fwy, o un pen i'r llall. 'Dyvod hyd lle Mamwel [Manuel] Parada, lig Harri Jones gynt.' (B. Camwy, 16 Ionawr 1915.)

llew Patagonia

Pwma. (Felly yr yngenir gan y Gwladfawyr, nid fel 'piwma'.)

llinell

Ffordd sy'n derfyn rhwng ffermydd yn Nyffryn Camwy.

lluman

Baner fechan.

lluwchog

Disgrifio'r tywydd. 'Gwyntog a lluwchog.' Gwynt mawr yn chwythu'r llwch yn lluwch? Cymh. 'Yn lluwchio bwrw' [bwrw eira].

llwyd-olchi

'Llwyd-olchi llawr y gegin.''Llwyd-olchi pared y gegin.' (B. Camwy, 23 Ionawr ac 17 Ebrill 1915.) Lled-olchi? Golchiad ysgafn? Cymh.: llwydnosi, llwydnos, llwydolau.

llyfnu

Trin y pridd, ei dorri'n fân, ar gyfer hau. Hefyd i gladdu'r had yn y pridd. 'Gweled dyn yn llyvnu gyda drain.' (B. Camwy, 28 Hydref 1914: llyfnu hen ffasiwn, cyn dyddiau'r oged a'i dannedd haearn.)

maelfa

Ystordy; siop. Er enghraifft, maelfa i gadw gwenith gan C M C (Co-op) Gaiman.

Maen Chwŷf

Yn llythrennol: y maen sy'n symud, yn siglo. Ond dyna'r enw hefyd a ddefnyddid yn Y Wladfa am y Maen Llog, sef y prif faen yng nghylch Gorsedd y Beirdd. (Y 'Maen Chwŷf' yw'r enw o hyd ar y 'garreg siglo' ar Gomin Pontypridd, maen sy'n gysylltiedig â defodau derwyddol ac eisteddfodol.)

main

'Crysau main'. Crysau wedi'u gwau'n glòs, a heb fod yn arw.

marchraw

'Horsiol'; 'horseshelve'. Sleis fawr o haearn trwm a ddefnyddid gyda cheffyl i symud tir. Er enghraifft, i agor

mate

ffosydd. Defnyddid hefyd i wastatáu tir âr drwy ei llenwi â phridd.

Diod boblogaidd a thraddodiadol ymhlith brodorion Patagonia a Chymry'r Wladfa, o drwyth dail wedi'u malu'n fân a'i yfed drwy bibell bwrpasol. Mae 'mate' yn enw ar y gwpan fechan, ysgafn, meinach yn ei gwddw na'i gwaelod, sy'n dal y trwyth. Yn wreiddiol, fe'i gwnaed o groen caled ffrwyth gowrd neu bompiwn (Llad. *cucurbita*). Cynnwys y ddiod yw dail llwyn *yerba*, gair sy'n tarddu o *hierba*: llysiau mân, neu berlysiau (*Ilex paraguayensis*: te Paraguay). Sugnir y trwyth drwy bibell o fetel ysgafn o'r enw *bombilla*. Yng ngwaelod y bibell, ceir darn crwn a thyllau ynddo, a thrwy'r tyllau hyn y sugnir y te.

Y mae yfed mate (gair sydd wedi'i hen dderbyn i'r iaith Gymraeg bellach), yn ddefod gymdeithasol, groesawgar, yn llawn mwynhad (er mor chwerw y gall y blas fod i rai sydd heb fod yn gybyddus â'r arfer). Tywelltir dŵr poeth (ond nid berwedig) o decell ar y dail, ac yna ei roi i'r person ar y chwith. Wedi i'r person hwnnw yfed cynnwys y gwpan, y mae'n ei throsglwyddo'n ôl i geidwad y tecell. Ychwanegir rhagor o ddŵr poeth cyn i geidwad y tecell ei roi eto i'r person nesaf yn y cwmni. Felly, o berson i berson, a phawb yn yfed drwy'r un *bombilla*.

Mate cocido (ynganer 'cosido') Amser brecwast yn arbennig, yfir mate sy'n debyg iawn i de, ond bod llaeth a siwgr ynddo. Am gefndir pellach yr arfer o yfed mate, gw. ysgrif Gweneira de Quevedo, rhif 11 yn y gyfrol bresennol: 'Chwedl y *Yerba Mate*: Te Croeso Trigolion Patagonia.'

Gw. hefyd 'gwyrdd' (Geirfa Gymraeg).

mochyn

Aradr uncwys arbennig i agor rhesi tatws ar gyfer plannu.

mwyd (fwyd)

'Ar ôl mynd adrev rhoddais vy nillad yn vwyd heno.'

'Min nos rhoddais vy nillad yn vwyd.' (B. Camwy, 11 Mawrth a 7 Medi 1920.) Rhoi dillad i fwydo; i drwytho; i socian / socio dros nos. Mwyd: 'bôn y ferf mwydaf, mwydo, gyda grym ansoddeiriol: mwydiad, gwlychiad, trwythiad.' (*Geiriadur Prifysgol Cymru*, cyf. 3, t. 2517.) Cymh. 'O rhoddwch eich calon ym mwyd yn y gwaed hwn, a phrofwch onid gwaed yn meddal-hau ydyw.' (T Braddy, *Pasc y Cristion*, 1703, 1739); 'Rhoi dillad ym mwyd dros nos' (O H Fynes-Clinton, *The Welsh Vocabulary of the Bangor District*, 1913.; 'rhoi te / bara i fwydo': cyffredin ar lafar. Gw. hefyd *GPC*, cyf. 3, t. 2517, am y defnydd o'r ffurfiau: mwydedig; mwydiad; mwydionaf; mwydionaidd; mwydionog; mwydlyd; mwydlyn; mwydol; mwydyn (sylwedd meddal, e.e. pry genwair; y gwys denau gyntaf a dorrir wrth godi cefn mewn cae sy'n cael ei aredig).

nodachfa Basâr.

nos–dawch Nos da.

Owen C [Si] *Lepidium draba* (*Cardaria draba* gynt); pupurlys llwyd. Planhigyn trafferthus, cwbl ddiwerth, sy'n tyfu hyd at dair troedfedd a mwy o uchder a'i wreiddiau hynod ddwfn yn difetha'r tir. Daethpwyd ag ef gyntaf i'r Wladfa gan Owen C(adwaladr) Jones, yn enedigol o Langywer, Penllyn. Gelwir y planhigyn gan y Cymry yn 'Flodyn Owen C (Si)', a chan yr Archentwyr yn '*Wancy / Wansi*'. (Am hanes pellach Owen C Jones a'r planhigyn, gw. y bennod 'Teulu Blodwen Camwy, Elisa Dimol, a Gweneira Davies de Quevedo.')

Y Paith Diffeithwch Patagonia. Yn cynnwys y tir rhwng Dyffryn Camwy yn y dwyrain, Cwm Hyfryd yn y gorllewin, a Comodoro Rivadavia yn y de.

palmant Wyneb tarmac.

pellebr Teligram. 'Gwifrau y pellebr.'

pellseinydd	Teliffon.
perseinydd	Gramoffon? Piano (perdoneg)? 'Myned oddi yna i ystordy rhiw Durcko, a dyma y lle glanav a welais erioed, a chlywais bellseinydd henavol yn chwareu 'Bydd canu yn y Nevoedd.' (B. Camwy, 14 Ionawr 1915. Ai camsillafiad o 'perseinydd'?) '…a chawsom ychydig o donau ar y perseinydd'. (B. Camwy, 8 Chwefror 1915.)
ponsio	Clogyn traddodiadol De America.
poplars	Enw cyffredin ar goed poplys. Un.: poplysen.
prwyad	Enw'r Gwladfawyr am 'gynrychiolydd' / 'asiant'. Cymh. y gair 'dirprwyaeth'.
randibŵ	Helynt mawr; rycsiwns.
rhychddryll	Gwn. Reiffl. Cymh. llawddryll: gwn llaw.
sgaldifeddiach	Rapscaliwns? 'Ar ôl mynd adrev min nos… yn sydyn iawn daeth llond y lle o Sgaldifeddiach heb yn wybod i neb i vwyta rhiw vochyn bach.' (B. Camwy, 27 Mai 1920.)
sgrwtien	Sgrwtian; ysgrytian; crynu (gan oerfel).
sgync	*Zorrino*. Gelwir yr anifail hwn gan y Cymry hefyd yn 'ddrewgi'.
shwrfa	'[Rhoi] shwrva i'r tŷ.' Sgwrfa? Glanheuad go iawn?
striper	Offeryn amaethyddol a ddefnyddid adeg y cynhaeaf.
stycanau	Nifer o ysgubau gwenith (pedair i wyth, neu fwy), wedi'u gosod i sefyll yn rhesi ar y cae, er mwyn sychu cyn eu cario.
surion	'…aethom … i gasglu galaffats [mwyar llwyn y *calafate*], a dyma y rhai mwyav a welais erioed: yr oeddent bron gymaent â surion.' (B. Camwy, 24 Chwefror 1915). Ai *Prunus spinosa*: Eirin Perthi, Eirin Duon Bach, Eirin Surion, neu Eirin Bach Tagu?
taclu	Tacluso; cymoni; trwsio. 'Mi âi i'r tŷ i daclu.' 'I daclu'r gwallt.' 'I daclu'r beic / car' [ei drwsio].

tamarisg	Coed *tamariscos*. Coed tal, cyffredin yn y Wladfa. Grugwydden.
trachywedd	Distryw; cyflafan; difrod.
trafnoddwr	Llysgennad; conswl.
trampio	Mynd o le i le; o dŷ i dŷ.
Tur(c)k; Tur(c)ko	Yn llythrennol: Twrc, Twrciad, ond defnyddir y term hefyd yn llac am bobl o'r Dwyrain Canol a'u disgynyddion. 'Myned oddi yna i ystordy rhiw Durcko.' 'A daethom hyd at ysto[r]dy rhiw hen Durck.' (B. Camwy, 14, 18, Ionawr 1915.) Defnyddir yn ogystal y ffurf luosog 'Twrcos'.
tuthio	Marchogaeth yn ysgafn, rhwng trotian a charlamu.
twcw-twcw	Gw. dwc-w-dwc.
tyfol	(twf+ol) 'Glaw tyner a thyfol.' (E Dimol) Glaw tyfu.
tylino	Gweithio blawd (wedi'i wlychu) yn does; pobi bara.

B. Sbaeneg

ácido sulfhídrico	Asid sylffwrig. (Darllener: *ácido sulfúrico*.)
acueducto	Traphont ddŵr; dyfrbont.
agutí	Anifail bychan bwytadwy.
agua	Dŵr.
alazán	Gwinau. Lliw ceffyl.
algarrobo	*Prosopis apataco*: coeden garob. Llosgir ei gwreiddiau i gynnau tân. *Algarrobos*: 'coed coch, y rhai gorau i wneud cols'.
almacén	Siop.
alpargatas	Esgidiau ysgafn, gyda'u gwadnau wedi'u rhaffu.
'Amigos de los Indios'	'Cyfeillion yr Indiaid'. Enw'r Indiaid ar y Cymry. Gw. hefyd 'Cristianos'.
asado	Gwledd lawen yn yr awyr agored o gig wedi'i rostio o flaen y tân, gyda digonedd o fara, llysiau a gwin. (Gair wedi'i hen dderbyn i'r iaith Gymraeg, ond ynganer y 'd' fel 'dd'.)
asfalto	Tarmác.
astrónomo	Seryddwr.

ayudante   Cynorthwywr.

baqueano   Tywysydd a gŵr cyfarwydd ar y Paith. Un o'r rhai
                      enwocaf yn y Wladfa ydoedd John Daniel Evans.

bagual   Ceffyl neu darw gwyllt. Cymh. Pozo Bagual: Ffynnon
                      Bagual.

bienvenido   Croeso.

bicicleta   Beic.

boleadoras   Erfyn hela. Rheffyn hir o groen gyda pheli trymion ar y
                      blaen a deflir i faglu anifeiliaid.

bombachas   Trowsus llac a wisgir gan y gaucho.

botas   Esgidiau uchel. Un. bota. Cymh. Cymraeg: botasen,
                      botasau: esgidiau uchel a wisgid wrth farchogaeth.

bozal   Penffrwyn.

bueno   Da.

buenos días   Bore da; dydd da.

buenas tardes   Pnawn da.

buenas noches   Nos da.

caballero   Bonheddwr.

caballo   Ceffyl.

cabestro   Rheffyn.

cacao   Coco.

calafate   Aeron bychain glas-ddu, nid annhebyg i lus, y gwneir
                      jam ohonynt. Gw. calaffats (Geirfa Gymraeg).

Camaruco   Gŵyl yr Indiaid.

camión   Lori. *Camiones*: lorïau.

campamento   Gwersyll. Hefyd *campin*.

capataz   Fforman.

capilla   Capel.

Capilla Galesa   Capel Cymraeg.

carguero   Pynfarch; ceffyl pwn. E.e., ceffyl yn cario pynnau
                      o fwyd, taclau coginio a nwyddau ar draws y Paith.
                      Cargueros: pynfeirch.

casgui   Ysbiwyr yr Indiaid. Chasqui: negesydd.

catango	Trol bren a dwy olwyn fawr iddi, yn cael ei thynnu gan ychen.
cédulas	Dogfennau swyddogol.
centímetro	Centimedr.
cerdo	Mochyn. Carne de cerdo: cig moch; porc.
charabón	Cyw y *ñandú* (estrys)
Chilenos	Hanner Indiaid. Yn llythrennol, brodorion Chile yw'r ystyr.
Chinas	Gwragedd yr Indiaid.
chulengos	Gwanacos bychain, ifanc.
Chupat	Enw afon. Afon Chubut / Camwy.
cocina	Cegin.
colectivo	Bws.
comercial	Masnachol.
comisaría	Swyddfa'r heddlu.
cordero	Cig oen.
corral	Corlan (i gadw anifeiliaid).
correo	Llythyrdy; swyddfa bost.
Cristianos	Yn llythrennol: Cristnogion. Enw'r Indiaid ar y Sbaenwyr; gelynion; pobl ddrwg. Gw. hefyd 'Amigos de los Indios'.
Deseado	Enw ar afon.
despacio	Ara deg (arwydd ffordd).
dyscot	Côt wen rhag llwch: 'dust-coat'. Gwisgir gan blant ysgol. Gw. hefyd *guardapolvo*.
ensalada	Salad.
estancia	Fferm fawr; *ranch*.
firma	Cwmni.
flechas	Enw'r Indiaid ar saethau neu flaenau saethau.
Galenso	Cymro.
galpón	Sied; tŷ gwair; ydlan. Ll. *galpones*.

Gaucho	Yn wreiddiol, brodorion crwydrol y Paith. Ond defnyddir yn aml hefyd yn gyffredinol am gowbois De America.
gracias	Diolch.
Gringo	Un heb ei fagu yn y wlad a heb fod yn gyfarwydd â'i harferion.
Gualicho	Y Gŵr Drwg: cythraul; ysbryd. Ceir y ffurfiau a ganlyn gan Elisa Dimol a Gweneira yn y gyfrol hon: *Gualicho*; *Walicho*; *Walichw*; Gwalitso; Walitsio.
guardapolvo	Côt wen i warchod plant ysgol rhag llwch (*polvo*). Gw. hefyd *dyscot*.
hasta la próxima	Tan tro nesaf.
hasta luego	Tan toc.
hectárea	Hectar.
hombre malo	Dyn drwg!
INTA	*Instituto Nacional de Tecnología Agropecuaria* (Sefydliad Gwladol dros Dechnoleg Amaethyddol).
jarilla	Llwyn sy'n gyffredin ym Mhatagonia. 'Coed bocs' oedd un enw arno gan y Cymry.
9 de julio	9fed o Orffennaf, yn coffáu datganiad swyddogol annibyniaeth Ariannin yn 1816.
La Luz	'Y Golau' (ysbryd).
lona	Tarpwlin; llywanen.
madrina	Caseg ddof gyda chloch am ei gwddf yn arwain gyr o geffylau ar y Paith i chwilio am geffylau coll. Mae clywed sŵn y gloch yn gymorth i'w dilyn.
Malacara	Ystyr y gair yn llythrennol yw: 'wyneb budr, neu hyll'. Dyna enw'r ceffyl enwog y marchogai John Evans arno ym mis Mawrth 1884 pan ddihangodd rhag yr Indiaid, ebol coch ei liw a thalcen gwyn, o dras y ceffylau *criollo*. Ceffylau esgyrnog a chryf.

malija (valija)	Bag teithio; cwdyn.
mallín	Tir gwastad, pantiog a gwlyb yn y Wladfa sy'n dda at dyfu gwair ('*mallin*').
mañana	Yfory.
mar	Môr.
matra	Carthen batrymog wedi'i gwehyddu gan y gwragedd brodorol.
25 de mayo	25ain o Fai, dydd coffáu datgan hunan-lywodraeth yr Ariannin yn 1810.
mercado	Marchnad; siop.
minifalda	Sgert gwta.
Morito	Enw ar geffyl. Ffurf arall: Monrito. Ystyr yn llythrennol: 'yr un bach tywyll'.
mozito	Gwas bach.
mucho	Llawer.
museo	Amgueddfa.
ñandú guaraní	*Rhea Darwinii*, y *guara níes*, estrys De America, sy'n llai o faint nag estrys Affrica.
Naptha Wico	'Tin o Naptha Wico'.
Natha	Naftalina? Mygdarthydd; awyrydd. (Ei ddefnyddio wedi prynu dodrefn newydd i gadw dillad.) Cymh. peli camffor.
norte	Gogledd.
Oscuro	Tywyll. Enw ar geffyl: ceffyl du a man gwyn ar ei frest.
pájaro	Aderyn.
[viento] pampero	Storm o lwch.
pasear	Mynd am dro (berf).
paseando	Am dro o dŷ i dŷ / o le i le. 'Y mae hwyl ardderchog i'w gael wrth vyned i *baseando* gyd â Mrs Williams.' (Dyddiadur Blodwen Camwy, 29 Mehefin 1920.)
paseo	Taith hamdden (enw).
patagón	Esgidiau uchel a wisgid gan y brodorion i hela. Dywedir mai dyna darddiad yr enw Patagonia.

pescado	Pysgodyn sydd wedi'i ddal. 'Pez' yw ei enw tra mae yn y dŵr.
petróleo	Olew.
picana	Rhan flasus o lwynau'r estrys.
piche	Armadilo bychan.
pico	Mynydd.
plumero	Tusw o blu estrys wedi'u rhwymo wrth goes bren i dynnu llwch.
poco bara	'Ychydig fara'. Fel hyn yr arferai'r Indiaid ofyn i'r Cymry am fara.
polo	Cyw iâr.
polvo	Llwch.
postre	Pwdin.
pozo	Ffynnon.
primavera	Gwanwyn.
próceres	Gwroniaid. Yn Ariannin defnyddir y gair 'i gyfeirio at arweinwyr yr ymgyrch dros annibyniaeth a llywodraethwyr a chadfridogion blynyddoedd cynnar y wladwriaeth' (Cathrin Williams, *Bywyd yn y Wladfa*, t. 162).
Provincia	Talaith.
pullman	Bws.
quillango	Ponsio, wedi'i wneud o grwyn gwanacos ifanc (*chulengos*).
rancho	Bwthyn ar y Paith.
rifleros	Reifflwyr. *Compañia de Rifleros del Chubut*: enw Cwmni a fu'n croesi'r Paith o Ddyffryn Camwy i Gwm Hyfryd.
río	Afon.
Río Grande	Enw afon.
salina	Llyn halen.
salitre	Halen yn codi o'r ddaear.
Salón San David	Neuadd Dewi Sant, Trelew.
sauce criollo	Math o helyg sy'n tyfu yn Ne America.

Seino / Zaino	Ceffyl gwinau.
siesta	Cyntun / gorffwys canol dydd.
Tehuelche	Enw ar lwyth brodorol.
tero	Aderyn tebyg i gornchwiglen.
tía	Modryb.
tiradores	Gwregysau llydan ag iddynt bocedi cryfion i gario llawddryll a mân offer arall.
toldo	Pabell y brodorion.
toro	Tarw.
tortas	Teisennod.
torta Galesa	Teisen Gymreig.
tortilla	Math o omlet.
tosca	Craig wen, feddal, nid annhebyg i sialc.
tractores	Tractorau; tracsionau.
travesía	Hirdaith dros anialdir, sych.
tropas	Nifer o wagenni yn ymuno â'i gilydd i gario gwlân a nwyddau ar hyd y Paith.
tropilla	Gyr / gre o geffylau.
tsiripá	Mantell amryliw o groen gwanacos a wisgir gan yr Indiaid. (Mae'r acen ar y sillaf olaf.)
Tobianos	Ceffylau yn cynnwys ystaeniau gwyn ar eu cefnau.
Tupa	Duw daioni.
Vascos	Pobl o wlad y Basg.
vehículo	Cerbyd.
vez	Amser.
vino	Gwin.
yerba	Gw. 'mate' a 'gwyrdd' yn yr eirfa Gymraeg.
zapatero	Crydd.

Llyfryddiaeth

A. Cyhoeddiadau Printiedig

Abdala, Alberto, a Matthew Henry Jones, *Capillas del Valle* [cyfrol ddwyieithog ar gapeli Dyffryn Camwy]; Trelew, Chubut, 1965.

Berwyn, R J, *Gwerslyvr Cyntav i Ddysgu Darllen Cymraeg at Wasanaeth Ysgolion y Wladva. Ail Argraf[f]iad, wedi ei ddiwygio a'i helaethu.* Cyhoeddwyd gan yr awdur; y Wladfa, 1881.

Berwyn, R J, a Thomas Pugh, *Gwerslyvr i Ddysgu Darllen Cymraeg. Wedi ei baratoi at wasanaeth Ysgolion dyddiol y Wladva*; 1878.

Birt, Paul W (gol.), *Bywyd a Gwaith John Daniel Evans El Baqueano*; Gwasg Carreg Gwalch, Llanrwst, 2004.

'Breuddwydio'r Paith: Llenyddiaeth y Wladfa, 1880–1945', yn *Ysgrifau Beirniadol,* XXVIII, gol., Gerwyn Williams; Gwasg Gee, 2009, tt. 47–71.

Brebbia, C A, *Patagonia A Forgotten Land: From Magellan to Peron*; WIT Press, Southampton, 2007.

Davies, Aled Lloyd, *Y Fenter Fawr*; Canolfan Technoleg Addysg Clwyd, 1986.

Davies, David Leslie, *Matthews, Morgannwg a'r Mimosa*; Cymdeithas Cymru-Ariannin, 2007.

Davies, Gareth Alban, *Tan Tro Nesaf: Darlun o Wladfa Gymreig Patagonia*; darluniau gan Kyffin Williams; Gwasg Gomer, Llandysul, 1976.

[Yn y nodiadau i'r gyfrol hon ceir cyfeiriad at nifer o gyhoeddiadau perthnasol mewn cylchgronau, megis y *Geographical Journal,* a chan awduron, megis Emrys G Bowen a Glyn Williams.]

'Wales, Patagonia and the Printed Word: The Missionary Role of the Press', *Llafur,* 6:4, 1995, tt. 44–59.

Davies, Jonathan Ceredig, *Patagonia: A Description of the Country, and the Manner of Living at Chubut Colony. Also, an Account of the Indians and their Habits*; D Davies, Treorci, 1892.

Y Dravod, newyddiadur Cymraeg y Wladfa, 1891–.

Eames, Aled, *Y Fordaith Bell*, Gwasg Gwynedd, Caernarfon, 1993.

Ellis o'r Nant, *Yr Ymfudwr Cymreig*; Jones a Roberts, Blaenau Ffestiniog, 1883.

Emlyn, Mari, gol. *Llythyrau'r Wladfa, Cyf. 1 (1865–1945)*, Gwasg Carreg Gwalch, Llanrwst, 2009; *Cyf. 2 (1945–2010)*, Gwasg Carreg Gwalch, 2010.

Stori'r Wladfa; Gwasg Gomer, Llandysul, 2010.

Emyr, Gwen, gol., *Hyd Eithaf y Ddaear. Atgofion Cenhades Gymraeg yn y Wladfa: Eluned Mair Davies*; Gwasg y Bwthyn, Caernarfon, 2010.

gol., *To the Ends of the Earth. Memories and Recollections of a Welsh Missionary in Patagonia: Eluned Mair Davies*; Gwasg y Bwthyn, Caernarfon, 2012.

gol., *Hasta el Confín de la Tierra. Recuerdos de una misionera galesa en el Chubut: Eluned Mair Davies*. Cyfieithwyd i'r Sbaeneg gan Elvey MacDonald; Librería Cristiana San David [2015].

Evans, Hazel Charles, *Siwrne 13*; yr awdur, 2014.

Ferrari, Carlos Dante, *Y Gaucho o'r Ffos Halen*, cyf. Gareth Miles; Gwasg Carreg Gwalch, Llanrwst, 2004.

George, W R P, gol., *Gyfaill Hoff. Detholiad o Lythyrau Eluned Morgan*; Gwasg Gomer, Llandysul, 1972.

Gold, Ed, *Patagonia: Byd Arall / Otro Mundo / Another World*; Gwasg Gomer, Llandysul, 2012.

Gower, Jon, *Gwalia Patagonia*; Gwasg Gomer, Llandysul, 2015.

Green, Fred, *Pethau Patagonia*, gol., Marian Elias; Cyhoeddiadau Mei, Pen-y-groes, 1984.

Griffiths, René, *Ramblings of a Patagonian*; Artisan Media Publishing, 2014, Caerdydd.

Gwyndaf, Robin, 'Tu Hwnt i Hwntw: Llên Gwerin y Wladfa', *Llafar Gwlad*, rhif 86, 2004, tt. 12–14.

Hughes, Hugh, [Cadfan Gwynedd], *Llawlyfr y Wladychfa Gymreig*; L Jones, Llynlleifiad, 1862. (Cyhoeddwyd *Attodiad* yn 1863.)

Hughes, W Meloch, *Ar Lannau'r Gamwy ym Mhatagonia*; Gwasg y Brython, Lerpwl, 1927.

Ifans, Dafydd, gol., *Tyred Drosodd: Gohebiaeth Eluned Morgan a Nantlais*; Gwasg Efengylaidd Cymru, Pen-y-bont ar Ogwr, 1977.

Isaac, Norah, *Crwydro Gorff a Meddwl*; Christopher Davies, Llandybïe, 1983.

James, E Wyn, a Bill Jones, gol., *Michael D Jones a'i Wladfa Gymreig*; Gwasg Carreg Gwalch, Llanrwst, 2009.

James, E Wyn, 'Michael D Jones and His Visit to Patagonia in 1882', yn *Los Galeses en la Patagonia V*, gol., Fernando Coronato & Marcelo Gavirati; Asociación Punta Cuevas, Asociación Cultural Galesa de Puerto Madryn & Centro de Estudios Históricos y Sociales de Puerto Madryn, Puerto Madryn, Chubut, 2012, tt. 289–301.

'Plentyn y Môr: Eluned Morgan a'i Llyfrau Taith', *Taliesin,* 148, Gwanwyn 2013, tt. 66–81.

'Eluned Morgan and the "Children of the Sun"', yn *Los Galeses en la Patagonia V1*, gol. Marcelo Gavirati & Fernando Coronato; Asociación

Punta Cuevas, Asociación Cultural Galesa de Puerto Madryn & Centro de Estudios Históricos y Sociales de Puerto Madryn, Puerto Madryn, Chubut, 2014, tt. 249–65.

Jones, Bill, 'The Welsh Australian Dimension to the History of Y Wladfa, *c.* 1860–1880', yn *Los Galeses en la Patagonia V*, gol., Fernando Coronato & Marcelo Gavirati; Asociación Punta Cuevas, Asociación Cultural Galesa de Puerto Madryn & Centro de Estudios Históricos y Sociales de Puerto Madryn, Puerto Madryn, Chubut, 2012, tt. 303–29.

Jones, E Pan, *Oes a Gwaith y Prif Athraw y Parch. Michael Daniel Jones, Bala*; H Evans, y Bala, 1903.

Jones, Irma Hughes de, *Edau Gyfrodedd*. Detholiad o'i gwaith, golygwyd gan Cathrin Williams, Gwasg Gee, Dinbych, 1989.

Jones, James Peter, *Bardd y Neuadd Wen*; casglwyd gan Ieuan May Jones, golygwyd gan Cathrin Williams; teulu'r awdur, y Wladfa, 2009.

Jones, Joseph Seth, *Dyddiadur Mimosa*, gol. Elvey MacDonald; arg.1af 2002; 2ail arg. 2005; Llyfrgell Genedlaethol Cymru a Gwasg Carreg Gwalch, Llanrwst.

Jones, Lewis, *Hanes y Wladva Gymreig, Tiriogaeth Chubut, yn y Weriniaeth Arianin, De Amerig*; Cwmni'r Wasg Genedlaethol Gymreig, Caernarfon, 1898.

Jones, Marged Lloyd, *Nel Fach y Bwcs*; Gwasg Gomer, Llandysul, 1992.

Ffarwél Archentina; Gwasg Gomer, Llandysul, 1995.

[Cyhoeddwyd y ddau lyfr hyn yn un gyfrol gan Wasg Gomer yn 2007: *O Drelew i Dre-fach*, gol., Eiry Palfrey.]

Jones, Robert John, *Odlau'r Paith*; Gwasg y Brython, Lerpwl, 1937.

Jones, Robert Owen, 'Amrywiadau Geirfaol yn Nhafodieithoedd Cymraeg y Wladfa', *Studia Celtica*, viii/ix, 1973–4, tt. 287–98.

'Cydberthynas Amrywiadau Iaith a Nodweddion Cymdeithasol yn y Gaiman, Chubut – Sylwadau Rhagarweiniol', *Bwletin y Bwrdd Gwybodau Celtaidd*, XXV11:1, Tachwedd 1976, tt. 51–64.

Tyred Drosodd, Darlith Flynyddol Llyfrgell Pen-y-groes, Cyngor Sir Gwynedd, 1979.

Yr Efengyl yn y Wladfa; Gwasg Efengylaidd Cymru, Pen-y-bont ar Ogwr, 1987.

'Yr Iaith Gymraeg yn y Wladfa', yn *Iaith Carreg fy Aelwyd: Iaith a Chymuned yn y Bedwaredd Ganrif ar Bymtheg*, gol., Geraint H Jenkins; Gwasg Prifysgol Cymru, Caerdydd, 1998, tt. 281–306.

Jones, Valmai, *Atgofion am y Wladfa*; Gwasg Gomer, Llandysul, 1985.

Lewis, Esyllt Nest Roberts de, gol., *Juan y Gwanaco a Cherddi Eraill*; Gorsedd y Wladfa / Ediciones El Regional, Gaiman, Chubut, 2011.

'Gwared ni rhag Gauchos' [erthygl sy'n 'trafod delweddau diweddar o'r Batagonia Gymreig', gyda sylw arbennig i gyfrol Ed Gold, *Patagonia: Byd Arall*], *Barn*, Ebrill, 2013, tt. 28–32.

Lublin, Geraldine, 'Gwalia Wen Gwalia Draw?', *Taliesin*, 153, Hydref 2014, tt. 15–20.

Llafar Gwlad, rhifau 86 (2004) ac 128 (2015), wedi'u neilltuo yn arbennig i'r Wladfa.

MacDonald, Elvey, *Yr Hirdaith*; Gwasg Gomer, Llandysul, 1999.

Llwch. Hunangofiant; Gwasg y Lolfa, Tal-y-bont, 2009.

gol., *Cymdeithas Cymru-Ariannin: 1939–2014*; Cymdeithas Cymru-Ariannin, 2014.

Matthews, Abraham, *Hanes y Wladfa Gymreig yn Patagonia*; Mills ac Evans, Aberdâr, 1894.

Morgan, Eluned, *Dringo'r Andes*; Y Brodyr Owen, y Fenni, 1904.

    Gwymon y Môr; Y Brodyr Owen, y Fenni, 1909.

    Ar Dir a Môr; Y Brodyr Owen, y Fenni, 1913.

    Plant yr Haul; Evans a Williams, Cross Street, Caerdydd, 1915.

    [Cyhoeddwyd *Dringo'r Andes* a *Gwymon y Môr,* dan olygyddiaeth Ceridwen Lloyd-Morgan a Kathryn Hughes, yng nghyfres Clasuron Honno yn 2001.]

Moss, Chris, *Patagonia: A Cultural History (Landscapes of the Imagination)*; Signal Books, Oxford, 2008.

Owen, Geraint Dyfnallt, *Crisis in Chubut: A Chapter in the History of the Welsh Colony in Patagonia*; Christopher Davies, Abertawe, 1977.

Parry, J, (Ioan Dderwen o Fôn), *Y Ddraig Goch: sef Caneuon Gwladfaol a Gwladgarol*; Lewis Jones, Llannerch-y-medd, 1873.

Rees, D Ben, gol., *Stori'r Mimosa*; Pwyllgor *Yr Angor*, Lerpwl, 2005.

Roberts, Edwyn Cynrig, *Hanes Dechreuad y Wladfa Gymreig yn Mhatagonia;* J F Williams, Bethesda, 1893.

Roberts, Guto, a Marian Elias Roberts, gol., *Byw ym Mhatagonia;* 'Detholiad o gynnyrch cystadlaethau yn Eisteddfod Genedlaethol Cymru i rai sydd wedi byw yn y Wladfa Gymreig ym Mhatagonia.' Gwasg Gwynedd / Cymdeithas Cymry Ariannin, Caernarfon, 1993.

Roberts, Ioan, *Rhyfel Ni: Profiadau Cymreig o Ddwy Ochr Rhyfel y Falklands / Malvinas, 1982*; Gwasg Carreg Gwalch, Llanrwst, 2003.

Roberts, Tegai, a Marcelo Gavirati, gol., *Diaros del Explorador Llwyd ap Iwan*; Patagonia Sur Libros, Villa Adelina / La Bitácora Patagónica, Gral Roca, 2008.

Rhys, Matthew, *Patagonia. Croesi'r Paith: Crossing the Plain*; Gwasg Gomer, Llandysul, 2010.

Rhys, William Casnodyn, *A Welsh Song in Patagonia*, 2005.

Sepiurka, Sergio, a Jorge Miglioli, *Rocky Trip. La Ruta de los Galeses en la Patagonia: The Route of the Welsh in Patagonia*; Balero Producciones, Esquel; GAC Grupo Abierto Comunicaciones, Buenos Aires, 2004.

Taliesin, 125, Haf 2005: erthyglau ar Batagonia, gan Robert Owen Jones, Eiry Miles, Walter A Brooks, Geraldine Lublin a Gareth Miles.

Thomas, John Murray, et al., *Una Frontera Lejana: La Colonización Galesa del Chubut, 1865-1935*; Editiones Fundación Antorchas, Buenos Aires, 2003. [Cyfrol o luniau gan John Murray Thomas ac eraill. Cynnwys y gyfrol hefyd ysgrifau yn Sbaeneg a Saesneg gan Bill Jones, María M Bjerg a Luis Priamo.]

Tudur, Dafydd, *Lewis Jones a'i Wladfa Gymreig*; Cymdeithas Cymru-Ariannin a Chyngor Gwynedd, 2005.

Wilkinson, Susan, *Mimosa: The Life and Times of the Ship that Sailed to Patagonia;* Gwasg y Lolfa, Tal-y-bont, 2007.

Mimosa's Voyages: Official Logs, Crew Lists and Masters; Gwasg y Lolfa, Tal-y-bont, 2007.

Williams, Cathrin, *Haul ac Awyr Las. Blwyddyn yn y Wladfa*; Gwasg Gee, Dinbych, 1993.

Y Wladfa yn Dy Boced: Llyfr Taith i'r Wladfa; arg. 1af 2000; 2ail arg. 2001; 3ydd arg. 2007; 4ydd arg. 2015; Gwasg y Bwthyn, Caernarfon.

gol., *Agor y Ffenestri. Cyfrol o Lenyddiaeth y Wladfa er y Flwyddyn 1975*; cyhoeddir er cof am T Arfon Williams (1935–98); Cymdeithas Cymru-Ariannin, 2001.

gol., *Bywyd yn y Wladfa* [detholiad o gyfansoddiadau'r Eisteddfod Genedlaethol, 1993–2008, cystadleuaeth 'i rai sydd wedi byw yn y Wladfa ar hyd eu hoes ac yn dal i fyw yn yr Ariannin']; Gwasg y Bwthyn / Cymdeithas Cymru-Ariannin [2009].

Williams, Cathrin a May Williams de Hughes, gol., *Er Serchog Gof. Casgliad o Arysgrifau o Fynwentydd y Wladfa;* Gwasg Gee, Dinbych, 1997.

Williams, David, *El Valle Prometido*; Ediciones del Cedro, Gaiman, Chubut, 2008.

Entretelones y Tolderías: Un Estudio del Contacto entre Aborígenes y Galeses en la Patagonia; Editorial Jornada, Trelew, Chubut, 2011.

Williams, Fernando, *Entre el Desierto y el Jardín*: Prometeo Libros, Buenos Aires, 2010.

Williams, Glyn, *The Desert and the Dream. Colonization in Chubut: 1865–1915*; Gwasg Prifysgol Cymru, Caerdydd, 1975.

The Welsh in Patagonia: A Critical Bibliographical Review; Gwasg Prifysgol Cymru. Cyhoeddwyd ar ffurf *microfiche,* 1979, 1980.

The Welsh in Patagonia: The State and the Ethnic Community; Gwasg Prifysgol Cymru, 1991.

'Welsh Settlers and Native Americans in Patagonia', *Journal of Latin American Studies*, 11:1, 1979, tt. 42–66.

Williams, Kyffin, *Gwladfa Kyffin. Kyffin in Patagonia*: Llyfrgell Genedlaethol Cymru, Aberystwyth, 2004.

Williams, R Bryn, *Cymry Patagonia*; Gwasg Aberystwyth, 1942.

Lloffion o'r Wladfa; Llyfrau Pawb, Dinbych, 1944.

Straeon Patagonia; Gwasg Aberystwyth, 1946.

Eluned Morgan. Bywgraffiad a Detholiad; Y Clwb Llyfrau Cymreig, 1948.

Pentewynion (cyfrol o gerddi); Gwasg y Dydd, Dolgellau, 1949.

Rhyddiaith y Wladfa; Gwasg Gee, Dinbych, 1949.

Bandit yr Andes; Hughes a'i Fab, Caerdydd, 1951.

Y March Coch; Gwasg y Bala, 1954.

Croesi'r Paith; Llyfrau'r Dryw, Llandybïe, 1958.

Crwydro Patagonia; Llyfrau'r Dryw, Llandybïe, 1960.

gol., *Awen Ariannin*; Llyfrau'r Dryw, Llandybïe, 1960.

Y Wladfa; Gwasg Prifysgol Cymru, Caerdydd, 1962.

Gwladfa Patagonia. The Welsh Colony in Patagonia: 1865–1965; Gwasg Prifysgol Cymru, 1965.

1865–1965: Pererindod i Batagonia. Pilgrimage to Patagonia; pamffled Canmlwyddiant y Wladfa; Pwyllgor Cenedlaethol Dathlu'r Canmlwyddiant, Bangor, 1965.

golygwyd ar y cyd â John Hughes, *Canu'r Wladfa. Detholiad o Waith Cerddorion a Phrydyddion y Wladfa ym Mhatagonia*; Pwyllgor Cenedlaethol Dathlu'r Canmlwyddiant, Bangor, 1965.

Teithiau Tramor; Gwasg Gomer, Llandysul, 1970.

O'r Tir Pell. Cyfres o Gerddi; Gwasg y Brython, Lerpwl, 1972.

gol., *Atgofion o Batagonia*. [Detholiad o'r ysgrifau a anfonwyd i'r gystadleuaeth arbennig yn Eisteddfod Genedlaethol Caerdydd, 1978, 'i rai sydd wedi byw yn y Wladfa ar hyd eu hoes ac yn dal i fyw yn yr Ariannin.']; Gwasg Gomer, Llandysul, 1980.

Prydydd y Paith. Hunangofiant; Gwasg Gomer, 1983. [Yn yr hunangofiant hwn cynhwysir llyfryddiaeth helaeth o weithiau RBW, gan gynnwys ei nofelau a'i storïau antur. At dair yn unig o'r cyfrolau hyn y cyfeirir yn y llyfryddiaeth bresennol.]

Cerddi Hydref; Cyhoeddiadau Barddas, 1986.

Zampini, Albina Jones de, *Cien atuendos y un sombrero: moda y familia en Chubut desde 1859 a 1939,* yr awdur, [Gaiman, Chubut], 1991.

Reunión de familias en el Sur, llegadas al Chubut entre 1865 y 1922; yr awdur, [Gaiman, Chubut], 1995.

Reunión de familias ên el Sur II; yr awdur, [Gaiman, Chubut], 2001.

B. Traethodau Ymchwil

Brooks, Walter Ariel, 'Welsh Print Culture in Y Wladfa. The Role of Ethnic Newspapers in Welsh Patagonia, 1868–1933.' Traethawd doethuriaeth (PhD) Prifysgol Caerdydd, 2012.

Jones, Robert Owen, 'Astudiaeth o Gydberthynas Nodweddion Cymdeithasol ag Amrywiadau'r Gymraeg yn y Gaiman, Dyffryn Camwy.' Traethawd doethuriaeth (PhD) Prifysgol Cymru, Abertawe, 1984.

Lublin, Geraldine, 'Memoirs and Identity in Welsh Patagonia: Constructions of Welsh Patagonian Identity as Reflected in Memoirs Written by Welsh Descendants in the Province of Chubut Towards the End of the Twentieth Century.' Traethawd doethuriaeth (PhD) Prifysgol Caedydd, 2008.

Tudur, Dafydd, 'The Life, Thought and Work of Michael Daniel Jones (1822–1898).' Traethawd doethuriaeth (PhD) Prifysgol Cymru, Bangor, 2006.

C. Llawysgrifau
i. Casgliad Amgueddfa Werin Cymru
Am fanylion pellach, gw. y ffynonellau i ysgrifau Elisa Dimol de Davies a Gweneira Davies de Quevedo yn y gyfrol hon.
Llsg. AWC: 1461 / 1
Llsg/au AWC: 1469 / 1 / 4 / 5
Llsg/au AWC: 2222 / 1 / 2
Llsg/au AWC: 2093 / 1 / 4

ii. Casgliad Eleri a Robin Gwyndaf

a. Copïau mewn llawysgrifen neu deipysgrif o'r mwyafrif o'r ysgrifau o eiddo Elisa Dimol de Davies a'i merch Gweneira a gyhoeddir yn y gyfrol hon. Am wybodaeth bellach, gw. y ffynonellau i'r ysgrifau.

b. Dau ddyddiadur gwreiddiol Blodwen Camwy: 15 Hydref 1914 – 30 Ebrill 1915; 23 Ionawr – 11 Tachwedd 1920.

CH. Gwefannau a chasgliadau digidol

i. Gwefan Cymdeithas Cymru-Ariannin: *La Asociación Gales-Argentina*

www.cymru-ariannin.com/cy/hanesywladfa.php

Gw. yn arbennig:

Eirionedd A Baskerville, 'Cydymaith i'r Wladfa Gymreig ym Mhatagonia' [Bywgraffiad o 30 o arloeswyr y Wladfa]; Cymdeithas Cymru-Ariannin, 2014.

ii. Glaniad: 'Gwefan deirieithog sy'n adrodd hanes sefydlu'r Gwladfeydd Cymreig ym Mhatagonia'

www.glaniad.com

iii. Casgliad y Werin Cymru: 'Patagonia 2015'

www.casgliadywerincymru.co.uk

iv. Gwefan Llyfrgell Genedlaethol Cymru: Y Wladfa / Patagonia

www.llgc.org.uk/index.php?id=238&L=1

www.llgc.org.uk/cy/casgliadau/dysgwch-fwy/readinglists/thewelshsettlementin patagonia

Mynegai

1. Personau
2. Enwau Lleoedd
3. Pwnc

1. Personau

Nodyn. Gweler hefyd Mynegai rhif 3. Cyfeirir at rai personau yno, yn ôl pwnc. Er enghraifft, pregethwyr a gweinidogion, cerddorion, arweinyddion corau a chrefftwyr, ond mewn rhai achosion ceir trawsgyfeiriad.

Teulu Twmi Dimol

Teulu Dimol, 20-1, 31-43, 44-5

Twmi Dimol (Thomas Pennant Dimol), Pennant Melangell, gŵr cyntaf Elizabeth Pritchard, a thaid Blodwen Camwy ac Elisa Dimol, 17, 20-1, 31-4 (eisteddfod, Nadolig 1865), 41-2, 44-5, 457

Elizabeth Pritchard, Caergybi. 1. Gwraig Twmi Dimol a nain B Camwy ac E Dimol. 2. Gwraig Richard Jones Berwyn, 32-5, 37-8, 44-5, 122, 127, 128, 129, 140, 147, 149

Arthur Llewelyn Dimol, mab Elizabeth Pritchard a Thwmi Dimol, a thad B Camwy ac E Dimol, 34, 35-8, 44-5

Elizabeth Ellen Jones, Ffridd Gymen, Llangywer, Meirionnydd, priod Arthur Llewelyn Dimol, a mam B Camwy ac E Dimol, 36-8, 44-5

Owen C(adwaladr) Jones, Ffridd Gymen, Llangywer, brawd Elizabeth Ellen Jones, mam B Camwy ac E Dimol; ymfudodd i'r Wladfa, 37-40, 44

Mary Pugh, priod Owen C Jones, brawd Elizabeth Ellen Jones (mam B Camwy ac E Dimol), 36-39

Gwladus Dimol, merch Elizabeth Pritchard a Thwmi Dimol; bu farw'n ferch ifanc, 34, 44-5

Gwladus Dimol, merch Elizabeth Ellen Jones ac Arthur Llewelyn Dimol, a chwaer i B Camwy ac E Dimol; bu farw yn ferch fach, 36, 44-5

Blodwen Camwy Dimol de Infante (1891-1942): cyflwyniad gan RG, 5; dyddiaduron ('dyddlyfrau'), 26, 29; teulu, 31-43; 'Nain a Taid Berwyn'

(Elizabeth Pritchard a Richard Jones Berwyn), 38; tabl achau, 44-5; portread Gweneira, ei nith, 50; gwaith: Cwmni Masnachol Camwy, Dolavon (Co-op), 50-1; priod: Antonio Infante, 51-2; eu dau blentyn: Arthur a Mercedes, 52; trasiedi: y ddau blentyn yn boddi yn afon Camwy, dydd Nadolig, 1940, 52; marwolaeth B Camwy a cherdd goffa Evan Thomas, 52-4; dyddiaduron B Camwy, 1914-15, 1920: cyflwyniad, 55-73; disgrifiad, 55-8; cynnwys y ddau ddyddiadur, 58-60; 1920: gweithio yn y Co-op, Dolavon, lletya gyda theulu John Williams, 60; gwerth y ddau ddyddiadur, 60-71; byd natur, yr amgylchedd a'r tywydd, 61; *paseando* (mynd am dro i weld pobl), 62-3; iechyd a phryder, 63-4; gwaith tŷ, 64; diddordebau llenyddol ac eisteddfodol (cyrddau llenyddol); Gŵyl y Glaniad, 65; adrodd, 65-6, 91; barddoni, 66; crefydd a chariad, 66-8; dawn lenyddol ac ieithyddol, 69-71; canllawiau golygu'r ddau ddyddiadur, 71-3; Dyddiadur 1, 15 Hydref 1914 – 30 Ebrill 1915 (croesi'r Paith a byw ym Mharc Unig, yr Andes), 76-120; 'breuddwyd câs', 106; serch, 109; darllen, 110; dolur gwddw, 111; ysgrifennu at 'rhiw lanc ifanc', 113; godro, 113; gweithio yng Nghwmni Masnachol Camwy, 'Co-op', Dolavon; Dyddiadur 2, 23 Ionawr – 11 Tachwedd 1920, lletya gyda Mr a Mrs John Williams a'r teulu, 122-57; Sul, 1 Chwefror 1920, cael ei 'hail-ddewis i fod yn athrawes [Ysgol Sul, Capel Dolavon]', 123; gwaith yn y Co-op (problem), 125; pen-blwydd B Camwy, 125; ysgrifennu traethawd, 134; 28 Ebrill 1920: wedi treulio blwyddyn union yn y Co-op Dolavon, 134; cwmni ei chwaer, Elisa, 134-5; ymarfer ei hadroddiad, 134; pwyso, 137; casglu ei dodrefn cyntaf, 138-9; cyfarfod â gŵr ifanc, 139; 'talu ... am y llyvrau', 140; 21-22 Mehefin, 'annwyd trwm', 140; 27 Gorffennaf 1920, 'concro vy adroddiad a'r ddadl erbyn yvory, sev Gŵyl y Glaniad', 144; 'gwelais rhiwun wnaeth i'm calon guro ...', 145; 'Haley-Ba-Lw!', 147; 'vy hip yn brivo yn arw', 149; trafferthion gyda'i hesgidiau, 126, 133, 137, 138, 140, 141, 147, 150, 151, 153, 154, 156-7; Anthony, ei chariad, 153; pwyso, 154; 'breiddwyd od', 155; 'nid wyv yn teimlo yn extra ...', 157; cofnod cynhwysfawr yn nyddiadur B Camwy o'i gweithgarwch yn ymwneud â'r capel a'r bywyd diwylliannol yn ardal Dolavon, 23 Ionawr – 11 Tachwedd 1920: oedfa ac Ysgol Sul (athrawes), cwrdd llenyddol ac ysgol gân, ymarferion cyson, gan gynnwys hefyd feysydd adrodd a dadl, 122-57

Antonio Infante, priod B Camwy, 45, 51-2

Arthur (Infante), mab B Camwy ac Antonio Infante, bu foddi yn Afon Camwy, Dydd Nadolig, 1940, 45, 52-4

Mercedes (Infante), merch B Camwy ac Antonio Infante, bu foddi yn Afon Camwy, Dydd Nadolig, 1940, 45, 52-4

Lewis Pennant Dimol, brawd B Camwy ac E Dimol, 37-8, 40-1, 44-5, 99, 101, 109, 111, 119, 123, 125, 126, 129, 140, 153

Luisa Pichiñán, Indianes, gwraig Lewis Pennant, 41

Elisa Ann Dimol de Davies (1895-1980), chwaer B Camwy a merch i Elizabeth Ellen Jones, Ffridd Gymen, Llangywer, ac Arthur Llewelyn Dimol (mab Elizabeth Pritchard a Thwmi Dimol): cyflwyniad gan RG, 5; cystadleuaeth yn gyfyngedig i'r Gwladfawyr, 12, 19, 25-6; gwerth ei hysgrifau, 26-7; dyfyniadau o'i hysgrifau, 29-30; teulu, 31, 43; tabl achau, 44-5; geni, Gorynys Valdes, 36-7; magwyd gan Mary Pugh a'i hewyrth, Owen C Jones, brawd ei mam, ar fferm yn ardal Ebeneser, Dyffryn Camwy, 37-40; disgrifiad o fywyd Elisa yn Ebeneser, 160-1; 1912: symud i fyw i fferm Drofa, Bryn Crwn, 161; 6 Mawrth 1920: priodi David John Davies, Bryn Crwn, a symud i fyw i'r Gaiman, 161-3; cyfraniad Elisa a'i phriod i'r capel ac i'r bywyd diwylliannol ym Mryn Crwn: y cyrddau llenyddol, yr ysgol gân, yr Ysgol Sul, y Gymanfa Ysgolion, y Band of Hope (Elisa yn hyfforddwraig), a Chôr Bryn Crwn, 162; geni Arthur Glyn (5 Mai 1921), Gweneira (7 Awst 1923), ac Irvonwy (Nanny, 9 Mawrth 1925), 161; symud i fyw i Ddolavon, Elisa yn cadw 'tŷ te' a David John yn gweithio fel barbwr; symud yn fuan wedyn i Drelew, i 'gadw tŷ bwyd', 162; dyhead i'r 'plant gael addysg', 162; symud o Drelew i Gomodoro Rivadavia, eto i weithio mewn 'lle bwyd', a geni eu pedwerydd plentyn, Hanzel (23 Awst 1934), 163; sefydlu Cymdeithas Dewi Sant, a David John yn arwain y côr, 163; dathlu Gŵyl y Glaniad, 163; 2 Ebrill 1953: David John yn marw, 163; 1962: Elisa yn symud yn ôl i Drelew, 163; bu farw 16 Hydref 1980, 163; paratoi traethodau ac ysgrifau a chystadlu mewn eisteddfodau: rhoi ar gof a chadw, 'help mawr mewn blynyddoedd i rywrai', 164-6; dethol ysgrifau a thraethodau Elisa i'w cyhoeddi yn y gyfrol hon, 166-7; eitemau nas cynhwyswyd, 167-8; ffugenwau eisteddfodol Elisa, 169; canllawiau golygu, 169-71; 447

David John Davies (1892-1953), priod E Dimol, 44-5, 161-3: Adroddwr, 162; cerdd 'Gŵyl y Glaniad, 1920', 162; 10 Awst 1920, nodyn gan B Camwy: David John Davies yn gorfod mynd i'r ysbyty ym Muenos Aires, 146; ffermio ym Mryn Crwn, 161-2; symud i Ddolavon, yna i Drelew a Chomodoro Rivadavia, 162-3; arwain côr, 163; marw o'r cancr, 2 Ebrill 1953, 163. Gw. hefyd Elisa Ann Dimol de Davies

Arthur Glyn Davies, mab E Dimol a David John Davies, 44-5

Irvonwy (Nanny), merch E Dimol a David John Davies, 44-5

Dr Hanzel Davies, meddyg; mab E Dimol a David John Davies, a brawd Gweneira; byw ym Muenos Aires, 319

Gweneira Davies de González de Quevedo (1923-2015), cyflwyno'r gyfrol gan RG, 5; cystadlu yn yr Eisteddfod Genedlaethol, 19, 25; marwolaeth, 25; englyn RG, 25; dyfyniad o'i hysgrif, 30; y teulu, 31-43; tabl achau, 44-5; bywgraffiad, 318-323; addysg, 318; gwaith fel athrawes yn Tecka, Esquel, a Threlew, 318-19; priodi Joaquín González de Quevedo, 318; plant, 319; ei dau frawd ac un chwaer, 319; cyfraniad ym myd crefydd a diwylliant, 319-20; anrhydeddau, 320-1; ysgrifau a thraethodau, 322; y detholiad presennol a chanllawiau golygu, 322; ysgrif 'Bywyd a Gwaith Gweneira', 324-32: bywyd yn blentyn ar fferm yn ardal Bryn Crwn, 324-5; dathlu Gŵyl y Glaniad, 28 Gorffennaf, 326; Band of Hope, ysgol gân, eisteddfod (cwrdd llenyddol) a chapel, 326-7; difyrrwch diwrnod dyrnu, 327; symud i Gomodoro Rivadavia, 327-8; 1945: i Tecka yn athrawes mewn ysgol ar y Paith, 328; eira a phyllau dŵr ar y Paith, 329; plant yr ysgol, 329-30; 1949: priodi, symud i fyw ger Esquel a chadw ysgol i blant oed meithrin, 331; 1955: symud i Drelew yn athrawes, 331-2; gwerthfawrogi pob cyfle a dyhead am weld adfywiad i'r Gymraeg, 331-2; bywyd yng Nghomodoro Rivadavia, gwynt a llwch, 366-7; 445

Joaquín González de Quevedo, priod Gweneira, merch E Dimol, 44-5

Gloria Susana, merch Gweneira a Joaquín González de Quevedo, 44-5

Guillermo, mab Gweneira a Joaquín González de Quevedo, 44-5

Teulu Richard Jones Berwyn

Richard Jones Berwyn (hefyd ei briod, **Elizabeth Pritchard**, a'r teulu): 17-

18, 20, 21, 32, 34-5, 37-8, 44-5, 50, 58-60, 202, 274-9 (E Dimol, pen. 18), 279 (ei gartref: 'Llety'r Fforddolion'), 291, 300, 352, 415, 458

Elizabeth Pritchard, Caergybi: 1. Gwraig Twmi Dimol a nain B Camwy ac E Dimol. 2. Gwraig Richard Jones Berwyn, 32-5, 37-8, 44-5, 122, 127, 128, 129, 140, 147, 149. Gw. hefyd Richard Jones Berwyn

Dilys Berwyn, 'Modryb Dilys', merch Elizabeth a Richard Jones Berwyn, priod Llewelyn Berry Rhys, a mam Uriena Lewis, 60, 78, 94, 101, 115, 117, 119, 123, 126, 138, 153, 155, 157

Llewelyn Berry Rhys, 'Ewyrth Llew', priod Dilys Berwyn a thad Uriena Lewis, 137, 138, 153

Uriena Lewis, merch Dilys Berwyn a Llewelyn Berry Rhys, 125, 137, 354

Alwen Berwyn, 'Modryb Alwen', 115, 118, 125, 133, 140, 153

Einion Berwyn, 'Ewyrth Einion', mab Elizabeth a Richard Jones Berwyn, 59, 76, 81, 100

Ffest Berwyn, merch Elizabeth Pritchard a Richard Jones Berwyn; priod Samuel Jones; 58-60; teithio gyda B Camwy o Ddyffryn Camwy i'r Andes, 15 Hydref 1914 – 30 Ebrill 1915 (gw. Dyddiadur 1, B Camwy), 76-121, 153

Samuel Jones, priod Ffest Berwyn; teithio gyda B Camwy o Ddyffryn Camwy i'r Andes, 15 Hydref 1914 – 30 Ebrill 1915 (gw. Dyddiadur 1, B Camwy), 58-9, 76-120

Gwladys, merch fach Ffest Berwyn a Samuel Jones; teithio gyda B Camwy o Ddyffryn Camwy i'r Andes, 15 Hydref 1914 – 30 Ebrill 1915 (gw. Dyddiadur 1, B Camwy), 58, 76-120

Gwenonwy Berwyn, 'Modryb Gweno', merch Elizabeth Pritchard a Richard Jones Berwyn, priod John Charles Green, a mam Fred Green, 60, 95, 115, 119, 134, 142

Ithel Berwyn, 'Ewyrth Ithel', mab Elizabeth Pritchard a Richard Jones Berwyn, 59, 77, 92, 122, 129, 134, 154

Wyn Berwyn, 'Ewyrth Wyn', 127, 129, 138

'Ewyrth Glyn', Parc Unig, yr Andes, 60, 111, 116, 118, 119, 132 (a mannau eraill yn Nyddiadur 1, B Camwy, 76-120)

Vera a Fred Green a'r teulu (Mary, Alwen, Charlie ac Erik), Trevelin, 17, 27, 32-4, 102, 134, 143, 443, 452-3. Gw. hefyd Alwen Green a Mary Green

John Charles Green, 'Ewyrth Charles', bu f. 18 Chwefror 1914 o'r teiffws, 56, 104

Alwen Green, Trevelin, 17 (cydnabod cymorth)

Mary Green, Trevelin, 17; cerdd arobryn, 'Bywyd', 452-3

Amryw

ap Iwan, Dr, Prif Feddyg yr Ysbyty Prydeinig, Buenos Aires, 434

ap Iwan, Mair, 301

ap Iwan, Mihangel, meddyg, mab Ann a Michael D Jones, 259

ap Iwan, Llwyd, peiriannydd, mab Ann a Michael D Jones, 259, 261

ap Iwan, Mihangel, y Bwthyn Prydferth; bachgen ifanc a chymydog i B Camwy
    tra bu hi'n byw ym Mharc Unig, yr Andes, 13 Tachwedd 1914 – 30 Ebrill
    1915, 62, 100, 101, 109, 111, 112

Aquino, Luis, arlunydd a chyfarwyddwr Amgueddfa Isaac Fernandez Blanco,
    436-7

Arnold, Elena Davies de, 17, 417, 442

Arrietta, Prusella Lewis de, Salon de Te, Esquel, 424-5, 443

Austin, Elvira, Cwm Hyfryd (dywediadau Sbaeneg/Cymraeg), 432

Baliente, Sonia, 348-9

'Baqueano', gw. John Daniel Evans

'Bardd y Neuadd Wen', James Peter Jones, 165, 415

Beghin, Umberto, a José Fusch, darganfod olew yng Nghomodoro Rivadavia,
    225-7

Ben Llifon, plentyn Mr a Mrs William H Hughes, 'Glan Caeron'. Ei enwi
    wedi'r anturiaeth i ffoi rhag y Gorlif Mawr, 1899, 232

Bevan, Megan, 19

Brooks, Dr Walter Ariel, 17

Brunt, Benjamin, Ebeneser, perchennog gardd ffrwythau, 194; ennill y wobr
    gyntaf yn Chicago am y gwenith gorau (o Batagonia), 194, 363

Cadvan Gwynedd, gw. Hughes, Hugh, Cadvan Gwynedd

Ceiriog, 'John Ceiriog Hughes', 31-2

Chiabrando, Ana, Tŷ Te Plas y Coed, 451-2 (testun cerdd gan Esyllt Nest
    Roberts)

Crocet [Crockett] (mennau), 77, 81

Davies, Aled Lloyd, 208

Davies, y Parchg Ben, Pant-teg, 166, 200

Davies, Catherine, priod Robert Davies, Llandrillo, ger Corwen. Bu farw yn 38 mlwydd oed, 21 Awst 1865, 247

Davies, Miss Eluned Mair, cenhades, 5, 382

Davies, Enoch, cymeriad ffraeth o'r Gaiman, 265

Davies, Gareth Alban, 19

Davies, Dr Hanzel, meddyg, Buenos Aires, mab E Dimol a David John Davies, a brawd Gweneira, 319

Davies, y Parchg Ioan, brawd Mair Davies, y genhades, 21

Davies, Dr Jenkin Alban, 24

Davies, John, Ebeneser, cymeriad diniwed, digrif, 267-8

Davies, Lily, Buenos Aires, 436

Davies, Mary Humphreys de (y plentyn cyntaf i'w eni yn y Wladfa), 20

Davies, Meillionen a William Edward, a'r teulu, Twyn Carno, Bryn Crwn. Llety RG yn ystod dathlu'r Canmlwyddiant, 399-404; William E Davies yn adrodd penillion a cherddi llafar gwlad, 418-21; Lele a Vilda, y plant; ail-gyfarfod â'r teulu, 2006; cerdd goffa i Meillionen, 443-5

Davies, Robert (Bob David Davies), arweinydd y gân yng Nghapel Bethel, Tir Halen; cwrdd yn y capel i ymarfer mewn ysgol gân; Robert Davies hefyd yn arwain côr plant; rhai o'r anthemau a genid gan y côr mawr; Elmer, merch Robert Davies, yn arwain côr bychan o Ddolavon, 344-7

Davies, Thomas, Aberystwyth, adeiladydd: rheilffordd o Fadryn i'r Dyffryn, 256

Davies, William, Llywydd y Wladfa, 240

Delyth Llwyd (arlunydd), a'i theulu: Herbert Jones, priod; Silvia ac Arty, plant, 21, 434

Edmunds, Mr a Mrs E T, y Gaiman, 179, 196

Edwards, Dr Huw T, Cadeirydd Bwrdd Croeso Cymru, un o'r 'Pererinion', cyd-deithiwr, 437-9

Edwards, Owen, BBC, 208

Edwards, Richard, Amgueddfa Werin Cymru, 18

Edwards, Robert, 'Robert Edwards y Saer', y Gaiman, 306

Elis, Islwyn Ffowc, 416

Ellis, Evan, 'Evan Ellis y Sadler', storïwr a chyfrwywr, 177-8

Ellis, Osian, telynor, 404, 406

Emlyn, Mari, 17, 27

Emlyn, Shân, 5, 209, 446

Emyr, Gwen a John, Caerdydd, 17

Evans, Mrs Barbara Llwyd, gw. Llwyd, Barbara Llwyd Evans, telynores

Evans, Brychan, 'Atgofion am Gapel Glanalaw', 165, 430

Evans, David T, y Gaiman, bardd, 286

Evans, Dr Dewi, Nefyn, 16

Evans, Elizabeth, Rhydycroesau, ger Croesoswallt, 21

Evans, Hazel Charles, 5

Evans, Ifano, 25

Evans, John Caerenig, 192, 196, 253, 291, 303-4

Evans, John D, yn dianc rhag yr Indiaid ar ei farch, Malacara, 256-8; *baqueano*
    (tywysydd), 258-9, 430, 458

Evans, Mali, Abergwaun, 208; rhan yng Nghymanfa Ganu'r Canmlwyddiant,
    1965, 339

Evans, y Parchg Meirion, Archdderwydd, ail-sefydlu Gorsedd y Beirdd, y
    Wladfa, 2001, 340

Evans, Meredydd, 30

Evans, Thomas Dalar, cerddor dawnus. Gw. E Dimol, pen. 20, 280-2: athro
    ysgol yn ardal Glyn Du; arweinydd Côr y Dyffryn Uchaf; amaethu wrth
    droed mynydd Gorsedd y Cwmwl yn yr Andes; profedigaethau lu

Evans, y Parchg Tudur, 141, 196, 198, 200, 304

Ford, Henry, 'cynhyrchydd y Ford T', 310

Freeman, Mrs, gweini yn *asado* Futalaufquen, Cwm Hyfryd, 429

Freeman, John, 89

Freeman, Joseph, a'i deulu, 83, 85

Fusch, José ac Umberto Beghin, darganfod olew yng Nghomodoro Rivadavia,
    225-7

Garavano, Daniel, 348-9

George, David Lloyd, desg yn rhodd i Ysgol Ganolraddol y Gaiman, 300

George, William, Cricieth, 298-9

'Glan Caeron', William Henry Hughes, athro yn Ysgol Ebeneser a Maesteg, yna ar y Paith, 166, 179-81; ef a'i deulu yn ffoi i ddiogelwch adeg y Gorlif Mawr, 1899, 232, 285; 267-8; 'athro addfwyn', 283-4; bardd ac olynydd Gutyn Ebrill fel Archdderwydd, 286; llythyrgludydd; enwi tref Dolavon ar ei ôl, 285-6. Gw. hefyd E Dimol, pen. 21, 283-6; 303 (yr Orsedd, 14 Tachwedd 1914); 415

Goddard, Sharon ac Elgan, 21

Gof, gw. Williams, 'David Williams, y Gof', y Gaiman, 306

Gold, Ed, *Patagonia: Byd Arall*, 13

González, Luned Vychan Roberts de, 5, 17, 21, 405-6, 442, 449-50 (cywydd gan Mererid Hopwood a Karen Owen)

Gravell, David, Cydweli, 446

Gravell, Tom, 5, 446

Griffith Griffith, gw. Gutyn Ebrill

Griffiths, Meriel (Lele) Davies de, 17

Griffiths, Nan, merch R Bryn Williams, Minffordd, Meirionnydd, 21

Griffiths, René, 21

Gruffudd, Ceris, Ysgrifennydd Cymdeithas Cymru-Ariannin, 19

Gutyn Ebrill, Griffith Griffith, saer coed ac adeiladydd pontydd o Flaenau Ffestiniog, ac Archdderwydd cyntaf y Wladfa. Tad Hugh Griffith, 'Llwyn Ebrill', Prif Ynad y Wladfa, 286, 352, 353

Gwyndaf, Eleri, 18

Gwyndaf, Llyr, 18

Gwyndaf, Nia Eleri, 18

Gwyndaf, Robin, ennill Ysgoloriaeth Cyngor yr Eisteddfod Genedlaethol i'r Wladfa, 1965, 11, 24; ysgrifennu llythyrau i'r *Faner*, 12; testun naw llythyr at ei deulu yn Llangwm, Uwchaled, gogledd Cymru, wedi'u hanfon o'r Wladfa, dyddiedig 22 Hydref – 12 Tachwedd 1965, 393-439; 29 Hydref 1965: annerch yng Nghapel Moriah ac adrodd rhan o *Dringo'r Andes*, Eluned Morgan, 412; Sul, 31 Hydref 1965: pregethu ac arwain yr oedfaon ym Methel, y Gaiman, a'r Tabernacl, Trelew, 421-2; 'Salm ... Arloeswyr y Wladfa', 455-9

Hanzel, meddyg, mab E Dimol a David John Davies, 44-5

Hawke, Andrew, Geiriadur Prifysgol Cymru, 18

Hedd Wyn, 444

Hopwood, Mererid, cywydd i Luned González, 449-50

Hughes, Aira ac Elgar, Esquel, 443

Hughes, Arel, 165

Hughes, Arthur, llenor, 25, 301

Hughes, Eryl MacDonald de, 442

Hughes, Glyn Ceiriog, 25, 225

Hughes, Henry, y Gaiman, rhigymwr, 421

Hughes, Hugh, Cadvan Gwynedd, 261, 291, 351-2, 456

Hughes, Humphrey T, gw. 'Twrog'

Hughes, May Williams de, cyfeilydd, 208-9

Hughes, Morris ap, 334

Hughes, Osian, arweinydd côr, 349

Hughes, William H, gw. Glan Caeron

Hughes, William Meloch, 205, 252; awdur *Ar Lannau'r Camwy ym Mhatagonia*, 1927, 254; Ysgrifennydd cyntaf Cwmni Masnachol Camwy (CMC), y Gaiman, Mai 1885, ac Arolygwr yr ystordy, 254-6

Humphreys, Eiddwen, y Bala, 5, 21, 23

Humphreys, Lewis, 32

Iago Dafydd, 32

Irma Hughes de Jones, 25, 165; golygu'r *Dravod*, 260; 336; 338; 413, 458

James, yr Athro E Wyn, 17

Jeffreys, Gwyneth a Hywel, Caerdydd, 455

Jenkins, Lowri, Amgueddfa Werin Cymru, 18

Jenkins, Rachel ac Aaron, agor cwter a dyfrhau'r tir er mwyn i'r gwenith dyfu, 214-15; 1879, carcharor o Chile yn llofruddio Aaron Jenkins, 253; 362, 457

Jenkins, Samuel, canu emynau'r Diwygiad, 198, 205-6, 269-70, 301. Gw. hefyd yn adran Crefydd, Mynegai 3

Jones, Aeron, Rhymni, Dyffryn Camwy, tad Meillionen Davies, Twyn Carno, Clydwyn ap Aeron Jones a Dewi Mefin Jones, 404, 443-4

Jones, Ann, gwraig Michael D Jones, 23, 455

Jones, Clydwyn ap Aeron, cerddor ac arweinydd corau a chymanfaoedd, 207-8, 334, 339, 348, 404, 413, 417 (côr yn canu), 444 (tonau Clydwyn ap Aeron: 'Twyn Carno' a 'Celyn y Bryniau')

Jones, Cynon, 165

Jones, Dafydd Orwig, 24

Jones, David Iâl, 303, 304

Jones, David R, athro ysgol yn y Gaiman, 179

Jones, Dic, yn ennill cadair Eisteddfod y Canmlwyddiant, 337; 442

Jones, Dylan, Amgueddfa Werin Cymru, 18

Jones, Eileen James a Dewi Mefin, 424, 442, 444

Jones, Elda Lorain, gw. Ocampo, Elda Lorain Jones de

Jones, Mr a Mrs Herbert Jones, Silvia ac Arty, gw. Delyth Llwyd

Jones, Hilda, 434

Jones, Huw Vychan, y Dyffryn Uchaf, rhigymwr a chyfrwywr, 419-20

Jones, Irma Hughes de, gw. Irma

Jones, James Peter, gw. 'Bardd y Neuadd Wen'

Jones, Joyce, Cricieth, 19

Jones, Lewis, 20; croesawu'r Cymry ym Mhorth Madryn, 245; helynt y ddwy
    long: *Mary Ann* a *Myfanwy*, 250; rheilffordd o Fadryn i'r Dyffryn, 256; 257;
    sefydlu'r *Dravod*, Ionawr 1891, 259-60; 291; 455-6

Jones, Lewis Davies, 'Llew Tegid', Ffridd Gymen, Llangywer, brawd i fam B
    Camwy ac E Dimol, 36, 44

Jones, Michael D, 23; helynt y llong *Myfanwy*, 250; 252; treulio pum mis yn y
    Wladfa, 254; marw, 261; 406, 431, 455

Jones, Mirna, 348-9

Jones, Neved, Trelew, 408

Jones, R J, *Odlau'r Paith*, 417

Jones, Robert Owen, 'Jones y Tunman', 'Gwyrfai'; mab fferm, ger Amlwch,
    Môn; athro ysgol yn Nhrelew, yna yn yr Andes. Gw. E Dimol, pen. 23,
    289-90

Jones, yr Athro Robert Owen, 5, 17

Jones, Silvia, Buenos Aires, gw. Delyth Llwyd

Jones, T Gwynn, Llanfairfechan, 208

Jones, Tom, Llanuwchllyn, 208, 413

Jones, Valmai, 5

Jones, y Parchg William Evans, 'Penllyn', brawd i fam B Camwy ac E Dimol,
    36, 44

Jubb, Dr, meddyg yn Nyffryn Camwy, 312

Lafargue, Pascal, Amgueddfa Werin Cymru, 18

Lewis, Anita, Trelew, 21

Lewis, Dan, Buenos Aires, 434

Lewis, Esyllt Nest Roberts de, 17; golygydd *Juan y Gwanaco a Cherddi Eraill*, (2011), 321; achub y Gymraeg 'drwy ei siarad' (erthygl yn *Barn*, Mai 2015, 'Peidiwch ag Anghofio Amdanom'), 447-9; 'Croesi'r Bont', cerdd i Ana Chiabrando, Tŷ Te Plas y Coed, 451-2

Lewis, Mrs Myfanwy Ruffydd, merch Lewis Jones, 359

Lowndes, Arthur, arweinydd Côr Comodoro Rivadavia, 349

'Llew Tegid', gw. Jones, Lewis Davies

Llwyd, Barbara Llwyd Evans, telynores, 315

Llwyd ap Iwan, 88, 455

MacDonald, Edith, 17, 348-9, 416, 442-3

MacDonald, Elvey, 5, 17, 20, 23, 338, 411

MacDonald, Héctor, cerddor, 21, 349

MacDonald, Sarah a Héctor, y Gaiman, rhieni Elvey ac Edith MacDonald, 411, 422, 442-3

Mary, merch Elizabeth a Morris Humphreys, y plentyn cyntaf o Gymru i'w eni yn y Wladfa; 'Bryniau Meri' wedi'u henwi ar ei hôl, 247, 407

Mary Jones a'i Beibl, 174-5

Matthews, y Parchg Abraham, 20, 33, 192, 214, 249, 251, 262, 412

Matthews, Mrs Gwenllian Thomas de, gw. E Dimol, pen. 19, 278-9. Hefyd Matthews, y Parchg Abraham

McMullen, Pedr, 5

Morgan, Edward, arwain y canu yng Nghapel Bryn Crwn, 344

Morgan, Eluned, 24, 89, 179-80 (Ysgol Ganolraddol y Gaiman); ysgrifenyddes Cymanfa'r Groglith Ysgolion Sul Dyffryn Camwy, 210-12; golygu'r *Dravod*, 259-60; portread E Dimol, pen. 25, 297-302; tystiolaeth Caradog Jones, cyd-ddisgybl, 297; Eluned yn mynd i Gymru a mynnu parch i'r Gymraeg, 298-9; llafurio i sefydlu 'Ysgol Ganolraddol gynta'r Camwy', 299-300; cais i David Lloyd George am ddesg i'r prifathro, 300; llyfrau Eluned: *Dringo'r Andes* (1904), *Gwymon y Môr* (1909), *Ar Dir a Môr* (1913), *Plant yr Haul* (1915), 301; bu farw 29 Rhagfyr 1938, Nantlais yn gwasanaethu, 200, 301-2;

Llyfrgell Eluned Morgan, 316; 'Llyfrau Bach Miss Morgan', 316; dyfyniad o'i
heiddo, 333; 456, 458

Morgan, Myfanwy, Bryn Crwn, 162

Morgan, Thomas, 'Clydfan': byw ar dyddyn 'Clydfan', Bryn Crwn, 282-3;
1888, byw ar fferm 'Maes Araul' yn Nhrevelin a dychwelyd yn achlysurol
i Fryn Crwn; adeiladu Capel y Cwm (Bethel), Trevelin; athro Ysgol Sul;
llwyddo fel amaethwr. Gw. E Dimol, pen. 24, 291-6

Morris, Keith, ffotograffydd, 21

Nantlais, y Parchg Nantlais Williams, 302

Nash, D Gerallt, 21

Nicholas, W Rhys, 446

O'Brien, Norah, Bangor, 20-1

Ocampo, Elda Lorain Jones de, 17, 434-7, 442

Owen, Coni Freeman de, 354

Owen, Edward, Maes Llaned, 235

Owen, Eirian, cyfeilydd Côr Godre'r Aran, 208

Owen, Glenys, El Delta, Trevelin, 432, 443

Owen, Karen, cywydd i Luned González, 449-50

Owen, W R, Trefnydd taith y Canmlwyddiant, 405

Palfrey, Eiry, 21

Parry, Evan, awdur y gerdd ysgafn 'Y Botel Ddŵr Poeth', 420

'Penllyn', gw. Jones, William Evans

Peregrine, y Parchg D J, 430-2

Piercy, Rob, Porthmadog, arlunydd, 19

Pritchard, Ben, Bryn Crwn, perchennog y 'cerbyd pedair olwyn a tho iddo', 1912.
Gw. E Dimol, pen. 27, 'Hunangofiant Cerbyd Bach Ben Pritchard', 306-9

'Prysor', William Williams, Trawsfynydd, bardd a chyfaill i Hedd Wyn, 165, 444

Pugh, Gwendolen, 139

Pugh, Marli, 348-9

Pugh, 'Proffesor' Thomas, ac Enoch Davies, cymeriad ffraeth o'r Gaiman, 265

Pughe, Briallen, bu farw'n ferch ifanc, 149

Rawson, Dr Guillermo, 'Ministro del Interior', 214, 248

Rees, Thomas, saer, Bryn Gobaith, Glan Alaw. Gw. Gweneira, pen. 8, 'Hunangofiant Llawr Pren', 375-9

Richards, Lily, Caerffili, 412

Roberts, Arturo, 450

Roberts, Aur, Llanuwchllyn, 5

Roberts, Bethan, Bodelwyddan, 21

Roberts, David D, sefydlydd cyntaf yn y Gaiman, 252; E Dimol, pen. 22, 287-8

Roberts, Edward Morgan, 'Llynfab', awdur y gerdd 'Y gwys agorodd fy nhad', 355. Gw. Addysg, Mynegai 3

Roberts, Edwyn Cynrig, 20; 224; priodi Anne Jones, Aberpennar, 238; croesawu'r Cymry i'r Wladfa ym Mhorth Madryn, 245; cael ei adael am ddeuddydd yng ngwaelod ffynnon, 245; 455

Roberts, Esyllt Nest, gw. Lewis, Esyllt Nest Roberts de

Roberts, Gruff ac Eifiona, 5

Roberts, Guto, 19 (3), 26

Roberts, Gwilym, 5

Roberts, Marian Elias, 19 (2), 26, 27

Roberts, Nan, 'Anti Nan', Buenos Aires, 434

Roberts, Tegai, 5, 18, 21, 406, 413 (Amgueddfa Hanesyddol y Wladfa); llythyr a phennill coffa i Tegai gan RG, 450

Robin[son] Cruzoe, 84

Roca, Arlywydd Julio A, yn ymweld â Dyffryn Camwy, 261

Rocky Marciano, bocsiwr, 437

Roderick, Selwyn, BBC, 208

Rossi, Julio, Eidalwr yn canu yn Gymraeg, 412

Rowlands, Tom, arweinydd Côr y Dyffryn Uchaf, 249-50. (Gw. hefyd Corau)

Ruddock-Jones, Meinwen, Amgueddfa Werin Cymru, 18

Ruffydd, Miss Mair, 299

Scotsh, Jac, cymeriad, mab Gringo Gaucho, 419

Spannaus, Iris [Myfanwy Lloyd], Esquel / San Salvador de Jujuy [awdur *Patagonia Gringa*, 2004], 429, 443

Thomas, Alwina, Buenos Aires, 443

Thomas, Eileen [de Dolic], 423, 442

Thomas, Elvan, Fron Goch, y Gaiman, yn adrodd penillion llafar gwlad, 409-10

Thomas, Evan, bardd; penillion i Thomas Morgan, 'Clydfan', 294-6

Thomas, Gladys, 348-9

Thomas, John Murray, arweinydd ac arloeswr ar y daith o Ddyffryn Camwy
    i Gwm Hyfryd, 1888-9, 258-9; 278-9. Brawd i Mrs Gwenllian Matthews,
    priod y Parchg Abraham Matthews

Thomas, Lewis, Trevelin, 443

Tibbott, Delwyn, 18

Tom Bach, gw. Pont Tom Bach, Mynegai 2

'Twrog', Humphrey T Hughes, unawdydd, 304

Walters, y Parchg D Deyrn, 131, 186-7, 192, 199-200, 211

Walters, Geraint, y Gaiman, mab y Parchg D Deyrn Walters; ennill gwobr yng
    Nghymanfa'r Groglith Ysgolion Sul Dyffryn Camwy, 1922, 211

Webb, Harri, 50

White, Rebecca, 348-9

Wigley, Dafydd, englyn wrth fedd y Parchg Abraham Matthews, ym Mynwent
    Moriah, 412; sgwrs gydag ieuenctid Dyffryn Camwy, 411; dywediadau
    Sbaeneg / Cymraeg, 432

Williams, Dr Anne Elizabeth a Howard, Clynnog Fawr, 18

Williams, Cathrin, 5, 17, 19 (2), 26, 27

Williams, Dafydd, Aberystwyth, crydd; bu farw o newyn wedi cyrraedd
    Patagonia, 32-3, 244-5, 407-8, 457

Williams, 'David Williams y Gof', y Gaiman, 306

Williams, y Parchg E R, 200, 295, 384

Williams, Egryn, 25

Williams, Eilid ac Elved, Porth Madryn, 349

Williams, Gerallt, Bryn Crwn, 349

Williams, yr Athro Glyn, 17

Williams, Hywel, Llandaf, 18

Williams, Ida, 348-9

Williams, Mr a Mrs Iorwerth, Dolavon, 139, 150, 153, 154, 155, 156

Williams, John, a'r teulu, Dolavon. Gyda hwy y lletyai B Camwy tra gweithiai
    yng Nghwmni Masnachol Camwy (CMC / 'Co-op'), Dolavon. Gw.
    Dyddiadur 2, 23 Ionawr – 11 Tachwedd 1920, 122-157

Williams, Llwyd, 'cwmni divyrus' B Camwy, 108

Williams, Margaret Jane, yn golchi lloriau Ysgol Ebeneser, 181

Williams, Nantlais, gw. Nantlais

Williams, R Bryn, 5, 19, 21, 23, 25-6, 33-4, 302, 408

Williams, y Parchg Robin, 416

Williams, William, Trawsfynydd, gw. 'Prysor'

2. Enwau Lleoedd

Nodyn. Gweler hefyd Mynegai rhif 3, yn ôl pwnc. Yno y cyfeirir, er enghraifft, at gapeli.

Afonydd

Afon Apeleg, 358

Afon Camwy, 52-4, 77, 248, 251, 261, 361, 375, 401

Afon Ddu, 33

Afon Persy, 112

Afon Plate, 397

Afon Raninco, Cwm Hyfryd, 429

Afon Gualjaina, 87

Río Grande, yr Afon Fawr, Cwm Hyfryd, 430

Río Los Arrayanes, Cwm Hyfryd, 429

Pontydd

Dôl y Plu: 'y bont newydd', 354

'Pont dros Afon Camwy', 261

Pont ger Tre Rawson, gwnaed gan Gutyn Ebrill, tua 1889, 352

Pont goed, ger Trelew, damwain ddifrifol, 359

Pont yr Hendre, Tre Rawson, 352

'Pont newydd y Gaiman', 1931, 359

Pont Tom Bach, ardal Tir Halen, 194-5, 423

Llynnoedd

Futalaufquen (Y Llyn Mawr), yr Andes, 428-9

Lago Verde (Y Llyn Gwyrdd), yr Andes, 429

Llyn yr Alarch, 430

Llyn y Gŵr Drwg, ger y Gaiman, 410

Llyn Gwyrdd, Y, gw. Lago Verde

Llyn Halen, gw. Salinas

Llyn Halen Mawr, 33

Llyn Mawr, Y, 407

Llyn Mawr, Y, gw. Futalaufquen

Llyn Wiliam Tomos, yr Andes, 429

Salinas [Salina = Llyn Halen], 86

Amryw

Aber-fan, trychineb drist, 1965, 338

Allorau, Yr, 80

Bocs Gin, 83

Bod Arthur, Trelew, cartref Elizabeth Pritchard a Thwmi Dimol wedi iddynt
    briodi. Yna cartref Elizabeth Pritchard ac R J Berwyn, 33, 35, 59

Bodwyn, Dyffryn Camwy, 76

Boncyn Mawr, y, cartref Owen Thomas Knowles; man addoli cyn adeiladu
    Capel Ebeneser, 1892, 191

Bro Hydref, 430

Bryn Antur, cartref Kate a William Owen, ofn colli'r baban, 365

Bryn Awelon, 430

Bryn Gobaith, Glan Alaw, cartref Thomas Rees, saer, a'i deulu. Gw. Gweneira,
    pen. 8, 'Hunangofiant Llawr Pren', 375-9

Bryniau Meri, cadwyn fer o fryniau ar y ffordd o Borth Madryn i'r Dyffryn. Eu
    henwi wedi geni'r plentyn cyntaf yn y Wladfa, sef Mary, merch Elizabeth a
    Morris Humphreys, 247; 407

Buenos Aires, 396-7, 433-7

Bwthyn Prydferth, y, yn yr Andes, cartref Mihangel ap Iwan, 105-6

Cabeza de Buey, 79

Caer Antur, gw. Rawson

Camp Martin, 231

Canada, 378

Carro Roto, 79

Choele Choele, gw. Ynys Choele Choele

Comodoro Rivadavia: Côr, Cymdeithas Dewi Sant, Gŵyl y Glaniad, 163;
Ffynhonnau Petróleo, Kilómetro 3, a hanes darganfod olew, 225-7; Eisteddfod
y Wladfa, 336-7; Côr Comodoro, 349; croeso'r Canmlwyddiant, 414-15

Copahue, Talaith Neuquén, ar y ffin rhwng Ariannin a Chile, pen. 6,
'Ffynhonnau Meddyginiaethol Copahue', 368-9

Corcovado, yr Andes, 96, 120

Craig y Nos, 76

Cwm Hyfryd, yr Andes, y daith o Ddyffryn Camwy, 258-9

Cydgornel y Rhymni, Bryn Crwn, 404

Dôl y Plu (Las Plumas), 77, 235, 273, 353, 355

Dolavon, gw. Dyddiadur 2, B Camwy, 122-57; enwi Dolavon ar ôl Glan
Caeron, 285-6; 353; 370-4

Dolwar Fechan, 430

Drofa Fawr, y, 234

Drofa Gabaits, Dyffryn Isaf, 344

Dyffryn Bach, y, yr Andes, 427

Dyffryn Camwy, 399

Dyffryn Ceiriog, 34-5

Dyffryn y Merthyron, y fan lle llofruddiwyd tri Chymro gan yr Indiaid, 256-8;
430

Dyffryn Oer, yr Andes, 93

El Delta, Trevelin, 432

El Fortín, Trevelin, 430

Esquel, 89-120 (cyfeiriadau mynych yn Nyddiadur 2, B Camwy, tra bu'n aros
ar fferm Parc Unig, yn yr Andes); 424-5, 427-32

Ffos Fawr, Y, 457

Ffos John Lewis, 78

Ffridd Gymen, Llangywer, Meirionnydd, cartref Elizabeth Ellen Jones, mam
B Camwy ac E Dimol, a chwaer y Parchg William Evans Jones, 'Penllyn';
Lewis Davies Jones, 'Llew Tegid'; ac Owen C Jones, 36

Ffynnon Iago, ardal Ebeneser, 224-5

Gaiman, y: yr Ysgol Ganolraddol, 179-80; y Diwygiad, 197; cymanfaoedd canu, 202-9; Cymanfa'r Groglith Ysgolion Sul Dyffryn Camwy (sefydlwyd yn 1922), 210-12; 237; ystyr yr enw Gaiman, 241; sefydlu, 252, 289-90; codi'r capel, 253; pont, 261, 336, 359; te croeso'r Canmlwyddiant, 410-11

'Gaiman newydd', 143, 237, 287

Gamlas Ogleddol, Y, 235

Garreg Fawr, Y, yr Andes, 91

Gatto Negro, 76

Geunant Fawr, Y, yr Andes, 104

Glyn Du, Y, 236

Glyndyfrdwy, 34-5

Gorsedd y Cwmwl, mynydd, yr Andes, 427, 430

Graig Goch, Y, yr Andes, 100, 105

Greenland, Dyffryn Camwy, 137

Hafn y Glo, 79

Hafod, Yr, Llangwm, sir Ddinbych, adeiladwyd gan Ann a Michael D Jones, 1868; gw. Mynegai 3, adran 'Tai a Chartrefi'.

Havn Halen, 76

Hen Amddiffynfa, Yr, Tre Rawson. Codi Baner Ariannin, 15 Medi 1865, 248

Hesg, Yr, 81

Hirdaith Edwyn, 46, 456

Jackeys Bach, coed, yr Andes, 88

Llanuwchllyn (y fynwent), 40

Lle Cul Uchaf, 233

Maes yr Ymdrech, 430

Maesteg, fferm yn Nyffryn Camwy. Ffwrn fara draddodiadol ar y buarth, 403

Melin Bryn Gwyn, 236

Mynwent Eglwys Llandygái, 456

Mynydd Edwyn, 430, 456

Mynydd Llwyd, yr Andes, 89 (2), 101 (2), 103, 105 (y daith i ben y mynydd), 107, 111, 427

Nant Fach, cae ar dir Parc Unig, yr Andes, 101

Nant y Fedw, yr Andes, 97

Nant y Pysgod, 88, 430

Neuquén, 103, 368-9

Nyth y Dryw, enw ar y faelfa / ystordy a berthynai i Gwmni Masnachol
    Camwy (CMC), y 'Cop', yn y Gaiman

Paith, Y: taith o Borth Madryn i Ddyffryn Camwy, 246; Gweneira, pen. 5,
    'Dygymod â'r Elfennau yn y Wladfa', 361-7; Gweneira, pen. 7, 'Gwanwyn a
    Galar ar y Paith', 370-4; 407-8; 431-2

Pajarito Chico, 82

Pant y Blodau, 430

Pant y Byrddau (enw cysylltiol â'r drol gyntaf yn y Wladfa), 351

Pant yr Esgyrn, 33

Pant y Ffwdan, 430

Pant-y-gwaed, 84, 430

Palermo, Parc / Sw, Buenos Aires, 435

Parc Unig, fferm, o dan ofal 'Ewyrth Glyn', yn yr Andes. Yno yr arhosai B
    Camwy, 3 Tachwedd 1914 – 30 Ebrill 1915 (cyfeirir hefyd at 'y fferm isaf'),
    60, 89-120

Patagones, 33, 246, 250

Penderyn, 430

Perllan Helyg, Tre Rawson, cartref Elizabeth Pritchard a Richard Jones Berwyn
    wedi iddynt briodi; yn ddiweddarach bu'n gartref i Elizabeth Ellen ac Arthur
    Llewelyn Dimol, rhieni B Camwy ac E Dimol, 35, 36

Perthi Gleision, 430

Pico [Mynydd] Prichard, **79**

Plas y Coed, tŷ te, 451

Plas Hedd, cartref Lewis Jones, 238, 359

Playa Unión, 353

Pontyberem, 430

Pontymeibion, Dyffryn Camwy, 129,150

Pontymeibion, Dyffryn Ceiriog, a theulu Richard Jones Berwyn, 34-5, 109

Porth Madryn, 244; cerdded heb fwyd ar draws y Paith o Borth Madryn i
    Ddyffryn Camwy, 246; 338, 349, 353, 407-8

Pozo Bagual [Ffynnon Bagual: ceffyl neu darw gwyllt], 84

Rawson (Caer Antur, Tre Rawson), 32, 33, 35, 231, 248, 252, 296, 307, 376, 405
'Relwey Embancment', yr Andes, 112
Rocci [Rocky] Trip, 79

Rhyd yr Indiaid, 46
Rhymni, fferm Aeron Jones, Dyffryn Camwy, lle cynhaliwyd rhai eisteddfodau mewn pabell, 333-4, 404

Soto, 76

Tal-y-Llyn, 430
Tir Halen: cwrdd llenyddol 'hanes dyvrivol', 136; 'pell o bob man', 193-4; y Parchg D Deyrn Walters a'i ddamwain, 199; gorlifiadau, 231, 233-4
Treborth, fferm yn Nyffryn Camwy, 404
Trehangol, ger y Mynydd Llwyd, 106
Trelew: 128; cymanfaoedd canu, 202-9; Cymanfa'r Groglith Ysgolion Sul Dyffryn Camwy, 210-12; gorlifiad, 231; y tŷ cyntaf, 256; Cymdeithas Dewi Sant, 259; agoriad Neuadd Dewi Sant, 13 Tachwedd 1913, 303; yr Orsedd a'r Eisteddfod, 14 Tachwedd 1913, 303-4, 359
Tre Rawson, gw. Rawson
Trevelin, 20, 22, 337, 430-2, 449
Trip Mainero, 85
Troed yr Orsedd, tŷ ger Gorsedd y Cwmwl, yn yr Andes, 105, 108, 110
Twr Joseph, 407
Twyn Carno, Bryn Crwn. Yno y bu RG yn lletya, Hydref 1965, 399-404, 443-5

Unol Daleithiau America, 251-2, 266, 363, 376, 456

Valdes, Gorynys, 35-7

Ynys Choele Choele, Río Negro, 235

3. Pwnc

Nodyn. Oni nodir yn wahanol, daw'r dyfyniadau yn y mynegai hwn o ddau ddyddiadur Blodwen Camwy: Dyddiadur 1: 13 Tachwedd 1914 - 30 Ebrill 1915; Dyddiadur 2: 23 Ionawr - 11 Tachwedd 1920.

1. Byd Natur a'r Amgylchedd

carreg ateb (ardal Ebeneser), 228

Carreg Siglo Tandil, ar fryn La Movediza, Talaith Buenos Aires. Carreg fawr tua 300 tunnell, yn gorffwys ar graig; disgynnodd, 29 Chwefror 1912, 228-9

Comet Halley, 1910, 193; 'yn cyfro rhan fawr o'r ffurfafen', 364

Croes y De, 364, 398

'cwrs yr haul yn y dydd a Seren y De yn y nos', 372

'cymylau od', 106

'gwialem(n) sebon i wneud ffon', 77

gwynt, llwch a sychder, gw. Gweneira, pen. 5, 'Dygymod â'r Elfennau yn y Wladfa', 361-7

Lepidium draba, gw. 'Owen C' / 'Wansi'

lleuad: 'clip ar y lleuad heno' (2 Mai 1920), 135

mynyddoedd: 'gweld ffyrv y mynyddoedd yn y cymyla[u] a'r niwl ...', 118

'Owen C' / 'Wansi', blodyn, neu blanhigyn, cwbl ddiwerth a thrafferthus; *Lepidium draba* (*Cardaria draba* gynt); pupurlys llwyd; *hoary cress*, 39-40

Paith, y, gw. Gweneira, pen. 7, 'Gwanwyn a Galar ar y Paith', 370-4 (plentyn 4 blwydd oed yn mynd ar goll ar y Paith)

tamarisco (grugwydden). Tyfwyd y coed hyn gyntaf yn ardal Ebeneser gan Benjamin Brunt, 194

'tymor cwympiad y dail', 398

2. Y Tywydd

(Gw. hefyd y cyfeiriadau dyddiol bron at y tywydd yn nau ddyddiadur B Camwy, 76-120, 122-57.)

'braveiddio', 110

'cymylau gwgus', 112

cynhennus: 'Gwynt oer a chynanus', 146

diserch: 'diwrnod digon diserch', 82

dwc-w-dwc: ei 'nadau' yn arwydd o storm, 82

gwlawio: 'rhyw bigo gwlawio', 115

'llywchog': 'Diwrnod ystormus, gwyntog, llywchog, ac ambell gawod o wlaw bras', 152

tyfol: 'glaw tyner a thyfol' (E Dimol), 214

wybr: 'golwg ystormus iawn ar yr wybr heno. Goleu mellt ...', 132

3. Ffynhonnau

englyn, gan Ben Davies (syched ar y Paith), 'Gwaelod ffynhonnau Gwalia ...', 431-2

'Ffynhonnau', E Dimol, pen. 11, 223-7

Ffynhonnau Meddyginiaethol Copahue (gw. hefyd yn adran Meddygaeth a Meddyginiaethau Gwerin), 368

Ffynhonnau Petróleo, Comodoro Rivadavia, 225-7

Ffynnon Iago, ardal Ebeneser, 224-5

4. Adar

'amryw adar', 85

'a'r deryn bach rhyveddav ar vrigyn ... het las am ei ben', 112

cantwr, 81

'cywion ieir a thwrcis bach', 216

'chwiaden', 80

eryr, 80

estrys Patagonia, E Dimol, pen. 15, 242-3; yr Indiaid yn eu hela, 242-3; wyau, cig a phlu estrys, 242-3; plant ysgol Tecka yn casglu wyau estrys, 330; 367

gwyddau, 87

hwyaid gwylltion, 80, 191

petris, 77, 79, 191

tyrcennod, 118

5. Anifeiliaid

'anifeiliaid gwyllt y Paith', 355, 367

armadulo [armadilo; armellog], 84

cathod gwylltion, 355

ceffylau, 86

dwc-w-dwc, 82

gwanacos, 83

'gwartheg gwylltion Patagonia', 245-6

lindys, pla o lindys yn Nyffryn Camwy, 1923, 236

llwynogod, 189, 355

piwma (pwma), 355, 372

moscito, 148

mwncïod (adloniant), 107

6. Hela

'anifeiliaid y Paith', 191

estrys, 242-3

Indiaid, hyfforddiant gan yr, 239

llwynogod, 'dal mewn trap', 189

tyrcennod, 'saethu tyrcennod', 118

7. Bwyd a Diod, Llysiau a Ffrwythau

(Gw. hefyd 8. Gwaith Tŷ.)

amryw:

    'ffrwythau ddigonedd', 116

    'llysiau gerddi, letis ac avalau cariad', 135

    bwydydd gweithwyr oddi cartref yn 'agor ffosydd', 191

bwyd ar fferm Parc Unig yn yr Andes, 13 Tachwedd 1914 – 30 Ebrill
    1915, gw. Dyddiadur 1, B Camwy, 89-120

bwyd a diod - ardal Ebeneser, 175-7

bwyd ar fferm Twyn Carno, Bryn Crwn, 398

afalau, 113

afalau cariad (tomatos), 135

asado, Dyddiadur 1, B Camwy, 76-120; dathlu Canmlwyddiant y Wladfa, 1965
    (Futalaufquen, y Llyn Mawr, a fferm El Fortín, Cwm Hyfryd), 428-30

bara BP, 81. Gw. hefyd 'pobi'

'bara wedi ei ffrio mewn wyau i de', 101

brecwast, 'gwneud brecwast i'r dynion' (Parc Unig, yr Andes), 101

cacao (coco), 99

calaffats (ffrwythau'r *calafate*), 95, 102, 106 (casglu gyda throliau ychen), 108, 113

'cawlach', 85

'chocolate especial', 143

coffi, 76, 105, 115

'cwcins', 103

'cwrw oer', 7. Gw. hefyd '*Vermuth con Bitter*', 80

cynhaeaf, bwyd adeg y cynhaeaf, 'cinio yn y cae', 105

dyrnu, bwyd diwrnod dyrnu (Ebeneser), 218-19

estrys, wy estrys, 77, 81; 'wyau a chig estrys', 242

ffrois, 102, 103, 117 ('cael f[f]roies i de')

gwyrdd, gw. mate

halltu cig mochyn, 175

jam, 'defnyddiau i wneud jam', 135; 'jam mevus', 131, 135

llaeth enwyn, 223; englyn Ben Davies ar y Paith: 'Gwaelod ffynhonnau Gwalia
    ... Ac enwyn Patagonia', 431-2

mate / gwyrdd, te traddodiadol Patagonia, 85. Gw. cyfeiriadau mynych yn
    nyddiaduron B Camwy, 76-157; 'Chwedl y Yerba Mate: "Te Croeso"
    Trigolion Patagonia', 387-8; geirfa ('gwyrdd' a 'mate'), 462, 464; 'cawsom
    ychydig wyrdd', 139; 'yved ychydig wyrdd', 144

mefus, 'casglu mevys', 98; 'jam mevys', 131

'mochyn tew', 'lladd mochyn tew ...', 175

Nadolig, bwydydd dathlu'r Nadolig a'r Flwyddyn Newydd, 186-8

pices (eirin gwlanog, *peaches*), 108, 109 ('casglu *pices*')

pobi ('tlino'), 93, 102, 106

pwdin, 100

pys, 'casglu pys', 102

'*Quaker Oats*', 176

'stiw ceiliog', 76

surion, 108, 109

'taffi', adeg y Nadolig, 188

teisen ddu, 186, 382

tortas (teisennod hallt), 84 (2), 85, 115

8. Gwaith Tŷ

(Gw. hefyd 10. Tai a Chartrefi.)

amryw:

gwaith tŷ B Camwy ar fferm Parc Unig, yr Andes. Gw. Dyddiadur 1, 13
    Tachwedd 1914 – 30 Ebrill 1915

golchi, 'manglo', sychu, smwddio, pobi a choginio, glanhau'r tŷ, gwnïo a chrosio, 89-120

gwaith tŷ B Camwy yn Nolavon, gw. Dyddiadur 2, 23 Ionawr – 11 Tachwedd 1920, 122-57

gwaith tŷ E Dimol (ardal Ebeneser), 175-7

gwaith tŷ merched a gwragedd y Wladfa, 216, 297

cist (ddillad), 'paratoi vy ng[h]ist', 118

coed tân / 'coed mân', 'cario coed a dŵr' ar gyfer Parc Unig, yr Andes, 102; 'casglu coed mân' i wneud tân (Dolavon), 141

corddi / gwneud menyn, 'corddi a gwneud ymenyn', 100; 216

dillad, 'plygais vy nillad', 125

glanhau / llwyd-olchi, 'clanhau y gegin a gwneud teisen', 100; 'clanhau y tŷ yn y boreu a gwneud ychydig drev[n] yn y llaethty', 100; 'shwrfa (sgwrfa?) i'r tŷ', 129; 'llwyd-olchi y lle tân', 104, 119; 'llwyd-olchi y gegin / pared y gegin', 105, 117

golchi / mwydo, 'dillad i vwydo' (socian / socio), 122; 'rhoddais y dillad yn vwyd', 126; 'vy nillad yn vwyd', 149 (B Camwy)

gwnïo, gw. cyfeiriadau cyson yn nyddiaduron B Camwy, 76-120, 122-57

halltu, 'lladd mochyn tew a halltu'r cig', 175

llwyd-olchi, gw. glanhau

mochyn, gw. halltu

pobi, 93, 106, 216; ffwrn draddodiadol i bobi bara ar fuarth fferm Maesteg, Dyffryn Camwy, 403

shwrva, gw. glanhau

'varnish ar lawr y gegin', 140

vwyd (mwyd) / vwydo, gw. golchi

9. Gwisgoedd a Dillad

amryw:

'Yr Hen Gôt Lwyd', hunangofiant dychmygol gan E Dimol, pen. 29, côt yn eiddo i Siân a John Edwards, Trelew, 313-14;

gwisg dynion yn chwarae gitâr neu 'gordion' mewn bwytai ar y Paith, 357

brat, 'gwneud brat i Lily vach', 114

'cadachau poced', 142

crysau main, 'smwddio crysau main', 116

cwiltiau, 'Kwilt Eira Vach', 133

esgidiau (yn cynnwys trafferthion B Camwy a chyfeiriadau at gryddion, megis 'vy ng[h]ynyrvu gan rhiw hen grydd', 133), 126, 137, 138, 140, 141, 147, 150, 151, 153, 154, 156-7; esgidiau i'w gwisgo gan blant, 175

ffwr, 'Prynais *Fur* ...', 131

gobennydd, 'gwneud goben[n]ydd', 145

gorchudd tebot, 'cap *teapot*', 143

gwniadwaith, gw. y cyfeiriadau cyson yn nyddiaduron B Camwy, 76-120, 122-57

hetiau, 'vy hat wen', 148, 155

'llodrau llwydion', 113

'menyg', 142

tei, 'gwneud dau dei', 151

10. Tai a Chartrefi

Bryn Gobaith, Glan Alaw, gw. Gweneira, pen. 8, 'Hunangofiant Llawr Pren', 375-9

cist (i gadw dillad ayb.), 'paratoi vy ng[h]ist', 118

dodrefn (cadwraeth), 138-9

Gaiman, y, y tŷ hynaf yn y Wladfa / y Gaiman, 413

Hafod, Yr ('Rhavod'), ffermdy ym mhlwyf Llangwm, Uwchaled, yr hen sir Ddinbych, a adeiladwyd gan Ann a Michael D Jones, perchnogion y fferm, yn 1868. Sillafwyd yr enw gyda 'v'. (Cartref RG), 23, 406

llawr pren, gw. 'Bryn Gobaith'

Parc Unig, ffermdy yn yr Andes, ger Esquel (yno y bu B Camwy yn lletya, 13 Tachwedd 1914 – 30 Ebrill 1915. Gw. Dyddiadur 1 (1914-15), 89-120

Twyn Carno, Bryn Crwn, ffermdy, 398-9; ystafell wely, carthen a chlustog swmpus, 400

11. Meddygaeth a Meddyginiaethau Gwerin

annwyd, 293

ap Iwan, Mihangel, meddyg. Gw. Mynegai 1, Personau

brych, 'at y meddug i gael vy mruch', 154

Calderon, 'y meddyg Calderon', 148

frech goch, y, 37

Ffynhonnau Meddyginiaethol Copahue, Talaith Neuquén, ar y ffin rhwng
    Ariannin a Chile, gw. Gweneira, pen. 6, 368-9
Jubb, Dr, Dyffryn Camwy, 312
'llysiau llesol' a 'homeopatheg': diddordeb Dr Hanzel Davies, mab E Dimol a
    David John Davies, 319
'meddug newydd', 133; 'gweld y meddug newydd', 126
pulmonía (niwmonia), 142

12. Amaethyddiaeth
amryw:
38-9, 62, 193
Fferm Parc Unig, yr Andes, gw. Dyddiadur 1, B Camwy, 89-120
Ardal Ebeneser, gw. E Dimol, pen. 9, 'Ffarmio', 213-17
gwaith gwragedd ar ffermydd, 216
alffalffa, 38-9, 62, 400-01
arddangosfa amaethyddol gyntaf y Wladfa, Trelew, Dydd Gŵyl Dewi, 1892, 25
car llusg / 'slêd', 401
ceffylau, marchogaeth i'r ysgol, 173-4; eu gwaith ar y fferm (ardal Ebeneser),
    192
cneifio, 93
cribin (i gasglu alffalffa), 100
Chicago, arddangosfa 1892, Benjamin Brunt yn ennill y wobr gyntaf am y
    gwenith gorau, 194, 363
[chwynnogl], teclyn i dynnu chwyn, 401
defaid, cerdded 800 o ddefaid o Ddyffryn Camwy i'r Andes a chroesi afon, 272-
    73; defaid Merino, Cwm Hyfryd, 428-9
dyfrhau: 'genau y f[f]os newydd', 125; arloesi, agor ffosydd a chamlesi yn y
    Dyffryn Uchaf a'r Dyffryn Isaf, 190-1; 'darganfyddiad' Rachel ac Aaron
    Jenkins: agor 'cwter fach' o'r afon, 214-15; traethawd E Dimol, 'Hanes
    Sefydlu'r Cwmni Dyfrhau', 237; dyfrhau cae tatws yn Nhwyn Carno, Bryn
    Crwn, 'rhych yn groes i'r rhesi', 401-2
dyrnu: 'dyrnu gyda ceffylau ... Dyma beth ar ôl yr oes', 112; ardal Ebeneser,
    gw. E Dimol, pen. 10, 'Diwrnod Dyrnu', 218-22; ardal Bryn Crwn, 327;
    bwydydd, 218-19; gyda'r nos, 'sgwrsio, canu a dweud straeon ... [ac ymarfer]
    at gwrdd llenyddol', 219; peiriannau dyrnu, 220-1

'*galpon*' / sied wair / tŷ gwair: 'llosgodd Galpon Morgan Roberts' (y Gaiman), 124

godro, 'godro bywch vawr', 113; 'gwartheg gwylltion Patagonia': ymgais i'w godro, 245-6

gwartheg, 'marcio gwartheg', 116

gwenith, 38; cario gwenith a haidd o Ebeneser i Rawson, 193; tyfu a chynaeafu gwenith yn Nyffryn Camwy, 215-16; malu gwenith (gwenith i'r felin), 219, 363

haid (gyr o wartheg), cyfeiriadau aml at fferm Parc Unig yn yr Andes yn Nyddiadur 1, B Camwy, 89-120, e.e. 101

halen (*salitre*) yn halltu'r tir, 216-17

Indian corn, peiriant malu Indian corn ar fferm Twyn Carno, Bryn Crwn, 401

INTA (*Instituto Nacional de Tecnología Agropecuaria*: Sefydliad Gwladol dros Dechnoleg Amaethyddol), 216

llaethdy, 'clanhau y tŷ yn y boreu a gwneud ychydig drev[n] yn y llaethty', 100

llyfnu, trin tir âr gyda drain, 62

'marchraw' / 'horseshelve' / 'horsiol', offer trin y tir ac agor ffosydd, 215-16, 401

mochyn, 'lladd mochyn tew', 175; twlc mochyn, 400

mochyn (aradr uncwys) ar gyfer agor cwysi tatws, 401

offer amaethyddol, 62 (2), 112, 117

sied / tŷ gwair, gw. '*galpon*'

'*stripper*', offeryn amaethyddol, 112 (2), 117

'tir Chubut', mesur a mapio tiroedd Dyffryn Camwy, 213-14

trol gyntaf y Wladfa, gwnaed gan Hugh Hughes, Cadfan Gwynedd, 351-2. Gw. hefyd 'Pant y Byrddau', Mynegai 2, Enwau Lleoedd)

trol ychen 'i gasglu galaffats', 106

twlc mochyn, 400

ystordy gwenith a blawd, Tre Rawson: ei droi yn addoldy ar y Sul, 248

13. Crefftwyr

cryddion, gw. adran Gwisgoedd a Dillad, cyfeiriadau mynych yn nyddiaduron B Camwy at esgidiau a chryddion

cyfrwywyr:

'Evan Ellis, Sadler', 177-8

Huw Vychan Jones, cyfrwywr ac awdur cerddi a phenillion llafar gwlad, 419-20

gofaint:

'David Williams, y Gof', y Gaiman, 306

seiri coed:

Griffith Griffith, 'Gutyn Ebrill', saer coed, adeiladydd pontydd, archdderwydd. Gw. Mynegai 1, Personau

'Robert Edwards, y Saer', y Gaiman, 306

Thomas Rees, Bryn Gobaith, Glan Alaw, gw. Gweneira, pen. 8, 'Hunangofiant Llawr Pren', 375-9

14. Teithio

angladdau, 355-6

bysiau, croesi'r Paith mewn bws adeg eira a llifogydd, 329, 356-8

'Cerbyd Bach Ben Pritchard', Bryn Crwn, cerbyd pedair olwyn a tho iddo, 1912, a 'Monica' y gaseg yn ei dynnu. Gw. E Dimol, pen. 27, 306-9

cerbydau pedair olwyn a tho iddynt, 352

Crocet [Crockett], 'mennau Crocet', 77, 81

Ford A, Uriena Lewis 'yn gyrru car Ford A', 354

Ford T, 1914, 20; E Dimol, pen. 28, 'Hunangofiant Ford T', 310-12; 353-4

mennau, gw. 'Crocet'

priodasau, 355-6

rheilffordd, 'o Borth Madryn i'r Dyffryn', 256, 352-3

'Teithio yn y Wladfa', 20; Gweneira, pen. 4, 351-60

wagenni, teithio mewn wagenni, 175

ysgol, teithio i'r ysgol, 355

15. Llongau

Alban, 1872, ar dân, 251

Belgrano, 261

Candelaria, 455

Córdoba, 443

Cracker, 239

Denby, 20, 23-4, 225. (Llongddrylliwyd, a Thwmi Dimol yn un o'r cwmni oedd arni.)

Electric Spark, 287

Irene, 251

Mary Ann, 250

Mary Helen, y teithwyr ar y llong hon, ger Rawson, yn dioddef o eisiau bwyd a
diod, 248

Mimosa, 31, 32, 33, 214, 244, hwylio o Lerpwl i Borth Madryn; 394, blodyn
plastig y 'mimosa'

Myfanwy, ar y llong hon y ganwyd Eluned Morgan, 250, 297

Newton Lambert, 251

Orisa, 'agerlong', 235

Santa Rosa, 291

Triton, 239

Vesta, 256, 365

16. Llên Gwerin (Coelion ac Arferion)

Ffŵl Ebrill, 'Pawb am y goreu i wneud Ffŵl Ebrill', B Camwy, yr Andes, 1
Ebrill 1915, 114

'gwalitso' (*gualicho, walichw*), ysbryd, y gŵr drwg, 354

Gŵyl y Ffyliaid, 16 Chwefror 1920, 62; 'Gŵyl y [F]fyliaid yn dechreu heddiw'
(Dolavon, 16 Chwefror 1920), 125

La Luz, 'Y Golau': ysbryd (da neu ddrwg), 410

Llyn y Gŵr Drwg, ger y Gaiman, 410

marwolaethau (angladdau / cynebryngau), 114-15, 124-5, 138, 149

Mynwent Dolavon, beddargraffiadau, 402-3

Nadolig, y, a'r Flwyddyn Newydd
atebion E Dimol i holiadur, gw. pen. 4, 186-9
coeden Nadolig, 186-7
'Consert y Nadolig', 184
picnic, 175; 'gwigwyl' i ddathlu'r Flwyddyn Newydd, 187

pedol, darganfod pedol ceffyl yn lwcus, 91

Tylwyth Teg, dim yn y Wladfa, 81, 410

17. Gweinidogion a Phregethwyr

(Gw. hefyd 18. Capeli; 19. Crefydd.)

Davies, y Parchg Ben, Pant-teg, Ystalyfera, englyn a gyfansoddodd wrth groesi'r

Paith, 166; pregeth yn dilyn gorlif 1923: 'Duw yn gofalu am yr unigolyn', 200

Davies, y Parchg D S, 251, 261

Davies, Miss Eluned Mair, cenhades, 5, 382

Evans, y Parchg Esau, 132, 139

Evans, y Parchg John Caerenig, y Gaiman, 192, 196, 253, 291, 303-4

Evans, y Parchg Tudur, 141, 196, 198, 200, 304

Foulkes, y Parchg John, 137, 149, 200, 211

Garner, y Parchg Alun, 200

Humphreys, y Parchg Lewis, 192, 196, 249, 264 (tro trwstan, syrthio i'r dŵr)

Jones, y Parchg D Lloyd, 252, 279

Jones, Evan John, pregethwr cynorthwyol, 196

Jones, y Parchg Philip, 205, 301

Jones, y Parchg R J, 130

Jones, y Parchg R R, 192, 196

Matthews, y Parchg Abraham, 20, 33, 192, 214, 249, 251 (yng Nghymru 1873, 1874), 262 (bu farw 1 Ebrill 1899), 412. Gw. hefyd E Dimol, pen. 19, 'Mrs Gwenllian Thomas de Matthews', 278-9, Mynegai 1.

Morris, y Parchg William, 254

Rees, y Parchg David, Capel Mawr, Môn, 254

Roberts, y Parchg Tegid a Nant, Llanrug, Caernarfon, 21

Rhys, y Parchg William Casnodyn, 335

Walters, y Parchg D Deyrn, i'r Wladfa yn 1906: 131, 186-7, 192, 199-200 (Band of Hope Ebeneser a Bryn Crwn, Consert y Nadolig a'r Gymanfa Ddirwestol); cwrdd y bobl ifanc ym Mryn Crwn, 199-200; Cymanfa'r Groglith Ysgolion Sul Dyffryn Camwy, 211; dylanwad Eluned Morgan, 301

Williams, y Parchg E R, i'r Wladfa yn 1930: ymroddiad gyda'r ifanc, cefnogi'r eisteddfod a chorau, 200; ei briod yn dysgu Saesneg a pharatoi merched i weithio yn yr Ysbyty Prydeinig ym Muenos Aires, 200; 295, 384

Williams, y Parchg Meirion, 249

Williams, y Parchg Nantlais, i'r Wladfa yn 1938: gwasanaethu yn angladd Eluned Morgan, 200, 302

18. Capeli

(Dosberthir yn ôl ardaloedd yn hytrach nag enw'r capel.)

Bethesda, 423

Bryn Crwn: gweithgarwch crefyddol a diwylliannol (oedfa, Ysgol Sul, Cymanfa Ysgolion, ysgol gân, cwrdd llenyddol ...), 40; 161-2, 199-201, 231, 237; 324-7; Gweneira, pen. 10, 'Hunangofiant Hen Gapel Bryn Crwn', 383-6; 423

Bryn Gwyn, 234, 237, 412

Capel y Llwyn / 'Capel Logs', gw. Trevelin

Dolavon, gw., e.e., y cyfeiriadau cyson yn Nyddiadur 2, B Camwy at oedfa ac Ysgol Sul, ysgol gân, cymanfa a chwrdd llenyddol, 122-57; 423

Drofa Dulog, 265, 412

Ebeneser (capel ac ardal): 145, 149, 152, 154; atgofion E Dimol am fyw ar fferm, 173-8; y gorlifiad (1899) a chapel Ebeneser yn 'syrthio', 174, 191-2, 232; cwrdd llenyddol, Ysgol Sul a chapel, 174-5, 193; 'Ebeneser, Bro fy Mebyd', pen. 5, E Dimol, 190-5; adeiladu Capel Ebeneser, 1892, 191-2; wedi gorlifiad 1899, adeiladu ysgoldy newydd dros dro ar dir yn rhodd gan Edwin Williams ('Druggist'), 191-2; hyfforddwyr canu: John Williams, Dolavon a 'hen ddyn bach' yn defnyddio 'ffliwt', 192

Esquel, 113

Capel Bethel, y Gaiman: y Diwygiad, 165; cymanfaoedd canu, 202-9; Cymanfa'r Groglith Ysgolion Sul Dyffryn Camwy, 210-12; y capel cyntaf, 253, 421-2

Glan Alaw, 138, 165, 375-9, 423

Moriah, capel a mynwent, man claddu rhai o'r arloeswyr cynnar, megis y Parchg Abraham Matthews, Lewis Jones, Richard Jones Berwyn a John Murray Thomas, 135, 412

Rawson, 253

Salem, 412

Tir Halen, 136, 423

Trelew, Tabernacl, 135, 221-2

Treorci, 430

Trevelin, Capel y Cwm, Bethel, 'Myned i Gapel y Cwm am y tro cyntav a chael croeso mawr' (B Camwy), 92; adeiladu, 293; 430-2

Trevelin, Capel y Llwyn ('Capel Logs'), 20

19. Crefydd

(Gw. hefyd 17. Gweinidogion a Phregethwyr; 18. Capeli; 20. Cymanfaoedd
   Canu ac Ysgol Gân; 21. Cyrddau Llenyddol.)

adnodau, dysgu ar gyfer y Sul, 173-4

Band of Hope: Bryn Crwn, 162; Ebeneser (tymor y Nadolig), 186-7

Bazâr (nodachva), Dolavon, 132, 136, 137 (2), 139

bedyddio babanod, 'bedyddio tri baban bach', 112; Ebeneser, 145

'Beibl Mawr Teuluaidd, y', 231

crefydd, 85

cwrdd diolchgarwch, Dolavon, 131

cwrdd gweddi, Dolavon, 124

cwrdd plant (oedfa yn y capel), 157

Cymanfa Ddirwestol, y Gaiman, 29 Mawrth 1920, 131; Ebeneser, 199

'Cymanfa['r Groglith] Ysgolion Sul y Camwy', sefydlwyd 1922. Cynhaliwyd yn
   flynyddol yn eu tro yn y Gaiman, Trelew a Dolavon. Ysgrifenyddes: Eluned
   Morgan. Y Gymanfa gyntaf yn y Gaiman, 14 Ebrill 1922. Gw. E Dimol,
   pen. 8, 210-12

Cymanfa Ysgolion, Bryn Crwn, 162

Diwygiad, y:

yn y Gaiman, 197

yn Ebeneser, 197-8

cyrddau gweddi a chyrddau undebol, emynau'r Diwygiad, tŷ Evan Pugh, 198

Sam(uel) Jenkins yn canu emynau'r Diwygiad, 198; canu yn y Gymanfa
   Undebol yn Nhrelew, Mai 1909, a Mehefin 1910, 205-6; yn adrodd 'Stori'r
   Pantri' mewn capel yn Nyffryn Camwy, 269-70; 301

Margaret Morgan, 'Y Diwygiad yn y Wladfa' (Bethel, y Gaiman), 165

Duw / y Tad nefol / bendithion Duw. 'Diolch i Dad y bendithion', B Camwy,
   129; 'tad nefol', 13, 155

'Dyletswydd Deuluaidd' ar aelwyd Dalar Evans, 282. Cymh. 'gwasanaeth
   teuluaidd' ar aelwyd Parc Unig, yr Andes, 116-17

Gobeithlu, y, gw. Band of Hope

Gweddi'r Arglwydd, 327

Ordinhad [Swper yr Arglwydd] / Cymundeb, Ebeneser, 141

'Pregeth Nadolig', 186

Rhodd Mam, 326; dysgu ar y cof (Bryn Crwn), 384

Sabath / Sul, y: y Gwladfawyr yn gwrthod dilyn yr ymarferiadau milwrol ar y Sul, 260

Ysgolion Sul:

Dolavon, 141, 145, 152, 154 (cwrdd plant)

Ebeneser, 196-7

Esquel, 113

Gaiman, y, 21

Ysgolion Sul, athrawon ac athrawesau:

B Camwy, 'Ysgrivenais ar y llyvrau i'w rhoddi i vy nosbarth' (Ysgol Sul Dolavon), 152

cyd-athrawesau, Ysgol Sul Dolavon, 113

John Williams, athro, Ysgol Sul Ebeneser, 196-7

ystordy blawd a gwenith yn Nhre Rawson, addoli yno ar y Sul, 248

20. Cymanfaoedd Canu ac Ysgol Gân

(Gw. hefyd 23. Cerddorion ac Arweinyddion Corau.)

Cymanfa Ganu yn Ebeneser, 156

Cymanfaoedd Canu dathlu'r Canmlwyddiant (1965):

Capel Bethel, Trevelin, 432

Neuadd Dewi Sant, Trelew, 207, 339

'Cymanfaoedd Canu yn y Wladfa', E Dimol, pen. 7, 202-9: cymanfaoedd Trelew a'r Gaiman, 1907 ac 1908, 203-4; Cymanfaoedd Undebol, Trelew, 1909 ac 1910, 205-6; cymanfa yng Nghapel y Tabernacl, Trelew, Mai 1928, 206-7; cymanfaoedd yng Nghapel Bethel, y Gaiman, 1951 ac 1952, 207; cymanfa i gofio Lewis Jones, yn Neuadd Dewi Sant, Trelew, Tachwedd 1954, 207; Cymanfa'r Canmlwyddiant, 31 Hydref 1965, Neuadd Dewi Sant, 207, 339; cymanfaoedd 1977-9 yng Nghapel Bethel, y Gaiman, 208-9; parhad y Gymanfa Ganu yn Chubut, 348

sol-ffa (Bryn Crwn), 219, 384

tonau Clydwyn ap Aeron Jones, 'Twyn Carno' a 'Celyn y Bryniau', 444

tôn Rhydygroes, 206

Ysgol Gân:

Bryn Crwn, 344

Dolavon (tystiolaeth B Camwy), 135, 136, 141, 146, 148, 150, 152, 153, 157

Ebeneser, 136

21. Cyrddau Llenyddol a diddordeb Blodwen Camwy mewn adrodd a chystadleuaeth y ddadl

Dolavon, cyrddau llenyddol: cyfeiriadau cyson yn Nyddiadur 2, B Camwy, 23 Ionawr - 11 Tachwedd 1920, 122-157; 'Cwrdd llenyddol ardderchog neithiwr' (28 Mai 1920), 138; 'Cwrdd llenyddol ... hwyl ardderchog' (23 Mehefin 1920), 141. Gw. hefyd 148

Dolavon, cyrddau llenyddol: B Camwy yn cystadlu ar adrodd a'r ddadl, 23 Ionawr – 11 Tachwedd 1920. Cyfeiriadau mynych at y cystadlu a'r ymarfer yn nhai cyfeillion, neu yn ei lety yn Nolavon: 'ymarver y ddadl', 140; 'tros y ddadl', 145, 146, 147; 'i tŷ Ch Davies i gael tro ar ein dadl', 150; B Camwy yn adrodd 'Yr Ystorm', cwrdd llenyddol Dolavon, 141; 'rhoddi tro ar vy adroddiad', 150

Ebeneser, cwrdd llenyddol, 216

Gŵyl y Glaniad, 27 Gorffennaf 1920: 'concro vy adroddiad a'r ddadl erbyn yvory, sev Gŵyl y Glaniad' (Ebeneser), 144

Tir Halen, cwrdd llenyddol: 'hanes dyvrifol', 136

Tre Rawson / Caer Antur, cynnal cwrdd llenyddol ar ddydd Nadolig, 1865, 32

22. Eisteddfodau

(Gw. hefyd 21. Cyrddau Llenyddol.)

adrodd, y cystadlaethau adrodd yn Eisteddfod y Canmlwyddiant (1965), 416-17

Ariannin a Chile a'u diddordeb yn Eisteddfodau'r Wladfa, 337

beirdd cadeiriol Eisteddfodau'r Wladfa, rhestr 1880-2002, 340-2

'Boncyn Betsi Hughes', Eisteddfod Haf 1876[?] ar 'Foncyn Betsi Hughes', rhwng Trelew a Rawson, mewn pabell a wnaed o weddillion llong a ddrylliwyd, 291, 335

Comodoro Rivadavia yn cefnogi Eisteddfod y Wladfa, 337-8

Eisteddfod Canmlwyddiant y Wladfa, Sadwrn, 30 Hydref 1965, 337-8

Eisteddfod Genedlaethol Cymru, 11, 418

'Eisteddfod y Glaw', y Gaiman, 334-5

Eisteddfod y Wladfa, 2014, 451

Gaiman, y, Eisteddfod 1881: y Parchg William Casnodyn Rhys, yr Arweinydd, yn galw ar 'Marwol', y bardd buddugol, sef ef ei hun, i godi ac eistedd yn y gadair, 335

Gaiman, y, Eisteddfod y Bobl Ifanc, 336

Gorsedd y Beirdd a'r Eisteddfod: Gorsedd, 14 Tachwedd 1913, ac eisteddfod yn Nhrelew, 303-4; ail-sefydlu Gorsedd y Wladfa, 2002, Gorsedd y Beirdd o Gymru yn bresennol, 340

Neuadd Goffa, y, (Neuadd Dewi Sant), Trelew, yr eisteddfod gyntaf i'w chynnal yn y Neuadd, 14 Tachwedd 1913, 304

Rhymni, eisteddfod / 'arwest' mewn pabell ar 'fferm ganolog yn y Dyffryn', fferm Aeron Jones, Rhymni, Bryn Crwn, 1931, 333-4

Trelew, Eisteddfod 1893, 260

Tre Rawson, eisteddfod ar Ddydd Nadolig, 1865, yng Nghaer Antur (Tre Rawson), Richard Jones Berwyn a Thwmi Dimol yn cymryd rhan, 32

Trevelin, eisteddfodau diweddar Trevelin, 337

23. Cerddorion ac Arweinyddion Corau

(Gw. hefyd 24. Corau.)

Baliente, Sonia, 348-9

Davies, Robert, arweinydd Côr Tir Halen, 344-7. Gw. Mynegai 1

Evans, Barbara Llwyd, telynores, 315

Evans, Thomas Dalar, arweinydd Côr y Dyffryn Uchaf. Gw. E Dimol, pen. 20, 280-2, a manylion pellach ym Mynegai 1, Personau

Garavano, Daniel, 348-9

Hughes, Osian, 349

Jenkins, Samuel, 198, 205-6, 269-70, 301. Gw. hefyd adran 19. Crefydd

Jones, Clydwyn ap Aeron, 348. Gw. hefyd Mynegai 1, Personau, a Mynegai 3, 24. Corau

Jones, Mirna, 348-9

Lowndes, Arthur, Comodoro Rivadavia, 349

MacDonald, Edith, 348-9

MacDonald, Héctor, cerddor a chyfeilydd, 21, 349

Morgan, Edward, Bryn Crwn, 344

Pugh, Marli, 348-9

Rossi, Julio, Eidalwr, 412

Rowlands, Tom, 249-50

Thomas, Gladys, 348-9

Twrog, Humphrey T Hughes, unawdydd, 304

White, Rebecca, 348-9

Williams, Eilid ac Elved, Porth Madryn, 349

Williams, Gerallt, Bryn Crwn, 349

Williams, Ida, 348-9

24. Corau

Gw. hefyd 23. Cerddorion ac Arweinyddion Corau.)

amryw: gw. Gweneira, pen. 3, 'Traddodiad Cyfoethog y Canu Corawl yn y
    Wladfa', 343-50

Côr Comodoro Rivadavia a chyfraniad Arthur Lowndes, 349

Côr y Dyffryn Uchaf (ardal Bryn Crwn), arweinydd Tom Rowlands, yn canu
    'Drylliwyd y Delyn' er cof am eu cyfeilydd, Joseph Davies, 249-50

Côr Godre'r Aran, arweinydd Tom Jones, cyfeilydd Eirian Owen, 2008, 316

Côr Quilmes, Buenos Aires, arweinydd Clydwyn ap Aeron Jones, 348, 413,
    417

Côr Tir Halen, arweinydd Robert Davies, cystadlu yn arwest / eisteddfod
    Rhymni, fferm Aeron Jones, 344-7

Corau Porth Madryn a chyfraniad Eilid ac Elved Williams, 349

Meibion Menlli, arweinydd Aled Lloyd Davies, 208

Trelew, 153, cystadleuaeth y corau cymysg yn Eisteddfod Trelew 1893, 260

25. Cerddoriaeth a Chanu Gwerin, Offer Cerdd a Dawnsio

(Gw. hefyd 20. Cymanfaoedd Canu ac Ysgol Gân.)

caneuon:

    'Ar lan y môr', 408

    'Cartref', Mynyddog ac W Trefor Evans, 40

    'Deio Bach', 416

    'Ffarwél iti Gymru Fad', 416

    'Mab y Bwthyn', Cynan. Cerdd dant, 413

    'Mentra Gwen', 411

    'Myfanwy', 416

    'O, Iesu mawr, rho d'anian bur', 412

    'Río, río', ('Afon, afon'), 412

cerddoriaeth:

'buom yn canu ychydig', B Camwy, fferm Parc Unig, yr Andes, 107

canu yng nghartref Mr a Mrs John Williams, Dolavon, llety B Camwy tra gweithiai yn y Co-op, gw. Dyddiadur 2, 23 Ionawr – 11 Tachwedd 1920, 122-157

'cyngerdd', 94, 127

'miwsig', 126

offer cerdd:

'chwarae y cordian', 95

'pellseinydd henavol yn chwareu "Bydd canu yn y Nevoedd"', 98

'ychydig o donau ar y perseinydd', 103

'chwarae cordian neu gitâr' (dathlu'r Flwyddyn Newydd, Ebeneser), 187

hyfforddwr y canu yng Nghapel Ebeneser yn defnyddio ffliwt, 192

canu 'cordian a gitâr' mewn pabelli adeg gorlifiad, 231

Gweneira mewn gwesty ar y Paith: '... taro ar rywun oedd yn chwarae'r gitâr ac yn gwisgo fel y gaucho ...', 329

'... y gitâr neu'r cordion i ddifyrru'r bobl o'r camp ...', Gweneira, 357

telyn deires yn Amgueddfa Hanesyddol y Wladfa, y Gaiman (telyn Barbara Llwyd), 406

dawnsio:

diddordeb B Camwy mewn dawnsio (mynd i'r 'ddans'), 63, 143, 144

dawnsio gwerin yn Neuadd Dewi Sant, Trelew, 382

caneuon a dawnsfeydd gwerin Ariannin, rhan o ddathliadau'r Canmlwyddiant, 423

26. Chwaraeon ac Adloniant

(Gw. hefyd 25. Cerddoriaeth a Chanu Gwerin, Offer Cerdd a Dawnsio.)

chwaraeon a difyrion, tystiolaeth B Camwy (yr Andes a Dolavon), 77, 105, 106, 108, 109

chwaraeon a difyrion, tystiolaeth E Dimol (ardal Ebeneser), gw. pen. 3, 'Chwaraeon a Difyrion': chwarae 'Indiaid', 'ysgyfarnogod', 'lliwiau', 'Cymry dewrion', 'pêl', 'scipio', 'mochyn bach heb ei gynffon', 182-3; gwisgo doliau a defnyddio blodau a brwyn, dail ac alffalffa i addurno hetiau, 183; chwaraeon Gŵyl y Glaniad,184; chwarae 'rhoddi edau yn y nodwydd', 184; chwaraeon y Nadolig a'r Flwyddyn Newydd, 186-9; chwaraeon y plant yn ystod yr ysgol gân, 193

chwaraeon a difyrion ar fferm ym Mryn Crwn, 325; ac ar Ŵyl y Glaniad, Bryn Crwn, 326

difyrrwch ac adloniant, tystiolaeth B Camwy, yr Andes, Rhagfyr 1914 – Ebrill
    1915:
'lluniau byw', 63, 109, 143
'te parti', 94
'dyn ar gevn ceffyl a mwnci wrth ei [sgîl] ... daeth un arall â mwncïes [yn]
    chwareu ei champau', 107
'picnic', 109
'picnic croesaw i'r Conswl', 112
'ychydig sport', 114
'dweud ffortiwn', 114
'Ffŵl Ebrill', 114
'eisteddasom oll o gylch y tân i vwynhau ein hunein', 119
difyrrwch ac adloniant, tystiolaeth B Camwy, Dolavon, Ionawr – Tachwedd
    1920:
'Cymraes wedi gwisgo mewn gwisg carnaval', 126
'bet' rhwng 'dau vachgen ieuanc', 126
'canu a dyweud st[r]aeon', 126
'carden vach a *luck* arni ...', 152
hwyl / tro trwstan, 153
'cawsom hwyl yn y cosina ... siarad mewn damhegion carwriaethol', 156
digrifwch, storïau a hanesion ffraeth: direidi dwy ferch ifanc o'r Andes; Enoch
    Davies, y Gaiman; Hugh Vychan Jones; teulu o Wyddelod; cymeriadau
    difyr: 'John Davies, Patagonia', Antonio Miguens a Harry Jones; Jimmy,
    gwas T T Awstin, yr Andes, 264-8, 270-2
min nos ar ddiwrnod dyrnu (ardal Ebeneser): 'sgwrsio, canu a dweud straeon ...
    dysgu sol-ffa ... dysgu pedwarawd neu wythawd at gwrdd llenyddol', 219
'noson lawen': hwyl mewn cwrdd llenyddol: beirniadaeth cystadleuaeth 'set gêr
    reidio' wedi ei gwneud o 'gortyn beindar', gan Hugh Vychan Jones, 265-7
paseando, gw. Mynegai 3, amryw
storïau / chwedlau, gw. E Dimol, pen. 16, 'Storïau a Hanesion Difyr a Dwys',
    264-73; Gweneira, pen. 11, 'Chwedl y Yerba Mate: "Te Croeso" Trigolion
    Patagonia', 387-8
storïau Evan Ellis y Sadler, 177-8

27. Beirdd a Barddoniaeth

'Barddoniaeth Beirdd y Wladfa' a 'Barddoniaeth Beirdd y Wladfa i'm cyfaill Gwyndaf', dau gasgliad o gerddi wedi'u cynnull gan E Dimol, 165-6

Cyfeiriadau at feirdd a barddoniaeth yn *Yr Etifeddiaeth Deg*:

25   Englyn RG i gofio Gweneira.

53-4   Cerdd goffa Evan Thomas i B Camwy.

56   Pennill byrfyfyr i B Camwy.

162   'Gŵyl y Glaniad', cerdd gan David John Davies.

265   Pennill llafar gwlad Hugh Vychan Jones i Robert John Williams.

286   Englyn David T Evans i Glan Caeron.

292   'Einioes', cywydd gan Mynyddog.

294-6   Cerdd a phennill coffa gan Evan Thomas i Thomas Morgan.

302   'Yr Arloeswr', pryddest gan R Bryn Williams.

332   Cerdd Meredydd Evans, 'Colli Iaith'.

355   'Y gwys agorodd fy nhad', gw. adran 28. Addysg.

402   Dau englyn coffa gan Morris ap Hughes i rieni William Edward Davies, Twyn Carno, Bryn Crwn, ym Mynwent Dolavon.

403-4   Pennill telyn, canwyd gan William Edward Davies, Twyn Carno.

409-10   Pennill llafar gwlad, ac un gerdd, adroddwyd gan Elvan Thomas, Fron Goch, y Gaiman.

412   Englyn byrfyfyr gan Dafydd Wigley i'r Parchg Abraham Matthews.

413   Pennill o delyneg Irma i Gapel Treorci.

416-17   Rhan o gerdd R J Jones, 'Yr Arloeswyr'.

417   Rhan o gerdd R J Jones, 'Gŵyl y Glaniad'

418-19   Penillion llafar gwlad Hugh Vychan Jones, adroddwyd gan William Edward Davies.

420-1   'Cân y Botel Ddŵr Poeth', gan Evan Parry, adroddwyd gan William Edward Davies.

421   Pennill coffa Henry Hughes, y Gaiman, i'w gaseg a fu farw ar y Paith, adroddwyd gan William Edward Davies.

427   Cwpled cynganeddol llafar gwlad i'r 'Northman' a'r 'Sowthman'.

431-2   Englyn y Parchg Ben Davies ['Syched ar y Paith']: 'Gwaelod ffynhonnau Gwalia ...'.

444   Dau emyn gan William Williams, 'Prysor', i'w canu ar donau a

gyfansoddwyd gan Clydwyn ap Aeron Jones: 'Twyn Carno' a 'Celyn y Bryniau'.

445 Cerdd / myfyrdod gan RG er cof am Meillionen Jones de Davies, Twyn Carno.

446 Pennill o gerdd W Rhys Nicholas, 'Y Gymraeg'

449-50 Rhan o gywydd Mererid Hopwood a Karen Owen i Luned Vychan Roberts de González.

450 Pennill coffa i Tegai Roberts gan RG.

451-2 Cerdd arobryn, 'Croesi'r Bont', gan Esyllt Nest Roberts de Lewis i Ana Chiabrando.

452-3 Cerdd arobryn, 'Bywyd', gan Mary Green de Borda.

455-9 'Salm o Foliant i Arloeswyr y Wladfa Ddoe a Heddiw', gan RG.

28. Addysg

'Bywyd a Gwaith Gweneira', Gweneira, pen. 1, 324-32

Dyhead y Gwladfawyr am roi addysg i'w plant, 355

'Y gwys agorodd fy nhad', cerdd gan Edward Morgan Roberts i'r gwys a agorwyd gan ei dad, Evan Roberts, er mwyn cynorthwyo ei blant i ddilyn y llwybr i'r ysgol, 355

Ysgol Bryn Gwyn, 412-13

Ysgol y Cwm, Trevelin, 449

Ysgol Ebeneser, gw. E Dimol, pen. 2, 'I'r Ysgol', 179-85

Ysgol Ganolraddol y Gaiman, 179-80, 261, 299-300

Ysgol yr Hendre, Trelew, 449, 455

Ysgol Maesteg, 283

29. Iaith y Gwladfawyr

(Ychydig enghreifftiau yn unig. Gw. hefyd adrannau eraill Mynegai 3, ynghyd â'r eirfa i'r gyfrol hon.)

Cymraeg Patagonia: dywediadau a phriod-ddulliau a dylanwad y Sbaeneg, 425-7; 431; dywediadau Sbaeneg / Cymraeg (Elvira Austin), 432

'Cynffon y Greadigaeth', dywediad am Batagonia, 431

diarhebion, 133

gwyrdd, gw. 'mate' yn adran 8. Gwaith Tŷ, ynghyd â'r eirfa Gymraeg.

'Haley-Ba-Lw': helynt mawr, rycshiwns, 147

'legio gwaeddi a chwerthin', 136

llwyd-olchi, gw. adran 8. Gwaith Tŷ, a'r eirfa Gymraeg

nodachfa (bazâr), 134

'Nos dawch', 136

sgaldifeddiach, 138

30. Hyrwyddo'r Gymraeg

Athrawon Cymraeg o Gymru a'r Wladfa, cyfraniad hollbwysig, 446, 448-9

'Cofiwch chi blant mai Cymraeg sydd i fod ar yr aelwyd', David John Davies,
  priod E Dimol, 163

Hyrwyddo'r iaith a'r diwylliant Cymraeg yn y Wladfa heddiw, 446-9

Mentrau Iaith, eu cyfraniad, 448-9

'Peidiwch ag Anghofio Amdanom', erthygl Esyllt Nest Roberts de Lewis, *Barn*,
  Mai 2015, 447-9

Ysgolion a chanolfannau Cymraeg y Wladfa: Trelew, y Gaiman, Esquel,
  Trevelin ..., 22, 449; Ysgol y Cwm, Trevelin, 449; Ysgol Gymraeg yr
  Hendre, Trelew, 449, 455 (+ lluniau)

31. Amgueddfeydd

Amgueddfa Hanesyddol y Wladfa, y Gaiman, 405-6

Amgueddfa Isaac Fernandez Blanco, Buenos Aires, 436-7

Amgueddfa Werin Cymru, 18, 21, 24, 28

Museo Colonial e Historico, Luján, ger Buenos Aires, 435-6

★   ★   ★

Canmlwyddiant y Wladfa, 1865-1965

Dathlu Canmlwyddiant y Wladfa, Hydref-Tachwedd 1965: 11; 16; 24; Neuadd
  Dewi Sant, Trelew, 305; arddangosfa o hen gerbydau a moduron ym Mhlas-
  y-Coed, y Gaiman, 307-9; rhestr o'r 'Pererinion o Gymru' a fu ar y daith i'r
  Wladfa i ddathlu'r Canmlwyddiant, 390-2

Cyfres o naw llythyr at ei deulu yn Llangwm, Uwchaled, gogledd Cymru, a anfonwyd gan Robin Gwyndaf o Batagonia, dyddiedig 22 Hydref – 12 Tachwedd 1965, 393-439:

1. Llundain – Buenos Aires, 393-7

2. Trelew, Chubut; Fferm Twyn Carno a ffermydd eraill Dyffryn Camwy; Mynwent Dolavon, 398-404

3. Amgueddfa Hanesyddol y Wladfa, y Gaiman; telyn deires; Luned González; Porth Madryn, 405-9

4. Cerddi llafar gwlad Elvan Thomas; coelion gwerin; te croeso yng Nghapel Bethel, y Gaiman; ieuenctid y Wladfa; Sarah a Héctor MacDonald, rhieni Edith ac Elvey; Mynwent Moriah; bedd Abraham Matthews; Capel Drofa Dulog, Capel ac Ysgol Bryn Gwyn, a Chapel Salem; Amgueddfa'r Wladfa; Tegai Roberts; arddangosfa hen gerbydau a gwisgoedd; cyngerdd Osian Ellis (y Gaiman); cyngerdd Clydwyn ap Aeron Jones (Trelew), 409-14

5. Croeso Cymry Comodoro Rivadavia; Eisteddfod y Canmlwyddiant (Neuadd Dewi Sant), 30 Hydref 1965, 415-18

6. Cerddi a phenillion llafar gwlad, adroddwyd gan William Edward Davies; RG yn pregethu a chyflwyno dwy oedfa, 31 Hydref, yn y Gaiman a Threlew; '*Amigos de los Indios*' ('cyfeillion yr Indiaid'); Cymanfa Ganu; Argae Florentino Ameghino; Pont Tom Bach; capeli Tir Halen, Glan Alaw, Bethesda a Bryn Crwn; caneuon a dawnsfeydd gwerin gwlad Ariannin, 418-24

7. O Gomodoro Rivadavia i Esquel yng Nghwm Hyfryd wrth droed yr Andes; Cymraeg Patagonia: dywediadau, priod-ddulliau a dylanwad y Sbaeneg, 424-8

8. Gwleddoedd ar lan Futalaufquen (Y Llyn Mawr), ac ar fferm El Fortín, Cwm Hyfryd; enwau lleoedd y Wladfa; bedd Malacara, ceffyl John D Evans; y Parchg D J Peregrine: anerchiad ym Methel, Trevelin; Cymanfa Ganu; gwledd ffarwél yn Esquel; cwmni Dafydd Wigley; dywediadau Sbaeneg / Cymraeg, 428-32

9. Croeso Cymry Buenos Aires; Dan Lewis; teulu Delyth Llwyd, arlunydd; yr Ysbyty Prydeinig; Parc / Sw Palermo; Museo Colonial e Historico, Luján, ger Buenos Aires; Amgueddfa Isaac Fernandez Blanco; Luis Aquino, arlunydd; Dr Huw T Edwards, cyd-deithiwr; gwerthfawrogiad o daith dathlu'r Canmlwyddiant, 438-9

Amryw

Agor y Ffenestri: Cyfrol o Lenyddiaeth y Wladfa er y Flwyddyn 1975, gol. Cathrin Williams, 27

'*Amigos de los Indios*' ('cyfeillion yr Indiaid'), 422, 458

Argae Florentino Ameghino, 174, 237, 422-3

Ar Lannau'r Camwy ym Mhatagonia, W Meloch Hughes, 1927, 254

'Yr Arloeswr', pryddest fuddugol R Bryn Williams, Eisteddfod y Wladfa, 1922, 302

Atgofion o Batagonia, gol. R Bryn Williams (1980), 19, 25-6, 170

aur yn yr Andes, y 'Fintai Wyllt' o Ddyffryn Camwy yn chwilio amdano, 1896, 260-1

Bandit yr Andes, R Bryn Williams, 23

'Bandits yr Andes' a 'Bandits Butch Cassidy', 329

Baner Ariannin, codwyd yn yr Hen Amddiffynfa, Tre Rawson, 15 Medi 1865

Barn, 447

breuddwydion, 155

Brut, Y, 458

'Bywyd', cerdd gan Mary Green de Borda, 452-3

Bywyd yn y Wladfa, gol., Cathrin Williams [2009], 19, 26

Byw ym Mhatagonia, gol., Guto Roberts a Marian Elias (1993), 19, 26

Cam Cyntaf, Y, gwerslyfr i ddysgu darllen, defnyddid yn yr Ysgol Sul yn Ebeneser, 196

Canu'r Wladfa, gol. R Bryn Williams a John Hughes (1965), 444

carnifal, gw. adloniant

'Celyn y Bryniau', a 'Twyn Carno', tonau o eiddo Clydwyn ap Aeron Jones, 444

Chubut Mercantile Company (CMC), gw. Cwmni Masnachol Camwy

Companía Mercantil Chubut, gw. Cwmni Masnachol Camwy

Co-op (sillafiad B Camwy yw Coop / Cop), gw. Cwmni Masnachol Camwy

'Croesi'r Bont', cerdd, Ana Chiabrando, gan Esyllt Nest Roberts, 451-2

Croesi'r Paith, R Bryn Williams, 23

Cwmni y Ffos, 294

Cwmni Masnachol Camwy (CMC); 'Cop' / 'Coop' / 'Co-op', 51, 134-5 ('Cwrdd y Coop', Dolavon); B Camwy yn gweithio yn y 'Coop', Dolavon, gw. Dyddiadur 2, 23 Ionawr - 11 Tachwedd 1920, 122-57; cyfrif arian, 141, 143; cadw amser, 143; 'E E am geisio vy rhwystro i wnïo', 152; sefydlu Cwmni Masnachol Camwy yn y Gaiman, Mai 1885, 254-6

Cyfansoddiadau a Beirniadaethau, Eisteddfod Genedlaethol Cymru, 19

cymdeithas (natur y gymdeithas yn y Wladfa), 27-8

Cymdeithas Brodwaith Cymru, 19

Cymdeithas Camwy Vydd, 127, 132-3

Cymdeithas Cymru-Ariannin, 5, 18-19, 23, 25-6, 446

Cymdeithas Dewi Sant, Comodoro Rivadavia, 163

Cymdeithas Dewi Sant, Trelew, 1890, 259

Cymru'r Plant, 327

Cystadleuaeth yn gyfyngedig i'r Gwladfawyr, 12, 19, 25-6, 446

damweiniau, cyfeiriadau yn Nyddiadur 2, B Camwy, 23 Ionawr – 11 Tachwedd 1920: Charly Davies, 128; dwy ddamwain, 133; 'M Ayllon ... torri ei vraich wrth gychwyn ei vodur', 143; llosgi pengliniau, 144; ceffyl yn torri 'dwy vraich y cerbyd', 156

dewrder merched y Wladfa, 269

diwylliant gwerin, 13-14

Drafod, Y, 27, 91, 445

Dringo'r Andes, Eluned Morgan, 24

'Drysorfa Fach', Y, [*Trysorfa'r Plant*], 327

Edau Gyfrodedd, Irma Hughes de Jones (1989), 27

Efengyl yn y Wladfa, Yr, Robert Owen Jones (1987), 19

Ein Breiniad, 455

El Regional, 445

'Etholiad y Cynghor' (Dolavon), 148

Florentino Ameghino, gw. Argae Florentino Ameghino

Gardd Ffrwythau Benjamin Brunt, 194

genedigaethau, 126, 150. Gw. hefyd bedyddiadau (adran Crefydd)

gorlifiadau: 1899, 'dacw Gapel Ebeneser yn syrthio', 174; bwydydd adeg y gorlifiadau, 174; E Dimol, pen. 13, 'Gorlifiadau yn Nyffryn Camwy',

230-7; gorlifiadau 1869, 1875, 1877, 1879 ac 1880, 230; y 'Gorlif Mawr',
Gorffennaf 1889, 230-3; cymorth y Llywodraeth, 231-2; damwain, 232;
ailadeiladu, a'r 'Hyrwyddwyr' yn trefnu, 232-3; 1901, llif mawr eto, 233-
5; Ebrill 1903, ymfudo i Ynys Choele Choele, Río Negro, 235; 1904,
gorlifiad arall, 235-6; 1923, perygl drachefn, 236; llif mawr 1869 yn ysgubo'r
stycannau gwenith i'r môr a 60 o wartheg yn dianc i'r Paith, 249; 1899:
gwneud cwch o lawr pren, 377-8

gwallt, ffasiwn y merched ifanc, 175, 193-4

gwigwyl, gw. picnic

Gwladfa Patagonia. The Welsh Colony in Patagonia: 1865-1965, R Bryn Williams,
19

Gŵyl y Glaniad (28 Gorffennaf). Ebeneser, 144, 184; Comodoro Rivadavia,
163; Bryn Crwn, 385-6

'Gŵyl y Glaniad', 1920, cerdd gan David John Davies, 162

gwyliau glan y môr, 175

Gyfaill Hoff, Detholiad o Lythyrau Eluned Morgan, gol. W R P George (1972),
298-9

Hanner Canmlwyddiant y Wladfa, 1915, dathlu yn Neuadd Dewi Sant, Trelew,
28 Gorffennaf 1915. Tystiolaeth E Dimol, 26, 305

Hirdaith, Yr, Elvey MacDonald (1999), 17, 32

Indiaid, yr, 85, 238-41, E Dimol, pen. 14, 'Yr Indiaid a'r Cymry'; penaethiaid:
Don Francisco, Galats a Chicuichano, 238-9; bara i'r Indiaid, 238; cyfnewid
nwyddau a masnachu, 238-41; dysgu'r Cymry i hela, 238-9; yr Indiaid yn
dwyn, ond dolen werthfawr rhyngddynt â'r Cymry, 240-1; 250; eu herlid
gan Lywodraeth Ariannin, 241; Dyffryn y Merthyron lle llofruddiwyd tri
Chymro gan yr Indiaid, 4 Mawrth 1884, 256-8

Juan y Gwanaco a Cherddi Eraill, gol. Esyllt Nest Roberts de Lewis (2011), 321

Lolfa, Gwasg y, 20, 22

lladrad, yn Nolavon, 151

llofruddiaethau, 144; Aaron Jenkins, 253; tri Chymro yn Nyffryn y Merthyron,
256-8

llusern law, 138

Llyfrgell Eluned Morgan, [y Gaiman], 316

Llyfrgell Genedlaethol Cymru, 18, 28

llythyrau o'r Wladfa (amryw), 28

Llythyrau'r Wladfa (1865-1945) a *Llythyrau'r Wladfa (1945-2010)*, Mari Emlyn
    (2009-10), 27, 28, 443, 444-5

Llywodraeth Cymru, 5

Malacara, enw'r march a gariodd John D Evans i ddiogelwch wedi i dri
    Chymro gael eu llofruddio gan yr Indiaid, 256-8; bedd, 430

mapiau, 46-7

March Coch, Y, R Bryn Williams (1954), 23

meddwdod, 130

Neuadd Dewi Sant, 'Neuadd Goffa yr Hen Wladfawyr', 207-8; cyngerdd
    agoriadol, 13 Tachwedd 1913, (tystiolaeth E Dimol), 303; yr eisteddfod
    gyntaf yn y Neuadd Goffa, 14 Tachwedd 1913, 304; dathlu Hanner
    Canmlwyddiant y Wladfa, 28 Gorffennaf 1915, 305; dathlu Canmlwyddiant
    y Wladfa, Hydref 1965, 305; Gweneira, pen. 9, 'Hunangofiant "Neuadd
    Goffa" i'r Cymry Cyntaf', 380-2

Odlau'r Paith, Robert John Jones (1937), 417

paseando (*paseo*: taith hamdden), mynd am dro i weld pobl, 63, 103, 141, 157

Patagonia Gringa, hunangofiant Iris Lloyd de Spannaus (2004), 443

perllan, 33

Pethau Patagonia, Fred Green (1984), 27, 32-4

Plant y Wladfa (ardal Ebeneser, yn bennaf, tystiolaeth E Dimol), 'bugeilio'r
    anifeiliaid' a 'dysgu adnodau', 173-4, 181; 'ar gefn y poni i'r ysgol', 173-4;
    gorlifiad 1890, 174; 'cwrdd llenyddol, Ysgol Sul a chapel', 174-5; gwisgo
    esgidiau, 175; gwalltiau merched ifanc, 175, 193-4; gwyliau glan môr a
    phicnic, 175; bwydydd, 175-7

Prifysgol Cymru [y Drindod] Dewi Sant, Llanbedr Pont Steffan, 451

priodas, E Dimol a David John Davies (Trelew), 128-9; Dolavon, 144; Dolavon
    ('y gyntaf yn yr ynadva'), 146

rheilffordd, 456

Rhyfel Byd Cyntaf, y, 62, 78, 188 ('Te Parti a Chonsert' ar ddiwrnod y
    Flwyddyn Newydd a'r arian i'r milwyr yn yr Hen Wlad)

salitre, gw. halen yn halltu'r tir (Adran 12, 'Amaethyddiaeth')

Salm 16:6, 13

Sipsiwn, 136

Siop Lyfrau Cristnogol, 382

Sŵn y Jiwbili, 192

Tan Tro Nesaf: Darlun o Wladfa Gymreig Patagonia, Gareth Alban Davies (1976),
    19

Tonc, 416

trydan, 'noson gyntav i oleu vod ar ystrydoedd Dolavon' (5 Gorffennaf 1920),
    142

Turc(s) / Turcos: '[... ystordy] rhiw hen Durcs' (ystordy y bu i B Camwy
    ymweld ag ef wrth groesi'r Paith a lletya ym Mharc Unig, yr Andes, 15
    Hydref 1914 – 30 Ebrill 1915; gw. Dyddiadur 1), 86, 88, 98, 99

'Twyn Carno' a 'Celyn y Bryniau', tonau o eiddo Clydwyn ap Aeron Jones,
    444

'tŷ tavarn', 136

Urdd Gobaith Cymru, 411

Ysbyty Prydeinig, Buenos Aires, 200, 434

Ystordy Ayllon, 136, 139

Ystordy Iorwerth Williams, 136

'Y Paith', pryddest gan Prysor, 166

Y Wladfa yn Dy Boced, Cathrin Williams, arg. 1af 2000, 19, 480

Noddwyr

Gyda diolch o galon am eu cefnogaeth

David Gravell, Cydweli, ac er cof annwyl am Tom Gravell (1913-2004).

Phyllis Kinney ac Eluned Evans, ac er cof annwyl am Dr Meredydd Evans (1919-2015)

Y Fonesig Ann a Syr Roger Jones, Y Fatel, Aberhonddu.

Dr Lilian Parry-Jones, Aberaeron, ac er cof annwyl am ei rhieni, Arthur a Sallie Evans, gynt o Rydcymerau.

Buddug Haf Williams, Brynaman.

* * *

Rhys ap Rhisiart, Derwin Bach, Eifionydd

Norman Allen Baines, Cae Du, Corwen.

Ceir Cymru (Gari Wyn), Bethel, Caernarfon.

Dr Edward Davies, Cerrigydrudion.

Eunice a'r Parchg Ieuan Davies, Waunarlwydd, Abertawe.

Sian ac Eurfryn Davies, Llandegfan, Ynys Môn.

John Davies, Llanwrtyd.

Meirick Ll Davies, Cefn Meiriadog, Abergele.

Di-enw, Aberystwyth.

Enid a'r Parchg Dafydd Henri Edwards, Radur, Caerdydd.

Valerie Ellis, Bangor.

Dr David Enoch, Llandaf, Caerdydd.

Elizabeth a Bryan Evans, Rhydycroesau, Croesoswallt.

Pat a'r Dr Donald Evans, Talgarreg, Ceredigion.

Rhiannon Evans, Tregaron.

Dr W Brian Evans, Penrhyn-coch, Ceredigion.

Y Barchg Eirlys Lloyd Gruffydd, yr Wyddgrug.

Luned Gruffydd, Aberystwyth, ac er cof annwyl am yr Athro R Geraint Gruffydd (1928-2015).

Beryl H Griffiths, Cynllwyd Uchaf, Meirionnydd, ac er cof annwyl am ei mam, Elizabeth Jones, Llanuwchllyn, a fu am flynyddoedd yn gohebu gydag Elisa Dimol, Trelew, Patagonia.

Robert Jones Henry Griffiths, 'Machraeth', Bodffordd, Ynys Môn.

H Desmond Healy, Rhuddlan.

Jane a Gwyn Hughes, Bethel, Y Bala.

Mairwen a John Hughes, Llangefni.

Yr Athro E Wyn James, Caerdydd

Hawys Glyn James, Glynrhedynog, Y Rhondda.

Cyril Jones, Mynytho, Pwllheli

Deilwen M Jones, Y Tymbl.

Eilir a Glyn Jones, Pencader, Ceredigion.

Ella Wynne Jones, Llandecwyn, Dyffryn Ardudwy.

Margaret D Jones, Aberystwyth.

Dr Margaret a Tom Jones, Dolanog, Y Trallwng.

Margied Jones, Llanuwchllyn.

W T (Bill) Jones, Blaenau Ffestiniog.

Dewi Lloyd Lewis, Rhiwbeina, Caerdydd.

Y Parchg Eirian Wyn Lewis, Mynachlog-ddu, Sir Benfro (Llywydd presennol Cymdeithas Cymru-Ariannin).

Marjorie Lloyd, Wrecsam, ac er cof annwyl am un a fu'n athro arnaf yn Ysgol Cerrigydrudion, Hugh Llewelyn Lloyd (1916-2014).

Helga Martin, Ysbyty Ifan, Uwchaled.

Elvira Austin Moseley, Baglan, Port Talbot.

Norah O'Brien, Bangor.

Ann Owen, Cyffordd Llandudno.

Eleri Owen, Y Tymbl.

Huw Meredydd Owen, Mynytho, Pwllheli, ac ar ran Gruff a Mared, er cof annwyl am eu rhieni: Gwenllian Nest Owen (1930-2013) a Trefor M Owen (1926-2015).

Rhisiart ap Rhys Owen, Llansanffraid-ym-Mechain, Croesoswallt.

Trefor Owen, 'Trefor Cynllaith', Bryneglwys, Y Trallwng.

Eluned Mai Porter, Llangadfan, Dyffryn Banw, Powys.

Bob Puw, Pontcanna, Caerdydd.

Meinwen a'r Parchg Athro D Ben Rees, Lerpwl.

Eirlys a'r Parchg J Gwyndaf Richards, Llwydiarth, Y Trallwng.

Eurwen Richards, Pen-y-bont ar Ogwr.

Heulwen Richards, Bae Trearddur, Ynys Môn.

Ann a Hedd Roberts, Llanuwchllyn.

Ann Kirwood a'r Dr Ellis Roberts, Bangor, er cof annwyl am gefndryd William Jones Owen, Mynydd Bychan, Betws-y-Coed, taid Ann Kirwood Roberts, sef Elias Owen (Cadeirydd y Cyngor yn y Gaiman, a Llywydd Cwmni Masnachol y Camwy), a ymfudodd i'r Wladfa ar y Strabo yn 1881, ac Owen Owen, Dolwyddelan, a ymfudodd i'r Wladfa yn 1911 ar yr Orita, gyda Jane Owen, Mynydd Bychan, mam taid Ann Kirwood. Er cof hefyd am frodyr ei thaid, sef John a Dafydd Owen, a ymfudodd yn 1906, a Robert ac Elias Owen, efeilliaid, a ymfudodd yn 1911.

Bethan Roberts, Bodelwyddan, Abergele.

Enid a'r Dr David Roberts, Bangor.

Yr Athro Gareth Ffowc Roberts, Bangor.

Beti Rowlands, y Ffôr, Pwllheli.

Teithiau Tango (Aled Rees), Aberystwyth.

Joan M Thomas, Llangynnwr, Caerfyrddin.

Anne a'r Athro David Thorne, Llanllwni, Llanybydder.

Ruth Walters (Ruth Price), Llandaf, Caerdydd, ac er cof annwyl am Geraint W Walters (1910-2003), mab y Parchg D Deyrn Walters, y Wladfa.

Paul Ithon Befan Weston, Rhydlydan, Pentrefoelas, Uwchaled.

Donald Williams, Abertawe.

Bethan Wyn, Aber-erch, Pwllheli.

Hefyd gan yr awdur:

TALIESIN O EIFION A'I OES:
BARDD Y GADAIR DDU GYNTAF
EISTEDDFOD WRECSAM, 1876

Robin Gwyndaf

y Lolfa

£19.95
(clawr caled)

Mimosa

The life & times of the ship that sailed to Patagonia

Susan Wilkinson

y Lolfa

£9.95

Hunangofiant

Elvey

MacDonald

£14.95

PATAGONIA 150

Yma i aros · Here to stay · Aquí para quedarse

Eirionedd Baskerville
Rhagair gan Huw Edwards

y Lolfa

£12.95

Am restr gyflawn o lyfrau'r Lolfa, mynnwch
gopi am ddim o'n catalog
neu hwyliwch i mewn i'n gwefan

www.ylolfa.com

lle gallwch archebu llyfrau ar-lein.

TALYBONT CEREDIGION CYMRU SY24 5HE
ebost ylolfa@ylolfa.com
gwefan www.ylolfa.com
ffôn 01970 832 304
ffacs 832 782